高等院校特色规划教材

国际贸易与国际金融

（第二版）

主　编　郑雪平　温　馨
副主编　马永谈　喻莎莎
主　审　胡国松

石油工业出版社

内 容 提 要

本书介绍了国际贸易与国际金融的基本理论与基本知识。主要内容包括国际贸易与国际金融两大模块，共十二章。国际贸易模块（第一章到第六章），包括国际贸易理论、国际贸易政策、国际贸易管理措施、世界贸易组织与区域经济一体化组织、国际贸易实务；国际金融模块（第七章到第十二章），包括外汇与汇率、国际收支、国际储备、国际货币体系、国际金融机构、外汇交易业务与外汇风险管理。教材的每一章后面有延伸阅读，并附有与章节内容相关的复习思考题，以供读者分析和拓展相关知识。

本书在内容设置和结构上作了一些探索，吸收了国内外相关领域研究的一些新成果。本书可以作为高等院校国际经济与贸易、国际金融等本科专业的基础课教材，同时可以作为工商管理、会计学、外语类等本科专业选修课教材，也可以作为外销员、商务师、报关员考试辅导以及国际贸易理论研究和实际工作人员的参考书。

图书在版编目（CIP）数据

国际贸易与国际金融/郑雪平，温馨主编. —2版.
—北京：石油工业出版社，2023.8
高等院校特色规划教材
ISBN 978 - 7 - 5183 - 6138 - 0

Ⅰ.①国… Ⅱ.①郑…②温… Ⅲ.①国际贸易—高等学校—教材
②国际金融—高等学校—教材 Ⅳ.①F74②F831

中国国家版本馆 CIP 数据核字（2023）第 133492 号

出版发行：石油工业出版社
（北京安定门外安华里二区1号 100011）
网　　址：www.petropub.com
编辑部：(010)64250991
图书营销中心：(010)64523633　(010)64523731
经　　销：全国新华书店
排　　版：北京密东文创科技有限公司
印　　刷：北京中石油彩色印刷有限责任公司

2023 年 8 月第 2 版　2023 年 8 月第 1 次印刷
787 毫米×1092 毫米　开本：1/16　印张：23
字数：560 千字

定价：56.00 元
（如出现印装质量问题，我社图书营销中心负责调换）
版权所有，翻印必究

Introduction 第二版前言

中国加入世界贸易组织(WTO)已20余年。加入世界贸易组织是我国经济发展和改革开放的一个重要里程碑,既为中国经济的长期快速发展奠定了基础,也为世界经济的持续繁荣提供了强大推动力。如今,中国已经成为世界第二大经济体,连续六年稳居世界货物贸易第一大国地位,东盟、欧盟和美国是我国最主要的贸易伙伴。

但是,随着全球化的深入发展和国际格局的变化,我国对外贸易形势也呈现出许多更加复杂的特征。首先,全球经济增速放缓、贸易保护主义抬头以及金融市场波动等问题使得我国面临着外部需求不足、出口下滑等压力,同时也给国际贸易带来了挑战。其次,乌克兰危机、朝核问题、南海争议等地缘政治矛盾持续存在,使得世界和平发展受到威胁;加之国际恐怖主义及网络安全、生态安全等非传统安全威胁,也给我国对外贸易带来许多不确定性因素。再次,发达国家在经济、科技等领域的竞争与合作之间出现了复杂的关系,美西方排他性区域经济贸易集团的构建,以美国为首的西方国家在政治、经济、科技、军事等诸多领域对中国的全方位遏制与打压,使作为世界上最大发展中国家的中国积极推动构建更加公正合理的国际贸易秩序的努力遇到了极大挑战。最后,全球气候变化、欧洲碳关税全面实施等,对作为全球最大碳排放国之一的中国而言,对外贸易的可持续发展必将受到极大的挑战。

为应对"百年未有之大变局"和国际贸易发展新的形势与挑战,2020年我国提出了"逐步形成以国内大循环为主体、国内国际双循环相互促进的新发展格局"的重大战略。在"双循环"新发展格局下,对外贸易在带动国内生产和消费、扩大国内市场需求、提高产业链和价值链水平、推动国内大循环发展中能够发挥巨大作用。因此,如何继续推动我国对外贸易高质量发展、逐步培育外贸增长新优势,是现阶段应思考的重大理论和实践问题。

为了教学、科研需要,西南石油大学的相关课程建设团队曾在1998年编写出版了《国际贸易与国际金融》教材,后又进行了三次修订。经过多年的教学实践,特别是结合国际经贸形势的新变化,课程建设团队再次对教材进行修订。

在本次修订过程中,教材编写组贯彻了以下指导思想:

(1)力求新颖。在本书体系结构和内容编排上进行了大胆尝试和创新,在每个章节后面都附有具有代表性的延伸阅读,用以加深读者对重点、难点问题的理解和相关知识的掌握。

(2)突出实用。本书在系统阐述基本原理和方法的同时,立足从外经贸企业的实际出发,着力国际经贸惯例诠释、国际经贸实务操作和技能培养。

(3)博采众长。本书在修订过程中,既遵循原教材的基本内容,又不拘泥于原教材,而是非常注重借鉴和吸收国内外相关领域的最新研究成果和方法,并将老师们多年的教学心得和科研成果尽可能多地展示出来。

本书是西南石油大学"十四五"规划教材,也是该校经济管理学院经济管理类系列教材之一。全书共十二章,绪论、第一章、第二章由郑雪平、陈君撰写;第三章、第四章由喻莎莎、陈君撰写;第五章、第六章、第八章由温馨撰写;第七章、第九章、第十二章由马永谈撰写;第十章、第十一章由郑雪平、陈丽娜、于娟共同撰写。全书由胡国松、郑雪平负责统稿。

在本书写作过程中,参阅、使用和引证了国内外学者的大量研究成果,主要参考文献已在书中列出,谨对其作者、编者和出版社表示诚挚的谢意!此外,特别感谢大连富哥国际贸易有限公司总经理于娟、通威太阳能有限公司总经理助理陈君为本书写作提供的大量典型案例、丰富的实践素材以及宝贵的建议。

国际贸易与国际金融的理论、实践还在不断发展变化之中,加之作者水平有限,本书错误和疏漏之处在所难免。恳请同行专家、学者和广大读者批评指正。

编者

2023 年 7 月于西南石油大学

Introduction 第一版前言

2001年11月10日,在这个历史性的庄严时刻,世界贸易组织(WTO,以下简称"世贸组织")第四届部长级会议以全体协商一致的方式,审议并通过了我国加入世贸组织的决定。随后,台湾于2002年1月1日以"台(湾)澎湖金门马祖单独关税区"(简称为"中华台北")的名义正式加入世贸组织。

加入世贸组织是我国经济发展和改革开放的一个重要里程碑。加入世贸组织是我国改革开放的延续和深化,既为中国经济的长期快速发展奠定了基础,也为世界经济的持续繁荣提供了强大推动力。

今年是中国加入世贸组织的第十个年头,过去的十年是中国与世界分享繁荣、实现共赢的十年。如果说中国当初加入世贸组织时,还只是一个被动去适应业已存在的主要由美国设计的政策、规则和制度的"中小型经济体"的话,那么如今的中国已经比肩美欧,跻身世界三大巨头之列。中国目前是世界第二大经济体,是世界第一大出口国和第二大进口国,是美国、欧盟的第二大贸易伙伴,是日本、韩国、东盟、澳大利亚、南非等国家和地区的第一大贸易伙伴。金融危机过后,中国对全球经济的增长作出了特别巨大的贡献。

十年来,国际贸易与金融领域出现了许多新现象与新问题:国际贸易结构日趋高级化,技术贸易与服务贸易发展方兴未艾;产业内贸易出现若干新形式,跨国公司供应链网络内部交易越来越重要;发达国家新贸易保护主义层出不穷,发展中国家疲于应付;国际贸易的利益实现越来越受国际金融市场的影响,将推动国际贸易与国际金融的变革;随着金融衍生品产品交易的发展和国际游资的兴风作浪,以2008年源自美国次贷危机最后波及全球金融为代表的金融风险事件尚未谢幕;国际金融危机使国际经贸秩序特别是金融格局发生了深刻变化,但旧的国际经贸不平衡不但没有缩小反而因此进一步加深,发展中国家依然缺乏国际经贸话语权。这些新现象和新问题,为国际贸易和国际金融研究提供了丰富的理论和实践内容,也给本书的再次修订提供了新的素材。

在此期间,我国的经济改革和对外开放形势也发生了许多重大变化,已进入全面建设社会主义和谐社会、实现中华民族伟大复兴的新时期。经济体制改革和社会主义市场经济建设取得重要进展;中国经济同世界经济全面接轨步伐明显加快;外贸、外汇、投资及金融体制改革已迈出全方位开放的步伐,为我国经济新一轮增长创造了重要条件;中国企业参与国际经贸活动的意识和能力有了显著提高,但争取国际经贸规则制定的能力和话语权依然不足,在诸如新能源、传统制造、高科技投资等领域,利益常常受到侵害。这些变化将对我国今后五年乃至十年的国民经济和对外经贸发展产生深远影响。

鉴于上述新现象和新问题,我们必须认真对待和研究。这或许就是本书修订的主要背景。

为了教学、科研需要,我们曾在1998年编写出版了《国际贸易与国际金融》(石油工业出版社),后又在2003年和2006年进行了两次修订(四川人民出版社)。经过多年的教学实践,特别是结合国际经贸形势的新变化,我们一直不断努力完善本书的理论框架和内容,尝试为读者提供一种新的视野。

在本次修订过程中,我们贯彻了这样几个指导思想:

(1)力求新颖:在本书体系结构和内容编排上进行了大胆尝试和创新,在每个章节后面都附有具有代表性的案例和延伸读物,用以加深读者对重点难点问题的理解和相关知识的掌握;

(2)突出实用:本书在系统阐述基本原理和方法的同时,立足从经贸企业的实际出发,着力国际经贸惯例诠释、国际经贸实务操作和技能培养;

(3)博采众长:本书在修订过程中,既忠实原教材的基本内容,又不拘泥于原教材,而是非常注重借鉴和吸收国内外相关领域的最新研究成果和方法,并将我们多年的教学心得和科研成果尽可能多地展示出来。

本书是石油工业出版社"石油教材出版基金"资助的规划教材,也是"石油高等院校经管类特色教材"之一。全书共十二章:导论、第一章、第三章由西南石油大学胡国松撰写;第二章由中国石油广州培训中心李敏撰写;第四章、第九章由西南石油大学刘仕华撰写;第五章由西南石油大学彭倩撰写;第六章、第十二章由四川教育学院蔡彬撰写;第七章由西南石油大学林建撰写;第八章由西南石油大学陈雪撰写;第十章由西南石油大学郭志钢撰写;第十一章由西南石油大学陈雪、林建、郭志钢和彭倩共同撰写。西南石油大学胡国松教授负责全书统稿。

在本书写作过程中,我们参阅了国内外学者的许多研究成果,主要参考文献已在书中列出。谨向这些文献的作者致谢。

国际贸易与国际金融的理论、实践还在不断发展变化之中,加之作者水平有限,本书错误和疏漏之处在所难免,恳请同行专家、学者和广大读者批评指正。

胡国松
2011年3月于西南石油大学

Contents 目录

绪论 ·· 1
  第一节　国际贸易与国际金融的概念及特点 ·································· 1
  第二节　国际贸易与国际金融的研究对象及内容 ······························ 3
  第三节　国际贸易、国际金融与经济发展 ····································· 6
  复习思考题 ·· 10
  延伸阅读 ··· 10

国际贸易模块

第一章　国际贸易的产生与发展 ·· 15
  第一节　国际贸易的产生 ·· 15
  第二节　国际贸易的发展 ·· 16
  第三节　国际贸易的分类及相关统计概念 ··································· 22
  复习思考题 ·· 26
  延伸阅读 ··· 26

第二章　国际贸易理论 ·· 28
  第一节　古典国际贸易理论 ··· 28
  第二节　新古典国际贸易理论 ·· 36
  第三节　二战后国际贸易理论 ·· 41
  复习思考题 ·· 46
  延伸阅读 ··· 46

第三章　国际贸易政策 ·· 48
  第一节　对外贸易政策概述 ··· 48
  第二节　国际贸易政策类型的历史演变 ····································· 50
  第三节　进出口贸易政策 ·· 55
  第四节　我国对外贸易政策的演变 ·· 61
  复习思考题 ·· 66
  延伸阅读 ··· 66

第四章　国际贸易管理措施 …… 69
- 第一节　关税概述 …… 69
- 第二节　关税措施 …… 76
- 第三节　非关税壁垒 …… 85
- 第四节　出口管理措施 …… 103
- 复习思考题 …… 112
- 延伸阅读 …… 113

第五章　世界贸易组织与区域经济一体化 …… 115
- 第一节　世界贸易组织 …… 115
- 第二节　区域经济一体化 …… 134
- 第三节　主要区域经济一体化组织 …… 142
- 复习思考题 …… 152
- 延伸阅读 …… 152

第六章　国际贸易实务 …… 156
- 第一节　国际贸易方式 …… 156
- 第二节　国际市场商品报价方法与贸易术语 …… 165
- 第三节　交易磋商与贸易合同订立 …… 170
- 第四节　国际货物运输与保险 …… 172
- 第五节　货款支付与国际贸易结算 …… 183
- 第六节　进出口合同的履行与争议的仲裁 …… 195
- 复习思考题 …… 201
- 延伸阅读 …… 202

国际金融模块

第七章　外汇与汇率 …… 207
- 第一节　外汇概述 …… 207
- 第二节　汇率的标价方法与种类 …… 210
- 第三节　汇率的决定基础与汇率变动 …… 219
- 第四节　汇率理论 …… 226
- 复习思考题 …… 231
- 延伸阅读 …… 231

第八章　国际收支 …… 237
- 第一节　国际收支的概念与作用 …… 237
- 第二节　国际收支平衡表的结构与分析 …… 239
- 第三节　国际收支失衡的影响与原因 …… 245

  第四节 国际收支失衡的调节 ··· 248
  复习思考题 ··· 254
  延伸阅读 ··· 254

第九章 国际储备 257
  第一节 国际储备概述 ··· 257
  第二节 国际储备管理 ··· 262
  第三节 我国的国际储备 ··· 267
  复习思考题 ··· 270
  延伸阅读 ··· 271

第十章 国际货币体系 272
  第一节 国际货币体系概述 ··· 272
  第二节 布雷顿森林体系 ··· 273
  第三节 牙买加体系 ··· 276
  第四节 国际货币体系的改革 ··· 281
  第五节 区域货币一体化 ··· 286
  复习思考题 ··· 294
  延伸阅读 ··· 294

第十一章 国际金融机构 297
  第一节 国际金融机构概述 ··· 297
  第二节 国际货币基金组织 ··· 298
  第三节 世界银行集团 ··· 305
  第四节 区域性国际金融机构 ··· 315
  复习思考题 ··· 322
  延伸阅读 ··· 322

第十二章 外汇交易业务与外汇风险管理 325
  第一节 外汇市场概述 ··· 325
  第二节 外汇交易的概念与业务 ··· 329
  第三节 外汇风险管理 ··· 346
  复习思考题 ··· 349
  延伸阅读 ··· 350

参考文献 356

绪论

当今,我们正处在世界经济全球化的时代,经济全球化是不可避免的历史潮流。现实表明,任何国家都不可能完全依靠自己满足经济活动需要的一切资源,只有通过参与国际贸易与金融活动,积极参与国际竞争,才能获取经济发展所需的资源和市场。

第一节 国际贸易与国际金融的概念及特点

一、国际贸易与国际金融的概念

国际贸易(international trade),又称世界贸易(world trade)或全球贸易(globe trade),是世界各国或地区之间的商品、服务和技术交换活动的统称,反映了世界各国在经济上的相互联系。如果从某个国家或地区的角度出发,一个特定国家或地区与其他国家或地区之间所进行的商品、服务和技术的交换活动,被称为对外贸易(foreign trade)。一些岛国(如英国、日本、新西兰)把这类活动称为海外贸易(overseas trade)。可见,国际贸易与对外贸易并无本质区别,都是研究商品、服务和技术的交换活动,其最大区别在于看待同一事物的视角不同。

国际金融(international finance),是指世界各国(或地区)之间的融通活动及其相互资本交换关系的总和。它可以从两个方面考察:广义的国际金融是指世界各国(或地区)之间的一切资金运动及其关系;狭义的国际金融是指世界各国(或地区)之间的资金本身的运动及其规律,由国际贸易引致的资金运动则不属于这一范畴。

二、国际贸易与国际金融的特点

"国际贸易与国际金融"和"国内贸易与国内金融"属同一范畴,都是通过商品和货币交换活动来实现商品和货币的价值,但两者在运行范围和运行环境方面有明显区别。在国际范围内,由于各国生产力发展的水平不同,社会经济制度不同,从而执行的经济政策和对外经济贸易政策也不同,因此,国界在客观上成为一种阻碍商品和资本流通的因素。超越国界进行的商品和资本交换,把各国的国民经济联结成为一个世界范围的互相联系、互相依赖的经济整体,而国界又把这个整体分割成相对孤立的一个个国民经济范围,这是一个矛盾。正是这个矛盾决定了国际贸易与国际金融不同于国内贸易与国内金融的特点。

(一)国际贸易与国际金融受不同国家利益关系的制约

各个国家为了本国的利益制定了不同的对外经济贸易政策、措施以及不同的法制法规。虽然有共同遵守的国际惯例和国际条约,但仍然受到不同国家对外经济贸易政策、法律制度的制约,而且还受到不同国家外交政策的制约。因此,国际贸易与国际金融经常会发生国家与国家之间在经济贸易利益方面的矛盾、摩擦与冲突。而国内贸易与国内金融是在一个国家统一市场内部进行的,因而就没有国家之间的经济利益冲突。

(二)国际贸易与国际金融涉及不同货币与度量衡制度

世界上各国使用的货币有上百种,在国际贸易中常用的货币有十多种,如美元、欧元、英镑、法郎、日元、港币等。由于各国的币制不同,各国所采取的汇率制度、外汇管理制度也不一样,特别是外汇汇率分类很多,计算国际汇兑方法相当复杂。例如,在国际贸易中,就存在选择哪种货币作为计价结算工具的问题,以及两国货币如何兑换的问题。如果选择不当,就会影响贸易利益。在度量衡方面,有的国家习惯用公制,有的国家用英制,因此,对各种常用的度量衡应有所了解,以免计算时发生误解,造成贸易纠纷。在国内贸易与国内金融中就不存在上述问题。

(三)国际贸易与国际金融涉及不同国家的不同法律、海关制度、金融制度、商业习惯及其他法规等

国际贸易与国际金融业务怎样沟通?如何解释?都需要认真研究,稍有不慎,就会影响一国经济贸易的发展。例如,各国海关对于货物进出口都有准许、管制或禁止的规定,货物的出口不但要在输出国家办妥出口报关手续,而且出口货物的种类、品质、规格、包装和商标均要符合输入国海关的规定。这些都比国内贸易与国内金融的关系复杂得多。

(四)国际贸易与国际金融不但业务比较复杂,而且交易环节多、涉及的业务机构多

由于国际贸易与国际金融的交易双方是跨国界的,有的甚至远隔重洋,故经济贸易洽谈的进行,有关磋商的方式、程序、内容,合同的成立、签订、履行以及进出口的手续等,远比国内复杂得多。对于商品的运输、保险,交货的时间、地点以及商品的品质、数量、价格、支付和贸易及金融纠纷的解决等,都要参照有关国际贸易惯例作出明确的规定。在交易过程中,还涉及海关、银行、运输公司、保险公司等众多机构。国内贸易则不需如此复杂。

(五)国际贸易涉及不同的语言文字、风俗习惯、宗教信仰

由于各国语言差别很大,为了使交易顺利进行,就需要采用一种共同的语言。在国际贸易与金融中,最通用的语言文字是英文,但有些地区则通行其他文字,如中美洲通用西班牙文,法国及若干非洲国家通用法文,东欧及北欧国家通用德文,阿拉伯地区通用阿拉伯文,等等。因此,从事国际贸易与金融必须通晓外语,能直接参与洽谈,并且具有阅读和书写贸易、金融文件的能力。同时还要熟悉各国的风俗习惯,尊重各地的宗教信仰,了解各国的气候环境和生活水平。这些都与国际贸易与金融活动能否顺利进行有关,也是与国内贸易与国内金融的重要区别之一。

(六)国际贸易与国际金融经营风险大

国际贸易与国际金融的重要风险有以下几种:

(1)信用风险(credit risk)。它是指买卖双方本身的信用可能带来的风险,如不按合同规定付款或不按合同规定交货等。

(2)商业风险(commerce risk)。例如进口商有时以各种理由拒收货物,对出口商来说,这就是商业风险。

(3)价格风险(price risk)。贸易双方签订合同以后,在卖方进货前,如遇货价上涨,则卖方要承担涨价的风险;买方收到货后,如遇货价下跌,则买方要承担跌价的风险。

(4)汇率风险(exchange risk)。由于世界各国大多实行浮动汇率制,因而货币的兑换率不

断变化。如果计价使用的货币币值上升,则对买方不利;如币值下跌,则对卖方不利,这就要承担汇兑亏损的风险。

(5)运输风险(transportation risk)。国际贸易货物运输路途较远,在运输过程中发生意外致使货物受损或丢失的风险较大,承担风险的有卖方、买方及保险公司。有些风险可以利用投保由保险公司承担,但有些风险无法由保险公司承担。各种风险如发生天灾人祸、货物运抵时已时过境迁、市场发生变化或误期使用等,交易双方均会受到不同程度的损失。

(6)政治风险(political risk)。国际风云变幻及某些国家内部政局变动,会使国际贸易与国际金融承担许多国内贸易与国内金融所不需承担的政治风险。

第二节　国际贸易与国际金融的研究对象及内容

一、国际贸易与国际金融的研究对象

经济学是社会科学中一门古老而又年轻的学科,是探讨有关人类生产、交换、分配、消费等重要问题的学科。经济学发展至今已相当繁茂,分支众多。国际贸易与国际金融是西方经济学在开放经济条件下的进一步延伸,属于开放经济条件下的应用经济学,它包括国际贸易和国际金融两部分。

国际贸易是人类社会生产发展到一定历史阶段的必然产物。从国际贸易的产生与发展来看,国际贸易主要研究不同国家或地区之间的商品、服务和技术的交换活动,通过研究这些商品、服务和技术交换活动的产生、发展过程以及贸易利益的产生和分配,揭示这种交换活动的特点和规律。而国际金融是在国际贸易的基础上产生的,尤其是20世纪60年代以后,生产和资本国际化迅速发展,与之相适应,国家之间的货币金融关系也日益发展,产生出日益增多的国际货币金融问题。从这个角度来看,国际金融主要研究国际货币金融关系,包括国际货币流通与国际资金融通两个方面,旨在揭示国际货币流通与国际资金融通的基本特点和规律。因此,国际贸易与国际金融是相互交融的一门学科,其主要研究不同国家或地区之间的商品、服务和技术的交换活动以及国际货币金融关系,揭示它们的特点和规律,以指导政策措施的制定和贸易与金融活动的开展。

二、国际贸易与国际金融的研究内容

国际贸易与国际金融的研究内容是研究任务的具体化,主要包括以下八个方面。

(一)国际贸易基本理论

西方经济学家历来重视研究探讨国际贸易中的各种问题与规律。资本主义生产方式准备时期的重商主义学说,着重研究国际贸易如何给一国带来财富;资本主义自由竞争时期的古典学派代表人物亚当·斯密和大卫·李嘉图,探讨国际分工形成的原因和依据,论证了国际分工的原则和国际贸易的利益,其中李嘉图的比较优势论成为西方国际贸易理论的基础;20世纪30年代,瑞典经济学家俄林在其导师赫克歇尔的基础上提出了按照要素禀赋进行国际分工与国际交换的学说;第二次世界大战(以下简称"二战")后特别是20世纪50年代以来,国际贸易出现了许多新的倾向,如世界市场主要出口国的领先位置在不断变化,发达国家间工业制成品贸易量大幅增加,等等。这些贸易现象无法用传统的贸易理论进行解释。为解释这些现象,西方经济学家争论纷纷,提出了多种国际贸易理论,其中比较重要的理论有产品生命周期理论

和产业内贸易理论等。学习这些理论的精华,有助于我们制定适宜的外贸政策措施和搞好外贸活动。因此,国际贸易理论是这门课程研究的重要内容之一。

(二)国际贸易政策与措施

国际贸易与各国的经济发展密切相关,因此,各国都会制定有利于本国经济发展的对外贸易政策和措施。对外贸易政策是随着时代的发展而不断变化的,在资本主义原始积累时期,出现了重商主义的保护贸易政策;在资本主义自由竞争时期,自由贸易政策与保护贸易政策并存;在资本主义垄断竞争时期,出现了超保护贸易政策;二战后,又出现了贸易自由化;20世纪70年代至90年代,出现了新保护贸易主义;进入21世纪,特别是2008年美国金融危机引致全球经济危机以来,贸易保护主义和逆全球化又不断升级。可见,国际贸易政策在不同时期表现为不同的特点。

与国际贸易政策相配套,各国实施了一系列具体的政策措施,如进口管理措施中的关税和非关税措施、出口管理措施中的鼓励出口措施和出口管制措施等。国际贸易的政策措施制约着国际贸易的发展规模、商品结构和地理方向,影响着国际市场及贸易商品价格的变动。因此,掌握和熟悉这些政策、措施的理论依据及实施手段,了解各国在不同经济发展阶段的贸易策略,也是国际贸易研究的主要领域之一。

(三)世界多边贸易体制与区域经济一体化

二战后,随着社会生产力的发展,国际分工日益深化,各国经济相互依存加强,迫切需要一个专门协调各国对外贸易政策和国际经贸关系的国际性组织。于是,在美国倡议下,1947年10月30日中、美、加、英、法等23个国家在日内瓦签订了一项有关关税和贸易政策的多边国际协定——《关税与贸易总协定》(GATT)。该协定于1948年1月1日正式生效。1995年1月1日,世界贸易组织(WTO)取代了关贸总协定(GATT),这是多边贸易体制发展史上的一个重要里程碑。

自启动以来,以WTO为核心的多边贸易体制在推动全球贸易自由化进程、规范世界贸易行为准则、解决贸易争端等方面发挥了重要作用。但是,随着多边贸易体制WTO多哈回合谈判受挫,全球经济区域化空前活跃,高标准、广覆盖的广域经济一体化形成潮流。TPP/CPTPP、TTIP、USMCA以及欧日EPA、RCEP和TISA等新型贸易协定谈判,必将重新塑造世界经济新规则,改变世界经济格局。多边贸易体制WTO面临区域国际贸易与投资新规则的挑战,已陷入了边缘化危机。

因此,学习掌握WTO的发展历程,正确认识WTO目前面临的改革困境及其未来发展,了解全球区域经济一体化发展的新态势以及我国参与区域经济一体化的策略,是本门课程必不可少的学习内容。

(四)国际贸易实务

如果说国际贸易理论、政策与措施属于国际贸易研究的宏观层面,那么相关对外贸易实务问题的研究则属于国际贸易研究的微观层面。自2001年12月11日中国加入世界贸易组织以来,外贸进出口经营权已全面放开,不仅很多中小型企业拥有进出口权,连个体工商户也可以从事对外贸易。对一个企业或个体工商户而言,要开展好对外贸易工作,不仅需要掌握国际贸易领域中的宏观知识,如国际贸易理论、政策与措施,而且还要掌握国际贸易领域中的微观知识,如贸易方式、贸易术语、交易磋商及合同的签订、国际货物成交及其保险、货款收付及贸易纠纷的国际仲裁等。国际贸易实务是国际贸易宏观知识的进一步延伸,是"国际贸易与国际金融"课程的重要组成部分。

(五) 外汇与汇率

在当今世界,随着生产社会化与国际分工的不断发展,各国之间的贸易日益增多,国际间的经济关系也日益加强。尤其是二战以来,国际经济一体化步伐加快,国际交通、电讯业和金融资本交易日益发达,贸易、资金往来的形式也日趋多样化。与此相适应,国际间的经济、政治、外交、科学、文化、教育等方面的联系也日益密切与增多。这些广泛的国际交往必然在国际间产生货币债权债务关系,这种关系必须在一定时期内进行清算与结算。

一国货币在本国可以自由流通,一旦跨越国界,它们便失去了自由流通的特性。又由于各国都有自己独立的货币和货币制度,一国货币不可能在另一国自由流通。因此,在对国际交往所带来的国际间债权债务进行结算时,就需要将外国货币兑换成本国货币,或将本国货币兑换成外国货币,这种各国间货币收支关系的发展,必然导致用于结算各国货币收支的国际支付手段的产生,即外汇的出现。并且,在各国间货币兑换过程中,还涉及一个货币兑换比率的问题,即汇率问题。外汇及其汇率是构成国际货币关系的两个基本要素,也是该门课程国际金融部分研究的出发点。

(六) 国际收支与国际储备

在一个开放的经济体中,国内经济的增长与对外经济贸易往来有着十分密切的联系。一国与他国经济贸易和资本往来的增长,产生了国际间的货币债权债务关系。这种货币债权债务关系又需在一定时期内进行清偿,从而产生了国际结算。结算行动必然引起一个国家在一定时期内收回对外货币债权和清偿货币债务所发生的货币收支——国际收支。一国的国际收支状况,不仅影响本国国内的经济运行,也影响一国的对外经济交往。对这种货币收支的分析,可以全面了解一国对外交往的整体状况及发展趋势,同时对制定该国的对外政策也具有十分重要的作用。

一国的国际收支出现平衡是偶然现象,而不平衡则是经常的现象。一国国际收支的变化又会引起一国国际储备的变化:当一国国际收支出现顺差时,表现为国际储备量的增加;当一国国际收支出现逆差时,就要以黄金、外汇资金来平衡。平衡的来源渠道主要有两个:一是向国外借款;二是动用本国的国际储备。向国外借款的规模和条件也取决于本国所持有的国际储备量。所以,每个国家都持有一定规模的国际储备。随着世界经济的发展,不仅储备总量在扩大,而且储备资产中的结构也在不断发生变化——国际储备多元化发展,这就增加了储备资产管理的难度,也为我们提出了重要的研究课题。

(七) 国际货币体系与国际金融组织

由于各国在货币兑换、汇率制度等方面存在差异,因而在国际债权债务清偿时面临一定困难,于是在长期国际经济贸易关系中,逐渐形成了一些为国际公认的规则和惯例。随着国际经济贸易关系的发展,先后出现了金本位制、布雷顿森林体制。20 世纪 70 年代后,国际货币制度又进入了新一次改革,欧洲货币体系的改革及欧元在 2002 年的正式启用就是这一时期国际货币制度变革的重要内容。

在国际经济贸易发展过程中,有许多重大经济、金融问题需要组织协商讨论,以协调各国的经济贸易关系。同时,为了促进国际经济贸易的发展,保证国际货币体系的运转和支持某些国家特别是发展中国家发展经济,客观上需要从事国际金融事务的组织机构的协调和管理。

(八)外汇交易业务与外汇风险管理

在国际交往日益频繁的今天,外汇交易是一种十分重要的金融交易。外汇交易是指交易一方从交易另一方那里以一种货币换回另一种货币的交易活动。外汇交易的价格就是汇率。外汇交易要借助于外汇市场来进行。国际清算银行(Bank for International Settlement, BIS)报告显示,2022年4月全球外汇市场场外交易日均交易量为7.5万亿美元,创历史最高水平,较2019年增长了14%,外汇交易和外汇市场的重要性可见一斑。虽然外汇交易是伴随着国际贸易的产生而产生的,但发展到今天,外汇交易已不仅仅是国际贸易的一种工具,90%以上的外汇交易是为了规避利率和汇率风险而进行的保值和投机行为。基础性的外汇交易以即期外汇交易和远期外汇交易为主,在此基础上,外汇业务不断创新,又产生了外汇择期交易、外汇掉期交易、外汇期货交易及外汇期权交易等。学习这些交易业务,并掌握外汇风险管理的方法,有助于我们更好地规避汇率风险和套利,是学习"国际贸易与国际金融"课程的重要目的。

第三节 国际贸易、国际金融与经济发展

一、国际贸易、国际金融与经济发展的关系

国际贸易、国际金融与经济发展相互之间存在着相当密切的关系,它们互相影响、互相作用,又互相制约。国际贸易、国际金融的产生和发展是建立在经济发展的基础上的,而国际贸易、国际金融反过来又大大促进了各国的经济发展。

一方面,商品的流通交换是商品生产过程的延续,在这个统一和延续的过程中,起决定作用的是生产,即生产的发展和结构决定了交换的深度、广度和方式。当然,再生产过程一旦发展到交换阶段,交换的发展还必须服从于其本身特点和运动的规律性。国际贸易的产生过程和经济发展的历史表明,只有生产力发展到一定水平,产品有了剩余以后,商品交换才会发生。随着私有制和国家的出现,这种商品的交换就发展成为国际贸易。到了资本主义社会,生产的社会化、市场范围的扩大、资本的积累、科技的发展和管理的进步为国际贸易的飞速发展创造了良好的条件,打下了坚实的基础。国际金融是随着国际贸易的发展、世界市场的形成以及国际借贷关系的扩大而逐渐产生和发展的,它是国际商品经济高度发达的产物。因此,经济发展对国际贸易与国际金融起着决定性的作用。

另一方面,在一定条件下,国际贸易与国际金融也会对经济发展产生反作用,这主要表现在:

(1)国际贸易对经济发展的"传导"作用。国际贸易的产生和发展,使各国再生产过程得以正常运行和不断扩大,极大地提高了各国的生产力发展水平,其作用机理如下:贸易的扩大和对商品的需求(包括外国对本国商品的需求和本国对外国商品的需求)导致该商品世界市场价格的变动;世界市场价格的变动导致国内开放部门(经营外贸的部门)的价格变动,并进而导致国内非开放部门价格的变动;国内价格变动导致供给(包括资源配置、产业结构、连锁生产和企业规模等)和就业的变动;供给和就业的变动导致整个经济的变动;整个经济的变动又会引起需求的变动,从而产生新的循环。由于本国与他国发展贸易往来时会不断引进外国先进的技术和管理经验,本国企业直接面向国际市场而引起各国企业间的激烈竞争,这些都会影响本国的生产技术水平、管理水平和经济效益。此外,随着国际贸易范围的不断扩大,从单纯的商品买卖关系演变到劳务交易、技术交流、资本流动,甚至环境保护等领域,这些都促使生产国际化和资本国际化获得不断发展。

(2)国际金融对经济发展的"传导"作用。从历史发展看,国际金融的产生和发展与国际贸易的发展密不可分,国际金融对活跃国际贸易发挥了巨大的作用。随着经济全球化的不断发展,国际金融对国际贸易的影响愈发凸显,其在一国经济发展中的地位也不断提高。国际金融具有重要的产业传导作用,是开放经济条件下国与国或区域间进行经济联系的重要方式。与传统的通过国际贸易形成各国间的产业互联相比,国际金融对于异国产业间的影响无须以商品为传导媒介,而是直接作用于一国资本价值中枢,具有把世界经济变动迅速从一国或一地区传播到另一地区的重要作用。国际金融主要以利率和汇率为渠道,发挥其在产业间的传导作用。

二、关于国际贸易、国际金融与经济发展关系的著名论断

(一)"对外贸易是经济增长的发动机"命题

20世纪30年代,英国经济学家D. H. 罗伯特逊(D. H. Robertson)在总结前人的观点和对19世纪国际贸易对经济增长的作用进行深入研究的基础上,在其《国际贸易的未来》一书中首次提出了"对外贸易是经济增长的发动机"的命题。罗伯特逊认为,国际贸易主要通过如下途径和机制促进一国的经济增长:一国出口扩大意味着进口能力的增强,而进口中的资本货物对经济增长有特别重要的意义;按比较优势配置资源将提高专业化程度与劳动生产率;出口增加对就业扩大与规模经济有明显的贡献;对外贸易促进产业结构调整与技术进步,使落后企业退出市场;贸易发展还会鼓励国内外投资,等等。

20世纪50年代,美国经济学家R. 诺克斯(Ragnar Nurkse)在《贸易的格局与经济发展》一书中进一步补充和发展了这一命题。诺克斯认为,19世纪国际贸易的发展是许多国家经济增长的主要动力,国际贸易除了可以带来直接的或静态的利益以促进经济增长外,同时还能带来间接的或动态的利益。一方面,各国按照比较成本优势进行国际贸易,通过专业化分工使资源得到更有效的配置,增加产量,然后通过交换各国获得了多于自己生产的消费量。另一方面,对外贸易的高速增长,尤其是出口贸易的高速增长带来了一系列间接动态效应,主要包括:

(1)较高的出口水平意味着该国拥有提高其进口水平的手段。资本货物的进口能使该国取得贸易利益,节约生产要素的投入,从而提高工业效益,促进经济增长。

(2)出口的增长能促使有关国家把资金投入国民经济中有效率(或比较优势)的领域部门,通过专业化生产,提高劳动生产率。

(3)出口可以使一国取得规模经济带来的利益。对外贸易扩大了市场的范围,生产规模的扩大可使一国获得规模收益,同时又会带动国民经济相关部门的联动发展,进而推动整个经济运行。

(4)世界市场上的竞争会给出口产业造成压力,并淘汰低效率的出口工业。这将迫使出口企业不断降低生产经营成本,提高经济效率,增强竞争能力。

(5)对外贸易有助于一国产业结构的调整。对外贸易的发展促使国内优势产业的生产规模相应扩大,一些传统或劣势产业淘汰出局,一些新兴或朝阳行业不断涌现,形成新的产业结构。

综上,"对外贸易是经济增长的发动机"命题从多维度论述了对外贸易对经济增长的促进作用。但该理论过分强调对外贸易对生产的作用,而忽视了生产对贸易的决定性作用,具有一定的局限性:一是仅仅把对外贸易作为资本主义经济成长的唯一重要因素,没有考虑生产关系、科技进步和资本积累等重要条件和因素;二是将经济发展与经济增长混为一谈,没有注意到这两个概念在内涵与外延上的不同;三是错误地将对外贸易作为一个具有普遍意义的"发动机"来研究,没有认识到对外贸易对一国经济发展来说只是外因,对一些经济发展内部条件

不完善(或不具备)的发展中国家根本起不到"发动机"的作用;四是片面地强调对外贸易给一国经济发展带来的利益,却没有探讨资本主义条件下对外贸易形成的消极后果,尤其是给发展中国家民族经济的发展造成的障碍和恶果。

(二)对外贸易乘数理论

凯恩斯(1883—1946)是当代著名的英国经济学家,凯恩斯主义的创始人。凯恩斯原是一个自由贸易论者,直至20世纪20年代末仍信奉传统的自由贸易理论,认为保护主义对于国内的经济繁荣与就业增长一无可取。但在其1936年出版的《就业、利息和货币通论》一书中,凯恩斯一反过去的立场,转而强调贸易差额对国民收入的影响,为凯恩斯主义"奖出限入"的超保护贸易政策提供了理论依据。

在《就业、利息和货币通论》一书中,凯恩斯对古典经济学的自由贸易理论与重商主义学说进行了重新评价。凯恩斯指出,古典学派的自由贸易理论是建立在"充分就业"的基础之上的,在这一前提下,国与国之间的贸易会由于国际收支的调节,自动达到平衡,即:出现顺差→黄金流入→货币的供给增加→物价水平提高→出口竞争力下降,进口的吸引力增强→顺差减少直到最终平衡为止;出现逆差→黄金流出→货币的供给减少→物价水平降低→出口竞争力提高,进口的吸引力减少→逆差减少直到最终平衡为止。但到了20世纪30年代,尤其是1929—1933年世界性经济危机的爆发,使得资本主义国家失业率居高不下,不可能通过市场机制的自动调节达到充分就业。因此,凯恩斯认为,古典学派的自由贸易理论前提条件已不复存在,应加以修正;而重商主义学说中的一些观点含有一定的合理成分,必须重视贸易差额的变动及其对国民收入和就业带来的影响。

对外贸易乘数理论(foreign trade multiplier theory)是20世纪30年代由凯恩斯的主要追随者马克卢普和哈罗德等人在凯恩斯的投资乘数理论基础上引申提出的,是凯恩斯投资乘数理论在对外贸易方面的运用。凯恩斯的投资乘数理论指出,投资的乘数作用表现为:一个部门的新增投资,不仅会使该部门的收入增加,而且会通过连锁反应,引起其他有关部门的收入增加,而且会通过连锁反应,引起其他有关部门追加新投资获得新收入,致使国民收入总量的增长若干倍于最初那笔投资。对外贸易乘数理论在投资乘数理论基础上,分析了对外贸易与增加就业、提高国民收入的倍数关系。该理论认为,一国的出口和国内投资一样,是一种"注入"(injection),对就业和国民收入有倍增作用;而一国的进口,则与国内储蓄一样,是一种"漏出",对就业和国民收入有倍减效应。当商品劳务输出时,从国外获得货币收入,会使出口产业部门收入增加,消费也随之增加,从而引起其他产业部门生产增加、就业增多、收入增加。如此反复下去,收入增加将为出口增加的若干倍。当商品劳务输入时,向国外支付货币,使收入减少,消费随之下降、国内生产缩减、收入减少。因此,只有当对外贸易为顺差时,才能增加一国就业量,提高国民收入。此时,国民收入增加将为投资增加和贸易顺差的若干倍。

对外贸易乘数理论在一定程度上揭示了对外贸易与国民经济发展之间的内在规律性,对一国制定切实有效的宏观经济政策有一定的理论指导意义。但该理论过分强调贸易顺差的重要性,主张国家干预对外贸易,实行贸易保护,具有一定的庸俗性和局限性。

(三)马克思的国际金融理论

马克思的国际金融理论是马克思金融理论的重要组成部分,集中阐发于《资本论》《剩余价值理论》《马克思恩格斯全集》等经典论著中,主要由国际价值理论、世界货币理论和汇兑率理论等内容构成,深刻揭示了当时国际经济运行中的金融机理,也揭示了国际金融发展和金融运作中的重要理论和主要机制,为国际经济学、国际金融学等学科的发展奠立了重要的理论基础。

1. 国际价值理论

马克思将劳动价值论贯彻到国际经济领域,创立了国际价值理论。马克思认为,商品价值是由社会必要劳动时间决定的。社会必要劳动时间是在现有的社会正常的生产条件下,在社会平均的劳动熟练程度和劳动强度下制造某种使用价值所需要的劳动时间。在世界市场上,各国生产同种商品的现有生产条件不同、平均的劳动熟练程度和平均的劳动强度不同,由此,生产同种商品所需要的劳动时间存在着较大的差异,即在各国之间社会必要劳动时间决定价值量呈现出"阶梯式"格局。马克思认为,"产业资本家总是面对着世界市场,并且把他自己的成本价格不仅同国内的市场价格相比较,而且同全世界的市场价格相比较,同时必须经常这样做",因此,他们通常有着国际眼光,必然从可介入世界市场中选择自己产品的销售之地,为自己的产品找到一个最满意的销售价格。

2. 世界货币论

货币是商品交易的媒介,有商品交易就有货币。由此,有国际贸易也就有与它相对应的交易媒介——世界货币。马克思指出,"只有对外贸易,只有市场发展为世界市场,才使货币发展为世界货币"。在一国的商品交易中,流通手段是货币的基础性职能,货币的其他职能是建立在这一职能之上。但在世界市场中,世界货币作为"一般支付手段、一般购买手段和一般财富的绝对社会化身执行职能",其中,作为支付手段平衡国际贸易差额是其最主要的职能。马克思指出,"金银充当国际购买手段,主要是在各国间通常的物质变换的平衡突然遭到破坏的时候""充当财富的绝对社会化身是在这样的场合:不是要买或是要支付,而是要把财富从一个国家转移到另一个国家,同时,商品市场的行情或者要达到的目的本身,不容许这种转移以商品形式实现"。显然,在世界市场中,货币作为购买手段和社会财富的职能发挥不是一种常态现象。世界货币的职能形成和发挥以世界市场的形成和运行为前提。随着资本的触角伸向世界各个角落,商品交易遍布全球,世界货币的职能也就得到了发挥和扩展。

3. 汇兑率理论

在国际贸易中,价格的价值内含量差别、货币含金量的差别转化为交易双方的货币比率的差别,以汇率方式显示出来。马克思的国际价值理论中强调的"各国的平均数形成一个阶梯",就表现为汇率的阶梯。在贵金属货币时代,这种汇率阶梯以黄金等贵金属的汇兑比率形式表现出来。马克思指出,"如果一国用银,一国用金作货币,那么,在谈到这两国之间的汇兑率时,这种汇兑率就取决于这两种金属价值的相对变动,因为这种变动显然影响这两种金属的平价"。马克思认为,"利息率会影响汇兑率,汇兑率也会影响利息率,但汇兑率变动时,利息率可以不变;利息率变动时,汇兑率也可以不变",利率与汇率之间的变动走势依具体条件和因果路径的不同而不同。进入20世纪以后,信用货币成为占主导地位的货币,尤其是1971年8月15日美国单方面宣布美元与黄金脱钩,更是使得国际货币脱离了曾赖以支撑的黄金基础,由此,各国之间的货币比率成为各国信用货币之间的比率。与此同时,随着国际贸易、国际金融和国际投资等经济关系的复杂化,汇率决定机制也更加复杂。

(四)金融发展理论

金融发展理论既是关于金融自身如何发展的理论,又是关于金融发展如何作用于经济发展的理论。就其现实表现来看,金融发展表现为发展中国家的金融深化过程和发达国家的金融创新过程,这两种发展形式是内在一致的,也就是金融自由化过程。金融发展理论阐述的核心是经济与金融之间的相互联系、相互促进的关系。

20世纪90年代以前,凯恩斯学派在金融发展理论中居统治地位。尽管强调金融对实际经济的影响非常大,认为金融最主要的贡献是满足融资需要,但是认为金融活动提高真实生产力无法得以保障,甚至提出金融发展可能是以真实部门为代价的。金融发展有可能对实际经济造成负面影响的观点盛行,如挤出假说、金融主导假说、赌场假说、金融不稳定性假说、金融短期主义假说。在凯恩斯主义传统中,金融约束政策造成金融在经济中的作用被大大低估。金融抑制造成了发展中国家货币化程度低、金融市场落后或者根本没有资本市场、金融行为被严重扭曲、金融制度双重性等特征,这种压抑带来的成本在经济转向全面发展时期越来越高,成为阻碍本国经济进一步发展的重要因素;而在发达国家普遍存在对金融业加强监管的趋势,严厉的管制给社会带来很大的额外成本,甚至金融机构的正常运行都受到威胁。这迫使人们开始反思经典经济理论以及金融与经济的关系。

进入20世纪90年代,传统的金融发展理论得到了复兴。麦金农对"金融自由化"思想进行反思,于1991年出版了《经济市场化的次序——向市场经济过渡时期的金融控制》。该书认为,对于推进经济市场化而言,客观上存在一个如何确定最优次序的问题。应该先国内后国外,在国内金融成功自由化后,政府可以进行外汇自由化的改革,这当中同样存在一个次序正确、程度适当的问题。以赫尔曼、穆尔多克和斯蒂格利茨为代表的新凯恩斯主义经济学家从不完全信息市场的角度提出"金融约束理论",重新审视了金融体制中加强政府干预与放松管制的问题,认为金融市场是非完全竞争市场,政府的适当干预是十分必要的。2000年以后,学者们越来越将金融发展理论的研究重点放在金融自身发展和演进的决定因素等问题上。2008年爆发的国际金融危机对金融发展与经济增长关系产生的影响引起学界的高度关注,一些研究动摇了对资本流动管制的放松促进全球经济增长的观点。

复习思考题

1. 国际贸易、国际金融与一国经济发展有何关系?
2. 马克思国际金融理论对中国的国际贸易和国际金融实践有何指导意义?
3. 中国改革开放40余年的发展经验对发展中国家有何启示?

延伸阅读

习近平在庆祝改革开放40周年大会上的讲话

(2018年12月18日)

1978年12月18日,在中华民族历史上,在中国共产党历史上,在中华人民共和国历史上,都必将是载入史册的重要日子。这一天,我们党召开十一届三中全会,实现新中国成立以来党的历史上具有深远意义的伟大转折,开启了改革开放和社会主义现代化的伟大征程。

党的十一届三中全会是在党和国家面临何去何从的重大历史关头召开的。当时,世界经济快速发展,科技进步日新月异,而"文化大革命"十年内乱导致我国经济濒临崩溃的边缘,人民温饱都成问题,国家建设百业待兴。党内外强烈要求纠正"文化大革命"的错误,使党和国家从危难中重新奋起。邓小平同志指出:"如果现在再不实行改革,我们的现代化事业和社会主义事业就会被葬送。"在邓小平同志领导下和老一辈革命家支持下,党的十一届三中全会冲破长期"左"的错误的严重束缚,批评"两个凡是"的错误方针,充分肯定必须完整、准确地掌握毛泽东思想的科学体系,高度评价关于真理标准问题的讨论,果断结束"以阶级斗争为纲",重新确立马克思主义的思想路线、政治路线、组织路线。从此,我国改革开放拉开了大幕。

党的十一届三中全会以后,以邓小平同志为主要代表的中国共产党人,团结带领全党全国各族人民,深刻总结我国社会主义建设正反两方面经验,借鉴世界社会主义历史经验,创立了邓小平理论,作出把党和国家工作中心转移到经济建设上来、实行改革开放的历史性决策,深刻揭示社会主义本质,确立社会主义初级阶段基本路线,明确提出走自己的路、建设中国特色社会主义,科学回答了建设中国特色社会主义的一系列基本问题,制定了到21世纪中叶分三步走、基本实现社会主义现代化的发展战略,成功开创了中国特色社会主义。

党的十三届四中全会以后,以江泽民同志为主要代表的中国共产党人,团结带领全党全国各族人民,坚持党的基本理论、基本路线,加深了对什么是社会主义、怎样建设社会主义和建设什么样的党、怎样建设党的认识,积累了治党治国新的宝贵经验,形成了"三个代表"重要思想。在国内外形势十分复杂、世界社会主义出现严重曲折的严峻考验面前,捍卫了中国特色社会主义,确立了社会主义市场经济体制的改革目标和基本框架,确立了社会主义初级阶段的基本经济制度和分配制度,开创全面改革开放新局面,推进党的建设新的伟大工程,成功把中国特色社会主义推向21世纪。

党的十六大以后,以胡锦涛同志为主要代表的中国共产党人,团结带领全党全国各族人民,坚持以邓小平理论和"三个代表"重要思想为指导,根据新的发展要求,深刻认识和回答了新形势下实现什么样的发展、怎样发展等重大问题,形成了科学发展观,抓住重要战略机遇期,在全面建设小康社会进程中推进实践创新、理论创新、制度创新,强调坚持以人为本、全面协调可持续发展,形成中国特色社会主义事业总体布局,着力保障和改善民生,促进社会公平正义,推动建设和谐世界,推进党的执政能力建设和先进性建设,成功在新的历史起点上坚持和发展了中国特色社会主义。

党的十八大以来,党中央团结带领全党全国各族人民,全面审视国际国内新的形势,通过总结实践、展望未来,深刻回答了新时代坚持和发展什么样的中国特色社会主义、怎样坚持和发展中国特色社会主义这个重大时代课题,形成了新时代中国特色社会主义思想,坚持统筹推进"五位一体"总体布局、协调推进"四个全面"战略布局,坚持稳中求进工作总基调,对党和国家各方面工作提出一系列新理念新思想新战略,推动党和国家事业发生历史性变革、取得历史性成就,中国特色社会主义进入了新时代。我们以巨大的政治勇气和智慧,提出全面深化改革总目标是完善和发展中国特色社会主义制度、推进国家治理体系和治理能力现代化,着力增强改革系统性、整体性、协同性,着力抓好重大制度创新,着力提升人民群众获得感、幸福感、安全感,推出1600多项改革方案,啃下了不少硬骨头,闯过了不少急流险滩,改革呈现全面发力、多点突破、蹄疾步稳、纵深推进的局面。

艰难困苦,玉汝于成。40年来,我们解放思想、实事求是,大胆地试、勇敢地改,干出了一片新天地。从实行家庭联产承包、乡镇企业异军突起、取消农业税牧业税和特产税到农村承包地"三权"分置、打赢脱贫攻坚战、实施乡村振兴战略,从兴办深圳等经济特区、沿海沿边沿江线和内陆中心城市对外开放到加入世界贸易组织、共建"一带一路"、设立自由贸易试验区、谋划中国特色自由贸易港、成功举办首届中国国际进口博览会,从"引进来"到"走出去",从搞好国营大中小企业、发展个体私营经济到深化国资国企改革、发展混合所有制经济,从单一公有制到公有制为主体、多种所有制经济共同发展和坚持"两个毫不动摇",从传统的计划经济体制到前无古人的社会主义市场经济体制再到使市场在资源配置中起决定性作用和更好发挥政府作用,从以经济体制改革为主到全面深化经济、政治、文化、社会、生态文明体制和党的建设制度改革,党和国家机构改革、行政管理体制改革、依法治国体制改革、司法体制改革、外事体制改革、社会治理体制改革、生态环境督察体制改革、国家安全体制改革、国防和军队改革、党的领导和党的建设制度改革、纪检监察制度改革等一系列重大改革扎实推进,各项便民、惠民、利民举措持续实施,使改革开放成为当代中国最显著的特征、最壮丽的气象。

(本文原载于中华人民共和国中央人民政府门户网站,http://www.gov.cn/xinwen/2018-12/18/content_5350078.htm,有删减)

国际贸易模块

第一章

国际贸易的产生与发展

国际贸易的产生必须具备两个前提条件：一是具有可供交换的剩余产品；二是存在国家或政治（社会）实体。因此，国际贸易是在人类社会生产力发展到一定历史阶段时才产生和发展起来的，是人类社会发展到一定阶段的产物，属于历史范畴。反过来，国际贸易的发展在客观上又促进了当时社会生产力的进一步发展。

第一节 国际贸易的产生

一、剩余产品的出现

原始社会初期，人类社会处于自然分工的状态，社会生产力水平十分低下且发展缓慢。原始公社内部人们在共同劳动的基础上获取十分有限的物质资料，仅能维持最基本的生存需要。因此，没有剩余产品用以交换，也就谈不上对外贸易。

原始社会后期，随着社会生产力的不断发展，出现了人类历史上三次社会大分工：第一次社会大分工是畜牧业和农业之间的分工。游牧业从农业中分离出来，畜牧的驯养和繁殖使生产力得到了发展，产品开始出现了少量剩余。于是，在氏族公社之间、部落之间出现了剩余产品的交换。不过，这种交换是极其原始的、偶然的物物交换；第二次社会大分工是手工业从农业中分离出来。手工业的出现便产生了直接以交换为目的的商品生产。商品生产的目的是专门为了满足他人的需要，此时，商品交换也由原来的偶然的物物交换变为经常性的交换活动。商品生产和商品交换的不断扩大，产生了货币，商品交换逐渐变为以货币为媒介的商品流通；由于商品交换的日益频繁和交换地域范围的不断扩大，便产生了专门从事贸易的商人，于是出现了第三次社会大分工。

原始社会三次社会大分工每次都促进了社会生产力的发展和剩余产品的增加，为国际贸易的产生奠定了物质基础。

二、国家的形成

国家是随着阶级的产生而产生的，是阶级矛盾不可调和的产物。国家和阶级一样，也是社会发展到一定历史阶段的产物。生产力的发展使阶级的出现成为可能，而剩余产品的出现成为阶级产生的物质前提。原始社会末期，随着社会生产力的发展，生产力水平相对于人类需求而言发生了质变，人们创造出的产品除了能满足生存活命这一本能需求外还有剩余。获得消费产品要求发展生产力，而摆脱繁重乏味劳动又是脱离劳动、懈怠生产力的表现。因此，也正是这一矛盾决定了发展生产力过程中人类自身间的矛盾斗争（阶级斗争）和生产资料私有制的产生。私有制的建立和扩大，彻底地摧毁了原始氏族的公有制，阶级社会就此产生。在原始社会末期和奴隶社会初期，由于阶级矛盾形成了国家。国家出现后，商品交换超越国界，就产生了国际贸易。

恩格斯在《家庭、私有制和国家的起源》一书中分析了人类早期的历史，揭示了原始社会制度解体和以私有制为基础的阶级社会形成的过程，剖析了国家的起源和实质。恩格斯认为，随着农业生产效率的提高，剩余产品的出现导致了复杂的劳动分工，少数人通过控制生产手段，掌握大量经济财富，不断剥削广大穷人。国家正是这种阶级斗争的产物，它在一切典型的时期毫无例外地都是统治阶级的国家，并且在一切场合本质上都是镇压被镇压被剥削阶级的工具。恩格斯也指出，"国家由阶级产生，随着阶级的消失，国家也必将消亡"。

可见，在社会生产力的发展和社会分工扩大的基础上，商品生产和商品交换的扩大以及国家的形成是国际贸易产生的必要条件。

第二节　国际贸易的发展

一、前资本主义社会时期的国际贸易

（一）奴隶社会时期的国际贸易

奴隶社会的基本特征是奴隶主占有生产资料和奴隶本身，同时存在维护奴隶主阶级专政的、完整的国家机器，国家之间的商品交换也就随之产生。

奴隶社会时期的国际贸易具有原始和落后的特点。早在4000多年前，由于水上交通便利，欧洲的地中海东部和黑海沿岸各奴隶制国家以及与之相邻的国家之间就已经开展了对外贸易，出现了腓尼基、迦太基、亚历山大、希腊、罗马等贸易中心和贸易地区，其中希腊的雅典还是贩卖奴隶的中心。但受当时经济发展不平衡、运输条件及地理知识等的限制，这一时期的国际贸易地域范围十分狭窄，大多数商品仅局限于与周边国家的贸易往来，且常常被奴隶制国家之间以及奴隶主之间的战争所隔断。尽管奴隶社会的生产力水平比原始社会前进了一大步，但当时的生产力水平依然低下，流通领域中可用于国与国之间交换的商品甚少，除奴隶外，其他的商品大多数是奴隶主和贵族们享乐所需的生活奢侈品，如酒、香料、毛皮、象牙、珠宝和各种织物及装饰品等。从贸易方式来看，各奴隶制国家之间习惯于凭借武力通过战争和海上掠夺等不平等方式来发财致富，虽然也存在着国与国之间利益性的商品交易，但从总体来看具有掠夺性、强迫性或欺骗性。

（二）封建社会时期的国际贸易

封建社会是以封建主占有土地，但不直接占有生产者（农民）为基础的社会。封建社会取代奴隶社会之后，社会生产力和商品经济均有所发展，国际贸易的范围又进一步扩大。

1. 封建社会早期与中期

封建社会早期与中期，因封建地租采取劳役地租和实物地租的形式，进入流通领域的商品数量不多。封建社会的中期，随着商品生产的进一步发展，地租的形式从实物转变为货币，使得商品经济的范围逐步扩大，对外贸易也随之增长。这一时期进入国际贸易的商品种类增多，主要是各种生活消费品，如呢绒、丝绸、茶叶、酒等，其中珠宝、象牙、香料等生活奢侈品占较大比重。

欧洲仍是这一时期的主要贸易地区,国际贸易从奴隶社会时期的地中海东部,逐步扩展到整个地中海沿岸以及北海和波罗的海沿岸各国,直到欧洲大陆和俄国。这一时期,亚洲各国之间的贸易开始发展起来,并由近海扩延到远洋。早在西汉时期,中国就开辟了从长安经中亚通往西亚和欧洲的陆路商道——丝绸之路,把中国的丝绸、茶叶、瓷器等商品通过"丝绸之路"输往西方各国,换回良马、种子、药材和饰品等。到了唐朝,除了陆路贸易外,中国还开辟了通往波斯、朝鲜和日本等国的海上贸易。在宋、元时期,由于造船技术的进步,海上贸易得到进一步发展。在明朝永乐年间,郑和率领商船队七次下西洋,途径30余国,用中国的丝绸、瓷器、铜器和铁器等换取东南亚各国的珠宝、象牙、香料和药材等。

东西方贸易开始并有了长足的发展是这一时期国际贸易的一个主要特点。东方国家如中国、印度、埃及、伊朗等与欧洲各国之间开始了直接或间接的贸易往来,但大多属于间接贸易往来,即通过其他国家进行交往。波斯和阿拉伯商人在我国唐朝时期来到中国,对促进东西方贸易的发展起到了重要的作用。公元5—8世纪,君士坦丁堡成为当时著名的大型国际贸易中心,拜占庭商人从这里将各国商品贩运到东西方各地;阿拉伯人控制了地中海大部分贸易路线后,开始贩运非洲象牙、欧洲呢绒以及东方的丝绸、宝石和香料等,成为联结欧、亚、非三大洲的贸易中间商。

2. 封建社会后期

封建社会后期,也就是资本原始积累时期(15世纪末至18世纪中叶),由于社会经济、政治以及科技水平的巨大变化和发展,国际贸易也有了明显的进步。国际贸易逐渐在社会经济和政治活动中占据一席之地,并成为资本主义制度产生的重要物质条件,成为资本原始积累的主要手段之一。

地理大发现和殖民掠夺成为这一时期国际贸易快速发展的推动力。1492年,意大利航海家哥伦布由西班牙出发横渡大西洋发现了美洲大陆,使欧洲的贸易范围从地中海迅速扩展到美洲;1498年,葡萄牙人达·伽马从欧洲绕道好望角发现了到达印度的新航线,使东西方贸易从陆上发展到海上;1519—1522年,葡萄牙航海家麦哲伦率领船队从西班牙出发,历时三年,完成了人类首次环球航行,开辟了新航线。这一系列的地理大发现扩大了欧洲国家对外贸易的地理范围,使其贸易范围直接扩大到大西洋彼岸的美洲和亚洲的印度、中国及南洋群岛,导致欧洲商人大量涌入这些地区。除了原有的金银、香料等商品外,烟草、咖啡、可可等新商品及欧洲人从前很少食用的蔗糖、大米等食品开始大量运往欧洲,木材、硝石等工业原料也成为国际贸易中的重要商品。为了开发美洲资源,欧洲殖民者用武力和欺骗的手段,大批贩卖非洲黑人到美洲,奴隶又重新成为国际贸易中的一项大宗商品。随着世界市场的突然扩大、流通商品种类的日益增多,欧洲各国竭力想占有亚洲产品和美洲资源,从此,欧洲大批商人和冒险家纷纷登上历史舞台,开始对新发现的地区进行贸易和殖民掠夺。因而,在这一时期国际贸易成为欧洲商人从世界市场掠夺财富的主要手段,具有明显的掠夺和殖民性质。

在这一时期,欧洲几个主要贸易国家为争夺海上贸易霸权,进行过多次商业战争。随着几个主要贸易国家的兴衰,国际贸易中心曾多次转移。起初,由于葡萄牙和西班牙最先建立起庞大的殖民帝国,其势力范围扩大到亚、非、拉三大洲,比利牛斯半岛诸城成为国际贸易中心;此后,荷兰兴起并成为世界头号海上强国,对外贸易的规模和海外殖民地的数量远远超过葡萄牙和西班牙,安特卫普和阿姆斯特丹也因此成为国际贸易中心;到了17世纪,英国取得了海上贸易霸权,伦敦遂成了国际贸易中心。

概括而言,这一时期的国际贸易是西欧各国同广大殖民地之间进行的一种掠夺性质的贸易。在对外贸易中,通过海盗行径与对殖民地人民残酷和血腥的掠夺,使西欧各国积累了大量的货币资本,商业资本得到了迅速的发展和壮大,从而大大促进了资本主义生产方式的确立与成长。但由于这一时期生产力水平仍不是很发达,还处于工场手工业阶段,并且与国际贸易紧密相关的国际分工和世界市场尚处在萌芽状态,国际贸易尚不具有真正的世界性。

二、资本主义社会时期的国际贸易

国际贸易虽然源远流长,但其真正具有世界性质还是在资本主义生产方式确立之后。18世纪中叶以后,产业革命和资产阶级革命的发生,最终建立了资产阶级政权,资本主义生产方式得以确立,人类社会进入了资本主义社会。在资本主义生产方式下,国际贸易的规模急剧扩大,国际贸易活动遍及全球,国际贸易的商品种类日益增多,国际贸易也越来越成为影响世界经济发展的一个重要因素。在资本主义发展的各个不同历史时期,国际贸易的发展又各具特点。

(一)资本主义自由竞争时期的国际贸易

18世纪60年代至19世纪70年代是资本主义自由竞争时期。在这一时期,以纺织机和蒸汽机的发明与应用为开端的第一次产业革命,导致了机器大工业的建立与发展,迅速提高了社会生产力水平,为国际贸易的加速发展创造了前所未有的社会经济条件;与此同时,国际贸易的大发展又进一步推动了工业革命,加速了主要资本主义国家的工业化进程。

随着主要资本主义国家先后完成了工业革命,大量成本低廉的商品被生产出来,这不仅仅满足了本国消费需要,也使得具有竞争优势的剩余产品输往他国市场成为一种迫切的需要。此外,大机器生产需要大量的、源源不断的原材料供应,而各国国内原材料供应有限,这就需要打破本国地理范围的限制,在国外寻找原材料市场。再加上交通运输工具和通信工具也有了很大的改善和发展,这一时期的国际贸易发展非常迅速,在各方面都发生了显著变化。

一是国际贸易量迅速增加。在1720—1800年的80年间,世界贸易总量只增长了一倍,但进入19世纪后,前70年的世界贸易量就增长了10多倍。

二是商品结构不断变化。18世纪末以前的大宗商品,如香料、茶叶、丝绸、咖啡等,在这一阶段所占份额开始下降。各种工业制成品比重开始上升,特别是纺织品的比重迅速上升,谷物也成了大量交易的对象。

三是国际贸易方式由现场看货交易发展为样品展览会和商品交易所。如1848年美国芝加哥出现了第一个谷物交易所,1862年伦敦成立了有色金属交易所等。

四是对外贸易的经营组织日趋专业化。随着贸易规模的扩大,享有特权的外贸公司逐步让位于在法律上负有限责任的股份公司,开始出现了为国际贸易服务的运输、保险和信贷金融等专业性公司。

五是英国成为当时的国际贸易中心。英国率先开始并完成了第一次工业革命,19世纪初的英国享有"世界工厂"的美誉,1820年英国的工业产量占世界工业总产量的一半以上。1850年以后,英国一半以上的工业制成品被销往国外市场,而工业原料大部分从国外进口。

(二)垄断资本主义时期的国际贸易

19世纪70年代,资本主义由自由竞争阶段向垄断阶段过渡。20世纪初,垄断最终替代了自由竞争,资本主义进入垄断时期。19世纪70年代,发生了以电力的广泛应用和内燃机的出现为标志的第二次科技革命,新技术的应用推动了一些新兴行业的发展,如汽车、飞机、轮船等制造业相继出现,电报和电话通信手段迅速发展。第二次科技革命不仅推动了工业的发展,而且使世界的交通运输业发生了革命性的变化。交通、通信工具的发展,运输费用的下降,使得越来越多的国家或地区卷入了国际贸易。

这一时期的国际贸易无论从广度还是深度来讲,都有了进一步的变化:

(1)国际贸易仍在增长,但增长速度下降。二战结束前,国际贸易额增长了3倍,但由于垄断形成了市场分割和垄断高价,对国际贸易的发展带来了负面影响,同自由竞争时期相比这一时期的国际贸易增长速度出现下降。特别是从一战❶爆发到二战结束这一期间,世界生产和贸易经历了衰退与萧条,1913—1938年,国际贸易年均增长仅为0.5%。

(2)贸易商品结构发生了重大变化。随着世界工业生产的迅速发展,工业制成品特别是重工业产品以及有色金属、稀有金属、石油等矿产原料在国际贸易中的比重大大提高;同时,由于大城市的发展,食品贸易的比重也有所上升。

(3)贸易地理格局发生变化,美国和德国迅速兴起,英国作为"世界工厂"的地位逐步丧失。这一时期,美国和德国由于实施贸易保护政策,保护国内市场,加速工业生产的发展,赶上并超过了英国的工业生产能力。1890—1913年,英国工业生产仅增长了1.3倍,而美国则增长了8.1倍,德国增长了4.6倍;工业的增长必然带来国际贸易的扩大,美国与德国对外贸易额的增长速度均达到160%,而英国为89%,这使得英国在世界贸易额中的比重由22%下降到15%,美国则由8%上升到11%,德国由9.7%上升到13%。可见,英国在国际贸易中的地位显著下降,而美国和德国的地位却迅速上升。

(4)资本输出是这一时期国际贸易的主要特征。这一时期,主要资本主义国家的垄断组织逐步形成,通过商品输出尤其是资本输出,西方主要资本主义国家瓜分了世界绝大部分市场。垄断组织通过资本输出,扩大商品出口,占有原料产地,同时排挤竞争对手,确立自己在世界市场的统治地位,以便攫取高额的垄断利润。据统计,在第一次世界大战前,英国、法国、德国三国仅资本输出一项,每年就可以获得80亿法郎的超额利润。

三、二战以来(当代)的国际贸易

二战后,世界经济形势发生了深刻的变化。首先,以电子计算机、空间技术和生物工程等的发明和应用为主要标志的第三次科技革命给战后经济带来了生机,使得国际贸易的发展进入了一个新时期。第三次科技革命引发了一系列新兴工业部门的相继诞生以及跨国公司的大量涌现,极大地促进了生产国际化的发展,使得国际分工更加深入,国际市场范围日益扩大,为国际贸易的发展提供了极为有利的条件。其次,交通运输业的发展更为迅速,现代化交通运输和通信工具的广泛采用,使国际贸易在空间上进一步扩展,时间周期大大缩短。再次,以布雷顿森林协定为基础的国际货币体系相对稳定,在关税与贸易总协定框架下降低关税的谈判以及1995年WTO的建立不仅大大降低了各国的贸易壁垒,还建立了解决多边贸易争端的机制,这为国际贸易提供了一个相对稳定、公正和自由的环境。此外,二战后民族解放运动空前高涨,亚非拉地区大批殖民地、半殖民地国家相继独立,这些国家积极参与国际分工、国际贸易,也使得国际贸易在"二战"后获得了进一步的发展。

具体来看,二战后的国际贸易发展呈现出以下典型特征。

---

❶ 一战即第一次世界大战。

1. 国际贸易增长速度迂回上升

二战结束后,受经济重建、经贸自由化、国际货币体系稳定等多种因素的积极影响,国际贸易以前所未有的速度发展,西方经济学家把1948—1973年称为"世界经济的黄金时代"。这段时期国际贸易的增长速度超过了同期的世界生产增长速度。1913—1938年,世界出口量的年均增长率仅为0.7%,而战后(1948—1973年)世界出口量年均增长率达7.8%,超过了同期工业生产的年均增长率6.1%。此后的1973—1986年,由于受国际货币体系动荡、各国实施新贸易保护主义及石油危机、经济衰退等不利因素的影响,世界贸易量的增长率和世界工业生产的增长率皆下降,但前者仍然超过后者。1973—1981年,国际贸易年均增长率只达3.6%。受1979—1982年世界经济危机的袭击,国际贸易陷入1981年的零增长和1982年的负增长(-2%)困境。从1983年起,随着西方国家经济的回升,国际贸易增速也转负为正。1983—1989年,国际贸易年均增长率提高到6.2%。进入20世纪90年代后,国际贸易的增长速度加快,1990—1995年国际贸易年均增长率达10%左右,但1996年降至6.7%,1997年再降为3.5%。1998年,因受亚洲金融危机的严重影响,国际贸易再度陷入负增长的困境。1999年以后,随着亚洲国家的经济复苏,国际贸易逐步回升,尤其是进入新世纪后,国际贸易高速增长,规模急剧扩大,直至2008年9月美国金融危机全面爆发,国际贸易增长速度才逐渐放缓。据WTO统计,受中国等新兴经济体强劲表现带动,2010年全球出口贸易额增长14.5%,超过金融危机前水平,一改2009年骤降12%的颓势,增幅创1950年以来最高纪录。2008年美国金融危机之后,世界贸易增长率持续低迷,增速连续多年低于世界经济增速。2015年,全球贸易增长率仅为1.2%,远低于2008年全球金融危机前10年平均6.7%的年增长率。2017年,世界商品贸易量增长率自2011年以来首次超过3%,增长4.7%。2018年,受美中贸易摩擦直接影响,全球贸易增速放缓至3.0%。受新冠肺炎疫情影响,2020年世界商品贸易下降了7.4%,这是自2009年以来的最大年度跌幅。据WTO"全球贸易数据与展望"报告预测,受地缘政治局势紧张、通胀高企、货币政策紧缩、债务水平上升等多重风险影响,2023年全球商品贸易量将增长1.7%,这一增幅低于2022年2.7%的增长率,也低于过去12年来2.6%的平均增长水平。可以预见,未来全球贸易增长前景仍面临较高不确定性。

2. 国际贸易规模空前扩大

据统计,1900—1937年,世界进出口贸易总额由115亿美元上升至160亿美元,37年间仅增加了45亿美元;1950—1989年的39年间,贸易总额由600亿美元猛增至31000亿美元,增幅为50多倍;而到1998年,世界进出口贸易总额突破了6万亿美元,比1989年又递增了近一倍;2012年,世界进出口贸易总额达到22.5万亿美元,比1998年又递增了3倍之多;2016年世界进出口贸易总额已经达到32.18万亿美元,2018年全球贸易总额更是达到39.342万亿美元。据WTO统计,受新冠肺炎疫情影响,2020年世界货物和服务贸易额从2019年的24万亿美元减少至22万亿美元,其中货物贸易量同比减少5.3%;2021年全球贸易额达28.5万亿美元,较2020年和2019年全球贸易额分别增长25%和13%;2022年,全球贸易总额为32万亿美元,其中,全球货物贸易额同比增长约10%;全球服务贸易额同比增长15%。据WTO《全球贸易数据与展望》报告预测,2023年全球货物贸易量将增长1.7%。

3. 国际贸易商品结构不断优化

二战后,国际贸易商品结构的变化,不仅表现在工业制成品和初级产品两大类产品间的贸易相对比重的升降上,而且两大类产品的内部结构也发生了改变。二战前几十年间,初级产品和工业制成品在国际贸易中各自所占比重基本稳定在60%（偏上）和40%（偏下）。二战后，工业制成品比重不断上升，1953年首次超过了初级产品。据WTO《2018世界贸易统计报告》，在全球商品贸易中，工业制成品占所有商品出口的比重达70%。在工业制成品中，劳动密集型的轻纺产品所占比重下降，而资本和技术密集型产品所占比重上升，特别是高新技术产品、化工产品、机器和运输设备等所占比重上升。在初级产品贸易中，燃料所占比重日益上升，从1955年的22.2%上升到1970年的27.6%，这一比重在1987年达39.9%。值得关注的是，近年来全球贸易的商品结构性调整明显，"绿色货物"即"环境友好型货物"贸易维持增长。据联合国贸发会议（UNCTAD）报告，2022年全球的环境产品贸易额达到1.9万亿美元，占工业制成品贸易的10.7%。其中，纯电和混合动力汽车贸易实现25%的增长，非塑料包装贸易增幅为20%，风力发电机则增长了10%。

新中国成立以来，我国出口商品结构不断优化。新中国成立初期，出口商品中80%以上是初级产品；到1978年，初级产品出口比重降到53.5%，工业制成品出口占46.5%；1990年，初级产品和工业制成品比重转变为25.6%和74.4%；2000年以后，工业制成品所占比重一路上升到90%以上。2022年，我国工业制成品出口增长9.9%，工业制成品出口额占总出口额比重已达到95.83%；工业制成品出口是拉动中国商品出口的主要力量，拉动整体出口增长9.4个百分点。

4. 国际贸易地理分布和贸易地位发生了变化

二战后，"北北贸易"取代"南北贸易"成为主要的贸易模式。从地理大发现开始到工业革命以来很长一段时间里，世界贸易模式都是发达国家出口工业制成品、发展中国家出口矿产和原料等初级产品，即所谓的"南北贸易"。二战后，国际贸易的地理分布表现为越来越多的国家参与国际贸易，各个国家的对外贸易都有不同程度的增长，其中增长最快的是工业发达国家之间的贸易，发达国家与发展中国家之间的贸易额则相对缩减。二战后，在国际贸易中，美、欧、日等发达国家占据支配地位，其出口和进口在世界出口和进口中均占2/3以上的份额。在发展中国家中，新兴工业化国家处于领先地位，尤其是中国的贸易地位近年来迅速提高，已逐渐成为一个举足轻重的贸易大国。作为发展中国家，2013年我国跃居世界第一货物贸易大国，这是我国对外贸易发展道路上新的里程碑，是我国坚持改革开放和参与经济全球化的重大成果。2022年，我国外贸进出口总值42.07万亿元，比2021年增长7.7%，连续六年稳居世界货物贸易第一大国地位。

5. 国际服务贸易发展迅猛

二战后，随着科学技术革命的发展、各国国民收入水平的提高、经济生活国际化趋势以及国际直接投资和跨国公司的迅速发展，国际服务贸易从微不足道的贸易量迅速增长起来，增长速度甚至超过了同期货物贸易的增长速度，这尤其是在20世纪80年代后期表现得尤为明显。1980—1987年，世界货物贸易年平均增长为2.5%，世界服务贸易年均增长达到了5%。1988—1992年，世界服务贸易额年增长率高达10%左右，其中1990年达到17%。随着国际服务贸易的迅速增长，服务贸易在整个世界贸易总额中所占比重也在逐年增加，1970年世界服务贸易额仅为610亿美元；1982年上升到4050亿美元，占世界贸易总额的18%；1992年猛增到1万亿美元，所占比重上升到22%。进入21世纪以来，全球性的经济服务化趋势走强，特别是5G通信、大数据、云计算、区块链、元宇宙等数字技术为服务贸易创新发展提供了巨大空间。数字化已成为影响国际贸易的一个主要技术因素，其改变了传统的货物贸易和服务贸易方式,创造出很多新的产品与交易方式,增加了服务在国际贸易中的比重。据《全球服务贸易创新趋势报告2022》,服务业增加值占全球GDP比重已超60%,为服务贸易的较快发展奠定了坚实的产业基础。2022年,全球服务贸易总额为7万亿美元,同比增长15%;我国服务进出口总额59801.9亿元,同比增长12.9%。

6. 贸易集团化趋势不断加强

二战后,国际竞争日趋激烈,世界主要贸易国为保持其在全球市场上的竞争力,不断寻求与其他国家联合,通过优惠贸易安排、自由贸易区、关税同盟、共同市场、经济联盟等方式组建区域贸易集团,实现区域内贸易自由化。进入20世纪90年代,WTO多边贸易谈判步履维艰,区域经济一体化趋势日益增强,已生效的区域贸易协定从1990年的22个剧增到2000年的81个,形成了以欧盟、北美自由贸易区、东盟为主体的三大区域板块。进入21世纪,特别是2008年国际金融危机爆发至今,在全球经济复苏乏力、多边贸易谈判机制受阻、逆全球化愈演愈烈的背景下,世界各国普遍意识到只有加强合作、促进区域经济一体化,才能提升自身及本地区在国际经贸体系中的地位。美国、盟欧、日本以及中国等世界主要经济体都将精力转向以构建自由贸易区为主的区域经济一体化建设。2008—2022年,已生效的区域贸易协定从179个急剧增加到355个,包括《欧日自由贸易协定》(2019年)、《美墨加自由贸易协定》(2020年)、《日英自由贸易协定》(2021年)、《欧越自由贸易协定》(2020年)、RCEP(2020)、《中国—新西兰自由贸易协定升级议定书》(2022),等等。日益增多、日趋活跃的区域贸易集团通过贸易投资自由化,统一市场,使内部贸易不断扩大。

第三节 国际贸易的分类及相关统计概念

一、国际贸易的分类

国际贸易范围广泛,内容复杂。依据不同的标准,可对国际贸易进行如下分类。

(一)按统计口径分类

按统计口径,国际贸易分为总贸易和专门贸易。

(1)总贸易(total trade),以国境为统计口径。商品进入国境称为总进口,离开国境称为总出口。总进口额加上总出口额称为总贸易额。

(2)专门贸易(special trade),以关境为统计口径。当外国商品进入国境后,暂时存在保税仓库,不进入关境,一律不列为进口。只有从外国进入关境的商品以及从保税仓库提出进入关境的商品,才列为进口,称为专门进口(特别的进口货)。对于从国内运出关境的本国产品以及进口后未经加工又运出关境的商品,则列为出口,称为专门出口(特别的输出品)。专门进口额加上专门出口额称为专门贸易额。

联合国在公布各国对外贸易统计数据时,一般都注明该国贸易额是总贸易额还是专门贸易额。目前,我国以国境为统计口径。

(二)按贸易对象的移动方向分类

按贸易对象的移动方向,国际贸易分为出口贸易、进口贸易、复出口、复进口和过境贸易。

(1)出口贸易(export trade),是指本国生产或加工的商品从本国销往他国市场的贸易活动。

(2)进口贸易(import trade),是指其他国家或地区的商品输入本国的贸易活动。

(3)复出口(re-export),是指其他国家或地区的商品进口后未经加工制造又出口,其往往与转口贸易有关,进口退货也属于此列。

(4)复进口(re-import),是指本国商品出口后未经加工制造又输入国内。复进口多为偶然、意外原因,如出口退货、盲目进口等。

(5)过境贸易(transit trade),是指外国商品途径本国,但最终销售地为第三国的贸易,也称通过贸易。过境贸易可分为直接过境贸易和间接过境贸易两种。外国商品因需要转运而经过本国,但不在本国海关仓库存放就直接运往他国,属于直接过境贸易;若外国商品运到本国国境后,先存放于海关仓库,但未经加工又运往他国销售,则属于间接过境贸易。

(三)按贸易对象的形态分类

按贸易对象的形态,国际贸易分为有形贸易与无形贸易。

(1)有形贸易(visible trade),也称货物贸易,是指那些看得见、摸得着的具有实物形态的商品(如机器、粮食等)的国际交换活动。1983年6月,海关合作理事会(现名世界海关组织)主持制定《商品名称及编码协调制度》(简称HS),该制度是一部科学系统的国际贸易商品分类体系,采用六位数编码。从1992年1月1日起,我国进出口税则采用HS编码。目前,世界上已有200多个国家使用HS,全球贸易总量98%以上的货物都是以HS分类的。

(2)无形贸易(invisible trade),是指一切不具有实物形态的贸易对象的国际交换活动。一般而言,无形贸易可以分为服务贸易(trade in services)和技术贸易(technology trade)。为了便于统计,WTO《服务贸易总协定》把服务贸易分为跨境交付(cross-border supply)、境外消费(consumption abroad)、商业存在(commercial presence)和自然人流动(movement of personnel)四种方式,把服务业分为商业、通信、建筑、销售、教育、环境、金融、卫生、旅游、娱乐、运输和其他12类。

(四)按是否有第三国参与分类

按是否有第三国参与,国际贸易分为直接贸易和间接贸易。

(1)直接贸易(direct trade),是指商品直接从生产国销往消费国,不通过第三国转手而进行的贸易。在直接贸易中,生产国将商品销往消费国,对生产国而言,是直接出口;对消费国而言,是直接进口。无论是直接从生产国销往消费国,还是经过第三国销往消费国,只要是货物所有权直接从生产国转移给消费国,那么这种贸易就是直接贸易。

(2)间接贸易(indirect trade),是指通过第三国或者其他中间环节,把商品从生产国运销到消费国的贸易活动。对生产国和消费国来说,开展的是间接贸易;而对于第三国来说,则进行的是转口贸易(entreport trade)。在间接贸易中,对生产国而言,是间接出口;对消费国而言,是间接进口。

转口贸易与过境贸易的区别主要有两个方面:(1)在转口贸易中货物所有权在第三国发生了转移,而在过境贸易中货物所有权在第三国并未发生转移;(2)在转口贸易中,第三国主动参与,以盈利为目的,获取的是商业利润;在过境贸易中,第三国仅仅收取少量的签证费、登记费、统计费等。

(五)按清偿方式分类

按照清偿方式不同,国际贸易分为现汇贸易、记账贸易与易货贸易。

(1)现汇贸易(spot exchange trade),是指以现汇作为清偿工具的国际贸易。由于现汇在运用上灵活、广泛，可以自由地兑换其他货币，该贸易方式又被称为自由结汇贸易。目前，现汇贸易是国际贸易活动中运用最普遍的一种，其特点是逐笔结算。

(2) 记账贸易(clearing account trade)，是指由两国政府间签订贸易协定或贸易支付协定，按照记账方法进行结算的贸易。其特点是，在一定时期内(多为一年)，两国间贸易往来不用现汇逐笔结算，而是到期一次性结清。通过记账贸易获得的外汇称为记账外汇，一般仅用于协定国之间，不能用于同第三国的结算。

(3) 易货贸易(barter trade)，是指货物经过计价后作为偿付工具的贸易方式。易货贸易经常作为一国(或地区)与另一国(或地区)间货物互换的贸易方式，比较适用于那些由于外汇不足、货币汇率波动剧烈或其他各种原因无法以自由结汇方式进行相互交易的国家。

(六) 按货物运输方式分类

按货物运输方式不同，国际贸易分为陆运贸易、海运贸易、空运贸易与邮购贸易。

(1) 陆运贸易(trade by roadway)，是指利用汽车、火车等陆路运输工具，通过公路、铁路等陆地运输线路进行的贸易活动。陆地相邻国家的贸易，通常采用陆路运送货物的方式。

(2) 海运贸易(trade by seaway)，是指采取海上运送的方式进行的贸易活动。国际贸易中的大部分货物是采取这种方式运送的。

(3) 空运贸易(trade by airway)，是指为了争取时效而采取航空运送进行的贸易活动。一般适用于贵重物品、药品、精密仪器和鲜活商品等。

(4) 邮购贸易(trade by mail order)，是指采用邮政包裹的方式寄送货物的贸易活动。对数量不多而又急需使用的商品可采用邮购贸易，其速度比空运慢，但费用较之便宜，适合重量轻、体积小的商品。

(七) 按参与贸易的国家经济发展水平分类

按参与贸易国家的经济发展水平不同，国际贸易分为水平贸易和垂直贸易。

(1) 水平贸易(horizontal trade)，是指经济发展水平大体相同的国家之间进行的贸易活动，如发达国家相互间的贸易或发展中国家相互间的贸易。

(2) 垂直贸易(vertical trade)，是指发达国家与发展中国家之间进行的贸易活动。由于发达国家大多在北半球，发展中国家大多在南半球，故又称"南北贸易"(south-north trade)。

二、国际贸易的相关统计概念

(一) 对外贸易额与国际贸易额

贸易值或贸易额(volume of trade)，是以货币金额表示的贸易规模，它通常分为对外贸易额和国际贸易额。

对外贸易额(value of foreign trade)，又称对外贸易值，指一国或地区在一定时期内(通常为一年)以货币表示的进出口商品的总值，等于进口值加出口值。对外贸易值是反映一国或地区对外贸易规模的重要指标之一，一般以本币或国际通用货币来计算。

国际贸易额(value of international trade)，又称国际贸易值，指一定时期内世界各国各地区的出口总值。这是因为从世界范围来看，一国的出口就是另一国的进口，如果把世界各国各地区的出口额与进口额加总，就会造成重复计算。由于各国一般都是按 FOB 价格计算出口额，按 CIF 价格计算进口额，故世界出口总额略小于世界进口总额。

(二)贸易差额

贸易差额(balance of trade),是指一个国家或地区在一定时期内(通常为一年)的出口总值与进口总值的差额。若进口总值小于出口总值,则称"贸易顺差"(trade surplus)或"贸易出超""贸易盈余""贸易黑字";若进口值大于出口值,则称"贸易逆差"(trade deficit)"或"贸易入超""贸易亏损""贸易赤字"。贸易顺差、贸易逆差统称贸易不平衡或贸易失衡。若进口值与出口值相等,则称贸易平衡。

贸易差额是一国国际收支中经常项目的重要组成部分,是影响一个国家国际收支的重要因素。

(三)净贸易条件

净贸易条件(terms of trade),一般是指一国在一定时期内出口商品价格指数与进口商品价格指数之比,又称进出口商品比价。它表示一国每出口一单位商品可以获得多少单位的进口商品。其计算公式为:

$$T = \frac{P_X}{P_M} \times 100$$

式中,T 表示净贸易条件,P_X 表示出口商品价格指数,P_M 表示进口商品价格指数。

当 $T > 100$ 时,表明同等数量的出口商品换回了比基期更多的进口商品,净贸易条件得到改善;当 $T < 100$ 时,表明同等数量的出口商品换回了比基期更少的进口商品,净贸易条件恶化;当 $T = 100$ 时,表明同等数量的出口商品换回了与基期同等数量的进口商品,净贸易条件未变。

假定以2010年为基准年(基期),进出口价格指数均为100,商品净贸易条件指数也是100。2020年底该国的出口价格指数下降5%,进口价格指数上升10%,那么该国2020年净贸易条件指数为:

$$T = \frac{100 \times (1 - 5\%)}{100 \times (1 + 10\%)} \times 100 = 86.36\%$$

这表明从2010至2020年间,价格贸易条件从100%下降到86.36%,即与2010年相比,2020年净贸易条件恶化了13.64%。

(四)对外贸易依存度

对外贸易依存度(ratio of dependence on foreign trade),又称对外贸易系数,是指一国在一定时期内(通常为一年)进出口总额在其国内生产总值(GDP)或国民生产总值(GNP)中所占的比重。其计算公式为:

$$对外贸易依存度 = \frac{出口总额 + 进口总额}{GDP(GNP)} \times 100\%$$

对外贸易依存度是衡量一个国家参与国际分工和国际经济技术合作程度的重要指标。对外贸易依存度越高,表明一国对国际贸易的依赖程度越深。对外贸易依存度也表明对外贸易在一国国民经济发展中的地位与作用。二战后,科技革命推动了国际分工的扩大与深化,世界各个国家的对外贸易依存度都呈现增长趋势。

为了准确表示一国经济对外贸的依赖程度,对外贸易依存度可以分为出口依存度和进口依存度。出口依存度是一国在一定时期内出口贸易额占GDP(GNP)的比重,反映了该国对外贸的依赖程度。进口依存度是一国在一定时期内进口贸易额占GDP(GNP)的比重,反映了该国市场对外开放的程度。影响一国对外贸易依存度的因素包括人口多寡、自然资源丰裕度、对外开放程度、汇率水平等。

(五)贸易商品结构

贸易商品结构(composition of trade)是指各类商品的贸易额在总贸易额中所占的比重。在国际贸易中,通常把商品分成初级产品和工业制成品两大类。初级产品包括没有经过加工或经过少量加工的农业原料、矿产原料、燃料和食品等。工业制成品是指经过复杂加工的工业产品和商品,如机械产品、运输设备、化工产品、纺织品等。联合国编制的《国际贸易商品标准分类》(SITC)把国际贸易商品分为10大类,其中,0~4类商品为初级产品,5~8类商品为工业制成品。

贸易商品结构可分为国际贸易商品结构和对外贸易商品结构。国际贸易商品结构(composition of international trade),是指一定时期内各大类商品或某种商品在整个国际贸易中的构成,即各大类商品或某种商品贸易额与整个世界出口贸易额之比,以比重表示。对外贸易商品结构(composition of foreign trade),是指一定时期内一国进出口贸易中各种商品的构成,即某大类或某种商品进出口贸易额与一国进出口贸易额之比,以份额表示。

(六)贸易地理分布

贸易地理方向(direction of trade)又称贸易地区分布(trade by region)。从一个国家或地区的角度看,对外贸易的地区分布是指该国的对外贸易值的国别地区分布情况,即该国出口商品流向哪些国家或地区,进口商品是从哪些国家或地区流入的,通常用各个国家或地区在该国进口总额、出口总额或进出口总额中所占的比重来表示。由于对外贸易的地区分布清楚地表明了一国与其他国家或地区经济交往的广度和深度,因而可以为该国制定对外贸易政策、保护重点市场、开拓新市场提供重要的决策依据。

从整个世界的角度看,国际贸易地区分布是指国际贸易值的国别地区分布情况,通常是计算各国或地区的出口贸易额在世界总出口贸易额中所占的比重,用来表示各国或各地区在国际贸易中所占的地位。

复习思考题

1. 如何理解马克思的"对外贸易是资本主义生产方式的基础(或前提)和产物(或结果)"?
2. 国际贸易的发展经历了哪些阶段?各阶段又有何发展特点?
3. 什么是对外贸易依存度?如何看待一国(地区)的对外贸易依存度?

延伸阅读

后疫情时代的大国博弈

大国博弈乃常说常新的老话题。在新冠肺炎疫情走势充满不确定性的环境中,当今世界大国或国家集团之间的博弈,即合作、竞争与对抗,具有某种确定性的领域和博弈方式不在少数,主要表现在四个方面。

一、资源与福利

部分新兴经济体和发展中国家近年来的迅速发展依赖于能源资源消费量的迅猛增长。由于技术进步,到目前为止这并未引起初级产品价格的同比例升高。消费量的增长与消费对象价格的相对稳定这一局面终将因需求的进一步扩大、对能源资源消费的制约条件加码而被打破,比如气候变化和环境保护。在有些人看来,数十亿人开始步入中产阶级行列意味着高收入国家国民福利水平的下降,因为后者或者减少消费,或者在更高的价格水平上消费。虽说两全其美不易,但改变消费模式和调整价值理念值得尝试。

二、增量与存量

经济增长与发展导致了一个未曾被充分估计到的后果:气候变化。极端天气频繁出现、生态环境恶化和物种多样性受到威胁大都可归咎于温室气体排放。在低碳减排成为全球政治正确之际,碳排放"大户"自然成为关注焦点。然而,从存量上看,自19世纪50年代工业化开始以来,美国累计排放5090亿吨碳,占人类总排放量的1/5;起步晚得多的中国共排放2840亿吨,印度为861亿吨。兼顾存量公平和增量公平直接关系到全球集体行动绩效。2021年11月各利益攸关方在《联合国气候变化框架公约》第26次缔约方大会上达成共识,着实令人鼓舞。

三、规锁与脱钩

处理诸如气候变化这类全球问题要求各国联手建立有效的全球治理体系。一些大国出于自身国家利益将竞争对手纳入自己及盟国主导的国际多边体系,用武器化和政治化的非中性规则将后者锁定在全球供应链的中低端。当规锁策略效果不佳时,它们便另起炉灶,通过与对手在科技和贸易领域全面或部分脱钩来边缘化、迟滞化对手。虽然以建立平行体系的方式打压对手的做法正在被强化,但人类面临的共同挑战、互利共赢的潜在需求和竞争对手的成功应对将构成规锁—脱钩策略奏效与否的严格限制条件。

四、创造与毁灭

国家间博弈的基础在于实力,而实力又可以笼统地分解为创造财富的能力和毁灭文明的能力。有些国家同时拥有上述两种力量,有些则在其中一力量上占优。在一个和平没有受到根本性或总体性威胁的世界里,拓展财富创造力量往往成为国家间竞合的主要领域。一旦和平条件受到侵蚀或崩坏,比如国家间信任赤字加大、力量对比变化提速、发动非传统战争价格低廉且可以免遭报复等,使用或威胁使用毁灭力量便会成为国家间抗争的强大且有效的工具。创造与毁灭之间极高的不对称性亦会提升毁灭力量投入的吸引力。如果说20世纪90年代甚至10年前全球化的动能来自贸易投资利益,那么当今全球化的众多特征之一则表现为意识形态的回归。大国或国家集团间的博弈由单纯的"利益政治"转向"利益政治+原则政治",这将加大达成全球共识的难度。当然,代表人类正义的原则终将胜出。

(本文原载于《世界经济与政治》2022年第1期,作者张宇燕,有删减)

第二章 国际贸易理论

为什么要开展国际贸易？一国应进口哪些商品和出口哪些商品？国际贸易利益如何分配？这些是一国开展国际贸易必须研究和考虑的重大问题。其实，人们对国际贸易利益问题的认识，经历了一个很长的历史发展过程。国际贸易理论是一国制订对外贸易政策的基础。批判地吸收西方国际贸易理论，对于我们选择、制定适合的对外贸易政策和指导我国对外贸易的实践具有十分重要的意义。

第一节 古典国际贸易理论

古典国际贸易理论产生于18世纪中叶，是在批判重商主义的基础上发展起来的。古典国际贸易理论从劳动生产率的角度说明国际贸易产生的原因、结构和利益分配，主要包括绝对优势理论和比较优势理论。

一、重商主义

重商主义（mercantilism），是欧洲资本原始积累时期建立起来的代表商业资产阶级利益的一种经济思想和政策主张。重商主义所讲的"商"主要是指"对外经商"，因而重商主义实质上是一种国际贸易观，是当时的巨商大贾、学者、政府官员中的所谓重商主义者关于对外贸易的主要观点和政策主张。重商主义产生于15世纪，全盛于16世纪和17世纪上半叶，从17世纪下半叶开始盛极而衰，到18世纪中叶退出。重商主义最初出现在意大利，后来流行到西班牙、葡萄牙、荷兰、英国和法国等国家，16世纪末以后，在英国和法国得到了充分的发展。

（一）重商主义的产生背景

重商主义是资产阶级最初的经济学说，产生和发展于封建制度瓦解和欧洲资本原始积累时期，反映了这个时期商业资本的利益和要求，对资本主义生产方式进行了最初的理论考察。

15世纪末，西欧社会进入封建社会的瓦解时期，资本主义生产关系开始萌芽和成长；地理大发现扩大了世界市场，给商业、航海业、工业以极大的刺激；商业资本发挥着突出的作用，促进各国国内市场的统一和世界市场的形成，推动了对外贸易的发展；西欧一些国家建立起封建专制的中央集权国家，运用国家力量支持商业资本的发展。随着商业资本的发展以及国家支持商业资本的政策实施，产生了从理论上阐释这些经济政策的需求，逐渐形成了重商主义的理论。

（二）重商主义的发展阶段

重商主义的发展经历了两个阶段，即从15世纪末到16世纪中叶的重金主义阶段和从16

世纪下半期到 18 世纪中叶的重工主义阶段。

从 15 世纪末到 16 世纪中叶是早期的重商主义阶段,即重金主义或货币差额论。这一时期的代表人物是威廉·斯塔福(W. Stafford,1554—1612)。1581 年,斯塔福在其出版的《关于英国公共福利的对话》一书中,采用对话体形式,叙述了 16 世纪英国伊丽莎白统治后期的社会状况,该书被认为是早期重商主义的代表作。

从 16 世纪下半期到 18 世纪中叶是晚期的重商主义阶段,即重工主义或贸易差额论。托马斯·孟(Thomas Mun,1571—1641)被誉为贸易差额论的创始人。1664 年首次出版的《英国得自对外贸易的财富》一书是托马斯·孟多年外贸实践的经验总结,也是英国晚期重商主义思想集大成之作,在贸易理论史上具有重要的地位。

(三)重商主义的基本观点

重商主义的基本思想是以流通过程为中心,以商业资本的运动为研究对象,以维护商业资产阶级的利益和增加金银货币为目的,其基本观点归纳如下:

(1)金银货币是财富的唯一形式。在重商主义看来,衡量一个国家富裕和发展程度的标准是看它拥有的金银货币量,这就导致了重商主义时期一切经济活动的目的都是为了获得并增加金银货币。

(2)除开采金银矿藏外,财富的直接来源主要是流通领域,即对外贸易。在重商主义者看来,国民财富增长的最重要途径就是发展对外贸易,即将本国的剩余产品出售给他国以换回货币,或者通过转口贸易以获取货币形态的利润。重商主义进一步认为,通过对外贸易来实现金银货币的增加,一国之所得即为另一国之所失,国际贸易是零和而非双赢。

(3)对外贸易的原则就是少买多卖或少支出多收入,力争贸易顺差。为确保贸易顺差,国内生产应服从外贸出口的需要,应鼓励和发展有利于出口的本国工场手工业,促进商品的出口,限制或禁止外国工业制成品的进口,但不反对原材料的进口。

(4)大力主张国家干预经济生活。由于处在封建社会内部的商业资本本身的局限性和软弱性,重商主义所反映的商业资产阶级的利益完全依靠封建民族国家的政权制定和执行有关政策和法令才得以实现。因此,不管是早期的重商主义还是晚期的重商主义,他们都大力主张国家对经济的全面干预,采取有力措施来促进对外贸易的发展,以确保本国财富的稳定增长。

(四)早晚期重商主义的主要差别

(1)关于获取货币财富方式的差别。早期重商主义主张,国家以法律、行政手段禁止金银货币的外流,以及对每一个国家的每一笔交易都要求保持绝对顺差以吸收外国货币,并将增加的货币贮藏于国内,限制货币运动来达到积累货币的目的。晚期重商主义强调,货币流通是实现货币增值的手段,认为把货币贮藏于国内并不能进一步增加货币,只有让货币进入流通才能获得更多的货币。为此,晚期重商主义主张,允许货币输出国外,增加对国外原材料购买和扩大对外国商品的购买,或加工后再输出,或发展转口贸易,但必须保证贸易总额顺差,对于一定时期或对一定国家出现逆差是可以允许的。

(2)关于生产认识的差别。早期重商主义主张,外贸可以输出制成品,也可以输出原材料,但往往忽视生产。晚期重商主义强调,发展本国商品生产是对外贸易扩大的基础。为扩大商品出口,应采取保护关税、压低工资等各种办法,发展工场手工业,对那些能生产出在外国市场上有竞争能力商品的厂商发放奖金或补助金,以鼓励扩大再生产。为确保再生产扩大的需要,重商主义强调禁止或限制本国原材料出口,对外贸易的购买要少买成品多买原材料。

(3)关于管制政策的差别。以英国为例,早期重商主义阶段采取的管制措施主要包括:对本国商人进行管制;严格禁止输出货币,规定输出到国外的一切商品应直接换回货币。为了便于管制,出口商品只能在指定的地点经营;对外国商人实行管制,规定外国在英国收到的货款必须全部用于购买英国商品,指定专人记录外商的每笔交易以审核和监督外商是否把货币带出国外。晚期重商主义阶段采取的管制措施主要包括:规定高额的进口税率以限制外国商品的进口,保护本国工商业;通过退还税款方式鼓励商品输出;给某些商人颁发特许证,允许其成立专门公司及拥有出口某些商品的特许权即垄断权;签订国际通商合约,保证有关国家对某些商品的垄断;推行殖民政策,以垄断殖民地贸易,等等。

(五)关于重商主义的评价

重商主义是在封建主义生产方式"最早的变革时期"出现的一种经济思潮,它是对资本主义生产方式的最早理论探讨。首先,重商主义突破了过去时代人们研究经济问题的狭隘眼光和中世纪经院哲学式或教条主义式,把经济现象作为独立的研究对象,将研究范围从主要考察奴隶主家庭经济和封建庄园经济扩展到整个国民经济,并且在研究中注意寻找经济现象之间的因果关系。可见,重商主义在经济思想的发展历史上是一个巨大的进步。而且重商主义也证明了货币不仅仅是流通工具,而且是货币资本,最先看到货币作为资本的职能及货币是在运动中实现增值,这为后来古典经济学的产生作了理论上的准备。其次,重商主义的经济学说和经济政策有力地推动了西欧商品货币关系的发展,推动了资本主义工场手工业的成长,帮助新兴的资产阶级积累了大量货币财富,促进了资本主义生产方式的产生。最后,重商主义所主张的奖出限入政策对当今世界各国制定外贸政策有极大的参考价值。

尽管重商主义在经济学说及资本主义经济的产生过程中曾起到历史进步作用,但由于其只是从流通领域抓住了经济现象的表面联系,还没有深入到现象的内部联系去寻找和解释经济关系的本质,因而存在理论上的缺陷,这主要表现在:

(1)重商主义将金银、货币和财富混为一谈,而且将金银和货币看作是财富的唯一形态。货币不过是商品生产和商品交换的产物,作为一般等价物。而金银由于具有充当货币材料最合适的属性,因而固定地充当一般等价物。重商主义不理解货币的起源、本质以及财富的性质,抹杀了三者的区别,因而不能对货币的起源、本质以及财富的性质作出科学的说明。由于货币作为一般等价物可以购买任何商品,因而也就成为社会财富的一般代表。财富不仅包括金银货币,还应包括人类生产和生活需要的资源、产品及知识技术等。

(2)重商主义把流通领域和对外贸易看作是财富的直接来源,从而掩盖了财富的真正来源和本质。虽然重商主义也主张发展生产,但他们认为发展工场手工业只是为了发展对外贸易。也就是说,生产只是创造财富的先决条件,不是财富的直接来源,财富的直接来源是对外贸易。重商主义根据商人的实践,只把注意力集中在流通领域,把利润归结为流通过程中的让渡,因而不能对财富和利润的真正来源作出科学的解释。

(3)重商主义认为国际贸易是一种零和博弈,否定了国际分工对增加世界财富总量的作用。实际上,国际分工能够提高生产效率,促进世界财富总量的增加。如果国际交换比率适宜,那么国际贸易也可以实现"双赢"。

总之,这些理论缺陷反映了当时商业资产阶级的历史局限性,他们不能洞察资本主义制度的实质,而是限于简单描述经济生活的表面现象。真正的现代经济科学,是在理论研究从流通领域转向生产领域时才形成的。

二、绝对优势理论

亚当·斯密(Adam Smith,1723—1790)是英国资产阶级经济学古典学派的主要奠基人之一,也是国际贸易理论的创始者,是倡导自由贸易理论的带头人。1776年,亚当·斯密在其出版的代表作《国民财富的性质和原因的研究》(An Inquiry into the Nature and Cause of the Wealth of Nations)一书中,系统地提出了绝对优势理论,也称绝对成本理论、绝对利益说。

(一)绝对优势理论的产生背景

18世纪60年代,英国纺织业开始了产业革命,此后机器大工业逐渐取代手工业。产业革命的迅速展开使英国经济实力不断增强,新兴的产业资产阶级迫切要求在国民经济各个领域迅速发展资本主义,但却受到资本原始积累时期建立起来的重商主义政策体系的束缚。重商主义提倡的贸易保护主义政策从根本上阻碍了对外贸易的扩大,使新兴资产阶级很难从海外获得生产所需要的廉价原料,并使其丰富的产品寻找更大海外市场的愿望难以实现。作为产业资产阶级代言人,亚当·斯密在其1776年出版的《国民财富的性质和原因的研究》一书中,抨击了重商主义,并在吸收英国大卫·休谟的经济自由思想及法国重农学派创始人和领袖弗朗斯瓦·魁奈的自然秩序思想基础上,创立了以自由放任为核心的自由主义经济思想,提出了倡导自由贸易的绝对优势理论。

(二)绝对优势理论的主要观点

(1)一国国民财富是供国民消费的一切生活必需品和便利品总量。亚当·斯密批判重商主义把货币与财富混为一谈的观点,指出财富和货币是两个不同的概念,货币是交易的媒介物,并不能满足人们的生活欲望,人们之所以需要货币,是因为用它可以交换到货物。真正能够满足人们欲望的货物是财富,一国的盛衰荣枯,是由其财富量所决定,而不是由其货币量所决定。

(2)财富的来源不是贸易或流通,而是生产领域。在《国富论》中,亚当·斯密开宗明义地指出:"一国国民每年的劳动,是供给他们每年消费的一切生活必需品和便利品的源泉。构成这种必需品和便利品的,或是本国劳动的直接产物,或是用这类产物从外国购进来的物品。"可见,财富是一国国民生产劳动的结晶。要增进社会财富,一是看一国生产劳动人数的多寡,二是看国民的劳动生产率。在一国国民人数既定的情况下,要增进社会财富,就必须提高国民的劳动生产率。劳动生产率水平可以用单位时间内所生产的产品数量来表示,也可以用生产单位产品所耗费的劳动时间来表示。单位时间内生产的产品数量越多,劳动生产率就越高,反之则越低;生产单位产品所需要的劳动时间越少,劳动生产率就越高,反之则越低。在科技尚处于萌芽状态的当时,影响劳动生产率的因素主要有两个:一是劳动者的熟练程度和技能;二是自然条件。自然条件主要由一国的资源分布、气候条件和土壤肥沃程度等决定,是不可变更的,而劳动者的熟练程度和技能却可以通过分工来提高。

(3)分工可以提高劳动者的熟练程度和技能,进而提高劳动生产率。亚当·斯密在《国富论》中以生产扣针为例来说明分工对提高劳动生产率的重要作用。亚当·斯密指出,在没有分工的情况下,一个未经训练的劳动者每天最多只能制造20枚扣针,有时甚至连一枚扣针也难以制造出来。但是,如果实行分工,10个人每天可以制造48000枚扣针,每个工人的劳动生产率提高了几千倍。劳动生产率的极大提高,显然是分工后劳动者劳动熟练程度和技能提高的结果。

(4)亚当·斯密在其《国富论》中指出,适用于一国内部的不同职业之间、不同工种之间的分工原则,同样适用于各国之间。亚当·斯密认为,国际分工能够增加世界财富总量,各国应专业化生产具有绝对优势的产品。绝对优势主要依靠劳动生产率来判断:两国相比,如果一国在某产品的生产过程中劳动生产率较高,那么该产品就是该国的绝对优势产品;反之,则是绝对劣势产品。

(5)在进行专业化生产后,各国要获得自己必需的其他商品,必须进行国际交换。亚当·斯密在其《国富论》中指出,各国应出口具有绝对优势的产品,进口绝对劣势的产品。这种国际交换能够使各国的资源得到充分有效的利用,并且在一定的国际交换比率下使各国在贸易中获益。为此,亚当·斯密在政策上竭力反对国家干预经济,主张自由贸易与自由竞争。

(三)绝对优势理论的实证分析

1. 基本假设

亚当·斯密的绝对优势理论是建立在以下假设条件的基础上:

(1)两个国家和两种可贸易产品,即 2×2 模型。
(2)两种产品的生产都只有劳动这一种要素投入。
(3)生产要素(劳动)供给是给定的,且要素在国内不同部门之间可以自由流动,但在国家之间则完全不能流动。
(4)两国产品的生产中存在劳动生产率的绝对差异。
(5)生产过程中规模收益不变。
(6)两国商品市场和要素市场是完全竞争的。
(7)自由贸易,不考虑贸易中的交易成本。

2. 实证分析

假定英国和葡萄牙都生产葡萄酒和毛呢,其投入与产出情况见表 2-1。

表 2-1 英国与葡萄牙两国分工前的投入与产出情况

国家	葡萄酒		毛呢	
	产量	所需劳动投入(人/年)	产量	所需劳动投入(人/年)
英国	1	120	1	70
葡萄牙	1	80	1	110

由表 2-1 可知,英国生产 1 单位葡萄酒需要 120 个人共同劳动 1 年,而葡萄牙生产 1 单位葡萄酒需要 80 个人共同劳动 1 年,可见,葡萄牙在生产葡萄酒方面具有劳动生产率的绝对优势。同样,英国生产 1 单位毛呢需要 70 个人共同劳动 1 年,而葡萄牙生产 1 单位毛呢需要 110 个人共同劳动 1 年,可见,英国在生产毛呢方面具有绝对优势。按照亚当·斯密的分工原则,英国专注于毛呢的生产,葡萄牙专注于葡萄酒的生产,分工后的生产情况如表 2-2 所示。

表 2-2 英国与葡萄牙两国分工后的产出情况

国家	葡萄酒		毛呢	
	总投入(人/年)	产量	总投入(人/年)	产量
英国	—	—	120+70=190	$\frac{190}{70} \times 1 = 2.714$
葡萄牙	80+110=190	$\frac{190}{80} \times 1 = 2.375$	—	—

由表 2-2 可知,在两国总劳动投入量不变的情况下,由于国际分工,两种商品的世界总产出都增加了,其中毛呢总产出增加 0.714 个单位,葡萄酒总产出增加 0.375 个单位。可见,国际分工增加了世界财富总量。

分工后,两国要获得彼此所需要的产品,必然要进行国际交换。如表 2-3 所示,假定国际交换比率为毛呢∶葡萄酒 =1∶1,则英国相对于分工前多消费 0.714 个单位的毛呢;葡萄牙相对于分工前多消费 0.375 个单位的葡萄酒。可见,两国均从国际分工与国际交换中获得了好处。

表 2-3 英国与葡萄牙两国交换后的利益分配情况

国家	葡萄酒	毛呢
英国	1	1.714
葡萄牙	1.375	1

(四)关于绝对优势理论的评价

建立在劳动价值论基础上的绝对优势理论第一次从生产领域出发阐明了国际贸易产生与发展的部分原因,论证了贸易双方都可以从国际分工与国际交换中获得利益而实现"双赢"的思想,这为自由贸易的政策主张奠定了基础,也成为英国新兴资产阶级反对贵族地主阶级和重商主义者发展资本主义的有力理论工具。相对于以前的贸易思想而言,绝对优势理论无疑是具有开拓性的,但这一理论也存在一定的局限性。绝对优势理论强调,在生产上处于绝对优势的国家参与国际分工与国际交换能获得利益,但对于那些不具备绝对优势的国家能否参加国际分工并从中获得好处,这一理论并未作出回答。此外,这一理论是建立在一系列假设前提条件基础上的,而这些假设与现实往往是不相吻合的。因此,该理论只能解释国际贸易的部分原因,并不能完整地解释当代国际贸易的实践活动。

三、比较优势理论

大卫·李嘉图(David Ricardo,1772—1823)是英国著名的经济学家,资产阶级古典政治经济学的完成者。李嘉图早期是交易所的证券经纪人,后受亚当·斯密《国富论》一书的影响,激发了他对经济学研究的兴趣。李嘉图在其 1817 年出版的代表作《政治经济学及赋税原理》(*Principles of Political Economy and Taxation*)一书中,继承并发展了亚当·斯密的自由主义经济理论,用比较成本的概念来分析国际贸易的动因和商品结构,建立了"比较优势理论"(the theory of comparative advantage)。

(一)比较优势理论的产生背景

19 世纪初,随着英国工业革命的迅速发展,英国工业资产阶级和贵族地主阶级的矛盾达到了异常尖锐的程度。他们矛盾的焦点主要表现在《谷物法》存废的问题上。《谷物法》是为维护贵族地主阶级的利益而制定的法令。该法令规定,必须在国内谷物价格上涨到限额以上时,才允许进口,而且这个价格限额不断提高。《谷物法》限制了英国对谷物的进口,使国内粮价和地租长期保持在很高的水平上,增大了英国工业资产阶级的工业品生产成本,削弱了工业品的国际竞争力。同时因限制谷物进口而招致的贸易报复,也不利于英国工业品的出口。于是,英国工业资产阶级和贵族地主阶级围绕着《谷物法》的存废展开了激烈的斗争。作为工业资产阶级的代言人李嘉图于 1817 年出版了《政治经济学及赋税原理》一书,在该书中,李嘉图提出了以自由贸易为前提的比较优势理论,为英国工业资产阶级反对贵族地主阶级提供了锐利的思想武器。

(二)比较优势理论的主要观点

李嘉图继承和发展了亚当·斯密的国际分工和自由贸易理论。亚当·斯密认为由于自然优势和后天优势不同,各国都有一种劳动生产率绝对低的产品(即绝对优势产品),按照绝对优势进行国际分工与国际交换,各国均能从这种分工与交换中获益。李嘉图进一步发展了亚当·斯密的分工思想,认为各国不一定要专门生产劳动生产率绝对低的产品,而只要专门生产劳动生产率相对低的产品(即比较优势产品),然后进行国际交换,贸易双方均能节约劳动,获得利益。

与亚当·斯密的理论一样,李嘉图也以个人为例,从形成个人分工的原因推广到国家对外贸易的分析。为了说明比较优势论的基本思想,他在《政治经济学及赋税原理》一书中做了这样一个脚注,"如果两人都能制鞋和帽,其中一个人在两种职业上都比另一个人强一些.不过制帽时只强 1/5 或 20%,而制鞋时则强 1/3 或 33%,那么这个较强的人专门制鞋,而那个较差的人专门制帽,岂不是对双方都有利吗?"接着,李嘉图从个人推及国家,举了一个现在已经成为经典的例子——英国和葡萄牙有关生产酒和呢绒的国际分工与国际交换。通过这个例子的论证,李嘉图指出,如果一个国家在两种产品的生产上都具有劳动生产率的优势,那么该国就专门生产优势较大的那种产品,并出口该产品;相反,如果一个国家在两种产品的生产上都具有劳动生产率的劣势,那么该国就专门生产劣势较小的那种产品,并出口该产品。按照这种"有利取重,无利取轻"的原则进行国际分工与国际交换,能使资源在世界范围内得到最佳配置,增进世界财富并使各国获益。

(三)比较优势理论的实证分析

1. 基本假设

比较优势理论的基本假设与绝对优势理论的基本假设一样:

(1)两个国家和两种可贸易产品,即 2×2 模型。

(2)两种产品的生产都只有劳动这一种要素投入。

(3)生产要素(劳动)供给是给定的,且要素在国内不同部门之间可以自由流动,但在国家之间则完全不能流动。

(4)两国产品的生产中存在劳动生产率的绝对差异。

(5)生产过程中规模收益不变。

(6)两国商品市场和要素市场是完全竞争的。

(7)自由贸易,不考虑贸易中的交易成本。

2. 实证分析

假定英国和葡萄牙都生产葡萄酒和毛呢,其投入与产出情况见表 2-4。

表 2-4 英国与葡萄牙两国分工前的投入与产出情况

国家 (分工前)	葡萄酒		毛呢	
	产量	所需劳动投入(人/年)	产量	所需劳动投入(人/年)
英国	1	120	1	100
葡萄牙	1	80	1	90

由表 2-4 可知,在同等葡萄酒产出下,英国全年劳动投入量(120 人)多于葡萄牙的投入量(80 人),且是葡萄牙的 1.5 倍;在同等毛呢产出下,英国全年劳动投入量(100 人)多于葡萄

牙的投入量(90人),且是葡萄牙的1.1倍。可见,无论在葡萄酒或是毛呢的生产上,英国都处于劣势,不过在毛呢生产上劣势相对小些。按照"有利取重,无利取轻"的分工原则,英国专门生产毛呢,葡萄牙专门生产葡萄酒。分工后的投入与产出情况见表2-5所示。

表2-5　英国与葡萄牙两国分工后的产出情况

国家	葡萄酒		毛呢	
	总投入(人/年)	产量	总投入(人/年)	产量
英国	—	—	$120+100=220$	$\frac{220}{100} \times 1 = 2.2$
葡萄牙	$80+90=170$	$\frac{170}{80} \times 1 = 2.125$	—	—

由表2-5可知,在两国总劳动投入量不变的情况下,由于国际分工,两种商品的世界总产出都增加了,其中毛呢总产出增加0.2个单位,葡萄酒总产出增加0.125个单位。可见,国际分工增加了世界财富总量。

分工后,两国要获得彼此所需要的产品,必然要进行国际交换。假定国际交换比率为毛呢∶葡萄酒=1∶1,则两国的消费情况见表2-6。由表2-6可知,英国相对于分工前,多消费0.2个单位的毛呢,葡萄牙相对于分工前多消费0.125个单位的葡萄酒。可见,两国均从国际分工与国际交换中获得了好处。

表2-6　英国与葡萄牙两国交换后的利益分配情况

国家	葡萄酒	毛呢
英国	1	1.2
葡萄牙	1.125	1

(四)关于比较优势理论的评价

比较优势理论是李嘉图国际自由贸易理论的核心,也是其在古典经济学理论方面最杰出的贡献。李嘉图的比较优势理论从实证经济学的角度证明了无论生产力发展水平高还是低的国家,只要在各自生产要素投入量不变的情况下,按照各自的比较优势参加国际分工和国际贸易,就比不参加能获得更多的产品和物质财富。这一理论为世界各国参与国际分工和国际贸易提供了理论依据,成为国际贸易理论的一大基石。对此,萨缪尔森曾给予比较优势理论极高的评价,"如果经济学中有一个简单而绝对正确的理论,那就是比较优势理论""如果理论能够参加选美比赛的话,那么比较优势理论一定能夺得桂冠"。

李嘉图的比较优势理论在当时为英国工业资产阶级反对贵族地主阶级、争得自由贸易政策提供了有力的理论武器。在这一理论的影响下,英国的《谷物法》在19世纪被废除了,由此大大推动了英国社会经济的发展。

但是,李嘉图的比较优势理论也存在一些缺陷和问题,主要表现在:第一,从方法论的角度来看,比较优势理论的根本缺陷在于静态地观察问题,只说明了短期内国际贸易的利益分配问题,无法将开展国际贸易同各个国家的经济发展联系起来。长期严格按照比较优势进行国际分工与国际贸易,该国必将深陷"比较优势陷阱",导致贸易条件恶化,不利于该国经济的长远发展和产业结构的转型与升级,最终使世界格局呈现"穷国越穷,富国越富"。后人在对18世纪末和19世纪上半叶这段时期的社会经济发展情况进行考察时发现,日不落帝国的自由贸易所到之处,各国手工业纷纷凋敝,一个接一个地沦为英国的殖民地或半殖民地,人民生活更加困苦不堪。第二,比较优势理论是建立在一系列假定条件基础上的,这一系列的假定不可能同时成立,所以该理论缺乏坚实的现实基础,对当代国际贸易的许多现象不能作出解释。这些理论缺陷为后人的理论研究提供了方向。

第二节 新古典国际贸易理论

19世纪末20世纪初,新古典经济学逐渐形成,在新古典经济学框架下对国际贸易进行分析的新古典国际贸易理论也随之产生。新古典国际贸易理论主要包括要素禀赋论(H—O模型)和里昂惕夫之谜(悖论)等经典国际贸易理论。

一、要素禀赋论

要素禀赋论(factor endowments theory)又称要素比例学说(factor proportions theory),是由瑞典著名经济学家 E. 赫克歇尔(Eli Filip Heckscher,1879—1952)和 B. 俄林(Bertil Gotthard Ohlin,1899—1979)创立的国际贸易理论。该理论也被称为赫克歇尔—俄林理论(或 H—O 理论),该理论从各国要素禀赋不同的角度论证了国际贸易产生的基本原因。

(一)要素禀赋论的产生背景

1919年,赫克歇尔在纪念经济学家戴维的文集中发表了题为《对外贸易对收入分配的影响》的著名论文,提出了要素禀赋论的基本论点,这些论点为俄林所接受。1929—1933年,由于资本主义世界经历了历史上最严重的经济危机,贸易保护主义抬头,各国都力图加强对外倾销商品,同时提高进口关税,限制商品进口。对此,瑞典人民深感不安,因为瑞典国内市场狭小,一向对国外市场依赖很大。在此背景下,俄林继承其师赫克歇尔的论点,于1933年出版了《区际贸易与国际贸易》一书。在该书中,俄林用两个国家、两种产品、两种生产要素(资本和劳动)的 $2 \times 2 \times 2$ 模型深入探讨了国际贸易产生的原因,创立了要素禀赋论。要素禀赋论一经提出后,无论是在理论分析上,还是在实际应用中,都取得了巨大成功,以至于在20世纪前半叶到70年代末这段时间内,要素禀赋论几乎成了国际贸易理论的代名词,被誉为国际贸易理论上的一颗"明珠"。俄林也因此成果于1977年荣获诺贝尔经济学奖。

(二)要素禀赋论的基本假设

(1)只有两个国家、两种商品、两种生产要素(劳动和资本),即 $2 \times 2 \times 2$ 模型。
(2)两国在生产中使用相同的技术。
(3)不存在要素密集度逆转,X 产品是劳动密集型产品,Y 产品是资本密集型产品。
(4)两国在两种产品的生产上规模收益不变。
(5)消费者偏好和收入分配相同。
(6)产品市场和要素市场都是完全竞争的。
(7)在一国内,生产要素可以自由流动,但在国与国之间不能流动。
(8)没有运输成本和交易成本,也没有任何限制贸易的关税和非关税壁垒。

(三)要素禀赋论的主要观点

如图2-1所示,要素禀赋论从产品的价格差异入手,然后层层深入,最终得出生产要素禀赋即生产要素供给的差异是国际贸易产生的前提或基础。要素禀赋论的主要观点包括:

(1)产品价格的国际绝对差异是国际贸易产生的直接原因,也是国际贸易产生的利益驱动力。产品价格的国际绝对差异是指不同国家的同种产品用同种货币表示的价格存在差异。俄林认为,当两国间同种产品的价格差异大于产品的各项运输费用时,由于逐利行为的存在,商品会从价格低的国家流向价格高的国家,对两国都有利。这是因为对进出口国来说,用本国的低价产品(本国的优势产品)换取他国的低价产品(本国的劣势产品),均可扬长避短,达到优势互补,进而使两国资源得到充分有效的利用。因此,国际间产品价格的绝对差异是国际贸易产生的最直接原因。

(2)产品价格的差异是由产品的生产成本差异决定的,而这种成本差异又是由生产时投入要素的价格差异决定的。在完全竞争的产品市场上,厂商无超额经济利润,因此,产品的价格主要取决于产品的生产成本。产品的生产成本是生产投入的各要素数量与要素价格乘积之和。假定两国生产技术一样,则两国在生产同种产品时要素投入数量是一样的。因此,产品的成本差异就仅仅取决于要素的价格差异。

(3)生产要素的价格差是由各国生产要素的供给(禀赋)差异造成,两国要素禀赋的差异是两国开展贸易的前提和基础。和产品价格决定一样,要素价格是整个要素市场上要素需求与要素供给均衡的结果。要素需求是由消费者对商品需求而派生出来的一种需求。在假定消费者偏好和收入分配完全一样的情况下,两国的要素需求是一样的。此时,要素的价格差异就由要素的供给差异决定,即由各地的要素禀赋差异决定。在一般情况下,要素供给充分的地区,其价格就相对便宜,而在要素供给稀缺的地区,价格就会相对昂贵。两国要素禀赋相对差异,才会引起两国要素价格的相对差异,进而最终引起两国产品价格的绝对差异。所以说,两国要素禀赋的相对差异是开展国际贸易的前提或基础。

(4)国际贸易格局。俄林认为,各国应该出口那些密集使用本国丰裕资源的商品,进口那些密集使用本国稀缺资源的商品。如果一国劳动力相对丰裕,资本相对稀缺,就应该专业化生产并出口劳动密集型产品,进口资本密集型产品;相反,如果一国资本相对丰裕,劳动力相对稀缺,就应该专业化生产并出口资本密集型产品,进口劳动密集型产品。要素禀赋论主张实行自由贸易政策,并认为这种分工和贸易模式对贸易双方都有利。

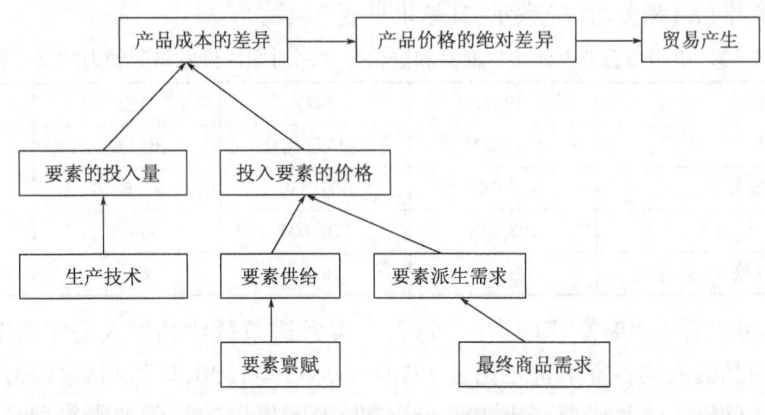

图2-1 要素禀赋论分析框架

(四)关于要素禀赋论的评价

赫克歇尔—俄林的要素禀赋论是对比较优势理论的重大发展,最先从生产要素角度分析国际分工和国际贸易发生的原因。从基本层面看,赫—俄模型是建立在比较优势理论基础之上的,关于要素流动的假设也与比较优势理论基本一致。但是,赫—俄理论认为仅一种要素(劳动)无法进行生产,至少应为两种要素。国内贸易和国际贸易均为不同区域间的商品交换,本质是相同的,交换的原则也是相同的。李嘉图则认为国内等量劳动相交换的原则不能应用于国际贸易,认为劳动生产率的差异是国际贸易产生的原因,而赫—俄理论模型则将劳动生产率的一致作为理论分析的出发点。

赫—俄理论的进步性在于:认识到了生产要素及其组合在各国进出口贸易中居于重要地位;其主要观点和结论对一国参与国际分工和国际贸易具有重要的指导与借鉴意义。赫—俄理论的主要缺陷在于:由于该理论是建立在一系列假定条件基础上的,而这些假定条件都是静态的,忽视了它们的动态变化;忽视了科学技术在国际分工和国际贸易中的作用,在一定程度上损害了理论的广泛性和适用性;并未对需求因素给予充分的重视,也影响了该理论对实际的解释力;把各国要素禀赋的差异和产品技术条件的差异作为国际分工和国际贸易发生的真正原因,掩盖了资本主义生产关系对国际分工和国际贸易的影响,等等。

二、里昂惕夫之谜

华西里·里昂惕夫(Vassily W. leontief,1906—1999)是美籍俄裔著名经济学家,投入产出经济学的创始人,1973年诺贝尔经济学奖的获得者。

(一)里昂惕夫之谜的产生

要素禀赋论自提出后,逐渐被人们所接受,并成为国际贸易理论的主流理论。按照要素禀赋论,各个国家都应出口那些密集使用本国丰富要素生产的产品,进口那些密集使用本国稀缺要素生产的产品。根据要素禀赋论,美国是资本相对丰富而劳动力相对缺乏的国家,理应出口资本密集型产品,进口劳动密集型产品。

为了验证要素禀赋论,里昂惕夫运用"投入—产出"分析法对1947年美国200个行业的出口商品和进口替代品(美国需要进口,同时也在国内生产的产品)生产所需的劳动量和资本量进行了统计和比较,并将研究结果于1953年发表在《国内生产与对外贸易:美国资本状况的重新检验》一文中。里昂惕夫计算了1947年美国生产每百万美元出口商品和每百万美元进口替代品所需的资本(K)和劳动(L)数量,其结果见表2-7。

表2-7 美国每百万美元出口商品和进口替代品对国内资本与劳动力的需求量

年份	1947	1947	1951	1951
项目	出口商品	进口替代品	出口商品	进口替代品
资本(美元)	2550780	3091339	2256800	2303400
劳动力(人/年)	182.313	170.004	173.91	167.81
人均年资本量(资本/劳动)	13991	18184	12977	13726

从表2-7可以看出,1947年美国生产每百万美元进口替代品的人均年资本量与生产每百万美元出口商品的人均年资本量之比是18184∶13991=1.30,即进口替代商品的资本劳动比率比出口商品的资本劳动比率高出30%,这说明美国出口的是劳动密集型产品,而进口的是资本密集型产品。这一验证结果完全出乎里昂惕夫本人的预料,也与要素禀赋论的结论大相径庭。为此,里昂惕夫又于1956年再次运用投入产出分析方法和美国1951年的进出口统计资料,对美国的贸易结构进行了第二次验证,验证的结果以《生产要素比例和美国贸易结构:进一步验证和经验分析》为题于同年公开发表。如表2-7所示,根据验证结果,1951年美

国生产每百万美元进口替代品的人均年资本量与生产每百万美元出口商品的人均年资本量之比是 13726∶12977 = 1.06，即进口替代商品的资本劳动比率比出口商品的资本劳动比率高出 6%，这与第一次的结论基本相同，即美国出口商品与进口替代品相比，前者更为劳动密集型，而进而替代商品更具有资本密集型特征。

综上，里昂惕夫两次验证的结果都表明，美国参加国际分工是建立在劳动密集型产品生产专业化的基础上，而不是建立在资本密集型产品生产专业化的基础上。换言之，美国是利用对外贸易来节约资本和安排剩余劳动，而不是相反。里昂惕夫的这一结论与要素禀赋论相违背，引起了经济学家们的极大关注，被称为"里昂惕夫之谜"。

(二)里昂惕夫之谜的解释

里昂惕夫对要素禀赋理论的验证结果深深地震撼了世界各国的经济学家，他们纷纷从各种角度对里昂惕夫之谜产生的原因进行解释，其中代表性的学说主要包括以下几种。

1. 劳动力不同质论

对于"里昂惕夫之谜"的出现，里昂惕夫本人也觉得难以置信，他曾反思自己没有认真评估美国的要素禀赋，想当然地认为美国是资本丰富的国家。对此，里昂惕夫提出了熟练劳动说(skilled labor theory)，又称劳动效率说或要素非同质说。里昂惕夫认为谜的产生原因可能是美国工人的劳动效率比其他国家高。里昂惕夫认为，由于劳动素质各不相同，在同样资本的配合下，美国工人的劳动生产率大约是其他国家的3倍，因而在计算美国劳动力数量时必须把实际人数乘以3。至于美国工人的劳动效率比其他国家高的原因是美国企业管理水平较高、工人所受的教育和培训较多以及美国工人进取心较强。从有效劳动数量看，美国应为劳动相对丰富的国家，而资本在美国则成为相对稀缺的要素。这样一来，矛盾现象似乎就不存在了。因此，美国出口劳动密集型产品、进口资本密集型产品是符合"H—O原理"的，但这一解释并没有被广泛接受，后来里昂惕夫自己也否定了它。

2. 人力资本说

受里昂惕夫有效劳动解释的启发，美国经济学家凯南(P. Kenen)等人提出了人力资本说(human capital theory)，该学说用对人力投资的差异来解释"谜"的产生。该学说认为，里昂惕夫的统计检验存在明显的缺陷，它只考虑了物质资本(physical capital)、忽略了人力资本(Human Capital)。人力资本主要是指一国在职业教育、技术培训等方面投入的资本。由于美国投入了较多的人力资本，拥有更多的熟练技术劳动力，因此美国出口的产品含有较多的熟练技术劳动。如果把熟练技术劳动的收入高出简单劳动的部分算作资本，并与物质资本相加，美国仍属于出口资本密集型产品，因而以人力资本的差异来解释美国对外贸易商品结构，其结论仍然符合"H—O原理"。

3. 自然资源说

凡涅克(Jaroslav Vanek)和波斯特纳(Harry Postner)等经济学家认为，里昂惕夫之谜产生的一个重要原因是：里昂惕夫在对美国的对外贸易进行经验验证研究时，仅拘泥于要素禀赋论关于贸易模型只包含资本和劳动两种要素的假定，忽略了自然资源这样一种非常重要的要素。凡涅克指出，在美国，有些自然资源的确是相对稀缺的，或者美国为了对本国的自然资源加以"战略性保护"，显得相对稀缺。因此，美国每年都从国外大量进口自然资源密集型商品。在实际的生产过程中，自然资源要素投入同资本要素投入之间存在极强的相互跟进(或相互补充)的关系。而且，在大多数情况下，资本要素和自然资源要素不可以相互替代。也就是说，需要耗费大量自然资源的商品,在其生产过程中,一般也要投入大量的资本要素。基于以上认识,凡涅克认为,里昂惕夫之"谜"是不难理解的。美国进口商品中资本要素的相对密集程度较高只是一种"表面现象",从中不能推出美国变成了一个资本要素相对稀缺的国家,因而需要从国外进口资本密集型商品的结论。这种现象只是反映了美国大量进口的自然资源密集型商品同时又是资本密集型商品的客观现实。

4. 要素密集度逆转说

这一学说最先是由罗纳德·琼斯(R. Jones)提出来的。该学说认为,支持"H—O原理"的另一个假定是要素密集度不发生逆转,即无论在什么情况下X总是劳动密集型产品、Y总是资本密集型产品。但在现实中,要素密集度可能发生逆转。要素密集度逆转是指一种给定的商品在劳动丰裕的国家生产就是劳动密集型产品,在资本丰裕的国家生产就是资本密集型产品。例如小麦,在美国由于资本相对丰裕,可以用资本密集(机械化)的方式生产;在中国由于劳动力相对丰裕,则可以用劳动密集(手工作业)的方式生产。这样,美国的进口品在其国内生产时,则属于资本密集型产品,而在其出口国则属于劳动密集型产品。因此,从要素密集度逆转的角度同样能解释里昂惕夫之谜。经济学家格鲁贝尔(H. G. Grubel)1962年对19个国家的24个行业进行统计分析后发现,有5个行业存在生产要素密集度的逆转。迈克尔·霍德的研究表明,在美国和英国的双边贸易中,两国出口的商品在本国都是资本密集型的。然而,要素密集度逆转只存在于少数行业中,不具有普遍性,否则的话,整个国际贸易的经典理论就要重写。

5. 需求偏好论

需求偏好论试图以国内的需求结构来解释里昂惕夫之谜。该理论认为,"H—O原理"忽略了需求偏好的差异对贸易模式的影响。"H—O原理"成立的一个前提假定是,贸易国双方的需求偏好是无差异的,消费结构也是相同的。而事实上,贸易各国人们的需求、偏好是不相同的,而且这种偏好会强烈地影响国际贸易模式。一个资本相对丰裕的国家,如果国内需求偏向资本密集型产品,其贸易结构就有可能是出口劳动密集型产品、进口资本密集型产品。根据该理论,里昂惕夫之谜之所以在美国发生,是因为美国人不喜欢消费劳动密集型产品,而偏好消费资本密集型产品。因此,消费偏好的力量使美国将劳动密集型产品出口国外,而把资本密集型产品留在国内消费或进口具有资本密集型特征的产品。

6. 贸易壁垒说

该理论指出,"H—O原理"是建立在完全自由竞争的假设之上的,而现实的国际贸易中存在着大量的关税和非关税壁垒。美国劳工代表在国会中有强大的影响力,从而会使美国的贸易政策倾向于保护与鼓励劳动密集型产品的生产与出口,限制外国同类产品的进口。克拉维斯(Kravis)在1954年的研究中发现,美国受贸易保护最严格的产业就是劳动密集型产业,这影响了美国的贸易模式,从而使美国进口劳动密集型产品比进口资本密集型产品受到更严格的进口壁垒限制。特别受到保护的是技术落后的产业和非熟练、半熟练的劳工集团。因此,贸易壁垒的存在是产生里昂惕夫之谜的重要原因之一。

上述关于里昂惕夫之谜的几种解释,实际上都是从不同侧面对"H—O原理"的一系列假定前提进行修正,这些修正或是重新审视理论前提的合理性,或是深入思考里昂惕夫统计检验的有效性,一方面努力捍卫"H—O原理"的崇高学术地位,另一方面也能够在特定的条件和环境下对里昂惕夫之谜进行解释。这些解释对生产要素禀赋理论的补充,增强了生产要素禀赋理论的现实性和对二战后国际贸易实践的解释能力。

(三)关于里昂惕夫之谜的评价

里昂惕夫之谜所提出的问题,不仅在西方国际贸易理论界引起震动,而且还带动了多年的理论争论和探讨,从而推动着国际贸易理论向纵深发展。创立一种新的分析方法胜于得出一个结论。里昂惕夫开创了用投入产出法和统计数据验证贸易理论的道路,为后人的理论研究工作开拓了新的思路。这一巨大的理论意义和现实作用使里昂惕夫之谜成为经济理论发展史上的一个里程碑。

里昂惕夫之谜是对"H—O原理"的"悖论",它揭示了这一传统的国际贸易理论与现实相悖之处,这种揭示起到了两方面的积极作用:其一,促使要素禀赋理论不断进行修正与完善。要素禀赋理论从本质上看,继承了李嘉图的比较优势理论,这一理论并没有因里昂惕夫悖论的出现而垮掉,它经过修正和完善后,在当代的国际贸易理论中仍然占据着重要的地位;其二,通过暴露传统国际贸易理论静态分析的缺陷,带动了其他经济学者对国际贸易中各种经济现象的动态分析,导致了二战后各种新的学说和流派的出现,促进了这一领域经济理论的发展。

第三节 二战后国际贸易理论

二战后,国际经济贸易环境发生了重大的变化,第三次科技革命的兴起、跨国公司的迅速发展、殖民体系的瓦解、发展中国家的崛起等,使得国际分工进一步深入发展,国际贸易领域出现了许多新的倾向:世界市场主要出口国的领先位置在不断变化;同类产品之间的贸易量大大增加;发达工业国家之间的贸易量大大增加,等等。对于这些国际贸易领域新的现象和趋势,传统的比较优势理论和要素禀赋理论是难以作出解释的,这促使各国经济学家用各种不同的分析方法,特别是用动态分析法去研究国际贸易的各种新现象以及产生这些现象背后的原因,从而促进了各种国际贸易新理论的发展。

一、技术差距理论

(一)技术差距理论的产生

要素禀赋论在考察国际贸易的原因时,假定两个国家在生产中使用相同的技术,同种产品的生产函数相同。但在现实中各国使用的技术确实存在差距,而且这种差距还是动态变化的。为了解释在技术变化基础上的国际贸易动因和贸易模式,1961年美国经济学家波斯纳(Michael V. Posner)在其发表的《国际贸易与技术变化》论文中把技术作为独立于劳动和资本的第三种生产要素,提出了技术差距理论(technological gap theory),又称技术差距模型(technological gap model)。由于技术变动包含了时间因素,技术差距理论被看成是对H—O原理的动态扩展。

(二)技术差距理论的主要内容

波斯纳在技术差距理论中引入了创新国和模仿国概念。他认为,创新国创新一种新产品成功之后,一直到模仿国掌握这种技术之前,创新国具有技术上的领先优势,可以向模仿国出口这种技术领先的产品。随着专利权的转让、技术合作、对外投资或国际贸易的发展,创新国的领先技术流传到国外,模仿国开始利用自己的低劳动成本优势,自行生产这种商品并减少进口。随着模仿规模的扩大,模仿国的规模经济和廉价的劳动力使得创新国的比较优势逐渐失去,导致出口下降,直至最后可能从模仿国廉价进口该新产品。因技术差距而产生的国际贸易量逐渐缩小,最终被模仿国掌握,两国间技术差距消失,以技术差距为基础的贸易也随之消失。这一过程可以用图 2-2 来说明。

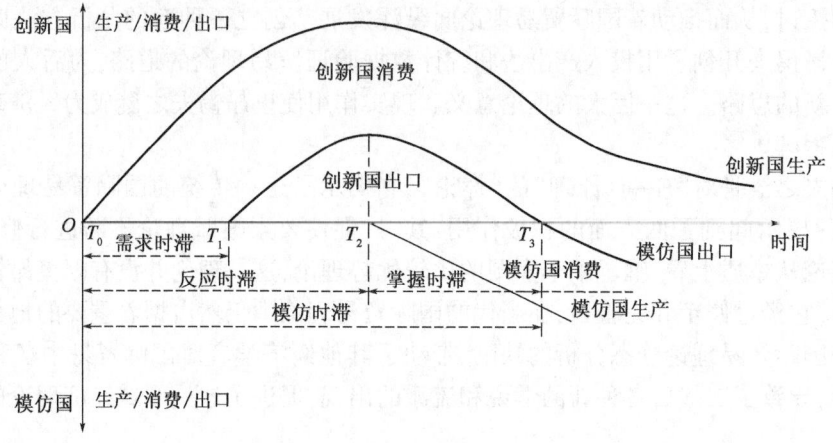

图 2-2 技术差距模型

如图 2-2 所示,创新国在 T_0 点开始生产新产品,T_1 点时模仿国的需求出现,从而开始进口;T_2 点时模仿国开始生产,当到 T_3 时,模仿国达到完全自给自足,T_3 之后模仿国开始出口。按照波斯纳的观点,$T_0 \sim T_1$ 这一时段为模仿国的需求时滞,其长短取决于收入因素及模仿国消费者对新产品的认识和了解过程;$T_0 \sim T_2$ 为反应时滞,它是指模仿国厂商在进口冲击下进行自我调整,生产出新产品时间的长短取决于模仿国的规模经济、产品价格、收入水平、运输成本、需求弹性、市场大小以及关税等多种复杂因素;$T_2 \sim T_3$ 为掌握时滞,其长短取决于模仿国取得技术的渠道、消化吸收技术的能力等;$T_0 \sim T_3$ 为模仿时滞,T_1—T_3 期间两国发生的贸易是由技术差距造成的。T_3 之后,模仿国就会出现以低成本为基础的出口,即在该点之后技术差距消失,生产成本的差距将成为贸易发生的主要原因。

(三)关于技术差距理论的评价

波斯纳的技术差距理论表明,即使在要素禀赋和偏好相似的国家,技术领先也会形成比较优势,从而产生国际贸易,而且这种比较优势是动态的。如二战刚结束时,由于电子管技术在美国的问世,使美国垄断了无线电产品的世界市场。但是不久,在模仿时滞之后,日本也达到了同样的技术水平,并且因其劳动力成本低,日本取代美国占领了大量的国际市场份额。随后,美国发明了晶体管技术,又重新获得技术领先地位并夺回了失去的市场。但是几年以后,日本也获得了晶体管技术和生产能力,又一次凭借其低成本优势夺走了美国企业的国际市场。技术差距理论表明,科技创新和发明所产生的新技术与其他要素(如资本、劳动)一样,决定着贸易的产生和流向,是对要素禀赋论的进一步完善,其理论具有独创性。但是,该理论也存在根本的缺陷,它不能确定新技术差别的大小,也没有分析新技术差距产生的原因以及随着时间推移而消失的原因。因此,技术差距模型还是一个比较粗浅的模型。为此,弗农的产品生命周期理论对其进行了继承和发展。

二、产品生命周期理论

(一)产品生命周期理论的产生

技术差距理论解释了技术因素对国际贸易的影响,但仍然不能解释以下两个现象:一是技术创新倾向于集中在较富裕、较发达的国家;二是在产品生命的早期,生产倾向于在进行创新的国家发生,尽管进行创新的厂商完全可以在另一个资源禀赋更适合生产该商品的国家进行生产;而到了产品生命的较晚阶段,生产就会从创新国家转移出去。

1966年,美国哈佛大学教授雷蒙德·弗农(Raymond Vernon)以技术差距理论为基础,在其发表的《产品周期中的国际投资与国际贸易》论文中首次提出了产品生命周期理论(product life cycle theory),后经美国哈佛大学教授威尔斯(L. Wells)和赫希(S. Hirsch)等人加以补充和完善。

(二)产品生命周期理论的主要内容

弗农从产品生命周期不同阶段的生命特征出发,分析创新时机、规模经济和不确定性对国际贸易模式的影响,创建了国际贸易中的产品生命周期理论,以此来分析在生命周期不同阶段的生产决策以及在此基础上的国际贸易和国际投资行为。弗农将产品的生命周期划分为三个阶段,即产品创新阶段、产品成熟阶段和产品标准化阶段。在不同阶段,产品的生产与出口情况不同(图2-3)。

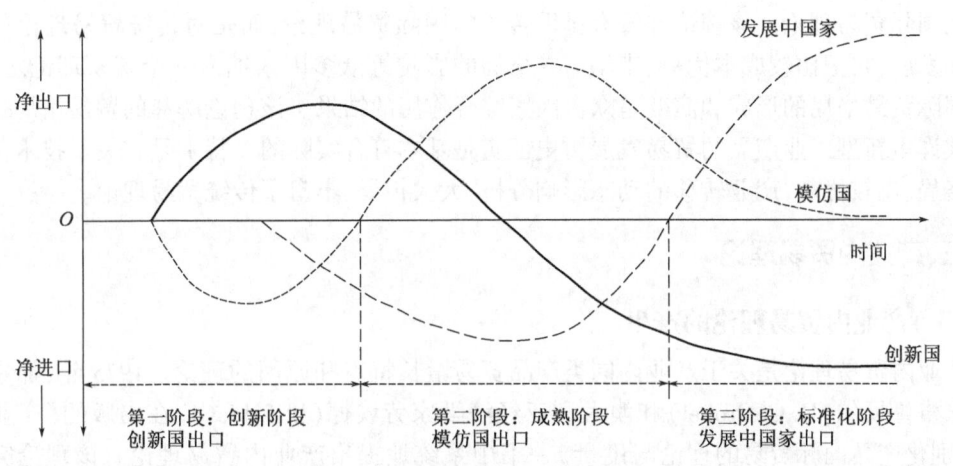

图2-3 产品生命周期各阶段产品的生产与出口情况

1. 产品创新阶段

在产品创新阶段(the phase of introduction),产品尚未定型,根据消费者对新产品的反馈信息,还要不断改进设计和工艺流程,对技术和工艺做相应调整。也就是说,创新国还需要投入更多技术力量,故这时的产品要素密集性质表现为技术密集型。由于其他国家尚未掌握该产品的生产技术,创新国垄断该产品的生产,除满足国内消费者的需求外,还出口满足国外一部分富有消费者的需求。这是因为这一阶段,厂商数目很少,产品没有相近的替代品,产品价格比较高。这一阶段是创新国净出口阶段,如图2-3中第一阶段所示。

2. 产品成熟阶段

在产品成熟阶段(the phase of maturation),技术已经成熟,产品逐渐定型,成熟的生产技术也随着产品的出口而扩散转移。一些产品进口国调整国内产业结构,迅速地模仿,开始在本国生产该产品并实行进口替代,直到完全掌握这个技术后才开始出口。这个阶段所需资源是机器设备和先进的劳动技能,技术投入减少,资本、管理要素和高级熟练劳动投入增加,产品从技术密集型变成资本密集型。在此阶段,生产该产品的机器比较昂贵,资本充裕的模仿国引进机器,进行规模化生产,进而获得该产品生产的比较优势,并逐渐取代创新国而成为主要生产国和出口国,如图2-3中第二阶段所示。在此阶段,创新国的出口开始下降。

3. 产品标准化阶段

在产品标准化阶段(the phase of standardization),生产技术和产品本身都已经标准化,许多技术都已包含在生产该产品的机器中。任何国家只要购买了这些机器也就购买了技术,技术本身的重要性已经逐渐消失。另一方面,生产该产品的机器本身也因成为标准化的产品而变得比较便宜。因此,到了这一阶段,资本要素投入虽然仍很重要,但非熟练劳动投入大幅度增加,它在生产中的作用迅速上升,劳动力成本则成为决定产品是否具有比较优势的主要因素,产品要素密集性质也就由资本密集型变为劳动密集型。而发展中国家却具备这方面的比较优势。于是,产品的生产开始由模仿国逐渐转移到非熟练劳动要素丰富、生产成本相对较低的发展中国家。随着生产过程的转移,贸易的方向也随之发生变化,原来是该产品进口国的发展中国家成为该产品的出口国,如图2-3中第三阶段所示。

(三)关于产品生命周期理论的评价

产品生命周期理论在研究方法上突破了传统贸易理论短期静态分析方法,是一个典型的动态化国际贸易理论。该理论并没有排斥传统的国际贸易理论,而是对传统贸易理论的全面继承和发展,它把比较成本优势、市场需求格局的影响等众多因素纳入一个贸易理论之中,暗示了国际贸易格局的形成和演变是众多因素综合作用的结果。该理论解释的贸易格局变化特征已被许多新型工业产品的贸易发展历史证实是基本符合实际的。特别是它关于技术差距对贸易格局、比较优势、产业转移的动态影响分析,大大扩展、丰富了传统贸易理论。

三、产业内贸易理论

(一)产业内贸易理论的产生

产业内贸易理论是关于产业内同类产品贸易增长特点和原因的理论。1975年,加拿大经济学家格鲁贝尔(H. G. Grubel)和澳大利亚经济学家劳埃德(P. J. Lioyd)在出版的《产业内贸易:差别化产品国际贸易的理论与度量》一书中系统地提出产业内贸易理论。该理论突破了传统国际贸易理论的一些假定(如完全竞争的市场结构、规模收益不变等),从不完全竞争、产品差异化和规模经济等角度入手,考察了产业内贸易的形成机制,从而解释了产业内贸易日益占据国际贸易主要地位的现象。此后,学者们在20世纪70年代末和80年代初提出了各种产业内贸易的理论模型,如兰卡斯特模型、布兰德模型、克鲁格曼模型等,对该理论作了进一步的丰富和发展。

产业内贸易理论起因于对欧洲经济共同体一体化效果的评价。20世纪50年代末期,欧洲经济共同体组建以后,需要对一体化的各种效果进行分析论证,以便评价共同体的得与失。20世纪60年代初,格鲁贝尔、劳埃德和巴拉萨(B. Balassa)等经济学家在研究欧洲经济共同体内部贸易时发现,欧共体内部的贸易格局和专业化分工并不是按要素禀赋论的模式展开的,大量的区域内部贸易是同一产业内部的同种类产品的相互交换。格鲁贝尔等人将这种两国间同一产业内产品的相互贸易称为产业内贸易,如法国在向德国出口轿车的同时又从德国进口轿车。

(二)产业内贸易程度的测量

产业内贸易的计量方法有很多种,但最常使用的是产业内贸易指数(Index of Intra-industry Trade,IIT)。这种方法是1975年由格鲁贝尔与劳埃德通过对产业内贸易进行探索后提出的,因此又称"格鲁贝尔—劳埃德"指数。

产业内贸易指数是用来测度产业内贸易程度的指标,其计算公式为

$$\text{IIT} = 1 - \frac{|X-M|}{|X+M|}$$

式中,X 和 M 分别为某一特定产业或某一类商品的出口额和进口额,并且对 $X-M$ 取绝对值。IIT 的取值范围为[0,1],其数值的大小反映了产业内贸易程度的高低。当 IIT = 0 时,说明该产业产品的贸易完全是产业间贸易;当 IIT = 1 时,说明该产业产品的贸易完全是产业内贸易。

需要说明的是,产业内贸易指数的大小受到三个主要因素的影响:

(1)某种产业部门的产品特征。因为有些产业部门的产品生产和消费都具有明显的地域性,难以发生大规模的产业内贸易。

(2)产业部门的成熟程度。高度发达成熟的产业部门容易发生产业内贸易;幼稚的工业部门则难以发生产业内贸易。

(3)产业部门的划分。如果产业部门划分较为细致,产业内贸易的指数就比较小;如果产业部门的划分很粗略,产业内贸易的指数就比较大。

(三)产业内贸易产生的原因

格鲁贝尔及许多西方学者认为,同类产品或同一产业生产的产品之间发生贸易的主要原因包括以下几点:

1. 产品的差异性

同类产品的差异性表现在诸如商标、牌号、款式、包装、规格等方面,有些同质产品即使在实物形态上是相同的,但由于售后服务、广告宣传等方面的差异,也会被视为有差异的产品。这种同类产品的差异性可以满足消费者不同的心理、消费欲望和偏好,从而导致不同国家之间产业内贸易的产生和发展。

2. 厂商追求规模效益的动机

同类产品因产品的差异与消费者偏好的差异而相互出口,可以扩大生产规模和市场,获得贸易利益。因为一国企业可以通过大规模的专业化生产,降低成本,提高效益,取得比较优势,进而扩大产品出口。由此,产业内部的分工和贸易自然形成。

3. 经济发展水平及需求的重叠

经济发展水平越高,产业内差异性产品的生产规模就越大,从而产业内部分工就越发达,就会生产越多的差异性产品供应市场;经济发展水平越高,人均收入也越高,从而消费者的消费需求越趋于多样化、高级化,就会形成对差异性产品的强烈需求。

不同国家、不同阶层的人的消费需求是不同的,相同阶层的人的消费需求是相同或相近的,如富裕的人对高档消费品的需求,贫穷的人对生活必需品的需求。不同国家需求的重叠,使得国家之间具有差异性的产品相互出口成为可能。

(四)关于产业内贸易理论的评价

产业内贸易理论是对比较优势理论、要素禀赋论等传统贸易理论的批判、补充与发展,尤其是其假定条件更符合实际。如果产业内贸易的利益能够长期存在,这实际说明自由竞争的市场是不存在的,因为其他厂商自由进入这一具有利益的行业将受到限制,因而不属于完全竞争的市场,而是不完全竞争的市场。另外,该理论不仅从供给方面进行了论述,而且更从需求角度进行了考察。该理论还认为,规模经济是当代经济重要的内容,它是各国都在追求的利益,而且将规模经济的利益作为产业内贸易利益的来源,这样的分析较贴近实际。

复习思考题

1. "重商主义是一种没落的理论,在 21 世纪的今天没有实用价值,已经过时了",谈谈你对这一说法的理解。
2. 比较优势理论对世界各国制定产业政策有何指导意义?
3. 要素禀赋对一国进出口贸易结构有何影响?
4. 简述技术差距理论和产品生命周期理论的主要内容。
5. 产业内贸易发生的主要原因是什么?

延伸阅读

全球价值链重构与提高产业链供应链稳定性

在世纪疫情、俄乌冲突的冲击影响下,全球产业链加速重构,供应链的安全稳定问题已经成为宏观经济复苏的重要阻滞风险。在全球跨国公司纷纷考虑重新布局其供应链的当下,疫情、俄乌冲突使得全球政治、经济、供应链上的不确定性上升。各国频繁调整宏观经济政策和防疫措施,政策的不确定性加大,劳工成本高企、运费上涨、物流中断等问题加剧了全球供应链的不稳定性。俄乌冲突导致石油、天然气等原材料供应链出现危机,世界大宗商品价格快速上涨,欧美国家面临经济刺激和降低通胀的两难境地,世界经济陷入"滞涨"的潜在风险中,我国输入性通胀的压力进一步加大。

一、外部冲击与全球价值链加速重构

科技革命、产业变革、消费升级的演进趋势下,国际分工细化深化、国际竞争更趋激烈,特别是中美博弈、疫情冲击、俄乌冲突叠加经济下行压力下,全球产业链供应链价值链调整重塑加快,区域化、本土化、多元化、数字化、绿色化趋势增强。各国与各地区在当下产业链供应链主导权之争的过程中,认识到产业链安全可靠、自主可控、摆脱过度依赖的重要性,积极从以往生产链条高度集中、地区跨度较大、单一的全球布局向分散集中化、局部区域化、多元的区域性布局转变。

逆全球化趋势与全球价值链重构相伴而行,也对我国产业链供应链的稳定性构成了较大威胁。2008 年金融危机以来,地区和国家间的贸易保护和纠纷从未停止,经济逆全球化趋势进一步加剧,全球化进入区域性集聚发展阶段,从而形成特定区域内的产业空间集聚。2008 年国际金融危机后,尤其是 2012 年后,欧盟、日本、韩国、美国等经济体的贸易保护程度上升,逆全球化趋势明显,欧盟、日本、韩国和美国的贸易限制指数(TRI)分别从 2012 年 4.11、4.43、35.31、4.74 上升到 2015 年的 4.90、4.70、41.39、5.18。

美国等发达经济体开始逐渐反思"去工业化"给经济带来的风险,积极推进"制造业回流",改变全球制造业分工格局。鉴于制造业空心化,本国经济容易受到突发冲击不利影响以及其他国家的牵制,经济缺乏韧性。为此一些发达经济体开始制定促进制造业回流的政策,为本国建厂的制造业企业提供补贴、税收优惠等。美国、日本政府提出愿意支付搬家费用,帮助中国的本国公司考虑撤离中国。2022 年 Reshoring Initiative 的报告显示,企业预估将把近 35 万份制造业工作带回美国国内,远高于 2021 年的 26.5 万份。2022 年已有多达数十家美国企业宣布在美兴建厂房或投资新的制造项目。例如,总部位于爱达荷州的美光科技,就宣布斥资 400 亿美元扩建现有总部,并将投资于内存芯片制造领域。锂电池回收商 Ascend Elements 也表示,其将在肯塔基州投资 10 亿美元建造一座锂离子电池材料厂。韩国 SK 集团也表示,将在肯塔基州和田纳西州投资 220 亿美元建设新的包装设施、电动汽车充电系统和氢气生产设施。

2018 年下半年开始,美国不断升级关税政策,全球其他国家的贸易摩擦也有所升级。从中美贸易摩擦来看,2018 年 9 月,美国特朗普政府宣布对中国约 2000 亿美元商品加征进口关税,加征关税税率为 10%,2019 年 1 月 1 日起加征关税税率提高到 25%。由于这一措施提高了与中国有关的中间产品关税,加上全球价值链的

累积放大效应,严重损害了美国产业下游的国家。在全球价值链深入发展的背景下,中美经贸摩擦本质上是全球在进行贸易战,这进一步会对产业链供应链产生巨大的负面冲击。联合国贸发会议数据显示,随着贸易摩擦的升级,2019年和2020年世界商品出口金额增长率分别为-2.77%和-7.15%,说明全球价值链的活动受到了负面影响。

后疫情时期,全球产业链的脆弱性进一步暴露,让全球经济主体确认了全球化生产的风险性和安全性问题,促使各国经济政策的转向,加剧全球价值链重构。如果少数位于全球价值链中心位置的国家的生产停止,或是停止关键部件的提供,将对全球产业链供应链造成严重的损害。当今全球价值链错综复杂,国家之间的相互制约因素较多,导致疫情的冲击被放大。全球价值链贸易需要人口和货物的自由流动,与疫情防控形成矛盾。在疫情等特殊冲击之下,经济体将面临两难局面。一方面,经济体的生产恢复需要与国外进行货物贸易,同时需要人口的自由流动,但另一方面,疫情防控需要一定的隔离措施,将阻碍跨国贸易的进行。生产、贸易和疫情防控之间存在矛盾,对全球范围的疫情缓和与经济复苏形成阻碍。

2022年爆发的俄乌冲突、7月底通过的美国《芯片和科学法案》进一步加剧了全球价值链重构。受到俄乌冲突的影响,石油、粮食等国际大宗商品价格处于高位,对全球价值链的活动造成了较大冲击。石油、煤炭、金属冶炼及压延加工等相关行业原材料采购价格和产品销售价格持续波动,不断加大中下游行业的成本压力。地缘政治冲突扰动外部需求市场,导致制造业外部需求面临不确定性。2022年7月28日,美国众议院投票通过《芯片和科学法案》,法案总规模约2800亿美元,该法案是数十年来美国政府对产业政策的最大干预,以维系美国在高端前沿科技领域的优势。措施包括对在美国建厂的半导体企业实施补贴、为资本支出提供税收减免等,以牢牢掌控芯片这一全球价值链的顶端产业。当然,法案中也包含了大量地缘政治色彩的条款,进一步扩大了对中国芯片的限制范围。禁止受到美国补贴的半导体企业在中国进行投资和生产比28纳米更先进的芯片,不要向中国供应用于14纳米及以下芯片制造的设备等。

二、全球价值链重构对我国产业链供应链的影响

短期来看,全球价值链重构对我国产业链供应链有一定冲击,但中国在全球价值链中的独特地位决定了我国世界工厂地位短期不会受到本质性影响。中国是世界上产业链最为全面、完整的国家,具有成本优势和完善的基础设施,这使得将工厂建在中国仍能够享受到产业链完整带来的效率红利,短期内产业大范围迁出的可能性很低。另外,我国是全球第二大最终消费需求市场和新兴经济体中的最大消费市场,庞大和广阔的最终需求足以支撑起大规模的生产。且海外生产能力尚不足以承接中国如此大的产业链规模,即使逆全球化趋势相对加速,但比较优势改变有限,未来全球价值链重构的进程较为漫长。

中长期来看,低端制造业迁出、国外高技术制造业回流,将会对我国的产业链供应链稳定性造成冲击。低端制造业迁出,是产业发展的自身规律,有利于我国产业的转型升级。纵观发达经济体的产业发展过程,都经历了产业从劳动密集型到资本密集型再到技术密集型的转变,伴随其中的便是低端产业的外迁和产业转型升级的不断推进。从中长期看,我国低端行业的外迁有利于出口企业将更多的资源集中于技术密集程度更高的生产活动,增加研发投入,提高我国出口产品的附加值率。从研发投入来看,我国与美韩日德等领先经济体对比仍存在较大的差距,2020年我国的研发支出占GDP比重为2.40%,而美、韩、日、德同期分别为3.45%、4.81%、3.26%、3.14%。另外,我国逐渐成为对外投资的重要力量,主动的产业迁出使得我国的产业分布更加合理。除了发达经济体所属公司将劳动密集型行业迁出中国外,中国自身企业也有动力将自身的低端制造业迁出本国。我国在东盟等"一带一路"国家进行制造业投资,主动迁出为我国企业积累了更多的利润,有利于将更多的资金投入研发活动,进一步促进企业转型升级。

逆全球化趋势、贸易摩擦和新冠疫情等因素虽然加速了全球价值链重构,带来了产业链供应链的不稳定,但是也为我国的产业转型升级带来了机会。国外高技术制造业回流,将倒逼我国提高科技创新水平,补充关键的短板领域。发达经济体制造业回流过程中,智能制造、机器人等技术效率已经成为重要的推动因素,这对我国相关行业的技术进步提出了更高的要求,这将倒逼我国加强相关领域的研发投入以维护制造业的优势地位,我国需要不断促进产业转型升级,才能弥补制造业回流带来的损失。

(本文原载于《清华经济评论》2022年第10期,作者倪红福、张志达,有删减)

第三章 国际贸易政策

贸易政策体现了一国的贸易体制和贸易政策系统。国际贸易政策是各国在一定时期内对进出口贸易所实行的全部政策的总称。因此,国际贸易政策的研究重点就是各国对外贸易政策的演变历程和发展规律。一国对外贸易政策又是该国经济政策的重要组成部分。对于从事国际贸易活动的企业和个人,都会受到各国贸易政策及措施的影响和约束。而且,从制定贸易政策的角度出发,必须先了解世界各国家的政策措施,才能有的放矢地制定本国贸易政策,以保证本国在国际分工中的利益。

第一节 对外贸易政策概述

一、对外贸易政策的概念与内容

对外贸易政策是指一国政府根据本国的政治经济利益和发展目标而制定的在一定时期内指导进出口贸易活动开展的准则,它集中体现为一国在一定时期内对进出口贸易所实行的法律、规章、条例及措施等。

从内容上看,对外贸易政策包括三个方面:

(1)对外贸易总政策。指一国总的进口与出口政策,是一国在较长时期内所实行的基本政策,即一定时期对外贸易的总原则、方针、措施,表明该国贸易政策的主流或总趋势。

(2)进出口商品与服务政策,是一国在总贸易政策、国别与地区贸易政策基础上,针对不同产业在国际竞争中的竞争力的不同而制定的贸易政策。

(3)国别与地区贸易政策,是一国在总贸易政策基础上,针对不同国家或地区而制定的对特定地区、特定国家的贸易政策。上述这三个方面是紧密联系在一起的。无论一国采取什么样的外贸政策,都是以发展本国经济,提高国民生活水平为最终目标的。

二、对外贸易政策的类型

根据指导外贸活动开展的方式不同,对外贸易政策分为自由贸易政策和保护贸易政策。

(1)自由贸易政策是指国家对商品和服务的进出口不加干预,取消对进出口贸易的限制和障碍,取消对本国进出口商的各种特权和优待,使商品和服务能够自由进出,在国内外市场上自由竞争,从而使资源得到最有效配置。其核心就是奉行"自由放任"的市场调节政策。

(2)保护贸易政策是指国家积极干预商品和服务的进出口,广泛采取各种措施限制国外商品和服务的进口,保护本国的商品和服务在本国市场上免受竞争,同时对本国商品和服务的出口给予优待和补贴,以鼓励出口。其核心是奉行"奖出限入"的政府管理与调节政策。

完全的自由贸易政策在现实中并不存在。标榜自由贸易的许多发达国家,总是会或多或少、或明或暗地对本国的某些产业进行保护。当今世界贸易自由化是大势所趋,虽然传统保护贸易政策措施的使用受到多方面的限制,但是各种新的保护措施层出不穷,各国贸易政策仍表现为自由贸易和保护贸易不同程度的糅合。这样,各国贸易政策的制定,仍面临在自由贸易政策和保护贸易政策之间如何权衡这一主要问题。

三、对外贸易政策制定的目的及影响因素

(一)对外贸易政策的目的

对外贸易政策作为宏观经济政策的重要组成部分,其首要目的就是服务于宏观经济政策的总目标。此外,各国制定对外贸易政策的目的还主要表现为:

(1)保护本国国内市场。
(2)维护本国进出口市场的相对稳定、安全。
(3)积累资本。
(4)促进国内产业结构的优化和高级化。
(5)维护本国国际政治经济安全及稳定。

(二)影响对外贸易政策制定的因素

各国对外贸易政策的制定与修改是由国家立法机构进行的。这类立法机构在美国是国会,在英国是议会,在法国是国民议会,在德国是联邦议会。最高立法机关在制定和修改对外贸易政策及有关规章制度前,要征询各个经济利益集团的意见。发达国家的各垄断集团通过各种机构,如企业联合会、商会等,协调、确定共同立场,向政府提出各种建议,甚至直接参与制定或修改有关对外贸易政策的法律草案。

各国在制定贸易政策过程中,主要考虑以下因素:

(1)本国产品和服务在国际市场上的竞争能力。
(2)本国经济结构与产业竞争优势。
(3)经济发展战略。
(4)国内物价、就业状况。
(5)国内利益集团力量的比较。
(6)本国政策决策者的经济思想。
(7)本国与他国的经济合作情况。
(8)本国与他国的政治关系。
(9)本国在世界经济、贸易制度中享受的权利与应尽的义务。

此外,为了配合一定的政治与外交需要,对某些国家在一定时期内采取相对自由或相对歧视的政策,也是制定对外贸易政策时应考虑的因素。对本国的生态平衡和文化遗产进行保护贸易政策也是国际惯例。

四、对外贸易政策的执行机构

各国对外贸易政策是通过以下机构来执行的:
(1)海关。海关是设置在对外开放口岸的、行使进出口监督管理职权的国家行政机关,是

对外贸易政策最主要的执行机构。

(2)国家设立的各种机构。各国管理对外贸易机构有的是集中管理,有的是分散管理。如根据联邦宪法规定,美国对外贸易管理的最高权力机构是国会,联邦政府则根据国会立法制定和执行外贸政策。其实美国在制定和执行对外贸易政策方面的职权很大程度分散于政府很多具体部门,出口管理工作的职能由商务部、财政部、国土安全部、能源部、农业部等分别执行,进口管理的权限居于联邦政府商务部国际贸易委员会。英国对外贸易管理机构集中在贸易工业部;法国管理对外贸易的机构有总统领导的国际委员会,以及外贸部、经济部共同领导的对外经济关系司等;德国政府中主管对外经济贸易的是联邦经济与技术部,其次还有外交部、财政部、食品和农林部;日本通产省是日本政府制定外贸政策和管理外贸的主要部门。我国的对外经济贸易由商务部统一归口管理。

(3)国家政府也会积极参与各类国际或区域贸易合作组织,如世界贸易组织、RCEP协议组织、TPP协议组织、CPTPP协议组织等,推动区域内部要素流通、技术研发等多领域的合作,并且争取关税减免等方面的协调与谈判。

第二节 国际贸易政策类型的历史演变

国际贸易政策的类型是指一定时期内(一般为1年)世界各国对外贸易政策类型的主流倾向。国际贸易政策属于历史的范畴,它是随着国际贸易和各国对外贸易的不断发展而演变和发展的。在不同的历史时期,由于各国的经济状况、市场状况及对外关系状况不同,各国政府会采取不同的对外贸易政策,即使在同一时期,不同国家也会实施不同的对外贸易政策,因此发达国家对外贸易政策的演变具有明显的阶段性和国别性。

一、资本主义初期的贸易政策——强制性贸易保护政策

公元15世纪末至18世纪中叶的欧洲正处于原始资本积累时期,资本主义生产方式的准备时期。在这一时期,西欧各国实行的是重商主义为核心的强制性贸易保护政策。重商主义的基本理论已在前面作了论述,基本政策主张是国家直接干预对外贸易,实行贸易保护。

(1)货币政策。早期的货币差额论主张通过立法禁止金银输出,英国曾规定输出金银为大罪,西班牙规定输出金银处以死刑;晚期的贸易差额论,其政策内容有所放宽,主张通过贸易顺差来增加货币财富。同时,重商主义主张吸引国外货币留在本国,如英国政府曾规定,外国商人必须将出售货物所得的全部货币用于购买当地的商品。

(2)奖出限入政策。在出口方面,重商主义者鼓励制成品出口,同时阻止原材料或半成品的输出。在进口方面,重商主义者反对输入昂贵的奢侈品,对一般制成品的进口也采取严格的限制措施,但对原材料的进口不实行限制。在政策落实上,对进口的制成品课以重税,对进口的原材料实行免税,对出口的制成品减免关税。

(3)发展本国工业。出口规模的扩大必须以国内工业为基础。为了实现贸易顺差,就需要大力发展本国工业。为此,各国都制定了鼓励发展工业的政策措施,如法国在路易十四(1661—1775)时期,政府创办了一百余家"王室手工工场",并通过给手工业工厂主提供大量津贴和贷款,或免除工厂主和石匠的税负等措施,扶持本国工业发展。

(4)推行殖民扩张和贸易垄断政策。西欧各国为了原始资本的积累,从16世纪上半期开始,通过残酷的战争,将美洲、亚洲和非洲先后纳入自己的殖民地势力范围。同时,欧洲各国还制定各种法律对殖民地实行贸易垄断。由各国王室或经政府批准的私人公司专营对殖民地贸易,荷兰东印度公司、英国东印度公司就是典型代表。葡萄牙、西班牙和英国都曾规定,凡是同殖民地或其他国家进行贸易,都必须使用王室或本国船只,禁止使用外国船舶。

二、资本主义自由竞争时期的贸易政策——以自由贸易政策为主导

资本主义自由竞争时期从18世纪中期开始,到19世纪70年代发展到顶峰,于20世纪初结束。这个阶段在英国的推动下,自由贸易政策基本处于主导地位。自由贸易政策在英国得到充分发展理论依据就是亚当·斯密的绝对优势论和大卫·李嘉图的比较优势论。在这一时期,英国推行自由贸易政策的主要措施有:

(1)取消外贸经营特权。1831年和1834年,英国先后废止了东印度公司对印度和中国贸易的垄断权,将贸易经营权范围扩大到一般涉外公司。

(2)降低关税税率,缩减纳税商品目录。在重商主义时期,英国有关关税的法令多达千件以上。为此,政府从1825年开始简化税法,实行新的税率制度。与此相应,关税税率大大降低,进口纳税的商品项目也大大减少。从1841年的1163种减少到1882年的20种。

(3)废除航海法和谷物法。航海法是英国为限制外国航运业竞争和垄断殖民地航运业而制定的政策,从1824年逐步废除,至1854年,英国的沿海贸易和殖民地贸易全部向其他国家开放。谷物法则是英国政府于1815年颁布的旨在限制或禁止谷物进口的法律。从1838年开始,英国国内掀起了声势浩大的反谷物法起动。1846年,议会通过了废除谷物法的议案,并于1849年生效,从而取得了19世纪自由贸易进程中最伟大的胜利。

(4)改变殖民地的贸易政策。在18世纪,英国对殖民地的航运享有特权,殖民地的货物输入英国则享受特惠关税待遇。在大机器工业建成后,英国对殖民地逐步采取了自由放任的态度,它们不仅可以对任何国家输出或输入商品,而且可以与外国签订贸易协定,建立直接的贸易关系。

(5)与外国签订体现自由贸易精神的贸易条约。比如1860年,英国与法国签订了《科伯登》条约。根据该条约规定,英国对法国葡萄酒和烧酒的进口予以减税待遇,并承诺不禁止煤炭的出口,法国则保证对从英国进口的一些制成品征收不超过商品价格30%的关税。

在英国的推动下,各国纷纷降低关税,荷兰、比利时开始执行自由贸易政策,但是这一时期的美国和德国实行的基本上仍是保护贸易政策,由于这两个国家的国内工业发展还处于起步阶段,无法与英国、法国等国的工业品相竞争,因此不得不实行保护贸易政策。它们所坚持的理论依据是幼稚产业保护论,幼稚产业保护论奠基于美国的汉密尔顿,发展和成熟于德国的李斯特。

(一)汉密尔顿的关税保护贸易主张

美国刚从英国殖民统治下获得独立时,由于受殖民时期和战争因素的影响,经济凋敝,工业发展极为落后,在与英国的贸易中一直充当着农产品及原材料的供应地和制成工业品的销售市场的角色,美国用小麦、棉花、烟草、木材等产品换回英国的工业品。这种贸易格局在美国独立初期继续保留,这有利于南方种植园主的利益,不利于北方工业资产阶级经营的制造业利益发展。

汉密尔顿(Alexander Hamilton,1757—1804)是美国独立后的首任财政部部长,代表北方工业资产阶级的利益,于1791年向美国国会提交了《关于制造工业的报告》,极力主张以较高的关税税率保护美国的幼稚工业,这是最早有关幼稚产业保护理论的经典文献。报告中,汉密尔顿提出美国的经济情况与欧洲先进国家不同,美国的工业基础薄弱,技术落后,而工业品生产

成本高,因此不可能与先进国家在同等条件下进行贸易,所以不能实行自由贸易政策。强调自由贸易政策会导致美国市场只发展农业而放弃工业,这将不利于美国长期发展。为了国家整体的利益,政府必须用关税保护美国新建立的工业,使之生存、发展、壮大。

汉密尔顿的保护贸易主张对美国工业制造业的发展影响很大。在汉密尔顿影响下,美国不断提高关税税率,到1825年关税率提高到45%。保护贸易政策使美国工业得以避免外国产品的冲击而顺利发展,到19世纪80年代,美国工业跃居世界首位,20世纪初期,美国在世界贸易总额中仅次于英国,居第二位。

(二)李斯特的幼稚产业保护论

李斯特(Friedrich,1789—1846)是19世纪德国著名的经济学家。他被革去教授职位后,在流亡美国期间,看到美国实行高额关税保护给美国制造业发展带来的蓬勃生机。于是,回国后,他极力主张对本国幼稚工业进行保护,并于1841年出版的《政治经济学的国民体系》一书中系统地阐述了幼稚产业保护论的思想。可以说,李斯特的保护贸易政策相比较于汉密尔顿的主张更加系统和深刻,被后人推崇为幼稚产业保护论的鼻祖。

李斯特的幼稚产业保护论的主要内容如下:

1. 保护的目的——培育生产力

李斯特主张重视培养创造财富的生产能力。他认为,"财富的生产力比之财富本身不晓得重要多少倍,它不但可以使已有的和已经增加的财富获得保障,而且还可以使已经消失的财富获得补偿。"对于一国的经济利益,它更看重经济成长的能力和长远利益。他认为采取保护贸易措施限制进口,尽管初期国内厂商提供的商品价格会更高些,消费者的利益会受到损害,但当本国的产业发展起来后,人们的损失就会得到补偿,因为生产力发展起来后,由于劳动生产率的提高,价格会降下来,从长远看是有利于公众福利的。

2. 保护的依据——经济发展阶段论

李斯特猛烈抨击了英国古典学派的自由放任和"世界主义"政策,认为它忽视了各个国家的特征以及它们各自的特有利益和情况,因而竭力反对自由贸易政策。李斯特进一步认为,各国所处的经济发展阶段不同,所采取的贸易政策也应不同。李斯特根据国民经济发展程度,把经济的发展分为五个阶段,即原始未开化时期、畜牧时期、农业时期、农工业时期、农工商时期。各国经济发展阶段不同,应采取的贸易政策也应不同。处于农业阶段的国家应实行自由贸易政策,以利于农产品的自由输出,并自由输入外国的工业产品,以促进本国农业的发展,并培育工业化的基础。农工业阶段的国家,由于本国已有工业发展,但并未发展到能与外国产品相竞争的地步,故实施保护关税制度,使它不受外国产品的打击。而农工商业阶段的国家,由于国内工业产品已具备国际竞争能力,国外产品的竞争威胁已不存在,故实行自由贸易政策,以享受自由贸易的最大利益,刺激国内产业进一步发展。

李斯特认为每个国家将根据自身发展的具体实际,确定适用的贸易政策。他分析了一些国家的发展状况后指出,西班牙、葡萄牙和那不勒斯王国,处于从农业时期向农工业时期过渡阶段,应将自由贸易作为自己的国策;法国尤其是英国,达到了农工商业时期,自然会利用自由竞争维护自己的优势;德国与美国正处于农工业时期,实行保护关税将是他们不二的选择。

3. 保护的对象——幼稚产业

保护的对象应是那些处在农工时期并面对来自国外强大竞争压力的正在成长的幼稚产业。对于那些虽然幼稚,但没有受到国外强大竞争威胁的产业,则不需要保护。

4. 保护的措施

通过禁止输入与征收高关税的办法来保护幼稚工业,以免税或征收轻微进口税方式鼓励复杂机器进口。

5. 保护时间以 30 年为最高限期

李斯特的保护贸易学说对德国资本主义的发展起到了积极作用,为资产阶级争取利益提供了理论依据,他的理论对经济不发达国家有很大的政策参考价值。但是他的保护对象是有条件的;保护是有时间限制的;保护本身不是目的,而是为了培育生产力,增强产业的竞争力,待产业具有一定竞争力后再开放产业,实行自由贸易,获取国际分工带来的福利。因此,从李斯特的经济思想可以看出,保护的最终目标就是实行自由贸易。

三、20 世纪初至二战结束的贸易政策——超保护贸易政策

20 世纪初至二战结束,各资本主义国家包括那些起步较晚的后进国家都先后实现了工业化,科学技术的发展普通提高了各国的工业生产能力和经济发展水平,同时国际市场竞争也随之愈加激烈。而 1929—1933 年发生的世界性经济危机则使国际市场的供求矛盾更趋白热化。在这样的历史条件下,原来实行自由贸易政策的国家纷纷改旗易帜,推行贸易保护主义。就连英国也不例外,它于 1932 年宣布彻底放弃自由贸易政策,转而全面实行保护贸易政策。这一时期的保护贸易政策也被称为超保护贸易政策,其"超"主要体现在以下几个方面:

(1)主要保护对象为国内高度发展的和出现衰落的垄断工业。

(2)保护的方向不仅仅是消极地限制外国商品的进口,而是主动出击,加紧国外市场扩张。

(3)保护大垄断资产阶级的利益。

(4)保护的主要手段是关税政策调整。

超保护贸易政策的理论依据是凯恩斯主义的对外贸易乘数理论。1943 年,马克卢普在《国际贸易与国民收入乘数》中把凯恩斯提出的投资乘数原理引入对外贸易领域,分析了对外贸易与增加就业、提高国民收入的倍数关系,将其归纳为对外贸易乘数理论。他认为,一国的出口和国内投资一样,属于"注入",对就业和国民收入有倍增作用;而一国的进口,则与国内储蓄一样,属于"漏出",对就业和国民收入有倍减效应。当商品劳务输出时,从国外获得货币收入,会使出口产业部门收入增加,消费也随之增加,从而引起其他产业部门生产增加、就业增多、收入增加。如此反复下去,收入增加将为出口增加的若干倍。当商品劳务输入时,向国外支付货币,使收入减少,消费随之下降、国内生产缩减、收入减少。因此,只有当对外贸易为顺差时,才能增加一国就业量,提高国民收入。这就是对外贸易乘数理论的含义。根据对外贸易乘数理论,凯恩斯主义积极主张国家干预经济,实行"奖出限入"的保护贸易政策。

四、二战结束至 20 世纪 70 年代初的贸易政策——贸易自由化

二战后,以美国为首的西方发达资本主义国家开始注重科学技术的研究、发明,使人类历史上出现了以原子能、电子、宇航为主的第三次科技革命。科学技术水平的提高,使国际社会劳动生产率得到很大提高,使得北美、西欧、日本等发达资本主义国家和地区的经济得到迅速的恢复。世界经济的增长,一方面推动了世界自由化的进程;另一方面促进了自由贸易政策发展。

(一)战后贸易自由化的主要标志

(1)签署关贸总协定各成员国(主要是发达国家)之间的关税税率大幅度削减。在多次关于削减关税谈判的影响下,关贸总协定各缔约国的平均进口最惠国待遇税率已从40%左右下降到不足5%,其中发达国家的减幅最大。

(2)欧盟(欧共体)内部各成员国相互取消了关税,实现了商品自由流动,对外达成关税减让协议,使关税税率总体水平大幅下降。

(3)主要发达国家通过普通优惠制的实施,对来自发展中国家和地区的制成品和半制成品进口给予普通的、非歧视性和互惠性的关税优惠。

(4)减少或撤销了非关税壁垒。战后初期,发达国家对许多商品的进口实行了进口限制,但随着经济的恢复,在70年代以后都相继不同程度地放宽了进口限制,扩大了商品进口自由化,放宽了外汇管制,实行了货币自由兑换,促进了贸易自由化的发展。

(二)战后贸易自由化的主要特点

(1)战后贸易自由化主要是通过多边贸易条约与协定的形式来进行的。关贸总协定及一些区域性的自由贸易组织在这方面发挥了很大的作用。

(2)战后贸易自由化是垄断资本对外扩张的要求,符合大垄断资产阶级的利益。

(3)工业制成品的贸易自由化程度超过了农产品贸易自由化。战后,主要发达资本主义国家的工业发展迅速,工业化程度高。这就促使他们在工业制成品方面全面推行自由化,但相对而言,发达资本主义国家的农业进程比工业进程慢,他们便极力对农产品实行保护,在多边贸易谈判中,他们竭力把农产品排斥在外,这大大阻碍了农产品自由化的发展。

(4)机械设备的贸易自由化超过了工业消费品的贸易自由化。由于科学技术的发展,许多国家往往注重引进不同类型的高尖端技术设备,提高本国产品的竞争力。因此,各国间机械设备产品的自由化程度较高。而对工农业消费品,如纺织品、鞋类、罐头食品、皮革制品等,各国采取了进口限制,原因是为了保护本国同行业的利益不受国外低成本的冲击。

(5)发达国家之间的贸易自由化超过了发达国家对发展中国家和社会主义国家的贸易自由化程度。根据关贸总协定多边协议,发达国家之间都大幅度地降低了成员国间的关税税率并且放宽了限制。而对发展中国家的一些商品特别是劳动密集型产品都征收较高的关税,实行进口限制。发达国家对社会主义国家的关税壁垒和非关税壁垒都高于对其他发展中国家。不仅如此,在这段时期内,发达国家还对发展中国家实行严格的出口管制。

(6)区域性经济集团内部的贸易自由化超过了集团外的贸易自由化。二战后在世界范围内出现了多个区域性经济集团。这些区域性集团出于共同的利益,对内都实行贸易自由化,而对外的自由化是有条件的。这导致了集团内部的贸易自由化程度高于集团外的自由化程度。

(7)在实行贸易自由化的过程中,还根据不同时期的具体情况和垄断集团的需要将贸易保护主义政策措施结合共同实施。

20世纪70年代中期以后,随着资本主义经济处于滞胀和衰退状态,发达国家的贸易保护主义又有所抬头。

五、20世纪70年代后的贸易政策——新保护贸易政策

1974—1975年和1980—1982年两次石油危机使世界经济陷入衰退,新兴国家的异军突起使发达国家国内市场问题更加突出和尖锐;主要工业发达国家的对外贸易发展不平衡,尤其

是20世纪70年代中期以后美国对外贸易逆差急剧增长,特别是对日本、联邦德国贸易逆差不断扩大。为了减少贸易逆差,美国率先加强贸易保护,一方面迫使对它有巨额顺差的国家对美进一步开放市场,另一方面自身加强限制进口的措施。美国的保护贸易政策引起了其他国家的报复和效尤,致使贸易保护主义得以蔓延,从而形成一种普遍的政策倾向。由于这一时期的贸易保护主义出现了一系列新的特点,故被称为"新贸易保护主义"。

新贸易保护主义的主要特点如下:

(1)保护的主要对象是陷入结构性危机的产业部门,如纺织、服装、汽车、钢铁以及高技术产业等行业。

(2)保护的措施是以非关税措施为主,关税为辅。二战后以来,随着贸易自由化的进行,各国的关税水平已降到历史最低点,而且关税水平受关贸总协定的监督不得任意回升。自20世纪70年代初资本主义世界经济危机以来,主要发达国家竞相采取非关税壁垒来限制进口,并成为限制进口的主要手段,以抵制关税下降所造成的不利影响。

(3)保护的重点从限制进口转向鼓励出口。随着国际分工的加深和对国外市场依赖性的加强,各国争夺国外市场的斗争日益加剧。发达国家加强非关税措施来限制进口,不仅满足不了扩大国外市场的要求,而且也容易受到其他国家的报复。在这种情况下,许多发达国家把奖出限入措施的重点从限制进口转向鼓励出口。通过出口的扩大来提高产业的规模经济效益以及发挥高技术产业的比较优势。

(4)贸易保护制度朝着法律化、制度化、系统化的管理贸易制度方向发展。二战后,在美国主导下进行了贸易自由化运动,但是到20世纪70年代,一些主要工业发达国家普遍出现"滞胀",国内失业率上升,为刺激国内经济,必须实行一定的贸易保护,但又不能违背前期所倡导的自由贸易原则,于是,在发达国家的对外贸易政策中出现了一种介于自由贸易与保护贸易之间、兼有两者特点的一种新型的贸易制度,即所谓"披自由贸易之皮,行保护贸易之实"的管理贸易制度。管理贸易在一定程度上遵循自由贸易原则,同时利用国内立法,或通过达成双边或多边国际协定,管理本国对外贸易和进行国际协调。为违背降低关税壁垒的自由贸易原则,各国加强实施贸易管理,主要采取非关税措施,通过各种巧妙的办法限制进口。

从管理贸易的发展历程来看,美国的贸易制度是管理贸易的典型范式。美国的管理贸易具有法律化、制度化、系统化和强权化等特征。日本为缓和巨额贸易顺差而引起的贸易摩擦,也实施将贸易政策与产业政策相结合、旨在保护国内成熟市场的管理贸易。进入20世纪90年代以来,越来越多的西方发达国家,甚至一些发展中国家也纷纷仿效,实行不同程度的管理贸易制度。

第三节　进出口贸易政策

一、进口替代型贸易政策

进口替代(import substitution),是指一国采取各种措施,限制某些外国工业品进口,促进国内有关工业品的生产,逐渐在国内市场上以本国产品替代进口品,为本国工业发展创造有利条件,实现工业化。事实上,许多国家都曾采用过这一发展战略。如德国在19世纪初期,日本在19世纪中期,加拿大在19世纪末期,都实行过进口替代战略。战后,工业还非常脆弱的拉美国家,如阿根廷、巴西、哥伦比亚、墨西哥等,为了发展本国工业,就曾设置高关税,来阻挡美国商品的冲击,这种做法后来为更多的发展中国家所效仿。亚非国家在独立后,也大多走上了进口替代道路。20世纪60年代,"进口替代"成为发展中国家处主导地位的贸易政策和发展战略。

(一)进口替代的阶段性

实行进口替代是一个过程,大致要依次经历如下的三个阶段。

第一阶段:非耐用消费品或轻工产品的进口替代。这是指从国外进口机器设备或半成品等,在国内进行生产、加工,并将所生产的非耐用消费品(最终产品)投入国内市场,满足国内消费需求。这一阶段的进口替代容易取得成功。这是因为,国内已经存在对替代产品有效需求的市场;需要的资本投入少,对技术水平要求不高;替代产品在政府的高度贸易保护下,可以获得较丰厚的利润,企业投资生产替代产品的积极性较高;这类替代产品多属劳动密集型产品,发展中国家一般都拥有劳动资源优势,有利于替代工业的发展,符合比较优势原理。

第二阶段:中间产品(投入)的进口替代。这是指从国外进口设备及原材料。在国内进行非耐用消费品所需中间产品的生产,而不再从国外进口这类半成品。同第一阶段比,这一阶段的进口替代难度增大了,因为它需要较多的资金投入和专门的技术人才及熟练劳动力。而这类产品的生产要求具备一定规模,如果国内市场狭小、生产无法达到最小经济规模所要求的产量,产品成本将偏高;在实施上一阶段的进口替代时,政府为保护非耐用消费品,一般会对中间产品实行低进口税,以提高对最终产品的关税有效保护率,如果这一关税政策没有及时调整,将不利于中间产品进口替代的实施。

第三阶段:耐用消费品及资本品的进口替代。这是指以国内生产来代替原来需要进口的耐用品及设备等资本品。这种替代难度更大,它要求投入更多的资金,对技术要求水平较高并且要形成一定的经济规模。这一替代的实现,标志着一国工业化的完成。为实现耐用品和资本品的进口替代,政府在保护这类产业的同时,将减少对非耐用消费品和中间产品的保护。

(二)进口替代贸易政策下的政策和措施

无论是发达国家还是后来的拉美国家,它们在实施进口替代政策时,都主要采取以下政策。

1. 实行高度贸易保护

为了顺利进行替代,政府对于正在实行进口替代的产品(一般是最终非耐用消费品),实行高度的关税保护,即对可替代进口品名义上征收高额进口税。这不仅反映在名义保护率上,也反映在实际保护率上,这就是关税升级政策。它意味着对非替代产品实行低关税,或者,对可替代产品提供补贴。

高度贸易保护还反映在广泛采用行政性进口限制措施上。其形式很多,如对进口实行配额、许可证制度;制定替代产品清单,实行特殊进口审批,制定提高国产化率的规定;对于发达国家为绕过进口替代国家的关税壁垒进行的直接投资,要求其进行当地采购等等。很多发展中国家在寻求钢铁、石油化工、化肥等产品的进口替代时,选择了让国营企业进行垄断生产的方法。

2. 实行外汇管制和汇率高估政策

为了配合进口限制,实行进口替代的国家,通常实行外汇管制。很多情况下还正式实行复汇率制,对必需消费品、机械设备等的进口适用低汇率;对非必需品、替代产品适用高汇率,以抑制其进口。在汇率政策上,则高估本币汇率,由于生产替代产品所需的资本品、中间品进口增大,导致经常收支逆差,特别是在关税升级结构下,对资本品等保护较弱,所以对进口替代部门优先提供外汇配额,使资本品的进口显著增加。本币汇率高估,可以低价进口资本品和中间品,有利于进口替代的实施。

3. 鼓励投资

为了促进进口替代工业的建立和发展,政府通常采取一系列鼓励投资的政策措施,包括:

(1)对进口替代部门实行税收减免,加速折旧,允许对损失进行延期弥补。

(2)对进口替代部门实行特殊金融优惠。

(3)鼓励外商投资进口替代产业。

(4)完善进口替代部门发展所需的基础设施等。

进口替代的推行,具有反出口倾向,即不利于农业等传统产业及非传统产品的出口产业。因为对进口替代产业的保护,相对恶化了未受保护产业的发展环境。本币汇率高估也不利于出口。而且,广泛的保护,使出口产业只能使用较贵的原材料。所以,为纠正这种情况,实行进口替代的同时,可以考虑对出口产业给予补贴。但是,20世纪50年代以前,发展中国家在进口替代过程中,很少采用这种做法。

(三)进口替代政策的优缺点

1. 优点

进口替代有其自身的政策优势,具体如下:

(1)有利于民族工业体系的迅速建立和国内工业发展,政策的独特之处在于防止国民经济命脉受制于外国资本。

(2)随着国内企业的成长,有助于提高其产品的国际竞争力,改善一国的对外贸易的结构和条件,提高一国的对外开放水平,有效防止了贸易条件恶化。

(3)为实现工业化创造必备条件,既可以在不断的学习和借鉴过程中,为本国培育大量技术和管理方面的人才,促进国内工业的多样化和现代化,实现某些产品的自给自足,又能在摆脱对同类产品过度进口的同时,减少外汇支出。

2. 缺点

进口替代政策在实施中也遇到了许多困难,反映出这一贸易政策所存在的内在缺陷,其中比较突出的有以下几点:

(1)难以实现改善国际收支的目标。这是由于:①建立进口替代工业,需要进口大量设备乃至中间产品,进口总数量并未减少,只不过改变了进口结构,从进口最终产品变为进口资本品,既不能减轻对外依赖,也不能克服外汇短缺。②利用外资发展替代工业,虽然减少了进口需求,却要向跨国公司提供利润汇回等所需外汇,非贸易收支项目的外汇支出增加。③进口替代过程中的进口限制、汇率高估和向进口替代部门的政策倾斜,都具有反出口倾向,使出口受阻,外汇短缺加剧。进口限制还会引起对方国家的报复,使进口替代国的出口受到抵制。

(2)降低经济效率。这种影响来自各个方面,包括:①使支柱产业寻求内向型发展,与出口产业脱离,不能充分利用国际分工优势获得贸易利益。②由于对进口的鼓励,可能导致对稀缺资源外汇的浪费,造成外汇使用上不注意节约,过度进口和消费。③难以形成规模经济、以国内需求为基础的进口替代发展模式,会遇到国内市场容量的限制,对于为数众多的中小发展中国家来说,这一问题非常突出。这时,替代工业将无法达到适度规模,造成产品成本、价格偏高。④由于实行倾斜式保护和本币汇率高估,进口替代产业容易形成对进口资本品的依赖,采用不必要的过于资本密集型的生产方法,不利于充分利用国内丰富的劳动力资源。⑤人为地优待进口替代部门,歧视出口等其他部门,造成资源配置不合理和比较优势的扭曲。⑥从非耐用品的替代,过渡到耐用品及资本品的进口替代后,由于需要大量投资、技术投入和熟练劳动的投入,而发展中国家大多缺乏资金、技术和熟练劳动力,势必造成替代成本的上升,形成替代工业化的高成本。⑦行政手段的大量运用本身就是低效率的。外汇管制、进口限制等不仅破坏公平竞争,还要付出可观的管理费用。

(3)不利于经济增长和经济结构调整。这方面消极影响产生于:①不能克服外汇短缺,因此不能充分引进国外先进技术和设备。②进口替代产品价格高,其他部门对这部分投入的需求将减少,使进口替代的前向联系减弱。又由于进口替代导致汇率高估,替代部门倾向于从国外进口便宜的原料、半成品,会减少对国内原料的需求,使其后向联系也减弱。连锁效应减弱,使进口替代不能充分带动国民经济发展。③进口替代维持了工业品的较高价格,不利于农业的发展。④对于替代生产所需的中间产品和机器设备减免进口税,不利于发展本国的中间产品和机器制造业部门,使工业化的深入发展面临较大困难。进口替代实际上存在两难选择:如果把替代重点放在最终消费品上,将阻碍中间产品、资本品部门的发展;如果以发展中间产品、资本品部门为目标,对这些部门实行贸易保护,又会损害最终消费品的国际竞争力和出口能力。

(4)扩大贫富差距与收入分配不均。这是由于:①农业人口较多的国家,农民一般是低收入者,要改善其收入状况,应当提高农产品相对于工业品的价格。进口替代下的保护措施则相反,不利于初级产品部门,不利于农村和低收入阶层,有利于本国的资本所有者。②一方面,奢侈品工业如汽车工业,往往是资本、技术密集型的,劳动投入较少,保护这些部门无异于给富裕阶层以新的报酬。③进口替代工业往往不是劳动密集型的,而是资本密集型的,因为发达国家的机器设备,大多是从节约劳动力出发设计的,引进外国先进技术和设备发展替代工业,并不能创造很多就业机会,使进口替代过程中的就业增长缓慢,这就减少了农村潜在失业劳动力和城市失业者的就业机会,使收入分配状况恶化。④进口替代部门的投资者将享受政策优惠、增加盈利机会;配额、许可证的获得者可以获得垄断利润;享受出口补贴的大、中型出口企业,也可获得更多利润。但是,工薪收入者、失业者、小业主、非出口部门的从业人员,却不能分享进口替代的政策优惠,反而要承受进口替代下国内通货膨胀给他们带来的经济损失。⑤进口替代下大量的行政措施,可能引起官商勾结、营私舞弊,加剧社会分配不公。

(四)进口替代政策的实施条件

并不是任何时候,在任何条件下实施进口替代政策都能取得成功。其成功的条件主要有:

(1)有起码的工业技术基础和人才储备。

(2)有较丰富的资源禀赋使进口替代部门可以靠拼资源消耗而不是技术来赢得一定的市场份额。

(3)国内有较大的市场规模使进口替代部门即使产品的质量较差也能卖个好价钱。

(4)仅仅适合工业化初期。

二、出口导向贸易政策

20世纪60年代中期以后在一些发展中国家和地区开始实行出口导向型发展战略,成为许多发展中国家仿效的贸易政策和发展战略。

(一)出口导向贸易政策的含义

出口导向(export orientation)贸易政策是指政府实行鼓励出口的政策,通过扩大出口带动经济发展的一种外需主导型的发展战略。

外向型经济简单说是一种对外开放并具有相当开放程度的经济发展模式。实行出口导向政策,必须坚持对外开放,因此,出口导向政策的经济也是开放经济。但是与外向型经济的开放程度是有区别的,出口导向型经济并不是开放经济的最高级形态,因此可以说不是外向型经济的最典型的形态。二者的突出区别是,典型的外向型经济实行中性贸易政策,政府对贸易既无明显的鼓励,也没有明显的限制;出口导向经济则实行倾斜的贸易政策,明显地鼓励出口、政府对贸易的政策干预比较多。

(二)出口导向贸易政策下的措施

(1)鼓励出口的贸易政策。包括:放松出口限制,一般取消出口税,并尽可能取消出口配额、许可证等数量限制,放开出口商品经营范围和外贸(出口)权管理;实行出口退还进口税的措施;建立保税制度,对出口生产所需中间投入要素的进口,如运储于指定场所(保税区),可暂时免征进口税,以免除出口税的繁杂手续,并可减轻企业先期缴纳进口税的利息负担;政府开办出口保险,对出口可能遭受的各种风险予以承保,以增强企业出口信心;政府为出口企业提供信息服务;设立自由贸易区、出口加工区等有利于扩大出口的经济特区;设立和完善商会等出口协调和振兴机构;通过国际协商对话,为本国商品出口疏通渠道。

(2)放松进口限制。包括:缩小进口配额、许可证管理范围,以便利出口生产过程中所需进口投入要素的获得;降低保护关税,特别是减免原材料、资本品等出口企业所需物品的进口税等。

(3)实行鼓励出口的财政、金融政策。包括:对产品出口退还国内销售税等;对出口企业实行减免所得税、加速折旧、给予投资扣抵、建立风险基金、免除印花税等财政优惠;实行出口补贴,但前提条件是不会引起进口国的报复;提供低利率出口信贷,向出口企业提供政府贷款、外汇贷款,对出口企业进口原材料和设备等提供融资服务,以减轻出口企业的利息负担和资金周转困难;政府设立专门的进出口银行开展有关业务。

(4)实行合理的汇率政策。基本原则是,使出口的实际汇率不低于进口的实际汇率,以鼓励出口而不是进口替代;为了消除通常存在的较高通胀率,发展中国家经常实行货币贬值或推动本币汇率下浮的措施。

(5)鼓励外商投资于出口加工业。

(三)出口导向政策的优缺点

1. 优点

越来越多的国家开始选择出口导向型贸易政策。相对而言,出口导向型贸易政策具有以下优点:

(1)加快经济增长速度。这一效果来自以下方面:①利用闲置资源。②扩大出口对于国民经济发展的乘数作用。③可以突破国内市场容量对生产规模的限制,获得规模效益。④出口导向下的进口限制较宽松,更有利于国内竞争。⑤出口的扩大使进口能力增强,能更有力地支持经济增长、提高工业生产率。⑥通过扩大参与国际分工和国际贸易,提高要素生产率,促进资源向效率较高的出口部门转移,改善经济结构和工业结构。⑦国际竞争压力增大,促使企业不断努力提高产品质量、管理水平、降低生产成本。⑧扩大贸易利益,增加收入和积累,从而推动经济增长(收入的乘数作用)。⑨制造业获得更快增长。⑩出口工业的连锁效应大,通过扩大出口可以有效地带动其他部门的发展。

(2)改善国际收支。出口导向政策有利于改善国际收支的理由是:①从理论上说,出口替代赚取单位外汇与进口替代节约的单位外汇是相等的,但赚取单位外汇的国内资源成本,比节约单位外汇的成本小。研究证明,如果资本有限而劳动力充裕,那么,用稀缺要素所能生产的出口价值,大于所能替代的进口价值。②同进口替代的节汇相比,出口替代的创汇不受国内市场容量限制,而取决于国际市场规模;使之立足于较高的生产率和比较优势,效率更高。③出口导向提供了利用规模经济的机会。④出口导向下的现实汇率。有利于扩大出口,抑制进口。

(3)增强抵抗外部冲击的能力。封闭经济情况下一国只进口维持国内生产必需的中间产品和资本货物,而出口导向经济则有一定消费品进口。在这种情况下,支出减少政策与支出转换政策相配合,可以调整国际收支平衡,而不必紧缩生产、抑制增长。事实上,开放国家在石油危机下的调整过程,比不开放国家更加顺利。在促进就业方面,进口替代等内向型政策,往往产生对资本密集工业的偏好,出口导向政策则消除了这种偏好,更有利于劳动密集型工业的发展,特别是通过扩大劳动密集产品的出口,有力地推动了劳动密集型工业的发展。扩大就业的机会还来自出口导向政策下较快的经济增长,以及对国内市场容量束缚的突破。在收入分配方面,出口导向政策可以避免内向型政策下,直接行政控制产生的额外收入流向进口配额、许可证、优惠贷款的获得者的现象。

2. 缺点

尽管出口导向型政策在促进经济增长、改善国际收支等方面都发挥着具有大的作用,但是许多学者和专家对出口导向政策也存在一些怀疑和批评,认为它可能产生以下缺点:

(1)为发展出口工业,通常要大规模引进外商投资,这可能使本国的主要经济部门,受外资控制,如新加坡75%的制造业产值来自外资企业。而且,跨国公司每年将大量投资利润汇回投资国,会引起资金和外汇的大量流失。

(2)为推行出口导向政策建立的出口加工区,成为与国内经济脱离的"飞地",将减弱它对经济发展的推动作用。

(3)大量对外借款,使债务危机的风险增大。

(4)经济增长容易受发达国家经济衰退和通货膨胀的影响,并易受其贸易政策的打击。这会削弱本国的外交地位,经济的稳定性较差。

(5)出口增长带动经济发展的良性循环,可能难以持久。这是因为,出口持续大于进口,导致长期贸易顺差,会增大国内货币供给、削弱资源供给,使物价上涨,国际竞争力将减弱;出口的迅速扩张一旦超过基础设施的承受力,就会造成生产和贸易发展的瓶颈,使经济发展减速。后期由于发达国家经济增长缓慢,保护主义抬头,其他发展中国家难以取得类似新加坡、韩国以"出口导向型"实现经济增长的成功。

(四)出口导向政策的实施条件

出口导向政策并不是一种随意和简单的政策选择。为了取得出口替代的成功,国家需要具备一定的经济和社会条件。否则,即使实行出口导向政策,也未必能取得上述预期效果。这些条件包括:

(1)实行分散决策。企业为扩大出口,要直接接触国际市场并拥有对外经营决策权,政府对贸易活动的各种限制应尽可能取消。同时,在开展外贸、国内外价格挂钩的情况下,要使企业决策符合政策导向,必须实行开放的市场化价格体制。

(2)稳定宏观经济管理。这样才可以避免经济失衡导致无法承受的国际收支逆差。后者往往导致进口限制、外汇管制和汇率高估。这就要求对财政、货币政策的运用要有约束。

(3)具有一定的工业基础和必要数量的优质生产要素,如管理人才、技术和熟练劳动力。出口是经营成功的国内工业的溢出物,因此,出口导向一般要求有进口替代的基础。

(4)出口部门同内销部门的生产技术差别程度较大。当出口部门具有较明显的高生产率时,它的扩大,才能有效地带动经济发展。

(5)比较有利的国际环境。出口的扩大,在较大程度上取决于进口国的经济状况和经济政策,即依赖于顺利增长的世界经济和稳定扩大的国际市场。在世界经济处于萧条和衰退的时期,出口导向政策将面临较大困难。

第四节 我国对外贸易政策的演变

新中国成立以来,我国对外贸易经历了三个不同的发展过程。改革开放前,对外贸易进出口总额206亿美元,世界排名第32位,占世界贸易总额的比重不到1%;改革开放到加入世界贸易组织前,我国对外贸易发生了巨大变化,2001年,我国对外贸易进出口总额为5098亿美元,世界排名第6位;2001年底我国加入世界贸易组织后,我国对外贸易发展突飞猛进,2017年,对外贸易进出口总额达到41052亿美元,世界排名第1位,占世界贸易总额的比重达到11.48%,成为举足轻重的世界贸易大国。2020年爆发了新冠肺炎疫情,这对全球贸易产生了巨大影响,由于全球供应链的终端,全球贸易收缩约25%,但我国对外贸易总体规模再创历史新高,连续6年保持世界第一货物贸易大国地位。对外贸易的发展与我国贸易政策的制定息息相关。根据我国对外贸易的开放进程和程度,我国的对外贸易政策的演变主要分为三个阶段。

一、新中国成立到改革开放前的对外贸易政策——封闭型的保护贸易政策(1949—1978年)

在新中国成立前夕召开的中共七届二中全会上,党中央确立了新中国"对内节制资本和对外统制贸易"的基本政策,为建立我国社会主义对外贸易定下了基调。新中国成立后,由于生产力落后,而且缺乏对国际市场认知、技能与技巧,加上国际社会发展中国家普通强调工业部门的现代化、资本形成和计划管理的战略导向,我国像当时大多数发展中国家一样采取了进口替代战略,执行国家管制的封闭型保护贸易政策。在外贸体制上高度集中,以行政管理为主,集外贸经营与管理为一体、政企不分、统负盈亏;在调节进出口贸易上主要靠计划、数量限制的直接干预,关税不起主要作用;人民币汇率一直高估;不参与世界性的经济贸易组织,不搞双边贸易合作等。这种封闭的保护贸易政策对粉碎"禁运""封锁",顶住外国的经济压力起过积极作用,同时也带来许多副作用,如国际收支状况日益恶化,外汇收不抵支;国民经济结构严重失衡;对国内企业保护过度造成企业效率不高,国际竞争能力低下;引进的技术和设备消化吸收不良,引进的技术设备在一段时间后再次落后;外贸事业发展缓慢等。

这一时期又可分为两个阶段:

(1)强调"统制"的保护贸易政策(1949—1953年)。新中国成立后,人民政府立即废除帝国主义国家在我国的特权,没收国民党政府和官僚资本的对外贸易企业,逐步改造私营外贸企业,形成国家垄断的对外贸易体制。1949年9月通过的政协会议共同纲领规定,我国对外贸易政策"实行对外贸易的管制,并采用保护贸易政策",明确指出我国对外贸易政策的保护倾向。同时,由于以美国为首的西方国家对我国实行禁运、封锁,我国实行统制贸易,采取内向型保护贸易政策,同时对内要求自力更生、自给自足是我国发展经济的指导思想。因此,这一时期外贸政策的目标是建立高度集中的进出口行政管理体制以配合当时政治、经济、外交、安全的需要。

1950年12月,国家颁布了《对外贸易暂行管理条例》,后来又颁布了《暂行海关法》。审批登记各类外贸企业和外商机构,实行进出口商品分配管理,推行进出口许可证制度。这一时期,由政府管制外汇且直接审核进出口价格。

(2)计划经济时期的对外贸易政策(1954—1978年)。这一时期的对外贸易政策目标是创汇——换取进口必要机器设备所必需的外汇,以满足项目引进所需资金。1953年试编第一个五年计划,将全部的国民经济纳入单一的计划经济轨道。外贸部集管理、计划制定和执行、经营三大职能于一身。

1953年中央人民政府政务院第16次政务会议将海关与外贸管理机关合并,并将行政与执法机关划开。1956年完成了对私营工商业改造后,建立起由外贸部统一领导,统一管理的行政管理体系,将各外贸公司统一经营,实行指令性计划和统负盈亏的高度集中的对外贸易体制。进口计划由国家计委按商品逐一制定,具体到进口数量、金额和到达的口岸。出口由外贸部按具体商品制定收购计划,并按公司和出口口岸制定出口品种、数量、金额及与之相配的商品调拨计划。在财务管理体制方面统负收支,统负盈亏。各外贸公司负责核算和平衡公司系统的进出口盈亏。外贸公司只要完成了出口计划,无论亏损多少,均由国家补贴。采取人民币币值高估及外汇管制的汇率政策(人民币币值高估实际是鼓励进口、抑制出口,这导致新中国成立后20年中出现进口赢利、出口亏损的局面)。1975年开始采用补偿贸易方式引进技术,补偿贸易以及由其衍生的来料加工、来样加工、来件装配与单纯的技术引进相比,更有利于带动技术进步和扩大劳动就业,也更加符合中国经济发展的要求。

这一时期的贸易政策存在着严重的弊端。国营外贸公司独家经营不利于调动各方面的积极性。国家的指令性计划不利于企业发挥自主经营的能力,还会造成政企不分,制度混乱。外贸财务统包盈亏不利于外贸企业走上自主经营、自负盈亏、自我发展、自我约束的道路。进入70年代末,贸易体制越来越不适应对外贸易发展的需要,贸易体制改革势在必行。

二、改革开放至加入世界贸易组织前的开放型保护贸易政策(1979—2000年)

随着国内外形势的变化,尤其是党的十一届三中全会作出对内搞活对外开放决策以后,原来内向型的保护贸易政策不能适应已经变化的当局情况。在这一背景下,我国积极调整外贸政策,由国家统制下的内向型保护贸易政策转变为国家统制下的开放型保护贸易政策。

国家统制下的开放型保护贸易政策,就是对外贸易活动由国家统一领导、控制和调节,积极参与国际分工和国际交换,使对外贸易高速发展。这一政策的目标是要建立进口替代与出口导向相结合的综合式的贸易发展模式。这种模式的主要内容有:

(1)实行有条件的、动态的贸易保护手段,对生产技术条件不同的工业部门,在不同的时期内,采取不同程度的保护措施。对国内有发展潜力的产业和产品,面向国内市场,对国外有发展潜力的产业和产品,面向国际市场参与竞争,实施奖励出口的措施。

(2)出口不仅仅为获取进口所得要的外汇,还要研究通过出口促进国民经济的技术改造和结构优化,带动国民经济良性循环的发展。

(3)进口不仅仅为满足国内市场的生产和需要,同时要积极为发展出口服务,为建立和发展面向出口产业而引进新的技术和设备,以促进出口商品生产的迅速发展。

为了有效执行上述贸易政策,我国制定了各种管理外贸的手段与措施,通过制定计划,审批外贸企业、外汇留成、税收制度、银行信贷、奖励办法,把对外贸易置于国家的统一领导之下,逐步降低外贸政策的保护程度,1997年初,实行进口控制管理的商品仅有384项,占了进口税目的约5%。对一般商品实行进口批文的做法也基本取消。将官方汇率与外汇调剂市场汇率并轨。这些改革措施都体现出中国的外贸政策正从典型的保护贸易政策开始转向自由贸易政策。这时的对外贸易政策具有明显的出口导向发展特征。

这一时期也可分为两个阶段：

(1)对外贸易政策改革初期(1979—1987年)。1980年对外贸易部直属的海关管理局改为中华人民共和国海关总署,对外贸易部直属的进出口商品检验局改为中华人民共和国进出口商品检验总局。1982年3月,五届全国人大常委会第二十二次会议决定将原对外贸易部、对外经济联络部、国家进出口管理委员会和外国投资管理委员会合并成立对外经济贸易部,统一领导和管理全国对外经济贸易工作。80年代初打破了国营进出口公司一统天下的局面,国务院19个部委批准成立了一些进出口公司(工贸公司)。国家允许私营企业从事三来一补的外贸业务,鼓励设立三资企业并允许其自营产品出口和料件、设备进口。

自1980年起我国重新恢复了对进出口商品实行许可证管理,以调节国家紧俏物资的进出口,增强国有企业的自我约束机制。1985年开始,经贸部不再编制、下达外贸收购计划和调换计划,缩小指令性计划范围,扩大指导性计划范围。在出口计划方面,国家只下达出口总额指标和属于计划列名管理的主要商品出口数量指标,前者为指导性计划,后者为指令性计划;在进口计划方面,少数关系国计民生的商品统一由经贸部按商品项目下达,并指定公司经营。指导性计划商品占进口额的20%,指令性的占20%。其余商品的进出口均由企业自行决定。

改革统收统支的外贸财务体制。独立核算的企业,全面完成销售额、利润额等5项计划指标后即可按全年工资总额的5%提取企业基金。1984—1986年期间实行了核定出口成本、增盈分成、减盈自理的办法,增盈资金的60%用于企业,40%用于职工福利和奖金。1987年开始实行出口收汇奖励人民币和外汇额度。

1987年对外经济贸易部所属外贸专业公司实行出口承包经营责任制。承包内容为：出口总额、出口商品换汇成本、出口盈亏总额3项指标,实行超亏不补,减亏留用,增盈对半分,并按3项指标完成情况兑现出口奖励。由经贸部发包,外贸专业总公司承包后再逐级分包到各分公司、子公司,然后落实到基层,落实到个人。

(2)对外贸易政策改革的深化(1988—2000年)。1988年2月,国务院发出了《关于加快和深化对外贸易体制改革若干问题的规定》,推动了外贸体制的进一步深化改革。其基本内容为：①全面推行外贸承包责任制。各省、自治区、直辖市人民政府和各外贸专业总公司、各工贸总公司分别向中央承包出口收汇、上缴外汇和各经济效益指标,承包指标三年不变。②深化进出口经营机制,加速推行外贸代理制,由外贸企业提供各种业务,代外贸部门办理进口业务或代生产部门办理出口业务;盈亏由进出口商自行负责。③进一步缩小进出口商品指令性计划的范围,扩大指导性计划和市场调节的范围。出口的指令性计划占出口总额的30%,指导性计划占15%,进口的指令性计划占进口总额的20%,指导性计划也占20%。

1990年12月9日国务院作出了《关于进一步改革和完善对外贸易体制若干问题的决定》,主要是从实行外贸企业自负盈亏机制入手,取消对外贸出口的财政补贴,全面实行出口退税制度;改变外汇留成办法,将以往按地区实行不同比例留成改为按大类商品实行统一比例留成;改变出口商品的计划、配额和许可证管理。

1991年我国制定了《出口商品管理暂行办法》,取消了出口的指令性计划,大幅度削减国家管理的商品范围,同时也取消了对外贸公司的出口补贴,实行配额、许可证管理的商品减少了50%。除16种特别重要的商品仍由国家统一经营外,其余全部放开。到1993年,国家实行配额许可证管理的出口商品品种只有138种。

1992年1月1日采用了按照《国际商品名称和编码协调制度》调整的关税税则,并降低了225个税目的进口税率,其后进行多次关税下调,到1996年我国的关税总水平已下降至23%。

1995年进一步深化外经贸企业内部经营机制的改革,积极开展现代企业制度的试点工作,大力推动外经贸企业健全内部管理机制,提高企业的现代化经营水平,促进由粗放型经营向集约化经营的转变。

三、加入世界贸易组织以来全面开放的贸易政策

自我国2001年12月加入世界贸易组织,改革开放进入全方位宽领域对外开放时期。这一时期,我国对外贸易政策一方面要适应中国市场化改革的特点,另一方面又要与世贸规则相一致。因此,我国对外开放开始从自主单向开放向相互多边开放转变;从政策导向开放向按世贸组织规则开放转变;从货物市场开放延伸到服务市场开放。我国外贸政策也从有贸易自由化倾向的贸易保护政策向有协调管理的一般自由贸易政策转变。

这一时期对外贸易政策的变化,集中反映在《中华人民共和国对外贸易法》的修改中。在2004年4月6日闭幕的十届全国人大常委会第八次会议上,《中华人民共和国对外贸易法》修订草案通过,并于2007年7月1日颁布实施。新外贸法主要从以下三方面对原法进行了重大修改:一是修改了原外贸法与我国入世承诺和世贸组织规则不相符的内容。二是根据我国入世承诺和世贸组织规则,对我国享受世贸组织成员权利的实施机制和程序做了规定。三是根据对外贸易法颁布实施十年以来出现的新情况和促进对外贸易健康发展的要求作了修改。这次修改的目的主要是为履行我国入世有关承诺,充分运用世贸组织规则促进我国对外贸易健康发展。新外贸法的修改内容主要有:(1)自然人可获得对外贸易经营权。(2)取消对货物和技术进出口经营权的审批制,实行备案登记制。(3)启动对外贸易调查程序,完善对外贸易救济制度。(4)加强对外贸易的监督和服务。(5)加大对外贸违法行为的处罚力度。这些修订使我国对外贸易政策更加符合市场经济体制和贸易自由化的要求,使几十年来外贸经营权高度集中管理的现象得到彻底改变。同时,我国撤销和修改了两千多种与世贸规则相冲突的法律文件和规章;增加了贸易政策的透明度;建立和完善了出口贸易促进体系,健全了出口退税制度;出台了《中华人民共和国反垄断法》,完善《中华人民共和国反不正当竞争法》;参加多边贸易谈判,积极开展双边自贸区建设,签署了8个双边自由贸易区合作协议;开放服务贸易市场,把国际服务贸易作为发展战略目标;鼓励和推动企业"走出去",推动开放型经济向一个全新领域发展。

四、国际金融危机背景下我国对外贸易政策的调整

2008年9月,国际金融危机全面爆发,它对全球经济的不良影响也蔓延到我国,对我国外贸进出口影响尤为突出。2008年11月起,我国对外贸易已出现连续7个月的大幅下降,特别是2009年1月至5月,我国外贸进出口总额7635亿美元,下降24.7%。其中,出口下降21.8%,进口下降28%。到2022年,我国外贸进出口总额恢复到63096亿美元,其中进口27160亿美元,占比43.04%,同比增长1.1%,出口35936亿美元,占比56.96%,同比增长7%。表明中国市场与世界市场的联系越来越紧密,受世界市场影响的风险越来越大。根据国际市场的变化适时调整我国对外贸易政策也成为当前的必然选择。

(一)扩大内需,缓解出口企业困难,保持对外贸易稳定增长

加大财税政策支持力度,提高部分技术含量和附加值高的机电产品出口退税率,适当扩大

中央外贸发展基金规模;稳步推进加工贸易转型升级,调整加工贸易禁止类和限制类目录,将符合国家产业政策又不属于高耗能、高污染的产品及具有较高技术含量的产品从禁止类目录中剔除,将部分劳动密集型产品和技术含量较高、环保节能的产品从限制类目录中剔除;鼓励加工贸易向中西部转移,在部分重点承接地增加保税物流功能;完善海关特殊监管区域功能,引导先进制造业和现代生产型服务业入区发展;改善进出口金融服务,适当扩大政策性银行出口买方信贷,鼓励商业银行开展出口退税账户托管贷款业务,扩大保单融资规模,缓解中小外贸企业融资困难;对广东和长江三角洲地区与港澳地区、广西和云南与东盟的货物贸易进行人民币结算试点;扩大国内有需求的产品进口,重点增加先进技术、关键设备及元器件和重要能源原材料等产品进口;促进投资和贸易互动,鼓励外资投向高新技术、节能环保产业和现代服务业,大力发展国际服务外包,将苏州工业园区技术先进型服务企业有关税收试点政策扩大到国家认定的服务外包基地城市和示范园区;提高贸易便利化水平,海关和出入境检验检疫实行24小时预约通关,继续减免出口农产品的出入境检验检疫费,降低出口纺织、服装产品检验费用;加强和改善多双边经贸关系,积极化解国际贸易摩擦,妥善处理出口产品质量安全问题,营造良好国际环境,支持企业开拓新兴市场。

(二)稳定外需,促进外贸发展

扩大内需是我国应对国际金融危机、促进经济发展的长期战略方针,而稳定外需对增加就业、促进企业发展、进而拉动国内消费具有重要作用,也为调整经济结构、转变经济发展方式创造有利条件。因此,国务院提出:要进一步加大政策支持力度,转变外贸发展方式,调整出口结构,重点促进优势产品、劳动密集型产品和高新技术产品出口,努力保持中国出口产品在国际市场的份额。并确定了进一步稳定外需的六项政策措施,包括:完善出口信用保险政策,2009年安排短期出口信用保险承保规模840亿美元;完善出口税收政策,继续支持优势产品、劳动密集型产品、高科技产品出口;大力解决外贸企业融资难问题,安排资金支持担保机构扩大中小企业贸易融资担保;进一步减轻外贸企业负担;完善加工贸易政策,便利产品内销;支持各类所有制企业"走出去",2009年安排优惠出口买方信贷规模100亿美元。

五、十八大之后我国对外贸易政策的调整内容

2012年11月党的十八大报告中重申了我国对外贸易发展的定位:"要加快转变对外经济发展方式,推动开放朝着优化结构、拓展深度、提高效益方向转变。"2012年我国进出口总值同比增长6.2%,并未达到预期10%。我国的对外贸易形势更加复杂,主要体现在出口下行压力增大,欧美国家贸易保护主义到了政治化程度,对中国跨国企业开始实行针对性制裁。由于发达国家经济长期低迷,开始实行"再工业化"战略,美国强力推进CPTPP(跨太平洋伙伴关系协定)和TTIP(跨大西洋贸易与投资伙伴协议)协议,全球化规则面临新的变革。我国面临着出口外需不足、劳动力成本快速上升、技术创新动力不足等问题,在对外贸易结构上存在能源结构逆差规模较大、农产品进出口贸易失衡等不合理的情况。结构转变与创新增长成为我国对外贸易发展的两个核心。

(一)推进结构升级,发挥我国资源新优势

早期我国参与国家贸易的主要优势体现在低成本的劳动力要素,加工贸易占进出口总值的比重超过一半以上,出口商品具有明显价格优势,但是产品的附加值较低,产业链条较短。2008年之后我国出口产业结构比重出现变化,劳动密集型产业出口比重有所下降,机械、车

辆、制船等资本密集型产业的出口份额逐步上升,高新技术产业的布局开始呈现。近些年来,集成电路、成套设备、医疗器械、通信设备等出口的增长也逐渐加快,我国对外贸易结构正在逐步优化。高标准的自由贸易试验区也覆盖了18个省份,实行准入前国民待遇及负面清单管理模式,市场准入不断放宽。

(二)加大创新投资力度,提升我国企业国际竞争力

十八大以来,我国进入了全面开放的新阶段,吸引外资的质量在不断提高,高技术产业和服务业当中外资占比明显上升。但是面临着全球产业体系变革,我国企业国际化经营的外部阻力显著增大,提升企业国际化经营能力是推动对外贸易发展的关键。国际化经营能力体现在合规经营、数字化、可持续发展等方面建设,由于我国长期是在国内市场竞争,对国际通行的合规条款不熟悉,导致国际化经营失败。随着互联网经济发展,数字技术正在成为我国企业国际化经营的核心竞争力,网络通信需求、数据的存储和跨境传输都出现了爆发式增长。增强企业自主创新意识是提升企业竞争力的核心,需要重视科技人才队伍培养,健全企业自主创新的管理体制和治理机制,加快建立现代企业制度,形成高效、协同、开放的技术创新体系。

复习思考题

1. 制定对外贸易政策应考虑哪些因素?
2. 论述评价保护幼稚论的核心思想对我国制定产业政策的指导意义。
3. 新贸易保护主义有哪些特点?它对国际经济贸易有什么影响?
4. 贸易自由化的主要表现及特点是什么?
5. 进口替代型贸易政策和出口导向型贸易政策各有何特征?
6. 自由贸易政策和保护型贸易政策的优劣势是什么?
7. 我国近期的主要贸易政策思想是什么?
8. 李斯特的保护贸易政策核心内容是什么?

延伸阅读

日本贸易政策"泛安全化"的表征及驱动因素

在新冠疫情与国际格局调整相叠加的背景下,安全议题日渐受到世界主要国家的关注,作为冷战结束以来国际政治变迁重要现象之一的国际安全议题引发广泛关注并不足为奇,但部分国家假借国家安全为由,通过恣意扩展安全的边界,将国家安全"泛化",给保护主义、民族主义和大国竞争穿上国家安全的"马甲",导致过度"安全化"成为当下国际社会所面临的一种消极舆论和政策倾向,给开放的国际经济合作发展投下层层阴影。

受自身国情的影响,日本一直以来都是多边贸易、自由贸易的积极参与者。然而受国际格局调整、新冠疫情以及地缘政治风险叠加的影响,日本的贸易政策也在经历调整,经济安全保障在日本贸易政策中的基调日渐突出。日本首相岸田文雄在接受采访时曾表示,会在聚焦经济的过程中保护日本的地缘政治利益。这一表态说明,在地缘政治利益超越经济利益的思维作用下,日本的对外经济政策正驶向"泛安全化"的方向,作为对外经济政策重要构成的贸易政策自然也不能例外。"泛安全化"表面上打着维护国家安全的旗号,实则会因为恶化国际经济合作的氛围反而增添新的不安全因素。日本是亚洲乃至全球贸易的重要参与者,日本贸易政策的"泛安全化"转向不仅不利于全球多边自由贸易的发展,而且会对重构中的亚洲产业链、供应链造成冲击。

一、日本贸易政策"泛安全化"的表征

所谓政策"泛安全化",是指一项政策的安全属性不断增强的过程。安全属性增强既可能是安全属性从无到有的过程,也可能是从弱到强的过程。日本贸易政策的"泛安全化"同时兼具上述两种情况,即贸易政策的安全属性在范围和强度上都得到了拓展。贸易政策已成为日本经济安全保障的重要组成部分,同时越来越多的安全议题被纳入贸易政策框架,日本贸易政策"泛安全化"倾向日渐突出。

《通商白皮书》是日本经济产业省发布的年度政策文件,被视为日本贸易政策的风向标,受资源能源条件以及国内市场规模的限制,日本政府和企业都非常重视国际市场的开拓。因此,贸易秩序、贸易环境等问题一直是日本《通商白皮书》的核心议题。以2019年版《通商白皮书》为例,这一年白皮书聚焦危及自由贸易体制的贸易保护主义等问题,指出基于新贸易规则建立国际贸易体系的必要性,并探讨了日本企业的发展方向。然而,面对新冠疫情暴发和国际格局调整的相互叠加所带来的产业链、供应链重塑,以及全球贸易秩序和规则竞争,日本贸易政策的立足点也随之发生偏转。自新冠疫情暴发以来,日本已经发布了3部《通商白皮书》,从这3部《通商白皮书》涉及的核心议题及政策设计可以一窥日本贸易政策的走向。在传统的贸易议题之外,安全议题日渐成为日本贸易政策关注的焦点。日本《通商白皮书》开始突出供应链竞争、经济安保等安全议题,反映出日本贸易政策"泛安全化"倾向的加强。2020年版的《通商白皮书》聚焦新冠疫情冲击和经济全球化的发展。面对突如其来的新冠疫情,日本一度出现了防疫物资供应短缺以及供应链中断的问题,这让高度依赖海外供应链的日本倍感压力。为此,2020年版的《通商白皮书》建议对供应链进行"变革",确保生产据点的多元化,并逐步减少对单个国家供应链的依赖。同时,日本政府在贸易政策设计中增加了构建韧性供应链的内容,强调在危机情况下通过官民协调实现供应链的自主性和安全性。2021年6月,日本发布了2021年版《通商白皮书》。彼时,拜登已就任美国总统并发起了为期100天的重点领域供应链安全审查。在愈演愈烈的全球供应链竞争背景下,2021年版《通商白皮书》专门拿出一章探讨日本如何构建韧性供应链体系。基于不断增加的供应链风险,日本将低碳化和数字化作为增强供应链韧性的努力方向。而要实现数字化,企业间的信息和数据合作必不可少。为推动企业间信息和数据合作的深化,白皮书提出要通过积极推动贸易便利化以降低企业间数据和信息合作的成本。针对各国普遍面临的半导体供应短缺问题,白皮书还强调有必要促进战略上重要技术的研发和设备投资,加强国内生产基础,以"确保日本的技术优势地位"。由此,继"多元化"之后,"经济安保"与"技术优势"成为日本贸易政策新的议题指向。进入2022年,俄乌冲突爆发,全球地缘政治风险持续上升。俄乌冲突导致全球大宗商品价格持续上涨,日本面临巨大的成本压力。国际贸易环境的恶化,还增加了全球供应链所面临的中断风险等"不确定性",日本对外贸易发展面临严峻挑战。为此,2022年版《通商白皮书》主张日本需要进一步强化经济安全保障,并提出在半导体、蓄电池等关键产品领域降低对特定国家的依赖。与2021年版《通商白皮书》相比,2022年版《通商白皮书》强化经济安全保障的呼声更强烈,通过制定贸易政策强化关键产品供应链安全性的意图也更加明确。

二、日本贸易政策"泛安全化"的驱动因素

(一)应对外部风险冲击的安全思维

2016年英国脱欧以及特朗普当选等"黑天鹅"事件的发生,标志着国际体系正在经历冷战结束以来烈度最大的重构,过去数十年里人们视为常态的自由贸易、产业链与供应链长距离跨境分布以及开放的国际经济环境都遭受严峻挑战,全球贸易面临的外部风险和冲击不断增多。作为21世纪以来最严重的全球公共卫生突发事件,新冠疫情的暴发给包括日本在内的世界主要国家的经济和社会发展带来了极大冲击。疫情发生后,口罩、防护服、呼吸机等防疫物资出现供应不足,日本一度不得不适用《国民生活安定紧急措施法》,打击转卖口罩的行为以保障防疫物资的供应。防疫物资的短缺还引发了世界主要国家对出口管制的连锁反应,安全议题成为决定各国贸易政策制定的重要外部变量。各国采取的疫情防控措施还带来生产过程的中断,进而引发供应链断裂危机,促使世界主要国家重新评估产业链、供应链长距离跨境分布的收益和风险。继效率之后,安全性成为产业链、供应链分布的重要决定因素。

(二)强化国际竞争优势的战略诉求

安全不仅意味着对既有风险的有效应对,而且意味着竞争优势的获取。竞争优势的获取,是支撑和保障

安全的力量源泉和逻辑起点,因此,世界各国在制定安全战略时,普遍会将获取竞争优势作为安全战略的关键一环。伴随第四次工业革命的来临,科技越来越成为影响国家竞争力和战略安全的关键要素,在这一背景下,部分国家以强化国家安全为由,谋求本国在高技术领域的竞争优势。泛化国家安全已经演化成为一国推行单边主义、保护主义,谋求本国科技和产业竞争优势的战略手段。

(三)重塑国际影响力的重要手段

全球价值链分工是过去20年全球经济增长的重要动力,也是供应链长距离跨境分布的内在逻辑。然而,近年来受贸易保护主义和逆全球化的影响,以长距离跨境分布为特征的全球供应链体系正在经历重塑。基于供应链在全球经济增长中的重要作用,供应链体系的重塑将会带来权力结构和竞争规则的调整,这意味着供应链竞争成为大国竞争的新形态和新热点。新冠疫情暴发后,各国出于疫情防控需要而采取的相关措施客观上造成全球供应链的断裂,供应链断裂带来的生产中断凸显了供应链的战略价值,实现供应链的安全稳定成为一国竞争优势的新来源。供应链战略价值的上升,加剧了大国间以保障供应链安全和公共卫生安全为幌子的供应链竞争。美国率先拉开了全球供应链竞争的大幕,特朗普在竞选时就表示要推动供应链回流美国,拜登上任伊始就颁布行政令启动供应链安全审查,之后又通过制定《两党基础设施法案》《芯片与科学法案》《通胀削减法案》等国内法以获取供应链配置的主动权。面对全球供应链竞争,日本一方面通过积极的供应链改革确保自身供应链的稳定性和安全性,另一方面通过强化贸易政策的"泛安全化",将安全议题纳入贸易谈判和贸易合作,力图利用各国对供应链安全的共同担忧为日本在全球供应链体系重塑过程中的权力博弈谋得主动。以安全议题设定的方式,赋予日本新规则制定的积极倡议者和推动者这一角色,以此增强日本的国际影响力。

(四)寻求国内政治支持的有效话题

2021年9月,因疫情管控不力导致内阁支持率持续下降,日本前首相菅义伟辞职,岸田文雄当选自民党总裁,旋即就任日本第100任首相。为实现长期执政,岸田需要拿出漂亮的执政成绩单,为此,他推出了"新资本主义"构想,期望借此一体化解决横亘在日本经济和社会发展中的各种结构性问题。而要应对人口少子老龄化、经济增长低迷这些长期问题以及新冠疫情冲击、绿色化和数字化转型这些现实挑战,岸田需要寻求国内各派力量的政治支持,才可能实现中长期执政。面对自民党党内和民意要求的双重压力,岸田政府需要一条能将各派政治力量连接起来并且能够有效吸引民众注意的纽带,而安全保障议题就是这样一条纽带。

(论文原标题为《日本贸易政策的"泛安全化"及影响》,作者苏杭、孙爱华,载于《现代日本经济》2023年第3期,有删减)

第四章

国际贸易管理措施

国际贸易政策主要是通过一系列的措施得以实现的。这些措施又大体上可分为两种类型：进口管理措施，如关税措施、非关税壁垒等；出口管理措施，如出口补贴、出口管制等。

第一节 关税概述

一、关税的概念与作用

(一)关税的概念

关税(customs duties,tariff)是进出口商品经过一国关境时,由海关依据海关法和海关税则向其进出口商所征收的一种税。

关税是由海关来征收的。早在欧洲古希腊、雅典时代、罗马王朝时期就有征收关税之事。英国很早有一种例行的"通行税"(customs tolls)在商人进入市场时交纳给当地的领主,后来把这种税称为关税(customs),通用至今。

我国自西周以后设置"关卡"开始征收税收,供王室之用。《周礼》一书指出:"关市之赋,以待王之膳服"。至唐、宋、元、明四代设立市舶机构管理对外贸易,征收关税。清代康熙年间更进一步在南方通商口岸设立海关,负责对海运商船的管理和征税,对不同商品有不同的税率,这种税开始具有国境关税的性质。

但在奴隶社会和封建社会时期,封建诸侯在其领地内的海港、道路、桥梁等处设置关卡所征收的"关卡"税具有内地关税的性质,这种税收影响了对外贸易的发展。在一些国家确立了资本主义生产方式统治后,资产阶级政权就废除了由于封建割据所形成的内地关税,而在同一国境内不再重征。

英国是最早实行统一的国境关税制的国家。英国资产阶级革命在1640年取得胜利后,便建立了这种国境关税制。法国在1660年开始废除内地关税,到1791年才完成。受法国的影响,比利时、荷兰也设立统一的国境关税。随后世界各国普遍采用实行至今。

由此可见,统一国境关税是针对封建割据时的内地关税而言,它是在封建社会解体和资本主义萌芽后产生的,这种国境关税制一直沿用至今,成为近代关税制度。

(二)关税的性质

(1)关税是一种间接税。在征收关税时,其税负由进出口商事先垫付,然后作为成本的一部分加在货价内,在货物出售给买方时由进出口商收回这笔垫款。这样,关税负担最后便转嫁给买方或消费者。

(2)关税具有强制性、无偿性和固定性的特点。强制性是指税收是依据法律的规定强制征收的,而不是一种自愿献纳;凡要交税的,都要按照法律规定无条件地履行自己的义务,否则就要受到国家法律的制裁。无偿性是指征收的税收,除特殊例外,都是国家向纳税人无偿取得的国库收入,国家不需付出任何对价,也不必把税款直接归还给纳税人。固定性是指国家事先规定一个征税的比例或征税数额,征、纳双方必须共同遵守执行,不得随意变化和减免。

(三)关税的主要作用

1. 形成一个国家的财政收入

关税是国家税收的一种,征收关税是海关的基本职能之一。在早期,关税收入曾占一些国家财政收入的很大比例,例如,1805年美国联邦政府的财政收入90%~95%是来自关税,1900年仍占41%。在当今,大多数国家特别是发达国家关税占财政收入的比重已经大大下降,如美国在1995年关税收入占财政收入比重约为2%。但在少数国家仍然是国家财政收入的重要来源,如2009年巴哈马关税收入占财政收入比重为37%左右。2008年,我国关税收入占国家财政收入的比重为3.27%,因受金融危机影响,这个比重在2009年下降到2.49%,2021年我国关税总额为2800亿元,占国家财政收入比重为1.3%左右。

2. 调节进出口贸易规模和结构

许多国家通过制定和调整关税税率来调节进出口贸易。

就进口方面而言,通过高、低、免来调节商品进口规模和进口商品结构,具体表现为:

(1)对于非必需品或奢侈品的进口设置非常高的进口关税率,以达到限制甚至禁止进口的目的。

(2)对于国内能够大量生产或暂时不能大量生产但将来能够大量生产的产品,规定较高的进口关税率,以削弱进口商品的竞争力,保护国内同类产品的生产企业。

(3)对于本国不能生产或者供应不足的原料、半制成品、生活必需品或者生产生活急需的商品,设置较低进口关税率甚至免税,来鼓励进口,以达到满足生产生活供应需要。

就出口方面而言,通过设置或免除出口关税来抑制或鼓励出口,具体表现为:

(1)对于一些重要的原料和战略资源,可设置出口关税,以达到抑制出口,优先保证国内生产和生活供应需要。

(2)对于高能耗、高污染的资源型产品也可设置出口关税,以达到调整结构,保护生态环境和资源的有效利用。

(3)对于一些出口突然激增的商品,也可短期设置出口关税,以达到维持正常出口秩序,避免贸易摩擦。

(4)对于绝大部分商品,通过免除出口关税来达到刺激出口,进而带动本国经济增长,扩大就业。

3. 维护国家主权和经济利益

对进出口商品征收关税,表面上看似乎只是一个与对外贸易有关的税收问题,其实一国采取什么样的关税政策直接关系到国家间和国家内部的经济利益。关税已经成为各国政府维护本国政治、经济利益,进行国际纷争的一个重要武器。各国根据平等互利原则,通过关税复式税则的运用等方式,争取国际间的关税互惠,促进对外经济技术交往与合作,反对他国对本国出口产品作关税歧视。

二、关税的主要种类

关税的种类繁多。按照不同的标准,主要可分为以下几类:

(一)按照征收的对象或商品流向分类

按照征收的对象或商品流向可将关税分为进口税、出口税与过境税。

1.进口税

进口税(import duties),是进口国家的海关在外国商品输入时,根据海关税则所征收的关税。这种进口税在外国货物直接进入关境时征收,或者外国货物由自由港、自由贸易区或保税仓库等提出运往进口国的国内市场销售,在办理海关手续时根据海关税则征收。

进口税主要分为最惠国税和普通税两种,最惠国税适用于与该国签订贸易协议内有最惠国待遇条款的国家或地区所进口的商品。普通税适用于没有与该国签订这种贸易协定的国家或地区所进口商品。最惠国税率往往比普通税率低很多。例如,美国对玩具的进口征收的最惠国税率为6.8%,普通税率为70%。

我国目前实行的是以财政关税政策服从于保护关税政策的复合型关税政策,即贯彻国家的对外开放政策,鼓励出口和扩大必需品的进口,保护国内相关产业并促进国民经济整体发展,确保国家财政收入稳定。这一关税政策通过如下原则具体表现出来:

(1)国家生产建设和人民生活所必需的进口产品,或者国内不能生产或者供应不足的动植物良种、肥料、饲料、药剂、精密仪器、仪表、关键机械设备和粮食等,予以免税或低税。

(2)原材料的进口税率一般比半成品、成品要低,特别是受自然条件制约、国内短期内不能迅速生产的原材料,其税率应更低。

(3)对于国内不能生产的机械设备和仪器、仪表的零件、部件等,其税率应比整机低。

(4)对国内已能生产的非国计民生所必需的物品,应制定较高的税率。

(5)对国内需要进行保护的产品和国内外价差大的产品,应制定更高的税率。

进口国家并不是对所有进口的商品都一律征收高关税。一般说来,大多数国家的关税结构是:对工业制成品的进口征收较高关税,对半成品的进口征收的关税税率次之,而对原料的进口征收的关税税率最低甚至免税。

2.出口税

出口税(export duties),是国家的海关在本国产品输往国外时,对出口商所征收的关税。目前大多数国家对绝大部分出口商品都不征收出口税。因为出口税势必提高本国商品在国外市场上的销售价格,降低商品的竞争能力,不利于扩大出口。二战后,征收出口税的国家主要是发展中国家。征收出口税的目的主要有四个方面:

(1)增加财政收入,其税率一般不高,如拉丁美洲一些国家的出口税一般为1%~5%左右。

(2)保护国内生产和生活优先供应。

(3)维护正常的出口秩序。

(4)保证资源的有效利用和保护生态环境。如1992年,我国对47种商品征出口税,税率为20%~40%,主要涉及有色金属矿砂、精矿、铜和铝的原材料等,2007年,我国为进一步限制高耗能、高污染、资源性商品出口,继续对煤炭、原油、石料等能源或资源类产品征收出口关税。对不锈钢锭及其初级产品、钨初级加工品、未锻轧的锰、钼、锑、铬金属等生产能耗高、对环境影响大产品新开征出口关税。2021年,为了全面贯彻新发展理念,支持构建新发展格局,我国对部分商品进出口关税进行了调整,下调了氧化锌、苯、铜丝、铝制粗丝等106种商品的税率。就我国而言,为了鼓励出口,对绝大多数出口商品不征出口关税,但对在国际市场上容量有限而又竞争性强的商品,以及需要限制出口的极少数原料、材料和半制成品,必要时可征收适当的出口关税。

3. 过境税

过境税(transit duties),也称"通过税",指当他国货物需要通过本国领域向第三国家出口的,由本国海关征收的过境税。过境关税一般是由那些拥有特殊或有利地势的国家对通过本国海域、港口、陆路的外国货物征收的税。征收过境关税不仅可以增加本国的财政收入,而且还可以将税负转移给货物输出国或输入国,影响其在国际市场上的竞争力。过境关税的特点是税率比较低,这是因为:

(1)过境税税率过高,过境商品的价格必然较大幅度上升,不仅严重损害了输出国和输入国的经济利益,而且过境商品也会因征税过多而减少数量,从而降低过境关税实际收入。

(2)国家征收的过境关税种类过多或税率过高,势必将引致其他国家的报复,因而从低征收过境税不仅与人方便,而且也为自己创造了良好的贸易条件。

正是基于这些考虑,关税与贸易总协定明确说明各缔约国之间应剔除过境税。大多数国家都不再征收过境税,在外国商品通过其领土时只征收少量的准许费、登记费和统计费等。

(二)按照征税的目的分类

按照征税的目的可将关税分为财政关税和保护关税。

1. 财政关税

财政关税(revenue duties),又称收入关税,是指以增加国家的财政收入为主要目的而征收的关税。为了达到增加国家财政收入的目的,对进口商品征收财政性关税时,必须具备三个条件:

(1)征税的进口商品必须是国内不能生产或无代用品而必须从国外输入的商品。

(2)征税的进口商品,在国内必须有大量消费且其需求价格弹性要小。

(3)关税税率要适中或较低,如税率过高,将阻碍进口,达不到增加财政收入的目的。

征收关税的最初目的多是为获取财政收入。但随着资本主义的发展,关税收入在国家财政收入中所占的比重已相对下降,此时关税作为财政收入效果已大为削弱。资本主义国家广泛地利用高关税来限制外国商品进口,保护国内市场,于是财政关税就被保护关税所代替。

2. 保护关税

保护关税(protective duties),是指以保护本国工业或农业发展为主要目的而征收的关税。保护关税税率要高,越高越能达到保护的目的。根据保护对象不同,保护关税又可分为工业保护关税和农业保护关税。工业保护关税是为保护国内工业,大多数是幼稚工业发展而征收的关税。一些经济较落后、工业化进程缓慢的国家,往往采用保护关税促进本国幼稚工业的发展。农业保护关税是为保护国内农业发展而征收的关税。二战后,一些国家如欧洲联盟成员国等通过农业保护关税保护其农业的发展。

(三)按照差别待遇和实施的特定情况分类

按照差别待遇和实施的特定情况可将关税分为进口附加税、差价税、特惠税和普遍优惠税。

1. 进口附加税

进口附加税(import surtaxes),是指进口国政府对进口商品除征收一般性关税外,还根据某种特定目的加征额外的关税,也被称为特定关税或特别关税。进口附加税不同于进口税,不体现在海关税则中,并且是为特殊目的而设置的,其税率的高低往往视征收的具体目的而定,一般是临时性的或一次性的。其特殊目的主要有:应付国际收支危机,维持进出口平衡;防止外国商品低价倾销;对国外某个国家实行歧视或报复等。例如:2005年,欧盟对来自美国的纸制品、农产品、纺织品以及机械设备征收了15%的附加税,是对美国实施的伯德法案(也就是《持续倾销补偿法》)进行惩罚。2017年孟加拉国对进口太阳能面板征收了高达70%~80%的附加税,为了保护其国内太阳能企业的市场份额。WTO是明文禁止成员国在一般情况下随意征收附加税,只有符合世界贸易组织倾销、反补贴等有关规定的,才可以征收。

(1)反补贴税(ounter-vailing uties),又称抵消税或补偿税,是对于在出口国直接或间接地接受补贴的商品,之后对进口国进口时所征收的一种进口附加税。由于进口商品在生产、制造、加工、买卖、输出过程中接受了直接或间接的补贴,对进口国的相关产业造成实质性损害或威胁,或者对正在建立的产业造成实质性阻碍或阻碍威胁,这种损害是否达成是征收反补贴税的重要条件。反补贴税的税额一般按补贴数额征收。

国际贸易中,一般认为对出口商品采取补贴方式是不合适而且不公平的,它与国际贸易体系的自由竞争原则相违背。为此,反补贴税被视作是进口国为了抵御不公平贸易的正常措施。征收反补贴税的目的在于抵消出口国对该项商品所给予的补贴,增加进口商品的隐性成本,进而削弱其竞争力,更好地保护本国产业。

(2)反倾销税(anti-dumping duties),是指在被认定为倾销的商品进口报关时向进口商所征收的一种进口附加税。所谓倾销就是指以低于正常价格的出口价格在进口国进行商品销售的行为。世贸组织《反倾销协议》第2条第2款规定了三种确定正常价值的方法:①相同产品在出口国用于国内消费时,正常情况下的可比价格。②没有这种国内价格,则是相同产品在正常贸易情况下向第三国出口的最高可比价格。③在原产国的生产成本加合理的推销费用和利润作为对比价格。上述三种方法均适用于市场经济国家,而对非市场经济国家则采用替代国制度。如果这种倾销行为对进口国的相竞争产业造成实质性损害、实质性损害威胁或对正在建立的产业造成实质性阻碍或阻碍威胁,进口国政府为了保护本国产业免受外国倾销商品的冲击,就可能考虑对存在倾销的商品在进口时征收反倾销税。反倾销税的税率一般按倾销幅度征收,其目的在于抵制商品倾销,保护本国的市场与相关产业。

2. 差价税

差价税(variable levy),又称差额税,是指当本国生产的某种产品国内价格高于同类进口商品的价格时,为了削弱进口商品的竞争能力,保护国内市场,按国内价格与进口价格之间的差额征收的关税,就称为差价税。由于差价税是随着国内外价格差额的变动而变动的,因此它是一种滑准关税(sliding duties)。对于征收差价税的商品,有的规定按价格差额征收,有的规定在征收一般关税以外,另行征收这种差价税,实际上属于进口附加税的一种。

1957年欧盟为了实行共同体农业政策,签订了《罗马条约》,该条约的33-39条规定,为了稳定农产品市场,建立农畜产品统一市场、统一价格、互助财政以及共同体特惠政策为核心的赤字农业经济共同政策,对进口的谷物、猪肉、家禽、乳制品等农畜产品征收差价税。到1992年,欧盟将目标转为提高农产品竞争力和降低生产成本,继而调整了农业政策。

3. 特惠税

特惠税(preferential duties),又称优惠税,是指对某个国家或地区进口的全部商品或部分商品,给予特别优惠的低关税或免税待遇。但它不适用于从非优惠国家或地区进口的商品。特惠税有的是互惠的,有的是非互惠的。

特惠税开始于宗主国与殖民地附属国之间的贸易。二战后,欧洲共同体与非洲、加勒比和太平洋地区一些发展中国家之间签订的《洛美协定》(Lome Convention),规定了欧洲共同体向参加协定的这些发展中国家单方面提供特惠税。即欧洲共同体在免税、不限量的条件下,接受这些发展中国家全部工业品和98%农产品进入欧洲共同体国家的市场,而不要求这些发展中国家给予"反向优惠"(reverse preference)那些不享受免税待遇的农产品,是欧洲共同体农业政策所规定的农畜产品以及一些欧洲共同体国家能够生产的温带园艺品。

4. 普遍优惠制

普遍优惠制(Generalized System of Preferences,GSP),简称普惠制,是发展中国家在联合国贸易与发展会议上进行长期斗争,并于1968年通过建立普惠制决议之后取得的一项优惠关税制度。该决议规定,发达国家承诺对从发展中国家或地区输入的商品特别是制成品和半制成品,给予普遍的、非歧视的和非互惠的关税优惠待遇。所谓普遍的,是指发达国家应对发展中国家或地区出口的制成品和半制成品给予普遍的优惠待遇;所谓非歧视的,是指应使所有发展中国家或地区都不受歧视、无例外地享受普惠制的待遇;所谓非互惠的,是指发达国家应单方面给予发展中国家或地区关税优惠,而不要求发展中国家或地区提供反向优惠。

普惠制的给惠国,在提供普惠税待遇时,是通过普惠制方案(GSP scheme)来执行的。这些方案是由各给惠国或国家集团单独制定和公布的,各有特点,不尽相同。但在方案组成中,主要的规定如下:

(1)对受惠国家或地区的规定:普惠制在原则上应对所有发展中国家或地区都无歧视、无例外地提供优惠待遇,但有的给惠国从各自的经济和政治利益出发,把某些受惠国或地区排除在受惠国名单之外,如1976年美国公布的受惠国名单中,不包括某些发展中的社会主义国家、石油输出国组织成员国、敌对国家等。

(2)对受惠产品范围的规定:各给惠方案都列有自己的给惠产品清单与排除产品清单。一般地讲,在公布的受惠商品清单中,农产品的受惠产品较少;工业品的受惠商品较多。少数敏感性产品如石油产品等,被列入排除产品清单中。

(3)对受惠产品减税幅度的规定:减税幅度又称普惠制优惠幅度。受惠产品减税幅度的大小取决于最惠国税率和普惠制税率间的差额。最惠国税率越高,普惠制税率越低,差幅就越大;反之,差幅就越小。一般来说,农产品的减税幅度小,工业品的减税幅度较大,但也有例外,如美国按照一定的标准,对受惠的农产品和工业品给予免税。

(4)对给惠国的保护措施的规定:各给惠国一般都在其方案中规定保护本国某些产品生产和销售的若干措施。免责条款(escape clause),又称例外条款,是指受惠国产品的进口量增加到对其本国同类产品或有直接竞争关系的产品的生产者造成或即将造成严重损害时,给惠国保留对该产品完全取消或部分取消关税优惠待遇的权利。预定限额(prior limitation),指预先规定在一定的时期内,某项受惠产品的关税优惠进口限额,对超过限额的进口按规定恢复征收最惠国税率。竞争需要标准(competitive need criterion),又称竞争需要排除。美国、澳大利亚等国采用这种标准,它规定在一个日历年内,对来自受惠国的某项进口产品,如超过竞争需要限额或超过美国进口该项产品总额的一半,则取消下一年度该受惠国或地区这项产品的关税优惠待遇。如该项产品在以后年进口额降至上述限额内,则下一年度仍可恢复关税优惠待遇。毕业条款(graduation clause),即当一些受惠国或地区的某项产品或其经济发展到较高的程度,使它在世界市场上显示出较强的竞争力时,则取消该项产品或全部产品享受关税优惠待遇的资格,称为"毕业"。这项条款按适用范围的不同,可分为"产品毕业"和"国家毕业"。前者指取消从受惠国或地区进口的部分产品的关税优惠待遇;后者指取消从受惠国或地区进口的全部产品的关税优惠待遇,即取消其受惠国或地区的资格。

(5)对原产地的规定(rules of origin),又称原产地规则,是衡量受惠国出口产品是否取得原产地资格、能否享受优惠的标准。其目的是确保发展中国家或地区的产品利用普惠制扩大出口,防止非受惠国的产品利用普惠制的优惠扰乱普惠制下的贸易秩序。各给惠国的普惠制方案中的原产地规则,一般包括原产地标准、直接运输规则和原产地证明文件三部分。

普惠制的原产地标准分为两大类:完全原产的产品和非完全原产的产品。前者是指完全用受惠国的原料、零部件并完全使用其生产或制造的产品。完全原产品是一个非常严格的概念,哪怕含有一点进口或其他来源不明的原料、零部件的产品,都不能视为完全的原产品。后者又称含有进口成分的产品,是指全部或部分地使用进口(包括来源不明的)原料或零部件制成的产品。这些原料或零部件经过受惠国或地区充分加工或制造后,其性质和特征达到了"实质性变化"的程度,变成了另外一种完全不同的产品,才可享受关税优惠待遇。所谓"实质性变化"有两个标准,一是欧洲联盟、日本等采用的"加工标准"(process criterion)。一般规定进口原料或零部件的税则税号和利用这些原料或零部件加工后的制成品的税则税目不同,其税号发生了变化,就可以认为经过充分加工,发生实质性的变化,该种产品就符合原产地标准,具有了原产地资格。二是澳大利亚、新西兰、加拿大、美国等采用的"增值标准"(value-added criterion),又称百分率标准。它规定,只能用进口成分(或本国成分)占制成品价值的百分比来确定其是否达到实质性变化的标准。但各自的百分比是不同的。例如,澳大利亚规定:产品的最后加工工序是在该受惠国内进行,本国成分价值(是指该受惠国或其他受惠国或澳大利亚提供的原料和劳务价值)的百分比不得小于产品出厂成本的50%。加拿大规定:进口成分价值(是指非原产于该受惠国、非原产于其他受惠国、非原产于加拿大的原料、零部件的海关价值和在该受惠国内可查明的最先用以支付来源不明原料、零部件的价格)不得超过包装完毕待运加拿大的产品出厂价的40%。美国规定:本国成分的价值(是指该受惠国生产的原料成本或价值,加上该受惠国的直接加工成本,不包括利润和一般行政费用)不得低于产品出厂价格的35%。

原产地标准除了上述规定外,给惠国还不同程度地采用了原产地累计制。所谓原产地累计制(cumulative origin system)是指在确定产品原产资格时,把若干个或所有受惠国或地区视为一个统一的经济区域,在这个区域内进行生产、加工产品时所得的增值,可以作为受惠国的本国成分而加以累计。原产地累计制目前主要有以下几种:区域性原产地累计。即把同属于一个区域性经济集团的国家视为一个整体,给予普惠制原产地累计待遇。全球性原产地累计。即把世界上所有的受惠国或地区视为一个整体,给予普惠制原产地累计待遇。给惠国原产地累计,又称给惠国成分累计。即允许受惠国使用某个给惠国生产的原料、零部件,并全部计入该受惠国原产产品的价值中,也可视为该受惠国原产产品成分的一部分,如再出口到该给惠国,可给予普惠制原产地累计待遇。

直接运输规则(rule of direct consignment),指受惠产品必须从该受惠国直接运到进口给惠国。由于地理原因或运输需要,受惠产品也可通过第三国或地区的领土运往进口给惠国。但必须置于海关照管之下,并向进口给惠国海关提交过境提单、过境海关签发的过境证明书等,才能享受普惠税待遇。

原产地证书(certificate of origin),出口商品要获得给惠国的普惠制的关税优惠待遇,必须向进回给惠国提交出口受惠国政府授权的签证机构签发的普惠制原产地证书格式 A(Form A)和符合直运规则的证明文件,作为享受普惠税待遇的有效凭证。格式 A 的全称是《普遍优惠制原产地证明书(申报与证明联合)格式 A》。它是受惠产品享受普惠税待遇的官方凭证,是受惠产品获得受惠资格必不可少的重要证明文件。格式 A 的有效期一般为 10 个月,给惠国海关一旦对证书内容产生怀疑,可向给惠国签证机关或出口商退证查询,并要求在半年内答复核实结果。如核实结果表明不符合普惠制原产地的规定,证书完全失效,则取消该产品的受惠资格,征收正常关税。

自 1970 年实行普惠制以来,对促进和扩大发展中国家或地区的出口起到了一定的积极作用。但由于普惠制方案的规定十分繁琐,有些国家已采取了一系列限制性保护措施,使普惠制未能达到预期的目的。1976 年 5 月第 4 届贸发会议上,要求改善和延长普惠制期限,经过协商,把原定于 1980 年到期的普惠制继续延长 10 年,到 90 年代又延长了 10 年。2021 年 12 月 1 日起,欧盟、英国、加拿大、土耳其、乌克兰等 32 个国家不再给予中国普惠制关税优惠待遇,这也意味着我国的出口制造产品竞争力越来越强。

第二节 关税措施

一、关税的征收

(一)关税征收的机构——海关

海关是设在关境上的国家行政管理机构,是贯彻执行本国有关进出口政策、法令和规章的重要机构。最早的海关出现在公元前 5 世纪中叶古希腊城邦雅典。11 世纪以后,西欧威尼斯共和国成立以"海关"命名的机构即威尼斯海关。在漫长的封建社会,各国除继续在沿海、边境设置海关外,在内地水陆交通要道也设置了许多关卡。资本主义发展前期(16—18 世纪),海关执行保护关税政策,重视关税的征收,并建立一套周密繁琐的管理、征税制度。19 世纪,为发展对外贸易,欧洲各国先后撤除内地关卡,废止内地关税,并且基本停止出口税的征收。海关历史较长的发达国家有英国、荷兰、意大利、德国、日本和美国等。中国海关历史也很悠久,早在西周和春秋战国时期,古籍中已有关于"关和关市之征"的记载。秦汉时期进入统一的封建社会,西汉元鼎六年(公元前 111 年)在合浦等地设关。宋、元、明时期,先后在广州、泉州等地设立市舶司。清政府宣布开放海禁后,于康熙二十三至二十四年(1684—1685 年),首次以"海关"命名,先后设置粤(广州)、闽(福州)、浙(宁波)、江(上海)四海关。1840 年鸦片战争后,中国逐渐丧失关税自主权、海关行政管理权和税款收支保管权,海关变成半殖民地性质的海关,长期被英、美、法、日等帝国主义国家控制把持,成为西方列强掠夺中国资源的重要工具。直至 1949 年中华人民共和国建立以后,中华人民政府接管海关,宣告受帝国主义控制的半殖民地海关历史结束,标志着社会主义性质海关的诞生。中华人民共和国政府对原海关机构和业务进行彻底变革,逐步完善海关建制。

由于各国政治、经济情况不尽相同,海关职责也有差异,即使同一国家,在不同历史时期海关职责也有变化。总体而言,海关主要有以下职能:

(1)对进出口货物、旅客行李和邮递物品、进出境运输工具实施监督管理,有的称作通关管理,有的称作保障货物、物品合法进出境。

(2)征收关税和其他税费。许多国家海关除征收关税外,还在进出口环节代征国内税费,例如增值税、消费税等。有些国家海关,还征收反倾销税、反补贴税和进口商品罚金等。

(3)查缉走私。各国海关部对逃避监管、商业瞒骗偷逃关税行为进行查缉,尤其对走私、禁止和限制进出境的货物,特别是毒品,每一个国家海关部加大查缉力度。

此外,个别国家海关还具有特殊职能,如编制对外商品贸易统计、保税管理、沿海巡逻警戒、管理航行、保护一级版权和专利权等。根据《中华人民共和国海关法》规定,我国海关具有4项职能,即监管、征税、查私和编制海关统计。

(二)关税征收的方法

关税征收方法主要有从量税、从价税、复合税和选择税。

1. 从量税

从量税(specific duties)是以货物的计量单位(如重量、数量、长度、容量、面积等)作为计税依据而课征的关税。其中,重量单位是最常用的从量税计量单位。例如,美国对薄荷脑的进口征收从量税,普通税率每磅征 50 美分,最惠国税率每磅征 17 美分。

从量税的计算公式为:从量税税额 = 货物计量单位数 × 从量税率。

各国征收从量税,大部分以商品的重量为单位来征收。但各国对应纳税的商品重量计算的方法各有不同。一般有以下三种:

(1)毛重(cross weight)法。毛重法又称总重量法,即包括商品内外包装在内的总重计征税额。

(2)半毛重(demi-gross weight)法。半毛重法又称半总重量法,即对商品总重量扣除外包装后的重量计征其税额。这种办法又可分为两种:①法定半毛重法。即从商品总毛重中扣除外包装的法定重量后,再计征其税额;②实际半毛重法。即从商品总毛重中扣除外包装的实际重量后计算其税额。

(3)净重(net weight)法。净重法又称纯重量法,即在商品总重量中扣除内外包装的重量后再计算其税额。这种办法又有两种:①法定净重法(Legal Net Wright)。即从商品总重量中扣除内外包装的法定重量后,再计算其税额;②实际净重法(Real Net Weight)。即从商品总重量中扣除内外包装的实际重量后,再计算其税额。

在从量税确定的情况下,从量税额与商品数量的增减成正比关系,但与商品价格无直接关系。按从量税方法征收进口税时,在商品价格下降的情况下,加强了关税的保护作用。反之在商品价格上涨的情况下,用从量税的方法征收进口税则不能完全达到保护关税的目的。这是因为商品价格上涨,而进口税额不变,财政收入相对减少,保护作用也随之减弱。二战以前资本主义国家普遍采用从量税的方法计征关税。战后由于商品种类、规格日益繁杂和通货膨胀加剧,大多数资本主义国家普遍采用从价税的方法计征关税。

2. 从价税

从价税(ad-valorem duties)是以进口商品的完税价格为标准计征一定比率的关税。其税率表现为商品价格的百分率。例如美国对羽毛制品的进口征收从价税普通税率为60%,最惠国税率为4.7%;我国对香水及花露水的进口征收从价税最惠国税率为3%,普通税率为150%。

单位从价税额 = 完税价格 × 从价税率

从价税额与商品价格有直接关系。它与商品价格的涨落成正比关系,其税额随着商品价格的变动而变动,所以它的保护作用与价格有着密切的关系。如在价格下跌的情况下其税率不变,从价税额相应减少,其保护作用就减弱;相反,在价格上涨的情况下,其保护作用就增强。

一般说来从价税有以下优点:

(1)从价税的征收比较简单,对于同种商品,可以不必因其品质的不同再详加分类。

(2)税率明确,便于比较各国税率。

(3)税收负担较为公平,因从价税额随商品价格与品质的高低而增减,较符合税收的公平原则。

(4)在税率不变时,税额随商品价格上涨而增加,既可增加财政收入,又可起到保护关税的作用。

但在征收从价税中,较为复杂的问题是确定进口商品的完税价格。完税价格是经海关审定作为计征关税的货物价格,是决定税额多少的重要因素。一般情况下,各国海关都按照成交价格(transaction value)计征关税。成交价格是指商品销售出口运往进口方的实际已付或应付的价格,即进口商在正常情况下申报并在发票中所载明的价格。但如果此成交价格并没有反应进口商品的真实价值,进口国海关不承认此价格,则需重新估定进口商品的完税价格。为了规范各国对完税价格的估定,"东京回合"签订了《海关估价守则》,后经进一步修改,在乌拉圭回合达成了《海关估价协议》。《海关估价协议》规定了六种不同的依次采用的估价法。

(1)进口商品的成交价格。如果海关不能按上述规定的成交价格确定商品海关估价,那么就采用第二种办法。

(2)相同商品的成交价格。相同商品的成交价格又称同类商品的成交价格,是指与应估商品同时或几乎同时出口到同一进口方销售的相同商品的成交价格。所谓相同商品是指它们在所有方面都相同,包括相同的性质、质量和信誉。表面上具有微小差别的其他货物,不妨碍被认为符合相同货物的定义。如果发现有两个以上相同商品的成交价格,则应采用其中最低者来确定应估商品的关税价格。如按以上两种估价办法都不能确定时。可采用下面第三种估价办法。

(3)类似商品的成交价格,是指应估商品同时或几乎同时出口到同一进口方销售的类似商品的成交价格。所谓类似商品就是与应估商品比较,各方面不完全相同,但有相似的特征,使用同样的材料制造,具备同样的效用,在商业使用上可以互换的货物。在确定某一货物是否为类似货物时,应考虑的因素包括该货物的品质、信誉和现有的商标等。

(4)倒扣法,是以进口商品或同类或类似进口商品在国内的销售价格为基础减去有关的税费后所得的价格。其倒扣的项目包括代销佣金、销售的利润和一般费用,进口国内的运费、保险金、进口关税和国内税等。倒扣法主要适用于寄售或代销性质的进口商品。

(5)计算价格法。计算价格又称估算价格,是以制造该种进口商品的原材料、部件、生产费用、运输和保险费用等成本费以及销售进口商品所发生的利润和一般费用为基础进行估算的完税价格。

(6)合理办法。如果上述各种办法都不能确定商品的海关估价,便使用第6种办法。这种办法未作具体规定,但规定海关在确定应税商品的完税价格时,只要不违背本协议的估价原理和《关贸总协定》第7条的规定,并根据进口商品现有资料,任何视为合理的估价办法都可行。

3. 混合税

混合税(mixed compound duties)又称复合税,是对某种进口商品,采用从量税和从价税同时征收的一种方法。例如美国对进口汽车按每辆1000美元和完税价格的1%同时计征关税;我国对价格在USD5000以上的数字相机按每台17500元和价格的3%同时征税,而对价格在USD2000以上的数字相机按每台7000/台元和价格的3%同时征税。

混合税的计算方法为:
$$混合税额 = 从量税额 + 从价税额$$

4. 选择税

选择税(alternative duties)是对于一种进口商品同时订有从价税和从量税两种税率,在征税时选择其税额较高的一种征。例如,日本对坯布的进口征收协定税率7.5%或每平方米2.6日元,征收其最高者。我国对进口天然橡胶实行选择税,即在20%从价税和2600元/吨从量税两者中,择高计征关税。

(三)关税征收的依据——海关税则

海关税则(customs tariff)又称关税税则,是一国对进出口商品计征关税的规章和对进出口的应税与免税商品加以系统分类的一览表。海关凭此征收关税,是关税政策的具体体现。

海关税则一般包括两个部分:一部分是海关课征关税的规章条例及说明。另一部分是关税税率表。关税税率表主要包括三部分:税则号列(tariff No. 或 heading No. 或 tariff item),简称税号;货物分类目录(description of good);税率(rate of duty)。

1. 海关税则的货物分类方法

海关税则的货物分类方法,主要是根据进出口货物的构成情况,对不同商品使用不同税率以及便于对进出口货物统计需要而进行系统的分类。

各国海关税则的商品分类方法不尽相同,大体上有:

(1)按照货物的自然属性分类,例如动物、植物、矿物等。
(2)按货物的加工程度或制造阶段分类,例如原料、半制成品和制成品等。
(3)按货物的成分分类或按工业部门的产品分类,例如钢铁制品、塑料制品、化工产品等。
(4)按货物的用途分类,例如食品、药品、染料、仪器、乐器等。
(5)按货物的自然属性分成大类,再按加工程度分成小类。

货物分类的排列层次,一般可分为3~5级。先按自然属性、用途或组成成分等分成若干大类,再进一步分成章或组,其下列出商品项目。项目税则中的基本税目,可以"具体列名"一种商品,也可把相类似的商品综合在一起,成为"一般列名"或把两者未包括的同类产品合为一个"未列名商品的项目"。每个项目按顺序列出税号,在项目之下根据征税或统计的需要可细分为子目、分目,称为细目。大类和章或组两级只作检索查找之用,项目及细目逐目列出相应的税率。

长期以来,资本主义国家税则中的货物分类极为繁细。它不仅是商品种类日益增多和技术上的需要,更主要的是要保护国内市场,实行关税差别和歧视政策的重要依据。对同类货物的不同类别,规定不同的税则号列,对内可以更有针对性地限制某些商品进口,对外可以成为贸易谈判的资本。

2. 海关合作理事会税则目录

为了减少资本主义各国在海关税则商品分类上的矛盾,欧洲关税同盟研究小组于1950年12月拟定了《海关税则商品分类目录公约》(Convention Nomenclature for the Classification of Goods in Customs Tariff)并设立了海关合作理事会。它制定了《海关合作理事会税则目录》(Customs Cooperation Council Nomenclature,CCCN)。因该税则目录是在布鲁塞尔制定的,故又称《布鲁塞尔税则目录》(Brussels Tariff Nomenclature,BTN)。除去美国、加拿大,已有一百多个国家和地区采用。

海关合作理事会税则目录的商品分类的划分原则,是以商品的自然属性为主,结合加工程度等来划分的。它把全部商品共分为21类(section)、99章(chapter)、1015项税目号(heading No.)。第1~24章(前4类)为农畜产品,第25~99章为工业制成品。税目号都用四位数表示,中间用圆点隔开,前两位数表示商品所属章次,后两位数表示该章项下的某种商品的税目号。例如,男用外衣属于第61章第1项,其税目号为6101。按《分类目录解释规则》(Rule for the Interpretation of the Nomenclature)的规定,税则目录中的类、章、项这三级的税目号排列及编制,各会员国不得随意变动;项下的细目以A、B、C、…排列,各会员国对这些细目的编制有一定的机动权。

3. 商品名称及编码协调制度

为了使这两种国际贸易商品分类体系进一步协调和统一,以兼顾海关税则、贸易统计与运输等方面的共同需要,20世纪70年代初海关合作理事会设立了一个协调制度委员会,研究并制定了《商品名称及编码协调制度》,简称《协调制度》(Harmonized System,缩写为HS)。参加这项工作的有20多个国际组织,60个国家。在编制《协调制度》工作中,中国海关多次派出代表参加会议,提出一些有益的意见。经过13年的努力,《协调制度公约》及其附件《协调制度》终于在1983年6月以《国际公约》的形式通过,于1988年1月1日在国际上正式开始实施。截至1990年11月1日该公约的缔约国总数已达61个,其中包括所有发达国家。我国于1992年1月1日起正式实施以《协调制度》为基础的新的海关税则。

《协调制度》是一个新型的、系统的、多用途的国际贸易商品分类体系。它除了用于海关税则和贸易统计外,对运输商品的计费与统计、计算机数据传递、国际贸易单证简化以及普遍优惠制的利用等方面,都提供了一套可使用的国际贸易商品分类体系。

《协调制度》将商品分为21类97章,第97章留空备用,章以下设有1241个四位数的税目,5019个六位数的子目。四位数的税目中,前两位数表示项目所在的章,后两位数表示项目在有关章的排列次序。例如税目为0104是绵羊、山羊,前两位数表示该项目在第1章,后两位数表示该商品为第1章的第4项。六位数的子目即表示包括税目下的子目,例如5202为废棉;5202·10为废棉纱线。

4. 海关税则的主要种类

(1)海关税则主要可分为单式税则和复式税则两类。目前绝大多数国家采用复式税则。

①单式税则(singe tariff),又称一栏税则。这种税则,一个税目只有一个税率,适用于来自任何国家的商品,没有差别待遇。在垄断前资本主义时期,各国都实行单式税则。到垄断资本主义时期,发达资本主义国家为了在关税上搞差别与歧视待遇,或争取关税上的互惠,都放弃了单式税则而改行复式税则。现在只有少数发展中国家如委内瑞拉、巴拿马、肯尼亚、赞比亚等仍实行单式税则。

②复式税则(complex tariff),又称多栏税则。这种税则,在一税目下订有两个或两个以上的税率。对来自不同国家的进口商品,适用不同的税率。发达资本主义国家规定差别税率的目的在于实行差别待遇和贸易歧视政策。为了反对发达国家的歧视待遇,保卫本国的民族权益,许多发展中国家也实行复式税则。现在绝大多数国家都采用这种税则。这种税则有二栏、三栏、四栏不等。

在单式税则或复式税则中,依据进出口商品流向的不同,可分为进口货物税则和出口货物税则。有的将进出口货物的税率合在同一税则中,分列进口税率栏和出口税率栏。我国现行的进出口税则就属于这种税则制。

(2)在单式税则或复式税则中,依据制定税则的权限,又可分为自主税则和协定税则。

①自主税则(autonomous tariff),又称国定税则,是指一国立法机构根据关税自主原则单独制定而不受对外签订的贸易条约或协定约束的一种税率。

②协定税则(conventional tariff),是指一国与其他国家或地区通过贸易与关税谈判,以贸易条约或协定的方式确定的关税率。这种税则是在本国原有的国定税则以外,另行规定的一种税率。它是两国通过关税减让谈判的结果,因此要比国定税率低。协定税则不仅适用于该条约或协定的签字国而且某些协定税率也适用于享有最惠国待遇的国家,对于没有减让关税的商品或不能享受最惠国待遇的国家的商品,仍采用自主税则,这样形成的复式税则,称为自主一协定税则或国定一协定税则。

(四)关税征收的程序——通关手续

通关手续又称报关手续,是指出口商或进口商向海关申报出口或进口接受海关的监督与检查,履行海关规定的手续。办完通关手续,结清应付的税款和其他费用,经海关同意,货物即可通关放行。通关手续通常包括货物的申报、审证、查验、征税和放行环节。现以进口为例。

1. 货物的申报

货物的申报是指货物运抵进口国的港口、车站或机场时,进口商向海关提交有关单证和填写由海关发出的表格,向海关申报进口。一般说来,除提交进口报关单(Import Declaration)、装箱单、提单和商业发票外,还往往根据海关特殊规定,提交原产地证明书、进口许可证和卫生检验证书等。

2. 单证的审核

当进口商填写和提交有关单证后,海关依照海关法令与规定,查审核对有关单证。审核有关单证的具体要求是:

(1)应交验的单证必须齐全、有效。

(2)报关中填报的内容必须正确、全面。

(3)所报货物必须符合有关政策与法规的规定。

审核单证发现有不符合上述各项规定时,海关通知申报人及时补充或更正。

3. 货物的查验

货物的查验是通知对进口货物的检查,核实单货是否相符,防止非法进口。查验货物一般在码头、车站、机场的仓库、场院等海关监管场所内进行。

4. 货物的征税与放行

海关在审核单证、查验货物后,照章办理收缴税款等费用。进口税款用本国货币缴纳,如使用外币则应按本国当时汇率折算缴纳。货物到达时,如发现货物"缺失"(Short Landed)一部分,可扣除缺失部分的进口税。当一切海关手续办妥以后,海关即在提单上盖上海关放行章以示放行,进口货物即此通关。

货物到达后,通常进口商应在所规定的工作日内办理通关手续。对于某些特定的商品,如水果、蔬菜、鲜鱼等易腐商品,如果进口商要求货到时即刻从海关提出则可次日后再正式结算进口税。如果进口商想延期提货,则可在办理存栈报关手续后将货物存入保税仓库,暂时不缴纳进口税。在存放仓库期间,货物可再行出口不必缴纳进口税。如要运往该国内市场销售,则应在提货前办妥通关手续。

81

货物到达后,进口商如在规定的日期内未办理通关手续,海关有权将货物存入候领货物仓库,一切责任和费用均由进口商负责。如果存仓货物在规定期间内仍未办理通关手续,海关有权处理该批货物。许多国家的通关手续十分复杂,为了及时通关提货,进口商也可委托熟悉海关规章的报关行代为办理通关手续。

二、关税的经济效应分析

关税的经济效应是指关税(一般指进口关税)对一个国家的商品价格、生产、消费、贸易条件、税收和福利等经济方面产生的影响和作用。下面,就小国和大国的关税经济效应进行局部均衡分析。

(一)小国进口关税经济效应的局部均衡分析

所谓"小国",是指该国进出口量的变化对国际市场价格没有影响的国家。因此,这些国家只能是国际市场价格的既定接受者。小国进口关税的局部均衡分析如图4-1所示。

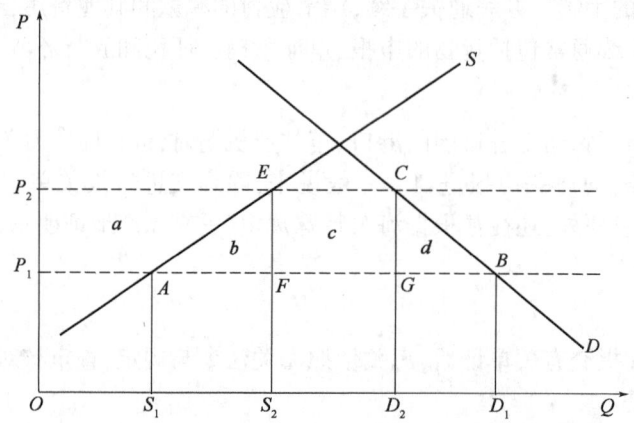

图4-1 小国进口关税经济效应的局部均衡分析图

图4-1中,横轴表示商品数量,纵轴表示商品价格,D 表示国内市场上该商品的需求曲线,S 表示国内市场上该商品的供给曲线,a 表示梯形 P_1P_2EA 的面积,b 表示三角形 AEF 的面积,c 表示长方形 $FECG$ 的面积,d 表示三角形 GCB 的面积。

在自由贸易条件下,该国某商品的国内市场价格等于国际市场价格,均为 P_1,该商品生产量为 S_1,需求量为 D_1,进口量为 S_1D_1。征收关税后,该国国内商品价格将会上升到 P_2,P_2 与 P_1 之间的差额为单位商品的从价税,此时,国内生产量为 S_2,需求量为 D_2,进口量为 S_2D_2。

因征收关税而引起的效应分析如下:

(1)价格效应。对进口商品征收关税后,首先会使进口产品的国内价格上升,进而带动国内同类产品价格上涨。由于小国无力影响国际市场的价格,因而国内市场价格的上涨幅度就等于所征关税中相应的单位商品所承担的税额,也就是说,关税全部由国内消费者来负担。

(2)进口替代效应。征收关税带来的国内市场价格上升,国内生产商会扩大投资、增加生产。这一效应表现在图4-1中就是国内生产量从 S_1 增加到 S_2,增加量 S_1S_2 就是本国商品对进口商品的替代部分。因为本国生产商在关税保护下不断扩大生产、增加收益,因而这一效应也被称为生产效应或保护效应。

(3)消费效应。征收关税提高了国内市场的价格,从而导致国内需求量、消费量的减少,这就是关税的消费效应。这一效应在图4-1中表现为需求量从 D_1 下降至 D_2,减少的消费量

表现为 D_2D_1。

(4) 贸易效应。这是指征收关税对一国国际贸易总量的影响,在图 4-1 中表现为贸易量从 S_1D_1 减少到 S_2D_2,减少了 $(S_1S_2+D_1D_2)$,贸易效应实际上就是对进口替代效应和消费效应的综合。

(5) 税收效应。这是指政府因征收关税而增加国家税收收入,在图 4-1 中表现为 $S_2D_2 \times (P_2-P_1)$,即长方形 $FECG$ 的面积(c)。

(6) 福利效应。征收关税后,国内市场价格由 P_1 上升到 P_2,消费者剩余减少了 P_1P_2CB($a+b+c+d$),生产者剩余增加了 P_1P_2EA(a)。该国总福利效应变化 = $-(a+b+c+d)+a+c=-(b+d)$。可见,从静态角度来看,征收关税导致小国总福利的净损失,损失量为 $(b+d)$。

(二) 大国进口关税经济效应的局部均衡分析

所谓"大国",是指该国进出口量的变化对国际市场价格有影响的国家。大国进口关税的局部均衡分析见图 4-2。

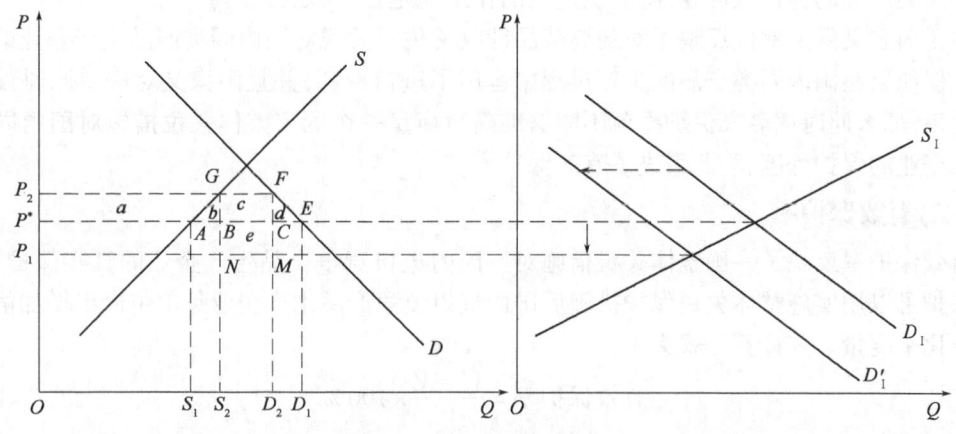

图 4-2 大国进口关税经济效应的局部均衡分析图

在自由贸易条件下,由国际市场供给曲线 S_1 和国际市场需求曲线 D_1 相交的均衡价格为 P^*,则贸易前该大国的国内市场价格也就为 P^*,国内市场生产量为 S_1,需求量为 D_1,进口量为 D_1S_1。现假设该国对单位商品征收进口税额为 (P_2-P_1),则该进口大国的国内需求量将减少,此时,进口量也会随之减少,国际市场需求量会减少,国际市场需求曲线向左移动到 D_1',国际市场均衡价格就由 P^* 下降到 P_1。也就说,征收关税后该进口大国的到岸价为 P_1,该国进口商品的国内市场价格就为 P_2,此时,该国国内生产量为 S_2,需求量为 D_2,进口量为 S_2D_2。关税对进口大国产生效应与进口小国一样,都具有价格效应、进口替代效应、消费效应、贸易效应、税收效应和福利效应。

(1) 税收效应。对大国征收单位商品进口税额 (P_2-P_1) 后,形成的关税收入为 $S_2D_2 \times (P_2-P_1)$,即长方形 $FMNG$ 的面积($c+e$)。

(2) 总福利效应。征收关税后,国内市场价格由 P^* 上升到 P_2,消费者剩余减少了 P^*P_2FE($a+b+c+d$),生产者剩余增加了 P^*P_2GA(a)。该国总福利效应变化 = $-(a+b+c+d)+a+(c+e)=e-(b+d)$。可见,从静态角度来看,征收关税导致大国总福利的情况是不确定的,主要取决于 e 和 $(b+d)$ 的大小。如果 $e>(b+d)$,则大国的总福利净收益增加;如果 $e<(b+d)$,则大国的总福利是损失。

三、关税的保护效应分析

关税的保护效应是反映关税对国内进口竞争产品的生产企业的实际保护程度。关税的保护效应一般用名义保护率和有效保护率来衡量。

(一) 名义保护率

世界银行在研究各国关税保护结构时对名义保护率进行了定义。名义保护率(Nominal Rate of Protection)是指由于实行关税保护引起的国内市场价格超过国际市场价格的部分与国际市场价格的百分比。其计算公式为:

$$名义保护率 = \frac{进口商品的国内市场价格 - 进口商品的国际市场价格}{进口商品的国际市场价格} \times 100\%$$

式中可以看出,实际上一国关税的名义保护率等于该国对该商品征收进口关税的从价税率,因而有时我们又把名义保护率视为名义关税。在其他条件不变时,名义保护率越高,关税对本国同类产品的保护程度越强,关税壁垒的作用就越强;反之,则越弱。

关税的名义保护率仅反映了对最终商品征收关税时关税对国内同类产品生产企业的保护程度。但如果在国内同类产品的生产过程中运用了进口原料,并且国家又对进口原料设置了进口税率,那么此时用名义保护率就不能够准确地衡量一个国家整体关税措施对国内同类产品生产企业的保护程度,为此引进了有效保护率。

(二) 有效保护率

有效保护率反映了一国整体关税措施对一国内进口竞争产品生产企业的真实保护程度。有效保护可以用实施整体关税保护措施后国内进口竞争产品生产企业每单位产出增加值提高的百分比来度量。其计算公式为:

$$有效保护率 = \frac{V' - V}{V} \times 100\%$$

式中,V' 表示实施整体关税保护措施后国内进口竞争产品每单位产出增加值;V 表示自由贸易条件下国内进口竞争产品每单位产出增加值。

该公式也可以进一步推导出:

$$有效保护率 = \frac{T - \sum a_i t_i}{1 - \sum a_i} \times 100\%$$

式中,T 表示对最终商品征收的从价税率;a_i 表示单位商品价值中 i 种进口原料的百分比;t_i 表示对 i 种进口原料征收的从价税率。

根据上面公式,名义保护率与有效保护率之间存在以下三种关系:

(1)当进口最终产品的名义关税高于进口原料的名义关税时,有效保护率高于对最终产品的名义保护率。

(2)当进口最终产品的名义关税等于进口原料的名义关税时,有效保护率等于对最终产品的名义保护率。

(3)当进口最终产品的名义关税小于进口原料的名义关税,并且所用原料的价值在最终产品中所占的比率较小时,有效保护率小于对最终产品的名义保护率,甚至出现负有效保护率,即关税没有起到保护国内进口竞争产品的生产企业的目的。为避免这一现象的出现,各国普遍采用累进制关税结构,即商品的进口税率随着加工程度的不断深化而不断提高,这样可以提高有效保护率。

有效保护率受进口国最终产品名义关税税率、进口原料名义关税税率以及所用原料在最终产品中所占有的比重的影响,因此,各种进口商品的名义关税的税率即使相同,其有效保护率也可能不同。

四、关税水平

关税水平是指一个国进口关税率的平均水平,反映一国进口关税对国内产业的整体保护程度。它有简单平均法和加权平均法两种计算方法。

(一)简单算术平均法

简单算术平均法是单纯根据一国税则中的税率(法定税率)来计算,不管每个税目实际的进口数量,只按税则中的税目求其税率的平均值。其计算公式为:

$$关税水平 = \frac{税则中所有税目的税率之和}{税则中税目数} \times 100\%$$

由于很多高税率的税目是明文禁止的,实际中很少有进口。另外,在贸易中重要的税目和不重要的税目上,以同样的权重来计算,显然是不合理的,因此简单算术平均法很少使用。

(二)加权平均法

加权平均法,是用进口商品的数量或价格作为权数进行平均,用加权平均法计算关税水平可分为全部商品加权平均法、有税商品加权平均法、选择性商品加权平均法。

1. 全部商品加权平均法

这是用进口税总额与进口总额之比来计算平均关税水平。其计算公式为:

$$关税水平 = \frac{\sum 进口金额 \times 进口税率}{进口金额} \times 100\%$$

2. 有税商品加权平均法

这是用进口税总额与有税商品进口总额之比来计算平均关税水平。其计算公式为:

$$关税水平 = \frac{\sum 进口金额 \times 进口税率}{有税商品进口金额} \times 100\%$$

3. 选择性商品加权平均法

这是从全部进口商品中抽取若干种具有代表性的商品,用这些商品的进口税总额与其进口总额之比来计算平均关税水平的方法。其计算公式为:

$$关税水平 = \frac{\sum 代表性商品进口金额 \times 进口税率}{\sum 代表性商品进口金额} \times 100\%$$

在关贸总协定肯尼迪回合就关税减让谈判时,各国就是使用联合国贸易与发展会议选取的504种有代表性的商品来计算和比较各国的关税水平。

第三节 非关税壁垒

一、非关税壁垒的概念

关税曾经是限制进口的主要措施,但二战后,在GATT的主持下,经过八轮多边谈判,缔约国的平均关税水平有了大幅度的降低。为了适应贸易保护发展的需要,各国采取其他种种手段来限制和干预对外贸易。这些手段名目繁多,花样也不断翻新。我们把除关税以外的一切限制进口的各种措施定义为非关税壁垒(Non-tariff Barriers,NTBs)或非关税措施,是与关税壁垒相对而言的。

非关税壁垒虽然在资本主义发展初期就已出现,但到了20世纪30年代资本主义世界性经济危机爆发时,它才被作为贸易壁垒的重要组成部分盛行于世。特别是20世纪70年代中期以来,在1974—1975年和1980—1982年两次世界性经济危机的冲击下,发达资本主义国家贸易战愈演愈烈。世界性贸易保护主义又重新抬头,限制进口措施作用日益加强,发达资本主义国家竞相采取非关税措施,高筑非关税贸易壁垒,限制商品进口,以抵消由于关税大幅度下降所造成的结果,出现了以非关税壁垒为主、关税壁垒为辅的新贸易保护主义形式。

二、非关税壁垒的形式

非关税壁垒名目繁多,据统计,目前大概有3000多种手段。现介绍几种主要的形式。

(一)进口配额制

进口配额制(import quotas system),又称进口限额制。是一国政府在一定时期(如一季度、半年或一年)内,对某些商品的进口数量或金额加以直接的限制。在规定的配额内,货物可以进口;超过配额则不准进口,或者被征收更高的关税或罚款后才能进口。它是资本主义国家实行进口数量限制的重要手段之一。

根据达到配额后国家的管理方式不同,进口配额制可分为绝对配额和关税配额。

1. 绝对配额

绝对配额(absolute quotas)是在一定时期内对某些商品的进口数量或金额规定一个最高额度,达到这个额度后,便不准进口。

绝对配额根据配额的发放方式不同,可分为全球配额和国别配额两种方式。

(1)全球配额(global quotas),全球配额属于世界范围的绝对配额,对于来自任何国家或地区的商品一律适用。主管当局通常按进口商的申请先后或按过去某一时期的进口实际额批给一定的额度,直至总配额发放完为止,超过总配额就不准进口。由于全球配额不限定进口国别或地区,在配额公布后,进口商竞相争夺配额,并可从任何国家或地区进口。同时,邻近国家或地区因地理位置接近到货较快,比较有利;而较远的国家或地区就处于不利的地位。因此,在限额的分配和利用上,难以保持国家间公平原则,为了避免或减少这些不足,一些国家采用了国别配额。

(2)国别配额(country quotas),国别配额是在总配额内按国别或地区分配给固定的配额,超过规定的配额便不准进口。为了区分来自不同国家和地区的商品,在进口商品时,进口商必须提交原产地证明书。实行国别配额可以使进口国家根据它与有关国家或地区的政治经济关系分配不同的额度。一般来说,国别配额可以分为:①自主配额(autonomous quotas)。又称单方面配额,是由进口国家完全自主地、单方面强制规定在一定时期内从某个国家或地区进口某种商品的配额。这种配额不需征求输出国家的同意。自主配额由进口国家自行制定,往往由于分配额度差异,容易引起某些出口国家或地区的不满或报复。因此,有些国家便采用协议配额,以缓和彼此之间的矛盾。②协议配额(agreement quotas),又称双边配额(Bilateral Quotas),是由进口国家和出口国家政府或民间团体之间协商确定的配额。如果协议配额是通过双方政府的协议订立的,一般需在进口商或出口商中进行分配;如果配额是双边的民间团体达成的,应事先获得政府许可,方可执行。协议配额是由双方协商确定的,通常不会引起出口方的反感与报复,并可使出口国对于配额的实施有所谅解与配合,较易执行。

一些国家为了加强绝对配额的作用,往往对进口配额规定得十分繁杂。例如对配额商品规定得很细,有的按商品不同规格规定不同的配额,有的按价格水平差异规定不同配额,有的按原料来源的不同规定不同配额,有的按外汇管制情况规定不同配额,有的按进口商的来源不同规定不同配额等。

一般说来,绝对配额用完后,就不准进口。但有些国家由于某种特殊的需要和规定,往往另行规定额外的特殊配额或补充配额,如进口某种半制成品加工后再出口的特殊配额;展览会配额或博览会配额等。

2. 关税配额

关税配额(tariff quotas)是对进口商品的绝对数额不加限制,而对在一定时期内,在规定配额以内的进口商品给予低税、减税或免税待遇;对超过配额的进口商品则征收较高的关税、附加税或罚款。

关税配额按进口商品的来源,可分为全球性关税配额和国别关税配额。按征收关税的目的,可分为优惠性关税配额和非优惠性关税配额,前者是对关税配额内进口的商品给予较大幅度的关税减让,甚至免税,而对超过配额的进口商品征收原来的最惠国税率;后者是在关税配额内仍征收原来的进口税,但对超过配额的进口商品,则征收极高的附加税或罚款。

资本主义国家通常利用进口配额作为实行贸易歧视政策的手段。最初进口配额是作为防御手段而被采用的,到后来便发展成为进攻性的保护贸易措施。在举行贸易谈判时,配额制曾被广泛地作为迫使其他国家让步的武器。通过提供配额、扩大配额或缩小配额而向对方施加压力。

(二)"自动"出口配额制

"自动"出口配额制("voluntary" export quotas),又称"自动"出口限制("voluntary" export restrictions,VERs),也是一种限制进口的手段。所谓"自动"出口配额制是出口国家或地区在进口国的要求或压力下"自动"规定其一时期内(一般为3~5年)某些商品对该国的出口限制,在限定的配额内自行控制出口,超过配额即禁止出口。

"自动"出口配额制与绝对进口配额制在形式上略有不同。绝对进口配额制是由进口国家直接控制进口配额来限制商品的进口,而"自动"出口限额是由出口国家直接控制这些商品对指定进口国家的出口。但是,就进口国家来说,自动出口配额像绝对进口额一样,起到了限制商品进口的作用。

"自动"出口配额制带有明显的强制性。进口国家往往以商品大量进口,使其有关工业部门受到严重损害,造成所谓"市场混乱"为理由,要求有关国家的出口实行"有秩序的增长"(orderly growth),"自动"限制商品出口,否则就单方面限制进口。在这种情况下,一些出口国家不得不被迫实行"自动"出口限制。

"自动"出口配额制主要有以下两种形式:

1. 非协定的自动出口配额

即不受国际协定的约束,而是出口国迫于来自进口国方面的压力,自行单方面规定出口配额,限制商品出口。这种配额有的是由政府有关机构规定,并予以公布,出口商必须向有关机构申请配额,领取出口授权书或出口许可证才能输出;有的是由本国大的出口厂商或协会"自动"控制出口。

2. 协定的"自动"出口配额

即进出口双方通过谈判签订《自限协定》(Self-restraint Agreement)或《有秩序销售协定》(Orderly Marketing Agreement)。在协定中规定有效期内某些商品的出口配额,出口国应据此配额实行出口许可证制或出口配额签证制(export visa)自行限制这些商品出口。进口国则根据海关统计进行检查。自动出口配额大多数属于这一种。

各种《自限协定》或《有秩序销售协定》内容不尽相同,一般包括以下几方面的主要内容:

(1)配额水平(quota level)。配额水平是指协定有效期内,各年度"自动"出口限额。通常以协定缔结前一年的实际出口量,或以原协定最后一年的配额为基础进行协商,确定新协定第一年数额,然后再确定其他年份的年增长率。《自限协定》或《有秩序销售协定》所规定的出口配额主要有:①总限额,限协定商品"自动"出口的总额度。②组限额,限将商品按不同类别分为若干组,各组分别规定不同的额度。③个别限额,即对组内一些所谓敏感性产品(sensitive product)作为特别项目(special items)又另行规定额度,以达到严格限制出口的目的。④磋商限额,即对个别限额外的某些产品在原则上规定一定的额度,如出口超过该额度,双方按一定程序进行磋商谋求解决。在双方未达成一致意见之前,进口国可单方面实施进口限制。

(2)自限商品的分类。20世纪50年代和60年代初,协定所包括的自限商品的品种较少,品种分类也比较笼统。但后来被包括在协定中的自限商品品种日益增加,品种的分类日益繁杂。以日美纺织品协定为例,在协定中将日本输往美国的棉、化纤、毛三大类纺织品分为243项,6大组:第一组,棉服装;第二组,棉布;第三组,棉制成品和棉杂品;第四组,化纤服装;第五组,其他化纤织品;第六组,毛织品。

(3)限额的融通。限额的融通是指协定中各种自限商品限额互通使用的权限,主要可分为:①水平融通。是指在同一年度内组与组之间、项与项之间在一定百分率内互通使用的权限。在协定中,通常规定替换率(shift trade)即某组或某项的配额拨给另一组或另一项的使用率。协定所规定的替换率一般较低,而且各类不同,一般在1% ~ 15%,有的品种甚至禁止调用,以达到严格限制出口的目的。②垂直融通。是指上下年度内组与组之间、项与项之间的留用额(carry-over)和预用额(carry-in)。前者又称留用权,即当年未用完的配额拨入下年度使用的额度或权限;后者又称预用权,即当年配额不足而预先使用下年度的额度或权限。在谈判过程中,进出口双方经常围绕着留用额与预用额问题争吵不休。

(4)保护条款(safeguard clause)。保护条款是指进口国有权通过一定程序,限制或停止进口某些扰乱市场或使进口国生产者蒙受损害的商品。这实际上进一步扩大了进口国单方限制商品进口的权限。

(5)出口管理规定。《自限协定》规定自限商品由出口方按协定的配额自行控制出口,出口方对自限商品应执行严格的出口管理,以保证出口不超过限额水平和尽量按季度均匀出口。为了加强对自限商品的出口管理,有些出口国除了规定出口厂商必须凭出口许可证输出外,还定期公布"自限"商品的"初步配额"和"最后配额"。"初步配额"为暂定配额,一般比协定配额的水平低,有关当局先根据这项配额向有关出口商签发出口许可证。到一定期限再公布"最后配额",即全年度的实际配额,有关当局再据此向出口商签发出口许可证。因此"自动"出口配额主要是通过出口方实行严格的出口管理控制出口,而进口只处于协助的地位。

为了确保《自限协定》顺利执行,协定还要求双方互相提供有关资料。在协定有效期内,双方每年至少举行一次会议,磋商解决有关问题。

(6)协定的有效期限。协定的有效期限有长有短,《自限协定》有效期限通常为3 ~ 5年。

缔约国一方如有必要时可终止协定,但该缔约国一般应提前60天通知对方,方可终止。

(三)进口许可证制

进口许可证制(import license system)是一种进口审批制度,规定在进口某些商品时必须事先申请领取许可证,经审核发给许可证后才能办理进口报关手续。进口许可证上规定了进口国别、货物名称、进口数量金额和有效期限,进口国通过使用进口许可证可以有效地达到限制进口的目的。

许多国家把进口许可证与进口配额结合起来使用,把进口许可证可以分为两种:一种为有定额的进口许可证,即国家有关机构预先规定有关商品的进口配额,然后在配额的限度内,根据进口商的申请发放一定数量或金额的进口许可证,配额用完后就不再发放进口许可证;另一种为无定额的进口许可证,即进口许可证不与进口配额相结合。国家有关政府机构预先不公布进口配额,颁发有关商品的进口许可证,没有公开的标准,使得无定额的进口许可证具有很大的隐蔽性,更有效地限制了进口。

从进口商品有无限制上看,进口许可证一般可分为两种。一种为一般公开许可证(open general license),又称公开进口许可证、自动进口许可证,它对进口国别或地区没有限制,凡列明属于一般公开许可证的商品,进口商只要填写一般公开许可证,即可获准进口。因此属于这类许可证的商品实际上是自由进口的商品。一般公开许可证的目的不是为了限制进口,而是为了方便政府机构通过进口许可证的申报程序及时掌握进口的统计数据和情况。另一种为特种进口许可证(specific license),又称非自动进口许可证,进口商必须向政府有关当局提出申请,经政府有关当局逐笔审查批准后才能进口。这种进口许可证,多数都指定进口国别或地区,为了区分这两种许可证所进口的商品,有关当局通常定期公布有关的商品项目并根据需要随时进行调整。

二战前,进口许可证制在一些西欧国家曾被广泛采用。二战后,大多数国家仍继续实行进口许可证制度。

1980年,关税及贸易总协定为了简化缔约国家实施进口许可证的手续,在东京回合多边贸易谈判中,制定了《进口许可证手续协议》(Agreement on Import Licensing Procedures)。其主要内容如下:

(1)进口许可证的管理和发放手续。协议指出,进口许可证是指实施进口许可证制度需向有关管理机构递交申请书或其他单证,作为进口到该进口国海关管辖地区的先决条件的行政管理手续。这种手续应以公平合理的方式进行管理,各签字国应尽可能简化申请表格、展期表格、申请手续和展期手续;同时,签字国应尽快公布有关提出申请手续的规则及其他一切资料,确保进口许可证发放程序的透明度,以便各国政府和商人对此有所了解。

(2)进口许可证的种类。协议将进口许可证分为自动进口许可证和非自动进口许可证两种,前者是指有关管理机构应进口商的申请,毫无限制地签发给申请人的一种进口许可证。这种许可证本身只作为统计进口的依据,因此,在实施自动进口许可证手续时,不得使属于这种许可证的进口货物受到限制性的影响。后者是指有关管理机构为实行进口数量限制而签发的一种许可证。协议规定,这种许可证除了实施许可证限制所造成的影响之外,所采用的发放进口许可证的手续和做法不应对进口贸易起到限制的作用。

(3)设立进口许可证委员会。协议规定,这种委员会的职责是为该协议的实施或促进其目标的实现提供进行磋商和解决争端的机会,其磋商和解决争端程序可按协定的第22条、23条进行。

(4)有关发展中国家优惠待遇规定。协议规定,应确保合理地向所进口者发放许可证,尤其要考虑到原产地是发展中国家的产品的进口者。发展中国家签字国在提供有关需领取进口许可证的产品的统计资料方面可以有一定的灵活性,即不应由此给它们带来额外的行政负担等。

乌拉圭回合谈判在上述协议基础上,达成了《进口许可证程序协议》,协议由8条组成。该协议强调那些仍保留着进口许可证的缔约方在申请自动和非自动许可证的程序方面所作的任何变化,都必须在实施这些程序变化之前至少21天公布;对于发放非自动许可证的程序必须加强旨在为实施这些程序而制定的措施,除非绝对必要,不得在行政上增加任何累赘;关于进口许可证申请人,应与无须申请进口许可证的企业一样可以得到支付所需的外汇;进口许可证的申请只能由一个行政机构归口管理,最多不得由三个行政机构管理;接受或加入该协议的各国政府,应保证在本协议生效前,使其国内有关立法和规则与本协议规定相一致。

(四)外汇管制

外汇管制(foreign exchange control)是指一国政府通过法令对国际结算和外汇买卖实行限制,来平衡国际收支和维持本国货币汇价的一种制度。

在外汇管制下,出口商必须把它们出口所得到的外汇收入按官方汇率(Official Exchange Rate)卖给外汇管制机构;进口商也必须在外汇管制机构按官方汇率申请购买外汇,本国货币的携出入国境也受到严格的限制等。这样,国家的有关政府机构就可以通过确定官方汇价、集中外汇收入和批汇的办法,控制外汇供应数量,来达到限制进口商品品种、数量和进口国别的目的。

外汇管制的方式较为复杂,一般可分为以下几种:

1. 数量性外汇管制

数量性外汇管制是指国家外汇管理机构对外汇买卖的数量直接进行限制和分配,旨在集中外汇收入,控制外汇支出,实行外汇分配,以达到限制进口商品品种、数量和国别的目的。一些国家实行数量性外汇管制时,往往规定进口商必须获得进口许可证后,方可得到所需的外汇。

2. 成本性外汇管制

成本性外汇管制是指国家外汇管理机构对外汇买卖实行复汇率制度(system of multiple exchange rates)利用外汇买卖成本的差异,间接影响不同商品的进出口。所谓复汇率制是指一国货币的对外汇率不只有一个,而是有两个以上的汇率。其目的是利用汇率的差别来限制或鼓励不同商品的进出口。一般而言,各国在使用成本性外汇管制时,都有如下一些主要原则:在进口方面,对国内供不应求的重要原料、机器设备和生活必需品使用较为优惠的汇率,对国内可自行满足需求的一般原料和机器设备使用一般汇率,对奢侈品和非必需品使用昂贵汇率;在出口方面,对缺乏国际竞争力的商品使用较为优惠的汇率,对其他商品使用一般汇率。

3. 混合性外汇管制

混合性外汇管制是指同时采用数量性和成本性外汇管制,对外汇实行更为严格的控制,以影响、控制商品的进出口。1931年资本主义世界金融危机爆发后,许多资本主义国家实行了外汇管制。二战后初期,由于国际收支长期失衡,黄金外汇储备短缺,许多资本主义国家不得不继续实行外汇管制。进入50年代后半期以后,发达资本主义国家的国际收支平衡有所改善,"美元荒"日趋缓和,于是逐步放宽了外汇管制,最后实行了货币自由兑换。近年来,由于货币金融危机不断加深,某些国家的外汇又不足,进口外汇管制又有逐渐加强之势。

(五) 进口和出口国家垄断

进口和出口国家垄断(country monopolization of import & export)是指在对外贸易中,对某些或全部商品的进、出口规定由国家机构直接经营,或者是把某些商品的进口或出口专营权授予某些垄断组织。

发达资本主义国家进口和出口的国家垄断,主要集中在三类商品上。第一类是烟和酒。第二类是农产品。这些国家把对农产品的对外垄断销售作为国内农业政策措施的一部分。第三类是武器。资本主义国家的武器贸易多数是由国家垄断。

(六) 歧视性政府采购政策

歧视性政府采购政策(discriminatory government procurement policy)是指国家制定法令,规定政府机构在采购时要优先购买本国产品的做法。美国从1933年开始实行,并于1954年和1962年两次修改《购买美国货法案》(Buy American Act)。该法案规定,凡是美国联邦政府所要采购的货物,应该是美国制造的,或是使用美国原料制造的。在界定本国货物时,美国规定进口成分占整个产品价值的比重不能超过50%,在1962年进一步降低为30%。1962年规定,凡本国产品的价格不超过进口产品价格的50%,国防部和财政部必须采购本国货物。1985年规定,美国联邦政府的发电厂使用的发电机,国产的价格不超过进口价格的25%,必须采购本国产品。直到GATT在东京回合制定了《政府采购协议》美国才废除了这个法案。

(七) 歧视性国内税

国内税是指在一国的国境内,对生产、销售、使用或消费的商品所应支付的捐税。歧视性国内税(internal taxes)是指一些国家往往采取对某些进口商品征收比本国产品更高的国内税的直接或间接地限制这些商品的进口。例如,美国、瑞士和日本进口酒精饮料的消费税大于本国制品,以限制这类商品的进口。我国也对特殊消费品,例如对身体、社会秩序、生态环境有危害的烟、酒、鞭炮,以及奢侈品、高耗能的高档消费品、不可再生和替代的石油类消费品征收消费税,税率在10%左右。

(八) 进口最低限价制和禁止进口

1. 进口最低限价制

进口最低限价(minimum price)是一国政府规定某种进口商品的最低价格,凡进口货价低于规定的最低价格,则征收进口附加税或禁止进口,以达到限制低价商品进口的目的。如美国为了抵制欧洲国家和日本等的低价钢材和钢制品进口,在1977年对这些产品进口实行所谓"启动价格制"(trigger price mechanism),这种价格制也是一种进口最低限价制。主要规定:对进口到美国的所有钢材和部分钢制品制定最低限价(以当时世界上效率最高的钢生产者的生产成本为基础计算出来的最低限价);对所有钢材和部分钢制品的进口,进口商必须向海关提交发票,如果发票上的价格低于启动价格,则进口商必须对价格进行调整,否则就要接受调查,并有可能被裁决为倾销,被征收反倾销税。

2. 禁止进口

当一些国家感到实行进口数量限制已不能改善国内经济环境时,往往颁布法令,公布禁止进口的货单,直接明文禁止这些商品的进口。禁止进口(prohibitive import)是最为严厉和最为直接的限制进口措施。2020年,我国根据《中华人民共和国固体废物污染环境防治法》明文禁止了以任何方式进口固体废物,生态环境部也停止了受理和审批限制进口类可用作原料的固体废物进口许可证申请。

(九) 进口押金制

进口押金制(advanced deposit),又称进口存款制。在这种制度下,进口商在进口商品时,必须预先按进口金额的一定比率,在规定的时间内,在指定的银行无息存入一笔现金,才能进口。这样就增加了进口商的资金负担,从而发挥了限制进口的作用。如20世纪70年代,意大利政府就对400多种进口商品使用进口押金制,规定无论这些商品来自哪个国家,进口商都必须在其中央银行无息存放为期6个月的一笔资金,其金额应等于进口金额的一半。据估算,这项措施相当于征收5%的进口附加税。2022年,尼泊尔受到俄乌战争影响,外汇储备不足,也对进口产品实行了信用证保证金制度,要求木制品、水泥、鞋类、金银等产品必须要在信用证账户内存置相当于进口成本100%的现金保证金。

(十) 专断的海关估价制

海关为了征收关税,确定进口商品价格的制度为海关估价制(customs valuation)。有些国家根据某些特殊规定提高某些进口货的海关估价,来增加进口货的关税负担,以阻碍商品的进口,这就成为专断的海关估价制(star-chamber customs valuation system)。

用专断的海关估价来限制商品的进口,以美国最为突出。长期以来,美国海关按照进口商品的外国价格(进口货在出口国国内销售市场的批发价)或出口价格(进口货在来源国市场供出口用的售价)两者之中较高的一种征税,这实际上提高了缴纳关税的税额。为防止外国商品和美国同类产品竞争,美国海关当局对煤焦油产品、胶底鞋类、蛤肉罐头、毛手套等商品,依据"美国售价制"这种特殊估价标准进行征税。这四种商品都是美国国内售价很高的商品,按照这种标准征税,使这些商品的进口税率大幅度提高。例如,某种煤焦油产品的进口税率为从价20%,它的进口到岸价为每磅0.50美元,应缴进口税每磅0.10美元。而这种商品的"美国售价"为每磅1.00美元,按同样税率,每磅应缴进口税为0.20美元,其结果是实际的进口税率不是20%,而是40%,即增加了一倍。这就有效地限制了外国货物的进口。"美国售价制"引起了其他国家的强烈反对,直到"东京回合"签订了《海关估价守则》后,美国才不得不废除这种制度。

(十一) 通关环节壁垒

通关环节壁垒是指进口国有关当局在进口商办理通关手续时,要求提供非常复杂或难以获得的资料,甚至商业秘密资料,从而增加进口产品的成本,影响其顺利进入进口国市场,或者,通关程序耗时冗长,使得旺季的进口产品(如应季服装、农产品等)失去贸易机会;或者对进口产品征收不合理的海关税费等。例如,1982年法国为了限制从日本进口录像机,曾在通关环节作了三个规定,即:第一,所有从日本进口的录像机都必须通过普瓦蒂埃海关,而这个海关位于法国北部港口数百英里以外的小镇上,海关很小,人员不多,屋子也非常狭小;第二,所有文件必须是法文的,海关对每一个文件要进行检查;第三,海关规定每一个集装箱都必须开箱检查,甚至连录像机也要拆开进行检查。这三项规定给日本录像机进口制造麻烦,导致法国的日本录像机从每月的6万台骤减至每月不足1万台。又如美国海关对纺织品、服装的进口在某些情况下还要求提供保密的加工程序信息,如,对外表由一种以上材料构成的服装,必须提供相关重量、构成价值和每一部件的表面积,这种做法客观上会泄露商业机密,同时导致了成本增加。

(十二)技术性贸易壁垒

技术性贸易壁垒(Technical Barriers to Trade,TBT),又称技术性贸易措施,是指一国或地区以维护国家安全、保障人类及动植物的生命及健康和安全、保护环境、防止欺诈行为、保证产品质量等为由而采取的一些强制性或自愿性的技术性措施,这些措施成为其他国家商品进入该国市场的一道障碍。

WTO《技术性贸易壁垒协议》将技术性贸易壁垒分为技术法规、技术标准和合格评定程序。

1. 技术法规

技术法规是指规定强制执行的产品特性或其相关工艺和生产方法(包括适用的管理规定)的文件,以及规定适用于产品、工艺或生产方法的专门术语、符号、包装、标志或标签要求的法律文件。这些文件可以是国家法律、法规、规章,也可以是其他的规范性文件,以及经政府授权由非政府组织制定的技术规范、指南、准则等,如《食品、药品和化妆品法》《蔬菜、水果进口检验法》《设备安全法》等。

2. 技术标准

技术标准是对标准化领域中需要协调统一的技术事项所制订的标准。他的对象既可以是物质的,如产品、材料、工具,也可以是非物质的,如概念、程序、方法等。技术标准一般分为基础标准、产品标准、方法标准和安全、卫生、环境保护标准等。虽然按照WTO《TBT协议》,技术标准是自愿性的,但实践中常有一些国家将标准分为强制标准和推荐标准两种,其强制标准具有技术法规的性质。

3. 合格评定程序

合格评定程序是指任何直接或间接以确定是否满足技术法规或技术标准中相关要求的程序。《TBT协议》规定的合格评定程序包括:抽样、检测和检验程序;符合性评估、验证和合格保证程序;注册、认可和批准以及它们的组合。合格评定程序方式有认证、认可和相互承认。其中影响较大的当数第三方认证,即由授权机构出具证明,认可和证明产品符合技术规定或标准的规定。许多国家尤其是发达国家都有强制性认证要求,否则不准进入市场。例如,进入美国的机电产品必须获得UL认证,食品、药品必须获得FDA认证;进入欧盟的产品除了必须通过CE、GS等产品质量认证之外,还要通过ISO9000质量管理体系认证。

根据WTO《技术性贸易壁垒协定》的有关规定,WTO成员有权制定和实施旨在保护国家或地区安全利益、保障人类和动植物的生命或健康、防止欺诈行为、保证出口产品质量等的技术法规、技术标准以及确定产品是否符合这些技术法规和标准的合格评定程序。同时,WTO《TBT协议》也要求各成员在制定和实施技术法规、技术标准和合格评定程序时必须遵循以下原则:避免对贸易造成不必要障碍的原则(对贸易影响最小原则)、非歧视性原则(最惠国待遇和国民待遇原则)、与国际标准协调一致原则、技术法规等效性原则、合格评定程序的相互认可原则和透明度原则等。但在现实中,一些国家(地区)并未严格遵守上述原则,制定复杂、苛刻、多变的技术性贸易壁垒措施,限制其他国家(地区)的产品进入其市场。目前,"技术性贸易壁垒"成为当前国际贸易中最为隐蔽、最难对付的非关税壁垒。

(十三)贸易救济措施

反倾销措施、反补贴措施和保障措施是世界贸易组织允许的、各国为维护公平贸易和正常的竞争秩序以保护本国产业而采取的三大贸易救济手段。

1. 反倾销措施

倾销(Dumping)是国际贸易中出口国采取的一种不公平贸易手段,为了避免外国商品倾销对本国市场和产业造成重大损害,进口国对实施倾销的进口商品采取征收反倾销税的措施,实行正当的贸易保护。所谓反倾销(anti-dumping)是进口国的一种政府行为,指进口国有关行政当局或职能部门根据本国反倾销法就本国厂商针对外国倾销提出的起诉并进行对应的调查和裁决,如果认定倾销存在并因此对本国相关产业造成损害,就会做出肯定裁决,对倾销商品按倾销幅度征收进口附加税,即反倾销税。

WTO《1994年反倾销协议》规定,一成员要实施反倾销措施,必须遵守三个条件:首先,确定存在倾销的事实;第二,确定对国内产业造成了实质损害或实质损害的威胁,或对建立国内相关产业造成实质阻碍;第三,确定倾销和损害之间存在因果关系。反倾销措施是针对外国倾销进口产品对本国国内产业造成损害而采取的一种保护手段,一般包括出口经营者或其政府作出价格承诺、临时反倾销措施、征收最终反倾销税等形式。

价格承诺是指在进口方反倾销调查机关作出初步裁定存在倾销和损害且倾销和损害存在因果关系后,出口经营者主动承诺提高价格或停止以倾销价格向进口方国家或地区出口产品的行为。如果进口方政府调查机关也确信倾销带来的损害将不复存在,则整个调查程序可以中止或终止,调查机关将不再采取临时措施或征收反倾销税。临时反倾销措施是指被调查产品的进口方政府经反倾销调查后,初步认定存在倾销并且认定倾销给国内产业造成了损害,而对外国进口产品采取的临时性限制进口的措施。临时措施有两种:一是征收反倾销临时税,时间一般不超过4个月,特殊情况下如需延长,也不得超过9个月;二是提供担保,即出口商支付现金或保证金,其数额相等于临时预计的反倾销税。临时措施应从反倾销调查开始之日起60天后采用。最终反倾销税是指进口方调查机关在作出肯定性初步裁定并采取临时性反倾销措施后,继续对案件进行调查直至作出最终裁定,最终裁定是肯定性时,进口方政府对该进口产品按裁定的倾销幅度征收反倾销税额或税率,并应将反倾销税额或税率公布各涉讼出口商和生产商。

为防止成员方出于保护本国产业的目的,滥用反倾销措施,造成公平贸易的障碍,《反倾销协定》对成员方实施反倾销措施规定了严格的条件和程序。如果不合理地使用或者滥用反倾销调查这种救济措施,就会对进口产品形成贸易壁垒。一些WTO成员滥用反倾销措施,严重阻碍了我国出口贸易的发展。如在反倾销调查中,一些国家以所谓非市场经济问题歧视我国产品,在市场经济标准采用、替代国选择上采取不合理的做法,构成贸易壁垒。近年来,针对我国的反倾销案件已经从90年代的5%上升到了20%,占世界反倾销调查数量的三分之一。主要集中在低附加值和劳动密集型产品上,而且提起诉讼的国家从发达国家逐渐向发展中国家延伸,巴西、印度、菲律宾、墨西哥等国家也开始对我国出口产品提出倾销诉讼。

2. 反补贴措施

我国于2001年10月发布了《中华人民共和国反补贴条例》,将补贴定义为出口国(地区)政府或者其任何公共机构提供的并为接受者带来利益的财政资助以及任何形式的收入或者价格支持。《关于补贴和反补贴措施的协议》(SCM Agreement)是世界贸易组织指定的一项多边协议,包括11个部分和7个附件。为了约束规范补贴和反补贴措施,乌拉圭会合达成了《补贴与反补贴协议》。该协议将补贴分为禁止性补贴、可诉补贴、不可诉补贴。针对不同的补贴,《关于补贴和反补贴措施的协议》规定了不同的反补贴救济程序。

1) 禁止性补贴

禁止性补贴是指成员国不得给予或维持的补贴,也被称为"红灯补贴"。红灯补贴主要是指出口补贴。WTO《关于补贴和反补贴措施的协议》规定了两种禁止性补贴:出口补贴和进口替代补贴。出口补贴是指在法律上或事实上根据出口业绩给予的补贴。协议列举了12项出口补贴实施做法。进口替代补贴是指对本应使用进口产品时,如果使用者改用国产产品,政府给予使用者或该产品的生产者的补贴。出口补贴扰乱的是外国市场竞争秩序,而进口替代补贴则阻碍了外国产品进入本国市场。反补贴协议对于进口替代补贴并没有像出口补贴那样提供一个例示性清单,根据GATT第三条第八款(b)项的规定,即"本条的规定并不妨碍只给予国内生产者的补贴的支付",将一种补贴认定为进口替代补贴并不是那么简单明了且容易的。反补贴协议对进口替代补贴的管制比对出口补贴还要严格,可将其称为"深红色补贴"。针对禁止使用的补贴,《关于补贴和反补贴措施的协议》规定了快速和严厉的补救措施。首先其他成员可要求协商,协商如在30天内达不成协议,则可将争端提交争端解决机构(DSB)要求立即成立专家小组。专家小组应在成立后的90天内向争端当事方提交报告,并散发给WTO所有成员。如专家小组认定补贴为禁止性的,则必须建议毫无延迟地撤销补贴,必须明确限定撤销补贴的时限。除非争端一方表示上诉或争端解决机构全体一致同意不通过报告,争端解决机构必须在报告发送给WTO所有成员后的30天内通过该报告。上诉机构一般应在30天,例外情况下不超过60天,做出决定,并交由争端解决机构(DSB)予以通过。除非DSB在20天内全体一致决定不予通过,否则,争端各方必须无条件接受上诉机构做出的报告。如果DSB的建议没有在规定时限内得到遵守,则DSB应授权申诉方采取适当的反措施。虽然反补贴协议在其注释中规定:适当的反措施并不意味着允许采取与该项补贴的事实不成比例的反措施。但同时也可注意到WTO并不想引发贸易战,报复措施必须有一定限度。反补贴协议同时允许当事方将报复措施是否适当的问题可以提交仲裁。另外,对于禁止性补贴,申诉方除了可以诉诸上述争端解决程序外,还可以根据协议第五部分发起国内反补贴调查程序并征收反补贴税。但申诉方不得既采取报复措施又征收反补贴税,只能择一采用。

2) 不可申诉的补贴

不论发达国家还是发展中国家均广泛采用一些为了实现合法政策目标的补贴,此类补贴并没有扭曲国际贸易的作用。对于此类没有对境外市场影响的补贴,《关于补贴和反补贴措施的协议》将其划定为不可申诉性补贴。也称之为"绿灯补贴"或"绿色补贴"。对于此类补贴,任何WTO成员不得对其他成员采取反补贴措施。《关于补贴和反补贴措施的协议》根据补贴的"专向性"将此类补贴分为两类:一类是非专向性补贴(也称真正绿色补贴),另一类为具有专向性但仍构成不可申诉补贴的补贴(也称浅绿色补贴)。对于第一类,《关于补贴和反补贴措施的协议》原则上不予过问。但任何一个成员国可以书面要求给予补贴的成员提供有关补贴的性质和范围的资料,并可要求说明为什么该成员认为此种补贴无须通知WTO秘书处。如果实施补贴的成员不按规定及时、全面提供材料,提出要求的成员可提请补贴和反补贴委员会特别注意。对于第二类不可申诉补贴,实施补贴的成员必须在实施之前通知补贴和反补贴委员会,以便使其他成员能够估量是否这种补贴符合不可申诉补贴的条件。其他成员国还可要求WTO秘书处审查是否符合此种条件。除此之外,还必须每年通知这种补贴的实施情况。应其他成员方要求,还有义务提供个案情况。如果其他成员发现实施补贴的成员在个案中没有遵守规定的给予补贴的条件,则可按争端解决程序提交有约束力的仲裁。即便是上述第二种不可申诉补贴完全符合条件,如果一成员国有理由相信补贴对其国内工业造成严重不利影响,或者造成难以弥补的损害,可要求与给予补贴的成员国进行磋商。如果在规定期限内(60天)不能找到双方满意的解决办法,申诉一方可提交委员会审议。如委员会认为存在严重不利影响,可向给予补贴的成员国提出修改补贴计划的建议。如果该建议没有在6个月内得到遵守,则委员会可批准申诉成员采取适当的反措施。

3) 可申诉性补贴

可申诉性补贴是指如果这种补贴的给予对国际贸易造成一定程度的不利影响,可被诉诸走协定规定的争端解决程序或者通过征收反补贴税而予以抵销的补贴。可申诉性补贴实际上是介于禁止性补贴和不可申诉补贴之间的各种形式的补贴。一方面,协定并不完全禁止成员方实施,同时其他成员方不得在任何情况下仅依据补贴的存在即采取反对补贴的措施或行动。另一方面,此类补贴又不是完全合法的,其他成员国在一定条件下可以采取措施予以反对。因此,此类补贴既不是合法的补贴,也不是当然违法的补贴,故被称之为"黄灯补贴"或"黄色补贴"。根据反补贴协议第5条的规定,补贴必须对其他成员方的利益造成下列任何一项不利影响才能对此种补贴采取措施:

(1) 对另一成员国的国内产业造成的损害,根据《关于补贴和反补贴措施的协议》,损害包括三种,即实质性损害、实质损害威胁、实质性地阻碍一项产业的建立。

(2) 使其他成员方根据GATT1994直接或间接产生的利益归于无效或受到损害。可能引起利益丧失或损害的三种情况,即:①某一成员未能履行GATT规定的义务。②某一成员采取的某种措施,不管这种措施是否与GATT的有关规定相冲突。③存在任何其他情况。从实际执行情况看,实际上可归为两种情况,即一种情况为违反法定义务。对于这种情况,一旦认定存在违反规定义务的情况,这一事实本身即构成利益丧失或损害,无需进一步证明。第二种为虽不违反法定义务但同样造成利益丧失或损害的情况。在反补贴问题上,这一规定最常碰到的是这样一种情况:一成员在GATT谈判中降低了约束性关税后,实施了新的补贴计划或提高了原有补贴水平,其他成员本指望通过降低关税而使其产品的价格更具竞争性,补贴则抵销了降低关税给外国产品带来的价格竞争性,从没有达到他们在谈判降低关税时希望取得的更多地进入该外国市场的机会。与第一种情况不同,如果一成员以此为理由主张利益丧失或损害并要求给予补偿,则必须举证证明确实造成了这一结果。

(3) 严重影响另一成员国的利益。对于这种严重影响,反补贴协议第六条第三款列举了三种情况:①补贴排斥或阻碍另一成员国的产品进入到给予补贴成员方的市场。②补贴排斥或阻碍另一成员国的产品进入第三国市场。③补贴使受补贴产品以比另一成员国同类产品低得很多的价格进入同一市场,或者抑制了另一成员国同类产品在同一市场上的价格上涨,或造成另一成员国同类产品在同一市场上的跌价或销量减少。在可申诉补贴中,反补贴协议规定了几种只要补贴的事实存在即可推定具有不利影响的补贴,学者称之为"橘红色补贴"或"深琥珀色补贴"。这些补贴包括:①补贴额超过产品价值的5%。②补贴用以弥补某项产业的经营损失。③补贴国以弥补某个企业的经营损失,但不包括那种不可能对该企业重复使用,只是为了避免严重的社会问题并为找到一个长远的解决办法提供时间的那种一次性措施。④债务的直接免除,包括政府所拥有的债权的放弃或为企业偿债提供赠款。当上述情况存在时,采取行动的成员国无须证明不利影响确定发生,只要说明上述补贴存在即可。但被申诉的成员方可以举证证明没有产生不利影响。如果证明成功,则申诉方不得采取行动要求取消上述补贴。对于可申诉性补贴的救济,反补贴协议规定了双轨制,即一为国际途径,另一个为国内途径。

国际途径指一成员国可以将另一成员国的可申诉性补贴问题诉诸反补贴协议第7条及《关于争端解决规则与程序的谅解》所规定的争端解决程序(主要是反补贴协议第7条)。国内途径是指进口国当局可应生产同类产品的相关产业的申请对被补贴的进口产品进行反补贴调查,并以价格承诺或征收反补贴税的形式抵消产品所享受的补贴。

对于将政府放弃应收税款视为补贴一项重要的例外,即对出口产品免征间接税或退还已就该产品征收的间接税,不得被视为补贴。所谓间接税是指那种纳税人可将其打入产品的成本,从而可转嫁给最终消费者的税赋。GATT1994和反补贴协议将此种税称为"如该类产品最终用于国内消费时所需承担的税赋",比较典型的为增值税。由于间接税的这一特点,在产品出口的情况下,产品最终消费并不发生在国内,如果对出口产品的间接税不予免除、已征的间接税不予退还,实际上是在对外国消费者征税,这显然是不符合税法原理的。因此,不会得到进口国的承认,即进口国不会对在出口国已就该产品已征收的间接税予以抵扣,而是按照当地税法全额征收类似的间接税,形成对同一产品的双重征税。如不允许出口产品在出口时退还间接税就等于人为地抬高了进口产品价格,使其与进口国当地产品处于不公平竞争地位,扭曲了国际竞争秩序,从而在根本上违反了反补贴政策的出发点。因此,GATT1994第6条、第16条的注释、反补贴协议第一条的注释及反补贴协议附件一等反复重申了此项例外。但应注意的是,出口退税不得超过实际征收的金额,否则即构成出口补贴。

3. 保障措施和特别保障措施

保障措施是《保障措施协议》(Agreement on Safeguards)赋予成员国对某些产品进口的紧急救济措施。《保障措施协议》是世界贸易组织管辖的一项多边贸易协议,是《关贸总协定》第19条及12条的具体化。WTO《保障措施协议》规定:"一成员只有在根据下列规定确定正在进口至其领土的一产品的数量与国内生产数量相比绝对或相对增加,且对生产同类或直接竞争产品的国内产业造成严重损害或严重损害威胁,方可对该产品实施保障措施。保障措施应针对某一种正在进口的产品实施,而不考虑其来源。"具体来说,这一条款主要规定了采取保障措施的必要条件,这包括:(1)进口产品数量的绝对或相对激增;(2)进口增加是由不可预见的情况造成的;(3)进口增加是各边贸易谈判所带来的贸易自由化的结果;(4)这种大量进口对国内生产者造成了严重损害或严重损害的威胁。针对进口产品数量的大幅度增加,可以采取以下措施:(1)全部或部分地停止在正常情况下所承诺的关税减让或其他优惠;(2)采用数量限制;(3)如果情况紧急,世界贸易组织的成员还可以根据严重损害的初步裁定采取紧急保障措施。保障措施的实施期限不得超过4年,特殊情况下可以延期,但最长不得超过8年,发展中国家的实施期限则最长可为10年。

特别保障措施是世界贸易组织(WTO)成员利用特定产品过渡性保障机制(Transitional Product-specific Safeguard Mechanism)针对来自特定成员的进口产品采取的措施,即在WTO体制下,在特定的过渡期内,进口国政府为防止来源于特定成员国的进口产品对本国相关产业造成损害而实施的限制性保障措施。最早的特别保障措施适用于日本。1953年日本申请加入关税与贸易总协定(GATT)时,一些GATT缔约国担心日本的纺织品进口可能对本国相关产业造成损害,决定在日本加入GATT之后其他成员国可以对日本适用特别保障条款,即GATT缔约国在发现原产于日本的纺织品进口数量增加从而对本国构成市场扰乱时,可以单方面针对日本的纺织品采取保障措施,以抵消或减少对国内产业的冲击。此后,在波兰、匈牙利、罗马尼亚等东欧社会主义国家加入GATT时,也适用特别保障措施条款。

针对中国的特别保障措施主要包含在《中华人民共和国加入议定书》第16条和《中国加

入工作组报告书》第 242、245 段到 250 段中。根据《议定书》第 16 条规定,在中国加入 WTO 之日起的 12 年内,如果原产于中国的产品在进口至任何 WTO 成员领土时,其增长的数量或所依据的条件对生产同类产品或直接竞争产品的国内生产者造成或威胁造成市场扰乱,该 WTO 成员可请求与中国进行磋商,包括该成员是否应根据《保障措施协议》采取措施。如果磋商未能使中国与有关 WTO 成员在收到磋商请求后 60 天内达成协议,该 WTO 成员有权在防止或补救此种市场扰乱所必需的限度内,对此类产品撤销减让或限制进口。根据《中国加入工作组报告书》第 242 段规定,在 2008 年 12 月 31 日前,WTO 成员可以对来自中国的纺织品采取特别保障措施;第 245 段到 250 段中则规定实施特别保障措施的基本程序。

无论是特别保障措施,还是一般保障措施,其临时措施的期限均为"不得超过 200 天"。临时措施的期限均应计入将来采取保障措施的期限。

三、非关税壁垒的新发展

随着时代发展和社会要求的提高,人类社会对环境和人类自身生存和工作条件的关注越来越明显,一些发达国家利用自身先发展的优势,将贸易与环境和人类工作条件和权利结合起来,由此衍生出一些新的贸易壁垒,而且这种壁垒也越来越成为一种趋势和潮流。

(一)环境贸易壁垒

环境贸易壁垒也称为绿色贸易壁垒(简称绿色壁垒),是指在国际贸易中一些国家以保护生态资源、生物多样性、环境和人类健康为借口,设置一系列苛刻的高于国际公认或绝大多数国家不能接受的环保法规和标准,对外国商品进口采取的准入限制或禁止措施。它主要通过环保法规及标准、环境标志、绿色包装和标签等规定来强制性实施,其内容涉及产品研制、开发、生产、包装、运输、使用、循环再利用等整个过程有无采取有效的环境保护措施。绿色贸易壁垒始于 20 世纪 80 年代,近年来大有盛行趋势。

1. 环保法规及标准

它是指在保护人类和环境的名义下,通过立法手段,制定严格的强制性技术标准,限制国外商品进口。这些法规和标准都是根据发达国家生产和技术水平制定的,对于发达国家来说,生产技术标准是可以达到的,但对于发展中国家来说,其生产条件是很难达到的。这种看起来符合公正原则,实则不平等的环保技术法规和标准,势必导致发展中国家产品被排斥在发达国家市场之外。欧盟、美国、德国、日本、加拿大、挪威、瑞典、瑞士、法国、澳大利亚等西方发达国家纷纷制定环保技术法规和标准,在他们内部市场并趋向协调一致,相互承认。

2. 环境标志

环境标志也称绿色标志、生态标志,是指由各国政府管理部门或民间团体按照严格的程序和环境标准颁发给厂商的、附印于产品及包装上的证书,证明该产品从研制、开发到生产、使用直到回收利用的整个过程均符合环保要求,对环境无害或危害极少。目前,发达国家由环境标志制度所确立的实际应用标准相当高。发展中国家产品要进入发达国家市场,必须提出申请,经批准才能得到"环境标志",即"绿色通行证"。环境标志制度对于调动全社会各阶层人们积极参与环境保护有着独特的作用,是一种有效的环境管理手段,但由于环境标志的认证程序复杂、手续繁琐、标准严苛,客观上增加了发展中国家产品的生产成本和交易成本,所以环保标志成为发达国家限制发展中国家产品进入的壁垒。1978 年,德国率先推出"蓝色天使"计划,以一种画着蓝色天使的标签作为产品达到一定生态环境标准的标志。此后,发达国家纷纷仿效,在加拿大称为"环境选择",在日本称为"生态标志"。美国于1988年开始实行环境标志制度,有36个州联合立法,在塑料制品、包装袋、容器上使用绿色标志,甚至还率先使用"再生标志",说明它可重复回收,再生使用。欧共体于1993年7月正式推出欧洲环境标志,凡有此标志者,可在欧共体成员国自由通行,各国可自由申请。这些发达国家间的环境标志制度也趋向于统一。

3. 绿色包装

绿色包装是指能节约资源,减少废弃物,用后易于回收再用或再生,易于自然分解,不污染环境的包装。它在发达国家市场广泛流行。德国1992年6月公布了《德国包装废弃物处理的法令》。奥地利1993年10月开始实行新包装法规。英国制订了包装材料重新使用的计划,要求2000年前使包装废弃物的50%~75%重新使用。日本也分别于1991、1992年发布并强制推行《回收条例》《废弃物清除条件修正案》。美国规定了废弃物处理的减量、重复利用、再生、焚化填埋5项优先顺序指标。这些"绿色包装"法规,虽然有利于环境保护,但却为发达国家制造"绿色壁垒"提供了可能。它们借口其他国家,尤其是发展中国家产品包装不符合其要求而限制进口,由此引起的贸易摩擦不断。

4. 绿色卫生检疫制度

绿色卫生检疫是指对进口产品是否符合安全卫生标准进行的检测。海关的绿色卫生检疫制度一直存在。乌拉圭回合通过的《卫生与动植物卫生措施协议》建议使用国际标准,规定成员国政府有权采取措施,保护人类与动植物的健康,其中确保人畜食物免遭污染物、毒素、添加剂影响,确保人类健康免遭进口动植物携带疾病而造成的伤害。但是,各国有很高的自由度来把握标准,WTO要求成员国政府以非歧视方式,按科学原则,保证对贸易的限制不超过环保目标所需程度,而且要有高透明度。实际上,发达国家往往以此作为控制从发展中国家进口的重要工具。它们对食品的安全卫生指标十分敏感,尤其对农药残留、放射性残留、重金属含量的要求日趋严格。由于生产条件和水平的限制,发展中国家很多产品达不到标准,影响了其出口到发达国家市场。

5. 绿色补贴

为了保护环境和资源,有必要将环境和资源治理费用计算在成本之内,使环境和资源成本内在化。发达国家将严重污染环境的产业转移到发展中国家,以降低环境成本。发展中国家的环境治理成本却因此提高。更为严重的是,发展中国家绝大部分企业本身无力承担治理环境污染的费用,政府为此有时给予一定的环境补贴。发达国家认为发展中国家的"补贴"违反关贸总协定和世界贸易组织的规定,因而以此限制其产品进口。如美国就以环境保护补贴为由,对来自巴西的人造橡胶鞋和来自加拿大的速冻猪肉提出了反补贴起诉。这种"绿色补贴"壁垒有日益增加之势。

(二)国际劳工标准体系

"劳工标准"是指有关劳动保护的基本法律规则,它是对劳动者的劳动报酬(工资、收入等)、劳动条件(工作时间、安全保护等)、劳动福利(休息、医疗保健、教育、生活待遇等)及其他公民权利(如结社、集会、罢工、言论等自由)所作的规范与要求。而国际劳工标准(International Labor Standards)是指由国际劳动工会通过的国际劳动公约书和建议书,以及其他国际协议的具有完备系统的关于处理劳动关系和与之相联系的一些关系的原则、规则。从狭义上讲,国际劳工标准通常是指由国际劳工组织(ILO)所采纳的公约和建议书。目前,国际劳工组织已采纳了180多项公约数和190多项建议书。这些劳工标准涉及领域很多,而且各国执行情况也不同,所以需要一个基础的标准,使之既能包括劳工的最基本权利,又能为各国所普遍接受,这种基础标准被国际劳工组织称为"基本劳工权利",被一些发达国家称为"核心劳工标准"。

在国际劳动公约中,最重要的就是体现"基本劳工权利"的基本国际劳工公约(Fundamental ILO Convention),通常被称为"核心公约"。国际劳工组织于1998年通过了《国际劳工组织关于工作中的最基本原则和权利宣言》,该宣言提出八项国际劳动公约并将其作为最基本的人权保护的核心公约。具体而言,其包括:关于结社自由和集体谈判的公约包括1948年《结社自由和保障组织权利公约》(第87号公约)和1949年《组织权利和集体谈判权利公约》(第98号公约)、关于废除强迫劳动的公约包括1930年《强迫或强制劳动公约》(第29号公约)和1957年《废除强迫劳动公约》(第105号公约)、关于平等权方面的公约包括1958年《消除就业和职业歧视公约》(第111号公约)和1951年《对男女工人同等价值的工作付予同等报酬公约》(第100号公约)、关于禁止使用童工方面的公约包括1973年《准许就业的最低年龄公约》(第138号公约)和1999年《禁止最恶劣形式的童工劳动公约》(第182号公约)。该宣言中所包含的八项核心公约,是当前国际劳工标准的主要内容。

近年来,随着国际劳工标准被广泛认同,呈现出在深度和广度上的多元发展。国际劳工标准中的八项"核心公约",被公认为劳动权的中心内容,在几乎所有的国际人权公约中出现。另外,在核心公约的基础上,国际劳工组织、联合国、企业及民间组织甚至部分国家纷纷提出了"体面劳动""全球契约""生产守则""SA8000""社会条款"等各种劳动权益标准,从而使国际劳工标准由单一的国际劳工组织公约,发展成为包含多种形式和内容的国际劳工标准体系。

同时,随着经济全球化的发展,国际劳工标准也受到了前所未有的重视。面对经济全球化给劳动就业带来的冲击,西方发达国家的工会多次提出将社会条款与国际贸易挂钩的主张,并利用国际劳工组织等多边场合,谴责一些发展中国家抵制或违背国际劳动公约。如1993年在新德里召开的第13届世界职业安全卫生大会上,欧盟国家代表德国外长金克尔明确提出把人权、环境保护和劳动条件纳入国际贸易范畴。对违反者予以贸易制裁,促使其改善工人的经济和社会权利。这就是当时颇为轰动的"社会条款"事件。此后在北美和欧洲自由贸易区协议中也规定,只有采用同一劳动安全卫生标准的国家与地区才能参与贸易区的国际贸易活动。但是,雇主以及发展中国家的政府和部分工会组织却极力反对将劳工标准与国际贸易挂钩。中国高度重视劳工标准的重要作用,也批准了《经济、社会及文化权利国际公约》,但是中国反对将劳工标准与国际贸易直接挂钩。中国政府倾向采用"劳动标准",认为劳工标准的改善,只能通过可持续的经济发展来实现。但是近年来国际劳工标准在WTO体系以外对国际贸易正以各种方式发挥越来越大的作用,尤其是在西方经济发达国家的推动下,在可预见的将来,其最终可能被纳入WTO的法律框架。届时,对于一些落后国家或者没有满足劳工公约的发展中国家,劳工标准将成为其出口的一个重要壁垒。

四、非关税壁垒的特点

纵观这些非关税措施,在限制进口方面,相对关税措施而言,它具有以下特点。

(一)非关税壁垒比关税壁垒具有更大的灵活性和针对性

一般说来,各国关税税率制定必须通过立法程序,并像其他立法一样,要求具有一定的延续性。如要调整或更改税率,需经过较繁琐的法律程序和手续,这种立法程序与手续,往往迂回迟缓,在需要紧急限制进口时往往难以适应;同时,关税在同等条件下,还受到最惠国待遇条款的约束,从有协定的国家进口的同种商品适用同样的税率,因而较难在税率上做灵活性的调整。但在制定和实施非关税壁垒措施上,通常采用行政程序,办理手续比较迅速,程序也较简便,能随时针对某国的某种商品采取或更换相应的限制进口措施,较快地达到限制进口的目的。

(二)非关税壁垒比关税壁垒更能直接达到限制进口的目的

关税壁垒是通过征收高额关税,提高进口商品成本和价格,削弱其竞争能力,间接地达到限制进口之目的。如果出口国采用出口补贴、商品倾销等办法降低出口商品成本和价格,关税往往较难以起到限制商品进口的作用。但一些非关税措施如进口配额等预先规定进口的数量和金额,超过限额就直接地禁止进口,这样就能把超额的商品拒之门外,达到了关税壁垒未能达到的目的。

(三)非关税壁垒比关税壁垒更具有隐蔽性和歧视性

一般说来,关税税率确定后,往往以法律形式公之于众,依法执行。出口商通常比较容易获得有关税率。而一些非关税措施往往不公开,或者规定极为繁琐复杂的标准和手续,使出口商难以对付和适应。以技术标准而论,一些国家对某些商品质量、规格、性能和安全等规定了极为严格、繁琐和特殊的标准,检验手续繁琐复杂,而且经常变化,使进口商难以对付和适应,因而往往由于某一个规定不符,使商品不能办理入关手续。同时,一些国家往往针对某个国家采取带有政治色彩限制性的非关税壁垒措施,其结果大大加强了非关税壁垒的差别性的歧视性。

五、非关税壁垒对国际贸易的影响

非关税壁垒措施种类繁多,涉及面较广,并且具有针对性、灵活性、歧视性、隐蔽性、有效性等特点,已成为各国尤其是发达国家限制进口的惯用措施。因此,目前非关税壁垒已对国际贸易产生了严重的影响。

(一)对世界贸易的影响

1. 对国际贸易发展的影响

一般说来,非关税壁垒对国际贸易发展起着巨大的阻碍,在其他条件不变的情况下,世界性的非关税壁垒加强程度与国际贸易增长的速度成反比关系。当非关税壁垒趋向加强时,国际贸易的增长趋向下降;反之,当非关税壁垒趋向缓和或逐渐撤除时,国际贸易的增长速度将趋于加快。

2. 对商品结构和地理方向的影响

非关税壁垒还在一定程度上影响国际贸易商品结构和地理方向的变化。二战后,特别是70年代中期以来,农产品贸易受到非关税壁垒的影响程度超过工业制成品,劳动密集型产品贸易受到非关税壁垒的影响程度超过技术密集型产品;同时,发展中国家或地区和社会主义国家对外贸易受到发达资本主义国家非关税壁垒影响的程度超过发达资本主义国家之间。这种情况在一定程度上影响了国际贸易商品结构与地理方向的变化,阻碍和损害了发展中国家和社会主义国家对外贸易的发展。

与此同时,发达资本主义国家之间以及不同的经济集团之间相互限制彼此的某些商品进口加强非关税壁垒,也加剧了它们之间的贸易摩擦和冲突。

(二)对进口国的影响

非关税壁垒与关税壁垒一样,可以起到限制进口、通过引起进口国国内市场价格上涨从而达到保护本国国内市场和生产的作用。例如,美国通过"自限协定"限制日本汽车进口,结果在美国市场上每辆日本汽车价格在1981—1983年间分别提高185美元、359美元和831美元,美国国内生产的汽车价格也上涨了。

在保护关税的情况下,国内外价格仍维持着较为密切的关系,进口数量将随着国内外价格的涨落而有所不同。但是如果进口国采取直接的进口数量限制措施,情况就不同了。如实行进口数量限制,固定了进口数量,超过绝对进口配额的该种商品不准进口。当国外该种商品价格下降时,对进口国这种商品的进国数量的增长无影响。在限制进口引起进口国国内价格上涨时,也不增加进口以减缓价格的上涨,因而两国之间的价格差距将会扩大。

进口数量限制等措施导致价格的上涨,成为进口国同类产品生产的重要的价格保护伞,在一定条件下起到保护和促进本国有关产品的生产和发展的作用。

但是,非关税壁垒的加强使发达资本主义国家的消费者付出了巨大的代价。由于国内价格上涨,进口国的消费者必须以更高价格购买所需的商品,而有关厂商,特别是资本主义的垄断组织却从中获得高额利润。同时,随着国内市场价格上涨,其出口商品成本与价格也将相应提高,削弱了出口商品竞争能力。为了扩大出口,许多发达资本主义国家采取了出口补贴等措施,增加了国家预算支出,加重了广大消费者的税收负担。

(三)对出口国的影响

一般说来,进口国加强非关税壁垒,特别是实行直接的进口数量限制,固定了进口数量,使出口国出口商品的数量和价格受到严重的影响,从而造成出口商品增长率下降或出口数量的减少,出口价格下跌。

由于各输出国的经济结构和出口商品结构不同,其出口商品受到非关税壁垒措施的影响也可能不同。同时,各种出口商品的供给弹性不同,其价格所受的影响也将不同。一般说来,发达资本主义国家的许多出口商品的供给弹性较大,这些商品的价格受进口国非关税壁垒影响,引起的价格下跌幅度较小;反之,许多发展中国家或地区某些出口商品的供给弹性较小,其所引起的价格下跌幅度较大。因此,发展中国家或地区蒙受非关税壁垒限制的损失超过发达资本主义国家。

发达资本主义国家还利用非关税壁垒对各出口国家实行差别和歧视待遇,因而各输出国所受的影响也有所不同。以绝对进口配额为例,由于进口配额的实施方式不同,各输出国所受到的影响也不同。如果进口国对某种商品实行全球性进口配额,则进口国的邻近出口国家的出口就处于较为有利的地位,可能增加该种商品的出口;而距离进口国较远的国家的出口就处于较为不利的地位,可能减少该种商品的出口。如果进口国对某种商品实行国别进口配额,由于其采用的配额分配方法不同,各出口国的商品出口所受到的影响也不同。如配额采用均等分配法,则实施配额以前该商品出口较多的国家将可能减少出口,而过去出口较少的国家将可能增加出口,如配额参照出口国过去的出口实绩按比例分配,则各出口国所分到的新额度也将不同;如配额按双边协议分配,各出口国出口将由于协议配额的不同而有所差异。发达资本主义国家还往往采取歧视性的非关税措施,严重地损害社会主义国家和发展中国家的出口利益。

在非关税壁垒加强的情况下,发达资本主义国家之间一方面采取各种措施鼓励商品出口;另一方面采取报复性和歧视性的措施限制对方商品进口,从而进一步加剧了它们之间的贸易摩擦和冲突。

第四节 出口管理措施

一、出口鼓励措施

(一)财政措施

通过财政来鼓励出口的措施主要包括出口补贴、生产补贴和出口退税。

1. 出口补贴

出口补贴(export subsidies)又称出口津贴,是一国政府为了降低出口商品的价格,增加其在国际市场的竞争力,在出口某商品时给予出口商的现金补贴或财政上的优惠待遇。出口补贴可分为直接补贴和间接补贴。直接补贴是政府财政收入的转移,如财政拨款、优惠收购等无偿给予。其目的是为了弥补出口商品的国际市场价格低于国内市场价格所带来的损失部分。有时候,补贴金额还可能大大超过实际的差价,这已包含出口奖励的意味。间接补贴是指政府对某些商品的出口给予财政上的优惠。如退还或减免出口商品所缴纳的销售税、消费税、增值税、所得税等国内税,对进口原料或半制成品加工再出口给予暂时免税或退还已缴纳的进口税,免征出口税,对出口商品实行延期付税、减低运费、低息贷款、优惠汇率以及对企业开拓出口市场提供额外补贴等。其目的仍然在于降低商品最终价格,提高其国际竞争力。出口补贴是当今国际贸易中用得最广泛的一种促进出口的政策措施。

1) 出口补贴的形式

(1) 亏损补贴。出口商在出口过程中,由于商品、市场的原因甚至是自身管理不善方面的原因等造成的亏损由政府加以弥补。在"亏了是国家的,赚了是自己的"的心理驱使下,出口商会不顾一切进行出口,因此这是促进出口效果特别明显的方式。但这种方式容易造成各出口商在国内争抢货源,在国外低价竞销,导致本国贸易条件急剧恶化,并易受到国外的贸易报复。

(2) 优惠收购或价格支持。它是指政府以高于国际市场的价格将出口商品收购后再以国际市场原先价格水平出口,所造成的差价损失由政府承担的。这种形式和亏损补贴本质上都是由国家承担出口损失。但在这种方式中,出口商是国家,因而没有哄抢货源或恶性竞销现象。二战后美国和欧洲的法国等一些西方发达国家就经常采用此方法来促进国内农产品出口。

(3) 税收优惠。政府以低于国内水平的税率对出口商征收营业税、增值税及所得税,甚至在一定年限内免税,税收优惠降低了出口商品成本,提高了出口商品的价格竞争能力。

(4) 提供廉价的资源。出口厂商在出口商品的生产过程中,政府以低廉的价格供给各种原材料以及电力、运输和用水等。这些资源是出口产品成本的构成要素,廉价的投入形成极富竞争力的低成本,从而促进商品出口。

(5) 金融和保险优惠。在出口商品生产和出口过程中,由国家专门的政策性银行或国家支持的商业银行向生产厂家和出口商提供低利息的贷款,并且增加信贷额度、延长信贷期限或也可以提供信用贷款等,以节省出口商品生产厂家和出口商的利息及各项手续费。另外,对于出口过程中出口厂家所面对的风险,由政府建立出口保险或出口担保机制,以较低的保险费率甚至免费为其承保,转移出口过程中面临的各类风险,增加出口商的安全感。

(6) 外汇优惠。在一些实行差别汇率制度或外汇管制的国家,对于有出口业绩的厂商,政府以较优惠的汇率兑换其出口所获得的外汇,或允许其将出口收入的外汇按一定比例留归出口厂商自主支配,其最终结果是增加了出口厂商的出口本币收入,或者是节省了出口厂商的原材料和设备进口的本币支出,提高了出口商品的竞争能力。

2) 影响出口补贴的因素。

出口补贴通过降低出口厂商成本或弥补其亏损的方式使出口商品在国际市场上具有一定的价格竞争优势,但一国是否有能力实行出口补贴政策,以及出口补贴能否促进出口,还会受到某些因素的限制:

(1) 本国的财政状况。出口补贴要求一国的财政收支状况良好,否则出口补贴只会使政府显得心有余而力不足。

(2) 出口商品的生产潜力。要扩大出口必须要有本国的生产能力作保证,否则补贴只会引起国内该种商品物价水平的上涨。在这种情况下,即使可以从国内该种商品的消费中挤出一块用于出口,其增长幅度也是有限的。

(3) 出口商品的出口供给价格弹性和进口需求价格弹性较大。如果供给或者需求缺乏价格弹性,无论补贴额多高,也不可能扩大这类商品的出口规模。

(4) 进口国家对出口补贴的态度。如果进口国对享受出口补贴的商品在进口时征收同等额度的反补贴税,出口国不但不能达到鼓励出口的目的,反而将相当于出口补贴额的本国财富拱手转移给了进口国。

正是由于有以上这些限制因素,出口补贴虽然是一种运用很广泛的促进出口的政策,但各国补贴额占该国出口额的比重并不大,一般不超过1%。

2. 生产补贴

生产补贴(product subsidies)是指政府对予以支持的某些或某类商品在生产环节给予的多种形式的资助。它实际上就是政府掏钱给生产企业,是国民收入转移支付的一种方式。生产补贴可以使生产企业在商品价格低于生产成本时仍能因为固有补贴而获得利润,从而扩大该商品的生产规模,或者使生产企业降低了相当于所获得的补贴那么多的生产成本,可以降低商品的最终价格。若获得生产补贴的商品用于出口,则可以提高这些商品的国际竞争能力,起到鼓励出口的作用。

1) 生产补贴的形式

(1) 财政拨款。国家选定需要支持的某些或某类商品,在这些商品的生产过程中,拨出部分财政资金归生产企业无偿使用,为企业的生产创造条件,或来弥补企业的生产亏损。

(2) 优惠贷款。银行对予以支持的生产企业提供低利率贷款,增加对这些企业的信用放贷规模,延长贷款期限等。这些措施可以减少生产企业的利息负担,省去抵押贷款和重复筹款中的手续费用,使企业可以把精力更多地放在生产中去,从而提高企业的生产效率,扩大生产规模。

(3) 税收减免。国家免收支持对象的各种税收,或减少税收种类,降低企业的征税标准,或者提高企业各项税收的起征点等,其最终目的都是向予以支持的生产企业让渡一部分税收收入。

除了这些直接资助形式外,国家还可以通过对某些出口工业生产集中的地区采取财政收入转移,或税收让渡等间接资助形式促进出口。

2) 生产补贴与出口补贴的区别

与出口补贴相比,生产补贴是在生产环节进行的,只要商品生产出来,就可享受补贴。这些商品生产出来以后,总有一部分要用于国内消费,如果该种商品的外国消费者需求价格弹性较小,而本国消费者的需求价格弹性较大,则出口收入增加额很可能大大小于补贴的支出。在这种情况下,生产补贴与其说是一种促进出口的措施,还不如说是一种国内产业政策。因此,只有当享受补贴的商品有相当大的一部分甚至绝大部分用于出口,而且国际市场能够吸纳增加的出口时,生产补贴才能成为促进出口的政策措施。当然即使作为国内产业政策使用,由于它使国内商品有能力在一个更低的价位水平上与进口的同类商品竞争,因而仍然能够改善国际收支赤字,只不过它是以限制进口的方式来达到变相增加出口的目的。这时生产补贴的作用与进口关税类似。

3. 出口退税

出口退税(export drawback)是指在本国商品出口时,政府将之前对该商品征收的国内税收返还给出口厂商,及对加工出口的商品在出口时退还其投入物的进口税的一种出口鼓励政策。由于出口商品在国内被征税以后并没有在本国消费,在出口到进口国以后,又普遍面临着被再次征税,同时各国原料进口税率高低不等,使得使用进口原料的出口商品的比较利益因关税不同而发生扭曲,为了避免重复征税和消除这种比较利益的扭曲,各国对于出口退税措施都持一种认可的态度。在关贸总协定附件9《注释和补充规定》的第16条规定,"免征某项出口商品的关税,免征相同产品供内销时必须交纳的国内税,或退还与所缴纳数量相当的关税或国内税,不能视为一种补贴。"

1985年3月,国务院正式颁发了《关于批转财政部〈关于对进出口产品征、退产品税或增值税的规定〉的通知》,规定从1985年4月1日起实行对出口产品退税政策。1994年1月1日起,随着国家税制的改革,我国改革了已有退还产品税、增值税、消费税的出口退税管理办法,建立了以新的增值税、消费税制度为基础的出口货物退(免)税制度,从而使我国出口退税政策与国际惯例接轨。出口退税政策在促进我国的商品出口中曾起到重要作用。随着全球经济增长进入迟滞,欧美发达国家债务危机频发,我国及时调整出口退税政策,新冠疫情之后的2022年,国家税务总局发布了《关于进一步便利出口退税办理,促进外贸平稳发展有关事项的公告》,优化出口退税备案单证并推行电子化备案和"容缺办理"原则,大大提高了出口退税的效率,助力出口企业纾解困难。

(二)信贷措施

1. 出口信贷的概念

出口信贷(export credit)是出口国为了鼓励商品出口,加强商品的竞争能力,通过出口国银行或金融机构对本国出口厂商、外国进口厂商或银行提供的贷款。出口信贷一般低于相同条件资金贷放的市场利率,利差由国家补贴,并与国家信贷担保相结合。

出口信贷按期限可分为短期信贷、中期信贷和长期信贷。

(1)短期信贷(short-term credit),是指贷款期限在一年以下的出口信贷。

(2)中期信贷(medium-term credit),中期信贷的贷款期限为1~5年。

(3)长期信贷(long-term credit),贷款期限在5年以上,一般在5~10年。

出口信贷按贷款涉及的当事人的不同可分为卖方信贷和买方信贷。

(1)卖方信贷(supplier's credit),是指出口国银行或金融机构向本国出口厂商提供的贷款。出口厂商与信贷银行或金融机构签订贷款协议,约定由贷款方向借款方提供一定数额和期限的贷款用于借款方对出口商品的采购、生产和出口;赊销期满后由进口商偿还出口商贷款;出口商按贷款协议的规定偿还银行的贷款。卖方信贷通常用于那些金额大、期限长的项目。因为这类商品的购进需用很多资金,进口商一般要求延期付款,而出口商为了加速资金周转,往往需要取得银行的贷款。卖方信贷正是银行直接资助出口商向外国进口商提供延期付款,以促进商品出口的一种方式。但由于卖方信贷风险较大,手续也较繁琐,因此较少使用。

(2)买方信贷(buyer's credit),是指出口方银行直接向进口厂商(即买方)或进口方银行提供的贷款。买方信贷促进出口的过程是出口方银行或专门金融机构与进口国银行或进口厂商签订协议,约定由贷款方向对方提供一定金额和期限的贷款,并规定该笔贷款只能用以购买贷款国商品,在直接贷款给进口商的情况下,进口商先以自有资金以限期付款方式支付定金后,再以所获得的贷款以即期付款的方式向出口商支付剩余货款,然后按贷款协议的规定分期或在约定日期归还贷款和利息,若买方信贷的借款方是进口国银行,那么还存在一个进口国银行与进口商之间的贷款协议,进口商先以自有资金向出口商交纳占合同金额15%~20%的定金后,其余款由进口国银行用买方信贷项下的资金作即期支付。在一定时期后,进口国银行按贷款协议归还买方信贷借款;至于进口国银行与进口商之间的债权、债务清偿已属于国内借款的性质,按它们之间签订的贷款协议行。买方信贷中贷款国通常会在贷款协议中明确该贷款只能用于购买贷款国的商品,因此它是一种约束性贷款(Tied Credit)是一种典型的以资本输出带动商品输出的对外扩张政策。

在出口信贷中,利用买方信贷较卖方信贷为多。最近20年来,国际上大工程项目及成套设备交易的增加,金额大、期限长,由于商业信贷本身存在的局限,出口商筹措周转资金感到困难,因此由银行出面直接贷款给进口商,进口方银行的买方信贷迅速发展起来。由于出口信贷方式能有力地扩大和促进出口,因此西方国家一般都设立专门银行来办理此项业务,如美国进出口银行、日本输出入银行、法国对外贸易银行、加拿大出口开发公司等。这些专门银行除对成套设备、大型交通工具的出口提供出口信贷外,还向本国私人商业银行提供低利率贷款或给予贷款补贴,以资助这些商业银行的出口信贷业务。我国也于1994年7月1日正式成立了中国进出口银行。这是国家政策性银行,其资金来源除国家财政拨付外,主要是中国银行的再贷款、境内发行的金融债券和境外发行的有价证券以及向外国金融机构筹措的资金等,其任务主要是对国内机电产品及成套设备等资本品货物的进出口给予必要的政策性金融支持,从根本上改善我国出口商品结构,以促进出口商品结构的升级换代。

2. 出口信贷担保

1) 出口信贷保险

出口信贷保险(export credit guarantee)是指私人保险公司对本国出口厂商或银行向外国进口厂商或银行提供的出口信贷进行保险,在出口厂商或银行不能如期收回货款时补偿它们的损失。

出口信贷保险业务是随着出口信贷业务的发展而出现的。在出口信贷业务中,无论是卖方信贷还是买方信贷,都存在着不能如期收回货款的风险。这就为私人保险公司提供了一个机会,出口信贷保险业务应运而生。但是,由于国际市场竞争越来越激烈,企业重组现象增多,各国之间的进口限额和外汇管制的普遍推行,使进口商或银行常常可以根据国家限制进口或外汇管制的政策条文来拒绝偿还贷款。这样,国际贸易中提供出口信贷的风险变得越来越大。当这种风险成为一种经常性行为后,私人保险公司也不愿意从事这一业务。为鼓励出口厂商或银行继续提供出口信贷以增加出口,政府接手了此业务,于是便产生了出口信贷国家担保制。二十世纪中期西班牙、瑞典、美国等相继建立了以政府为背景的出口信用保险和担保机构。

2) 出口信贷国家担保制

出口信贷国家担保制(guarantee of export credit)是国家为了扩大出口,对于本国出口厂商或银行向国外进口厂商或银行提供的信贷,由国家设立的专门机构出面担保。当外国债务人由于政治或经济原因拒绝付款时,国家担保机构即按照承保的数额给予补偿。这是出口国政府为鼓励出口而较为常用的一种手段。

出口信贷国家担保制主要包括三个方面的内容,即:

(1)承保范围和担保金额。担保的项目主要包括了政治风险和经济风险两大类;政治风险的承包金额一般为合同金额的85%~95%,经济风险一般为合同金额的70%~80%。

(2)承保对象。出口信贷国家担保制的承保对象,既可以是对外赊销商品的出口厂商,也可以是提供了出口信贷的本国银行。

(3)承保的期限和保险费用。出口信贷国家担保的期限取决于出口信贷期限的长短。因此承保的期限也分为短期、中期和长期。短期的有效期限在一年以下,一般为6个月左右;中期的有效期限通常为1~5年;长期的出口信贷担保有效期则大多在三年以上。出口信贷担保的保险费率通常都很低,目前出口信贷的保险费率一般只占被保险金额的0.4%~0.6%。

发达国家出口信贷担保制日益加强,担保范围不断扩大,担保信用额在出口中所占比重不断提高,国家担保基金也不断增加,说明这些国家更加重视出口信贷担保制。中国政府在大力发展出口信贷业务的同时,也越来越重视出口信贷国家担保业务的发展,把其作为鼓励出口的重要手段。继组建进出口银行后,在2001年12月,由财政部出资,中国人民保险公司和进出口银行联合组建了中国出口信用保险公司,为企业提供出口信用保险、资金运作、咨询等业务。

(三)倾销措施

1. 商品倾销

商品倾销(Dumping)是指以低于正常价值的价格在进口国进行商品销售的行为,其目的在于打击竞争对手以扩大出口。这里的"正常价格"是指相同产品在出口国用于国内消费时,在正常情况下的可比价格;如果没有这种国内价格,则是相同产品在正常贸易情况下向第三国出口的最高可比价格或产品在原产国的生产成本加合理的推销费用和利润。

商品倾销按目的或时间的不同划分为季节性或偶然性倾销、间歇性或掠夺性倾销、长期性倾销。

(1)季节性或偶然性倾销(seasonal or sporadic dumping)不以打击竞争对手为目的,主要是在销售旺季过后处理库存积压商品。如公司破产清算时积压商品作为破产财产的变卖,公司改作其他业务时出清以前的存货等而在国外市场上抛售商品。这种倾销的持续时间都很短暂,对倾销国市场的冲击不大,因而很少被倾销国采取反倾销措施。

(2)间歇性或掠夺性倾销(intermittent or predatory dumping)的目的是在国外市场打垮大部分甚至全部竞争对手,独占或至少在倾销国市场上居于支配地位,从而占领、垄断和掠夺国外市场。其手法是在一段时期内以低于出口国国内价格的价位,甚至以低于生产成本的价值抛售商品,等到倾销国市场上大部分竞争对手甚至全部竞争对手都被迫退出竞争后,再凭着对该商品的垄断地位抬高售价。其策略是以暂时的倾销损失换来长久的超额垄断利润。这种倾销不但对进口国竞争产业造成毁灭性打击,还会对该国消费者进行掠夺。进口国对于这样的倾销当然是不欢迎的,许多国家都采取反倾销措施来抵制。

(3)长期性倾销(long-run dumping)主要以扩大出口、消化国内过多的生产能力或赚取外汇为目的。当一国某种商品的供给价格弹性很低,或国家出于某种目的人为保持超过某商品供求均衡所确定的最大生产规模,以及为获得稳定的外汇来源时,往往会采取这种倾销方式。

但这种倾销方式除非能长期获得某种外来的补贴,否则倾销价至少应不低于在该产量下的平均成本。

商品倾销要能获得成功,必须具备以下几个条件:

(1)出口企业在本国市场上必须有一定的垄断力量,因为倾销过程总是会对倾销国内市场造成一些损失的,特别是在掠夺性倾销中。如果倾销者不是在本国市场上具有相当实力的大企业,它很难承受倾销过程中的这种巨大损失,倾销也很难获得成功。

(2)出口商品国内需求价格弹性低于进口国对该商品的需求价格弹性。在国内市场,商品的需求价格弹性较低才能维持较高的价值;而在进口国市场上该商品的需求价格弹性高,迫使该出口品只能处于一个较低价位。

(3)出口国市场和进口国市场能够隔离开来,不存在出口商品回流国内市场的可能性。

(4)进口国不采取反倾销借施。

2. 外汇倾销

外汇倾销(exchange dumping)是指出口商利用本国货币贬值时机来扩大出口,占领国际市场的行为。在本国货币贬值的条件下,一方面,用国外货币表示的本国出口商品的价格降低,在国外市场对本国出口商品的价格弹性较高的条件下,价格的降低会引起对本国出口商品需求的大幅度增加,从而增加出口收入;另一方面,由于本国货币的贬值,进口商品的价格上涨,从而又起到限制进口的作用。外汇倾销要达到扩大出口的目的,必须具备三个条件:一是货币的贬值程度要大于国内物价上涨程度。显然,当一国国内物价上涨程度赶上或超过货币贬值的程度,对外贬值所起的增加出口和抑制进口的双重作用就会被抵消。二是国外市场对本国出口商品的需求价格弹性较高。缺乏弹性,需求对价格变化反应不敏感,那么本币贬值也很难起到扩大出口的目的。三是其他国家不同时实行同等程度的货币贬值或采取其他报复性措施。当两个贸易伙伴之间的货币同时贬值时,其出口商品相对价格就不会发生多大变化,因此,外汇倾销的效果就难以发挥。

(四)经济特区措施

经济特区(special economic zone)是指一个国家或地区在其关境以外划出的一定区域,在这一区域内实行各种特殊的优惠政策,促进加工贸易和转口贸易的发展,从而带动该地区和邻近地区经济贸易的发展。经济特区政策是一种特殊的促进出口的措施。

1. 自由贸易区

自由贸易区(free trade zone)是指在关境以外,对进出口商品全部或大部分免征关税,并且准许在区内开展商品自由存储、展览、装卸、改装、加工和制造等业务活动的区域。自由贸易区是国际物流中的综合型节点,各国各地普遍豁免关税和减免其他税收,方便了商品的自由出入。因此,自由贸易区的功能主要是为了发展转口贸易。

据统计显示,全世界有各种形式、名称的自由贸易区达700多个,分布在五大洲的100多个国家和地区。纵观这些自由贸易区,其主要有两种类型:一是把设区的所在的城市化为自由贸易区,如我国的香港,整个城市就是一个自由贸易区,即所谓的自由港;另一种是把设区的所在城市的一部分划为自由贸易区,如汉堡的自由贸易区就是由汉堡市的两个部分组成的,即划在卡尔勃兰特航道以东的自由港和划在卡尔勃兰特航道以西的几个码头和邻近地区才是汉堡市自由贸易区。我国截至2022年已经建设了21个自由贸易区,分布在上海、北京、广东、天津、福建、辽宁、浙江、河南、湖北、四川等区域。

2. 保税区

保税区(bended area)又称保税仓库区,是海关所设置的或经海关批准注册的,受海关监督的特定地区和仓库。外国商品存入保税区内,可以暂时不缴纳进口税;如再出口,不缴纳出口税;如要运进所在国的国内市场,则需办理报关手续,缴纳进口税。运入区内的外国商品可进行储存、改装、分类、混合、展览、加工和制造等。此外,有的保税区还允许在区内经营金融、保险、房地产、展销和旅游业务。

我国提出保税区的设想是在1984年,进入90年代,我国沿海地区逐步建立起保税区。按照我国的法律,保税区必须经过国务院的批准,由海关实施封闭式管理。外高桥保税区于1990年6月经国务院批准设立,10平方公里,是全国第一个,也是目前全国15个保税区中经济总量最大的保税区。此后,又建立了天津港、深圳福田、深圳沙头角、大连、广州、张家港等保税区。保税区是我国经济对外贸易的重要发展,也是对经济特区、经济技术开发区的重要补充,其在招商引资、出口加工、转口贸易等方面具有十分重要的作用。

3. 出口加工区

出口加工区(export processing zone)是一个国家或地区在其港口或邻近港口、国际机场的地方,划出一定的范围,新建和扩建码头、车站、道路、仓库和厂房等基础设施,以及提供免税等优惠待遇,鼓励外国企业在区内进行投资设厂,生产以出口为主的制成品的加工区域。出口加工区的产生和发展是全球化和国际分工的必然结果,也是全球经济一体化的重要表现。

1959年,爱尔兰在香农国际机场创建了世界上第一个出口加工区。自20世纪80年代以来,全球出口加工区出现了一些新的发展趋势。许多国家纷纷将出口加工区的加工业由劳动密集型转向技术密集型转变,建立了拥有技术性产业的出口加工区,并且,一些出口加工区越来越多地与院校等科研机构相结合,大力开发技术、知识密集型的新兴产业和高附加值的尖端产品。纵观这些出口加工区,其目的在于吸引外国投资,引进先进技术与设备,促进本地区的生产技术和经济的发展,扩大加工工业和加工出口的发展,增加外汇收入。

出口加工区脱胎于自由港或自由贸易区,采用了自由港或自由贸易区的一些做法,但它又与自由港或自由贸易区有所不同。一般说来,自由港或自由贸易区以发展转口贸易、取得商业方面的收益为主,是面向商业的;而出口加工区以发展出口加工工业、取得工业方面的收益为主,是面向工业的。

4. 自由边境区和过境区

自由边境区(free perimeter)也称为自由贸易区,这种设置仅见于少数拉丁美洲国家。一般设在本国的一个省或几个省的边境地区。对于在区内使用的生产设备、原材料和消费品可以免税或减税。如果要从区内转运到本国其他地区出售,则须照章纳税。外国货物可在区内进行储存、展览、混合、包装、加工和制造等业务活动,其目的在于利用外国投资开发边区的经济。

自由边境区与出口加工区的主要区别在于自由边境区的进口商品加工后大多是在区内使用,只有少数用于再出口。故建立自由边境区的目的是开发边区的经济,因此有些国家对优惠待遇规定了期限。当这些边区生产能力发展后,就逐步取消某些商品的优惠待遇,直至废除自由边境区。例如墨西哥设立的一些自由边境区期限已满时,就取消了原有的优惠待遇。

过境区(transit zone),即沿海国家为了便利内陆邻国的进出口货运,开辟某些海港、河港或国境城市作为货物过境区。一般规定:对于过境货物,简化海关手续,免征关税或只征小额的过境费用。过境货物一般可在过境区内作短期储存,重新包装,但不得加工。

此外,有些国家还设立有多种经营的经济特区。这种经济特区又称综合性的经济特区,是指一国在其港口或港口附近等地划出一定的范围,新建或扩建基础设施和提供减免税收等优惠待遇,吸引外国或境外企业在区内从事外贸、加工工业、农牧业、金融保险和旅游业等多种经营活动的区域。1979年以来,我国先后在深圳、珠海、汕头、厦门和海南省设立的经济特区就属于这一种。

(五)其他措施

对一个开放的经济实体而言,对外经济关系是该国国民经济的重要组成部分。一方面,对外进出口可以对国民经济的方方面面产生直接或间接的影响;另一方面,国民经济的各种因素也会对进出口产生抑制或促进作用。

如前所述,一国的财政、信贷、倾销、经济特区等都可以起到促进出口的作用。除此之外,还有许多其他措施可以促进出口,这些措施主要有:

(1)提供涉及出口的各种政策措施的协调服务。扩大出口是一项涉及许多方面的综合性系统工程。国家各部门、各产业都有一些涉及出口的政策措施。由于这些政策措施出自不同部门、不同经济领域,其有着不同的侧重点,其具体的政策条文难免有相互不协调甚至相互抵触的地方,在执行时宽严标准也很难一致,这些内部政策的不统一弄得出口商无所适从,严重影响了出口的效率和效益;同时,制定某项政策的社会经济环境一旦发生改变,该项政策就成了过时的东西,它就可能阻碍现实经济的发展。因此,政府要想给出口商创造一个适合其开展出口业务的政策环境,就需要不断对一些不再适应出口现状的过时出口政策加以调整。

(2)联结进出口商,提供中介服务。中介服务的内容主要包括组织贸易展览会,建立贸易中心,组织贸易代表团互访,以及其他一些帮助建立出口商与国外进口商联系的活动。通过这样的服务,有利于出口商建立一个广泛的客户网络,增加进入国际市场的渠道。

(3)提供信息和咨询服务。国外市场远离本土,有着不同的法律规范、风俗习惯和市场规模,是一个与本国市场迥然不同的市场环境。对国外市场状况了解得越深越有利于增强本国商品的应变能力,提高本国商品在国外市场的竞争力。为此,政府成立专门的机构对国外市场进行市场调查和分析,并向出口商提供诸如国外市场消费需求状况,商品价格和潜在竞争对手的状况、进口商目录、地址和资信背景等信息,帮助出口商扩大出口。

(4)质量管理和控制服务。该服务适用于多种目的,就促进出口而言,它主要是帮助出口商实行出口商品的质量管理,提高出口商品的档次,树立和维护出口国商品在进口国的良好声誉。

(5)组织评奖活动,表彰出口有功的企业和个人。为了推动出口,国家定期对出口成绩显著的厂商和个人授予相应的奖励,并通过授奖活动推广经验,这些评奖和表彰活动,有利于形成出口光荣的社会风气,增加出口商扩大出口的精神动力。

二、出口管制措施

出口管制政策,是指出口国政府通过各种经济和行政的手段,对本国出口实行控制的各种政策的总称。它是一国出口管理政策措施的重要组成部分。一般而言,各国对于出口都持积极鼓励的态度,但是,鼓励出口也不是无条件的。同样是出于增加就业,发展国内经济的目的,对于某些商品的出口必须加以限制。另外,为了配合一国的对外政治、军事政策或履行一国的对外承诺,也有必要限制某些商品的出口。如果说鼓励出口的政策措施主要是为一国的经济发展服务的话,那么各国管制出口的政策措施则体现出一定的意识形态上的取向。这在发达国家的出口管制中体现得尤为明显。

(一) 出口管制的目的

1. 就业和经济目的

(1) 一国经济要处于全面均衡是很困难的。在现实生活中,不是这种商品供不应求,就是那种商品频频告急,国内通货膨胀上升,或者相反。对于供过于求的商品,采取鼓励出口的政策能稳定就业,保持经济持续发展;对于供不应求的商品,如果仍采取鼓励出口的政策将使供需缺口进一步加大,使社会再生产不能顺利进行,因此国家就对这类商品进行出口管制。由于这方面的原因而受到出口管制的商品,主要有国内生产所需要的各种原材料、半成品及国内市场供应不足的生活必需品,如某些药品、粮食和化学品等。

(2) 为了稳定出口秩序,避免同类商品大量涌向国际市场,造成出口国的贸易条件急剧恶化,或者为了避免受到进口国的报复制裁,出口国也会采取出口管制措施。受到这方面原因而被管制出口的商品,主要有大宗出口商品和实行自动出口限制的商品,如我国输出到美国、欧洲的纺织品,日本输出到美国的汽车、钢铁等。

(3) 为了保护国内的一些珍贵文物、非再生资源或保持国内生物资源的多样性,需要对这类商品的出口进行管制。由于这方面原因受到出口管制的商品,主要有历史文物、艺术珍品、黄金和白银等贵重金属、珍稀动植物及其制品以及其他一些特殊商品。

(4) 为了维护出口商品在国际市场的垄断地位,以便长期获得超额垄断利润,也需要出口管制。由于这方面原因而被出口管制的商品只能是出口国能对国际市场形成垄断的商品。如 OPEC 国家对石油出口的管制。另外,一些拥有某项独创技术的国家为了防止技术的对外扩散,也对其采取出口管制措施。

2. 政治和军事目的

(1) 当出口国为了干涉和控制进口国的政治局势,在外交活动中保持主动地位时,出口国就往往通过出口管制来破坏或干扰对方国家正常的经济秩序,遏制其经济发展,或通过出口管制来对进口国家施加压力,强迫其在政治上屈从就范。

(2) 在一国进行对外交往时,军事安全往往是一国需要首先考虑的内容,特别是在与敌对国家的交往中,这一点显得尤为重要。为了在军事领域保持领先地位,出口国往往在向敌对国家出口时,对于可能增强对方国家军事实力的战略物资和高技术产品及其资料实行出口管制。出于军事目的而受到出口管制的商品主要有武器、飞机、军舰、先进的电子设备以及核技术、生物和化学武器及其技术等等。高速电子计算机由于能运用于军事目的,因此,也可因军事安全方面的理由而受到出口管制。

(二) 出口管制的形式

(1) 单边出口管制,即一国根据本国的经济、政治和军事等需要,制定本国的出口管制法案。成立专门的出口管制机构,选择出口管制的商品和管制措施,实施出口管制。单边出口管制从管制法案的制定到管制措施的选择落实都完全由一国自己决定,不受其他国家或国际组织的影响,也不强行要求其他国家或国际组织接受管制法案或实施其管制措施,它完全是一国国内的事务。

(2) 多边出口管制,即两个或两个以上的国家,通过一定的方式建立国际性的多边出口管制机构或协调机制,商讨和编制多边出口管制货单和受出口管制的国别,规定管制措施,共同进行出口管制。多边出口管制的基础是共同的经济、政治和军事等目的。二战后的 1949 年底,以美国为首的西方发达资本主义国家为了共同遏制社会主义国家政治经济和军事实力的发展,就成立了一个多边出口管制机构——巴黎统筹委员会(Coordinating Committee),对社会主义国家出口战略物资和可用于军事的高技术产品采取出口管制措施。1994年4月巴黎统筹委员会被宣告解散。

(三)出口管制的措施

一般而言,有了出口管制政策后,要成立相应的出口管制机构,出口管制机构根据管制政策的精神制定管制货单和受管制的国别和地区,然后再以一定的措施来具体对管制货单范围内的货物出口进行管制。

出口管制的措施主要有:

(1)出口国家专营。这种措施要求对受到出口管制的商品的出口由国家指定专门机构经营。目前在实行出口国家专营的国家里,专营出口的商品一般限于一些敏感性商品的出口,如石油及石油制品、粮食和武器等。

(2)征收出口税。政府对出口管制范围内的商品根据管制程度征收高低不等的出口税,增加国内该种商品出口商的出口成本削弱其在国际市场上的竞争力,从而迫使出口商少出口甚至不出口该种商品。

(3)实行出口许可证制度。国家规定对属于出口管制的商品的出口必须征得政府的许可,在申请领到出口许可证后海关才予以放行。

(4)实行出口配额制。为了控制商品的出口,出口国政府规定出口商品在一定时期内的最大出口量。在出口限额内,政府对出口商品发许可证或少征甚至不征出口税,超过这一出口限额,政府就不再对该商品的出口发放许可证或征收高额的出口关税。

(5)出口禁运。这是一种最严厉的出口管制措施。政府一般规定国内的珍贵历史文物、珍稀动植物及其制品以及国内紧张的原材料和初级产品等物品禁止对外出口。

以上的这些管制措施不但适用于单边出口管制,也同样适用于多边出口管制。当然,对具体的一个国家而言,在实行出口管制时,以上的这些管制措施并非会都使用到。另一方面,一些国家在出口管制时也可能使用到其他一些管制措施,如取消出口商品生产的原材料使用计划,进行窗口指导、口头规劝等。

复习思考题

1. 什么是关税?关税的作用有哪些?
2. 关税征收的方法有哪些?各有何优缺点?
3. 什么是倾销?论述我国应对美国反倾销调查的措施。
4. 什么是绿色贸易壁垒?我国企业应如何应对?
5. 什么是鼓励出口与出口管制?两者相矛盾吗?为什么?
6. 成功实施外汇倾销的条件有哪些?
7. 出口加工区与自由边境区有何区别?
8. 什么是出口补贴?它的作用是什么?
9. 出口管制一般用于哪类产品?为什么要进行出口管制?
10. 关税的福利效应是怎么样的?
11. 非关税壁垒的主要形式有哪些?和关税壁垒有什么区别?

> 延伸阅读

对华技术性贸易壁垒的特征与发展趋势

随着经济全球化发展,世界范围内关税税率大幅降低,非关税壁垒(Non-Tariff Barriers,NTB)日益成为各国变相实施贸易保护主义的新形式。近年来,技术性贸易措施在国际贸易中的出现频率明显增加,世界贸易组织(WTO)成员发布新增常规TBT通报的数量从1995年的365份增加到2021年的2584份,其目标涉及保护人类健康和安全、保护环境、避免欺诈行为和保证产品质量等内容。近年来,中国出口因遭遇TBT的冲击,频繁出现货物被目的地管理部门扣留、退回、销毁等情况,并引发大量企业丧失后续出口订单。

一、技术性贸易壁垒的界定

技术性贸易壁垒与技术性贸易措施并非同一概念,两者的名称源于早年的翻译习惯,极易引起混淆。1995年《关税与贸易总协定》项下的《技术性贸易壁垒协定》(简称TBT协定)将技术性贸易措施定义为,一国为实现政策目标(如维护人类健康和安全、保护环境、避免欺诈消费者行为、确保产品质量等)而制定的产品要求以及采取的相应措施。其适用对象包括国内生产的货物和进口的货物,旨在确保进口方的技术法规、标准和合格评定程序是非歧视性的,避免对国际贸易造成不必要的障碍。根据WTO《TBT协定》,成员所采取的技术性贸易措施不应对国际贸易产生不必要的阻碍。因此,按合规程度区分,技术性贸易措施可分为以下三类:(1)合规且不阻碍国际贸易的措施;(2)合规但实质性阻碍国际贸易的措施;(3)非合规措施,例如明显超越现存国际标准的技术要求。后两类技术性贸易措施符合技术性贸易壁垒的界定条件,即"实质性阻碍国际贸易的""不必要的"技术性贸易措施。尤其值得注意的是,合规但实质性阻碍国际贸易的措施往往具有很强的隐蔽性,表面上宣称"保护环境或人类健康等",本质上则是为了实现限制进口规模、降低进口竞争等目的。

二、对华技术性贸易壁垒的特征

在总体规模和结构方面,1999—2021年对华技术性贸易壁垒的数量陆续增加、产品种类覆盖的范围不断扩大,所覆盖的产品品类已经超过了国际贸易产品品类总量的三分之二。其中,来自发达经济体的对华技术性贸易壁垒占此类壁垒总量的84%,欧盟和美国是对华技术性贸易壁垒的主要来源地。

在品类结构方面,对华技术性贸易壁垒既涉及5G通讯、电线电缆等技术密集型产品,也涉及玩具、打火机等劳动密集型产品。从技术性贸易壁垒所涉产品品类结构变化趋势来看,动植物产品和食品所占比例明显减少,化工产品和机械电气制品所占比例逐渐增加,玩具等杂项制品所占比例相对较低。

在技术内容方面,以美国与欧盟为代表的发达经济体所设置的对华技术性贸易壁垒呈现集中和效仿的特征。技术性贸易壁垒不同于仅仅针对产品类别的配额、价格限制等手段,它不仅涉及特定品类,而且根据详细的技术标准、法规、合格评定程序予以确定。技术性贸易壁垒涉及较多技术细节,以便于识别内容的相似程度。1999—2021年,在来自欧盟的47项和美国的28项对华技术性贸易壁垒中,分别有21项和18项壁垒集中于相同的HS4位码品类。美国与欧盟设置的对华技术性贸易壁垒在食品添加剂安全、玩具化学成分、家电能效标准等方面的技术要求十分接近。尤其是美国和欧盟先后于2004年和2005年要求对所有价格在2.25美元(或2欧元)以下的进口一次性打火机加装保护儿童装置,其所涉产品品类、技术内容、价格门槛完全一致,这是效仿行为的最佳例证。

在关注度方面,信息与通信技术(ICT)行业相关壁垒的争议程度高,经济体参与范围广。虽然在ICT领域对华技术性贸易壁垒的绝对数量不大,但相关技术要求的复杂程度高、协调难度大,因此,当对华技术性贸易壁垒涉及ICT领域时,对壁垒内容表示关注的STC提出次数在平均意义上约为壁垒涉及其他内容时的四倍。

三、对华技术性贸易壁垒的发展趋势

一方面,设置与能源、环境相关的壁垒进入高峰期,"碳排放"要求将成为未来焦点。随着气候问题日益严峻,环境保护和能源节约的技术标准逐渐成为技术性贸易壁垒的焦点议题。1999—2021年在以保护环境为名的对华技术性贸易壁垒中有一大部分与节约能源的技术要求相关,并在2019—2021年形成明显的高峰。

其中,中国在近十年内对美国通报的"节能计划"(Energy Conservation Program)陆续提出7项特别贸易关注,涉及空调、电冰箱、洗衣机、洗碗机等主要家电产品的能耗标准。着眼当前,全球经济体聚焦"碳减排"目标,各方对碳足迹、碳标签、碳排放标准(尤其是机动车)、能效标签、能源利用率等技术要求的讨论日益激烈。欧盟在"碳足迹"领域的早期规划正逐渐成为现实,已成为世界范围内"碳中和"政策目标下构成对华技术性贸易壁垒的主要来源地。在不久的将来,"碳排放"相关内容必将成为技术性贸易壁垒的焦点议题。

另一方面,壁垒正向价值链高端环节发展,从"功能表现"延伸至"设计要求"。技术标准和法规一般基于产品的特定"功能表现"而制定,但是处于价值链高端的发达经济体却已开始修订价值链高端环节的技术标准与法规。近年来,来自欧盟的对华技术性贸易壁垒逐渐呈现对"生态设计"环节的重视,所涉产品主要集中于家电产品,例如洗碗机、电风扇、空调、灯具等,相关"生态设计"技术标准普遍高于现有国际通行技术标准。需要注意的是,对TBT委员会会议纪要进行详细梳理后发现,即便发达国家在会议中迫于STC提出方的证据而承认自己的行为"偏离了国际标准",也会找出各种理由证明偏离是"合理的"且"符合实际需求的",并坚持实施相关技术性贸易壁垒。

(论文原标题为《对华技术性贸易壁垒与国家经济安全》作者郑休休、刘青、赵忠秀,载于《国际经济评论》2023年第1期,有删减)

第五章

世界贸易组织与区域经济一体化

第一节 世界贸易组织

世界贸易组织(World Trade Organization,WTO)成立于1995年1月1日,其前身是关税与贸易总协定(General Agreement on Tariffs and Trade,GATT),总部设在瑞士日内瓦。世界贸易组织是处理国际贸易全球规则的唯一国际组织,其主要功能是保证国际贸易顺利、可预测和自由地进行。世界贸易组织与世界银行、国际货币基金组织被誉为当代世界经济体系的三大支柱。

据WTO官网,WTO目前共有164个成员、25个观察员国。经过12年的谈判,阿富汗于2016年7月29日作为第164个成员加入世界贸易组织。世界贸易组织于2020年7月22日在位于瑞士日内瓦的总部举行总理事会例行会议,世贸组织总理事会各成员国经讨论一致同意授予土库曼斯坦世贸组织观察员国地位,成为该组织第25个观察员国。2022年2月,世贸组织授予土库曼斯坦积极观察员国地位,并启动土库曼斯坦入世谈判。

一、世界贸易组织的诞生

(一)关贸总协定的产生背景

关税与贸易总协定,简称关贸总协定或总协定,是世界贸易组织的前身。二战后,在美国的策动下,23个国家于1947年10月30日在日内瓦签订了关于调整缔约国对外贸易政策和国际经济贸易关系方面相互权利与义务的国际多边协定,并于1948年1月1日开始临时适用。

20世纪30年代,资本主义世界爆发了矛盾深重的经济大危机,并由此引发了第二次世界大战。战后,西方各国都认为要创建并维持一个相对自由的国际经济秩序,应从金融、投资、贸易三个方面着手对现有经济体系进行改造。1944年7月,在美国新罕布什尔州的布雷顿森林的国际金融会议上,各方达成一致,创建了以稳定国际金融秩序和促进国际投资增长为目的的两大国际性多边经济合作组织——国际货币基金组织(IMF)和国际复兴开发银行(IBRD,即世界银行)。除此之外,美国还构想了一个处理国际贸易与关税政策的国际贸易组织(International Trade Organization,ITO),并于1946年2月向联合国经济与社会理事会第一次会议提交了《国际贸易组织宪章草案》。1947年11月,全世界56个国家的代表团云集古巴首都哈瓦那,召开联合国世界贸易和就业会议,准备最终通过《国际贸易组织宪章》(《哈瓦那宪章》)。由于各国分歧较大,谈判进行得很不顺利,直到1948年3月24日,包括中国在内的53

个国家才勉强签署了《哈瓦那宪章》。尽管《哈瓦那宪章》得以签署,但还必须经过各国立法机构批准才能最后生效。由于美国国内两党政治的矛盾和利益集团的阻挠,宪章未能获得国会通过。其他国家也由于这个宪章与国内法律有冲突等原因而未予批准,《哈瓦那宪章》宣告流产,国际贸易组织的构想未能实现。不过,组建国际贸易组织的活动并非毫无收获,在1947年4月至8月召开的日内瓦第二次筹委会上,包括中国在内的美国、英国、法国等23个国家进行了多次谈判(即关税与贸易总协定第一轮多边贸易谈判),共签订了123项双边关税减让协议,这些协议与1947年1月至2月在纽约通过的《国际贸易组织宪章草案》中有关贸易政策的部分加以合并,汇总形成了一个单一协定——《1947年关税与贸易总协定》。由于担心协定不会被签字国批准生效,1947年11月15日,美国联合英国、法国、比利时、荷兰、卢森堡、澳大利亚和加拿大的政府代表又签署了一份《<关税与贸易总协定>临时适用议定书》,宣布从1948年1月1日开始临时实施GATT1947的条款,待国际贸易组织正式成立后以《哈瓦那宪章》的贸易规则部分取代GATT1947的有关条款。虽然国际贸易组织的组建失败了,但这个临时性的协议却逐步成长起来,在随后的48年中发挥了协调、管理国际贸易的职能,直到1995年1月1日世界贸易组织正式运行。

(二)关贸总协定的机构与宗旨

关贸总协定的最高权力机构是缔约国大会,一般每年召开一次会议,讨论和决定有关重大事项,在两届缔约国大会期间由理事会处理日常和紧急事务。在理事会下还设立各种委员会,如国际收支委员会、关税减让委员会、贴补和反贴补委员会、反倾销委员会、进口许可证手续委员会、海关估价委员会、技术贸易壁垒委员会、政府采购委员会、民用航空交易委员会等。关贸总协定还在日内瓦设立秘书处,其主要工作是处理有关上述各项会议的准备、记录和编写报告,以及进行关贸总协定必要的各项调查、负责各缔约国间的联络工作等。

关贸总协定的每个成员国有一票表决权。关贸总协定一般采用协商一致办法作出决定。如用表决办法,在大多数的情况下,以简单多数通过,只是在特殊情况下,才要求以2/3的多数票通过。

关贸总协定标榜的宗旨是"要通过多边贸易谈判,达成互惠互利的协议,逐步降低关税并消除各种非关税壁垒,实现国际贸易自由化,扩大世界资源的充分利用以及发展商品的生产与交换,保证充分就业,保证实际收入和有效需求的巨大持续增长,以达到提高生活水平,加速世界经济发展的目的"。但事实上,关贸总协定在成立之初基本由美国控制。随着西欧国家、日本经济的迅速发展以及相互经济实力对比发生重大变化,总协定逐步成为美国、欧洲共同市场、日本之间较量经济实力和争夺市场的场所,所以关贸总协定素有"富人俱乐部"之称。随着第三世界的壮大和发展中国家成员国逐渐增加,情况有所改善。虽然在总协定中,谈判的主要对手仍然是美国、西欧共同市场和日本等,但发展中国家在总协定中的发言权在逐步增加,它们的利益受到一定程度的重视,并争取享有有利于发展中国家的优惠待遇。

(三)关贸总协定历次多边贸易谈判

在近半个世纪的历程中,关贸总协定共组织了八轮多边贸易谈判(Multilateral Trade Negotiation),极大地推动了世界经济和国际贸易的发展。

1. 第一轮多边贸易谈判

第一轮多边贸易谈判于1947年4—10月在瑞士日内瓦举行。根据国际贸易组织筹委会伦敦会议所制定的关税减让谈判原则,进行削减关税谈判。关贸总协定的23个创始缔约方参加了谈判,并正式创立了关贸总协定。第一轮谈判共达成双边减让协议123项,涉及应税商品45000项,影响近100亿美元的世界贸易额,使占进口值约54%的商品的关税平均降低35%。

2. 第二轮多边贸易谈判

第二轮多边贸易谈判于1949年4—10月在法国的安纳西进行,29个国家参加了谈判。在此谈判期间,瑞典、丹麦、芬兰、意大利、希腊、海地、尼加拉瓜、多米尼加、乌拉圭、利比亚等国就其加入关贸总协定进行了谈判,9个国家加入关贸总协定。谈判结果达成了147项双边协议,增加关税减让5000多项,使占应税进口值5.6%的商品的关税平均降低35%。

3. 第三轮多边贸易谈判

第三轮多边贸易谈判于1950年9月—1951年4月在英国托奎举行,共32个国家参加。黎巴嫩、叙利亚及利比里亚不再是关贸总协定成员,中国台湾当局非法地以中国的名义退出了关贸总协定。共达成双边减税协议150项,涉及关税减让商品8700项,使占应税进口值11.7%的商品的关税平均降低26%。

4. 第四轮多边贸易谈判

第四轮多边贸易谈判于1956年1—5月在日内瓦举行,日本加入了关贸总协定。由于美国国会对美国政府的授权有限,使谈判受到严重影响,参加谈判国减少到33个。所达成的关税减让只涉及25亿美元的贸易额,共达成3000多项商品的关税减让,使应税进口值16%的商品的关税平均降低15%。

5. 第五轮多边贸易谈判

第五轮多边贸易谈判于1960年9月—1961年7月在日内瓦举行,共39个国家参加。第五轮多边贸易谈判又称"狄龙回合"(Dillon Round),由美国负责经济事务的副国务卿狄龙提议。谈判结果达成了4400多项商品的关税减让,涉及49亿美元贸易额,使占应税进口值20%的商品的关税平均降低20%。

6. 第六轮多边贸易谈判

第六轮多边贸易谈判于1964年5月—1967年6月在日内瓦举行,共46个国家参加,而实际缔约方在该轮谈判结束时达到74个。由于是当时美国总统肯尼迪根据1962年美国贸易扩大法提议举行的,故称"肯尼迪回合"。这轮谈判确定了削减关税采取一刀切的办法,在经合组织成员间工业品一律平均削减35%的关税,涉及贸易额400多亿美元,对出口产品较集中、单一的国家,如加拿大、澳大利亚、新西兰等作出了特殊安排。对17个发展中国家根据特殊的、非互惠的优惠待遇原则,要求发达国家对其给予优惠关税待遇。41个最不发达国家可以按最惠国待遇原则享受其他国家削减关税的利益,但其本身不对其他国家降低关税。值得注意的是,肯尼迪回合第一次涉及非关税措施的谈判。尽管谈判主要涉及美国的海关估价制度及各国的反倾销法,但毕竟在非关税措施方面迈出了第一步。

7. 第七轮多边贸易谈判

第七轮多边贸易谈判是1973年9月在日本首都东京举行的部长级会议上发动的,又称为"东京回合"(Tokyo Round),后来谈判改在日内瓦进行,到1979年11月结束。参加谈判的成员有99个,超过以往任何一轮谈判参加的国家数量,其中有29个是总协定非正式成员或临时参加总协定谈判的国家。该轮谈判的最后协议要求,从1980年1月1日起8年之内,全部商品的关税平均下降约33%;减税的范围从工业品扩大至部分农产品。其中美国的关税平均下降30%~35%,欧洲共同体关税平均下降25%,日本关税平均下降50%。此外,纺织品、鞋类、皮革制品、食品等劳动密集型产品仍然以"敏感性"为理由继续排除在减税范围之外。除减让关税谈判外,这次谈判还达成了只对签约方生效的一系列非关税措施协议,包括反倾销协议、反补贴协议、政府采购协议、海关估价守则、进口许可证程序协议、技术性贸易壁垒协议、牛肉协议、国际奶制品协议以及民用航空器贸易协议等。

8. 第八轮多边贸易谈判

第八轮谈判是1986年9月在乌拉圭首都埃斯特角城(Punta del Este)开始举行的,至1993年12月在日内瓦完成。

1986年9月,关贸总协定缔约国部长级会议在乌拉圭召开,发表了部长宣言,决定发起第八轮多边贸易谈判。这次谈判的主要目标包括:

(1)通过减少和取消关税、数量限制和其他非关税壁垒措施、改善市场准入条件、进一步放宽和扩大世界市场,以维护所有国家特别是发展中国家的利益。

(2)强化关税与贸易总协定的多边贸易体制,把更大范围的世界贸易置于一致同意和有效可行的多边框架之下,加强关税与贸易总协定的作用和对不断演变的国际经济环境的适应能力。

(3)促进国际合作行动。加强贸易政策与其他影响增长和经济发展政策间的内在联系。改善国际货币体制的职能,向发展中国家投入更多的资金。

"乌拉圭回合"谈判在1990年底中断,于1991年2月重新开始谈判。在1991年11月,总协定贸易谈判委员会主席邓克尔拟出一个一揽子协议文本,主要包括:市场准入、服务贸易、知识产权保护与投资措施等新规则;农产品、纺织品与服装多边贸易体制的新规则;设立专门机构等。但由于各方分歧,特别是美国与欧洲共同体之间在农产品出口问题上继续存在严重分歧,导致"乌拉圭回合"谈判于1992年4月再次中断。后来经过各方努力,特别是美国与欧共体之间一再磋商,作出让步,才使这轮谈判于1993年12月15日在日内瓦结束。经过修改的"乌拉圭回合"谈判所达成的最后文本厚达450页,包括4个独立文件,涉及市场准入、服务贸易、农产品、纺织品、反倾销、知识产权、世界贸易组织等内容,以及各参加方提出的产品和服务业减让单。最后文本还规定建立世界贸易组织(世界贸易组织),取代关税与贸易总协定,该组织将取得与国际货币基金组织、世界银行同等的地位。谈判所达成的协议将于1995年1月开始生效,这些协议将为改善国际多边贸易体制与环境,为国际货物与服务贸易的发展提供较为有利的条件。

"乌拉圭回合"谈判历时7年之久。这次谈判的主要特点是:

(1)参加谈判成员的广泛性。这次谈判不仅包括所有缔约国正式成员,还容纳了非正式成员,共计117个国家与地区,大大超过以往任何一届的成员。

(2)谈判议题内容的多样性。这次谈判内容可分为传统货物贸易谈判和服务贸易谈判两方面,共计15个议题,包括:围绕市场准入展开的进一步实现贸易自由化的谈判议题6个,即关税、非关税壁垒、热带产品、自然资源产品、农产品贸易、纺织品和服装贸易;强化总协定多边贸易体制及作用的议题6个,即总协定条款、保障条款、多边贸易谈判协议和安排、补贴与反贴补措施、争端解决程序、总协定体制运行;新议题3个,即与贸易有关的投资措施、知识产权保护和服务贸易。

(3)谈判各方的矛盾错综复杂性。表现在发达国家之间在农产品贸易等问题上的矛盾;发达国家与发展中国家之间在纺织品和服装、服务贸易、保障条款、投资措施与知识产权保护等方面的矛盾;此外,不同国家之间围绕着反倾销守则修改等问题矛盾。

(4)谈判议题进展的不平衡性。发达国家关注的国际服务贸易、投资措施与知识产权保护谈判进程较快且已达成初步框架协议,而发展中国家关心的农产品贸易、热带产品贸易等谈判却相对缓慢。

(5)谈判权限具有一定程度的不平等性。一些议题经过发达国家以秘密方式磋商达成初步共识后,再拿到大范围参加谈判的成员中进行讨论,发展中国家往往成为变相的受害者与局外人。

(四)关贸总协定的历史作用和局限性

1. 关贸总协定的历史作用

在48年的运行过程中,关贸总协定的内容及其活动所涉及的范围不断扩大,正式成员国不断增加,它在国际贸易领域内的作用日益加强。

首先,它对战后国际贸易的发展起到一定的作用。在总协定的主持下,经过了历次的多边贸易谈判,关税税率有了较大幅度的下降。如在前六次谈判中,降低税率的覆盖60000个税目,涉及的商品占世界贸易的一半以上。关税的下降和非关税壁垒的减缓,对于促进贸易自由化和国际贸易的发展,起到一定的积极作用。

其次,总协定形成了一套国际贸易政策和措施的规章,在一定程度上成为各成员国制订和修改对外贸易政策和措施以及从事对外贸易活动的依据。总协定规定了有关国际贸易政策的各项基本原则,如非歧视待遇原则、禁止采用进口数量限制原则、禁止倾销和限制出口贴补的原则以及磋商解决争端原则等。同时,在多边贸易谈判中又达成了一系列协议,形成了一套国际贸易政策与措施的规章和法律准则。总协定要求有关成员国,在从事对外贸易活动以及处理成员国之间经济贸易关系中,均应遵循上述原则与协议。因此,在一定条件下,这些原则协议对于总协定成员国具有一定的约束力。

再次,暂时缓和了成员国之间在国际贸易中的某些矛盾。总协定及其达成的协议,是成员国特别是发达资本主义国家之间暂时妥协的产物。在历届的多边贸易谈判中,虽然成员国特别是发达资本主义国家之间经常争吵不休,但往往经过长期的谈判,采取磋商、调解的方法,最终解决了某些争端,达成了某些协议。这些协议对于暂时缓和或推迟它们之间在贸易上的某些矛盾起到了一定的作用。当然,总协定及其协议绝不能从根本上解决它们之间在贸易上的矛盾。一旦总协定及其协议不符合某些发达资本主义国家的垄断资本利益时,它往往采用总协定的"例外"规定或要求修订某些条款,甚至采取某些办法背离总协定的某些原则。

最后,总协定主要是维护发达资本主义国家的利益,但对发展中国家维护自身的利益和促进对外贸易发展也逐渐起到一定的作用。总协定条款是按照发达资本主义国家的旨意拟定的,许多条款几乎都是维护它们自己的利益。但是,随着发展中国家的纷纷加入,总协定的成员国成分发生了较大变化,在总协定成员国中发展中国家所占的席位约为77%。通过谈判,总协定也增加了某些有利于发展中国家的条款。因此,总协定为发展中国家与发达资本主义国家在贸易上对话提供了场所,并为发展中国家维护自身利益和促进对外贸易发展起到了一定的作用。

随着国际形势的发展,发展中国家掀起了建立新的国际经济秩序的斗争并日益发展,要求在平等互利的基础上发展国际贸易的呼声日益高涨,发展中国家普遍认为应该以第六届特别联大通过的"关于建立新的国际经济秩序的宣言"和"行动纲领"的基本原则,改造总协定的体制和确定新的国际贸易准则,增加发展中国家在总协定中的发言权,使它们能够公平分享国际贸易成果,以利于国际贸易的发展。

2. 关贸总协定的局限性

关贸总协定的产生是基于西方国家众多国际经济学家和政治家对两次世界大战深刻反省的结果。他们普遍认为,货币体系的破坏和贸易保护主义政策是导致国际经济关系恶化、贸易秩序混乱的主要原因,这也必然会形成弱肉强食、以强凌弱的局面,助长以邻为壑的经济民族主义思潮的泛滥,从而诱发战争。为此,必须用法律的手段建立相对稳定的国际经济关系,尤其是稳定的货币体系和开放的贸易自由化的环境。在这种思想的引导下,在美国的积极推动下,建立了国际货币基金组织与世界银行,并于1947年10月30日在瑞士的日内瓦由23个缔约方缔结了"关税与贸易总协定"。但是,众多的西方贸易界人士和关税与贸易总协定秘书处的专家们都认为关税与贸易总协定"仅仅是一个合同(Contract)",而关税与贸易总协定的成员只能被称为"缔约方(Contracting Party)"。关税与贸易总协定作为规范各缔约方贸易行为的法律形式,也是在国际经济舞台上第一次做这样的尝试。因此,从法律标准看,其局限性主要表现在以下几个方面:

(1)关贸总协定对各缔约方的约束力不强。最初,关税与贸易总协定仅仅是一个由23个国家签订的"临时适用议定书"。但是,根据《临时适用议定书》第1条第2款规定"缔约方在不违背其现行立法的最大限度内临时适用该协定的第二部分"。这种授权使各国贸易政策可以合法地偏离关税与贸易总协定第二部分的规定,尤其是西方主要贸易大国广泛使用非关税壁垒限制贸易发展。此外,《临时适用议定书》未经各成员国立法机构的审议与批准,它在国内的地位较低。以美国为例,关税与贸易总协定的法律效力"低于所有联邦成文法"。

(2)关贸总协定从其条款本身及国际法看并不是一个国际组织。关税与贸易总协定虽然设立了自己的组织机构,如秘书处、总干事、缔约方全体等。但在法律形式上,关税与贸易总协定仍仅仅是一个协定,这在客观上削弱了它对关税与贸易总协定条款执行情况的监督职责,以及在各缔约方发生贸易争端时,其司法裁决的权威也受到严重影响。上述情况影响了发展中国家加入关税与贸易总协定的积极性。

(3)关贸总协定是各缔约方在经济贸易利益关系调整过程中妥协的产物。它是由一些"规定"和一系列的"例外"所组成,"最好将关税与贸易总协定最恰当地看作是一个软法律文件",一个充满"假设""但是"及漏洞的折中产物。这种先天不足使各缔约方在援引例外条款时的"越轨行为"难以加以约束。

(4)关贸总协定调整对象存在局限性。长期以来,关税与贸易总协定调整的对象基本上是货物贸易(即有形商品贸易)以及与之相关的关税与非关税措施,而对迅速发展的全球服务贸易、与贸易有关的投资活动、知识产权等则没有任何规定。同时,关税与贸易总协定对商品贸易的关注也主要集中于关税,而对非关税措施的重视也仅仅从20世纪70年代的"东京回合"开始,对长期游离于关税与贸易总协定规则之外的农产品贸易和纺织品及服装贸易的约束也极其有限。

(五)世界贸易组织的诞生背景

在关贸总协定临时运行的过程中,无论是各国政府,还是学术界,都一直非常关心成立国际贸易组织的问题,并提出了一系列构想。一种构想是源于关税与贸易总协定制度本身,力图为主要贸易国和接受更具约束性义务的国家制定贸易制度提供指导。大西洋理事会提出的关于制定关税与贸易总协定补充条款的建议是这种设想的最好体现。另一种构想是按《哈瓦那宪章》建立一个更加综合性的机构,并尽可能覆盖所有国际经济贸易领域。

纵观关贸总协定历次多边贸易谈判,"乌拉圭回合"谈判所涉及的领域颇为广泛,几乎与《哈瓦那宪章》设想建立的国际贸易组织(ITO)一致。

在按原议程应该结束"乌拉圭回合"谈判的1990年7月9日,欧共体建议就世界贸易组织达成一个不带实质性的条款、纯粹组织性的协定。同年4月加拿大也非正式地提出过建立一个体制机构。瑞士与美国也分别于1990年5月17日和10月18日,分别向关税与贸易总协定体制运作谈判小组正式提出过提案。经过磋商,在1990年12月的布鲁塞尔部长级会议上,贸易谈判委员会(The Trade Negotiations Committee)提议起草一个组织性协议(Organizational Agreement)。为此,建立多边贸易组织协定(The Agreement Establishing the Multilateral Trade Organization)成为"乌拉圭回合"最终协议草案的一个有机组成部分。该协定经过两年的修改和各方讨价还价后,于1993年11月"乌拉圭回合"结束前原则上形成了"多边贸易组织协定"。在美国代表的提议下,决定将"多边贸易组织"易名为"世界贸易组织"(World Trade Organization)。此轮谈判耗时8年,曾几度出现危机,终于在各方的共同努力下,于1994年4月15日在摩洛哥的马拉喀什城召开的关税与贸易总协定部长级会议上,"乌拉圭回合"谈判的各项议题协议均获得通过,1995年1月1日正式生效。至此,世界贸易组织正式成立,1995年与关贸总协定共存了一年后,1996年1月1日起便充当了全球经济贸易组织的角色,发挥其积极作用。

二、世界贸易组织的宗旨和特点

《世界贸易组织协定》序言中阐明了世界贸易组织的宗旨:提高生活水平,保证充分就业,大幅度和稳定地增加实际收入和有效需求,扩大货物和服务的生产与贸易,按照可持续发展的目的,最优运用世界资源,保护环境,并以不同经济发展水平下各自需要的方式,加强采取各种相应的措施;积极努力,确保发展中国家,尤其是最不发达国家在国际贸易增长中获得与其经济发展需要相称的份额。

世界贸易组织的宗旨与《1947年关税与贸易总协定》的宗旨基本相似,但根据形势发展作了以下三点补充:一是将服务业的发展纳入世贸组织体系;二是提出了环境保护和可持续发展问题;三是要考虑各国经济发展水平的需要,要确保发展中国家尤其是最不发达国家在国际贸易增长中获得与其经济发展相适应的份额。在《世界贸易组织协定》序言中还明确指出实现这一宗旨的途径是"通过互惠互利的安排,切实降低关税和其他贸易壁垒,在国际贸易中消除歧视性待遇"。

世界贸易组织不是关税与贸易总协定的简单扩大,而是对其前身的超越。相对于GATT而言,WTO的特点主要体现在四个方面:

(1)法律性质。在法律人格上GATT不是正式的国际组织,也不是一个有效的法律规则,它只是一个"临时适用"的政府多边贸易协定,从未得到缔约方立法机构的批准,其权威性存在缺陷。WTO具有法律人格,是常设的国际性组织,享有等同于联合国机构的权利和义务,其协议是国际公法,经成员方立法机构的批准,具有法律约束力。

(2)组织机构。GATT没有正式的组织机构,它只有"缔约方";而WTO拥有永久性的和正式的组织机构和"成员方"。

(3)管辖范围。GATT仅管辖货物贸易,但在实施中,农产品贸易、纺织品与服装贸易脱离其管辖。WTO将货物、服务、投资和知识产权融为一体,涉及广泛,堪称"世界经济的联合国"。

(4)执行效力。GATT的争端解决机制在作出决策时要求所有缔约方"完全协商一致",很难在公正、客观基础上按GATT本身的规则就缔约方之间的贸易争端作出裁决,并且大有贸易大国操作或控制争端解决结果的可能性,对争端解决没有时间表。而WTO建立了一套有效的争端解决机制,采用反向协商一致的原则,裁决具有自动执行的效力,同时明确了争端解决和裁决实施的时间表。因此,WTO争端解决的实施更加容易得到保证,争端解决机制效率更高。

三、世界贸易组织的组织机构

《世界贸易组织协定》为WTO组织机构的设置提供了国际组织法规范,其组织机构框架见图5-1。

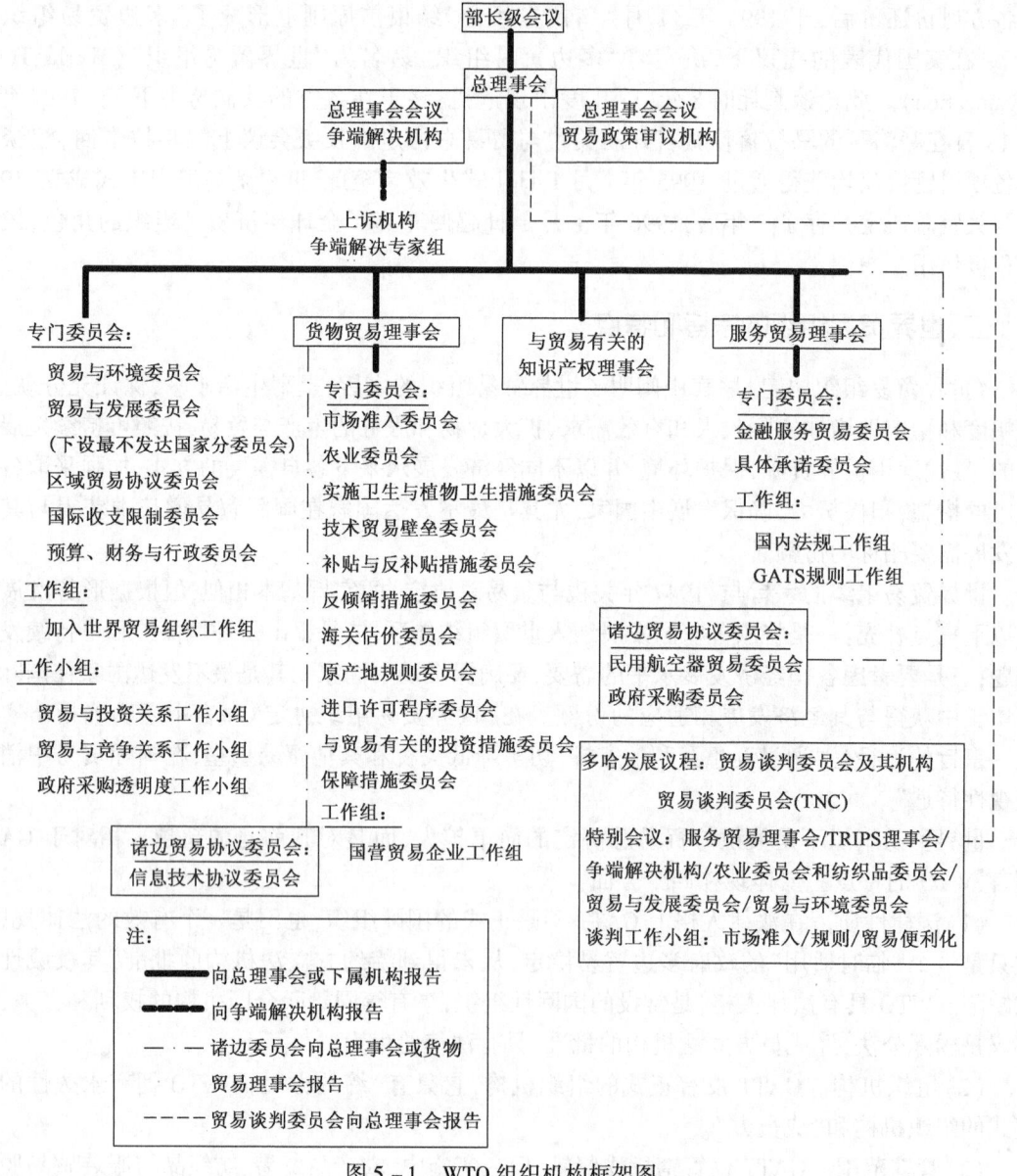

图5-1 WTO组织机构框架图

(一)部长级会议

部长级会议(Ministerial Conference)是WTO最高的议事与决策机构,负责确保WTO职能的实现并为此采取必要的行动。部长级会议至少每两年召开一次,所有成员方都有资格参加,由成员政府派遣部长率代表团出席,审议WTO协议执行和多边贸易体制运作情况,发动多边贸易谈判并审查和指导谈判进展,在协商一致的基础上,对多边贸易协定项下成员方提请的所有事项作出决定。

(二)总理事会

总理事会(General Council)通常由各国驻日内瓦大使和高级代表组成,但有时成员国直接从其首都派出代表,每年在日内瓦总部碰头几次。总理事会向部长级会议报告工作,在部长会议休会期间执行部长会议的各项职能,对WTO进行不间断的管理,同时处理最重要的紧急事务。

总理事会下设争端解决机构、贸易政策审议机构和其他附属机构,如货物贸易理事会、服务贸易理事会和知识产权理事会等。WTO日常行政管理事务由总理事会处理,总理事会在特定的时候召开会议行使争端解决机构的司法职责和贸易政策审议机构的监督职能。争端解决机构和贸易政策审议机构各有各自的主席。

(三)理事会及专门委员会

为了方便各项制度的具体执行,根据WTO管理监督的不同领域,在部长级会议和总理事会之下又设立了一系列常设理事会和常设或临时的专门委员会。

(1)货物贸易理事会(Council for Trade in Goods)。它覆盖了《世界贸易组织协定》附件1A所列的全部协定和协议,下设11个专门委员会和国营贸易企业工作组。

(2)服务贸易理事会(Council for Trade in Services)。其主要负责管理监督《服务贸易总协定》(GATS)的实施,根据GATS的授权开展服务贸易市场准入谈判和多边规则谈判。下设金融服务贸易委员会和具体承诺委员会以及国内法规工作组和GATS规则工作组。

(3)与贸易有关的知识产权理事会(Council for Trade-Related Aspects of intel-lectual Property Rights)。其负责监督《与贸易有关的知识产权协定》的执行,具体地规定了所有成员都必须达到的最低标准,明确了实施该标准的法律义务,把知识产权问题列入世界贸易组织争端解决机制的调整范畴。

(4)各专门委员会。其负责处理上述三个理事会的共性事务以及3个理事会管辖范围以外的事务。各专门委员会直接向总理事会报告。常设的专门理事会包括贸易与环境委员会、贸易与发展委员会(下设最不发达国家分委员会)、区域贸易协议委员会、国际收支限制委员会以及加入世界贸易组织工作组等10多个专门理事会。

(5)贸易谈判委员会(Trade Negotiations Committee,TNC)。贸易谈判委员会是WTO临时性的机构,负责当前新一轮贸易谈判的具体工作,向WTO总理事会报告。在2002年2月的TNC会议上,达成了《总理事会主席声明》,规定TNC的主席人选由在职总干事担任;尽量少设新的下属机构,仅新设非农产品市场准入、WTO规则两个谈判组;其他谈判议题分别在相应的理事会和专业委员会的特别会议中进行。

(6)秘书处(Secretariat)与总干事(Director-General)。秘书处设在日内瓦,向WTO各理事会、委员会提供技术和专业服务,向发展中成员提供技术援助,监测和分析世界贸易发展状况,发布信息,组织部长级会议,为争端解决提供法律服务,向申请加入的经济体政府提供必要的技术援助与建议。总干事是 WTO 秘书处的最高领导,由部长级会议选定,并明确其权责、服务条件及任期。秘书处工作人员由总干事指派,并按部长级会议通过的规则决定他们的职责和服务条件。

四、世界贸易组织的基本原则及运行机制

(一)世界贸易组织的基本原则

世界贸易组织的基本原则是世界贸易组织及其法律体系的构建和运作所应遵循的基本准则,这些原则已经反映在世界贸易组织的重要文件中,并通过这些文件的实施来体现。总体来说,主要有以下 4 个原则。

1. 非歧视原则

非歧视原则(Rule of Non-Discrimination),又称不歧视待遇或无差别待遇原则,是世贸组织全部规则体系的基础,它充分体现了平等精神,完全符合各国主权平等的国际法原则。非歧视原则规定:成员方在实施某种优惠或限制措施时,不得对其他成员方采取歧视待遇。该原则主要通过关贸总协定中的最惠国待遇条款和国民待遇条款予以体现。

1)最惠国待遇

最惠国待遇(Most-Favored-Nation Treatment,MFNT)是指成员方现在和将来给予另一方的优惠、特权和豁免应立即给予第三方。最惠国待遇分为无条件的最惠国待遇和有条件的最惠国待遇:无条件的最惠国待遇是指成员方给予另一方的一切优惠、特权和豁免应立即、无条件地给予第三方,也被称为欧洲式最惠国待遇;有条件的最惠国待遇是指成员方相互给予最惠国待遇,也称为美洲式最惠国待遇。世界贸易组织中的最惠国待遇是无条件的。

最惠国待遇适用于进出口商品的关税和费用的征收、征收方式以及进出口规章手续等方面。世贸组织还规定了最惠国待遇的例外,主要是边境贸易、关税同盟和自由贸易区以及关贸总协定的一般例外和安全例外等。

2)国民待遇

国民待遇(National Treatment)原则是指在民事权利方面一个国家给予在其国境内的外国公民和企业与其国内公民、企业同等待遇,而非政治方面的待遇。国民待遇原则是最惠国待遇原则的重要补充。在实现所有世贸组织成员平等待遇基础上,世贸组织成员的商品或服务进入另一成员领土后,也应该享受与该国的商品或服务相同的待遇,这正是世贸组织非歧视贸易原则的重要体现。国民待遇原则严格讲就是外国商品或服务与进口国国内商品或服务处于平等待遇的原则。

但是,国民待遇义务并不适用于有关政府采购的法令、规章和条例,这里的政府采购专指日用品采购而非商业用途的采购。至于服务贸易,由于它的特殊性,《服务贸易总协定》中采用了具体承诺的方式,国民待遇并未成为普遍义务。

2. 公平贸易原则

公平贸易原则(Rule of Fair Trade),也称公平竞争原则,是指各国在国际贸易中不应采用不公正的贸易手段进行竞争,尤其是不应以倾销或补贴方式出口商品。进口国如果遇到其他国家出口商以倾销或补贴方式出口商品,就可以采取反倾销或反补贴措施来抵制不公平竞争,维护公平竞争的贸易环境。为防止滥用反倾销和反补贴措施达到贸易保护主义目的,世贸组

织对反倾销和反补贴规定了严格的程序和标准。

但是,世贸组织中有一些协议构成公平贸易原则的例外。例如,《与贸易有关的知识产权协议》旨在改善涉及智力成果和发明的竞争条件,《服务贸易总协定》旨在规范与改善服务贸易的竞争条件,《政府采购协议》则对政府机构的采购活动予以约束,等等。这些协议与货物贸易相比,贯彻公平贸易原则的力度较小。

3. 贸易政策透明度原则

贸易政策透明度原则(Rule of Transparency)要求各成员方正式实施的有关进出口贸易的所有法律、法规、条例以及与其他成员方达成的所有影响贸易政策的条约与协定等都必须事先正式公布,否则不得实施。《1994年关税与贸易总协定》对有关公布和实施的具体规定包括:

(1)成员方在互惠基础上迅速公布现行有效的有关贸易法律、法规、条例以及条约与协定等。

(2)成员方采取的按既定统一办法提高进口货物关税或其他税费的征收率,或者对进口货物及其支付实施新的或更严格的规定、限制或禁止的普遍适用的措施,非经正式公布不得实施。

(3)成员方应以统一、公正和合理的方式实施所有应予公布的法律、法规、条例等。透明度原则的目的是为了保证各成员方在货物贸易、服务贸易和知识产权保护方面的贸易政策实现最大限度的透明。

透明度原则不要求成员方公布那些可能会影响到法令的贯彻执行、会违反公共利益或会损害某一公私企业正常商业利益的机密资料。

4. 贸易自由化原则

WTO倡导并致力于推动贸易自由化,并要求成员方削减关税,减少非关税壁垒,增加市场准入机会,为货物和服务在国际间的流动提供宽松自由的环境。自由贸易原则以WTO提供的共同规则为基础;以多边谈判为手段,根据成员方在谈判中作出的承诺,逐步地推进贸易自由化;以争端解决为保障,以贸易救济措施为"安全阀",成员方可以援引有关例外条款或采取保障措施等贸易救济措施,消除或减轻贸易自由化带来的负面影响;以过渡期方式体现差别待遇,允许发展中国家和最不发达国家拥有更长的过渡期。发达国家过渡期为2年,发展中国家过渡期5年,最不发达国家过渡期7年。

(二)世界贸易组织的运行机制

1. 加入与退出机制

1)创始成员方的资格

原1947年关贸总协定的缔约方,列入1994年关税与贸易总协定承诺减让表的,列入对服务贸易总协定明确承担义务的谈判方。

2)加入资格

任何国家或拥有完全自主权的独立关税区,按其与世界贸易组织达成的条件,可以加入世界贸易组织。申请加入WTO的程序包括:

(1)国家/地区政府提出入世申请,WTO成立一个工作小组考核有关事宜。申请者须向工作小组递交详细列出有关符合世贸协议的贸易和经济政策的备忘录。

(2)WTO工作小组就开放市场有关事宜同申请者进行双边谈判和考核;申请者须同WTO现成员中要求进行双边谈判的所有成员分别达成双边谈判协议。

(3)工作小组会议审议最后形成的入世法律文件——议定书和工作组报告书。并向WTO理事会递交工作报告、申请者加入世界贸易组织协议备忘录、货品及贸易税收减让和所承担义务的一揽子文件。

(4)由WTO部长会议表决,2/3的票数通过即可获批准成为WTO成员。

(5)此后,申请成员须将上述文件提交本国国会(我国是全国人民代表大会)审议通过。向世界贸易组织递交已完成国内批准程序的正式通知书30天后,才成为正式成员。

3)退出

任何成员方可以退出世界贸易组织。退出从递交退出通知被总干事接受6月后生效。

2. 决策机制

除了争端解决机制中的决策采取"反向协商一致"外,WTO各机构的决策均采用协商一致方式和投票表决相结合的办法。即便是需要投票的事项,也可以根据具体情况先采取协商一致的决策方式,在无法协商一致时才通过投票表决决定。

1)协商一致

协商一致(Consensus)也称"共识"。目前尚无明确定义,但可以解释为:如果在作出决定时,出席会议的WTO成员无人提出正式反对,即通过有关决定。缺席、弃权、不表态均不妨碍决定的作出。它是一种介于全体一致同意与多数表决两种方式之间的一种决策方式。

2)投票表决

在部长级会议或总理事会表决时,每一成员拥有一票,简单多数通过,另有规定除外。需要投票并需要特定多数通过的具体情况有四种:

(1)对任何协议条款的解释,都需要世界贸易组织成员的四分之三多数通过。

(2)一般条款的修改,需要成员方的三分之二多数通过;涉及权利义务的条款修改,对接受修改的成员生效;不涉及权利义务条款的修改,对所有的成员生效。

(3)豁免某成员的义务需四分之三多数同意。

(4)接受新成员的决定需三分之二多数通过。

3. 争端解决机制

争端解决机制在整个WTO运行体系中具有核心地位,为多边贸易体制的维持提供了有力保障。它克服了GATT1947缺乏法律地位和组织保障、缺乏统一性、缺乏强制力的弊端,设立了专门的争端解决机构(Disputes Settlement Body,DSB),确立了对争端的强制管辖权,增加了上诉程序,规定了争端解决各个阶段的时间表,加强了对裁决的执行力度。

GATT1994第22条"磋商"和第23条"利益的丧失和损害"构成了WTO争端解决机制的法律渊源。1994年达成的《关于争端解决规则与程序的谅解》完善了WTO争端解决机制的法律文件,并被作为附件2列入《乌拉圭回合多边贸易谈判结果的最后文件》。

《关于争端解决规则与程序的谅解》第4条至第22条详细规定了贸易争端的解决程序,包括磋商、专家组审理、上诉机构审理、DSB通过专家组报告和上诉机构报告、DSB对裁决的监督及执行等,如图5-2所示。此外,在当事方自愿的基础上,也可以采取仲裁、斡旋、调停和调解等特殊方式。

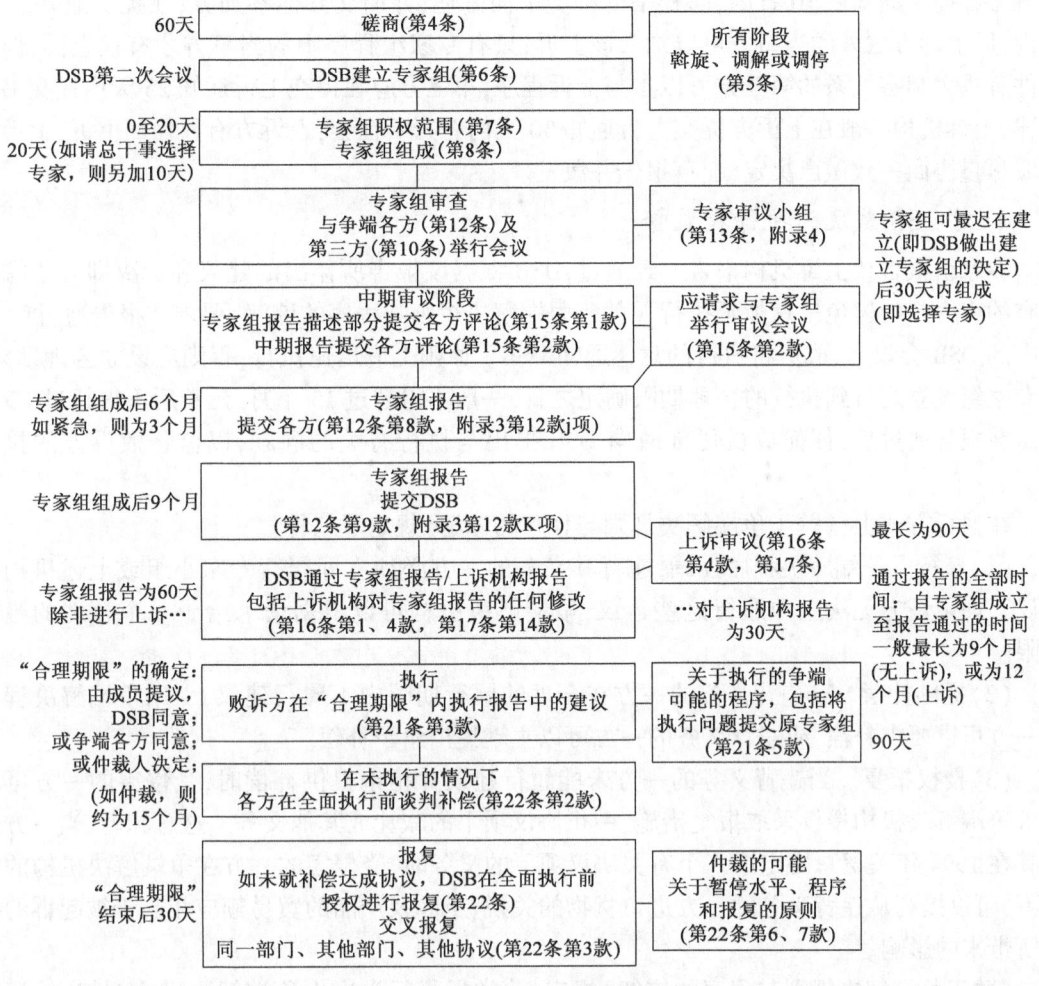

图 5-2 WTO 争端解决流程图

1）磋商

启动磋商时,一成员方必须向另一成员方提出书面的磋商请求,说明提起理由,并同时通知 DSB 及有关理事会和委员会。被请求方应当在收到请求之日起 10 天内作出答复,并应在收到请求之日起不超过 30 天的期限内与请求方开始磋商。在收到磋商请求之日起 60 天内,如果磋商未能解决争端,则请求方可以申请设立专家组。

2）专家组审理

GATT 规定成立专家组需要缔约方全体或理事会的一致同意,而在 WTO 机制下,决定不成立专家组的时候才要求成员的一致同意。这是 WTO 争端解决机制中"反向协商一致"原则的体现。一旦专家组成立,案件便进入审理阶段,审案期限原则上不应超过 6 个月。由于采用"反向协商一致"的表决方式,专家组报告基本上是自动通过。《关于争端解决规则与程序的谅解》在专家组审理期限内设置中期评审阶段来对专家组报告进行监督。

3）上诉机构审理

WTO 设立了一个由 7 人组成的常设上诉机构,任何一个上诉案应由其中三人负责,他们按既定的工作程序轮流审理案件,其步骤包括:上诉方向 DSB 和 WTO 秘书处提交上诉通知;

上诉方在提交通知后10日内,向秘书处提交书面陈述,并递交其他参加方;在提交通知后15日内,原上诉方之外的当事方可以加入该上诉;只有专家组程序中的当事方才有权上诉,但与案件有重大利害关系的第三方可以参与上诉程序,第三方应在提交上诉通知25天内提交书面陈述;上诉机构一般在上诉方提交上诉通知30天内召开听证会;上诉方有权撤回上诉;上诉机构应尽量协商一致做出决定,起草报告并散发。

4)对DSB裁决的执行和监督

专家组报告或上诉机构报告一经通过,DSB根据该报告所作出的建议和裁决即对争端各方有约束力。为避免故意拖延执行,《关于争端解决规则与程序的谅解》要求在报告通过后30日内的DSB会议上,成员将执行的意愿通知DSB。原则上应迅速执行,否则应设立合理期限,从专家组设立之日到执行的合理期限确定之日,一般不得超过15个月,延长后不得超过18个月。在报告通过后,任何成员可随时向DSB提出与执行有关的问题,以监督败诉方的执行情况。

在执行方式上,《关于争端解决规则与程序的谅解》规定了三种:

(1)履行。争端解决程序强调,违背其义务的一方必须立即履行专家小组或上述机构的建议。如果该方无法立即履行这些建议,争端解决机构可以根据请求给予一个合理的履行期限。

(2)提供补偿。若违背义务的一方在合理的履行期限内不履行建议,引用争端解决程序的一方可以要求补偿,或违背义务的一方可以主动提出给予补偿。

(3)授权报复。当违背义务的一方未能履行建议并拒绝提供补偿时,受侵害的一方可以要求争端解决机构授权采取报复措施,中止协议项下的减让或其他义务。这意味着,当一方违背其在1994年关贸总协定或一个有关协议项下的义务时,受侵害的一方在争端解决机构的授权下,可以提高从违背义务的一方进口货物的关税,所涉及产品的贸易额应相当于被起诉的措施所带来的影响。

《关于争端解决规则与程序的谅解》规定,此类报复行为应由争端解决机构授权,并尽可能在专家小组或上诉机构判定违背义务的关贸总协定、服务贸易总协定或知识产权协定的同一部门内采取。但当争端解决机构认为这样做不可能时,则可以授权同一协定项下的其他部门采取报复措施。只有在极个别的情况下,并且作为最后的办法,争端解决机构才能授权采取跨协定的报复行为,如对于违背服务贸易总协定或知识产权协定项下的义务时可授权采取提高货物关税的办法,予以报复。

4. 贸易政策审议机制

贸易政策审议机制(Trade Policy Review Mechanism,TPRM),由总理事会在特定的时期召开会议履行作为贸易政策审议机构的职能,在国别的基础上对WTO成员的贸易政策进行全面的审议。GATT1947并没有建立一项约束缔约方贸易行为的一般监督机制,其实施主要依赖于缔约方之间的相互监督。随着关税的削减、缔约方的增加以及市场竞争的日益激烈,一些透明度低、不易监督和预测的非关税措施以及处于GATT边缘的"灰色区域"措施大量滋生,GATT缔约方之间的相互监督变得越来越困难,多边贸易体制受到严重威胁。1986年9月在启动乌拉圭回合的《埃斯特拉角部长宣言》中,"加强GATT对缔约方贸易政策和措施的监督"被确定为乌拉圭回合的一项谈判议题,并由一个谈判小组专门负责,初步达成了贸易政策审议机制草案,于1989年4月12日起临时适用。1994年在谈判结束之际,《贸易政策审议机制》作为附件三被列入乌拉圭回合的最后文件。1995年1月1日WTO贸易政策审议机制开始正式运行。

根据附件三,所有成员的贸易政策和做法都要服从TPRM的定期审议。一般先由WTO秘书处与本年度接受审议的成员协商,作出时间安排。一旦某成员接受了第一次审议后,正常情况下,其后对该成员的审议将按照相对固定的频率来进行。成员方占世界贸易的份额越大,接受审议的次数就越多。排在前四位的欧盟、美国、日本和加拿大每两年审议一次,其后的16个成员国每4年审议一次,对余下的成员每6年审议一次,对最不发达国家的审议可以间隔更长。TPRM对成员的审议在两个报告的基础上进行:一是由被审议成员所作的政策陈述(政府报告),二是由秘书处准备的报告(秘书处报告)。两个报告完成后,TPRM召开审议会议,对两个报告进行审议,审议会议对所有TWO成员开放,有兴趣的其他成员都可以参加讨论。

五、中国与世界贸易组织

2001年中国加入世界贸易组织,是中国深度参与经济全球化的里程碑,标志着中国改革开放进入历史新阶段。加入世贸组织以来,中国积极践行自由贸易理念,全面履行加入承诺,大幅开放市场,实现更广互利共赢,在对外开放中展现了大国担当。

(一)中国加入世界贸易组织的历程

1947年10月30日,中国政府签署了联合国贸易与就业大会的最后文件,该大会创建了关贸总协定。1948年4月21日,中国政府签署关贸总协定《临时适用议定书》,并从1948年5月21日正式成为关贸总协定缔约方。1950年3月6日,台湾当局由其"联合国常驻代表"以"中华民国"的名义照会联合国秘书长,决定退出关贸总协定,经联合国批准并从1950年5月5日正式生效。中华人民共和国政府从未承认此次退出的合法性。1971年联合国大会恢复我国的合法席位。

由于对外开放和四个现代化建设的需要,我国在20世纪80年代初恢复了同关贸总协定中断已久的联系。

1982年11月,中国获得观察员身份并首次派团列席关贸总协定第36届缔约国大会,从而能够出席缔约方的年度会议。

1982年12月31日,国务院批准中国申请恢复关贸总协定缔约方地位的报告。

1986年4月23日,香港以单独关税地区成为关税总协定缔约方。

1986年7月10日,中国政府正式提出申请,要求关贸总协定恢复中国在关贸总协定中的缔约国地位。

1987年10月22日,关贸总协定中国工作组第1次会议在日内瓦举行,确定工作日程。

1989年4月18日至19日,关贸总协定中国工作组第7次会议在日内瓦举行,完成了对中国外贸制度的评估。

1989年5月24日至28日,中美第5轮复关问题双边磋商在北京举行,磋商取得实质性进展,复关谈判有望在1989年底结束。但由于"六·四"政治风波,中国没能在1989年复关。

1989年12月12日至14日,关贸总协定中国工作组第8次会议在日内瓦举行,事实上重新开始审议中国的外贸制度。

1990年1月1日,台湾当局以"台澎金马单独关税地区"申请加入关贸总协定。

1991年1月11日,中国驻日内瓦代表团大使范国祥向关贸总协定总干事邓克尔递交中国政府关于澳门在关贸总协定地位的声明,澳门成为关贸总协定缔约方。

1991年10月,中国总理李鹏致函关贸总协定各缔约方和关贸总协定总干事,阐明中国复关问题的立场,强调立即举行工作会议,开始议定实质性谈判,在与中国政府协商并取得一致前,不得成立台湾工作组。

1992年9月29日,关贸总协定理事会主席根据中国与主要缔约方谈判达成的谅解,就处理台湾加入关贸总协定的问题发表声明。声明基本反映了中国政府关于处理台湾入关问题的三项原则。

1992年10月10日,中美达成《市场准入备忘录》,美国承诺"坚定地支持中国取得关贸总协定缔约方地位"。

1994年4月12日至15日,关贸总协定部长级会议在摩洛哥的马拉喀什举行。乌拉圭回合谈判结束,与会各方签署《乌拉圭回合谈判结果最后文件》和《建立世界贸易组织协议》,中国代表团参会并签署《乌拉圭回合谈判结果最后文件》。

1994年8月底,中国提出改进后的农产品、非农产品和服务贸易减让表。作为解决复关问题的一揽子方案,并从9月至10月派出以海关总署关税司司长吴家煌为团长的市场准入代表团在日内瓦与缔约方进行了50多天的谈判。

1994年11月28日,外经贸部部长助理龙永图会见关贸总协定总干事萨瑟兰。与此同时,中国驻美国、欧共体和日本大使分别约见驻在国高级官员,通报中国政府关于复关谈判最后时限的决定。

1994年11月28日至12月19日,龙永图率中国代表团在日内瓦就市场准入和议定书与缔约方进行谈判,谈判未能达成协议。

1994年10月20日,关贸总协定中国工作组第19次工作会议在日内瓦举行。中国政府代表团团长、外经贸部副部长谷永江在会上严厉谴责少数缔约方漫天要价,无理阻挠,致使复关谈判未能达成协议。

1995年,世界贸易组织开始运作后,中国从"复关"谈判变成加入世界贸易组织谈判。

1995年3月11日至13日,美国贸易代表坎特访华,与外经贸部部长吴仪就复关问题达成8点协议,同意在灵活务实的基础上进行中国"加入世界贸易组织"的谈判,并同意在乌拉圭回合协议基础上实事求是地解决中国发展中国家地位的问题。

1995年5月7日至19日,应关贸总协定中国工作组主席吉拉德邀请,外经贸部部长助理龙永图率中国代表团赴日内瓦与缔约方就中国复关进行非正式双边磋商。此次磋商被西方媒体称为"试水"谈判。

1995年6月3日,中国成为世界贸易组织观察员。

1995年11月,中国政府照会世界贸易组织总干事鲁杰罗,把中国复关工作组更名为中国"入世"工作组;与此同时,台湾当局也"照会"世界贸易组织把关贸总协定中国台北问题工作组更名为世界贸易组织中国台北工作组。

1995年11月28日,美方向中方递交了一份"关于中国'入世'的非正式文件",即所谓的"交通图",罗列了对中国"入世"的28项要求。

1996年2月12日,中美就中国"入世"问题举行了第10轮双边磋商。中方对美方的"交通图"逐点做了反应。

1996年3月22日,龙永图率团赴日内瓦出席世界贸易组织中国工作组第一次正式会议,并在会前和会后与世界贸易组织成员进行双边磋商。

1997年8月6日中国与新西兰在北京就中国"入世"问题达成双边协议。

1997年8月26日,中国与韩国在汉城就中国"入世"问题达成双边协议。

1997年10月13日至24日,外经贸部首席谈判代表龙永图副部长率团在日内瓦与欧盟、澳大利亚、挪威、巴西、印度、墨西哥、智利等30个世界贸易组织成员进行了双边磋商;与匈牙利、捷克、斯洛伐克、巴基斯坦签署了结束中国"入世"双边市场准入谈判协议,并与智利、哥伦比亚、阿根廷、印度等基本结束了中国"入世"双边市场准入谈判。

1997年10月26日至11月2日,中国国家主席江泽民应邀访美,在与克林顿总统发表的联合声明中,重申加快中国"加入世界贸易组织"谈判,争取尽早结束。

1997年11月1日至16日,随同国务院总理李鹏访日的外经贸部首席谈判代表龙永图副部长与日本外务省副外相原口就中国"入世"问题发表联合声明,重申中日双方已在服务业市场准入谈判方面取得重大进展,从而表明中日两国关于中国"入世"双边市场准入谈判已基本结束。

1997年11月2日,出席亚太经合组织(APEC)部长级大会的中美高级贸易官员就中国"入世"问题全面地交换了意见,并一致认为双方代表团应加强努力,尽快落实中美首脑联合声明中关于加强中国"入世"谈判的宗旨。

1997年12月1日至12日,以外经贸部首席谈判代表龙永图副部长为团长的中国代表团在日内瓦出席了世界贸易组织中国工作组第6次会议,就议定书和工作组报告的绝大部分内容达成了谅解,期间还与美国、欧盟、日本、澳大利亚、巴西、墨西哥等国进行了双边磋商。

1998年3月28日至4月9日,世界贸易组织中国工作组第7次会议,中国代表团向世界贸易组织秘书处递交了一份近6000个税号的关税减让表,得到了主要成员的积极评价。

1998年5月18日至22日,龙永图率中国政府代表团赴日内瓦参加了多边贸易体制50周年大庆和世界贸易组织第2届贸易部长会议。

1999年4月6日至13日,国务院总理朱镕基访美,中美签署《中美农业合作协议》并就中国加入世界贸易组织发表联合声明,美方承诺"坚定地支持中国于1999年加入世界贸易组织"。

1999年4月13日,克林顿与朱镕基通过电话达成一致:双方应进行紧张的谈判来解决中美关于中国加入世界贸易组织会谈中的遗留问题。

1999年4月底,美国首席谈判代表卡西迪率团来京,就双方遗留下来的问题继续谈判。

1999年5月8日,以美国为首的北约袭击中国驻南斯拉夫大使馆,中国政府被迫中断了"入世"谈判。

1999年9月6日,中美恢复谈判。

1999年11月15日,中美双方就中国加入世界贸易组织达成协议。

2000年5月19日,中国与欧盟就中国加入世界贸易组织达成双边协议。

2001年6月14日,中美就中国加入世界贸易组织所遗留问题的解决达成了全面的共识。

2001年6月20日,中国与欧盟就中国入世问题达成全面共识。

2001年7月3日,外经贸部副部长、中国入世谈判首席谈判代表龙永图表示,有关中国入世的所有重大问题都已解决。

2001年12月8日,世界贸易组织第四届部长级会议在多哈拉开帷幕。本次会议作出了启动新的多边贸易谈判的决定,并审议通过了中国和中国台北加入世界贸易组织的决定。

2001年12月10日,会议以协商一致的方式通过了中国加入世界贸易组织的决定。11日,中国代表团团长、外经贸部部长石广生在中国加入世界贸易组织的议定书上签字,并于同日向世界贸易组织总干事穆尔递交了中国国家主席江泽民签署的中国加入世界贸易组织批准书。中国于12月11日正式成为世界贸易组织第143个成员。继中国加入世界贸易组织决定通过后,中国台北以"台湾、澎湖、金门、马祖单独关税区"的名义加入世界贸易组织的决定也获得通过。

(二)中国加入世界贸易组织享受的主要权利

(1)能使中国的产品在WTO成员方享有多边的、无条件的和稳定的最惠国待遇。《1994年关税与贸易总协定》(GATT 1994)第1条第1款规定:"一成员方对原产于或运往其他国家的产品所给予的利益、优待、特权或豁免,应当立即无条件地给予原产于或运往所有其他成员方的相同产品"。"入世"前,中国只能通过双边贸易协定在某些国家获得最惠国待遇,而这种双边的最惠国待遇是非常不稳定的,容易遭到破坏。例如,美国虽与中国签订了互给最惠国待遇的双边协议,但根据美国国内的《1974年贸易法》第402节规定,美国政府需每年审查非市场经济国家的移民政策,根据该国移民政策实施情况,决定是否对该国中止或延长最惠国待遇。1989年春夏之交的政治风波以后,美国国会每年将是否延长对华最惠国待遇问题同人权、宗教、留学生政策、贸易逆差、知识产权保护等问题挂钩,对中国进行政治要挟。

(2)能使中国享有"普惠制"待遇以及其他有关发展中国家的特殊待遇。"普惠制"又称"普遍优惠制"(GSP),是根据关贸总协定的第四部分、东京回合的"授权条款"以及乌拉圭回合有关规则,发达国家对发展中国家出口的制成品和半制成品所给予的单方面减免关税的特殊优惠待遇。

(3)可利用世界贸易组织的贸易争端解决机制,较好地解决中国与其他成员的贸易纠纷。随着中国对外开放程度的扩大,各种经济贸易上的纠纷也会逐渐增多。在双边贸易中,发达国家往往利用国内的、单边主义的、甚至过时的法律条款对中国实行歧视待遇,如美国、欧盟、澳大利亚等国以中国是"非市场经济国家"为由,在反倾销案的处理中主观选定"替代国"价格或生产成本作为测算中国出口产品倾销率的依据,而完全无视中国向市场经济体制转轨的过程业已基本完成这一事实。这种歧视性待遇,使我国劳动密集型产品成本低廉的优势得不到应有的发挥,阻碍了出口的发展。加入世界贸易组织前,这类问题只能通过双边谈判来解决,而不能诉诸比较公正的、多边的贸易争端解决程序。加入世界贸易组织后,就可以通过世界贸易组织特设的解决贸易争端的机构和程序,比较公平地解决贸易争端,维护中国的贸易利益。

(4)获得了在多边贸易组织中的发言权。世界贸易组织是"经济上的联合国",在成为世界贸易组织成员后,中国可以参与各个议题的谈判,将有利于维护中国在世界贸易中的地位和合法权益,并在建立国际经济新秩序、维护第三世界国家利益等方面发挥更大的作用。此外,还能利用世界贸易组织的讲台,宣传中国改革开放政策,积极发展和世界各国的经济合作、贸易和技术交流;还将得到世界贸易组织汇集的世界各国经济贸易信息资料,有利于正确地制定中国的外贸政策和策略。

(三)中国加入世界贸易组织履行的义务

1. 削减进口关税

《1994年关税与贸易总协定》第28条附加第1款规定:各成员方"在互惠互利基础上进行谈判,以大幅度降低关税和进出口其他费用的一般水平,特别是降低那些使少量进口都受阻碍的高关税"。入世后,中国大幅降低进口关税,减少进口成本,促进贸易发展,让世界各国更多分享中国经济增长、消费繁荣带来的红利。截至2010年,中国货物降税承诺全部履行完毕,关税总水平由2001年的15.3%降至9.8%。其中,工业品平均税率由14.8%降至8.9%;农产品平均税率由23.2%降至15.2%,约为世界农产品平均关税水平的四分之一,远低于发展中成员56%和发达成员39%的平均关税水平。农产品的最高约束关税为65%,而美国、欧盟、日本分别为440%、408%、1706%。

2. 逐步取消若干非关税措施

世界贸易组织的一个重要原则是要消除各种非关税壁垒。总协定规定,成员国"不得设立或维持配额、进出口许可证或其他措施,以限制或禁止其他缔约国领土的产品输入,或向其他缔约国领土输出或销售出口产品"。从而为实现自由贸易创造条件。入世后,中国显著削减非关税壁垒,减少不必要的贸易限制,促进贸易透明畅通。截至2005年1月,中国已按加入承诺全部取消了进口配额、进口许可证和特定招标等非关税措施,涉及汽车、机电产品、天然橡胶等424个税号产品;对小麦、玉米、大米、食糖、棉花、羊毛、毛条和化肥等关系国计民生的大宗商品实行关税配额管理。

3. 取消被禁止的出口补贴

总协定规定:一成员方对某一出口产品给予补贴,可能对其他的进口和出口成员方造成有害的影响,对它们的正常贸易造成不适当的干扰,并阻碍本协定的目标实现。因此,各成员方应力求避免对产品的输出实施补贴。中国自1991年1月开始,在调整汇率的基础上,对所有产品包括工业制成品和初级产品出口实行企业自主经营、自负盈亏的经营模式,已达到了世界贸易组织的有关要求。取消补贴后,亏损商品主要通过汇率调整和出口退税的方法获得补偿。

4. 增加贸易政策的透明度

世界贸易组织成员方应在经济贸易政策及制度上保持透明度,这是世界贸易组织的基本原则之一。入世后,中国积极履行透明度义务。《立法法》《行政法规制定程序条例》《规章制定程序条例》明确要求法律、行政法规和规章草案须按有关规定公开征求公众意见。全国人大常委会法工委定期出版《中华人民共和国法律》(英文版)。国务院法制机构定期出版《中华人民共和国涉外法规汇编》(中英文对照),商务部在《中国对外经济贸易文告》中定期发布贸易政策。全面履行世贸组织通报义务,中国按照要求定期向世贸组织通报国内相关法律、法规和具体措施的修订调整和实施情况。截至2018年1月,中国提交的通报已达上千份,涉及中央和地方补贴政策、农业、技术法规、标准、合格评定程序、国营贸易、服务贸易、知识产权法律法规等诸多领域。

5. 开放服务贸易

服务贸易是乌拉圭回合的一个重要新议题,服务贸易总协定(GATS)要求成员方对服务贸易执行与商品贸易同样的无歧视和无条件的最惠国待遇、国民待遇、透明度,逐步地降低贸易壁垒,开放银行、保险、运输、建筑、旅游、通信、法律、会计、咨询、商业批发、零售等行业。入世后,中国大力推动服务业各领域快速发展,提高服务业对国民经济的贡献。在世贸组织分类的12大类服务部门的160个分部门中,中国承诺开放9大类的100个分部门,接近发达成员平均承诺开放108个分部门的水平。截至2007年,中国服务贸易领域开放承诺已全部履行完毕。

6. 扩大对知识产权的保护范围

WTO《与贸易有关的知识产权协定》要求各成员方扩大对知识产权的保护范围。加强知识产权保护是中国的主动作为。加入世贸组织后,中国建立健全知识产权法律法规,与多个国家建立知识产权工作机制,积极吸收借鉴国际先进立法经验,构建起符合世贸组织规则和中国国情的知识产权法律体系。近年来,修订《中华人民共和国商标法》,增加了惩罚性赔偿制度;修订《反不正当竞争法》,进一步完善了商业秘密的保护,同时明确市场混淆行为,引入标识的概念,拓宽对标识的保护范围。目前,正在加快推进《中华人民共和国专利法》《中华人民共和国著作权法》等法律的修订。

强化知识产权保护司法主导作用,把违法成本显著提上去,把法律威慑作用充分发挥出来。重新组建国家知识产权局,完善执法力量,加大执法力度。在北京、上海、广州设立三家知识产权法院,在南京、苏州、武汉、西安等15个中级人民法院内设立专门审判机构,跨区域管辖专利等知识产权案件。加大行政执法力度,针对重点违法领域,开展专利"护航"行动、打击网络侵权盗版"剑网"行动、出版物版权"扫黄打非"和"秋风"行动、打击侵权假冒的"网剑行动""质检利剑"打假行动等专项行动,有效保护了知识产权。

7. 放宽对引进外资的限制

在中国大力引进外资的情况下,世界贸易组织的《与贸易有关的投资措施协议》将与我国引进外资工作有密切的关系。中国自改革开放以来,已颁布了有关引进外资的各种条例和法律,对外资引进实行各种鼓励和优惠。这些鼓励和优惠不是特定给予某一国家或地区的,而是对一切外国投资者的无差别待遇,这是符合世界贸易组织无歧视待遇原则的。

入世以来,中国逐步降低服务领域外资准入门槛,按期取消服务领域的地域和数量限制,不断扩大允许外资从事服务领域的业务范围。其中,在快递、银行、财产保险等54个服务分部门允许设立外商独资企业,在计算机、环境等23个分部门允许外资控股,在电信、铁路运输、旅游等80个分部门给予外资国民待遇。2010年,中国服务业吸引外商直接投资额首次超过制造业,2017年吸引外商直接投资额占比达到73%。

第二节　区域经济一体化

二战后,国际竞争日趋激烈,世界主要贸易国为保持其在全球市场上的竞争力,不断寻求与其他国家联合,组建区域贸易集团。据世界银行统计,全球只有12个岛国和公国没有参与任何区域贸易协议(RTA),而其他每个国家和地区至少参加了一个(最多达29个)区域贸易协议,平均每个国家或地区参加了5个。全世界近150个国家和地区拥有多边贸易体制和区域经济一体化的"双重成员资格"。区域经济一体化的内容不断深入,形式与机制越来越灵活,跨洲、跨区域合作不断兴起和发展。

一、区域经济一体化的含义

区域经济一体化(Regional Economic Integration/Regionalism)是第二次世界大战后出现的新现象,并成为二战后当代世界经济发展的重要特征之一。

学术界虽然对区域经济一体化存在着不同的解释和定义,但对其特定的内涵已经形成了普遍的共识:区域经济一体化是指地理位置相连或相邻近的两个或两个以上的国家(地区),为了共同的经济利益,以获取区域内国家(地区)间的经济集聚效应和互补效应为宗旨,为促进产品和生产要素在一定区域内的自由流动和有效配置而进行的建立跨国性区域经济组织的活动与过程。

从区域经济一体化的定义中我们可以看出,区域经济一体化应包含两方面的含义:一是指消除各种贸易壁垒以及阻碍生产要素自由流动的歧视性经济政策,形成经济实体扩大的客观融合;二是指要求参与国将部分国家主权让渡给通过签订条约而共同建立起的超国家机构的主观协调。前者被学术界称为功能性区域经济一体化,后者被称为制度性区域经济一体化。

二、区域经济一体化的类型

(一)按一体化程度划分

按照一体化程度由低到高的顺序,区域经济一体化可分成六种形式。

(1)优惠贸易安排(Preferential Trade Arrangement,PTA)是指两个或两个以上的经济体通过协商达成协议,对全部商品或部分商品规定较为优惠的关税。这是区域经济一体化的最低级和最松散的形式。最为典型的例子是,1932年英国与一些大英帝国以前的殖民地国家之间实行的英联邦特惠制。该优惠贸易安排旨在防止其他国家势力渗入英联邦市场,直至1973年英国加入欧洲共同市场后被逐步取消。

(2)自由贸易区(Free Trade Area,FTA)是指两个或两个以上的经济体签署协议,相互取消进口关税和数量限制等关税或非关税措施,使区域内各成员国的商品可以完全自由流动,但成员国仍保持各自对来自非成员国进口商品的限制政策。典型的自由贸易区如1960年成立的欧洲自由贸易联盟、1994年成立的北美自由贸易区、2010年成立的中国——东盟自由贸易区等。

(3)关税同盟(Customs Union)是指两个或两个以上成员方通过签署协议,在成员国之间完全取消关税和其他贸易壁垒,并对非成员国实行统一的关税税率或其他贸易限制措施的经济一体化组织。关税同盟是比自由贸易区更高一级的区域经济一体化的组织形式,它除了包括自由贸易区的基本内容外,成员国还撤除了各自原有的关境,组成了共同的对外关境。关税同盟开始带有超国家的性质,是实现全面经济一体化的基础。如1958年成立的欧洲经济共同体(European Economic Community,EEC)、2010年启动的俄白哈三国关税同盟等。

(4)共同市场(Common Market)是指除了在成员国内完全废除关税与数量限制并建立对非成员国的共同关税外,还取消了生产要素流动的各种限制,允许劳动、资本等生产要素在成员国之间自由流动。共同市场的建立需要成员国让渡多方面权利,包括进口关税制定权、技术标准制定权、干预资本流动权等。"欧洲共同体"在1992年底建成的统一大市场就是典型的共同市场,实现了商品、人员、劳务和资本在成员国之间的自由流动。

(5)经济联盟(Economic Union)是指各成员国之间不仅废除了贸易壁垒、建立了统一的进口关税制度以及实现了商品、资本、劳务等生产要素的完全自由流动,而且各成员方还在共同市场的基础上进一步实现经济政策协调,如实行统一的货币政策、财政政策、福利政策等。经济联盟成员国间一体化的程度从商品交换扩展到生产、分配乃至整个国民经济领域,形成了一个有机的经济实体。最典型的例子是目前的欧洲联盟(European Union,EU)。

(6)完全经济一体化(Complete Economic Integration)是区域经济一体化的最高级形式。除了具有经济联盟的特点外,各成员国在经济、金融、财政等方面实行完全统一政策,各成员之间完全消除商品、资金、劳动力等自由流动的人为障碍,并建立起统一的中央机构和执行机构对所有事务进行控制。区域经济一体化发展到这一阶段,已经由经济联盟扩展到政治联盟。目前世界上尚无此类经济一体化组织,只有欧盟在为实现这一目标而努力。

(二)按参加国的经济发展水平划分

(1)水平一体化(Horizontal Integration)又称为横向一体化,是指由经济发展水平大致相同或相近的国家所组成的区域经济一体化组织,如欧盟、东盟、中美洲共同市场、东非共同体等。

(2)垂直一体化(Vertical Integration)又称为纵向一体化,是指由经济发展水平不同的发达国家与发展中国家所组成的区域经济一体化组织,如北美自由贸易区。

(三)按一体化的范围大小划分

(1)部门一体化(Sectional Integration)是指区域内成员国就一种或几种商品(产业)达成合作协定而产生的区域经济一体化组织,如1952年成立的欧洲煤钢共同体、1958年成立的欧洲原子能共同体。

(2)全盘一体化(Overall Integration)是指区域内各成员国所有经济部门一体化的形态,如欧盟和1991年解散的经济互助委员会。

三、区域经济一体化的理论发展

一般来说,区域经济一体化理论被分为以完全竞争模型为核心的标准的区域经济合作理论、以不完全竞争模型为核心的修正的区域经济合作理论,以及20世纪90年代以来与区域经济合作有关的一些新理论。

(一)标准的区域经济一体化理论

区域经济一体化现象最早产生于西欧,对区域经济一体化理论上的研究也是自20世纪50年代初期从欧洲煤钢联营向欧洲经济共同体转变的那个时期开始的。随着区域经济一体化向其他国家和地区的扩散,区域经济一体化的理论研究也有了新的发展。但在众多的理论研究中,对区域经济合作贡献最大的非关税同盟理论莫属。虽然,区域经济一体化的形式并不只是局限于关税同盟,但从对关税同盟的研究中概括出的区域经济一体化经济效应的一般理论,可以适用于其他区域经济合作的形式,所以关税同盟理论被认为是区域经济合作理论的核心。

1. 关税同盟理论

关税同盟理论的渊源可以追溯到19世纪德国经济学家李斯特的保护贸易理论,因为关税同盟实质上是集体保护贸易。虽然李斯特的关税同盟理论距今已有一百多年的历史,但对战后西欧经济联合仍有很大的影响。当时联邦德国总理阿登纳在考虑战后西欧联合时,一再提到德国在20个世纪的经验。他不止一次地说过:"我不得不一再地回想起,在20个世纪德国是怎样分裂为许许多多国家,以及关税同盟是怎样逐步地促使形成经济上的,而最后是政治上的统一或一致。我相信,对1957年3月25日在罗马所签订的这些条约也可以期望有这样一种发展。"由此可以看出,李斯特的关税同盟理论也是战后联邦德国政府谋求通过建立欧洲联盟取得平等伙伴国地位的政策主张的理论依据。

二战后,关税同盟理论又有了新的发展。1950年,美国经济学家瓦伊纳(J. Viner)在《关税同盟问题》一书中认为,关税同盟并不一定等于向自由贸易过渡,因为它在伙伴国之间实行自由贸易,而对伙伴国以外的第三国实行保护贸易。这样,自由贸易和保护贸易相结合的结构会产生两种效果,即贸易创造和贸易转移。而实行关税同盟的经济效果主要在于由贸易创造所取得的收益减去由贸易转移所造成的损失而取得的实际利益,这就使关税同盟理论从定性分析进一步发展到定量分析。由于瓦伊纳提出了贸易创造和贸易转移两个新的概念,开创了战后关税同盟理论研究的新阶段。之后,米德(J. E. Meade)、李普西(R. G. Lipsey)、兰开斯特(K. J. Lancaster)、廷贝亨(J. Tinbergen)、库珀(C. A. Cooper)、马赛尔(B. F. Massell)、R. 旺纳科特(R. Wonnacott)和瓦尼克(J. Vanek)等人对关税同盟理论的完善都作出了一定的贡献,但又都是以瓦伊纳提出的贸易创造和贸易转移两个基本概念为研究的出发点,通过改变假设条件对关税同盟理论进行补充和完善。

2. 关税同盟理论的缺陷

关税同盟理论是以完全竞争为其假设条件核心的,该理论存在着以下明显的缺陷:

第一,侧重于静态效应的分析,而忽略了对动态效应的分析。在通常情况下,静态分析可以作为理论分析的起点,但它往往不能作为理论分析的终点。传统的关税同盟理论尽管蕴含了一些动态的因素,但主要以静态分析为主。例如,重点分析了贸易创造、贸易转移和贸易条件等静态效应,而没有进一步分析关税同盟的动态效应,如关税同盟对成员国就业、产出、国民收入、国际收支和物价水平等方面所造成的影响。

第二,侧重于对福利影响的分析,而忽略了对经济增长影响的分析。由于传统的区域经济合作理论有着一系列的假设前提,如技术条件不变、忽略生产要素的流动和国际收支自动平衡等,使它理所当然地侧重于分析关税同盟对福利的影响,而忽略了对经济增长的动态分析。

第三,侧重于总量分析,而忽略单个分析。关税同盟理论注重研究经济总量问题,而忽略由于市场结构、企业行为和制度因素等方面的差异会对单个国家产生不同的影响。

第四,传统的区域经济合作理论适用范围有限。由于关税同盟理论是以欧洲的传统工业国之间的市场一体化为研究对象的,与欧洲工业国在经济发展阶段或经济贸易结构方面有根本差异的发展中国家的区域经济合作,尚不能完全用该理论来充分说明,因为有利于贸易创造的条件,恰好是许多发展中国家所不具备的。

(二)修正的区域经济一体化理论

基于"完全竞争"和"规模报酬不变"等假设条件的标准区域经济一体化理论的最大缺陷是,缺乏对关税同盟动态效应的分析。正是出于对这些假设条件的质疑,自20世纪80年代以来,区域经济一体化理论已经从传统的完全竞争模型扩展到不完全竞争模型,即修正的区域经济合作理论。

1. 大市场理论

区域经济一体化的竞争效应是指在建立区域经济合作组织之后,原来的贸易和投资壁垒被废除,原有的一国范围内的垄断随之被打破,国内的企业不得不面临来自成员国企业的强大竞争压力。在这个问题上,西托夫斯基和德纽的大市场理论最为著名。西托夫斯基和德纽的大市场理论是以共同市场作为分析对象的。该理论的核心是:利用制度性安排可以把那些被保护主义分割的小市场统一起来,结成大市场,通过大市场内的激烈竞争,从而实现大批量生产等方面的利益。

西托夫斯基以"小市场与保守的企业家态度的恶性循环"为命题来说明大市场理论。他指出:在建立共同市场之前,由于国内市场狭小,竞争趋于消失,价格居高不下,市场陷入高利润率、高价格、低资本周转率、小生产规模的恶性循环之中。但是,建立共同市场之后,由于取消各种贸易和投资壁垒,导致了成员国企业间竞争的加剧和价格的下降。这就迫使企业不得不扩大生产规模,并依靠市场的扩大化来实现规模经济效益,从而提高企业竞争力。

德纽指出:大市场的建立导致机器设备的充分利用、大批量生产、专业化、最新技术的应用和竞争的恢复,而这些因素都将使生产成本和销售价格下降,再加上取消内部关税所引起的价格下降,必将导致购买力的增加和消费水平的提高。消费的增加又会导致投资的进一步增加,投资的增加又导致价格的下降、工资水平的提高和购买力的增加等等。这样,经济就会像滚雪球式地扩张下去。

然而,大市场理论虽为区域经济一体化提供了重要的理论基础,但它仍不是十分完善的,其主要原因有两个:第一,大市场理论所强调的扩大市场后出现的累积动态过程,并不一定要通过区域经济合作才能完成。只要企业家的经营方式从保守的消极状态转变为积极进取的态度,引进先进技术,扩大生产规模,同样可以实现。第二,即使不组成区域经济组织,只要有世界性的自由贸易,亦可以取得大规模市场的各种利益,而且就市场规模的大小而言,世界性的自由贸易,远远大于区域性的经济合作。

2. 协议性分工理论

规模经济效应是指由于生产规模扩大而产生的效应。在相互隔离的市场中,单个厂商为扩大生产规模必须要从竞争者手中争夺市场,由此所付出的巨大销售成本,可能使其无利可图。但是,如果原来分离的几个市场实现统一,整个市场的扩展可使企业摆脱市场规模的限制,获得规模经济效益。分析由区域经济合作所带来的规模经济效应的最著名的理论是小岛清的协议性分工理论。该理论认为,为了使区域经济合作组织获得规模经济效益,并能和谐地扩大成员国之间的分工和贸易,单纯依靠传统的国际分工理论是不够的。因为传统的国际分工理论是以成本的国际绝对差异和规模报酬递减为基础,而没有考虑成本相同和规模经济递增的情况。为了弥补这一缺陷,小岛清提出了协议性分工理论。该理论的基本内容是:在规模报酬递增的部门,不同国家之间可以通过协议,相互提供市场,就可以共同分享规模经济效益。

尽管通过协议性分工可以使协议各方共享规模经济效益,但是,并不是所有的国家都可以进行协议性分工。实行协议性分工必须具备以下几个基本的条件:第一,实行协议性分工的国家必须具有大致相同的要素禀赋和经济发展水平,都能生产作为协议性分工对象的商品。如果不同国家之间要素禀赋和经济发展水平差异很大,比较优势原理可以充分有效地发挥作用,在这些国家间可形成垂直型分工关系,而没有必要实行协议性分工。第二,作为协议性分工对象的商品必须是能够获得规模经济利益递增的商品,否则实行协议性分工也就无利可图,甚至毫无意义。第三,对于参加协议性分工的国家来说,所生产的任何一种协议性分工对象商品的成本和可获得的利益差别都不大,否则这种协议性分工将很难达成。从上述三个条件中我们可以看出,这种协议性分工主要发生在发达国家之间。

(三)发展中国家区域经济一体化的传统理论

从 20 世纪 50 年代起,发展中国家之间就开始酝酿发展区域经济一体化。1960 年,最早的两个"南南型"区域经济一体化组织——中美洲共同市场和拉丁美洲自由贸易联盟正式诞生。发展中国家间实行区域经济一体化有着自己的一套理论——集体自力更生理论。该理论具体分为两种:结构主义的中心—外围理论和激进主义的国际依附理论。

1. 中心—外围说

"中心—外围"说最早由阿根廷经济学家普列维什(R. Prebisch)于 1950 年提出。普列维什把世界分为两大体系:中心体系和外围体系。"中心"由富裕的资本主义工业国家组成,而"外围"则指通过初级产品的生产和出口而与"中心"发生联系的参差不齐的发展中国家。中心是技术的创新者、传播者、经济利益获得者和发展的动力,处于主宰地位;而外围则是技术的模仿者、接收者、原料提供者,处于依附地位。由于中心国家的技术水平、出口产品价格、需求收入弹性均高于外围国家,因而在双方贸易中产生了技术进步成果分配的不平等,使外围国家的出口贸易条件恶化,产生了中心剥削外围的现象。既然发展中国家依靠出口初级产品导致贸易条件的恶化并在国际经济体系中处于不利的地位,那么这些国家就必须实行进口替代的工业化战略，同时外围国家应该联合起来采取国际行动，建立新的国际经济秩序，以迫使中心国家提高对初级产品的需求，改善贸易条件。

除了普列维什外，缪尔达尔（Gurnar Myrdal）、辛格（Hans Singer）也是著名的结构主义者。印度经济学家阿兰·默罕穆德则提出了系统的"基于供应决定相互依赖关系的一体化"理论，阐述了发展中国家发展区域经济合作的重大意义。

2. 国际依附理论

比结构主义的中心—外围理论还要激进的发展中国家区域经济一体化理论是国际依附理论。其主要代表人物有：巴兰（Paul Baran）、阿明（Samir Amin）、弗兰克（Ander Gunder Frank）等人。国际依附论者认为，发展中国家贫穷的根源在于对发达国家的依附。但他们不同意结构主义者提出的发展中国家要靠工业化来实现经济发展的观点，他们主张发展中国家要实现真正的经济发展，就必须对目前的制度、结构和秩序进行改革，甚至要与现行的国际经济体系"脱钩"。例如，阿明认为，"边缘资本主义"国家要求得真正的发展，就必然要经历一个和世界资本主义体系进行"脱钩"的过程。弗兰克也认为，只有割断卫星国与宗主中心国家的经济联系，卫星国家才能最终摆脱中心的控制，走上独立发展工业的道路。

尽管中心—外围理论和国际依附理论在政策主张方面存在着明显的差别，但两者却有着共同之处，那就是两者都认为现代国际经济体系是不合理的，发展中国家要谋求经济发展就必须首先摆脱这种不合理的国际经济旧秩序，实行内部的区域经济合作。这两个理论共同构成了二战以后发展中国家区域经济一体化的主要理论基础。

（四）20世纪90年代以来区域经济一体化理论的新进展

1. 地区经济主义贸易保护理论

科林·海兹（Colin Hines）和蒂姆·郎（Tim Lang）提出的地区经济主义贸易保护理论是20世纪90年代以来最具影响的新贸易保护理论之一。

该理论认为，实现经济和环境的可持续发展、创造公平的贸易环境的最有效途径是加强地区间的经济合作。通过实行地区经济主义的贸易保护政策，不仅可以充分利用本国和本地区的经济资源，增加就业机会，推动传统产业的技术升级，减少过度竞争，保护本国的民族工业，促进本国或本地区的经济发展，而且有利于加速出口商品结构从劳动密集型向技术和资本密集型的转变，通过提高产品附加值，缩小与发达国家的差距。同时，由于地区经济独立性的提高，会使环境保护问题受到日益的重视，使各项环保措施付诸实践，有利于环境的保护和改善。因此，地区主义者认为，地区间的合作应优先于全球范围的自由贸易，但必须制定一整套的贸易规则来确保这些目标的实现。

2. 地区主义的多米诺理论

1993年瑞士日内瓦国际研究院的理查·鲍德温教授提出了"地区主义的多米诺理论"，以全新的视角揭示了自20世纪80年代以来区域经济组织大量形成并广泛发展的原因。该理论认为，具有特异性质的地区主义事件会引发多重的影响，并有可能摧毁一系列国家间的贸易壁垒。因为，当某一区域经济合作组织加深其自身的一体化程度时，会对非成员国产生经济压力，使其市场份额下降、竞争优势削弱。而压力的大小则取决于其与该组织成员国经济关系的紧密程度及该区域经济合作组织规模的大小等。为了避免自身的经济利益受到损害，必然寻找适宜的对策，比如，非成员国或者谋求加入该区域合作组织，或者组成新的区域合作组织，以借助经济合作提高自身竞争力，进而导致了一系列区域合作组织的产生。

四、区域经济一体化的经济效应

国际经济学界对区域经济一体化效应的研究,主要集中在两个方面:一是研究区域经济合作对贸易所产生的静态效应;二是研究其对贸易和经济增长的动态效应。

(一)静态效应

按照关税同盟理论,区域经济一体化的静态效应主要包括贸易创造效应和贸易转移效应两个方面。

1. 贸易创造和贸易转移

贸易创造是指在关税同盟内部取消关税壁垒后,某些成员国的一些国内生产成本较高的商品被其他成员国生产的成本较低的商品所替代,新的贸易得到"创造"。由于从伙伴国进口成本低的商品代替原来成本高的商品后,该国就可以把原来用于生产成本高的商品的资源转向生产成本低的商品,使生产规模扩大,从而获得利益。

贸易转移是指关税同盟对外实行统一的保护关税,使得原来从非成员国进口的廉价商品被同盟内成员较昂贵的商品取代,贸易从外部转移到关税同盟内的一种效应。由于从原来的第三国进口成本较低的商品改为从伙伴国进口成本较高的商品,就产生了贸易利益的转移。

由此可见,贸易创造符合自由贸易的原则,而贸易转移效应则相反,所以关税同盟的净效应取决于贸易创造和贸易转移效应的相对性。对盟内国家来说,贸易创造是一种福利的增加,而贸易转移是一种福利损失。因此,建立关税同盟是否有利,取决于贸易创造效应与贸易转移效应的比较。如果贸易创造效应大于贸易转移效应,则建立关税同盟是有利的,反之就是不利的。

一般来说,关税同盟在以下条件下,更有利于实现贸易创造,增加成员福利,而减少贸易转移损失。首先,组成关税同盟前成员国之间的关税壁垒越高,同盟成立后,成员相互之间贸易创造的可能性越大;关税同盟与同盟外国家的贸易壁垒越低,贸易转移的损失就越小。其次,关税同盟的规模越大,低成本的生产者越多,成员国之间的地理位置越近,运输成本越低,成员国之间贸易创造的障碍就越小,贸易创造的可能性就越大。再次,结成关税同盟前,成员之间的经贸关系越紧密,就越有可能使福利明显增加。最后,成员之间的竞争性越大,同盟形成后,内部的专业化就越容易进一步深化,贸易创造的机会也就会越大。从上述几个有利于贸易创造的条件中我们可以得出一般性的结论:关税同盟更适合在经济发展水平相近和经济贸易结构相似的国家间,而非互补性的国家间结成。

2. 其他静态效应

除了贸易创造和贸易转移效应以外,区域经济一体化还会产生以下几个方面的静态效应:

第一,降低行政支出。区域经济组织建立以后,由于关税壁垒和非关税壁垒被取消或削弱,与之相关的海关和其他的行政管理机构将被削减直至废除,从而可以大大减少行政支出费用。

第二,减少走私。由于商品可以在成员国间自由流动,因此走私行为将消失。

第三,在一定程度上改善区域经济组织的整体贸易条件。在贸易转移条件下,一般会减少同盟对外部的出口供给和进口需求,当非成员国的出口商品供给弹性小,而进口商品的需求弹性也小时,在其他条件不变的情况下,会使成员国的出口商品价格上升而进口商品价格下降,从而改善同盟的整体贸易条件。

第四,有助于增强区域经济组织的整体竞争力,并提高在国际经济贸易中的谈判地位。

(二)动态效应

区域经济一体化除了具有一定的静态效应之外,还具有许多方面的动态效应,主要表现在如下几个方面:

1. 规模经济效应

许多学者指出,区域经济组织成立以后,可以把原来分散的小市场结成统一的大市场,使企业摆脱市场规模的限制,获得规模经济利益。而在此之前,这些成员国的企业和行业尚未达到最佳的生产能力。如巴拉萨(Balassa)认为,关税同盟可以使生产厂商获得重大的内部和外部的经济利益。内部规模经济主要来自对外贸易的增加,以及随之而来的生产规模的扩大和生产成本的降低。外部规模经济则来自整个国民经济或区域经济组织的经济发展。不过,也有学者认为,如果成员国的企业规模本来已经达到最优,建立区域经济组织后再扩大生产规模反而会因为平均成本的上升而变得有害。如1983年,美国经济学家保罗·克鲁格曼在《工业国家间贸易的新理论》一文中也指出,规模经济效益是有临界点的,当生产规模变动时,投入和产业的比例变化至少有3种情况:投入小于产出、投入等于产出、投入大于产出,从而导致规模收益递增、不变和递减3种结果。任何厂商在扩大经营规模时,只有在规模经济收益递增的阶段,才能降低产品的生产成本,取得产品生产的相对优势。

2. 竞争效应

高关税会促进垄断。但区域经济组织建立以后,成员国相互间取消或降低关税和非关税壁垒,使原本彼此隔离的各国市场上的厂商之间有可能迅速兴起竞争之风。首先,统一市场的形成使竞争者数目大大增加,加剧了竞争程度,同时,关税的取消,使原本被保护的企业为了生存,就必须革新技术,提高生产经营效益,增强竞争力。

3. 投资刺激效应

投资刺激效应是指区域经济组织建立后引起的投资增长所产生的效应。区域经济组织建立以后,随着市场的扩大,风险和不稳定性降低,会吸引成员国厂商增加投资。商品的自由流通,会使竞争加剧,为提高竞争能力,成员国原有的厂商会增加投资,以改进产品质量,降低生产成本。此外,区域经济组织建立以后,成员国之间关税被免除,对外统一关税,结果会吸引非成员国的厂商到该组织内避税建厂,以求获得免税的利益。

4. 促进技术进步

由于创新和发明有利于增强厂商的垄断能力,所以在随着市场扩张而实现规模经济的产业中,较大的厂商很有可能会凭借自身的规模优势,投入大量的资金用于研究与开发(R&D)活动,以扩大他们在市场中的地位,从这一点上看,区域经济组织的成立有利于技术进步和生产效率的提高,而且使区域内部保持着旺盛的市场活力和创新机制。

5. 提高要素流动性

区域经济组织成立以后,市场的统一以及贸易和投资的自由化,将提高生产要素在成员国之间的流动性,甚至实现在成员国之间的完全自由流动。要素流动性的提高将促进生产要素的合理配置,减少生产要素的闲置。但是,要素流动所带来的"回波效应"将会损害要素流出地区尤其是边远和落后地区的经济发展。

第三节 主要区域经济一体化组织

一、欧洲联盟

20世纪上半叶发生的两次灾难性的世界大战使部分欧洲领导人意识到,建立长久和平的唯一途径就是走向联合,尤其是在政治和经济两个方面使欧洲的两大好战国法国和德国联合起来具有尤为重要的意义,欧洲也由此走上了一体化的道路。

(一)推进区域一体化的初步尝试:欧洲煤钢共同体的建立

1.《巴黎条约》的签订

第二次世界大战使欧洲经济遭到重创,英国四分之一的财富在战火中毁于一旦;法国在战争的摧残之下,生产几乎完全停顿;德国也被战争夺去了700万人口,大部分的主要城市已经被毁,甚至有人断言:要重建德国,需要1000年的时间。19世纪空想社会主义者圣西门曾经说过:"必须建立一个统一的欧洲联邦政府和一个欧洲议会,以消除欧洲国家之间的纷争,维护持久的和平。"随着法德的和解,加之发展经济的需要和摆脱美苏的威胁,欧洲国家深切感受到走向联合的必要性和重要性,并由此走上了一体化的道路。1951年4月,法国、联邦德国、意大利、比利时、卢森堡和荷兰在法国巴黎签订了条约,即《巴黎条约》。

2.欧洲煤钢共同体的建立

1950年5月,法国外交部长罗伯特·舒曼(Robert Schuman)提出了一个计划,主张建立一个官方机构来控制西德与法国炭和钢的生产,即舒曼计划。1951年4月,法国、联邦德国、意大利、比利时、卢森堡和荷兰六国签订《巴黎条约》,成立了欧洲煤钢共同体,成为推进区域一体化的初步尝试。根据《巴黎条约》的规定,欧洲煤钢共同体的使命是建立6个成员国之间的煤钢共同市场,取消内部关税、商品数量限制和其他歧视性措施,调整煤钢价格,对煤钢生产进行干预和协调,以发展经济、扩大就业、提高生活水平。煤炭、焦炭、铁矿石、废钢铁和钢铁产品的共同市场相继成立。

(二)建设关税同盟阶段:欧洲经济共同体的建立与发展

1.欧洲经济共同体的建立

1954年建立欧洲防务共同体的计划未能实施,这也就意味着建立欧洲政治共同体或者说是政治及敏感领域的超国家合作宣告失败。因此,比利时、荷兰、卢森堡经济联盟的各国政府建议可以另外采取措施在经济层面上进行一体化。1957年3月25日,欧洲煤钢共同体的6个成员国在罗马签订了《欧洲经济共同体条约》和《欧洲原子能共同体条约》,即《罗马条约》,建立了欧洲经济共同体(EEC)和欧洲原子能共同体(EAEC),条约于1958年1月1日生效。《罗马条约》的首要目标是建立共同市场,完全消除成员国之间的关税壁垒,建立共同对外关税和共同贸易政策。

2.关税同盟的建立

关税同盟是欧洲经济共同体的基础。根据《罗马条约》的规定,关税同盟涉及一切商品的交换,取消成员国之间的进出口税以及其他各种捐税,并且实行共同的对外关税。主要内容包括,从1958年1月1日起,欧洲经济共同体的成员国应逐步降低相互之间的关税水平,经过

12年的过渡期,最终取消成员国之间的关税;欧洲经济共同体的成员国对外逐步实行统一的关税税率,首先以所有成员国原有的对外关税税率的平均值作为对外关税税率,在12年的过渡期内,分三个阶段逐渐拉平对外关税标准;欧洲经济共同体的成员国以每年20%的比率逐步放宽相互之间的工业品进口限额,直至5年之后全部取消成员国之间的工业品进口限额。到1968年7月1日,欧洲经济共同体6个成员国之间取消了一切关税,比原计划提前一年半建成关税同盟。

3. 共同农业政策的实施

根据《罗马条约》的规定,共同市场应扩大到农业和农产品贸易领域,并且实行共同农业政策。1960年6月,经济共同体执行委员会提出了一项有关农业政策的总体性建议:6个成员国之间农产品自由流通,分产品组织市场,逐步统一并保证农产品价格;通过对外实行关税保护为共同体内农产品提供优惠条件;财政上互相支援。共同体用了8年的时间,并且经过许多波折甚至危机之后,才最终制定和实施了共同农业政策,共同体建立了各种农产品的共同市场组织,实行统一价格及干预制度;建立了农业指导和保证基金,对农产品实行干预收购、支付出口补贴以及货币补偿金等。共同农业政策对经济共同体的农业起到了非常有效的保护作用。

(三)建设经济货币联盟阶段:欧洲共同体的建立与发展

在欧洲经济共同体建立之后的二十年里,欧盟一体化的进程并未取得重大进展,直到1987年单一欧洲法案的实施,欧盟一体化才又走出了重要一步,欧盟一体化开始向更深层次发展。

1. 欧洲共同体的建立

1965年4月,法国、联邦德国、意大利、比利时、卢森堡和荷兰六个国家签订了《布鲁塞尔条约》,决定将欧洲煤钢共同体、欧洲经济共同体和欧洲原子能共同体三个机构合并成立欧洲共同体(EC),但是这三个机构仍然各自具有独立的法人资格。欧洲共同体的基本目标是维护欧洲的和平与发展,实现经济一体化并向政治联盟方向迈进。欧共体的成立标志着欧洲联盟机构框架的大致完成,成为欧洲进一步一体化的"机构性动力"。欧共体的六个成员国形成紧密的经济联盟,使欧洲联合运动进入了实质性阶段。

2. 欧洲统一大市场的形成

1986年2月,欧共体各成员国签订了《单一欧洲法案》,并于1987年7月1日正式生效,从法律上确定了统一市场的目标。《单一欧洲法案》规定共同体要采取共同行动,发展共同政策,建成统一大市场,而且把成员国以前在共同体体制外开展的合作也纳入共同体行动的范围,如经济货币合作、社会政策、经济和社会融合、研究和技术发展、环境政策等,允许共同体在这些领域里协调成员国政策,采取共同行动,甚至制订共同政策。共同体行动范围的扩大,有利于一体化更为平衡和深入的发展。《单一欧洲法案》的实施使欧盟一体化进入到一个新的阶段。

3. 欧洲货币体系的建立

20世纪60年代后期,美元危机频繁爆发,不断冲击欧洲货币市场,造成西方货币体系日趋动荡。1969年12月,海牙首脑会议决定,1970年制定分阶段建立经济货币联盟的计划,到1980年实现这一目标。1971年2月,欧共体成员国决定稳定成员国货币汇率,创建"蛇形浮动制",建立欧洲货币合作基金,确定欧洲货币单位,协调成员国经济政策。1978年7月,布来梅首脑会议正式决定建立欧洲货币体系,并要求部长理事会制订实施方案。1979年3月13日,欧洲货币体系开始启动。欧洲货币体系吸收了"蛇形浮动"的经验,创立了一个参考货币(欧洲货币单位"埃居")、建立维持汇率稳定的机制、扩大欧洲货币合作基金。欧洲货币体系的运作以欧洲货币单位为核心,以联合浮动为原则,以集中成员国部分外汇储备建立的货币合作基金为基础。埃居作为汇率机制的中心汇率的标准,把成员国货币联系起来,形成一个比价基本固定而又可调整的货币体系。

4.《申根协议》的签订

1985年6月,法国、德国、荷兰、比利时和卢森堡五国在卢森堡的边境小镇申根签署了《关于逐步取消共同边界检查》协议,即《申根协议》。根据《申根协议》的内容,申根国之间不再对公民进行边境检查;外国人一旦获准进入申根区,即可在申根国领土上自由通行;设立警察合作与司法互助制度,建立申根电脑系统,建立有关各类非法活动分子情况的共用档案库。1997年10月2日,欧盟15个成员国的外交部部长在阿姆斯特丹正式签署了《阿姆斯特丹条约》,使欧盟的庇护和移民政策得到了巩固,针对难民和移民的管理政策由政府间合作形式提升至超国家性质。随着1999年《阿姆斯特丹条约》的生效,有关申根区的相关法律和既有规范也同步生效。

5. 欧洲共同体的扩大

欧洲经济共同体在20世纪60年代所取得的巨大成就,对其他西欧国家产生了很大的吸引力,一些国家开始提出申请加入共同体,而共同体为增强实力和地位、促进经济发展,也开始了共同体的扩大,分3次接纳了6个国家。1973年,英国、爱尔兰和丹麦三国加入欧共体,使欧共体由最初的六国增加为九国。随后,希腊于1981年、葡萄牙和西班牙于1986年先后成为欧洲共同体的正式成员国,使成员国总数增至12个。

(四)建设经济与政治联盟阶段:欧盟的建立与发展

1. 欧洲联盟的建立

1991年12月11日,欧共体马斯特里赫特首脑会议通过了建立"欧洲经济货币联盟"和"欧洲政治联盟"的《欧洲联盟条约》(通称《马斯特里赫特条约》,简称"马约")。1992年2月7日,《马斯特里赫特条约》签订,设立理事会、委员会、议会,逐步由区域性经济共同开发转型为区域政经整合的发展。1993年11月1日,《马斯特里赫特条约》正式生效,欧洲联盟正式成立,欧洲三大共同体纳入欧洲联盟,这标志着欧共体从经济实体向经济政治实体过渡,同时发展共同外交及安全政策,并加强司法及内政事务上的合作。

2. 欧元的启动

1979年3月,欧共体的12个成员国决定正式开始实施欧洲货币体系(EMS)建设规划。1988年6月,成员国政府首脑启动了新一轮推进经济货币联盟的行动,考虑实现经济货币联盟的途径和措施。1991年12月,欧共体的12个成员国签订了《经济与货币联盟条约》,规定最迟在1999年1月1日之前建立经济货币联盟(EMU),实现统一的货币、统一的中央银行和统一的货币政策。1999年1月1日欧元正式启动;欧洲中央银行正式代替欧元区各成员国中央银行确定利率并锁定了欧元区11个国家的汇率。2002年1月1日,三年过渡期结束,欧洲中央银行及各成员国附属机构开始发行统一货币,并开始各国货币与新货币的兑换工作;2002年7月1日,各国货币退出流通,欧元开始替代各欧元区成员国的货币正式进入流通领域,成为欧元区的唯一法定货币。

3. 探索欧洲政治联盟的建立

2004年10月,欧盟25国首脑在意大利首都罗马签署了《欧盟宪法条约》。这是欧盟的首部宪法条约,旨在保证欧盟的有效运作以及欧盟一体化进程的顺利发展。根据有关规定,《欧盟宪法条约》将在所有成员国批准后,于2006年11月1日正式生效。然而,法国和荷兰2005年先后在全民公决中否决了《欧盟宪法条约》,使得这部被寄予厚望的宪法条约陷入困境。2007年10月19日,欧盟非正式首脑会议在葡萄牙首都里斯本通过了欧盟新条约,即《里斯本条约》。同年12月13日,欧盟成员国领导人在里斯本签署《里斯本条约》,随后交由各成员国批准。各国批准后,条约于2009年1月正式生效。《里斯本条约》的实施,意味着欧盟向政治联盟方向迈出了关键性一步。

4. 欧盟的扩大

1995年1月1日,瑞典、芬兰、奥地利正式加入欧盟,欧盟成员国扩大到15个。2004年5月1日,马耳他、塞浦路斯、波兰、匈牙利、捷克、斯洛伐克、斯洛文尼亚、爱沙尼亚、拉脱维亚、立陶宛10国正式加入欧盟。2005年4月25日,保加利亚和罗马尼亚在卢森堡签署了加入欧盟的条约,并于2007年1月1日正式加入欧盟,完成了欧盟的第六次扩容。2013年7月1日,克罗地亚正式加入欧盟。至此,欧盟成为一个拥有28个成员国,人口超过5亿的大型区域一体化组织,地域范围从西欧逐步拓展到中东欧地区。

(五)英国脱欧

英国脱欧,指英国脱离欧洲联盟计划。2013年1月23日,英国前首相戴维·卡梅伦首次提及脱欧公投。2016年6月,英国全民公投决定"脱欧"。2017年3月29日,"脱欧"程序正式启动。2018年6月26日,英国女王批准英国脱欧法案,允许英国退出欧洲联盟;7月12日,英国发布脱欧白皮书;11月25日,欧洲联盟除英国外的27国领导人一致通过了英国"脱欧"协议草案;12月10日,欧洲法院裁定,英国可单方面撤销"脱欧"决定。2020年1月30日,欧洲联盟正式批准了英国脱欧。

"脱欧"后,英国遭遇经济、政治、外交多重困境,再加上新冠疫情和俄乌冲突的叠加影响,英国民众的工作和日常生活受到严重负面影响。英国原本希望"脱欧"之后能够"鱼与熊掌兼得",一方面不受欧盟繁冗规矩的束缚,更方便与其他国家和地区签订自贸协定,以扩大英国的商机;另一方面又能最大程度延续原来欧盟大市场带来的一些便利。然而,事与愿违,"脱欧"后,英国虽然与欧盟签署了贸易协定,但双方是有关税协定和关税边界的,而且欧盟并未给英国最看重的金融业开绿灯。同时,英国"脱欧"后自身抗风险能力与市场吸引力双双下降,并没有实现当初的设想。在"脱欧"三年后,英国陷入高税收、高利率、高物价三重经济困境,将是2023年全球唯一一个陷入衰退的主要经济体。

二、北美自由贸易区

早在20世纪80年代初,美国就有建立美、加、墨自由贸易区的设想,但由于种种原因,一直未能付诸实施。20世纪90年代初,在乌拉圭回合多边贸易谈判进展缓慢且欧洲统一大市场建立的冲击下,美加墨三国加快了一体化的步伐。

(一)北美自由贸易区的起源与形成

1. 美加自由贸易区的建立

1985年5月,美国与加拿大就实行自由贸易区开始进行有关谈判。1988年11月,两国政府正式签署《美加自由贸易协定》,并于1989年1月1日正式生效。《美加自由贸易协定》是综合性一揽子协议,目的是扩大世界上最大的双边贸易关系。《美加自由贸易协定》的主旨在于消除商品的关税和非关税壁垒,该协定就服务贸易、能源贸易、工业贸易和投资等都做了详细说明,特别是为了防止转口贸易,还确定了原产地规则,美加自贸区的建立为北美自贸区的建立提供了基础。

2. 北美自由贸易区的形成

1991年2月,美、加、墨三国政府宣布从同年6月开始就三边自由贸易协定正式展开谈判。经过14个月的谈判,1992年8月12日,美国、加拿大和墨西哥签订了《北美自由贸易协定》。1994年1月1日,该协定正式开始生效,全球第一个由南北国家共同组成的经济一体化组织——北美自由贸易区由此而诞生。协定决定自生效之日起在15年内逐步消除贸易壁垒、实施商品和劳务的自由流通,以形成一个拥有3.6亿消费者、每年国民生产总值超过6亿美元的世界最大的自由贸易集团。

《北美自由贸易协定》是《美加自由贸易协定》的进一步扩大,突破了贸易自由化的传统领域,纳入了服务贸易,并在自由化步伐上迈得更大,在一定程度上成为乌拉圭回合谈判《服务贸易总协定》的范本。

(二)北美自由贸易区的成立宗旨

《北美自由贸易协定》第1章第2条对北美自由贸易区的宗旨作出了明确的规定:

(1)消除缔约方之间货物与服务贸易的障碍,便利缔约方之间货物与服务的流动。

(2)促进自由贸易区内的公平竞争。

(3)实质上增加缔约方境内的投资机会。

(4)在缔约方境内为知识产权提供充分有效的保护,并使其能够得到强制执行。

(5)为北美自由贸易协定的使用和实施、北美自由贸易区的共同管理及缔约方之间争端的解决建立有效的程序。

(6)为进一步发展3个缔约方之间的、区域间的和多边的合作建立机制,以扩大和提高北美自由贸易区协定项下的利益。

自由贸易协定成员国将通过执行协定规定的原则和规则,如国民待遇、最惠国待遇、程序上的透明等来实现这些宗旨。

(三)北美自由贸易协定

《北美自由贸易协定》主要就关税相互减免、取消进口限制、坚持产地规定、政府采购协定、鼓励投资、扩大相互金融服务、发展相互自由运输、鼓励保护知识产权、协商争端解决机制等方面进行了详细的规定,主要包括:

1. 降低与取消关税

美国、加拿大、墨西哥三国将在15年内分阶段逐步取消9000多种商品的关税和非关税壁垒,取消进口配额和进口许可证。为防止区外第三国利用自由贸易区逃避关税,三国就原产地规则达成了更加严格的规定,即只有产品全部价值的62.5%是在成员国内生产的才能享受免税待遇。

2. 开放金融保险市场

墨西哥将逐步降低对美国和加拿大服务业的市场准入。为了与美国、加拿大保持同步,墨西哥将在7年内取消对美国、加拿大银行及保险公司的限制,在10年内取消对证券公司的限制。三国同意对北美地区的金融公司给予国民待遇,对他们的法律限制与本国公司相同。

3. 放宽对外资的限制

墨西哥将改变对外资投资的许多限制,在大多数经济领域将平等对待美国、加拿大公司,到 1996 年允许外资独资经营,拥有 100% 的所有权。同时,美国、加拿大也将进一步放松对墨西哥资本的限制,允许其在大多数领域进行投资,并给予适当的优惠条件。

4. 保护知识产权

三国均同意严格遵守国际知识产权保护法的规定,对成员国登记的药品及其他专利产品至少保护 20 年。

在过去的二十余年间,北美自由贸易协定为美国、加拿大和墨西哥提供了彼此之间深化经济合作的重要机制保障,从而对北美经济一体化起到了无可估量的积极作用。

(四)美国—墨西哥—加拿大协定

1.《美国—墨西哥—加拿大协定》的签署

2017 年 4 月,北美三国开启《北美自由贸易协定》重新谈判。2018 年 9 月 30 日,美国与加拿大在最后期限前宣布,双方就更新《北美自由贸易协定》达成一致意见。在此之前,美国与墨西哥已于 8 月 24 日达成了双边贸易协定。这就意味着美国与加拿大和墨西哥在经过了一年多的拉锯战,最终完成了《北美自由贸易协定》的重新谈判。2018 年 11 月 30 日,美加墨三国领导人在阿根廷参加 G20 峰会期间签署了新的协定。这个协定被改名为《美国—墨西哥—加拿大协定》,于 2020 年 7 月 1 日正式生效。《美国—墨西哥—加拿大协定》的初衷在于取代原有的《北美自由贸易协定》,其保存了原《北美自由贸易协定》的基本框架。

《美国—墨西哥—加拿大协定》是特朗普就任美国总统后达成的重要贸易协定谈判成果。美国在谈判过程中一直占据了主导地位,这是由美国的实力地位所决定的。特朗普的个性特征和政策喜好也对美方谈判方式产生了直接影响。在谈判期间,特朗普多次制造紧张气氛,威胁退出《北美自由贸易协定》。特朗普的目的在于利用加拿大和墨西哥担心美国退出协定的心理迫使两国做出重大让步。2017 年 8 月,美国与墨西哥和加拿大正式开始进行第一轮谈判,但是随后多次陷入僵局。2018 年 8 月,美国选择与墨西哥进行双边谈判,并拒绝加拿大加入。这体现出美国在经历了多轮多边谈判后感觉进展缓慢,采用了各个击破策略:先迫使最为弱势的墨西哥在双边谈判中让步,然后再用与墨西哥达成的成果来逼迫加拿大。8 月 27 日,美国贸易代表办公室宣布,美国与墨西哥达成双边贸易协议。美国表示,加拿大必须在期限到期前同意美墨两国达成的协议,才能保留在三国贸易协定之中。这种极限施压、先易后难、各个击破、双边谈判的方式,有可能成为美国将来与日本、欧盟、脱欧后的英国等经济体进行贸易协定谈判的模式。

2.《美国—墨西哥—加拿大协定》对中国的影响

一方面,协定的实施可能会对中国的对外经贸环境造成负面影响。协定规定了更为严格的北美原产地规则,因此将会对中国对美国、加拿大和墨西哥的出口贸易产生抑制作用。特朗普政府的目的在于确保以汽车、电子等为代表的制造业的原料来源和生产环节大部分在北美自由贸易区内完成。新协定通过增设北美产值含量的比例要求,从而将减少或阻止中国、越南、印度等国厂商通过转口贸易和代加工贸易,进入北美市场。例如,新协定特别提高了汽车制造的原产地比例,规定贸易区内销售的零关税汽车零部件比例必须达到 75%,而此前规定的比例为 62.5%。该协定还要求汽车制造商至少 70% 的钢铁和铝来自北美。这些新规则势必将对中国的汽车零部件、钢铁和铝等产品对北美地区的转口和代加工贸易造成负面影响。

另一方面,协定对中国的负面影响还体现于它对美国与日本、欧盟和脱欧后的英国等国家产生的示范效应,以及对世界贸易组织改革的走向和全球贸易规则演变带来的深远影响。在美国的推动下,新协定中加入了一些明显针对中国的专门条款。例如,新协定的第32章第10款规定,协定中的任何签约国如果计划与"非市场经济国家"展开贸易协定谈判,必须在三个月前通知其他签约国;任何签约国和"非市场经济国家"签订贸易协定前,其他成员国也可以审查贸易协定;而任何签约国与"非市场经济国家"签署贸易协定,另外两个国家可以在六个月内自由退出,并自行达成双边贸易协定。这一专门条款被西方媒体广泛解读为针对中国,意在阻止加拿大和墨西哥与中国达成自由贸易协定。美国商务部长威尔伯·罗斯把该条款称为"毒丸条款",并表示,此条款意在阻止加、墨两国与中国达成自由贸易协定。美国极有可能把这一条款复制到将来与日本、欧盟以及脱欧后的英国之间的贸易协定谈判中。

三、其他主要区域经济一体化组织

(一)亚太经合组织(APEC)

1. 亚太经合组织的成立与宗旨

亚太经合组织(Asia-Pacific Economic Cooperation,APEC)是亚太地区层级最高、领域最广、最具影响力的经济合作机制。1989年11月5日至7日,澳大利亚、美国、日本、韩国、新西兰、加拿大及当时的东盟六国在澳大利亚首都堪培拉举行APEC首届部长级会议,标志APEC正式成立。APEC现有21个成员,分别是澳大利亚、文莱、加拿大、智利、中国、中国香港、印度尼西亚、日本、韩国、墨西哥、马来西亚、新西兰、巴布亚新几内亚、秘鲁、菲律宾、俄罗斯、新加坡、中国台北、泰国、美国和越南。此外,APEC还有3个观察员,分别是东盟秘书处、太平洋经济合作理事会、太平洋岛国论坛秘书处。

亚太经合组织的宗旨是,支持亚太区域经济可持续增长和繁荣,建设活力和谐的亚太大家庭,捍卫自由开放的贸易和投资,加速区域经济一体化进程,鼓励经济技术合作,保障人民安全,促进建设良好和可持续的商业环境。

2. 亚太经合组织的运作机制

1)领导人非正式会议

1993年11月,首次APEC领导人非正式会议在美国西雅图召开,之后每年召开一次。截至2022年底,共举行了29次。其中,2020年和2021年因受新冠肺炎疫情影响,马来西亚、新西兰以视频方式举行APEC第二十七次、第二十八次领导人非正式会议。2022年11月,APEC第二十九次领导人非正式会议在泰国曼谷举行。

2)部长级会议

部长级会议。包括年度双部长会议以及专业部长会议。双部长会议每年在领导人会议前举行一次。专业部长会议定期或不定期举行,包括贸易部长会、财长会、中小企业部长会、能源部长会、海洋部长会、矿业部长会、电信部长会、旅游部长会等。

3)高官会

每年一般举行4至5次会议,由各成员指定的高官(一般为副部级或司局级官员)组成。高官会的主要任务是负责执行领导人和部长会议的决定,审议各委员会、工作组和秘书处的活动,筹备部长级会议、领导人非正式会议及协调实施会议后续行动等事宜。

4）委员会和工作组

高官会下设 4 个委员会，即贸易和投资委员会(CTI)、经济委员会(EC)、经济技术合作高官指导委员会(SCE)和预算和管理委员会(BMC)。各委员会下设多个工作组、专家小组和分委会等机制，从事专业活动和合作。

5）秘书处

1993 年 1 月在新加坡设立，为 APEC 各层次的活动提供支持与服务。秘书处负责人为执行主任，2010 年起设固定任期，任期三年。现任执行主任为丽贝卡·玛利亚(Rebecca Fatima Sta Maria，女，马来西亚籍)，于 2019 年 1 月就任，2021 年连任，任期至 2024 年 12 月 31 日。

(二)东盟(ASEAN)

东南亚国家联盟(Association of Southeast Asian Nations,ASEAN)，简称东盟。1967 年 8 月 7—8 日，印度尼西亚、马来西亚、菲律宾、新加坡及泰国五个成员国在泰国曼谷举行会议，发表《曼谷宣言》(《东南亚国家联盟成立宣言》)，向全世界宣告了 ASEAN 的成立。之后文莱于 1984 年正式加入东盟，与前五个创始国成为东盟老成员。东盟最初的建立是源于谋求冷战中的和平，但在 20 世纪 90 年代初东南亚地区恢复了原来的稳定格局，于是各成员国开始积极探讨促进跨国区域经济合作。为了扩大自由贸易的发展和减少区域内的贸易壁垒，以及为了执行具有约束性的优惠关税税率(Common Effective Preferential Tariff,CEPT)，泰国在 1992 年 1 月召开的第四次东盟首脑会议上提出了建立东盟自由贸易区(ASEAN Free Trade Area,AFTA)的倡议。经过 10 年的构建，原东盟 6 国于 2002 年正式启动自由贸易区。2022 年 11 月 11 日，东盟接纳东帝汶为第 11 个东南亚国家联盟成员国。巴布亚新几内亚是东南亚国家联盟的观察员国，21 世纪以来，巴布亚新几内亚外长一直以观察员身份出席东盟外长会议。

(三)区域全面经济伙伴关系协定

《区域全面经济伙伴关系协定》(Regional Comprehensive Economic Partnership,RCEP)是以发展中经济体为中心的区域自贸协定，也是全球规模最大的自贸协定，由东盟十国于 2012 年发起，成员包括东盟十国、中国、日本、韩国、澳大利亚、新西兰。RCEP 的渊源可以追溯到 21 世纪初。2001 年，刚刚遭受亚洲金融危机的东亚各国，开始寻求通过加强对外经济合作推动经济复苏，谋划以东盟十国及中、日、韩三国为基础建立东盟"10+3"模式，这是 RCEP 的最早构想。经过近 20 年的漫长历程，RCEP 于 2020 年 11 月 15 日正式签署。2022 年 1 月 1 日，RCEP 正式生效，全球最大自由贸易区正式启航，文莱、柬埔寨、老挝、新加坡、泰国、越南等 6 个东盟成员国和中国、日本、新西兰、澳大利亚等 4 个非东盟成员国正式开始实施协定。

2023 年 6 月 2 日，《区域全面经济伙伴关系协定》(RCEP)对菲律宾正式生效，标志着 RCEP 对东盟 10 国和澳大利亚、中国、日本、韩国、新西兰等 15 个签署国全面生效。RCEP 全面生效充分体现了 15 个成员方支持开放、自由、公平、包容和以规则为基础的多边贸易体制的决心和行动，不断推进全面、互利和高水平的经济伙伴关系。货物、服务和投资市场开放承诺，叠加各领域高水平规则，将极大促进区域内原材料、产品、技术、人才、资本、信息和数据等生产要素的自由流动，推动逐步形成更加繁荣的区域一体化大市场，促进成员国更大范围、更高水平、更深层次的开放合作。

(四)全面与进步跨太平洋伙伴关系协定

《全面与进步跨太平洋伙伴关系协定》(CPTPP)的前身是《跨太平洋战略经济伙伴协定》

(TPP)。TPP的基本框架是由美国政府主导的,2013年7月日本加入该协定后,TPP的成员国已经达到12个(即新加坡、新西兰、智利、文莱、美国、澳大利亚、秘鲁、越南、马来西亚、加拿大、墨西哥、日本)。经过多轮谈判,12个成员国在2015年10月达成初步协定。特朗普执政后,认为TPP会对美国工人利益造成较大损失,2017年1月美国宣布退出该协定。之后,在日本政府推动下,其余11国搁置了原TPP中与美国相关的20项条款(主要是涉及知识产权和投资方面的条款),并于2018年3月签署CPTPP,2018年12月CPTPP正式生效。虽然美国退出后的CPTPP其全球影响力已经大不如前,但仍然是当前区域贸易协定中标准最高的协定,具有引领21世纪国际经贸规则的作用。CPTPP的生效,有利于加强各成员经济体之间的互利联系,促进亚太地区的贸易、投资和经济增长,进一步推动市场开放、经济一体化和国际合作。

2021年9月16日,中国正式提交加入CPTPP申请。当前,中国为加入CPTPP已在积极行动:一方面,中国已对CPTPP的2300多个条款进行了深入全面的研究和评估,梳理中国加入CPTPP需要进行的改革措施和需要修改的法律法规,并愿意通过改革达到CPTPP的规则标准,在市场准入领域作出了中方现有缔约实践的高水平对方开放承诺;另一方面,中国按照加入CPTPP相关程序,已向CPTPP成员递交了中国加入CPTPP的交流文件,积极与各成员国进行磋商。但中国加入CPTPP仍面临一定的困难,特别是在货物贸易的市场准入、卫生与植物卫生措施(SPS)、知识产权、国有企业等方面。就货物贸易而言,可能会造成一定的贸易转移效应,即使与中国签订了贸易协定的国家,很可能也会受到CPTPP的影响。

"一带一路"倡议

一、"一带一路"倡议的提出

2013年9月7日,国家主席习近平在哈萨克斯坦纳扎尔巴耶夫大学作题为《弘扬人民友谊 共创美好未来》的演讲,提出共同建设"丝绸之路经济带"。2013年10月3日,习近平主席在印度尼西亚国会发表题为《携手建设中国—东盟命运共同体》的演讲,提出共同建设"21世纪海上丝绸之路"。"丝绸之路经济带"和"21世纪海上丝绸之路"简称"一带一路"倡议。"一带一路"不是古丝绸之路的简单升级,而是借用古丝绸之路的历史符号,融入了新的时代内涵;"一带一路"更不是"带"和"路"的地理概念,而是中国向世界提供的国际合作平台和公共产品,是一项开放包容的经济合作倡议。

二、共建"一带一路"的原则

共商、共建、共享是推进"一带一路"的根本原则。《推动共建丝绸之路经济带和21世纪海上丝绸之路的愿景与行动》指出,共建"一带一路"遵循以下基本原则:

(1)恪守联合国宪章的宗旨和原则。遵守和平共处五项原则,即尊重各国主权和领土完整、互不侵犯、互不干涉内政、和平共处、平等互利。

(2)坚持开放合作。"一带一路"相关的国家基于但不限于古代丝绸之路的范围,各国和国际、地区组织均可参与,让共建成果惠及更广泛的区域。

(3)坚持和谐包容。倡导文明宽容,尊重各国发展道路和模式的选择,加强不同文明之间的对话,求同存异、兼容并蓄、和平共处、共生共荣。

(4)坚持市场运作。遵循市场规律和国际通行规则,充分发挥市场在资源配置中的决定性作用和各类企业的主体作用,同时发挥好政府的作用。

(5)坚持互利共赢。兼顾各方利益和关切,寻求利益契合点和合作最大公约数,体现各方智慧和创意,各施所长,各尽所能,把各方优势和潜力充分发挥出来。

三、"一带一路"的建设目标

(一)和平之路

构建以合作共赢为核心的新型国际关系,打造对话不对抗、结伴不结盟的伙伴关系。各国应该尊重彼此主权、尊严、领土完整,尊重彼此发展道路和社会制度,尊重彼此核心利益和重大关切。

(二)繁荣之路

聚焦发展这个根本性问题,释放各国发展潜力,实现经济大融合、发展大联动、成果大共享。

(三)开放之路

打造开放型合作平台,维护和发展开放型世界经济,共同创造有利于开放发展的环境,推动构建公正、合理、透明的国际经贸投资规则体系,促进生产要素有序流动、资源高效配置、市场深度融合。

(四)绿色之路

践行绿色发展的新理念,倡导绿色、低碳、循环、可持续的生产生活方式,加强生态环保合作,建设生态文明,共同实现2030年可持续发展目标。

(五)创新之路

坚持创新驱动发展,加强在数字经济、人工智能、纳米技术、量子计算机等前沿领域合作,推动大数据、云计算、智慧城市建设,连接成21世纪的数字丝绸之路。

(六)文明之路

以文明交流超越文明隔阂、文明互鉴超越文明冲突、文明共存超越文明优越,推动各国相互理解、相互尊重、相互信任。

四、"一带一路"的合作内容

共建"一带一路"以"五通"为主要内容,即政策沟通、设施联通、贸易畅通、资金融通、民心相通。

(一)加强政策沟通是"一带一路"建设的重要保障

截至2023年6月,中国已经同152个国家和32个国际组织签署200余份共建"一带一路"合作文件,涵盖投资、贸易、金融、科技、社会、人文、民生等领域。"一带一路"框架亦与联合国2030年可持续发展议程、《东盟互联互通总体规划》、非盟《2063年议程》、欧盟"欧亚互联互通战略"等全球和区域合作机制形成了有效对接,形成了促进全球共同发展、支持区域经济一体化进程的政策合力。

(二)基础设施互联互通是"一带一路"建设的优先领域

通过加强交通、运输、电力、通信等基础设施领域的互联互通,促进区域内贸易和投资的便利化。中老铁路、中泰铁路、雅万高铁、匈塞铁路等项目扎实推进,瓜达尔港、汉班托塔港、比雷埃夫斯港、哈利法港等建设进展顺利。截至2022年1月29日,中欧班列累计开行突破5万列、运送货物超455万标箱、货值达2400亿美元,通达欧洲23个国家180个城市,为保障国际产业链供应链稳定、推动共建"一带一路"高质量发展作出积极贡献。

(三)贸易畅通是共建"一带一路"的重要着力点

截至2022年年底,中国已与26个国家和地区签署了19个自贸协定,自贸伙伴覆盖亚洲、大洋洲、拉丁美洲、欧洲和非洲。截至2022年10月底,中国海关已与32个共建"一带一路"国家、地区签署了AEO(经认证的经营者)互认安排。2013—2022年,我国与"一带一路"沿线国家进出口总额由1.04万亿美元增长至2.06万亿美元,年均增长约7.9%;2013—2022年,我国对沿线国家非金融类直接投资累计约1822亿美元,"一带一路"沿线国家已成为我国企业对外投资的重要目的地。

(四)资金融通是共建"一带一路"的重要支撑和保障

通过加强金融合作、加强货币流通、扩大货币互换、共同推进亚投行建设等手段,改善区域内投融资环境。截至2023年1月,亚投行的成员数量由启动运营时的57个增至106个,覆盖了全球81%的人口和65%的GDP,成为成员数量仅少于世界银行的全球第二大国际多边开发机构。

(五)民心相通是共建"一带一路"的根基和关键

根据《推进共建"一带一路"教育行动》,我国积极推进与沿线国家的教育政策沟通、教育合作渠道畅通、语言互通、民心相通、学历学位认证标准联通。截至2019年末,我国已与24个"一带一路"沿线国家签署高等教育学历学位互认协议,共计60所高校在23个沿线国家开展境外办学,16所高校与沿线国家高校建立了17个教育部国际合作联合实验室。此外,我国依托共建"一带一路"平台,大力援助沿线国家治穷减贫,提供各种专业技能培训,涵盖减贫、农业等多个领域。

复习思考题

1. 关税减让原则与关税保护原则相违背吗?为什么?
2. 简述"乌拉圭回合"谈判的主要特点。
3. 简述GATT与WTO的主要区别。
4. 简述WTO非歧视原则的内涵。
5. 简述区域经济一体化产生的原因。
6. 自由贸易区与我国国内建立的自贸区有什么区别?
7. 关税同盟的贸易创造和贸易转移效应分别指什么?
8. 区域经济一体化对国际贸易有哪些影响?

延伸阅读

"一带一路"高质量建设驱动合作国家减贫的作用机理

贫困治理是全球性难题,尤其对于发展中国家而言,减贫一直是其经济社会发展中的重大挑战。"一带一路"沿线及参与共建国家中多数发展中国家都备受贫困之苦。"一带一路"沿线最初65个国家和地区的人口占全球的2/3,而经济总量只占全球的1/3,人均收入只有全球平均水平的50%。人均GDP低于世界平均水平的国家有45个,有3.65亿人生活在人均1.9美元/日的世界绝对贫困标准线以下。尼日利亚、塔吉克斯坦、蒙古、老挝等沿线国家贫困发生率较高,反贫困任务繁重。正如第一届"一带一路"国际合作高峰论坛上签署的《"一带一路"国际合作高峰论坛圆桌峰会联合公报》指出的那样,"各国特别是发展中国家仍然面临消除贫困、促进包容持续经济增长、实现可持续发展等共同挑战"。

在全球化进程中这些国家如何借助国际合作加速自身发展、增收减贫,是其对外经济合作战略的优先考量。"一带一路"倡议遵循平等互利的合作原则,以丰富的合作内容、有力的合作执行机制等,在对接沿线各国发展战略的基础上,通过投融资、贸易、基础设施、产能、技术、教育培训合作及减贫经验分享等促进合作国家经济发展,实现民生福利改善,削减贫困和实现2030年可持续发展目标,如图1所示。

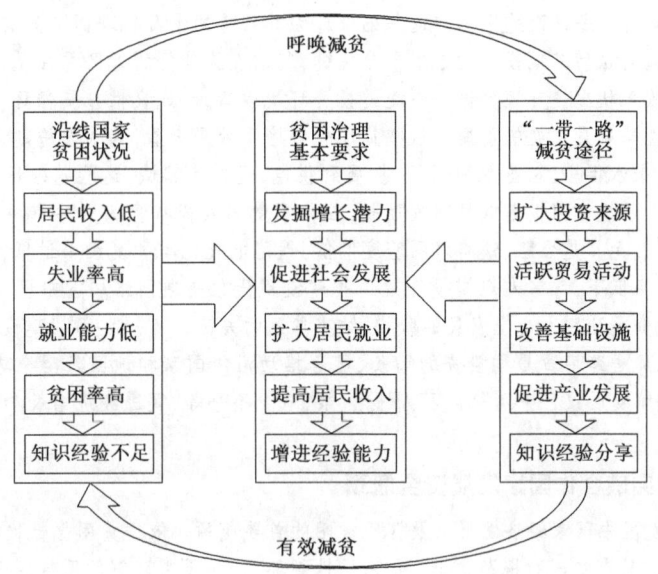

图1 "一带一路"倡议驱动合作国家减贫的作用机理

一、繁荣贸易促进经济增长及减贫

经济学界对于经济增长在减贫中的作用观点并不一致。部分学者认为,分配机制是否公平合理对于增长的成果普惠和减贫发挥着重要作用。但较为普遍的观点认为,经济增长能使所有人受益,其中穷人的收入增长程度和总人口平均收入增长程度存在一一对应的关系,即"涓滴效应"。经济增长并非减贫的充分条件,即经济增长不必然引起贫困规模减小,因为贫困人口能否从经济增长中受益还取决于收入分配是否公平和合理,即贫困群体和富裕群体的收入是否呈现收敛。但足够高的和持续时间足够长的经济增长则是减少贫困的必要条件,蛋糕做大是一定分配机制下社会成员增加成果分享的前提和基础。社会贫困的减少需要物质性福利的大幅度提升,而这需要长期、高速的经济增长作为条件。贸易活动是一国通过发挥比较优势参与国际分工并获得增长动力的重要渠道,参与贸易的国家通过专业化分工及提高生产效率、改善产业结构、融入全球价值链、扩大就业促进经济增长,实现社会收益的增加和财富的积累。一国经济在一定的分配机制下可以产生"益贫式增长",即有助于穷人脱贫的增长模式(pro-poor growth),如中国改革开放以来的经济增长与贫困减少的辩证关系充分展示了经济增长的速度、模式与减少贫困的关系。国际货币基金组织原总裁拉加德指出,全球贸易使得家庭生活成本下降,其中低收入家庭生活成本降幅最为明显。国际货币基金组织现任总裁格奥尔基耶娃指出,贸易有利于经济增长、增加就业和减少贫困,而全球贸易放缓和贸易前景不确定性的增加将为减贫工作带来阻力。世界贸易组织原总干事阿泽维多表示,如果全球贸易完全停止,将会大幅削减较贫困经济体的购买力,并给贫困阶层带来极大损害。在以发达国家为主导的贸易分工体系中,"一带一路"沿线国家多数处于参与度较低的边缘化位置。"一带一路"建设旨在提供促进发展中国家之间功能性互补与发展型合作的机会平台,降低沿线各国贸易障碍,促进沿线各国贸易繁荣进而提振经济增长,增加沿线各国财政收入和居民就业机会,从而减轻其贫困程度。荷兰国际集团(ING)报告显示,"一带一路"沿线国家（尤其是中欧、东欧、中东和东南亚的国家）之间的贸易便利化可带动国际贸易增长12%。世界银行报告也指出，共建"一带一路"倡议将使71个潜在参与国的贸易额增加4.1%，且贸易成本降低将有效加强沿线国家部分行业的专业化分工以及提高行业生产效率。"一带一路"框架下的合作国家贸易活跃在既有分配机制或者分配机制改善的条件下，将有利于合作国家实现发掘禀赋优势和比较优势、增加穷人就业、促进商业交易和提高收益的目标。

二、改善基础设施营造减贫良好条件

基础设施是一国经济社会发展的基础，具有较强的公共产品属性。基础设施服务的充足供应被视为经济发展和减贫的必要条件。基础设施中的交通基础设施因其独特的消费机理而更具有公共产品的非排他性和非竞争性。基础设施对拉动其他投资的作用十分关键，基础设施较好的地区往往是本地和外来投资洼地，由此带动就业机会和收入状况提升又会进一步促进投资环境改善，形成良性减贫循环。从长远发展来看，基础设施互联互通是实现高质量发展的前提。从减贫优先顺序及效果来看，基础设施建设属于先行领域，并且一般是从道路建设、自来水供应、农业水利开始，扩展到供电、通信等领域，这些基础设施投资往往需要大规模、持续性投入，但是由于投资回报率低且回收期长，往往不受私人资本青睐。"一带一路"沿线多数国家基础设施较为落后和短缺，尤其是公路、铁路路网密度偏低，铁路电气化率和复线率过低，高速公路和高速铁路更少，导致交通运输效率低下，急需大规模投资改造和建设现代化交通网络。杰弗里·萨克斯指出，基础设施、公共建设等领域投资是让穷人走上发展的阶梯、结束贫困的关键。"一带一路"建设在改善基础设施方面开展区域合作，有利于促进跨境贸易和投资的增长，显著推动沿线国家和地区乃至全球经济的增长，为合作国家实现2030年可持续发展议程中消除贫困、消除饥饿、减少不平等、促进经济增长和人人获得体面工作等目标提供助力。

三、扩大投融资突破合作国家发展资金瓶颈

资金短缺是制约发展中国家经济发展以及摆脱贫困的首要瓶颈。依据贫困恶性循环理论，"一国穷是因为它穷"，即发展中国家长期贫困的根源在于"贫困恶性循环"。在供需两侧的恶性循环中，资本形成不足是关键痛点。发展中国家必须想方设法促进资本形成、扩大投资，才能打破"贫困恶性循环"。"双缺口模型""三缺口模型"以及"四缺口模型"从理论层面分析了低收入发展中国家参与国际市场或国际循环的必要性。基础设施投资是各国实现经济可持续增长的关键驱动力，巨大的基础设施投资缺口制约着全球贸易、开放和未来的繁荣。投资可带来对经济增长至关重要的就业岗位、基础设施、现代技术、产出增加、出口改善等，带动劳动者收入提高和促进减贫。在收入水平过低、国内储蓄又不足以支撑投资的情况下，发展中经济体尤其需要通过引进外资来弥补国内资本形成的缺口。2016—2030年间亚洲基础设施建设投资需求将超过26万亿美元，年均1.7万亿美元，但实际投资缺口约达50%。显然，多数发展中国家很难独立承担如此大规模的基础设施投入。巨大的资金缺口迫切需要国际社会支持，"一带一路"建设有助于为该地区的基础设施建设提供财政支持，并弥补这一缺口。虽然学术界有关外国投资对东道国减贫的影响意见不一，但多数倾向认为外国直接投资对减少贫困具有积极贡献。

四、技术溢出促进东道国人力资本提升和产业升级

经济全球化时代，技术的"非竞争性"使得"溢出和共享"成为可能。科技合作是解放生产力、优化产业结构、促进增长的引擎，也是提高劳动者技能和增收减贫的基本途径。作为提高劳动生产率、优化资源配置、转变经济增长方式的决定性因素，技术在世界范围内的流动愈来愈以跨国投资作为载体。发展中国家的技术发展水平影响其国际价值链位置，也是劳动者劳动生产率提高和收入增长的关键。跨国公司在对外直接投资过程中客观上会对东道国技术进步产生一定的积极影响。几乎所有的跨国投资都与某种形式的技术转移联系在一起。技术转移现象一般都会伴随着FDI的流动出现，也就是经由跨国公司的经营活动向发展中国家渗透，从而对后者的技术进步产生促进作用。技术落后的发展中国家通常依靠引入FDI获得技术转移和技术挤入，从而促进自身技术进步、经济发展、财富增长和减贫脱贫。东道国企业通过对随投资而来的外国技术、产品展开模仿来实现技术的进步和产品结构的升级。当跨国公司雇佣当地劳动力并对其进行培训时，劳动力技能、营销技巧、管理水平等提升使得受培训者工资收入增加并使当地人力资本结构得到优化。跨国公

司向当地企业传播技术的能力,如协助当地公司改善组织管理、改进产品质量和所采用的商业采购战略等对东道国经济发展与福利增长变化产生巨大影响。"一带一路"沿线发展中国家产业结构层次较低、研发投入不足、技术创新水平不高、劳动生产率较低等问题突出,因此,这些国家迫切需要通过深度参与国际经济合作、吸收国外先进技术来提升自身现代经济技术水平,以便更好地融入全球产业链和全球价值链。毫无疑问,"一带一路"框架下的跨国投资活动对于改善东道国技术水平、提高其劳动生产率和国际经济竞争力具有积极影响。

五、知识与经验分享促进减贫

国际减贫成功经验可以为本国减贫提供参照和借鉴。中国在过去数十年里减贫成就突出,为全球减贫作出了巨大贡献,积累了很多可被其他国家和地区借鉴和复制的成功经验。联合国秘书长古特雷斯曾表示,精准扶贫方略是帮助贫困人口、实现2030年可持续发展议程设定的宏伟目标的唯一途径,中国经验可以为其他发展中国家提供有益借鉴。中国的减贫经历具有特殊价值,脱贫成就在全球前所未有。中国维持经济长期可持续增长、加大教育和医疗投入、快速推进城市化以及坚持对外开放等减贫经验在可能的情况下可以应用于其他地方。中国的减贫进展具有全球意义,世界银行集团与中国进行减贫合作,可以加强自身的知识和能力,向全球其他国家传授成功的减贫经验。贫困治理是新时代中国最有成效和最有发言权的全球治理领域之一。教育和技能培训是保障就业、突破贫困圈的重要措施,如何保障人们有接受新技能培训的机会应当作为疫情过后促进经济复苏的一大政策焦点。中国通过对外培训、援助和投资等方式支持发展中国家特别是"一带一路"合作国家的减贫事业,如通过打造中国扶贫国际论坛、减贫与发展高层论坛、中非合作论坛——减贫与发展会议、南南合作论坛等高规格、有现实影响力的国际减贫交流合作平台,开通南南合作减贫知识分享网站,发布中外减贫案例数据库及在线分享平台,出版国际减贫合作蓝皮书等,推动中国减贫经验的国际化,共同推进包括"一带一路"合作国家在内的全球贫困治理进程。

(论文原标题为《"一带一路"高质量建设驱动合作国家减贫的作用机理及其成效》,作者郑雪平,载于《新华文摘》2022年第2期,有删减)

第六章

国际贸易实务

学习国际贸易理论、政策与措施,为我们从事国际贸易实务工作提供了必要的理论准备。但是,作为国际商务人员,不仅需要了解国际贸易的基本理论知识和法律法规,还需要熟悉国际贸易业务操作,解决国际贸易中的实际问题。作为国际贸易业务开展的重要主体,企业应如何开展对外贸易工作?在对外贸易中有哪些基本工作程序?需要注意哪些问题?如何订立和履行贸易合同?系统学习国际贸易实务知识,是培养涉外商务活动人才的重要途径和必然选择。

第一节 国际贸易方式

一、有固定组织形式的贸易方式

(一)商品交易所

1. 商品交易所的概念

商品交易所(commondity exchange)是按照一定章程设立的在固定地点和规定时间通过特定人员进行大宗商品买卖的场所。所谓特定人员,是指在交易所的大厅内按规定的办法以口头喊价的方式进行公开交易的人员。

商品交易所的交易商品只根据规定的品级或样品进行交易。成交是在交易所规定的标准合同的基础上进行的。买进或卖出时无须出示和验看商品或对品质规格进行磋商。如果交易时质量达不到标准品级,可以加价或减价进行调整。

由于交易所是大量商品的集中交易,因此可以根据商品的供求情况确定交易所价格。这使得商品交易所在国际贸易中具有调节价格的作用。交易所价格,往往成为交易所以外进行交易的价格依据。

2. 商品交易所的组织结构

世界各国的商品交易所的组织结构不尽相同,但一般都是采用股份公司的形式。基本上由三大部分组成:

(1)理事会(council)。理事会受政府主管部门统辖,行使制订政策、执行法规的职权。理事会下设各种职能部门,如调查部、统计部、报价部、研究部等,由总裁、副总裁领导,负责处理交易所的日常事务。

(2)会员委员会(member committee)。会员委员会由交易所的全体股东组成,下设仲裁、合同规范、交易厅经纪人资格、清算所等委员会。

（3）清算所（clearing house）。清算所是商品交易所的清算机构，由清算委员会组成。在美国，凡商品交易所会员而且合乎规定的公司、合伙、企业，皆可成为交易所清算所委员。

3. 交易业务

（1）现货交易（spot exchange），又称为实物交易，是一种直接交付物品和支付款项的交易方式，大部分是即期交割。交易所提供交易场所和交易所标准买卖合同格式以及协助解决业务争议与纠纷等。

（2）期货交易（futures exchange），是一种以交易所制定的标准合同为中介，由买卖双方在交易所内达成远期交割的贸易方式。标准合同由交易所自行制定，具有标准化格式，对价格和交货期以外的各项交易条件，如品质条件、品质增减价办法、数量、包装等有统一规定。因此，买卖双方在交易所进行交易时，只要商定价格、交货期以及合同批数就可以达成期货交易。期货交易是商品交易所的主要业务，因此，商品交易所的交易大部分是期货交易。期货交易并非买卖实物，一般不涉及商品实物所有权的转让，只是期货合同所有权转让，所以又称为期货合同交易。买卖双方成交之后并没有真正实现商品的转移，只是约定在一定期限内交割。

4. 商品交易所的规章制度

商品交易所虽然是进行期货交易的场所，但是自身并不进行商品买卖，也不参与价格的决定。为确保期货交易顺利进行，商品交易所制定了各种规章制度，其中最主要的制度有：

（1）保证金制度。凡要在商品交易所买卖期货合同者，交易者必须是交易所会员，在进行交易前先向交换会员交付保证金，然后交换会员再向清算所储存一笔固定数额的保证金。其主要作用是防止交易者和经纪人违约和作为清算所每日结算制的基础。

（2）结算制度。期货交易成交后，清算所要负责登记在有关会员的保证金存款的账户上。清算所为对每笔交易负责，采用"无负债制度"，即根据每种期货在交易日最后 10 秒钟所达到的最高价和最低价的平均价格，与每笔交易达成的价格的差额，每天计算出各清算所会员的盈亏。亏本的要在第二天交易开始前补交保证金，作出"无负债"交易。

（3）价格限额制度。各交易所对每种期货价格的涨落幅度都规定有限价。这种价格限额制度使市场在受到某种力量振动，价格狂涨或暴跌时，可以停止交易，从而能够保护交易者不受大的损失。

（二）国际拍卖

1. 拍卖的概念

拍卖（auction）是指由专门从事拍卖的固定组织机构即拍卖行，在一定时间和地点，按照一定的章程和规则，将要拍卖的货物向买主公开展示，经过买主看货后，由买主相互出价竞买，最后把现货售给出价最高的买主的一种贸易方式。拍卖是一种实物交易，是国际贸易中的一种古老的贸易方式。

拍卖的对象主要是单批的、规格复杂、不易标准化或非标准化的部分商品（一般是农畜产品）。事先验看商品是拍卖贸易的必要条件。这是因为一经成交，卖主或拍卖行对商品的品质都不接受任何索赔（隐蔽性缺点除外）。

2. 拍卖的出价方法

（1）增价拍卖。增价拍卖也称买方叫价拍卖或美洲式拍卖（American Auction）。这是最常用的一种拍卖方式。拍卖时，由拍卖人（auctioner）提供一批货物，宣布预定的最低价格，然后由竞买者(bidder)相继叫价,竞相加价,有时规定每次加价的金额额度,直到拍卖人认为无人再出更高的价格时,则用击槌(锣)动作表示竞买结束,将这批商品卖给最后出价最高的人。在拍卖出槌(锣)前,竞买者可以撤销出价。如果竞买者的出价都低于拍卖人宣布的最低价格,或称价格极限,卖方有权撤回商品,拒绝出售。

(2)减价拍卖。减价拍卖又称荷兰式拍卖(Dutch Auction),这种方法先由拍卖人喊出最高价格,然后逐渐减低叫价,直到有某一竞买者认为已经低到可以接受的价格,表示买进为止。减价拍卖,成交迅速,经常用于拍卖鲜活商品和水果、蔬菜等。

以上两种方法都是在预定的时间和地点,按照先后批次,公开叫价,现场确定,当时成交。

(3)密封递价拍卖。密封递价(Sealed Bids,Closed Bids)拍卖又称招标式拍卖,采用这种方法时,先由拍卖人公布每批商品的具体情况和拍卖条件等,然后由各买方在规定时间内将自己的出价密封递交拍卖人,以供拍卖人进行审查比较,决定将该货物卖给哪一个竞买者。这种方法不是公开竞买,拍卖人有时要考虑除价格以外的其他因素。有些国家的政府或海关在处理库存物资或没收货物时往往采用这种拍卖方法。

3. 拍卖的程序

(1)拍卖准备。卖主将拍卖商品运到拍卖行指定的仓库,拍卖行对商品进行分类、分级和分批,并邀请买主到仓库看货。

(2)正式拍卖。正式拍卖必须在预定时间和地点进行。先由买主叫价,拍卖人将商品售给递价最高的买主,并公布买主姓名。

(3)交货。拍卖成交后,由买主开立购买确认书,并按规定付款,凭栈单或提货单到指定仓库提货。

(三)招标与投标

1. 招标与投标的概念和分类

实际上招标、投标是一种贸易方式的两个方面。招标(invitation to tender)是指招标人在规定时间、地点发出招标公告或招标单,提出准备买进商品的品种、数量和有关买卖条件,邀请卖方投标的行为;投标(submit tender)是指投标人应招标人的邀请,根据招标公告或招标单的规定条件,在规定投标的时间内向招标人递盘的行为。

目前,国际上采用的招标方式归纳起来有三大类、四种方式,即:

(1)竞争性招标(competitive bidding),是指招标人邀请几个乃至几十个投标人参加投标,通过多数投标人竞争,选择其中对招标人最有利的投标人达成交易,它属于竞卖的方式。竞争性招标有公开招标和选择性招标两种做法:

①公开招标(open bidding)是一种无限竞争性招标(unlimited competitive bidding)。采用这种做法时,招标人要在国内外主要报上刊登招标广告,凡对该项招标内容有兴趣的人有均等机会购买招标资料进行投标。

②选择性招标(selected bidding),又称为邀请招标,是一种有限竞争性招标(limited competitive bidding)。采用这种做法时,招标人不在报刊上刊登广告,而是根据自己具体的业务关系和情报资料由招标人对客商进行邀请,进行资格预审后,再由它们进行投标。

(2)谈判招标(negotiated bidding),又称议标,是非公开的,是一种非竞争性的招标。这种招标由招标人物色几家客商直接进行合同谈判,谈判成功,交易达成。

(3)两段招标(two-stage bidding),是指无限竞争招标和有限竞争招标的综合方式,采用此类方式时,是用公开招标,再用选择性招标,分两段进行。政府采购物资,大部分采用竞争性的公开招标办法。

2. 招标与投标业务的基本程序

招标与投标业务的基本程序包括招标前的准备工作、投标、开标、评标、决标及中标签约等几个环节。

(1)招标前的准备工作,包括发布招标公告、资格预审、编制招标文件等。

(2)投标,包括投标前的准备工作、编制投标文件和提供保证函、信用证和递送投标文件。

(3)开标、评标、决标。所谓开标,是指在指定日期、时间和地点将全部投标寄来的投标书中所列的标价予以公开唱标,使全体投标人了解最高标价以及最低标价。开标日期、时间和地点通常在招标文件中予以规定,开标有公开开标和不公开开标两种方式。公开开标要当众拆开所有密封投标单,宣读内容。投标人可派代表监督开标。开标后,投标人不得更改投标内容。不公开开标,则由招标人自行选定中标人,投标人不能派出代表参加开标。国际招标,大多数采用公开开标的方式。开标后,有些可以当场决定由谁中标,有的还要由招标人组织人员进行评标。参加评标的人员原则上要坚持评标工作的准确性、公开性和保密性。评标后决标,选定中标人。

(4)中标签约。中标是从若干投标人中选定交易对象,即中标人中标,中标即为得标。中标者必须与招标人签约,否则保证金予以没收。但为了确保中标人签约后履约,招标人仍然要求中标人交纳履约保证金或保证函。

招标人在评标过程中,认为不能选定中标人,可以宣布招标失败,拒绝全部投标,这种行为称为拒绝投标。这已经成为一种国际招标惯例。一般出现下列情况之一者,可以拒绝全部投标;一是最低标价大大超过国际市场的价格水平;二是投标书内容与招标要求不符;三是在国际竞争招标时,投标人太少。

(四)国际博览会与国际展览会

国际博览会,是一种以固定组织形式出现的由有关国家或地区的厂商在同一地点定期举行商品交易的场所。其目的是使参加者展出各种产品的样品和技术,以便签订贸易合同,扩大贸易。国际展览会不同于国际博览会,是不定期举行的,分为短期展览会、长期样品展销会、流动展览会等。其目的是展示一国或不同国家在产品、科技方面所取得的成就。

二、无固定组织形式的贸易方式

无固定组织形式的贸易方式是指超越固定市场范围的贸易方式,即不按照固定规章和交易条件,不在特定地点进行交易的贸易方式。这种贸易方式大体可分为两大类,一类是单纯的商品购销方式,如单边进口和单边出口;另一类是复合(与其他因素结合)的商品购销方式,如代理、包销、补偿贸易、加工贸易等。

(一)单边进口与单边出口

单边进口和单边出口,又称单进单出或两单售定,是进口贸易或出口贸易各自单独进行,不以相应的进口或出口为其前提的贸易方式。它的基本做法是买卖双方在世界市场上自由选择交易对象,直接通过函电往来或当面洽商,就商品的品种、规格、数量、价格、运输、保险、交货方式、付款条件等进行具体谈判,在达成一致意见的基础上签订出口和进口合同,然后双方按照合同条款分别履行交货和付款义务,买方付清货款后,双方的买卖关系即告结束。

这种方式是国际商品贸易中最普遍、最常见的交易方式。

(二)代理

代理(agency)是指代理人按照本人的授权代表本人同第三者订立合同或作其他法律行为。由此而产生的权利与义务直接对本人发生效力。因此,代理方式与包销方式相比较,它具有下列基本特点:第一,代理人与委托人之间的关系属于委托买卖关系。代理人在代理业务中,只是代表委托人行为,例如招揽客户、招揽订单、代表委托人签订买卖合同、处理委托人的货物、收受货款等。代理人本身并不作为合同的一方参与交易。第二,代理人通常运用委托人的资金进行业务活动。第三,代理人一般不以自己的名义与第三者签订合同。第四,代理人赚取的报酬即为佣金。

代理通常有总代理、独家代理和佣金代理。

(1)总代理(general agency),是指定地区委托人的全权代表。它除了有权代表委托人进行签订买卖合同、处理货物等商务活动外,也可进行一些非商业性的活动。它有权指派分代理,并可分享分代理的佣金。

(2)独家代理(exclusive agency,sole agency),是指在指定地区内单独代表委托人行为的代理人。委托人在该指定地区内,不得委托其他第二个代理人。因此在出口业务中,采用独家代理这一方式,委托人给予代理人在特定地区和一定期限内享有代销指定商品的专营权。但是,独家代理具有的专营权与包销所具有的专营权并不完全一样。通常,除非协议另有约定,一般也可允许委托人直接向指定的代理地区的买主进行交易。为了不损害独家代理的利益,有些协议规定,凡委托人直接与指定代理地区的买主达成交易的,仍然向独家代理计付佣金。

(3)佣金代理(commission agency),又称一般代理,是指在同一代理地区、时间及期限内,同时有几个代表委托人行为的代理人。佣金代理根据推销商品的实际金额或根据协议规定的办法和百分率向委托人计收佣金,委托人可以直接与该地区的实际买主成交,也无须给佣金代理佣金。在我国出口业务中采用这种代理方式比较多。

(三)经销

经销(exclusive sales)是企业或个人为另一个企业或个人按照双方所签订的经济合同销售商品的经济行为。国际贸易中的经销主要有包销和定销两种。

1. 包销

包销指出口人(委托人)通过协议把某一种商品或某一个地区和期限内的经营权单独给予国外某个客户或公司的贸易做法。包销同通常的单边出口不同,除了当事人双方签有买卖合同外,还须在事先签有包销协议。

在包销方式下,出口人与包销人是货主与买主的关系,属于买卖关系。但是它不同于一般的单纯的买卖关系,而是双方权利义务对等的售定买卖关系。即双方都要受专卖权和专买权的约束。包销协议签订之后,出口人一方既有专卖权,就有义务不将包销商品再向指定地区内其他商人出售;包销人一方既有专买权,就有义务保证购进最低数量的包销商品,只在指定地区销售,并且不再经营其他国家的同类商品或替代品。因此,包销与独家代理的方式非常接近,两者又有原则区别。它们的相同之处在于都在指定地区、指定期限内对指定商品享有专卖权,而区别在于交易双方具有不同的经济关系。独家代理与委托人(出口人)之间的关系是委托与被委托(代理)的关系;包销人与出口人之间的关系是买卖关系。因此,包销人必须以自己的资金购进货物,取得商品所有权,然后转售出去,自负盈亏和承担经营风险,这和独家代理不必动用自有资金购买商品,不负盈亏,只赚取佣金的做法是根本不同的。

国际贸易中的包销协议,其内容繁简不一,一般包括以下一些内容:包销商品的范围、包销专营权(包括专卖权和专买权)、包销地区、包销期限、包销商品的数量和金额、作价方法(固定价或分期作价)、交货条件、包销人的义务(商标保护、广告宣传、市场信息等)。

2. 定销

定销是指出口人在一定的国外市场,在一定的期限内,挑选几个客户,将同一货物分给别人经营,出口人给予定销商在价格、支付条件或折扣上一定的优惠,但定销商不享有货物销售的专营权利。出口人用定销方式的目的是用它作挑选包销商的手段。

定销与包销的不同之处是:包销在一定地区和一定期限内,只有一个包销商经营或出口货物,而定销则是几个商人同时作为定销商;包销商享有独家专营权,而定销商则不享受经营或出口货物的独家专营权。它们的相同之处是与出口人是售定性质的买卖关系,自行购货,自己销售,自负盈亏。

(四) 寄售

寄售(consignment)是一种有别于通常的代理销售的贸易方式,是指委托人(货主)先将货物运往寄售地,委托国外一个代销人(受托人),按照寄售协议规定的条件,由代销人代替货主进行销售,在货物出售后,由代销人向货主结算货款的一种贸易做法。在寄售业务中,寄售人就是委托人或者称其为货主,委托人就是出口人,代销人就是受托人,受托人可以是专门从事寄售业务的商号或公司,也可以是委托人在国外的分支机构或代理人。

代销人如同代理人介于委托人与实际买主之间,但代销人不同于代理人:第一,代销人有权以自己的名义与当地购货人签订合同,而代理人则是代表委托人与当地的购货人签订合同。第二,代销人与当地购货人之间签订的购销合同,合同双方当事人则是正常的本人与本人的关系。代销人在当地购货人不履约时,代销人有权以自己的名义起诉,代理人通常无此权利。第三,代销人在委托人不执行寄售协议时,可以对委托人的货物行使置留权或将寄售货物作为担保和抵押。因此在法律上,寄售方式中代销人的权限往往大于通常代理方式的代理人。

在国际贸易中采用的寄售方式,与正常的卖断方式比较,具有下列几个特点:

(1)寄售人先将货物运至目的地市场(寄售地),然后经代销人在寄售地向当地买主销售。因此,它是典型的凭实物进行买卖的现货交易。

(2)寄售人与代销人之间是委托代售关系,而非买卖关系。代销人只能根据寄售人的指示处置货物。货物的所有权在寄售地出售之前仍属寄售人。

(3)寄售货物在售出之前,包括运输途中和到达寄售地后的一切费用和风险,均由寄售人承担。寄售货物装运出口后,在到达寄售地前也可使用出售路货的办法,即当货物尚在运输途中,如有条件即成交出售,出售不成则仍运至原定目的地。

(五) 易货贸易

易货贸易(Barter Trade)是将进口与出口结合起来,以货换货的一种贸易方式。其做法是将同价值的进口商品和出口商品通过协议结合起来,构成一笔互换的交易。

1. 易货贸易的特点

(1)进口同出口同时成交,即使不能同时成交,成交时间也有约束。

(2)进出口金额相等或基本相等。

(3)进出口商品交换的品种,可以是一种对一种,也可以是几种对几种或一种对几种,软硬搭配,对等交换。

2. 易货贸易的分类

根据支付、结算货款方法的不同,易货贸易基本上分两种类型。

(1)狭义的易货,又称直接易货。这是一种最古老的"物物交换"方式。基本做法是:以货换货,笔笔平衡,不通过外汇结算货款;贸易双方在采用这种方式时,各以一种等价货物进行交换,同时成交,不用货币支付,没有外汇的转移,只以单据交换完成交易。在个别情况下因进出口值很难相等时,仅以外汇支付尾数,结算差额。

(2)广义的易货,又称为综合易货或"一揽子"易货。主要做法是:双方交换的货物通过外汇结算货款;贸易双方都承担购买对方等值商品的义务,进口商品和出口商品的交换作为一笔交易体现在一个合同中。进行这种方式交易时,可以用一种出口商品交换对方的另一种出口商品,货款逐笔平衡;也可以由双方订立易货协议或合同,规定在一定期限内用几种出口商品交换对方另外几种出口商品,按软硬搭配办法组成一笔交易,进出口可以同时进行,也可以有先有后,但时间差距都不能过长,货款分别结算,最终整笔平衡。由于它比直接易货灵活,所以它是当前易货市场上广泛被使用的方式。

3. 易货贸易的优缺点

1)优点

(1)可以不用外汇支付结算货款,有利于扩大同一些外汇支付困难的国家和地区的贸易,减少汇价变动的困难。

(2)有利于以进带出,扩大出口商品的市场,容易实现进出口平衡。

2)缺点

(1)适用范围窄,谈判费时费事,不易成交,不如单进单出灵活。

(2)采用记账方式的综合易货,如果一方先出口,而另一方供货不及时,实际等于向对方提供了无息贷款,经济上反而吃亏。

(六)补偿贸易

补偿贸易(Compensation Trade)是信贷与贸易相结合的产物,它是买方在信贷的基础上,从卖方进口机器设备、生产技术、原材料及服务,在约定时期内用指定的商品或劳务偿还这些贷款及利息的一种贸易方式。补偿贸易的基本做法是:出口方(卖方)和进口方(买方)先签订一个中期或长期合同、协议,由卖方向买方提供较高数额的贷款,买方用这项贷款向卖方购进机器、设备、技术、原材料等,用于开发资源、兴建改建工业企业等项目,然后在约定期限内,用该项目所生产的产品或双方商定的其他商品、劳务,分期偿还本息。

补偿贸易的做法很多,分类方法也不相同。一般按买方偿付商品的不同分为直接产品补偿、其他产品补偿、劳务补偿三种基本形式。这三种补偿方式在实践中并不见得是截然分开的,既可以是部分直接产品、部分其他产品;也可以是部分产品、部分劳务;甚至可以是部分直接产品、部分现汇支付等等。

与传统的易货贸易有相似之处,但实际上两者有着很大的区别:(1)补偿贸易是以信贷为基础,与信贷相结合的贸易,而易货贸易的交易双方并不发生信贷关系;(2)补偿贸易与商品的生产相联系,而易货贸易双方所交换的商品与它们的生产不一定有联系;(3)补偿贸易往往要持续很长的时间,包括多次的买卖行为,而易货贸易时间较短,往往是一次行为,买卖同时发生,大致同时结束。

补偿贸易也不同于延迟付款的交易。虽然两者都是建立在信贷的基础上,但前者用商品偿还,不使用现金。后者则是用现金偿还货款。

开展补偿贸易的好处在于,从买方(设备进口方)看,可以利用国外资金,即在不动用外汇的情况下,引进国外的先进技术设备;有利于提高技术水平和劳动生产率,增加产品品种;通过产品返销扩大商品出口。从卖方(设备出口方)看,通过向对方得供贷款为自己的产品开辟销路,扩大设备技术出口,通过直接补偿或间接补偿获得进口商品的稳定供应。补偿贸易的缺点和局限在于:不容易引进最新的先进技术;卖方提供的机器设备的价格,通常包含较高的利润,买方付出的代价较高,在作价和利率上容易吃亏;出口设备一方对补偿产品在规格、品质及交货期等方面要求很严,约束性大,往往借口市场销售情况不好进行压价。

(七)加工贸易

加工贸易(Processing Trade)是通过进口原料和半成品,经加工、装配后再返销出口,加工者从中赚取加工费的一种贸易方式。20世纪60年代以来,世界上许多国家,尤其是第三世界国家和地区盛行此种方式,已成为国际贸易中一种习惯做法。

1. 加工贸易的种类

1)进料加工

进料加工是加工者自行安排进口原料或半成品,加工成制成品后再自行出口。

2)来料(来样)加工和来件装配

来料加工是指加工方接受国外厂商提供的原料、辅料、包装物料等,按照合同中要求的技术、质量进行加工,制作成成品后,再交给对方,并收取加工费和有关费用(通常称为"工缴费")。

对于那种国外厂商只对加工方提出式样、规格等要求,而用加工国当地的原料进行生产的,称为"来样加工"。

来件装配是指加工方接受外国厂商提供的零部件、元器件等,由加工方按对方要求装配成成品,交给对方,并收取工缴费。

2. 不同种类加工贸易的区别

来料加工与进料加工有实质性区别:

(1)来料加工是外方提供原料,进料加工是自己进口原料。

(2)来料加工中只能按照外方意图加工,进料加工中按照自己意图加工。

(3)来料加工中加工后的成品由外方负责销售,自己仅仅赚取加工费,其风险相对较小;进料加工中加工后成品由自己负责销售,赚取的是从原材料到最终产品的增加值,其风险相对较大。

(4)进料加工中原料的进口和成品的出口是两笔交易,原料和成品均发生了所有权的转移,而来料加工中的原料进口和成品出口是属于同一笔交易,所有权不发生转移。

来料加工和进料加工都是利用本国劳动力和技术设备,都属于"两头在外"的加工贸易方式。它有利于扩大劳动就业、增加国民收入并促进相关部门提高生产技术及管理水平。

(八)租赁贸易

租赁贸易(Lease Trade)是把商品在一定期间的使用权作为交易对象的贸易方式,即出租人与承租人双方在订立租赁契约(合同)的基础上,出租人以收取一定数量的租金为条件,将商品租给承租人(用户)专用。在这种方式下,在租赁期内出租人将出租物交给承租人使用,但该出租物的所有权仍属于出租人。这就是说租赁方式所涉及的是使用权的有条件的让渡,而不是所有权的转移。

租赁贸易也是与信贷相结合的贸易。租赁业务与一般信贷的区别在于,租赁只借物不借钱。租赁贸易的租金一般包括三方面内容:一是租赁物原价的折旧费;二是融资利息;三是租赁公司的手续费。

在国际市场上租赁贸易主要有以下五种方式,其中应用最广的是前两种。

(1)融资性租赁。这种方式以融通资金为主要目的,是设备租赁的基本方式。融资性租赁的特点是:出租的设备由承租人选择,然后由出租人出资购买,然后交给承租人使用;租用期限较长,基本租期相当于设备的绝大部分有效寿命期,一般为3年,有的达10年以上;租金为购买该设备的成本加融资的利息及其他费用之和,租赁合同一旦签订,双方都无权撤销合同;租赁期间,出租人仍拥有机器设备的所有权,并定期向承租人收取一定的租金;承租人则负责租用设备的维修、保养、保险和税金;租赁期满后,承租人有续租、退租或作价购买所租设备的选择权。

(2)经营性租赁。这种方式对承租人来说,只是为了在一定期间内使用某种设备,并不想长期租有所有权。经营性租赁的特点是:出租的设备由出租人根据市场需要进行选购,购进之后再寻找承租人;租赁期一般较短,有的甚至几天、几小时;设备的维修、保养、保险、税金和提供各种专门性服务由出租人负责;租金包括租赁期设备的折旧费、利息及其他费用;租赁期满或合同终止后,承租人必须将所租设备退还出租人。

(3)有条件售卖与租购。这种方式实际上是承租人以分期付款的形式购买设备,在付过最末一次租金之后,售卖条件便已全部履行完毕,设备的所有权即转让给了承租人。

(4)总租约。总租约方式是指根据一项总的租赁合同的安排,在规定了租赁的设备品种及利率等基本条款的基础上,出租人要保证将设备稳定地提供给承租人,使承租人能够随时使用它所需要的设备。采用这种方式,可以节省商议添置新设备以及进货等所需要的时间。

(5)出售反租。出售反租方式是指承租人将自有的设备出售给出租人。把固定资产转变为现金,然后再将设备反租回来使用。采用这种方式的承租人可以获得周转资金,以便用于其他方面。

开展租赁贸易的好处主要表现在:对承租人而言,可以取得全额资金融通的效果,它是一种"无本投资",在不支付大量外汇的条件下,较快地引进先进的生产设备和技术;租金固定,容易计算成本,对投资能做到心中有数;可以促进企业改善经营管理,提高资金利用率,加速资金周转,防止因购买机器设备而带来的资金运用困难,对于升级换代较快的设备租赁比自己购买设备更为有利。对出租人而言,租赁业务收回租金比较安全,而且获利往往较直接出口还多,还可以得到因设备每年折旧而在纳税方面得到的好处。

租赁贸易的不足之处主要是:租赁的费用比较高,一般租金总额相当于销售价的120%~130%,甚至更高;承租人对设备只有使用权,没有所有权,因此承租人不能根据本工厂实际需要随意改进所租赁的设备;长期欠债一时不能抵消;如果设备利用不充分,则将增高生产成本;如果废除租约则要遭受较大的罚款。

第二节 国际市场商品报价方法与贸易术语

一、国际市场商品报价方法

在国际贸易中,价格是买卖双方交易磋商的主要内容。商品的价格通常是指商品的单价(unit price),即商品的每一个计量单位以某一种货币表示的价格。由于国际贸易与国内贸易有不同的特点,在国际贸易中商品的价格除了要表明每一计量单位的价格金额外,还要表明其价格构成,即买卖双方在货物交接过程中有关费用、风险和责任的划分,用国际贸易中通用的价格术语来表示。由此可见,国际贸易中的商品价格问题主要涉及对价格术语的选择和对商品价格的掌握两个方面。

(一)单价

单价由四个部分组成,即计价货币、单位价格金额、计量单位和价格术语。例如:"£100per M/T FOB Shanghai"表示计价货币为"英镑",单位价格金额为"100",计量单位为"公吨",价格术语为"FOB 上海"。

单价的各个组成部分必须表达明确、具体,并且还要注意四个部分在书写上的次序,不能随意颠倒。现对这些组成部分的有关问题加以说明:

(1)计价货币。要明确是哪一个国家(地区)的货币。同一货币名称,在不同的国家或地区,币值各不相同。例如:"元"有美元、加元、港元、人民币元等;"法郎"有瑞士法郎、法国法郎;"克朗"有瑞典克朗、挪威克朗、丹麦克朗等。

(2)计量单位。各国使用的度量衡制度不同,价格条款中的计量单位应与数量条款中所用的计量单位相一致。如以"吨"为单位,应写明公吨、长吨或短吨。如以长度单位计量,要写明米还是英尺等。

(3)价格术语。国际贸易中的价格术语,以 FOB、CIF 和 CFR 三种使用最多。在我国实际进出口业务中,出口多使用 CIF 和 CFR 价格术语,有利于我方船货衔接,也有利于促进我国远洋运输事业的进一步发展;使用 CIF 价格术语,还有利于我国保险事业的发展和增加保险收入。有些情况下,我方出口也可接受 FOB 价格术语。在进口业务中,我国多使用 FOB 术语,由我方派船到国外接运货物,以利节省运费、保险费外汇支出。FOB 价格术语的装运港和 CIF、CFR 价格术语的目的港的具体港口名称要注明,凡世界上有同名的港口,还应加注国名。

(二)总值

总值(total amount),也称总价,是单价和数量的乘积,即一批货物的全部金额。在总值项下一般也同时列明价格术语。当然,总值所使用的货币也就是单价所使用的货币。

二、贸易术语

(一)贸易术语的概念和作用

贸易术语(trade terms),又称为价格术语(price term),是指在长期的国际贸易实践中形成的、用一个简短的概念(如 Free on Board)或若干字母的缩写(如 FOB)来说明商品交货地点以及买卖双方在责任、费用和风险上划分的专门术语。它与价格结合在一起使用,成为报价的组成部分。

使用价格术语,可以简化交易的内容,节省磋商时间和业务费用;有利于双方加强成本核算;有利于界定合同的性质、运输方式和保险事宜;明确责任、风险和费用的分担,减少贸易纠纷和妥善解决贸易争端。

由于价格术语确定了买卖双方在货物交接过程中的责任、费用和风险的划分,因此在磋商和订约时使用某种价格术语,例如 CIF 或 FOB,则该合同就具有一定的特征,可称之为 CIF 合同或 FOB 合同。

(二)有关贸易术语的国际贸易惯例

关于贸易术语,目前国际上有较大影响的国际惯例有三种:《1932 年华沙—牛津规则》、《1941 年美国对外贸易定义修正本》和《国际贸易术语解释通则》,其中影响最大、最具权威性的贸易术语文本是第三种。《国际贸易术语解释通则》(International Rules for the Interpretation of Trade Terms, INCOTERMS),它是国际商会为了统一对各种贸易术语的解释而制定的。最早的《国际贸易术语解释通则》产生于 1936 年,后来为适应国际贸易业务发展的需要,国际商会先后于 1953 年、1967 年、1976 年、1980 年、1990 年、2007 年、2019 年进行过多次修改和补充。

国际贸易惯例本身不是法律,它对贸易双方不具有强制性,故买卖双方有权在合同中做出与某项惯例不符的规定。只要合同有效成立,双方均要遵照合同的规定履行。一旦发生争议,法院和仲裁机构也要维护合同的有效性。但是,国际贸易惯例对贸易实践仍具有重要的指导作用,这主要体现在两个方面:第一,如果双方都同意采用某种惯例来约束该项交易,并在合同中做出明确规定,那么这项约定的惯例就具有了强制性;第二,如果双方对某一问题没有做出明确规定,也未注明该合同适用某项惯例,在合同执行中发生争议时,受理该争议案的司法和仲裁机构也往往引用某一国际贸易惯例进行判决或裁决。所以,国际贸易惯例虽然不具有强制性,但它对国际贸易实践的指导作用却不容忽视。

(三)《国际贸易术语解释通则 2020》

《国际贸易术语解释通则 2020》(简称"2020 通则"),是国际商会(ICC)根据国际货物贸易的发展对《国际贸易术语解释通则 2010》的修订版本,于 2019 年 9 月 10 日公布,2020 年 1 月 1 日开始在全球范围内实施。《2020 通则》在《2010 通则》的基础上进一步明确了国际贸易体系下买卖双方的责任、主要义务和风险转移等,其生效后对贸易实务、国际结算和贸易融资实务等方面都产生了重要的影响。

《国际贸易术语解释通则 2020》将国际贸易术语分成 2 类、4 组共 11 种贸易术语。2 类是指:适用于任何运输方式(EXW、FCA、CPT、CIP、DAP、DPU、DDP)和仅适用海运(FOB、FAS、CFR、CIF)。4 组是指 E 组(EXW)、F 组(FOB、FAS、FCA)、C 组(CFR、CIF、CPT、CIP)、D 组(DAP、DPU、DDP)。

具体来看,《国际贸易术语解释通则 2020》中 11 种贸易术语的解释如下:

1. EXW

EX-Works(…named place),即"工厂交货(……指定地点)"。是指卖方在其所在地(如工场、工厂或仓库)将备妥的货物交付买方,以履行其交货业务。

卖方既不承担将货物装上买方备妥的运输工具,也不负责办理货物出口清关手续。除另有约定外,买方应承担在卖方所在地受领货物的全部费用和风险。该术语是卖方承担责任、费用和风险最小的术语,适用于各种运输方式。如双方同意,在起运时卖方负责装载货物并承担装载货物的全部费用和风险,则须在合同中订明。如买方不能直接或间接的办理出口手续,不应使用该术语,而应使用FCA。

2. FCA

Free Carrier(…named place of delivery),即"货交承运人(……指定地点)"。是指卖方在指定地点将已经出口清关的货物交付给买方指定的承运人,完成交货。它是一种以FOB为基础发展起来的、适用于多种运输方式,特别是集装箱和多式运输的贸易术语。

FCA贸易术语下,卖方的交货地点因采用的运输方式的不同而不同。有时须在出口国的内陆办理交货,如车站、机场或内河港口。不论在何处交货,根据《通则2020》的解释,卖方都要自负风险和费用,取得出口许可证或其他官方批准证件,并办理货物出口所需的一切海关手续。随着我国对外贸易的发展,内地省份的出口货物有一些不一定在装运港交货,而采取就地交货和交单结汇的做法会越来越多,为适应这一需要,FCA贸易术语的使用将逐渐增多。

FCA贸易术语的风险转移不是以船上为界,而是以货交承运人为界,这不仅是在海运以外的其他运输方式下如此,即使在海洋运输方式下,卖方也是在将货物交给海运承运人时即算完成交货,风险就此转移。

按照FCA贸易术语成交,一般是由买方自行订立从指定的地点承运货物的合同,但是,如果买方有要求,并由买方承担风险和费用的情况下,卖方也可代替买方指定承运人并订立运输合同。当然,卖方也可以拒绝订立运输合同,如果拒绝应立即通知买方,以便买方另行安排。

3. CPT

Carriage Paid To(…named place of destination),即"成本加运费付至(指定目的地)"。卖方将货物交给其指定的承运人,并且须支付将货物运至指定目的地的运费,买方则承担交货后的一切风险和其他费用。本术语适用于多种运输方式,包括多式联运。

CPT与FCA的异同点:(1)卖方的交货地点和风险转移相同,都是在约定地点将货物交给承运人控制后完成交货,卖方承担的风险随着交货义务的完成而转移。两者都规定,由买方自负风险和费用办理保险,与卖方无关。(2)责任与费用划分不同。FCA运输合同由买方订立并承担运费;CPT运输合同由卖方订立并承担费用。

4. CIP

Carriage and Insurance Paid To(…named place of destination),即"运费、保险费付至(……指定目的地)"。卖方将货物交给其指定的承运人,支付将货物运至指定目的地的运费,为买方办理货物在运输途中的货运保险,买方则承担交货后的一切风险和其他费用。本术语适用于多种运输方式,包括多式联运。

卖方除负有CPT术语相关的义务外,还须办理货物在运输途中的保险,即卖方除应订立运输合同和支付通常的运费,还应负责订立保险合同并支付保险费。卖方将货物交给指定的承运人,即完成交货。

按《2020通则》解释,CIP术语下保险需使用协会货物保险条款(A),即卖家需要承担一切险(all risk),相应的保费也会更高。也就是说,在Incoterms2020中,使用CIP术语,卖方承担的保险义务变大,而买方的利益会得到更多保障。

5. DAP

DAP(delivered at place),即"目的地交货"。在DAP项下,卖方要在合同约定的日期或期限内,将货物运到合同规定的目的地约定地点,并将货物置于买方的控制之下,在抵达的运输工具上卸货之前即完成交货。本术语适用于任何运输方式、多式联运方式及海运。

DAP 的交货地点既可以是在两国边境的指定地点，也可以是在目的港的船上，也可以是在进口国内陆的某一地点。卖方在指定目的地交货，但卖方不负责将货物从到达的运输工具上卸下。买方负责在指定目的地将货物从到达的运输工具上卸下，但卖方要保证货物可供卸载。若没有相反的规定，卖方不负担卸货费用和进口通关的费用及关税，但"如果卖方按照运输合同在目的地发生了卸货费用，除非双方另有约定，卖方无权向买方要求偿付"。

6. DPU

DPU（delivered at place unloaded），即"目的地卸货后交货"。在 DPU 项下，卖方在合同中约定的日期或期限内将货物运到合同规定的港口或目的地的约定地点，并将货物从抵达的载货运输工具下卸下，交给买方处置时即完成交货。

卖方需要将符合合同规定的货物在合同规定的期限内运到指定终点站并卸货后交给买方或其代理人处置。在货物交给买方或其代理人处置之前，所有出口清关、运输与保险、目的港或目的地卸货手续均由卖方办理，由此产生的费用及风险也由卖方承担。买方或其代理人在终点站受领卖方交付的货物后，需要自行办理进口清关、转运等手续，并承担由此产生的相关费用及风险。

7. DDP

Delivered Duty Paid（…named place of destination），即"完税后交货（……指定目的地）"。卖方在合同约定的日期或期限内，将货物运到合同规定的目的地约定地点，并且完成进口清关手续后，在运输工具上将做好卸货准备的货物置于买方的控制之下，即完成交货。DDP 是卖方承担责任、费用和风险最大的一种术语。本术语适用于所有运输方式。

在 DDP 的交货条件下，卖方是在办理了出口结关手续后在指定目的地交货的，这实际上是卖方已将货物运进了进口方的国内市场。如果卖方直接办理进口手续有困难，也可要求买方协助办理。如果卖方不能直接或间接地取得进口许可或办理进口手续，则不应使用 DDP 术语。

买方负责在指定目的地将货物从到达的运输工具上卸下，但卖方要保证货物可供卸载。卖方在签订运输合同时应注意运输合同与买卖合同相关交货地点的协调，如果卖方按照运输合同在指定目的地发生了卸货费用，除非双方另有约定，卖方无权向买方要求偿付。卖方对买方没有订立保险合同的义务，但由于整个运输过程的风险要由卖方承担，卖方通常会通过投保规避货物运输风险。

8. FAS

Free Alongside ship（…named port of shipment），即"装运港船边交货（……指定装运港）"。卖方在合同约定的日期或期限内，将货物运到合同规定的装运港口，并交到买方指派的船只旁边，如码头或驳船上，即完成交货义务。在大宗货物的贸易中，特别是小麦、棉花、大豆、矿石等初级产品贸易中，出口商通常采用本术语。本术语适用于海运或内河运输。

FAS 术语项下，船边通常是指船舶装卸设备的吊货机或岸上装卸索具可触及的范围。

当装货港口拥挤或大船无法靠近时，卖方征得买方同意可将交货条件改为"驳船上交货"（Free on Lighter），此时，卖方的责任仅在货物越过驳船船舷时为止，驳船费用及其风险可由买方承担。

在 FAS 术语项下，当买方没有及时向卖方发出关于装运船舶、装运地以及交货时间等通知，或所指定的船舶没有按时抵达装运港，或船舶按时抵达却无法完成装货工作或提前停止装货时,在货物完成特定化后,风险和费用可提前转移。

9. FOB

Free On Board(… named port of shipment),即"装运港船上交货(……指定装运港)"。卖方在约定的日期或期限内,将货物运到合同规定的装运港口,并交到买方指派的船只上,即完成交货义务。卖方承担货物装上船为止的一切风险,买方承担货物装上船后的一切风险。本术语适用于海运和内河水上运输。它是最早出现的贸易术语。

《2020通则》规定,卖方必须自行承担取得任何出口许可证或其他官方核准证件的风险和费用,并办理货物出口所需的一切海关手续(如果该地需要办理这些海关手续)。

FOB贸易术语下,往往通过贸易术语的变形来明确装船费用问题:

(1) FOB Liner Terms(FOB班轮条件)是指装船费用按照班轮的做法处理,即由船方或买方承担。所以,采用这一变形,卖方不负担装船的有关费用。

(2) FOB Under Tackle(FOB吊钩下交货)是指卖方负担费用将货物交到买方指定船只的吊钩所及之处,而吊装入舱以及其他各项费用,概由买方负担。

(3) FOB Stowed(FOB理舱费在内)是指卖方负责将货物装入船舱并承担包括理舱费在内的装船费用。理舱费是指货物入舱后进行安置和整理的费用。

(4) FOB Trimmed(FOB平舱费在内)是指卖方负责将货物装入船舱并承担包括平舱费在内的装船费用。平舱费是指对装入船舱的散装货物进行平整所需的费用。

10. CFR

COST AND FREIGHT(…named port of destination),即"成本加运费(……指定目的港)"。

卖方负责租船或订舱,支付运费,在合同规定的装运港和日期或期限内将合同规定的货物装上运往指定目的港的船上,或者以取得货物已装船证明的方式完成其交货义务。卖方负担货物装上船以前的一切费用和货物灭失损坏的风险,买方承担货物装上船之后的风险,但出口报关由卖方负责。CFR术语后面要注明目的港名称,只适用于海洋和内河运输,成本相当于FOB价。

CFR与FOB的异同点:风险转移都是在装运港装上船为界;不同主要在于CFR术语下卖方要办理运输合同并承担相关费用。

CFR贸易术语下,往往通过贸易术语的变形来明确卸货费用问题:

(1) CFR Liner Terms(CFR班轮条件)是指卸货费按班轮办法处理,即卖方负责卸货,买方不负担卸货费。

(2) CFR Landed(CFR卸到岸上)是指由卖方负担卸货费,其中包括驳运费在内。

(3) CFR EX Tackle(CFR吊钩下交货)是指卖方负责将货物从船舱吊起卸到船舶吊钩所及之处(码头上或驳船上)的费用。在船舶不能靠岸的情况下,租用驳船的费用和货物从驳船卸到岸上的费用,概由买方负担。

(4) CFR Ex Ship's Hold(CFR舱底交货)是指货物运到目的港后,由买方自行启舱,并负担货物从舱底卸到码头的费用。

11. CIF

Cost, Insurance and Freight(…named port of destination),即"成本、保险费加运费(……指定目的港)"。卖方负责租船或订舱,支付从装运港至目的港的运费,办理货运保险,支付保险费,在合同规定的装运期限内在装运港将货物交至运往指定目的港的船上,完成交货任务。卖方负担货物装上船为止的一切费用和货物灭失或损坏的风险。CIF 术语后面要注明目的港名称,只适用于海洋和内河运输。

按《2020 通则》解释,CIF 术语下保险需符合《协会货物保险条款》的 C 款或任何适于货物运输方式的类似条款。一般情况下,卖方不负责投保战争险,除非合同另有规定;或应买方要求并承担费用时,卖方才可加保战争险。

CIF 贸易术语下,往往通过贸易术语的变形来明确卸货费用问题:

(1) CIF Liner Terms(CIF 班轮条件)是指卸货费按班轮做法办理,即买方不负担卸货费。

(2) CIF Landed(CIF 卸至码头)是指由卖方承担卸货费,包括可能涉及的驳船费在内。

(3) CIF Ex Tackle(CIF 吊钩下交接)是指卖方负责将货物从船舱吊起一直卸到吊钩所及之处(码头上或驳船上)的费用,船舶不能靠岸时,驳船费由买方负担。

(4) CIF Ex Ship's Hold(CIF 舱底交接)是指按此条件成交,货到目的港在船上办理交接后,由买方自行启舱,并负担货物由舱底卸至码头的费用。

上述 11 种贸易术语间的区别与联系见表 6-1。

表 6-1 《2020 通则》11 种贸易术语的总结对比表

贸易术语	交货地点	风险转移界限	运输及运费	保险及保险费	出口报关责任及费用	进口报关责任及费用	运输方式
EXW	商品产地、所在地	货交买方处置时	买方	买方	买方	买方	任何
FCA	出口国内地、港口	货交承运人处置时	买方	买方	卖方	买方	任何
CPT	出口国内地、港口	货交承运人处置时	卖方	买方	卖方	买方	任何
CIP	出口国内地、港口	货交承运人处置时	卖方	卖方	卖方	买方	任何
DPU	指定目的地	货交买方处置时	卖方	卖方	卖方	买方	任何
DAP	指定目的地	货交买方处置时	卖方	卖方	卖方	买方	任何
DDP	进口国指定地点	货交买方处置时	卖方	卖方	卖方	卖方	任何
FAS	装运港船边	货交船边后	买方	买方	卖方	买方	水运
FOB	装运港船上	货物装上船	买方	买方	卖方	买方	水运
CFR	装运港船上	货物装上船	卖方	买方	卖方	买方	水运
CIF	装运港船上	货物装上船	卖方	卖方	卖方	买方	水运

第三节 交易磋商与贸易合同订立

交易磋商(business negotiation),又称贸易谈判,它是买卖双方为买卖某项商品,就交易的各项条件进行洽商,最后达成协议的整个过程。交易磋商是合同的根据,合同是交易磋商的结果。合同是对外经贸活动的有效凭证和工具,合同是否合法合规,不但直接影响到外贸企业的经济利益,还间接涉及国家与国家之间的利益。

一、交易磋商

交易磋商可以通过当面洽谈或往来函电进行,也可以两种方式交叉进行。交易磋商的整个过程一般可概括为询盘、发盘、还盘和接受四个环节,其中发盘和接受是达成交易的决定性环节。买卖合同是经过发盘和接受而订立的。

(一) 询盘

询盘(inquiry)指交易的一方准备购买或出售某种商品,向对方询问买卖该商品的有关交易条件。询盘的内容可涉及价格、规格、品质、数量、包装、装运以及索取样品等,而多数只是询问价格。所以,业务上常把询盘称作询价。

在国际贸易业务中,有时一方发出的询盘表达了与对方进行交易的愿望,希望对方接到询盘后及时发出有效的发盘,以便考虑接受与否。也有的询盘只是想探询一下市价,询问的对象也不限于一人。

询盘是交易的起点,但不是每笔交易磋商所必经的步骤,有时可未经对方询盘而直接向对方发盘。

(二) 发盘

发盘(offer),又称发价,是买卖双方中的一方——发盘人(offeror, offerer)向对方——受盘人(offeree)提出各项交易条件,并且愿意按这些条件与受盘人达成交易,成立合同的一种肯定的表示。发盘人可以是卖方,也可以是买方,前者称为售货发盘(Selling Offer),后者称为购货发盘(Buying Offer),又称递盘(Bid),发盘时必须列明商品品名和数量。发盘在其有效时限内,发盘人不得任意撤销或修改其内容。发盘一经对方在有效时限内表示无条件接受,发盘人将受其约束,并承担按发盘条件与对方订立合同的法律责任。

一项发盘的构成必须具备以下几个条件:(1)向一个或一个以上的特定的人提出。(2)表明订立合同的意思。(3)内容必须列明商品品名、数量和价格等,而且要十分确定,即所列的交易条件是完整的、明确的和终局的。一项交易条件完整的发盘通常应包括货物的品质、数量、包装、价格、交货和支付六项主要交易条件;交易条件的明确即不是含糊的、模棱两可的;所谓终局的,是指没有任何保留条件或限制性条件,对发盘人具有法律约束力。

在我国外贸实践中,存在两个发盘,即所谓实盘(Firm Offer)和虚盘(Non-Firm Offer)。虚盘实际上是一种"邀请发盘"。至于对实盘的理解,一般与《联合国国际货物销售合同公约》对发盘的规定相一致;邀请发盘由于业务上和交易磋商策略上的需要,经常被使用。

(三) 还盘

还盘(counter-offer),又称还价,是受盘人对发盘内容不完全同意而提出修改或变更的表示。还盘既是受盘人对发盘的拒绝,也是受盘人以发盘人的地位所提出的新发盘。一方的发盘经对方还盘以后即失去效力。一方的还盘,另一方如对其内容不同意,也可以再进行还盘。一笔交易有时不经过还盘即可达成,有时要经过还盘,甚至往返多次的还盘才能达成。双方在还盘中仅就某个问题进行磋商,一般不重复列出没有异议的其他交易条件。

(四) 接受

接受(acceptance)是受盘人对发盘人在发盘中提出的各项交易条件所表示无条件的同意或承诺。发盘人和受盘人双方都受约束,不得任意修改或撤销。构成一项法律上有效接受的条件是:(1)必须由发盘中指定的受益人明确表示,未经发盘人同意,任何第三者对发盘表示接受,均属无效;(2)必须在发盘的有效期内;(3)接受内容必须与发盘内容严格一致。

二、贸易合同的订立

通过交易磋商,一方的发盘经另一方有效接受后,交易即告成立,买卖双方就构成了合同关系。根据国际贸易实践,买卖双方还要签订书面合同或成交确认书。

合同的内容必须完整,除了交易的主要条件如品名、品质、数量、包装、价格、装运、付款,还应包括保险、商品检验、索赔、仲裁、不可抗力等条件。卖方拟制的合同称"销售合同"(sales contract);买方拟制的合同称"购货合同"(purchase contract)。

确认书是合同的简化形式,对索赔、仲裁、不可抗力等内容,一般不予列入。卖方拟制的确认书称"售货确认书"(sales confirmation);买方拟制的确认书称"购货确认书"(purchase confirmation)。

一般出口交易的销售合同或售货确认书,我国有关进出口公司都印有固定格式。通常在达成交易后制成一式二份的正本,经双方核对无误签字后各执一份,据以执行。

第四节　国际货物运输与保险

一、国际货物运输

货物运输,即货物交付,简称交货(delivery)。在国际贸易中,卖方交付货物与买方支付货款互为对流条件(concurrent condition)。卖方按照与买方约定的时间、地方和方式将符合销售合同的货物交付给买方的行为,即为交货。在国际货物买卖中,交货是卖方所应承担的首要任务,而交货条件也是国际货物买卖合同中的基本条件之一,一般包括运输方式、装运条件和运输单据等内容。

(一)运输方式

国际贸易货物的运输方式主要有海洋运输、铁路运输、航空运输、邮政运输和集装箱运输发展起来的国际多式联运等。

1. 海洋运输

海洋运输是指利用商船在国内外港口之间,通过一定的航区和航线进行货物运输的一种方式。目前,国际贸易货物总量约有三分之二是由海洋运输的。海洋运输有许多优点:不受道路和轨道的限制,运输能力大,万吨乃至数十万吨的轮船可以在天然航道上消费较少的燃料拖载货物航行,运费比较低廉。但是,海洋运输也有不足之处,易受自然条件和季节的影响,如海上出现暴风巨浪和冬季港口被冰封,运输就受到障碍,风险也较大,而且普通商船航行速度也较慢。对于不能经受长途运输的货物和易受气候条件影响以及急需的货物,一般不宜通过海洋运输。

根据船舶经营方式的不同,可分为班轮运输和租船运输两种方式。

1) 班轮运输

班轮(liner)是指有固定航线,沿途停靠固定的港口,按照预先规定的时间表航行的船舶。其停泊的港口,一般不论货物数量多少,都可以接受装运,适合于装运小批数量的货物。

班轮运输的特点可以概括为"四定一负责"。"四定"即固定航线、固定停靠港口、固定船期和相对固定的运费;"一负责"就是运费中已包括装卸费用,货物由承运人负责配载装卸,承运人及托运人双方不计算滞期费和速遣费。

2) 租船运输

租船(charter)是指租船人向船东租赁船舶用于运输货物的业务。租船的方式适用于大宗货物如石油、煤炭、水泥等。一般可分为定程租船(voyage charter)和定期租船(time charter)两种,或称程租船和期租船。在定程租船方式下,船方必须按租船合同规定的航程完成货物运输任务,并负责经营管理船舶和承担船舶在航行中的一切费用;在定期租船方式下,租船人可根据租船合同规定的航行区域,自行使用和调度船舶。期租船在各航次中所产生的燃料费、港口费、装卸费等费用,均由租船人负担,船方仅负担船员薪金、伙食等费用以及因保持船舶在租赁期间具有适航价值而产生的有关费用。

2. 铁路运输

铁路运输也是国际货物运输的重要方式之一。其优点就是:一般不受气候条件的影响,可保证全年的正常运输;速度快、运量大、连续性强、运输过程中风险小。目前,国际贸易中利用铁路运输的方式主要有国际铁路联运和国内铁路运输。

1) 国际铁路联运

凡两个以上国家按照协议利用各自的铁路联合完成一宗货物的全程运输任务称为国际铁路联运。国际铁路联运所使用的运单正本和副本,是铁路方与货主间缔结的运送契约。运单正本随同货物从发运站至终点站全程附送,最后交给收货人,它既是铁路承运货物的凭证,也是铁路在终点站向收货人核收杂费用和点交货物的依据。运单副本由发运站加盖日期戳记后,发还给发货人,是卖方通过有关银行向买方结算货款的主要证件之一。国际铁路联运对于简化货运手续,加速货物流转,降低运输费用,促进国际贸易的发展具有重大意义。

2) 国内铁路运输

国内铁路运输是指进出口货物在一国范围内的铁路运输。我国对外贸易的国内铁路运输是指按《国内铁路货物运输规程》的规定办理的货物运输。我国出口货物经铁路运到港口装船及进口货物卸船后经铁路运往各地均属国内铁路运输。供应港澳地区的货物经铁路运往香港九龙,也属于国内铁路运输。

3. 航空运输

航空运输是一种现代化的运输方式,一般有班机运输、包机运输、集中托运和航空快递等四种。

(1)班机运输,是指使用在固定时间、固定航线、固定始发站和目的站飞行的飞机所进行的运输。

(2)包机运输,是指包租整架飞机或由几个发货人(或航空货运代理公司)联合包租一架飞机来运送货物的运输。包机可分为整包机和部分包机。

(3)集中托运,是指航空货运公司把若干单独发运的货物(每一货主货物要出具一份航空运单)组成一整批货物,用一份总运单(附分运单)整批发运到预定目的地,由航空公司在目的地的代理人收货、报关、分拨给实际收货人。

(4)航空快递,是指由一个专门经营此项业务的机构与航空公司密切合作,设专人用最快的速度在货主、机场、收货人之间传送急件。

航空运输具有运输速度快、货运质量高且不受地面条件的限制等优点,以及受气候条件的限制、运输能力小、运输能耗高、运输技术要求高等缺点。

4. 邮政运输

邮政运输是一种"门到门"的运输方式,并具有广泛的国际性。各国邮政部门之间订有协定和公约,通过这些协定和公约,各国可以互相传递货物。邮政运输中,卖方只须将有关商品的包裹交付邮局,付清邮资并取得收据就完成了交货义务。邮政运输分普通包裹和航空包裹两种。邮政运输适用于药品、仪器、工具、机器零件等量轻体小的物品投寄,一般每件包裹长度不超过1米,重量不超过20公斤。

5. 集装箱运输

集装箱运输(containerized shipment)是指以集装箱这一大型容器为载体,将货物集合组装成集装单元,以便在现代流通领域内运用大型装卸机械和大型载运车辆进行装卸、搬运作业和完成运输任务,从而更好地实现货物"门到门"运输的一种新型、高效率和高效益的现代化运输方式。为了适应不同货物的需要,集装箱有各种类型,如干货集装箱、罐状集装箱、冷藏集装箱、挂式集装箱、平台集装箱等。集装箱运输的货物有整箱物(Full Container Load,FCL)和拼箱货(Less Than Container Load,LCL)两种装箱方式。整箱可由发货人在工厂或仓库自行装箱,也可由承运人代为装箱,直接送往集装箱堆场(Container Yard,CY)等待装运。拼箱货则由发货人将货物交集装箱货运站(Container Freight Station,CFS),由承运人负责装箱。集装箱运输货物的交接,可以在装运港和目的港之间进行,即"港到港"(Port to Port)方式;也可以在发货人和收货人的工厂或仓库进行,即"门到门"(Door to Door)方式等。

(二)装运条件

装运条件是进出口业务中非常重要的内容,主要在贸易合同的装运条款中体现。由于国际贸易货物绝大部分采用海洋运输方式,因此贸易合同中的海上装运条款具有一定代表性。装运条件主要涉及装运期和交货期、装运港和目的港、分批装运和转船等多项内容。

1. 装运期与交货期

装运期,即装运时间,是指卖方在起运地点装运货物的期限,交货期是指卖方履行完交易货物义务的时期。装运期和交货期是两个不同的概念。在到达合同情况下,装运期是仅指卖方在装运港装运货物的时间,而交货期则指卖方在目的港将货交给买方的时间,二者相差一个航程,"装运"和"交货"分离,装运期早于交货期。但是,在象征性交货的贸易术语(FOB、CIF、CFR等)中,装运和交货在时间上是一致的。由于FOB、CIF、CFR是国际贸易中最常用、最典型的象征性交货贸易术语,所以,在实际业务中,常常把装运期和交货期这两个术语等同适用。

装运期是国际货物贸易买卖合同中的主要条件。如果卖方违反这一条件,买方有权撤销合同,并要求卖方赔偿损失。因此,在国际货物贸易买卖合同中合理规定装运期非常重要。对装运期的规定方法一般有以下两种:(1)明确规定具体装运时间,但装运时间一般不确定在某一个日期上,而只是确定在某一段时间内,如2022年8月装运、2022年11月20日前装运。明确期限后,买卖双方较少在装运时间的理解和解释上产生分歧。(2)规定在收到信用证后若干天或若干月内装运。例如在合同中订明:"收到信用证后50天内装运"、"收到信用证后3个月内装运"等。

2. 装运港与目的港

装运港又称装货港,是货物起始装运的港口。在适用装运港交货贸易术语时,装运港同时也是货物的交货地点。目的港是买卖合同规定的最终卸货港口。一笔交易达成必须确定装运港和目的港,以便于卖方安排装运。在进出口交易中,装运港和目的港不仅是贸易术语不可缺少的组成部分,构成商品价格的重要因素,同时也与买卖双方承担的运输责任有着密切关联。在确定国外装运港和目的港时,应注意以下问题:(1)不应规定我国政府不允许进行贸易的国家或地区的港口作为装卸港;(2)货物运往没有直达船或虽有直达船而航次很少的港口时,合同中应规定"允许转船"的条款,以便于转运;(3)对内陆国家的贸易,一般应选择距离该国最近的、便于安排船舶的港口为装卸港;(4)要注意国外装卸港口的运输和装卸条件;(5)对于世界上同名的港口,应在合同中加注装卸港所在国的名称,如黎巴嫩的"的黎波里"(Tripoli,Lebanon)和利比亚的"的黎波里"(Tripoli,Libya)。

3. 分批装运与转船

分批装运(partial shipment)是指一笔成交数量较大的货物,可以分若干批于不同航次装运。买卖合同中作出这一规定时,称为分批装运条款。造成分批装运的原因是多方面的,如运输工具的限制、目的港装卸条件差、船源紧张、市场销售的需要、一次备货有困难等。

转船(transshipment)是指远洋货运中,货物装运后允许在中途港换装其他船舶转运至目的港。当在买卖合同中作出规定时,称为允许转船条款。货物需要转船的原因主要是:目的港无直到船或无合适的船;目的港不在装载货物的班轮航线上;货物零星分散,班轮不愿挂靠目的港;运输货物为联运货物等。

4. 装船通知

装船通知,这是一项买卖双方相互配合、相互衔接的工作。在FOB条件下,卖方在约定装船期开始前一个月向买方发出货物备妥准备装船通知,买方接到卖方通知后应及时将船舶名称、船籍、预计到港日期用电报通知卖方准备装船。在船到港若干天前,通知该船到港日期。在按CIF、FOB、CFR条件成交时,卖方应于货物装船后立即将合同号、货物的品名、件数、重量、发票金额、船名及装运日期电告买方,以便买方投保、准备接货及办理进口手续。

(三)运输单据

运输单据(shipping documents)是指证明货物已装船发运或已由承运人接受监管的单据。在FOB、CIF和CFR价格术语下,运输单据则是卖方凭以证明交付货物和买方凭以支付货款的主要依据。

按不同运输方式,运输单据有海运提单、铁路运单、航空运单、邮包收据、多式联运单据等。国际货物运输中主要的运输方式是海洋运输,因此海运提单也是最为重要的一种提单。

1. 海运提单

海运提单(Bill of Lading,B/L)是由船长或船公司或其代理人签发的票据。其主要特点包括:第一,它是承运人或其代理人签发的货物收据(receipt for the goods),证实已按提单所列的内容收到货物。第二,它是代表货物所有权的凭证(documents of title)。收货人或提单的合法持有人有权凭提单向承运人提取货物。提单是一种有价证契,除不能转让的提单外,可以在货物运抵目的港之前办理转让、买卖或凭以向银行办理抵押贷款。第三,它是托运人和承运人之间运输协议的证明(evidence of contract of carriage),也是双方权利与义务的依据。

海运提单可按照不同的分类标志分成若干种类:
(1)按货物是否已装船分"已装船提单"和"备运提单"。
(2)按有无不良批注可分"清洁提单"和"不清洁提单"。
(3)根据是否可以流通分"记名提单"和"指示提单"。
(4)按运输方式分"直运提单""转船提单"和"联运提单"。
(5)按提单内容繁简分"全式提单"和"略式提单"。

2. 铁路运单(Rail Waybill)

铁路运单和运单副本是国际铁路联运中铁路与货主之间的运输契约,是明确双方权利义务关系的书面凭证,对收、发货人和铁路部门都具有法律约束力。

铁路运单正本随货物自始发站运至终点站,最后在终点站由收货人付清应由收货人负担的运杂费用后,连同货物由终点站交给收货人。

运单副本由铁路始发站签发给发货人作为货物已经交运的凭证和凭以向银行办理货款结算的主要单据。

铁路运单并非物权凭证,收货人只能做成具名收货人。如果收货人是银行,则凭银行签发给运输公司的提货单(delivery order)放货。

3. 航空运单

航空运单(Air Way Bill,AWB)是承运人与托运人之间缔结运输合同的文件,也是承运人出具的货物收据和运输凭证,但它不具有物权凭证的性质,既不能转让,也不能凭以提取货物。收货人提货须凭航空公司发出的提货通知单。

航空运单的正本一式三份:一份交发货人,是承运人或其代理人接收货物的依据;第二份由承运人留存,作为计账凭证;第三份随货同行,在货物到达目的地,交付给收货人时作为核收货物的依据。

空运单据按其签发人的不同,可分为航空主运单和航空分运单。

4. 邮包收据

邮包收据(parcel post receipt)是邮包运输的主要单据,它既是邮局收到寄件人的邮包后所签发的凭证,也是收件人凭以提取邮件的凭证,当邮包发生损坏或丢失时,它还可以作为索赔和理赔的依据。但邮包收据不是物权凭证。

邮寄证明(certificate of posting)是邮政局出具的证明文件,据此证实所寄发的单据或邮包确已寄出和作为邮寄日期的证明。

专递收据(courier receipt)是特快专递机构收到寄件人的邮件后签发的凭证。

5. 多式联运单据

多式联运单据(Multimodal Transport Document,MTD)是指证明多式联运合同以及证明多式联运经营人接管货物并负责按照合同条款交付货物的单据。根据发货人的要求,它可以作成可转让的,也可以作成不可转让的。

多式联运单据如签发一套一份以上的正本单据,应注明份数,其中一份完成交货后,其余各份正本失效。副本单据没有法律效力。

多式联运单据的特点如下:

(1)多式联运单据包含至少两种不同的运输方式,运输过程至少包含海运、空运、公路、铁路、内河运输中的两种。

(2)如果最后一程是海运,则单据可背书转让,且是物权凭证;如果最后一程运输不是海运,则单据不可背书转让,且无物权凭证性质。

(3)在多式联运单据可背书转让、且是物权凭证的情况下,凭正本提单交付货物;在多式联运单据不可背书转让、不是物权凭证的情况下,则只能货交指定收货人。

二、运输保险

按照运输方式不同,国际货物运输保险分为海上货物运输保险、陆上货物运输保险、航空货物运输保险和邮包运输保险等,其中海运保险起源最早,历史最久,应用最广,因此重点介绍海洋运输保险相关知识。

(一)海上风险与损失

海洋运输是最主要的国际货运方式,但是海洋运输的风险也最大,事故频繁。各国保险公司并不是对所有风险都予以承保,也不是对一切损失都予以赔偿。为了明确责任,各国保险公司对承保的海上风险与海上损失作了特殊的解释。

1. 海上风险

在国际海运保险业务中,海运货物保险所承保的风险可分为海上风险与外来原因引起的特殊风险两种。

(1)海上风险(perils of the sea),一般指起因于航海或附随于航海所发生的风险,又称"海上基本风险",主要由自然灾害和意外事故引起。自然灾害(natural calamity)是指不以人类意志为转移的自然界力量所引起的灾害,如恶劣气候、雷电、海啸、地震、火山爆发等人力不可抗拒的灾害。意外事故(accidents)是特指船舶搁浅、触礁、沉没、碰撞、失踪、爆炸、火灾或其他类似的处于偶然而非意料中的原因所造成的事故。

(2)特殊风险(extraneous risks),又称"外来风险",是指由外来原因引起的,不属于基本险承保范围内的风险。它又可分为一般外来风险和特殊外来风险两类。一般外来风险包括偷盗、漏损、钩损、皮损、玷污、发热、发霉、串味、浪冲甲板、锈损等。特殊外来风险包括战争、罢工、暴动等。

2. 海上损失

海上损失(maritime loss)简称"海损",是指被保险货物在海洋运输中由于海上风险所造成的损坏丢失和支出的营救费用。按国际惯例,凡与海运连接的陆上和内河运输中所发生的货物损坏或丢失,也属于海损范围。按损失程度,海损可分为全部损失和部分损失;按损失性质,海损可分共同海损和单独海损。

1) 全部海损

全部海损(Total Loss),简称"全损",是指被保险货物遭受全部损失。全损有实际全损和推定全损之分。

(1)实际全损(Actual Total Loss)。构成保险上"实际全损"的情况有:一是保险标的物完全灭失;二是保险标的物并未遭损毁,但被保险人已无法得到,例如货物被海盗盗走,货物被敌人扣押等;三是保险标的物已丧失商业价值或失去原有用途,例如茶叶经水泡已不能饮用;四是船舶失踪达半年以上仍无音讯等。

(2)推定全损(Constructive Total Loss)。构成保险上"推定海损"的情况有:一是保险货物受损后,修理费用已超过货物修复后的价值;二是保险货物受损后,整理和续运到目的地的费用超过货物达到目的地的价值;三是保险标的物的实际全损已无法避免,或为了避免实际全损需要花费的施救费用将超过获救后保险货物的价值;四是保险标的物遭受保险责任范围内的事故,使被保险人失去所保货物的所有权,而收回这一所有权所花的费用将超过收回后保险货物的价值。

实际全损与推定全损的区别在于:实际全损是保险标的物确实已经或不可避免地即将完全丧失,被保险人可以要求保险人赔偿全部损失;推定全损是保险标的物并未完全丧失,是可以修复的或者是可以收回的,但所花费用将超过获救后保险标的物的价值,得不偿失。在发生推定全损的情况时,被保险人可以要求按照部分损失索赔,也可以要求按照全部损失索赔。保险人可以按全部损失赔偿,但被保险人必须将保险标的物的全部权利转移给保险人。

2）部分损失

部分损失（Partial Loss），简称"分损"，是指货物损失没有达到全部损失程度的任何一种损失。根据损失产生的原因，可分为共同海损与单独海损两种。

（1）共同海损（General Average, G. A.），是指在海运过程中，船舶和货物遭遇共同危险，为了解除这种危险，维护船舶安全使航行得以继续，由船方有意识地合理地采取措施造成某些特殊的损失或支出特殊费用。这项共同海损的牺牲或费用应由各有关受益方如船方、货主和承运人按受益财产抵达目的港或船程中止港的价值进行分摊。

构成共同海损必须具备四个方面的条件：一是共同海损必须实际存在，或者是不可避免的，而不是主观臆测的；二是共同海损牺牲必须是自动和有意采取的行动；三是采取共同海损的措施必须是为船货共同安全的，并且是谨慎和合理的；四是共同海损所作的牺牲和支出的费用是为了解除危险而不是由危险直接造成的，而且牺牲和费用的支出必须是有效果的。

（2）单独海损（Particular Average, P. A.），是指保险货物受损后，尚未达到全损，仅属于部分损失，而且这种损失不属共同海损，是单独一方遭受的损失，与其他利益无关。

3）海上费用

海上费用（maritime charges）是指保险货物遭遇保险责任范围内的事故，除了能使货物本身受到损毁导致经济损失外，还会产生费用。这种费用，保险人也要给予赔偿。海上费用包括施救费用和救助费用。施救费用（sue and labour charges）是指被保险货物在遭受保险责任范围内的自然灾害和意外事故时，被保险人或船方或其他受雇人员为避免和减少损失，采取措施而支出的合理费用，这种费用属于自救费用的支出，又称单独海损费用，按照保险惯例，保险人对这种施救费用负责赔偿。救助费用（salvage charges）是指被保险货物在遭受了承保责任范围内的灾害事故时，由保险人和被保险人以外的第三者采取有效的救助措施。在救助成功后，由被救方向救助人支付的一种报酬，救助费用采用国际上习惯的"无效果无报酬"原则，救助成功，救助费用由保险人赔付。

（二）海洋运输货物保险条款

在我国通常使用的两大保险条款，分别是中国人民保险公司（PICC）1981 年 1 月 1 日修订的《海洋运输货物保险条款》（Ocean Marine Cargo Clauses）和伦敦保险协会制定的《协会货物条款》（Institute Cargo Clause, ICC）。

1. 海洋运输货物保险条款

险别是指保险人对于风险和损失的承保责任范围。它是保险人与被保险人履行权利与义务的基础，也是保险人承保的责任大小和被保险人缴付保险费多少的依据。根据中国人民保险公司修订的《海洋运输货物保险条款》，险别分为基本险和附加险两类。基本险承保海上风险（自然灾害和意外事故）所造成的损失；附加险是不能单独投保的险别，承保的是由于外来风险所造成的损失。

1）基本险

根据我国现行的《海洋运输货物保险条款》规定，基本险（basic risk）包括平安险、水渍险和一切险。

（1）平安险（Free from Particular Average, F. P. A.）。

平安险的责任范围包括：

①被保险的货物在运输途中由于恶劣气候、雷电、海啸、地震、洪水等自然灾害造成整批货物的全部损失或推定全损。若被保险的货物用驳船运往或运离海轮时,则每一驳船所装的货物可视作一个整批。

②由于运输工具遭到搁浅、触礁、沉没、互撞,与流冰或其他物体碰撞以及失火、爆炸等意外事故所造成的货物全部或部分损失。

③在运输工具已经发生搁浅、触礁、沉没、焚毁等意外事故的情况下,货物在此前后又在海上遭受恶劣气候、雷电、海啸等自然灾害所造成的部分损失。

④在装卸或转船时由于一件或数件甚至整批货物落海所造成的全部或部分损失。

⑤被保险人对遭受承保责任内的危险货物采取抢救、防止或减少货损的措施所支付的合理费用,但以不超过该批被毁货物的保险金额为限。

⑥运输工具遭遇海难后,在避难港由于卸货引起的损失,以及在中途港或避难港由于卸货、存仓和运送货物所产生的特殊费用。

⑦共同海损的牺牲、分摊和救助费用。

⑧运输契约中如订有"船舶互撞责任"条款,则根据该条款规定应由货方偿还船方的损失。

(2) 水渍险(With Average or With Particular Average, W. A. or W. P. A.)。

投保水渍险后,保险人除担负上述"平安险"的各项责任外,还对被保险货物在运输过程中因恶劣气候、雷电、海啸、地震、洪水等自然灾害所造成的部分损失负责赔偿。

(3) 一切险(All Risk, A. R.)。

投保一切险后,保险公司除担负"平安险"和"水渍险"的各项责任外,还对被保险货物在运输途中由于外来原因而遭受的全部或部分损失负责赔偿。

一切险的责任范围是三种基本险别中最大的一种,它除包括平安险、水渍险的责任范围外,还包括被保险货物在运输过程中,由于一般外来原因所造成的全部或部分损失,如货物被盗窃、钩损、碰损、受潮、发热、淡水雨淋、短量、包装破裂和提货不着等。由此可见,一切险是平安险、水渍险加一般附加险的总和。需特别指出的是,一切险并非保险公司对一切风险损失均负赔偿责任,它只对水渍险和一般外来原因引起的可能发生的风险损失负责,而对货物的内在缺陷、自然损耗以及由于特殊外来原因(如战争、罢工等)所引起的风险损失,概不负赔偿责任。

2) 附加险

在海运保险业务中,进出口商除了投保货物的上述基本险外,还可根据货物的特点和实际需要,酌情选择附加险。附加险(additional risk)包括一般附加险和特殊附加险,分别承担由于一般外来原因和特殊外来原因所造成的损失。

(1) 一般附加险。

一般附加险不能作为一个单独的项目投保,而只能在投保平安险或水渍险的基础上,根据货物的特性和需要加保一种或若干种一般附加险。如加保所有的一般附加险,这就叫投保一切险。可见一般附加险被包括在一切险的承保范围内,故在投保一切险时,不存在再加保一般附加险的问题。

由于被保险货物的品种繁多,货物的性能和特点各异,一般外来的风险也多种多样,所以,一般附加险的种类也很多,其主要包括:偷窃提货不着险、淡水雨淋险、渗漏险、短量险、钩损险、污染险、破碎险、碰损险、生锈险、串味险和受潮受热险等。

(2) 特殊附加险(special additional risk)。

特殊附加险主要包括两大类:

①战争险和罢工险。凡加保战争险时,保险人则按加保战争险条款的责任范围,对由于战争和其他各种敌对行为所造成的损失负责赔偿。我国的《海洋运输货物保险条款》规定,战争险不能作为一个单独的项目投保,而只能在投保上述三种基本险别之一的基础上加保。战争险的保险责任起讫和货物运输险不同,它不采取"仓至仓"条款,而是从货物装上海轮开始至货物运抵目的港卸离海轮为止,即只负责水面风险。罢工险是指保险人对因罢工者、停工工人、参加工潮、暴动和民众战争的人员采取行动所造成的承保货物的直接损失负责赔偿。已加保战争险后另加保罢工险,可不另增收保险费。

②其他特殊附加险。为了适应对外贸易货运保险的需要,中国人民保险公司除承保上述各种附加险外,还承保交货不到险、进口关税险、舱面险、拒收险、黄曲霉素险以及我国某些出口货物运至港澳存仓期间的火险等特殊附加险。

特别说明的是,在我国《海洋运输货物保险条款》中除规定上述各种险别外,还采用"仓至仓"条款(Warehouse to Warehouse Clause)来规定保险人负责保险责任的起讫。海运进出口货物运输险的保险责任起讫是从货物"远离"保险单上列明的装货港发货人仓库开始,直到"送交"保险单上列明的目的港收货人仓库时终止,中间包括:多次的转运、海轮与港口间的驳船运输责任、港口与仓库间的陆上运输责任、存放在港口码头库场待运期间的责任。上述"远离"是指货物一经离开发货人仓库,保险责任即开始,如货物装运车远离发货人仓库后发生翻车、落水或失火等货损货差,在保险险别的责任范围内,保险公司就应负赔偿责任,上述"送交"是指货物一经送入保险单内载明的最终港口或目的地的收货人库场,保险责任即告终止,在收货人库场内发生的货损货差,保险公司不负赔偿责任。

"仓至仓"条款是海洋货物运输保险单背面保险条款内的保险专用术语,使用这一术语要注意三个方面的事项:

一是"仓至仓"条款的保险责任与以什么价格成交关系很大。如以 FOB 或 CFR 贸易条件成交的,对买方来说,仓至仓的保险责任自装上海轮开始,也就是说虽然保险单上列明"仓至仓条款",但是保险公司承保的责任起讫不是"仓至仓"而是"船至仓",保险公司只承担货物在装运港装上船起至货物运至买方仓库时止的风险损失。还有以到达术语贸易条件成交的,因都属实际交货,货物在尚未到达目的港卸货前均属卖方责任。货物虽已装上海轮,所有风险都由卖方承担,不存在"仓至仓"的保险责任。

二是"仓至仓"条款不适用于海运战争险。战争险的责任起讫采用"水面"条款,以"水上危险"为限,是指保险人的承保责任自货物装上保险单所载明的启运港的海轮或驳船开始,到卸离保险单所载明的目的港的海轮或驳船为止。如果货物不卸离海轮或船舶,则从海轮达到目的港当日午夜起算满 15 日之后责任自行终止;如果中途转船,不论货物在当地卸货与否,保险责任以海轮到达该港口卸货地点的当日午夜起算满 15 天为止,等再装上海轮续运时,保险责任才继续有效。

三是对活牧畜、家禽,也同样不适用"仓至仓"原则,保险责任从被保活牧畜或家禽装上运输工具开始到卸离运输工具即行终止。如果不卸离,则以运输工具抵达目的地 15 天为限。

2. 伦敦保险协会制定的《协会货物条款》(ICC)

伦敦保险协会制定的协会货物条款最早制定于 1912 年,经多次修订,现在世界上大多数国家办理海上保险业务所使用的《协会货物条款》是 1983 年 4 月 1 日起实施的。该协会货物条款对世界各国保险业有着广泛的影响。凡由我国保险公司承保的货物或船舶,一般采用中国人民保险公司的保险条款,但也接受国外客户或者国外开来的信用证要求使用的伦敦保协会的《协会货物条款》。

现行的伦敦保险协会的《协会货物条款》(ICC)共分为六个险别,分别是:协会险(A)[ICC(A)]、协会险(B)[ICC(B)]、协会险(C)[ICC(C)]、协会战争险(Institute War Clause)、协会战争险(Institute Strikes Clause)和恶意损坏险(Malicious Damage Clause)。

在上述六种险别中,前三者依次分别类似于我国海运货物保险条款中的平安险、水渍险和一切险,可以单独投保。协会险的战争险和罢工险与我国海运货物保险条款不同,具有独立完整的结构,在需要时可征得保险公司的同意作为独立险别单独投保。恶意损害险属于附加险别,不能单独投保。

(三)我国海运货物保险的基本做法

我国进出口业务中,最常使用的贸易术语是 FOB、CFR 和 CIF,从保险的角度来看,可分为带保险的 CIF 和不带保险的 FOB 和 CFR。

1. 货物投保手续

在我国出口业务中,多按 CIF 成交,应由我国出口企业及时向中国人民保险公司逐笔办理保险手续。具体做法是:根据买卖合同或信用证的规定,在备妥货物和确定装船出运后,按规定格式填制投保单,具体载明被保险人名称、保险货物项目、数量、包装及标签、保险金额、运输工具的种类和名称、承保险别、保险起讫地点、启运日期等项内容,向当地中国人民保险公司投保,然后由保险公司处理保险单(或其他保险凭证)。保险单(或其他保险凭证)是出口企业向银行议付货款的必备单证之一,也是被保险人索赔和保险公司理赔的主要依据。在保险人出立保险单后,被保险人如欲更改险别、运输工具名称、航程、保险期限的扩展和保险金额等,应向保险公司或其授权的代理人提出批改申请。保险公司或其授权的代理人如接受这项申请,应出立批单,作为保险单的组成部分,此后保险人即按此批改的内容负责承保。

在我国进口业务中,多按 FOB 或 CFR 成交,应由负责进口的各进口公司负责向中国人民保险公司办理保险。为了简化手续,中国人民保险公司与各进口公司签订了预约保险合同,对不带保险条件的进口货物,由中国人民保险公司负自动承保的责任。其中的海运进口货物预约保险合同规定,被保险人在知悉每批货物启运时,应以书面定期通知保险公司,告知船名、开航日期及航线、货物品名及数量、保险金额等项内容,即作为向中国人民保险公司办理了投保手续,无须填制正式投保单。如果被保险人未按预约保险合同的规定办理保险手续,则货物发生损失时,保险公司不负赔偿责任。

2. 保险单据

保险单据既是保险人对被保险人的承保证明,又是保险人和被保险人之间订立契约的证明,它具体的规定了保险人和被保险人之间的权利和义务。所以,它既是被保险人索赔的主要依据,也是保险人理赔的主要凭证。

国际上常用的保险单据主要有以下 3 种。

1) 保险单

保险单(Insurance Policy)又称"大保单"或"正式保单",是使用最广的一种保险单据。保险单背面都有保险公司印就的明确规定保险人(即"承保人")与被保险人双方权利和义务的保险条款。保险单是投保人和承保人之间订立正式保险合同的书面凭证。目前,我国按 CIF 条件出口货物,中国人民保险公司在承保时均可出立这种保险单。

2) 保险凭证

保险凭证(Certificate of Insurance)又称"小保单"或"简式保单",除载明保险人名称、被保险货物名称、数量、船名、开航日期、险别、保险期限和金额等必要内容外,合同背面并没有列明保险人与被保险人双方权利义务的详细条款。但是,在使用上,保险凭证与保险单具有同等法律效力。

3) 预约保单

预约保单(Open Policy)又称"开口保险单",是保险人对被保险人将要装运的属于约定范围内的一切货物自动承保的,而又没有"总保险金额限制"的预约保险总合同。保险合同中一般只规定承保货物范围、险别、费率、保险合同生效期限以及双方当事人的其他相关权利和义务等。在预约保单下,一旦卖方装运货物,卖方或买方立即将相关货物装运的详细资料如货物名称、总值、船名、航次、装运时间、发票和提单号码等及预约保单的保险合同号码一起书面通知该保险公司,以此作为正式的投保和承保。这种由买方或卖方在承保货物装运以后发送给保险公司的书面装运通知称为"保险通知书"。预约保单下的保险合同一般包括先后两份文件:(1)预约保单本身。(2)随后的买方或者卖方发给保险公司的"装运通知"。这表明,当预约保单项下的保险标的遭遇到承保风险损失后,被保险人必须同时出具预约保单与装运通知才能索赔。

预约保单一般适用于那些常年有大量货物进出口业务的外贸公司。这样,外贸公司一方面不用每进出口一批货物就需要同保险公司签订一份保险合同;另一方面,外贸公司还可以凭借其大量的保险货物享受保险公司更加优惠的保险费率。

3. 保险金额与保险费

保险金额(Insurance Amount)是被保险人对被保险货物的实际投保金额,也是被保险人据以计算保险费和赔偿的最高数额,即全损赔偿的最高限额。保险费(premium)则是保险人因承保保险赔偿责任而向被保险人收取的费用,它通常按保险金额的一定百分比收取,这一百分比即为保险费率(Premium Rate)。其计算公式为:

$$保险费 = 保险金额 \times 保险费率$$

1) 进口

外贸公司一般与中国人民保险公司签订预约保险合同,保险金额以进口货物的 CIF 价值为准,一般不再加成。以 FOB 或 CFR 贸易术语进口时,为计算简便起见,预先议定了平均运费率和平均保险费率,其保险金额的计算公式为:

$$FOB 进口合同的保险金额 = FOB 价 \times (1 + 平均运费率 + 平均保险费率)$$
$$CFR 进口合同的保险金额 = CFR 价 \times (1 + 平均保险费率)$$

如果进口单位未与保险公司签订预约保险合同,而是逐笔投保的,其保险金额也是以 CIF 价值为准,一般不再加成,其计算公司为:

$$CIF 保险金额 = \frac{CFR 价}{1 - 保险费率}$$

$$CIF 保险金额 = \frac{FOB 价 \times (1 + 运费率)}{1 - 保险费率}$$

中国人民保险公司根据各进出口公司送交的海运进口装船通知书或结算凭证汇总后,按月度或季度分别向各进出口公司收取保险费。

2) 出口

中国人民保险公司承保出口货物的保险金额,一般按 CIF 发票金额的 110% 计算。10% 的保险加成是作为买方的费用和预期利润,但基于实际情况买方要求保险加成超过 10%,也是可酌情考虑。

中国人民保险公司出口货物保险费率分《一般货物费率表》和《指明货物附加费费率表》。前者适用于一般货物投保基本险别;后者是针对某些易损货物加收的一种附加费率表,由于这些货物在运输途中极易因为外来风险引起短少、破碎和腐烂等,损失率较高,所以将它们单独列出,并称为"指明货物"。在指明货物中还有一部分货物规定有免赔率。如投保人要求降低免赔率或不计免赔率可按费率表规定的标准,经保险公司同意后,另行加费投保。

4. 保险的索赔手续

当海运进出口货物遭受承保范围内的损失时,具有保险利益的人(可能是投保人、被保人、保险单的手让人)应在分清责任的基础上确定索赔对象,备好必要的索赔证据(如保险单或保险凭证正本,运输单据,商业发票和重量单、装箱单,检验报告,残损、短量证明,索赔清单等),并在索赔时效(一般为 2 年)内提出索赔。

1) 出口

由于货运保险一般为定值保险,如果货物遭受全部损失,应赔偿全部保险金额;如果遭受部分损失,则应根据受损的程度正确计算和合理确定赔偿金额。中国人民保险公司承保的出口货物,在达到国外目的(港)后发现货物受损,收货人或其代理人一般都按保险单规定委请指定的检验人对货物进行检验,并出具检验报告,由国外买方凭检验报告连同有关权益证明书、保险单证直接向保险公司或其代理人提出索赔。

2) 进口

中国人民保险公司承保的进口货物到国内后,如发现货损收货人应立即通过当地的保险公司,并会同有关部门进行联合检验,出具联合检验报告,然后收货人根据联合检验报告所提供的货物损失金额或程度,向卸货港的保险公司索赔。申请联合检验的期限一般最迟不要超过保险费责任终止日起 10 天。

第五节　货款支付与国际贸易结算

收取货款是卖方的主要权利,而支付货款是买方的基本义务,因此货款支付是国际贸易主要交易条件之一,也是国际贸易中的重要环节。世界各国因国际贸易活动,以及其他经济、政治、文化等活动,必然发生(进行)债权债务的关系,这就需要了结与清算,国际贸易活动尤其如此,这就是国际贸易结算。

一、支付与结算工具

(一)货币

货币(currency)主要用于计价、结算和支付。国际贸易中,在使用货币方面一般有三种情况:使用卖方所在国货币,使用买方所在国货币或使用第三国的货币。目前我国的进出口业务中仍较多使用外国货币,如美元、英镑、日元、澳元等。在选用外国货币时,除考虑货币发行国家对我国的政治态度外,主要考虑所使用货币的稳定性和可兑换性。原则上应选择兑换比较方便、币值又相对稳定的货币作进出口合同中的计价和支付货币,以减少外币币值的波动可能造成的损失,并有利于国家外汇的调度和使用。

现代国际贸易很少以现金结算货款,通过信用工具的票据结算则是主要的。在这些票据中,以汇票使用最多,另外还有本票和支票。

(二)汇票

1. 汇票的概念及基本要素

汇票(bill of exchange,draft)是一个人向另一个签发的,要求对方在指定的时间内或见票时或在确定的将来时间,向特定的人或指定的人或持票人,无条件支付一定金额的书面命令。汇票主要用于结算和支付。

汇票的基本内容一般包括:

(1)注明"汇票"字样。

(2)一定的金额。在国际贸易中,汇票金额原则上应在合同或信用证规定金额的范围,如无特别规定,其具体金额必须与发票金额一致,否则受票人有权拒付。同时,金额大小写要一致,否则以小额为准。

(3)付款期限。是指受票人见票后必须付款的时间,如"见票后对天付款""见票即付"等。

(4)付款地点。一般以受票人所在地表示。

(5)出票日期和出票地点。出票地点一般以汇票所列的出票人所在地表示。

(6)付款人(payer)。又称受票人(drawer),即接受命令付款的人。在进出口业务中,通常是进口人或其指定的银行。

(7)受款人(payee)。就是受领汇票所规定金额的人,在进出口业务中,通常是出口人或其指定的银行。

(8)出票人(drawer),即签发汇票的人,在进出口业务中通常是出口人或银行。

(9)出票人签字。未经出票人签字,汇票不产生法律效力。

汇票除载有上述几项必要的内容外,还可根据需要,记载一些其他项目的内容,如汇票编号、禁止转让、付一不付二、利息与利率等。

2. 汇票的主要种类

从不同角度分类,汇票可分为以下几种:

(1)按照出票人的不同,汇票分为银行汇票和商业汇票。银行汇票(banker's draft)是指出票人是银行,受票人也是银行。商业汇票(commercial draft)是指出票人是商号或个人,付款人可以是商号、个人,也可以是银行。

(2)按照有无附属单据,汇票可分光票和跟单汇票。光票(clean bill)是指不附带货运单据的汇票。银行汇票多是光票。跟单汇票(documentary bill)是指附带有货运单据的汇票。商业汇票一般多为跟单汇票。

(3)按照付款时间的不同,汇票分为即期汇票和远期汇票。即期汇票(sight draft,demand draft)是指在提示或见票时立即付款的汇票。远期汇票(time bill or usance bill)是指在一定期限或特定日期付款的汇票。远期汇票的付款时间,有以下几种规定办法:①见票后若干天付款(At ×× days after sigh)。②对出票后若干天付款(At ×× days after date)。③提单签发日后若干天付款(At ×× days after date of bill of lading)。4)指定日期付款(fixed date)。

(4)按承兑人的不同,汇票可分为商业承兑汇票和银行承兑汇票。商业承兑汇票(Commercial Acceptance Bill),是以工商企业为付款人的远期汇票,经付款人承兑后,称为商业承兑汇票。银行承兑汇票(Banker's Acceptance Bill),承兑人为银行的远期汇票,则为银行承兑汇票。

一些汇票往往可以同时具备几个特征,例如一张商业汇票,同时又可以是即期的跟单汇票;一张远期的商业跟单汇票,同时又是银行承兑汇票。

3. 汇票的使用、转让和追索

1) 汇票的使用

在国际贸易实务中,使用远期汇票收付货款一般要经过出票(issue)、提示(presentation)、承兑(acceptance)和付款(payment)等四个环节。如系即期汇票,就无须办理承兑手续。

所谓出票,就是出票人根据合同签发汇票交给受款人的行为;所谓提示,是持票人将汇票提交付款人要求承兑或付款的行为;所谓承兑是指经持票人的第一次提示,付款人表示承担到期付款的责任行为,并办理前述的"承兑"手续;付款,即经过承受的远期汇票于付款到期日,持票人经第二次向付款人提示,付款人即行兑现贷款的行为。汇票一经付款兑现,其一切债务责任即告终结。

2) 汇票的转让

在国际贸易与金融活动中,大多数汇票通过背书(endorsement)是可以流通转让的。所谓背书,就是汇票的持票人或受款人在汇票背面签上自己的名字和受让人的名称后,将汇票交与受让人的行为。经过背书,汇票的收款权利就转让给了受让人。汇票可以经过一次次背书,继续一次次地转让。对受让人而言,出票人和所有在他以前的背书人均为他的"前手";而在他以后的"受让人"(被背书人,endorsee)为他的"后手"。"前手"对其"后手"负有担保汇票被承兑或付款的责任,汇票持有人之所以将汇票转让给受让人,其目的是为了"贴现"(discount),即为了汇票到期付款前先取得票款,受让人则要按照汇票的票面金额扣除从转让日起到汇票付款日为止的利息后将票款付给出让人。

3) 汇票的拒付与追索

汇票转让后,有时会遭到付款人的拒付(dishonour)。这时,现有持票人有权向所有"前手"追索(recourse),直至出票人。汇票背书人(endorser)为了避免因付款人拒付而被追索的责任,可以在背书时注明"不受追索"字样,但注有这种字样的汇票,就不易在市场上流通和转让。未注明"不受追索"的汇票,经转让后遭拒付时,现有持票人就要行使追索权(right of recourse)。为此,现有持票人要及时作出拒绝证书(或拒付证书)。所谓拒绝证书是指由付款地法定公证人或机构,如法院、银行公会等作出的证明付款人拒付的正式文件,以此作为现有持票人向其"前手"进行追索的法律依据。

(三)本票和支票

1. 本票

本票(promissory note)是一个人向另一个人签发的,保证于见票时或定期或在可以确定的将来的时间,对某人或其指定人或持票人支付一定金额的无条件的书面承诺。简言之,本票是出票人对受票人承诺无条件支付一定金额的票据。

本票可分为商业本票和银行本票。前者是由工商企业或个人签发的,后者是由银行签发的。商业本票又可分为即期和远期,银行本票都是即期的。

2. 支票

支票(check)是以银行为付款人的即期汇票,即存款人对银行的无条件支付一定金额的委托或命令。出票人在支票上签发一定的金额,要求受票的银行见票时立即支付一定金额给特定人或持票人。

支票的出票人必定是在付款银行设有存款的存户,出票人在签发支票时,应在付款银行存有不低于票面金额的存款。如存款不足,银行就会拒付,这种支票称为空头支票,开出空头支票的出票人要负法律上的责任。

汇票、本票、支票同属资金单据,它们之间有许多相似的地方,所以英美票据法对汇票的规定同样适用于本票、支票。但三者也确实有不同的地方,本票是无条件支付的承诺,支票是见票即付的汇票。

二、支付与结算方式

支付方式是支付条件的主要内容,涉及信用和支付的时间、地点等问题。目前我国进出口业务中所使用的支付方式,主要有三种:汇付、托收和信用证。前两种属于商业信用的支付方式,后一种属于银行信用的支付方式。

(一)汇付

1. 汇付的概念及要素

汇付(remittance)又称汇款,即由付款人主动通过银行或其他途径将货款汇交收款人,在进出口贸易中,就是进口人主动将货款汇给出口人。汇付是国际贸易货款结算的一种重要方式,其业务涉及四个关系人。汇付主要涉及四个当事人:

(1)汇款人(remitter),即汇出款项的人,在进出口交易中汇款人通常是进口人。

(2)收款人(payee or beneficiary),即收取款项的人,在进出口交易中通常是出口人。

(3)汇出行(remitting bank),即受汇款人的委托,汇出款项的银行,通常是在进口地的银行。

(4)汇入行(paying bank),即受汇出行委托解付汇款的银行,又称解付行,在对外贸易中,通常是出口地的银行。

汇款人在委托汇出行办理汇款时,要出具汇款申请书。此项申请书在资本主义国家被称作是汇款人和汇出行之间的一种契约。汇出行有义务按照汇款申请书的指示,用信汇、电汇或票汇方式通知汇入行。汇出行与汇入行之间,事先订有代理合同,在代理合同规定的范围内,汇入行对汇出行承担解付汇款的义务。

2. 汇付的主要种类

汇付方式可分为信汇、电汇和票汇三种。

(1)信汇(Mail Transfer, M/T),是指进口方将货款交给本地银行,由该行开具付款委托书,通过信件邮寄出口方所在地的分行或代理行,委托其付款给出口方。

(2)电汇(Telegraphic Transfer, T/T),是进口地银行应进口方请求,直接用电讯方法通知委托出口地的分行或代理行向出口方付款。采用电汇的费用较信汇要高,但出口方可以迅速收到货款。

(3)票汇(Demand Draft, D/D),是指由进口方向进口地银行购买银行汇票,自行寄给出口方,出口方凭此向汇票上指定的银行取款。

票汇与电汇、信汇的不同在于:票汇的汇入行无须通知收款人取款;这种汇票除有限制转让和流通的规定外,经收款人背书,可以转让流通,而信汇委托书则不能转让流通。

汇付属商业信用,它取决于一方对另一方的信任。由于上述三种汇付方式提供信用的买方所承担的风险较大,所以这种汇付方式除了对个别极可靠客户用以预付货款或货到付款外,主要用于定金、贷款尾数和佣金等小款额的支付。此外,在成套设备、大型机械等大宗交易中,分期付款或延期支付,通常也多采取汇付方式。

合同中的汇付条款举例如下:"买方应于×年×月×日前将全部货款用电汇(信汇/票汇)方式汇给卖方"(The Buyers shall pay the total value to the Sellers by T/T or M/T or D/D) not later than ×月×日×年。

(二)托收

1. 托收的概念及要素

托收(collection)是指出口方依据发票金额开立汇票,委托银行代向进口方收款的一种货款结算方式。托收方式涉及四个当事人:

(1)委托人(prinicpal),即委托银行代收货款的人,通常是出口人。

(2)托收银行(remitting bank),即接受出口人委托代为收款的出口地银行。

(3)代收银行(collecting bank),即接受托收银行的委托向付款人收款的进口地银行,大都是托收银行的国外分行或代理行。

(4)付款人(drawer),即应付款的人,在采用汇票时,即为汇票的受票人,也就是进口人。

按照一般国家的银行做法,委托人在委托银行办理托收时,须附具一份托收委托书,在委托书中明确提出各种指示。银行接受委托后则按照委托书的指示内容办理。

2. 托收的主要种类及基本程序

托收可根据所使用的汇票的不同,分为光票托收和跟单托收。国际贸易中货款的收取大多采用跟单托收。跟单托收根据交单条件的不同,可分为付款交单和承兑交单两种。

1)付款交单

付款交单(Documents against Payment,D/P),是被委托的代收银行在进口人付清票款后才能将货运单据交给进口人。按支付时间的不同,付款交单又可分为即期付款交单和远期付款交单两种。

(1)即期付款交单(Documents against Payment at Sight,D/P at sight),是指单据寄到进口地的代收行,由代收行提示给进口商见票,立即付款购单。

即期付款交单的基本程序是:

①卖方按合同要求装运货物后,向托收行提出委托托收申请,填写托收委托申请书,并开立即期汇票,连同发票、货运单据交托收行,委托其代收货款。

②托收行按托收委托书上各项指示,将缮制托收书,连同发票、货运单据寄交进口地代收行转托其代收。

③代收行按委托书的指示向付款人提示汇票和单据。

④买方向代收行付款赎取全部单据。

⑤代收行向托收行转账,并通知托收行款已收妥。

⑥托收行将货款交委托人(卖方)。

（2）远期付款交单（Documents Against Payment after Sight，简写 D/P after sight）是指出口商见票立即承兑汇票，待汇票到期后才付款赎单。远期付款交单的基本程序是：

①卖方按合同要求装运货物后，向托收行提出委托托收申请，填写托收委托申请书，并开立远期汇票，连同发票、装运单据交托收行，委托其代收贷款。

②托收行按托收委托书上各项指示，将缮制托收书，连同发票、货运单据寄交出口地代收行转托其代收。

③代收行按委托书的指示向付款人提示汇票和单据，付款人在汇票上承兑后，代收行收回承兑汇票与单据。

④买方待到期日向代收行付款赎取全部单据。

⑤代收行向托收行转账，并通知托收行款已收实。

⑥托收行将货款交委托人。

在远期付款交单条件下，买方即使对汇票进行了承兑，但在没有付清贷款之前，仍无法获得单据，就不能提取货物。在这种情况下，买方为了抓住有利市场转售货物，通常可以凭信托收据向银行借单提货，待汇票到期日再付清货款。这是市场经济各国银行对进口人融资的一种通常做法。

所谓信托收据，是指买方向代收行出具的，表示愿意以银行受托人身份代银行保管货物，承认货物所有权属于代收行，并承诺货物出售后所得货款应交给代收行，并保证在汇票到期日向代收行付清货款的一种书面文件。凭信托收据借单时，若借单是代收行自行决定的则不论进口人能否在汇票到期日付款，代收行必须对委托人（卖方）负汇票到期承付货款的责任；倘若是委托人授权代收行可凭付款人出具的信托收据借单，则代收行不承担进口人到期不付款的风险。

2) 承兑交单

承兑交单（Documents against Acceptance，D/A），是被委托的代收银行于付款人承兑汇票之后，将货运单据交给付款人，付款人在汇票到期时，方履行付款义务。承兑交单方式只适用于远期汇票的托收。由于承兑交单是进口人只要在汇票承兑之后，即可取得货运单据，凭以提取货物，也就是说出口人已交出了物权凭证，其收款的保障依赖进口人的信用，一旦进口人到期不付款，出口人便会遭到货物与货款全部落空的损失。因此，出口人对接受这种方式一般采用很慎重的态度。

承兑交单的基本程序与远期付款交单基本相同，所不同的是前者只要买方在汇票上履行承兑手续，就能取得单据，凭以提货；后者则是买主即使在汇票上承兑，也不能取得单据，除凭信托收据借单外，一般在汇票到期日付款之后才能取得单据，凭以提货。

3. 托收风险及其注意事项

（1）出口货款采取托收收付方式，使卖方承担了相当大的风险。首先，跟单托收如同汇付方式一样，也属商业信用。银行在办理托收业务时只是作为委托的代理人的身份行事，既无检查货运单据是否齐全、正确的义务，也无承担付款人必须付款的责任。因此，跟单托收方式的卖方委托银行向买方收取货款能否收到则完全取决于买方的信用。其次，在付款交单的托收方式下，虽然买方在未付清货款前，取不到货运单据，提不走货物，货物所有权仍控制在卖方手中，但若买方到期拒不付款赎单，且几经交涉又无效，则卖方只能将货物降价就地处理或装运回来，使其承担了额外费用与降价等风险损失。再次；承兑交单的托收方式则使卖方承担了更大的风险。因为承兑交单的付款条件能使进口人在承兑汇票并未付款的情况下取得货运单据,凭以提货,进行转售或使用,使买方有可能做无本交易,但对出口人来说,虽得到了进口人到期付款的承诺,然而一旦交单,出口人就失去了货物所有权,丧失对进口人进行约束的有效手段,卖方的收款完全取决于承兑人的信用。

(2)为保证出口收汇安全,我们在使用托收方式收货款时,应注意以下事项:

①我方出口前,应调查了解进口商的资信情况,成交额不宜超过其经营能力和信用程度。

②对贸易管制和外汇管理较严的国家,使用托收方式要慎重,防止货到目的地不准进口或收不到外汇而造成损失。

③对托收业务有特殊习惯做法的国家,如拉美和中东一些国家的银行,对托收汇票不做付款交单或承兑交单,一律需货到后才提示付款或承兑。

④出口合同应争取 CIF 价格条件成交,由出口人办理保险,在不采取 CIF 条件时,应投保卖方利益险。

⑤对托收方式的交易,要建立健全管理制度,定期检查,及时催收清理,发现问题应迅速采取措施,以避免或减少可能发生的损失。

(三)信用证

1. 信用证的概念及要素

信用证(Letter of Credit,L/C)是指由开证银行依照开证申请人的要求和指示,凭规定的单据,在符合信用证条款的前提下,向第三者(受益人)或其指定的人进行付款,或支付或承兑受益人所开立的汇票,或授权另一银行进行该项付款,或支付、承兑或议付该汇票的一种国际结算方式。

信用证收付方式是一种银行信用,银行既向出口人保证在其交单时付款;又向进口人保证在其付款后可得到所要求的全部单据,从而解决了买卖双方互不信任的矛盾,使之成为出口贸易中最为广泛使用的一种货款收付方式。

信用证所涉及的当事人有:

(1)开证申请人(applicant),是指向银行申请开立信用证的人,即进口人或实际买主,又称开证人(opener)。

(2)开证银行(opening bank,issuing bank),是指接受开证人的委托,开立信用证的银行,一般是进口地银行。开证人和开证行的权利与义务以具有委托契约性质的开证申请书为依据。开证行承担向出口人提供信用保证付款的责任,同时代为开证人行使请求出口人交付单据的权利。

(3)通知银行(advising bank,notifying bank),是指受开证行的委托,将信用证转交出口人的银行。它只证明信用证的真实性,并不承担其他义务。通知银行一般是出口人所在地银行。

(4)受益人(beneficiary),是指信用证上所指定的有权使用该证的人,即出口人或实际供货人。

(5)议付银行(negotiating bank),是指愿意买入或贴现受益人按信用证规定开立的跟单汇票的银行,一般是出口地的通知行,且通常是以受益人的指定人和汇票的持票人的身份出现的。

(6)付款银行(paying bank,drawer bank),是指信用证上指定的付款银行。它一般是开证行,也可以是它指定的另一家银行,根据信用证条款的规定来决定。

信用证所涉及的六个当事人中,实际业务中大多只有四个当事人,因为通常开证行和付款行是同一家银行,而通知行和议付方常常也是同一家银行。

2. 信用证的主要内容和基本流程

1) 信用证的主要内容

各国银行开立的信用证格式各不相同,但主要内容基本相同,即均包括合同的主要条款、所需单据和银行的保证。具体地说,主要有以下几项内容:

(1) 对信用证本身的说明。如信用证的种类、性质、金额及有效期和到期地点等。

(2) 对货物的要求。如货物的名称、品种规格、数量、包装、价格等。

(3) 对运输的要求。如装运的最迟期限、起运港或地和目的港或地、运输方式、可否分批装运和可否中途转船等。

(4) 对单据的要求。单据主要可分为三类:货物单据(以发票为中心,包括装箱单、重量单、产地证、商检证明书等)、运输单据(如提单)和保险单据(保险单)。除上述三类单据外,还有可能提出其他单据,如寄样证明,装船通知,电报副本等。

(5) 特殊要求。根据进口国政治经济贸易情况的变化或每一笔具体业务的需要,可做出不同规定。

(6) 开证行对受益人及汇票持有人保证付款的责任文句。

2) 以信用证方式结算的流程

买卖合同规定以信用证方式进行货款结算的一般流程如图6-1所示。其流程包括:

(1) 买卖双方签订合同。

(2) 开证人向开证行申请开立信用证,填写开证申请书。

(3) 开证行依据合同审核开证申请书,并根据申请书的内容,开立信用证并寄给通知行(代理行)。

(4) 通知行通知受益人。

(5) 受益人依据合同审查信用证,认可后装船发货。

(6) 缮制汇票,备妥单据,送议付行交单议付。

(7) 议付行议付。

(8) 议付行寄汇票和单据进行索偿。

(9) 开证行偿付票款。

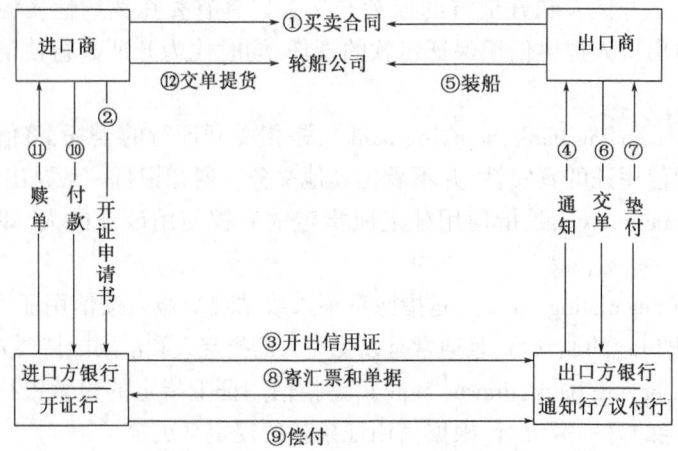

图6-1 信用证的一般流程图

(10)开证行通知开证人付款赎单。
(11)付款赎单。
(12)向船公司交单提货。

3. 信用证的种类

1)跟单信用证和光票信用证

(1)跟单信用证(documentary credit)是凭跟单汇票或仅凭单据付款的信用证。单据是指代表货物产权或证明货物已交运的单据而言。前者指提单、保险单、仓单等,后者指铁路运单、邮包收据等。国际贸易所使用的信用证绝大部分是跟单信用证。

(2)光票信用证(clean credit)是凭不附单据的汇票付款的信用证。有的信用证要求汇票附有非货运单据,如发票、垫款清单等,也属光票信用证。在采用信用证方式预付货款时,通常是用光票信用证。

2)可撤销信用证和不可撤销信用证

(1)可撤销信用证(Revocable L/C)是指开证行可以不经过受益人同意也不必事先通知受益人,在议付行议付之前,有权随时修改信用证内容乃至撤销的信用证。因而这种信用证对受益人的收款没有多大保障,在国际贸易中极少采用。

(2)不可撤销信用证(Irrevocable L/C)是指信用证一经开出,在有效期内,未经受益人及有关当事人同意,开证行不得片面修改或撤销的信用证。只要受益人提供的单据符合信用证规定,开证行必须履行付款义务。这种对受益人收款较有保障的信用证,在国际贸易中使用最广泛。按国际贸易惯例,凡在信用证上未注明"不可撤销"字样的就视为不可撤销信用证,这点在进出口实务中不能疏忽。

3)保兑信用证和不保兑信用证

(1)保兑信用证(Confirmed L/C)是指开证行开出的信用证由另一银行保证对符合信用证条款规定的单据履行付款义务。

(2)不保兑信用证(Unconfirmed L/C)是指未经另一家银行加具保兑的信用证。

4)即期信用证和远期信用证

(1)即期信用证(Sight Credit)是指开证行或其指定的付款行收到受益人开立的即期汇票和符合规定的单据,即予付款的信用证。目前,有些即期信用证也规定,无需开立汇票,凭符合规定的单据即可付款。付款行一经付款,对受益人无追索权。

即期信用证条款如:"买方应通过××银行于装运月份前××天开立并送达装运口岸以卖方为受益人的全部发票金额的不可撤销即期信用证,有效至装运月份后七天在中国议付。"

(2)远期信用证(Usance L/C)是指开证行或其指定的付款行在收到受款人开立的远期汇票和单据后,保证在规定的期限内付款的信用证。远期信用证按其不同的兑现方式,又可细分为:a.银行承兑远期信用证(Bank's Acceptance Credit)是以开证银行作为远期汇票付款人的信用证。这种信用证项下的汇票,在承兑前,银行对出口商的权利义务以信用证为准;在承兑后,银行作为汇票的承兑人,应按票据法规定,对出票人、背书人、持票人承担付款责任。b.商号承兑远期信用证(Trader's Acceptance Credit)是以开证人为远期汇票的付款人。汇票由开证人承兑。上述两种信用证均可带有利息条款,它们是出口商给予进口商资金融通的便利。c.延期付款信用证(Deferred Payment Credit)是开证行在信用证上规定货物装船后若干天付款,或开证行收单后若干天付款的信用证。延期付款信用证不要求出口商开立汇票,所以出口商不能利用贴现市场资金,只能自行垫款或向银行借款。在出口业务中,若使用这种信用证,货价应比银行承兑远期信用证高一些,以拉平利息率与贴现率之间的差额。

远期信用证条款如:"买方应于××年×月×日前(或接到卖方通知后×天内或签约后×天内)通过××银行开立以卖方为受益人的不可撤销的(可转让的)见票后××天(或装船日后×天)付款的银行承兑信用证,信用证议付有效期延至上述装运期后15天在中国到期。"

5) 可转让信用证和不可转让信用证

(1) 可转让信用证(Transferable Credit)是指受益人有权要求委托付款或承兑银行或任何有权议付的银行将信用证全部或一部分让与一个或数个第三者(第二受益人)有效使用。在此,第一受益人通常是中间商,第二受益人是实际供货人。信用证转让后,由第二受益人办理交货,但原证的受益人作为卖方,仍须对买卖合同的执行承担责任。可转让信用证主要供中间商使用,中间商自己并不掌握商品,常常是一边和厂商订立供货合同,一边同国外进口商签订进口合同,从两者的差价赚取利润。

(2) 不可转让信用证(Non-transferable Credit)是指受益人不能将信用证的权利转让给他人的信用证。凡信用证中未注明"可转让"者则不可转让。

6) 循环信用证

循环信用证(Revolving Credit)是指一定限度内可以反复循环使用的信用证。一是受使用时间的限制,即在这段时间内可循环使用,例如信用证规定每个月支用金额不能超过100万美元,可循环使用一年,则当第一个月的金额用完后,以后每个月的第一天就可恢复原金额再使用,直至12个月满期为止;二是受使用金额的限制,即信用证在规定金额被支用之后就可恢复到原金额。

循环信用证可分以下三种:

(1) 自动循环信用证。即受益人在规定时期内发货议付后,无需等待开证行通告,即可恢复至原金额使用。

(2) 半自动循环信用证。指受益人每次发货议付后,在若干天内开证行没提出不能恢复原金额的通知,即可恢复至原金额使用。

(3) 非自动循环信用证。即受益人每使用一次后,需开证行通知后方可恢复原金额使用。

循环信用证条款如:"买方应于×年×月×日前开到装运口岸以卖方为受益人的不可撤销的可转让的即期循环信用证。该证于议付后第二天自动恢复至原金额,直至装运口岸完成本合同所规定的总值或总数量为止,在未完成总值或总数量前,买方不得任意中止循环信用证,该信用证议付有效期至×月×日在装运口岸到期"。

7) 对开信用证

对开信用证(Reciprocal Credit)是指进出口业务基本上是双向对等的双方,均对其进口部分向对方开出的信用证。对开信用证的特点是:两张信用证必须同时生效;一张信用证的开证人和受益人分别是另一个张信用证的受益人和开证人;一张信用证的开证行通常又是另一张信用证的通知行。此类信用证大多数用于补偿贸易、来料加工和来件装配等业务。

8) 预支信用证

预支信用证(Anticipatory L/C)是由开证行应开证人(进口商)的要求向出口商提供资金融通的一种方式。即出口商在收到信用证后,可以用光票先预支一部分货款,这部分预付货款可在货物装运后的发票金额中扣除。如果预支了部分货款,而货物没有运出,则出口商应退还预支部分货款并加上必要的利息和费用。实际上这也可被看作是进口商给出口商的一笔订金,部分地缓解了出口商资金短缺的困难。

9) 背对背信用证

背对背信用证(Back to Back L/C)是在出口商本身不是实际供货人,他又无资金向供货人支付货款的情况下向银行融通资金的一种方式。具体做法是:出口商以收到国外进口商开证行开来的信用证为抵押,向其本国银行申请开立一张以他为开证人、以实际供货人为收益人的不可撤销信用证。如果能开一张远期的信用证,则对他(出口商)更为有利。因为,出口商可以在收到前一张信用证实际付款后,再偿付背对背信用证的开证行,可以避免自己垫付资金。

10) 付款信用证、承兑信用证与议付信用证

(1) 付款信用证(Payment Credit)是开证行保证当受益人向开证行或其指定的付款行提交符合信用证规定的单据时即行付款的信用证。

(2) 承兑信用证(Acceptance Credit)是使用远期汇票的跟单信用证,又称银行承兑信用证。开证行或指定付款行在收到符合信用证规定的汇票和单据时,先履行承兑手续,待汇票到期再行付款。

(3) 议付信用证(Negotiation Credit),是指定某银行或任何银行都可议付的信用证。

4. 信用证条款的主要内容

在国际货物买卖合同中,如采用信用证支付方式,买卖双方应对信用证支付条款的一些内容做出明确规定:

(1) 受益人。通常规定"以卖方为受益人"。

(2) 开证银行。条款通常强调应是"卖方同意接受的银行"。

(3) 开证日期。按照国际贸易惯例和有关法律规定,在信用证支付条件下,按时开立信用证是买方履约的主要义务,也是卖方履约的前提条件。所谓按时开证是指买方按合同规定的时间开证,如买方不按时开证,即构成违约。为了明确开证责任,开证时间应在合同中加以规定,其规定方法有:"签订合同后××天内开证""对在装运月前××天开立信用证""在×年×月×日开证""接到卖方备货通知书后××天内开证"等。有时,卖方为避免有些国家法律对逾期开证的法律后果的解释分歧,还进一步在合同中加订其他附加条款。例如:"因买方不能按时开证而导致卖方不能按规定装运,卖方不负责任,而且有权撤销合同并向买方提出索赔"。

(4) 信用证种类。在出口业务中,为及时、安全收汇,一般在条款中规定使用"不可撤销的即期议付信用证",如使用远期信用证,则在条款中应订明付款日期的计算办法。

(5) 信用证金额。一般应在条款中规定为"按发票金额100%",如有溢短装条款时,则对总金额也应相应规定一定的增减幅度。

(6) 信用证的议付有效期。在出口业务中为装运后有充分的时间作保证,支付条款中的议付有效期一般应规定为装运期限后的 15 天。

(7) 信用证的到达地点。到达地点应订明在出口方所在地。

采用信用证收付方式的支付条款,其行文各不相同,但一般均包括上述内容。

(四) 各种支付与结算工具的运用

选择和运用各种主要的支付方式,是进出口业务中一项十分重要的工作,应在贯彻我国外贸方针政策的前提下,从保障外汇资金安全、加速资金周转、扩大贸易往来等因素考虑。为了

适应外贸发展的需要,我国企业应在认真研究国际市场各种惯用的支付方式的基础上,灵活地加以运用。

1. 汇付、托收、信用证三者相结合

1)信用证与汇付相结合

对某一笔货款,可部分用信用证支付,其余部分用汇付方式结算。例如,对于初级产品的交易,双方约定:凭装运单据用信用证先付发票金额一定比例,待货到目的地后根据验货结果,再用汇付方式支付按实际品质或重量计算确切金额的余数。

2)信用证与托收相结合

对某一笔货款,可部分用信用证支付,其余部分用托收方式结算,一般做法是:出口人按信用证规定开立两张汇票,凭光票支付信用证部分货款,全套单据附在托收部分汇票项下,按即期或远期付款交单方式托收。但信用证上必须订明"在发票金额全部付清后才可交单"的条款。

2. 分期付款与延期付款相结合

1)分期付款(Pay by Installments)

买卖双方在合同中规定,在产品投产前,买方可采用汇付方式先交部分货款作为订金,卖方在买方付出订金前应向买方提供出口许可证影印本和银行开具的保函。除订金外,其余货款,可按不同阶段分段支付,买方开立不可撤销信用证,即期付款。但最后一笔货款,一般是在交货或买方承担质量保证期满时付清。货物所有权则在付清最后一笔货款时转移。在分期付款的条件下,货款在交货时付清或基本付清。因此,按分期付款条件所签订的合同是一种即期合同。

2)延期付款(Deferred Payment)

在成套设备和大宗交易的情况下,由于成交金额较大,买方一时难以付清全部货款,可采用延期付款的办法。其做法是,买卖双方签订合同后,买方一般要预付一小部分货款作为订金。有的合同还规定,按工程进度和交货进度分期支付部分货款,但大部分货款是在交货后若干年内分期摊付,即采用远期信用证支付。延期支付的货款,实际上是一种赊销,类似于卖方给买方提供的商业信贷,因此,买方应承担延期付款的利息。在延期付款的条件下,货物所有权一般在交货时转移。延期付款是买方利用外资的一种形式,一般货价较高。因此,在按延期付款条件签订合同时,应结合利息、费用和价格等因素进行考虑,权衡得失,然后做出适当的抉择。

3. 支付方式选择运用实践

(1)信用证是一种银行信用,汇付和托收是商业信用。因此,与汇付和托收相比,信用证对货款的收回有比较可靠的保证。国际贸易中常用的三种价格术语,一般都采用信用证方式收付货款。信用证是国际贸易中普遍使用的一种支付方式,而即期付款方式又比远期付款方式更有利于安全迅速收汇。

(2)在我国进口业务中,绝大多数交易采用信用证支付方式。金额较小的交易也可用托收和汇付方式。对于与我国签有贸易支付协定的国家,其支付方式应按有关协定办理。

(3)在我国出口业务中,主要采用不可撤销的即期信用证,收汇比较迅速安全。必要时也可用远期信用证,在计算价格时应将因迟收货款而增支的利率因素考虑进去。对某些长期有贸易往来或资信较好的客户,可用付款交单托收方式,以促进某些商品的出口;也可以采用部分信用证、部分托收(付款交单)方式,用这个方式结算货款,进口人可以少付申请开证的押金,这种做法,多数用于即期付款交易,也有用于远期的。某些商品可根据推销意图,经慎重考虑可采用承兑交单托收方式,但承兑交单有较大风险,应从严掌握。

(4)在成套设备、大型机械产品和交通工具的交易中,因为成交金额较大,产品生产周期较长,一般采取按工程进度和交货进度分若干期付清货款,即分期付款和延期付款的方法,一般采用汇付。托收和信用证相结合的方式。

第六节 进出口合同的履行与争议的仲裁

一、进出口合同的履行

重合同、守信用是我国对外贸易一贯遵循的重要原则。以下为海运 CIF 条件和即期信用证方式的出口合同的一般程序,一般包括货(备货)、证(催证、审证、改证)、船(租船订舱等)、款(制单结汇)四个环节。

(一)备货和报验

备货是指在订立合同之后,出口方为了保证按时、按质、按量完成合同的交货任务,根据合同规定的要求,进行准备货物的工作。备货工作的内容,主要包括:按计划和进货合同向生产部门或供货部门安排生产或催交货物,然后核实、检查应收货物的品质、数量、包装情况,并对货物进行验收,还要在外包装上加刷运输标志和其他必要的标志。货物的品质、数量、包装必须符合合同的规定,货物备妥时间应严格按照合同以及信用证规定的交货期限,并结合船进行安排,这些是在备货时尤其要注意的。

凡属法定检验的出口商品,或合同规定必须经中国进出口商品检验局检验出证的出口商品,在货物备妥后,应向商检局申请检验。货物检验合格,即由商检局发给检验证书,外贸企业应在检验证书规定有效期内将货物运出。

(二)催证、审证与改证

严格按照合同的规定按时开立信用证,是买方的义务。但是国外客户在遇到市场发生变化或资金发生短缺等情况时,往往会拖延开证。对此,我们作为出口方应催促对方迅速办理开证手续,必要时也可请我国驻外机构或中国银行协助代为催证。

信用证开到后,应根据合同规定对信用证内容逐项认真审核。审核信用证是银行和外贸企业的共同职责,其中银行着重负责审查开证行的资信能力、付款责任和汇款路线等方面内容;而外贸企业着重审查信用证内容与原订合同是否一致。

在审证时,如发现有我方不能接受的条款或要求时,应及时向对方提出要求进行修改。改证工作必须认真对待,并正确掌握改与不改的界限。一般说来,非改不可的,应坚决要求改正;可改可不改的,或经过适当努力可以做到的,可不作修改,按信用证规定办理;一张信用证上有多处条款需要修改时,原则上应一次提出。

(三)租船、订舱、报关、投保

按 CFR、CIF 价格成交的出口合同由我方负责租船订舱。这项工作,一般可委托中国对外贸易运输公司或其他外贸运输机构代办或代租船、或代租舱位。作为出口方,还要报关、投保并装船。

(四) 制单、结汇

货物装运后，出口企业应按照信用证要求，正确缮制发票等单据，并需在信用证规定的交单有效期内，将提单、保险单、产地证、商品检验证等各种单据，送交银行办理议付结汇手续。制单时要注意各种单据应与信用证规定相符，做到"单、证一致"，还要做到"单、单一致"。

我国出口结汇的办法有三种：买方结汇、收妥结汇和定期结汇。

买方结汇，习称"出口押汇"，即国际银行界通常采用的"议付做法"，指议付行在审单无误情况下，按信用证条款买入出口企业（受益人）的汇票和单据，按票面金额扣除从议付日到估计收到票款之日的利息，将净数按议付日外汇牌价折成人民币付给外贸企业。银行买入跟单汇票后，就成为汇票持有人，可凭票向国外付款行索取票款。

收妥结汇，是指出口地银行寄出出口单据向外索汇，待接到国外付款行将票款收入出口地银行账户的贷记通知书（credit note）时，即按当日外汇牌价，折成人民币交付出口企业。

定期结汇，是指出口地银行根据索汇函电往返所需的时间，加上银行处理工作的必要时间，对不同地区预先确定不同的固定结汇时日，到期不管是否收妥票款，主动将票款金额折成人民币交付出口企业。

最后稍提进口合同的履行。我国进口货物，一般是按 FOB 价格和信用证支付方式成交，履行程序一般包括开证与改证、租船订舱、投保、付款赎单、报关提货等。

二、合同履行争议与仲裁

在对外贸易中，买卖双方在合同履行中因种种原因发生争议是难以完全避免的。正确处理对外贸易争议，不仅关系到国家和企业的权益和对外声誉，而且直接关系到买卖双方的切身利益。

在我国对外贸易实践中，如发生争议，一般通过双方当事人的友好协商解决。如协商得不到解决时，则分别视情况采取调解（conciliation）、仲裁（arbitration）或诉讼（litigation）等方式解决。

(一) 争议与索赔

国际间的商品买卖业务环节多，涉及面广，履约时间长，在商品生产采购、运输、资金移动等任何环节上出现差错，都可能给合同履行带来影响，加之国际市场变幻莫测，时常发生对当事人不利的变化，致使合同得不到履行或被撕毁导致另一方当事人遭受损害，从而产生争议引发索赔和理赔问题。

1. 争议的原因与性质

所谓争议（disputes）是指交易的一方认为对方未能部分或全部履行合同规定的责任与义务而引起的纠纷。

交易中双方引起争议的原因很多，大致可归纳为以下几种情况：

(1) 卖方违约。卖方不按合同规定的交货期交货，或不交货或所交货物的品质、规格、数量、包装等与合同（或信用证）规定不符，或所提供的货运单据种类不齐、册数不足等。

(2) 买方违约。在按信用证支付方式成交的条件下，买方不按期开证或不开证；不按合同规定付款赎单，无理拒收货物；在 FOB 条件下不按合同规定如期派船接货等。

(3) 买卖双方均负有违约责任。如合同规定不明确，致使双方理解或解释不统一，造成一方违约，引起纠纷。

从违约性质看,争议产生的原因,一是当事人一方的故意行为导致违约而引起争议;二是由于当事人一方的疏忽、过失或业务生疏导致违约而引起争议。此外,对合同义务的重视不足,往往也是导致违约、发生纠纷的原因之一。

2. 合同中的索赔条款

所谓索赔(claim),是指遭受损害的一方在争议发生后向违约方提出赔偿的要求,在法律上是指主张权利,在实际业务中,通常是指受害方因对方违约而根据合同或法律提出予以补救的主张。所谓理赔,是指违约方对受害方所提赔偿要求的受理与处理。索赔与理赔是一个问题的两个方面,在受害方是索赔,在违约方是理赔。

进出口合同中的索赔条款有两种规定方式,一是争议和索赔条款(Discrepancy and Claim Clause);另一个则是罚金(Penalty Clause)。在一般的商品买卖合同中,多数只订争议和索赔条款,只有在买卖大宗商品和机构设备一类商品的合同中,除订明争议与索赔条款外,再另订罚金条款。

1) 争议与索赔条款

争议与索赔条款的内容,除规定一方如违反合同,另一方有权索赔外,还包括索赔的依据、索赔期限、赔偿损失的办法和赔付金额等项。

(1) 索赔依据。主要规定索赔必须具备的证据和出证机构。若证据不全、不清、出证机构不符合要求,都可能遭到对方拒赔。索赔依据包括法律依据和事实依据两个方面。前者是指贸易合同和有关国家的法律规定;后者则指违约的事实真相及其书面证明,以证实违约的真实性。

(2) 索赔期限。这是索赔方向违约方提赔的有效时间。逾期提赔,违约方可不予受理。因此,关于索赔期限的规定必须根据不同种类的商品作出合理安排。对有质量保证期限的商品,合同中加订保证期。保证期可规定为1年或1年以上。总之,索赔期限的规定,除一些性能特殊的产品(如机器设备等)外,一般不宜过长,以免使卖方承担过重的责任;也不宜规定得太短,以免使买方无法行使索赔权,要根据商品性质及检验所需时间多少等因素而定。

(3) 处理索赔的办法和索赔金额。关于这个问题,除个别情况外,通常在合同中只作一般笼统规定。

2) 罚金条款

罚金(penalty)是指合同当事人一方未履行合同义务而向对方支付约定金额的罚金,可见罚金实质上就是违约金。

罚金条款一般适用于卖方延期交货,或者买方延迟开立信用证和延期接运货物等情况。罚金数额由交易双方商定、并规定最高限额。罚金的多少以违约时间的长短而定。例如合同规定:如卖方不能如期交货每延误1周买方应收取相当于货款0.5%的罚金,不足1周者按1周计算;延误10周时买方除要来卖方支付延期交货罚金外,还有权撤销合同。按一般惯例,罚金数额以不超过货物总金额的5%为宜。卖方支付罚金后,并不能解除其继续履行合同的义务。

关于罚金起算日期的计算方法应在合同中订明。计算罚金起算日期的方法有两种:一种是以约定的交货期或开证期终止后立即起算;另一种是规定优惠期,即在约定的有关期限终止后再宽限一段时期,在此优惠期内仍可免于罚款,待优惠期届满后再起算罚金。

(二)不可抗力

1. 不可抗力的含义

不可抗力(force majeure),又称人力不可抗拒。它是指在货物买卖合同签订以后,不是由于合同双方中的任何一方当事人的过失或疏忽,而是由于发生了当事人既不能预见又无法事先采取预防措施的意外事故,以至于不能履行或不能如期履行合同,遭受意外事故的一方可以免除履行合同的责任或延期履行合同。

不可抗力的事故范围较广,通常可分为两种情况:一种是由于"自然力量"引起的,如水灾、火灾、冰灾、暴风雨、大雪、地震等;另一种是由于"社会力量"引起的,如战争、罢工、政府禁令等。但是,由于不可抗力是一项免责条款,买卖双方通常主要是卖方都可以援引它来解释自身所承担的合同义务,这种援引在多数情况下是扩大不可抗力的范围,以减少自己的合同责任。有的卖方除把各种自然灾害列入外,还把生产制作过程中的意外事故、战争预兆、罢工、怠工、货物集运中的事故、原材料匮乏、能源危机、原配件供应不及时等生产过程中的事故,以及航、陆运机构的怠慢、未按预定日期出航等,统统归入不可抗力的范围。因此,在交易中应认真分析,区别不同情况,作出不同处理,防止盲目接受。

不可抗力是一项法律原则。对此,在国际贸易中不同的法律、法规等各有自己的规定。在英美法中有"合同落空"原则的规定,即合同签订以后,不是由于当事人双方自身过失,而是由于事后发生了双方意想不到的根本性的不同情况,致使订约目的受到挫折,据此而未履行的合同义务,当事人得以免除责任。在大陆法系国家的法律中有"情势变迁"或"契约失效"原则的规定,是指不属于当事人的原因而发生了预想不到的变化,致使合同不可能再履行或对原来的法律效力需作相应的变更。不过,法院对于以此原则为理由请求免除履约责任的要求是很严格的。

在国际贸易中,尽管不同法律对不可抗力的确切含义在解释上并不统一,叫法也不一致,但其精神原则大体相同。主要包括以下几点:第一,意外事故必须发生在合同签订以后;第二,不是因为合同当事人双方自身的过失或疏忽而导致的;第三,意外事故是当事人双方所不能控制的,无能为力的。

2. 合同中的不可抗力条款

不可抗力既是一项法律原则,也是合同中的一项条款。为了避免一方当事人任意扩大和缩小对不可抗力事故范围的解释,或在不可抗力事故发生后在履约方面提出不合理要求,在货物买卖合同中规定不可抗力条款是非常重要的。

国际货物买卖合同中不可抗力条款的内容虽然不尽相同但归纳起来,一般有以下几点:

1) 不可抗力事故的范围

买卖合同中关于不可抗力事故的范围通常有三种规定办法:一是概括式规定。在合同中不具体规定哪些事故属于不可抗力,而只是笼统地规定"由于不可抗力的原因"。这种方法含义模糊,解释伸缩性大,难以作为解释问题的依据,不宜采用。二是列举式规定。在合同中详细列明不可抗力的范围,虽然具体明确,但难以一览无遗,且可能出现遗漏情况,这样仍可能发生争执,因此,也不是最好的方法。三是综合式规定。合同中列明可能发生的不可抗力事故的同时,又加上"其他不可抗力的原因"的文句,这样就为双方当事人共同确定未列明的意外事故是否构成不可抗力提供了依据。因此,这种规定方法既具体明确,又有一定的灵活性,比较科学实用,在我国进出口合同中,多采用这一种。

2) 不可抗力的后果

不可抗力事故所引起的后果有两种：一种是解除合同；另一种是延期履行合同。什么情况下解除合同，什么情况下延期履行合同，要看所发生的事故的原因、性质、规模及对履行合同所产生的影响程度而定，并明确地规定在合同中。

3) 不可抗力发生后通知对方的方式和证明

按照国际惯例，当发生不可抗力事故影响合同履行时，当事人必须及时通知对方，对方也应于接到通知后及时答复，如有异议也应及时报出。尽管如此，买卖双方为明确责任起见，一般在不可抗力条款中还规定一方发生事故后通知对方的期限和方式。此外，当一方援引不可抗力条款要求免责时，必须向对方提交一定机构出具的证明文件作为发生不可抗力的证据。在国外，一般由当地的一商会或合法的公证机构出具。在我国是由中国国际贸易促进委员会或其设在口岸的贸促分会出具。

当不可抗力事故发生后，合同当事人在援引不可抗力条款和处理不可抗力事故时，应注意：

(1) 发生事故的一方当事人应按约定期限和方式及时将事故情况通知对方，对方也应及时答复。

(2) 双方当事人都要认真分析事故的性质，看其是否属于不可抗力事故的范围。

(3) 发生事故的一方当事人应出具有效的证明文件，以作为发生事故的证据。

(4) 双方当事人应就不可抗力的后果按约定的处理原则和办法进行协商处理、处理时应弄清情况，体现实事求是的精神。

(三) 争议的仲裁

仲裁是解决对外贸易争议的一种重要方式。它是指买卖双方达成协议，自愿将有关争议交给双方同意的仲裁机构裁决(award)，而这个裁决对双方都有约束力，双方必须遵照执行。仲裁既不同于友好协商或调解，也不同于司法诉讼。在当前的国际经济贸易往来中，当发生争议时，往往倾向于采用仲裁方式。

1. 仲裁机构

仲裁有临时仲裁和机构仲裁两种。前者是指发生争议的双方将争议的事项交给双方共同指定的仲裁员，由他自行组织临时仲裁庭进行仲裁，案件审理完毕后，仲裁庭即自行解散；后者则是指发生争议的双方向一个常设的仲裁机构申请仲裁，并按照这个仲裁机构的仲裁规则或者双方当事人约定的仲裁规则选行仲裁。所谓常设仲裁机构是指根据一国的法律或者有关规定设立的，用固定名称、地址和人员设置的，具有仲裁规则的仲裁机构。由于常设的仲裁机构能为仲裁工作提供必要的方便，有利于仲裁工作的顺利进行，所以，目前国际商事仲裁主要采用机构仲裁，我国涉外商事仲裁也采用机构仲裁。

世界上很多国家和一些国际组织都设有专门从事国际商事仲裁的常设机构。如英国伦敦仲裁院、瑞典斯德哥尔摩商会仲裁院、瑞士苏黎世商会仲裁院、日本国际商事仲裁协会、美国仲裁协会、意大利仲裁协会及设在巴黎的国际商会仲裁院等。隶属于中国国际贸易促进会(简称贸促会)的中国国际经济贸易仲裁委员会是我国专事涉外经济贸易事务的仲裁机构，我国各外贸企业在订立国际货物买卖合同时，如对方同意在我国仲裁，一般都由中国国际经济贸易仲裁委员会仲裁。

2. 仲裁程序

仲裁程序(arbitration procedure)主要包括仲裁申请、指定仲裁员和仲裁庭的组成、仲裁审理、采取保全措施及作出仲裁裁决等。

1) 仲裁申请

按照我国有关仲裁规则的规定,我国仲裁机构受理争议案件的依据是双方当事人的仲裁协议和一方当事人(即申诉方)提出的书面申请。仲裁申请书的主要内容是申诉人、被诉人的名称和地址;申诉人的要求、所根据的事实与依据;申诉人所依据的仲裁协议等。申诉人提交申请书时还应附具有关证件,如合同、来往函电等原本或副本、抄本,并交纳仲裁费用的一部分预付金。仲裁机构收到仲裁申请书及其附件后,经过审查认为申诉人申请仲裁的手续完备,应立即将仲裁申请书及其附件连同仲裁机构的仲裁规则和仲裁员名册各一份,寄送给被诉人。

2) 指定仲裁员和组织仲裁庭

争议案件提交仲裁后,是由争议的双方所指定的仲裁员进行审理并作出裁决的。根据世界各国的实践,一般允许双方当事人在仲裁协议中规定仲裁员的人数和指定方法。我国的仲裁规则规定,先由双方当事人在仲裁委员会的仲裁员名册中各指定一名仲裁员,如当事人不指定,也可委托仲裁委员会主席指定,首席仲裁员是由仲裁委员会主席在仲裁员名册中另行指定的。必须指出的是,由当事人双方指定仲裁员,目的在于使争议案能得到公平合理的裁决,而仲裁员并非当事人的代理人。如采用独任仲裁员方式,即由一名仲裁员单独审理案件并作出裁决,该仲裁员可由当事人共同指定也有限定由仲裁机构代为指定的。如被诉人一方拖延或拒不指定委托仲裁员,而超过仲裁机构规定的期限时,则可由仲裁机构代为指定。双方当事人指定仲裁员之后即由仲裁员组成仲裁庭,着手对争议案件进行审理。

3) 仲裁审理

各国仲裁机构对仲裁的审理过程基本相似,都包括开庭、调解、搜集证据和调查证人。必要时,审理过程还须采取保全措施作出裁决等步骤。

(1) 开庭。仲裁开庭地点应在仲裁委员会的所在地。必要时,经仲裁委员会主席批准,也可在其他地点进行。开庭日期一般由仲裁委员会秘书处决定,并于开庭前30日内通知双方当事人。当事人有正当理由可以请求延期。案件的审理原则上不公开进行,如双方当事人要求公开审理,可由仲裁庭作出决定。审理前,仲裁庭可要求当事人提出书面说明,被诉人可提出反诉;开庭时,如果一方当事人不出庭,仲裁庭可按照另一方当事人申请,进行缺席审理和裁决。

(2) 调解。采用调解与仲裁相结合的方法解决争议是我国涉外仲裁的一个重要特点。中国国际经济贸易仲裁委员会受理的仲裁案件,在仲裁审理中根据当事人的意愿或征得当事人的同意,仲裁庭可以对争议案件进行调解。一旦调解成功(是指双方当事人通过仲裁机构调解,在解决争议的办法上取得了和解协议),仲裁庭即按照双方当事人达成的和解协议的内容作出裁决书。当事人也可以在达成和解协议后由申诉人撤回仲裁申请。如果调解失败,则由仲裁裁决。近年来,中国国际经济贸易仲裁委员会还首创会同国外有关的仲裁机构采用"联合调解"的方法来解决争议。其做法是,我方当事人向我国仲裁机构提出申请,外国当事人向其本国仲裁机构提出申请,由双方仲裁机构各派一人或双方人数相等的人员组成调解委员会共同进行调解。有的国家也规定在审理案件过程中,如双方当事人同意和解,仲裁员或仲裁庭可以停止仲裁程序,但调解不是仲裁的必要程序。

4) 采取保全措施

保全措施又称临时性保护措施(interim measure of protection),是指仲裁程序开始后至作出裁决前对争议的标的物或有关当事人的财产采取临时性强制性措施,如临时扣押财产,以防止转移或变卖,对有争议的易腐货物先行出售等。有的国家的仲裁规则认为,保全措施是一种强制措施,仲裁机构不具有实施该项措施的权力,只能通过经仲裁机构向法院提出申请,由法院作出保全措施的决定;而也有一些国家和地区的仲裁规则认为仲裁庭有权对争议的标的物采取必要的保全措施。根据中国国际经济贸易仲裁委员会《仲裁规则》的规定,仲裁委员会可以根据当事人的申请和我国法律的有关规定,提请法院作出关于保全措施的裁定。

5) 仲裁裁决

裁决是仲裁程序的最后一个环节。裁决作出后,审理程序即告结束。根据各国仲裁法和仲裁规则的规定,仲裁裁决都必须使用书面形式,大部分都要求说明裁决的理由。我国《仲裁规则》规定,仲裁裁决应在仲裁庭审理终结之日起 45 天之内以书面形式作出,并应说明理由。

3. 仲裁裁决的执行

关于仲裁裁决的效力,我国《仲裁规则》采取国际上多数国家的做法规定,即仲裁裁决是终局性的,双方当事人都必须执行,任何一方当事人都不得向法院起诉,也不得向其他机构提出变更仲裁裁决的请求。其他国家一般也不允许向法院上诉。即使向法院起诉,法院一般也只是审查程序,不审查实际争议案件及其裁决本身。只有在发现程序有问题时,法院才有权宣布裁决无效。这是因为仲裁是在双方当事人自愿基础上进行的,由双方当事人自行指定的仲裁机构和仲裁员作出的裁决,理应得到当事人的执行。

仲裁裁决一经作出,就具有法律效力,但仲裁员或仲裁机构无强制执行的权力,如败诉方拒绝执行,胜诉方可向法院申请强制执行。问题在于对外贸易仲裁可能存在着一种情况,即在甲国进行仲裁,而败诉方却在乙国,这样胜诉方在向外国的法院申请强制执行时,有可能存在困难。为了解决执行外国仲裁裁决的困难和各国立法分歧的矛盾,国际上曾缔结过两个公约:《关于执行外国仲裁裁决公约》(简称《1927 年日内瓦公约》)和《承认及执行外国仲裁裁决公约》(简称《1958 年纽约公约》)。目前,纽约公约已成为有关承认和执行外国仲裁裁决的主要国际公约。

复习思考题

1. 有固定组织形式的贸易方式主要有哪些?
2. 商品交易所的交易制度有什么特点?
3. 什么是价格术语?我国对外贸易中常用的价格术语有哪些?
4. 交易磋商一般包括哪些环节?交易磋商中应注意哪些基本问题?
5. 履行对外贸易合同的一般程序是什么?
6. 海洋运输中的主要风险包括哪些?

> 延伸阅读

国际贸易合同主体欺诈以及对策探讨

我国加入 WTO 组织后,成为国际贸易发展的重要部分,为全球经济发展作出了巨大贡献。然而,由于我国参与国际经贸合作的经验相对不足,贸易合同欺诈问题时有发生,其中最常见的就是合同主体欺诈。合同主体欺诈不仅造成经济损失,还会影响企业资信,成为行业发展的绊脚石。掌握合同主体欺诈的特点,采取有效的应对措施,成为进出口企业应该关注的重点。

一、国际贸易合同主体欺诈的类型

（一）虚构主体

第一,假扮当事人。合同订立时,虚构不存在的单位,或假冒有资格者。一方当事人不是独立法人,是没有注册资本的商行、贸易行,没有法人资格、地址、注册资本的证明材料,也就是我们俗称的中间商、皮包商。这类当事人是不能签署贸易合同的,否则对方当事人可能出现经济损失。

第二,不具有签约主体的资格。一方当事人是独立注册、有法人资格的子公司。在母公司非常知名、实力强,但子公司的资本不足情况下,子公司就可能打着母公司的旗号招揽生意。和这类当事人订立合同时,如果标的数额很大,超过了子公司承受范围,而母公司、子公司的财务独立,就会引起交易风险。

第三,当事人职业诈骗。一方当事人利用假公司、假名片、假证明材料等,通过送礼、交友、行贿的手段订立合同。一旦合同生效,当事人收到货款就宣告破产、直接跑路,促使对方当事人出现严重损失。

（二）变更主体

国际贸易合同要求按照双方当事人的约定来履行,也就是常说的"亲自履行原则",双方当事人是合同履行的主体。由于受到经济、社会、政治环境的影响,贸易活动可能会发生变化,此时就可能变更合同主体,继而出现欺诈行为。例如:一方当事人谎称无法履约,只能由第三方继续履约,且履约条件更加优厚。如果对方当事人被优惠条件吸引,没有对第三方进行深入调查,同意变更合同主体,就可能上当受骗。

（三）恶意利用

第一,有限责任的恶意利用。有限公司的特点,是公司以注册资本为准,对外承担责任;股东以出资额为准,承担有限责任。授权资本制度下,公司成立条件较为宽松,欺诈者只要缴纳一定资金,就能成立公司从而进行欺诈行为。例如:故意签订大宗合同,欺诈对方当事人;出现损害或赔偿责任时,就申请破产清算,导致对方当事人遭受严重损失。

第二,离岸公司的恶意利用。离岸公司不是经营实体,但却是独立法人,可以承担经营风险,因此离岸公司的控制人,可以免受责任追究。而且,离岸公司是海外身份,追究责任时法律会出现适用性问题。一般情况下,离岸公司只是资金的中转站,不进行经营活动,在承担责任时,没有偿还能力,导致对方当事人出现严重的经济损失。

二、国际贸易合同主体欺诈的应对措施

（一）审查合同主体的缔约资格

在国际贸易中,应审查合同当事人的法律性质,看合同对方是否有谈判、签约的合法资格。这里的"资格",就是对方缔约能力,这关系到合同是否合法、是否能生效。如果和没有资格的当事人签订了合同,在法律层面是无效的,合同中规定的权利、义务,不受法律保护。对外商进行资格审查时,由于法律属性、法律地位不同,权利和行为能力也不同。具体可分为四种情况:第一,对方是自然人身份。当事人一方要确定对方是否有缔约能力,结合目前各国的法律,要想具备法定的订约能力,至少满足两个条件:(1)达到订约的法定年龄;(2)精神正常、理智健康。第二,对方是法人或非法人经济组织身份。在国内法律中,经济组织的类型很多,且不同的组织,订约资格范围也不同,超过范围合同就是无效的。以母、子公司为例,子公司受母公司控制,但子公司是非法人,那么母公司就不能替代子公司签约。和法人或非法人经济组织签约时,当事人一

方需要要求对方出具证明材料,确保自己具有缔约资格,否则不签约合同。第三,对方是法人身份。法人就是依法行使权利、履行义务的人,多是公司、企业等经济组织的负责人。和法人签约时,当事人一方要查验对方的身份证明,查看各种法律文书,核实对方的法人身份,避免因假冒法人引起的欺诈行为。第四,对方是委托代理人身份。和委托代理人签约时,当事人一方应要求对方提供代理委托书或经济组织出具的授权证书,并检查证书材料的真伪性。

(二)调查合同主体的资信情况

企业的资信,是经济状况、商业形象两个要素的综合体。防范合同主体欺诈,首先应该谨慎选择对方当事人,调查资信情况。具体而言,经济状况包括注册资本、账户余额、授信额度、经营业务、经营能力等指标;商业形象包括信誉、道德、作风、文化建设等指标。一定程度上,企业的资信情况,关系到债务承担能力和履约能力。调查对方当事人的资信时,主要从以下几个方面入手:

第一,经营情况。通过调查,了解对方企业的成立性质,例如成立时间、行业分布、部门组成等;了解管理人员和营业额的比例、国内和海外营业额的比例、本部和分支机构的营业额比例等;了解成本和利润的构成。如此,能基本判断出该企业的经营、管理、摊销能力。

第二,注册资本和地址。法定的企业地址,是当事人开展经营活动的核心场所;企业的注册资本,是承担责任的财产基础。

第三,信誉。调查对方企业的信誉情况,可以了解当事人的经营理念、财政状态,评估履约能力,为风险应对提供支持。在具体的调查工作中,主要由以下途径:(1)通过银行调查,包括本国银行、海外银行,这些银行之间的业务联系密切,可以委托他们开展调查工作。(2)通过专业资信机构调查,尤其是国际资信机构,他们拥有数据库、专业人才、信息网络,能获得比较专业、准确的调查资料。(3)其他,例如驻外领事馆的商务机构、当地商会、爱国侨胞团体、国外律师事务所等。

(三)防范离岸公司的法律风险

第一,严格审查资信状况。对离岸公司进行调查时,如果从注册地难以获得有用的资料,可以从实际控制人入手。例如:通过注册管理人,找到实际控制人,然后获取实际控制人的资信报告,了解背景、经营、诚信等情况。如果是出口企业,还可以在管理机构中查询相关信息。例如:在开曼群岛,能获得公司负责人、成员、授权人、受益人等资料;在百慕大地区,能获得财务审计报告。

第二,要求提供担保。和离岸公司签订贸易合同后,为了避免出现责任后公司不承担责任,可要求公司提供一定担保,促使离岸公司履行合同。风险发生后,可以追究担保方的责任,从而保障自身的合法权益。

(本文原标题为《国际贸易合同主体欺诈以及对策探讨》,作者牛李斌,载于《财经界》2021年第21期,有删减)

国际金融模块

第七章 外汇与汇率

商品和资本在国际间的转移,以及由此引起的国际债权、债务关系,需要以某种货币进行结算。但由于各国实行不同的货币制度,这一结算存在相当困难,为此,需要妥善地选择交易货币。对从事涉外经济贸易的企业和其他经济体而言,了解和熟悉各种货币之间的兑换比率,对于更好开展国际化经营和实施"走出去"倡议,具有非常重要的意义。

第一节 外汇概述

一、外汇的概念

外汇具有动态和静态两种含义。

动态的外汇(Foreign Exchange)是国际汇兑的简称,是指把一个国家的货币兑换成另外一国的货币,借以清偿国际间债权债务关系的一种专门性的行为和活动。这个意义上的外汇概念等同于国际结算,是人们通过特定的金融机构将一种货币兑换成另一种货币,借助于各种金融工具对国际间债权债务关系进行非现金结算的行为。

静态的外汇是指以外国货币表示的、可用于国际结算的各种支付手段和资产。静态的外汇有广义和狭义之分。狭义的静态外汇是指以外币表示的、可直接用于国际结算的支付手段和工具。从这个意义上讲,只有存放在国外银行的外币存款,以及索取这些存款的外币票据和外币凭证才是外汇,主要包括银行汇票、支票、本票和电汇凭证等。其中,国外银行存款是狭义静态外汇的主体,因为银行汇票等外汇支付凭证需要以外汇存款为基础,而且外汇交易主要是运用国外银行的外币存款来进行的。广义的静态外汇是指一切用外币表示的资产。IMF对"外汇"作过明确的说明:"外汇是指货币行政当局(中央银行、货币机构、外汇平准基金组织和财政部)以银行存款、财政部库存、长短期政府证券等形式所保有的在国际收支逆差时可以使用的债权。"按此定义,外汇主要包括:(1)外国货币,包括纸币、铸币;(2)外币支付凭证,包括票据、银行存款凭证、邮政储蓄凭证等;(3)外币有价证券,包括政府债券、公司债券、股票等;(4)特别提款权;(5)其他外汇资产。

特别说明,我们通常所说的外汇就是狭义的静态外汇。一般来说,一种外币成为外汇有三个前提条件:第一,自由兑换性,即一种外币能自由地兑换成本币;第二,普遍接受性,即一种外币在国际经济往来中被各国普遍接受和使用;第三,可偿性,即一种外币资产是可以保证得到偿付的,即物质偿付保证。可见,并非所有的非人民币都是外币,但是国际上承认的具有国际流通功能的,我们才称之为外汇。

二、外汇的分类

(一)按可否自由兑换,分为自由外汇和记账外汇

1. 自由外汇

不需要货币发行国批准就可自由兑换成其他货币,或可以向第三者办理支付的外国货币及其支付手段,如美元、英镑、日元、欧元等,这些国家基本上取消了外汇管制,持有这些外汇,可以自由兑换成其他国家货币或者对第三者进行支付。

2. 记账外汇(或称双边外汇)

不经货币发行国批准就不能自由兑换成其他货币或对第三国进行支付的外汇。例如,在我国与某些发展中国家和苏联东欧诸国的进出口贸易中,双方为了节省自由外汇而签订双边支付协定,利用记账外汇办理货款的清算。

(二)按外汇形态不同,分为外币现钞和外币现汇

外币现钞,也称现钞,是指从国外携入的外国钞票和铸币。外币现汇,也称现汇,是指由境外携入或寄入的外汇票据,经本国银行托收后存入在货币发行国本土银行的存款账户中的自由外汇。

三、外汇的作用

随着国际经济、政治、文化交往的发展,外汇的作用也日益显著,主要表现在:

1. 作为国际结算的支付手段,促进国际贸易的发展

外汇起着转移国际间购买力的作用,是国际间清偿债权、债务的重要结算工具。用外汇清偿国际间的债权、债务,不仅节省运送现金的费用,避免风险,缩短支付时间,加速资金周转,而且更重要的是,运用这种信用工具,使国际贸易中的进出口商之间能够接受信用,扩大资金融通的范围,从而促进国际贸易的发展。

2. 促进国际交往,扩大国际经济合作

由于世界各国的货币制度不同,许多国家的货币不能在对方国内流通,这使各国之间购买力的转移发生困难。随着外汇业务的发展,在国际间利用代表外汇的各种信用工具,就可能使不同国家之间货币购买力的转移得以实现,扩大了商品流通的范围与速度,对促进国际间的交往和扩大经济合作起着重要作用。

3. 调节国际间资金供求的不平衡

世界各国的经济发展不平衡,资金余缺情况不同,客观上存在着调剂资金余缺的必要。利用外汇这种国际间的支付手段能够办理国际长、短期信贷,促进投资活动与资本移动的发展,便利了国际间资金供需关系的调节,活跃了资金市场。

4. 衡量一国的国际经济地位

当一国国际收支出现持续顺差时,本国国际储备的外汇也相应增加,本国货币对外国货币的比值也随之提高,在国际市场上就成为硬通货(Hard Currency);相反,一国的国际收支处于经常的逆差状态,就需举借外债以弥补逆差,本国货币就会因此成为软货币(Soft Currency)。由此可见,一国外汇收入的增加,对增加外汇储备、调节国际收支、提高币值、稳定汇率、增强对外经济地位都具有重要作用。

四、常见的可自由兑换货币及符号

(一) IMF 对货币的分类

根据货币是否可自由兑换可将货币分为可自由兑换货币与不可自由兑换货币。

1. 可自由兑换货币

(1) 根据国际货币基金组织协定,成员国如接受第八条款规定的义务,则该国成为国际货币基金组织第八条款成员国,其货币将被视为可自由兑换货币。第八条主要内容包括:

① 不得对经常性国际交易的付款和资金转移施加限制。

② 不得实施歧视性货币措施和复汇率政策。

③ 成员国对其他国家所持有的本国货币,如对方提出申请并说明这部分货币结存系经常性交易中获得的,则应予购回。

(2) 国际货币基金组织协定第三十条还对经常性交易做如下规定:

① 所有同外贸和其他经常性业务(其中包括服务)以及正常的银行短期信贷业务相关的支付。

② 应付贷款利息和其他投资净收益的支付。

③ 数额不大的偿还贷款本金的或摊提直接投资折旧的支付。

④ 数额不大的家庭生活费用汇款。

由此可以看出,国际货币基金组织的货币可兑换主要是指经常项目可兑换。也就是说,一国货币取消对经常性国际交易支付与转移的各种限制,实现了在经常项目下可兑换,那么该国货币在很大程度上就成为可自由兑换的货币,即有限度可自由兑换的货币,但如果该国货币也取消对资本流入流出的汇兑限制,实现了资本项目下可自由兑换,那么该国货币就成为完全可自由兑换货币。

2. 不可自由兑换货币

根据国际货币基金组织协定,凡是接受 IMF 协定第十四条规定的国家,其货币被视作不可自由兑换货币,这些货币的共同特征表现为对国际经常往来的付款和资金转移施加各种限制,如限制居民的自由兑换、限制经常项目外汇的兑换和限制资本项目外汇的兑换。

1996 年 11 月 27 日,中国人民银行行长戴相龙正式致函国际货币基金组织,宣布中国不再适用国际货币基金组织协定第十四条第二款的过渡安排,从 1996 年 12 月 1 日起接受国际货币基金组织协定第八条款的义务,实行人民币经常项目下的可兑换。这意味着中国从此将对(不以资本转移为目的的)经常性国际交易支付和转移,包括所有无形贸易的支付和转移不加以限制,不实行歧视性的货币安排或多重货币,所有法规和规章都必须遵守这一原则。自此,我国货币也成为可自由兑换货币。

(二) 常见的可自由兑换货币及其符号

为了准确而简易地表示各国货币的名称,便于开展国际间的贸易、金融业务和计算机数据通信,1870 年联合国经济委员会首先提出要制定一项国际贸易单证和信息交换使用的货币代码。

1973 年国际标准化组织(International Organization for Standardization, ISO)第 68 届技术委员会在其他国际组织的通力合作下,制定了一项适用于贸易、商业和银行的货币和资金代码,即国际标准 ISO4217 三字符货币代码。1978 年 2 月联合国贸发会议和欧洲经济委员会将三字符货币代码作为国际通用的货币代码或货币名称缩写向全世界推荐。

ISO 的货币代码,基于国际标准化组织的国家代码发布在 ISO 4217—2008 标准中,用于代表货币和资金,本标准规定了一个三个字母的字母代码和相当于3位数的代码来代表货币和资金;在此基础上,再加上一个字符表示货币单位。这套字符没有采用传统的特殊字符,如 $、£、￥,因此避免了许多计算机输入输出装置缺少这些特殊字符所造成的麻烦。常见的自由兑换货币及符号见表7-1。12个欧盟国家的货币,包括奥地利先令(Austria Schilling)、比利时法郎(Belgium Franc)、芬兰马克(Finland Mark)、法国法郎(France Franc)、德国马克(Germany Deutsche Mark)、爱尔兰英镑(Ireland Pound)、意大利里拉(Italy Lira)、卢森堡法郎(Luxembourg Franc)、荷兰盾(Netherlands Guilder)、葡萄牙埃斯库多(Portugal Escudo)、西班牙比塞塔(Spain Peseta)、希腊德拉克马(Greece Drachma)2002年3月1日以后都已退出流通,代之以欧元。表7-1列出了常用货币及其符号,"*"表示已经退出流通的旧货币(由于在许多书籍中仍会出现这些货币符号,因此,本书仍然保留了这些货币符号,而不是简单地将它们删掉)。

表7-1 常见的自由兑换货币及符号

货币名称(中文)	货币名称(英文)	ISO国际标准三字符货币代码	习惯写法
美元	US Dollar	USD	$/US $
欧元	EURO	EUR	€
英镑	Pound Sterling	GPB	£
日元	YEN(Japanese Yen)	JPY	JP￥
德国马克*	Deutsche Mark	DM(DEM)	DM
芬兰马克*	Finn Mark	FIM	FMK
法国法郎*	French France	FRF	FFr
瑞士法郎	Swiss France	CHF	SF
比利时法郎*	Belgium France	BEF	BFr
挪威克朗	Norwegian Krouna	NOK	NKr
瑞典克朗	Swedish Krouna	SEK	SKr
丹麦克朗	Denmark Krouna	DKK	DKr
荷兰盾*	Dutch Guilder(Florin)	NLG	Fls
奥地利先令*	Austrian Schilling	ATS	ASch
意大利里拉*	Italian Lira	ITL	LIT
加拿大元	Canadian Dollar	CAD	Can $
澳大利亚元	Australia Dollar	AUD	A $
韩国元	Korea Won	KRW	W
新加坡元	Singapore Dollar	SGD	S $
香港元	Hong Kong Dollar	HKD	HK $
澳门元	Pataca	MOP	P/Pat
马来西亚林吉特	Malaysian Ringgit	MYR	M $
菲律宾比索	Philippine Peso	PHP	PeSo
泰国铢	Thai Baht	THB	B
特别提款权	Special Drawing Right	SDR	SDRs
人民币元	Chinese yuan	CNY	RMB￥

第二节 汇率的标价方法与种类

外汇汇率(Foreign Exchange Rate)也称汇价,是各国货币之间相互交换时换算的比率,即一国货币单位用另一国货币单位所表示的价格。

一、汇率的标价方法

确定两种不同货币之间的比价,先要确定以哪国的货币作为基准。由于确定的基准不同,便产生了两种不同的外汇汇率标价方法。

(一) 直接标价法

直接标价法(Direct Quotation)又称为应付标价法(Giving Quotation),是以一定单位(1个或100、10000等)的外国货币作为标准,折算为本国货币来表示其汇率。即用一定单位的外国货币为基准来计算应付多少本国货币,所以也被称为应付标价法。

在直接标价法下,外国货币数额固定不变,汇率涨跌都以相对的本国货币数额的变化来表示。一定单位外币折算的本国货币增多,说明外币汇率上涨,即外国货币币值上升,或本国货币币值下降。反之,一定单位外币折算的本国货币减少,说明外币汇率下跌,即外币贬值或本币升值。

(二) 间接标价法

间接标价法(Indirect Quotation)又称为应收标价法(Receiving Quotation),是以一定单位的本国货币为标准,折算为一定数额的外国货币来表示其汇率。即用一定单位的本国货币为基准来计算应收入多少外国货币,所以也被称为应收标价法。

在间接标价法下,本国货币的数额固定不变,汇价涨跌都以相对的外国货币数额的变化来表示。一定单位的本国货币折算的外币数量增多,说明本国货币汇率上涨,即本币升值或外币贬值。反之,一定单位本国货币折算的外币数量减少,说明本国货币汇率下跌,即本币贬值或外币升值。

目前,世界上大多数国家采用直接标价法,采用间接标价法的国家很少。历史上,只有英国的英镑一直使用间接标价法。美国在二战前也曾采用直接标价法,二战以后,随着美元在国际支付和国际储备中逐渐取得统治地位,为了与国际市场上的标价相一致,美国从1978年9月1日起,除了对英镑使用直接标价法外,对其他货币一律使用间接标价法。目前,我国人民币采用直接标价法。

直接标价法和间接标价法都是针对本国货币和外国货币之间的关系而言的。对于某个国家或某个外汇市场来说,本币以外其他各种货币之间的比价无法用直接或间接标价法来判断。实际上,非本国货币之间的汇价往往是以一种国际上的主要货币或关键货币(key currency)为标准的。例如,第二次世界大战后由于美元成为世界货币体系的中心货币,各国外汇市场上均以美元为标准公布外汇牌价,这种情况可以称为"美元标价法"。

美元标价法与两种基本的标价方法并不矛盾。银行汇价挂牌时,标出美元与其他各种货币之间的比价,如果需要计算美元以外的两种货币之间的比价,必须通过各自货币与美元的比价进行套算。

(三) 标价法中的相关问题

1. 基准货币与标价货币

人们将各种标价法下数量固定不变的货币称为基准货币(Based Currency),把数量变化的货币称为标价货币(quoted currency)。

2. 升值和贬值

升值(appreciation)表示为一国货币币值的提高;贬值(depreciation)则为一国货币币值的

降低。在直接标价法下,汇率数值越大,表示外币升值,本币贬值。在间接标价法下,汇率数值越大,表示本币升值,外币贬值。

3. 汇率表示汇总

表7-2整理了中国银行、伦敦外汇市场和纽约外汇市场的主要货币汇率行情。该行情表是涵盖了直接标价法和间接标价法的不同类型标价方式。行情表中列出的货币主要有人民币(CNY)、美元(USD)、英镑(GBP)、欧元(EUR)、日元(JPY)、瑞士法郎(CHF)、港元(HKD)、澳大利亚元(AUD)。

表7-2 主要外汇市场的汇率行情表

标价法	直接标价法		间接标价法		间接标价法	
外汇市场	中国银行 (每100外币合人民币数)		伦敦外汇市场 (每1英镑合外币数)		纽约外汇市场 (每1美元合外币数)	
汇率 (2023年5月21)	USD	703.56	USD	1.2444	GBP	0.8035
	GBP	873.49	EUR	1.1514	EUR	0.9252
	EUR	758.29	JPY	145.48	JPY	109.45
	JPY	5.0790	CHF	1.1189	CHF	0.9378
	CHF	777.81	HKD	9.7250	HKD	7.8300
	HKD	81.462	CNY	9.1443	CNY	6.9670
	AUD	466.45	AUD	1.7596	AUD	1.5033

二、外汇汇率的种类

外汇汇率的种类很多,从不同的角度划分,就有各种不同的汇率。

(一)按各国金融当局所采取的汇率制度划分

按各国金融当局所采取的汇率制度来划分,外汇汇率分为固定汇率和浮动汇率。

固定汇率(fixed rate)是指一国货币同另一国货币的汇率基本固定,汇率的波动仅限制在一定幅度以内。它一般由有关国家的政府制定,并由货币当局承担干预市场、维护汇率稳定的义务。

浮动汇率(floating rate)是一种由外汇市场的供求关系来决定的汇率。各国货币当局不再规定汇率波动的上下限,也不再承担干预外汇市场的义务,外币与本币币值的涨跌完全由外汇市场的供求关系决定。

(二)从银行买卖外汇的角度划分

从银行买卖外汇的角度划分,外汇汇率分为买入汇率、卖出汇率、中间汇率和现钞汇率。

买入汇率(buying rate),也称买入价,即银行向同业或客户买入外汇现汇时所使用的汇率。采用直接标价法时,外币折合本币数较少的那个汇率是买入价;采用间接标价法时则相反。卖出汇率(selling rate),也称卖出价,即银行向同业或客户卖出外汇现汇时所使用的汇率。采用直接标价法时,外币折合本币数较多的那个汇率是卖出价;采用间接标价法时则相反。

外汇的"买"与"卖"均是站在报价行(银行)的角度而言,而不是站在询价行与客户的角度。外汇银行等金融机构买卖外汇现汇是以盈利为目的,卖出价与买入价的差价就是银行的收益,因此,银行的卖出价必然高于买入价,二者差价一般为1‰—5‰。差价幅度一般随外汇市场的稳定程度、交易币种、交易地点以及外汇交易量的不同而发生波动。一般而言,外汇市场越发达,交易量越大,越常用的交易货币,这个差价就越小。西方主要货币间的交易差价大都小于1‰。银行同业间进行的头寸调拨所使用的买入价、卖出价也称同业买卖汇率(Interbank Rate),其差价相对更小。

中间汇率(middle rate),也称中间价,是指买入价与卖出价的平均数。中间汇率通常在计征关税、汇率预测中使用,各国政府规定和公布的官方汇率以及经济理论著作或报道中出现的汇率一般是中间汇率。

现钞汇率(bank notes rate)是指银行买卖外汇现钞时所使用的汇率,也有买入价与卖出价之分。一般来讲,外汇现钞的买入价比外汇现汇的买入价要低。这是因为银行买入外汇现汇时,也即买入了外汇支付凭证,通过划账,可以很快存入外国银行获得利息或调拨动用,但是,买入外币现钞时,银行需要将外币现钞积累到一定数量,然后运到各发行国去存入银行生息或其他投资。在此期间,银行需要支付一定的运费和保险费,而且还承受一定的利息损失。银行在买入外汇现钞时需要从外汇买入价扣减这部分费用。因此,外汇现钞的买入价要低于外汇现汇的买入价。不过,外汇现钞的卖出价与外汇现汇的卖出价相同。

(三)按制定汇率的方法划分

按制定汇率的方法划分,外汇汇率分为基本汇率和套算汇率。

基本汇率(basic rate)是指本币同关键货币(key currency)的兑换比率。关键货币的选择条件是:本国国际收支中使用最多的、外汇储备中占比重大的,同时又是可以自由兑换、国际上可以普遍接受的货币。美元是国际支付中使用较多的货币,因此常把对美元的汇率作为基本汇率。

套算汇率(arbitraged rate),又称交叉汇率(cross rate)。各国在基本汇率制定出来后,通过套算得出的任何两种非关键货币的汇率就称为套算汇率。

(四)按银行外汇汇付方式划分

按银行外汇汇付方式划分,外汇汇率分为电汇汇率、信汇汇率和票汇汇率。

电汇汇率(Telegraphic Transfer Rate,简称T/T Rate)。电汇汇率是经营外汇业务的本国银行在卖出外汇后,即以电报委托其国外分支机构或代理行付款给受款人所使用的一种汇率。由于电汇付款快,银行无法占用客户资金头寸,同时,国际间的电报费用较高,所以电汇汇率较一般汇率高。由于电汇调拨资金速度快,可以加速国际资金周转,因此电汇在外汇交易中占有绝大的比重,电汇汇率已成为基本汇率,计算其他各种汇率都以它为基准。

信汇汇率(Mail Transfer Rate,简称M/T Rate)。信汇是用银行开具付款委托书,用信函方式通过邮局,寄给付款地银行转付收款人的一种汇款方式。由于付款委托书的邮递需要一定的时间,银行在这段时间内可以占用客户的资金,因此,信汇汇率比电汇汇率低。

票汇汇率(Demand Draft Rate,简称D/D Rate)。票汇是指银行在卖出外汇时,开立一张由其国外分支机构或代理行付款的汇票交给汇款人,由其自带或寄往国外取款。和信汇一样,由于票汇从卖出外汇到支付外汇有一段间隔时间,银行可以在这段时间内占用客户的头寸,所以票汇汇率一般比信汇汇率低。票汇有短期票汇和长期票汇之分,其汇率也不同。长期票汇汇率较短期票汇汇率低,这是因为银行能更长时间运用客户资金的缘故。

(五)按外汇交易交割期限划分

按外汇交易交割期限划分,外汇汇率分为即期汇率和远期汇率。

即期汇率(spot rate),也称现汇汇率。是指买卖外汇双方成交当天或两天以内进行交割所使用的汇率,反映了外汇市场上绝大多数交易者对交割日汇率的预测。

远期汇率(forward rate),也称期货汇率,指事先由买卖双方签订合约约定的,在未来某个日期进行外汇交割所使用的汇率。远期汇率通常在远期外汇买卖合约成交时确定,合约到期时,不管汇率是否有变化,都按合约约定的汇率进行交割。远期汇率在一定程度上代表即期汇率的变动趋势。远期外汇交割的期限可以是 1 个月、3 个月、6 个月、1 年,比较常见的是 3 个月。采用远期汇率进行远期外汇买卖的主要目的是避免或减轻外汇汇率波动所带来的风险。

(六)按政府对外汇管理的宽严程度划分

按政府对外汇管理的宽严程度划分,外汇汇率分为官方汇率和市场汇率。

官方汇率(official rate),是指国家机构(财政部、中央银行或外汇管理当局)公布的汇率,并规定一切外汇交易都按其公布的汇率为准。官方汇率又可分为单一汇率(Single Exchange Rates)和多重汇率(Multiple Exchange Rates)。各国确定多重汇率的做法不同,较多的是对商业交易和非商业交易规定不同的汇率,前者称为贸易汇率(Commercial Rate),用于对外贸易收支,由中央银行加以维持,也就是官方汇率;后者称为非贸易汇率或金融汇率(Financial Rate),用于资金流动及其他非贸易收支,一般根据资金供求关系自由波动。

市场汇率(market rate),是指在自由外汇市场上买卖外汇的实际汇率。外汇管理较松的国家,官方宣布的汇率往往只起中心汇率作用,实际外汇交易则按市场汇率进行。由于政府有关部门往往运用各种手段进行干预,市场汇率一般不致脱离官方汇率过大,如果过大,政府又无力干预时,就不得不宣布货币贬值或升值。

(七)按外汇汇率存在种类形式划分

按外汇汇率存在种类形式划分,外汇汇率分为单一汇率、复汇率和黑市汇率。

单一汇率(single exchange rate),是指一种货币(或一个国家)只有一种汇率。在实行单一汇率的国家,贸易、非贸易外汇收付均按一种汇率结算。

复汇率(multiple exchange rate),又称"多元汇率",是指一种货币(或一个国家)有两种或两种以上汇率。一国在外汇管制情况下,对同一外国货币,因其目的不同,而规定不同的汇率。设置复汇率的主要目的在于:(1)鼓励或限制某些商品出口。(2)鼓励或限制某些货物进口。(3)鼓励某些商品在国内生产。(4)借高价卖出或低价买入以充实国库。例如德国在 20 世纪 30 年代曾对战备物资的进口给予较优惠的汇率,对其他物品的进口则以较高的汇率来兑换。

黑市汇率是在外汇黑市市场上买卖外汇的汇率。在严格实行外汇管制的国家,外汇交易一律按官方汇率进行。一些持有外汇者以高于官方汇率的汇价在黑市市场上出售外汇,可换回更多的本国货币,而这是黑市外汇市场的外汇供给者;另有一些不能以官方汇率获得或获得不足够的外汇需求者便以高于官方汇率的价格从黑市外汇市场购买外汇,这是黑市外汇市场外汇的需求者。

(八)按货币价值划分

按货币价值划分,外汇汇率分为名义汇率、实际汇率和有效汇率。

名义汇率(nominal rate)包括通货膨胀率影响在内的汇率。名义汇率通常可以在网站、报纸上查到,它可以由市场决定,也可以由官方制定。

实际汇率(real rate)剔除了价格因素的汇率。是指对名义汇率进行调整后的汇率,不同的调整方法对应不同的实际汇率含义,即外国商品与本国商品的相对价格,它反映了本国商品的国际竞争力。

有效汇率(effective exchange rate)是一种以某个变量为权重计算的加权平均汇率指数,它指报告期一国货币对各个样本国货币的汇率以选定的变量为权数计算出的与基期汇率之比的加权平均汇率之和。通常可以一国与样本国双边贸易额占该国对所有样本国全部对外贸易额比重为权数。有效汇率是一个非常重要的经济指标,以贸易比重为权数计算的有效汇率所反映的是一国货币汇率在国际贸易中的总体竞争力和总体波动幅度。有效汇率又可分为实际有效汇率(REER)以及名义有效汇率,它们是根据购买力平价汇率决定理论派生出来的两个汇率监测指标。以贸易比重为权数的有效汇率反映的是一国货币在国际贸易中的总体竞争力和总体波动幅度,其汇率的公式为

$$A国的有效汇率 = \sum_{i=1}^{N} \left(A国货币对i国货币的汇率 \times \frac{A国同i国的贸易值}{A国的全部对外贸易值} \right)$$

目前,国际货币基金组织定期公布有关国家的若干种有效汇率指数,除了以贸易比重为权数的有效汇率外,还有以劳动力成本、消费物价、批发物价等为权数、经加权平均得出的不同类型的有效汇率指数。

三、人民币汇率

西方各主要货币的汇率是在外汇市场上由供求关系自发决定的,而我国人民币汇率在不同历史时期,其形成机理不一样。1948年12月1日,中国人民银行成立,并发行了统一的货币——人民币。由于历史的原因,人民币在发行时未规定其黄金平价。人民币对西方国家货币的汇于1949年1月18日率先在天津产生。全国各地区以天津口岸的汇率为标准,根据当地具体情况,公布各自的人民币汇率。1950年全国财经工作会议以后,于同年7月8日开始实行全国统一的人民币汇率,由中国人民银行公布。1979年3月13日,国务院批准设立国家外汇管理总局,统一管理国家外汇,公布人民币汇率。1994年1月1日,改由中国人民银行根据银行间外汇市场形成的价格,公布人民币汇率。人民币对西方国家货币的汇率,按其演变过程,可以分为四个阶段:

(一)1949年1月至1952年底,即国民经济恢复时期的汇率制度阶段

在这一阶段,我国汇价的方针是"奖励出口,兼顾进口,照顾侨汇",即汇价要照顾出口商经营75%~80%的出口商品获得5%~15%的利润,并保证华侨汇款兑取的人民币实际购买力。我国的外汇牌价是依据人民币对内、对外购买力的变化情况,参照进口商品理论比价和国内外生活物价指数确定的。由于我国正处于国民经济恢复时期以及发生抗美援朝战争,国内存在严重通货膨胀,因此,在这一时期的人民币汇率经常调整,变动幅度比较大。因此,这一阶段的汇率制度基本上可看成是浮动汇率制度。

(二)1953年至1980年,即计划经济体制下的汇率制度阶段

这时期的我国汇率制度又分为两个阶段:

1.1953年至1972年底,实质上的固定汇率制度

在这一阶段,我国对外贸易由国营外贸公司统一经营,外贸盈亏全部由国家财政负担与平衡,人民币汇率对进出口贸易的调节作用基本丧失。这一时期的人民币汇率主要是用于非贸易外汇兑换的结算,按照国内外消费物价对比制定,并参照各国政府公布的汇率,只有在资本主义国家的货币发生贬(升)值时,才作相应调整。因为我国处于全面社会主义建设时期,国

民经济实行计划化,物价由国家规定且基本稳定,同时布雷顿森林体系的固定汇率制处于相对稳定状态,所以,这一阶段我国人民币汇率基本稳定,汇率保持在1美元兑换2.46元人民币的水平上,实质上实行固定汇率制度。

2. 1973年至1980年,实行"一篮子货币"的钉住汇率制度

1973年,布雷顿森林体系崩溃后,世界各国普遍实行了浮动汇率制度,汇率开始频繁波动。为了避免汇率波动对我国对外经济活动带来的不利影响,人民币汇率的确定也作出了调整,由过去按国内外物价对比并参照各国政府公布的汇率改为按"一篮子"货币确定,即选择我国在对外经济贸易往来中经常使用的若干种货币,按其重要程度和政策上的需要确定权重,根据这些货币在国际市场的升降幅度加权计算出人民币汇率。对所选中的货币篮子中的货币,分别规定了变动的幅度,当这些货币汇率变动超过规定限度时,人民币汇率就相应进行调整,但并不是随这些货币浮动的幅度等比例调整,而是根据国内经济状况和我国实际需要适当调整。为此人民币对美元汇率从1973年的1美元兑换2.46元逐步调至1980年的1.50元,美元对人民币贬值了39.2%,同期英镑汇率从1英镑兑换5.91元调至3.44元,英镑对人民币贬值41.6%。

为了改革统收统支的外汇分配制度,调动各企事业单位创汇的积极性,扩大外汇收入,我国从1979年开始实行外汇留成制度,国家给创汇单位一定的使用外汇的权利,即外汇额度留成,按规定可用于进口。随着外汇留成制度的实施,有些单位就出现外汇富裕,而另外一些单位出现外汇短缺。为了调剂外汇额度的余缺,中国银行于1980年10月开办了外汇调剂与额度借贷业务,从而形成了外汇调剂市场与外汇调剂价。这一阶段里外汇调剂价与官方牌价并存,不过,外汇调剂价高于官方牌价。

(三)1981年至1993年底,即经济体制转轨时期的双重汇率制度阶段

这一时期又可分为三个阶段。

1. 1981年至1984年底,贸易内部结算价与官方牌价并存的双重汇率制度

为了鼓励出口,限制进口,加强外贸的经济核算和适应外贸体制改革,我国从1981年开始实行贸易内部结算价和对外公布官方牌价双重汇率制度。1981年1月制定了一个贸易外汇内部结算价,按当时全国出口商品平均换汇成本加10%利润计算,定为1美元兑换2.8元人民币(直到1984年底才停止使用,中间未进行调整),适用于进出口贸易的结算,同时继续公布官方牌价,1美元兑换1.5元人民币,沿用原来的"一篮子货币"计算和调整,用于非贸易外汇的结算。双重汇率对鼓励出口和照顾非贸易利益起到了一定作用,但使得进口成本增加,进口企业亏损增加,既加重了财政负担,同时也加剧了国内的通货膨胀。

2. 1985年至1991年4月,复归单一汇率制度

由于双重汇率已不适应经济形势发展的需要,1985年1月1日,我国正式取消了贸易内部结算价,贸易收支与非贸易收支均按官方牌价结算,人民币对外公开牌价为1美元兑换2.8元人民币,此后多次下调,到1991年4月为1美元兑换5.22元人民币,人民币汇率由双重汇率变为单一汇率。这阶段虽然恢复了单一的汇率制度,但在具体的实践中随着留成外汇的增加,调剂外汇的交易量越来越大,价格也越来越高,因此名义上是单一汇率,实际上又形成了新的双重汇率。

3. 1991年4月至1993年底,有限弹性的管理浮动

1991年4月以后,人民币汇率开始有升有降,不断微调,呈现出平缓而连续的变化状态。

这是由于前几年的大幅下调使得人民币汇率的历史性高估在很大程度上已得到纠正,而且,政府的强制性干预减少,市场对汇率的灵活调节增多,开始实行有管理的浮动汇率制度,至1993年底调至1美元兑换5.72元人民币。不过,在这一阶段,外汇调剂价与官方牌价并存。最初,外汇调剂价与官方牌价相差1元,最低时达到0.4元,但是到1993年年底却达到了3元,即官方牌价为1美元兑换5.8元人民币左右,外汇调剂价为1美元兑换8.7元人民币左右。

(四)1994年1月1日至2005年7月,汇率并轨与有管理的浮动汇率制时期

1994年1月1日,我国对人民币汇率制度进行重大改革,将外汇调节价与官方牌价并轨,一步并轨到1美元兑换8.7元人民币,实行以市场供求为基础、单一的、有管理的浮动汇率制度。

人民币汇率不再由官方行政当局直接制定,而是由中国人民银行根据前一日银行间外汇市场形成的价格公布当日人民币汇率。各外汇指定银行又根据中国人民银行公布的汇率,以市场供求为基础,在规定的浮动范围内自行确定和调整对客户的买卖价格,这是因为在这一时期我国取消了实行了15年的外汇留成制度和40多年的外汇上缴制度,取消了用汇的指令性计划,实行强制性的银行结售汇制度;在结售汇制度下,外汇的供求必须以外汇指定银行为中介,通过银行间统一的外汇市场来实现,企业之间不得直接相互买卖外汇。

1996年12月1日,中国正式宣布接受第八条款,实现人民币经常项目完全可兑换,但是人民币汇率并没有随宏观经济基本面变动而发生大幅波动。此时的人民币汇率制度实际上是单一的钉住美元的汇率制度。自2003年起,国际社会强烈呼吁人民币升值,尤其是在中美贸易顺差不断扩大的形势下美国不断对人民币汇率施压,我国政府从维护中国经济健康持续发展的国家利益出发,从维护周边国家和地区以及世界经济金融稳定的角度出发,本着自主、可控、渐进的原则于2005年7月21日对人民币汇率制度进行改革。

(五)2005年7月21日至今,以市场供求为基础、参考一篮子货币进行调节、有管理的浮动汇率制度

第一阶段:2005年7月21日至2015年8月,形成以市场供求为基础、参考一篮子货币进行调节、有管理的浮动汇率制度。

2005年7月21日,我国对人民币汇率制度进行了一定的改革,并向上调整了人民币汇率,即我国开始实行以市场供求为基础、参考一篮子货币进行调节、有管理的浮动汇率制度,并根据对汇率合理均衡水平的测算,人民币对美元升值2%。此次汇率制度改革还作了三个方面的重要规定:

(1)每日银行间外汇市场美元对人民币的交易价仍在中国人民银行公布的美元交易中间价上下0.3%的幅度内浮动,非美元货币对人民币的交易价在中国人民银行公布的该货币交易中间价上下1.5%的幅度内浮动。

(2)外汇指定银行对客户挂牌的美元对人民币现汇买卖价不得超过中国人民银行公布的美元交易中间价上下0.2%,现钞买卖价不得超过现汇买卖中间价上下1%。

(3)外汇指定银行对客户挂牌的非美元货币对人民币现汇买卖中间价,由外汇指定银行以中国人民银行公布的美元交易中间价为基础,参照外汇市场行情自行套算和调整。除《中国人民银行关于完善人民币汇率形成机制改革的公告》第五条规定的情况外,非美元货币对人民币现汇卖出价与买入价之差不得超过现汇买卖中间价的0.8%,现钞卖出价与买入价之差不得超过现汇买卖中间价的4%。特殊情况需扩大买卖价差幅度的,外汇指定银行应向国家外汇管理局申请批准。

(4)外汇指定银行可授权分支行在上述规定的范围内自行确定挂牌汇价。对于单笔大额交易,外汇指定银行可在上述规定的浮动范围内与客户议定,大额金额的标准由银行自定。外汇指定银行对信用卡、旅行支票等支付凭证购汇可在以上规定的幅度内给客户更优惠的汇率。

2005年9月23日,中国人民银行发布《中国人民银行关于进一步改善银行间外汇市场交易汇价和外汇指定银行挂牌汇价管理的通知》(银发〔2005〕250号)。该通知规定:

(1)对银行间即期外汇市场非美元货币对人民币交易价的浮动幅度作了调整,由原来的上下1.5%扩大到上下3%,而银行间即期外汇市场美元对人民币交易价格的浮动幅度不变。

(2)调整了银行对客户美元挂牌汇价的管理方式,并扩大了买卖价差幅度。由原来以当日交易中间价(即央行公布的上一日收盘价)为中心、上下0.2%的对称性管理改为实行最大买卖价差为1%的非对称性管理,即美元现汇卖出价和买入价不再以当日交易中间价为中心对称确定,只要卖出价与买入价之差不超过当日交易中间价的1%、且卖出价与买入价形成的区间包含当日交易中间价即可;现钞买卖价管理方式则由原来的不得超过当日交易中间价上下1%调整为现钞卖出价与买入价之差不得超过交易中间价的4%;银行可在规定价差幅度内自行调整当日美元挂牌价格,即银行对客户美元挂牌价由原来的一日一价调整为可一日多价。

(3)取消了非美元货币对人民币现汇和现钞挂牌买卖价差幅度的限制,外汇指定银行可自行决定对客户挂牌的非美元货币对人民币现汇和现钞买卖价。

(4)外汇指定银行可与客户议定现汇和现钞的买卖价,美元对人民币现汇和现钞的议定价格不得超过规定的价差范围。

2007年5月18日,中国人民银行发布〔2007〕第9号公告,自2007年5月21日起,银行间即期外汇市场人民币兑美元交易价浮动幅度由千分之三扩大至千分之五,即每日银行间即期外汇市场人民币兑美元的交易价可在中国外汇交易中心对外公布的当日人民币兑美元中间价上下千分之五的幅度内浮动,银行间即期外汇市场人民币兑非美元货币交易价的浮动幅度和银行对客户美元挂牌汇价价差幅度管理办法不变,仍按2005年9月23日中国人民银行发布的《中国人民银行关于进一步改善银行间外汇市场交易汇价和外汇指定银行挂牌汇价管理的通知》(银发〔2005〕250号)规定执行。

2010年6月19日,中国人民银行宣布,重启自金融危机以来冻结的汇率制度,进一步推进人民币汇率形成机制改革,增强人民币汇率弹性。

2012年4月14日,中国人民银行决定自2012年4月16日起,银行间即期外汇人民币兑美元交易价浮动幅度,由0.5%扩大至1%,为5年来首次。

2014年3月15日,中国人民银行决定自2014年3月17日起,银行间即期外汇市场人民币兑美元交易价浮动幅度由1%扩大至2%,即每日银行间即期外汇市场人民币兑美元的交易价可在中国外汇交易中心对外公布的当日人民币兑美元中间价上下2%的幅度内浮动。外汇指定银行为客户提供当日美元最高现汇卖出价与最低现汇买入价之差不得超过当日汇率中间价的幅度由2%扩大至3%,其他规定仍遵照《中国人民银行关于银行间外汇市场交易汇价和外汇指定银行挂牌汇价管理有关问题的通知》(银发〔2010〕325号)执行。

第二阶段:2015年8月11日至今,进一步增强以市场供求为基础的人民币汇率中间价报价机制。

为了增强人民币汇率形成机制中市场供求的作用,2015年8月11日,中国人民银行宣布对人民币汇率中间价报价机制进行改革。做市商在每日银行间外汇市场开盘前,参考上一日银行间外汇市场收盘汇率,综合考虑外汇供求情况及国际主要货币汇率变化,向中国外汇交易中心提供中间价报价。此次"811 汇改"之前,多数人预期当年年内人民币兑换美元汇率可能达到贬值 2% 或 3% 的每日下限。汇改之后,市场对人民币贬值的预期普遍飙升,贬值预期导致资本外流急剧增加,资本外流反过来又加剧了贬值压力。

8 月 13 日以后,央行基本上执行了类似"爬行钉住"的汇率政策。通过大力干预外汇市场,力图把汇率贬值预期按回"潘多拉盒子"。2015 年 12 月,央行公布了确定汇率中间价时所参考的三个货币篮子:中国外汇交易中心(CFETS)指数、国际清算银行(BIS)和 SDR。2016 年 2 月,央行进一步明确,做市商的报价要参考前日的收盘价,加上 24 小时之内的一篮子汇率的变化。央行的"收盘价 + 篮子货币"定价机制,得到了市场的较好评价。

可见,自新中国成立以来,我国的汇率制度经历了一个由严格管制到逐步放宽限制的市场化演变过程,汇率的弹性不断增加,汇率的形成机制不断完善。

第三节 汇率的决定基础与汇率变动

一、汇率的决定基础

在不同的货币制度下,汇率的决定基础是不一样的。从货币制度演进来看,货币制度主要有金本位货币制度、布雷顿森林制度和现行的国际货币制度。

(一)金本位货币制度下汇率的决定基础

在金本位制度下,各国流通领域中,使用的是具有一定成色和重量的金币,尽管各国货币的名称不一、重量成色不等,但各国都规定每一铸币单位包含的黄金重量与成色,即含金量(gold content)。两国货币间的比价要用它们各自包含的含金量多寡来折算。两种货币的含金量对比称为铸币平价(Mint Parity)。铸币平价是决定两种货币汇率的基础。以英国和美国为例,在 1929 年经济危机之前,英国规定 1 英镑金币的重量为 123.27477 格令,成色为 22 开,1 英镑的含金量为 113.0016 格令。美国规定 1 美元的重量为 25.8 格令,成色为 0.9000,则含金量为纯金 23.22 格令。英镑与美元的铸币平价即为 113.0016/23.22 = 4.8665。这就是在当时的条件下英镑与美元之间的汇率的决定基础。汇率行市随着外汇市场上外汇供求的变化而绕着铸币平价进行有限波动。

(二)布雷顿森林制度下汇率的决定基础

二战结束后,许多国家为了稳定汇率,在 1944 年建立布雷顿森林货币制度。该货币制度是在国际货币基金组织的监督下以美元为中心建立的固定汇率制度,其核心是双挂钩:一是美元与黄金挂钩,确定 1 盎司黄金等于 35 美元的黄金官价;二是各国货币与美元挂钩,国际货币基金组织(IMF)要求每个会员国规定本国货币的含金量。各会员国政府都参照过去的金属货币的含金量,规定了纸币的法定黄金含量,单位纸币的法定含金量称为金平价(Gold Parity)。因此,金平价便成为布雷顿森林体系下汇率的决定基础。例如,1946 年 1 英镑的金平价为 3.58134 克黄金,1 美元的金平价为 0.888671 克黄金。英镑的金平价与美元的金平价之比为 3.58134/0.88671 = 4.03,即 1 英镑 = 4.03 美元,这就是确定英镑与美元汇率的基础。汇率行市随着外汇市场上外汇供求的变化而绕着金平价进行有限波动。

(三)现行国际货币制度下汇率的决定的基础

1973 年春,布雷顿森林体系崩溃后,许多国家纷纷放弃了与美元的固定比价,普遍实行浮动汇率制度。IMF 接纳了美国为首的推行黄金非货币化的主张,其理事会于 1976 年 4 月通过了《国际货币基金协定》修改草案,正式将黄金非货币化政策列入第二次修正的《国际货币基金协定》中。从此以后,各国不再公布本国货币单位的金平价,从表面上看,似乎两国货币之间缺乏可比性,但是,两国货币之间原有的价值比例依然存在,两国纸币之间的汇率由两国纸币各自代表的价值量之比确定,并在各种影响汇率的长短期因素作用下不断地变动。由于在实际经济生活中,单位纸币所代表的价值总是表现为一定量的商品,特殊情况下表现为一定的含金量。我们把单位纸币所代表的一定量商品称为该纸币的购买力平价,它实际是商品价格的倒数。在这种情况下,通过比较各国纸币的购买力平价就能得出两国纸币相互间交换的比例,即汇率,也就是说,在浮动汇率制度下,两国货币汇率决定的基础是两国货币的购买力平价。特别强调的是,运用购买力平价来确定汇率时,两国同种商品应具有相同的价值量。

由于黄金非货币化后各国普遍出现了不同程度的通货膨胀,纸币币值不稳,同时由于各国实行浮动汇率制度,各国政府减轻了对汇率的干预程度,使得汇率波动更加剧烈。

二、影响汇率变动的因素

按照经济学的观点,外汇汇率是外汇的价格,其随着外汇市场上外汇的供求变化而变化。凡是影响外汇市场上外汇供求的因素,都会引起汇率变动。一般而言,影响汇率变动的主要因素有:

(一)国际收支状况

国际收支状况是影响汇率变动最直接、最主要的因素。一国国际收支持续顺差,外汇持续流入,外汇供给增加,外币趋于贬值,本币趋于升值;反之,一国国际收支持续逆差,外汇持续流出,外汇需求增加,外币趋于升值,本币趋于贬值。在国际间资本流动的规模不大时,国际收支的经常账户,尤其是贸易收支是影响汇率变动的最重要因素。而当前随着国际间资本流动的加速发展,国际收支的资本与金融账户对汇率的影响越来越重要,仅仅是贸易差额的变动已不能决定汇率变动的基本走势。

(二)通货膨胀率的差异

国内外通货膨胀率的差异是决定汇率中长期走势的主要因素。在国内外商品市场和金融市场联系日益密切的情况下,一国较高的通货膨胀率就必然反映在经常项目收支和金融项目收支上。具体来讲,高通货膨胀率会削弱本国商品在国际市场的竞争能力,引起出口的减少,同时,会提高外国商品在本国市场上的竞争能力,造成进口增加,最终表现为外汇收入减少,外汇支出增加,外币趋于升值,本币趋于贬值。另外,通货膨胀率的差异还会通过影响人们对汇率的预期,作用于资本项目收支。如果一国通货膨胀率高,人们就会预期该国货币的汇率趋于疲软,进而把手中持有的该国货币转化为其他货币,造成该国货币在外汇市场上供给增加,该国货币实际贬值。总之,如果一国通货膨胀率高于他国,该国货币在外汇市场上就会趋于贬值;反之,就会趋于升值。

(三)利率的差异

根据凯恩斯的货币供求理论,利率作为金融市场上货币的"价格"。两国间利率的差异会直接引起国际间套利资本的流动。如果一国的利率水平相对于他国提高,就会引起国外套利资金流入增加,本国资金流出减少,外汇供求变化促使外币趋于贬值,本币趋于升值。反之,如果一国的利率水平相对于他国降低,就会引起本国资金流出增加,国外套利资金流入减少,外汇供求变化促使外币趋于升值,本币趋于贬值。

(四)经济增长的差异

经济增长差异对汇率的影响是多途径的。就经常项目而言,一方面,一国经济增长高时,意味着收入增加从而引起进口增加,本国外汇支出增加,外币趋于升值,本币趋于贬值;另一方面,高经济增长率伴随着劳动生产率提高、生产成本下降,本国商品在国际市场上竞争力提高,出口增加,外汇流入增加,本币趋于升值,外币趋于贬值。从资本与金融项目而言,高经济增长率意味着该国商业投资利润率较高,引起国际投资资本流入,外汇流入增加,本币趋于升值,外币趋于贬值。在国际资本流动规模空前大的今天,经济增长差异通过资本与金融项目对汇率的影响是十分显著的。

总体来讲,高经济增长率短期内由于贸易收支问题可能会不利于本币的汇率,但长期而言,却对本币币值具有强有力的支撑作用,而且持续时间较长。

(五)市场心理预期

外汇市场的参与者往往根据对汇率的走势的预期而进行投资和投机决策的。当交易者预期某国货币不久会下跌时,为了保值或者获得投机利益,就可能会大量抛售该国货币,引起外汇流出,外币趋于升值,本币趋于贬值。在当前的国际金融市场上,短期性资金,即游资(Hot Money)已经达到十分庞大的数字。这些巨额资金对世界各国的政治、经济、军事等因素都具有高度敏感性,一旦出现风吹草动,为了保值或者获得投机利益,就会到处流窜,转瞬间就会诱发大规模的资金转移。因此,一些外汇专家甚至认为外汇交易者的心理预期已是决定汇率短期变动的最主要因素。但是,心理预期受到各种因素的影响,它对汇率变动的影响通常难以捉摸。

(六)各国中央银行的直接干预

即由中央银行在外汇市场上买卖外汇,使汇率变动有利于本国。这种干预有三种情况:一是在汇率变动剧烈时使它趋于缓和;二是使汇率稳定在某个水平;三是使汇率上浮或下浮到某个水平。

(七)投机活动

在布雷顿森体系崩溃后,西方各国都推行了浮动汇率制度,放松了对外汇的管制和对资本流动的管理,外汇市场上各种投机活动异常猖獗。在各种投机活动中,投机基金、跨国公司占有主要地位,他们凭借广泛的信息网络和雄厚的资金实力,利用汇率、利率的变化谋取巨额利润。这些投机行为会引起外汇汇率跌宕起伏,加剧外汇市场的不稳定性。

(八)各国的宏观经济政策

宏观经济政策的目标在于增加就业、稳定物价、促进经济增长和改善对外收支等。政策对经济增长率、物价上涨率、利息率和对外收支情况等会发生一定的影响,这样必然会影响到汇率的变动。

影响汇率变动的因素很多,除了上述八个因素以外,还有其他许多因素,而且即使是上述因素也是相互影响的,它们或相互抵消,或相互促进,形成更加综合的作用。因此,我们在对实际情况作具体分析时,只有将有关各项因素进行综合考察,才能得到比较合理的结论。

三、汇率制度

汇率制度(exchange rate system)又称汇率安排(exchange rate arrangement),指一国货币当

局对本国汇率变动的基本方式所作的一系列安排或规定。传统上,根据汇率变动的幅度,汇率制度可分为固定汇率制度和浮动汇率制度。

(一)固定汇率制度

固定汇率制度(fixed exchange rate system)是指一国货币同另一国货币的汇率基本固定,汇率的波动限制在一定幅度以内。在固定汇率制度下,现实汇率水平受平价的制约,只能围绕平价在很小的范围内上下波动。它是由有关国家的政府根据国际金融现状制定的一种汇率制度,并由货币当局承担干预市场、维护汇率稳定的义务。

20世纪中叶前较为盛行。按其发展阶段可分为金本位制下的固定汇率制度和布雷顿森林体系下的固定汇率制度。

1. 金本位制下的固定汇率制度

在金本位制度下,铸币平价是汇率决定基础,但它不是外汇市场上买卖外汇时的实际汇率行市。在外汇市场上,由于受供求因素的影响,汇率行市有时不与铸币平价相一致,但其波动范围有一定界限,这个界限就是黄金输送点(gold point)。

在金本位制度下,各国之间办理国际结算可以采用两种方式,一是汇票支付即非现金结算,二是直接运送黄金。具体说来,当外汇市场上外汇汇率上涨达到或者超过某一界限时,本国债务人用本币购买外汇的成本就会超过向国外输送黄金的成本,债务人就会选择输出黄金结算债务,而不是到外汇市场购买外汇进行结算,外汇市场的外汇价格就会随着降到某一界限内,这个结算就是黄金输出点。同样,当外汇市场上外汇汇率下跌,达到或者低于某一界限时,本国外汇债权人用外汇兑换本币所得就会少于用外汇在国外购买黄金再输送回国的所得,从而引起黄金的输入,外汇市场上外汇的价格随之上升到某一界限之内,这个界限就是黄金输入点。黄金输出入点的高低取决于在这两个国家之间输出入黄金的运输费、保险费、包装费等费用。如果汇率用直接标价法表示,则:

$$黄金输出点 = 铸币平价 + 单位货币黄金的运送费用$$
$$黄金输入点 = 铸币平价 - 单位货币黄金的运送费用$$

以当时的英国和美国为例,两国之间输送黄金的费用约为黄金价值的5%~7%,如按6%计算,那么英镑对美元的汇率就不会超过$4.8665 \times (1+6\%) = 4.8957$美元的上限,也不会跌破$4.8665 \times (1-6\%) = 4.8373$美元的下限。

在金本位制度下,受制于黄金输送点的制约,外汇市场上汇率波动总是被限制在一定的范围之内,最高不超过黄金输出点,最低不低于黄金输入点,因此由供求关系导致的外汇市场上汇率的波动是有限制的,汇率制度是相对稳定,金本位制度下的汇率制度也因此被认为固定汇率制度。

2. 布雷顿森林体系下的固定汇率制度

在布雷顿森林体系下,建立了以美元为中心的固定汇率制度,其核心就是双挂钩制度,即:(1)美元与黄金直接挂钩;(2)其他国家的货币与美元挂钩。在这种体系下,决定两国货币汇率的基础是金平价。而两国货币的实际汇率随着外汇供求的变化围绕着金平价上下波动,但其波动不是随意的。国际货币基金组织(IMF)在1944年曾为其规定了波动界限,即不能超过进平价的±1%,到1971年底,又将波动界限扩大为金平价的±2.25%。当一国国际收支发生"根本性不平衡"时,IMF允许各国对汇率进行调整,调整幅度在10%以内,超过则需要经过IMF的批准。由于波动限制主要是由各国中央银行通过对外汇市场的干预来实现的,因此,在布雷顿森林体系下汇率决定的基础不像金本位制度时那样稳定,波动的幅度也加剧了。

(二)浮动汇率制度

浮动汇率制(floating exchange rate system)是指一国不规定本币与外币的黄金平价和汇率上下波动的界限,货币当局也不再承担维持汇率波动界限的义务,汇率随外汇市场供求关系变化而自由上下浮动的一种汇率制度。在浮动汇率制度下,汇率的上下浮动是外汇市场上经常发生的现象。该制度在历史上早就存在过,但真正流行是1972年以美元为中心的固定汇率制崩溃之后,主要资本主义国家普遍实行了浮动汇率制度。

浮动汇率制度可按不同的分类标志划分为以下类型:

1. 以政府是否干预划分

以政府是否干预划分,有自由浮动和管理浮动。

自由浮动(freely floating),又称清洁浮动(clean floating),是指货币当局对汇率上下浮动不采取任何干预措施,汇率完全听任外汇市场供求变化,自由涨落,自发的调节。这是纯理论上的划分,而实际经济运行过程中,各国政府为了本国的经济利益,往往直接或间接地对外汇市场进行干预,以减轻汇率波动的程度。不加干预的情况是少见的。

管理浮动(managed floating),又称肮脏浮动(dirty floating)。由于国际市场贸易竞争激烈,汇率变化对国际收支影响较大,对国内经济的均衡发展也有相当大的影响,为了保护本国利益,各国政府采取各种不同措施,对汇率的浮动进行干预,使外汇市场汇率朝着有利于本国经济发展的方向浮动,这种浮动称为管理浮动。

2. 按其浮动方式划分

按其浮动方式划分,有单独浮动、钉住浮动和联合浮动。

单独浮动(single floating),即一国货币不与其他国家货币发生固定联系,其汇率根据外汇市场的供求变化而自动调整。如英镑、美元、日元等货币均属单独浮动。

钉住浮动(pegged floating),包括钉住单一货币(Pegged Single Money)和钉住一揽子货币(Pegged a Blanket of Money)。前者是指有些国家由于历史、地理等诸方面的原因,其对外贸易,金融往来主要集中于某一工业发达国家,或主要使用某一外国货币。为使这种贸易、金融关系得到稳定发展,免受相互间的货币汇率频繁变动的不利影响,这些国家通常使本国货币钉住该工业发达国家的货币。目前仍有50个发展中国家使本国货币钉住美元、日元、欧元、英镑等单一货币。后者是指有些国家为了摆脱本国货币受某一外国货币的支配,便将本国货币与一揽子外国货币挂钩。这一揽子外币主要由与本国经济联系最为密切的国家的货币和对外支付使用最多的货币组成。如沙特阿拉伯、阿拉伯联合酋长国等货币与特别提款权挂钩。

联合浮动(joint floating),又称共同浮动或集体浮动,指国家集团在成员国之间实行固定汇率制,同时对非成员国货币实行共升共降的浮动汇率。例如:1973年3月欧洲经济共同体为了建立稳定的货币区,对成员国(法、荷、比、丹麦、卢、西德)之间的货币实行固定汇率,并规定上下浮动的界限为货币平价上下各1.125%,比、荷、卢三国形成更紧密的经济联盟,汇率波动幅度为平价上下各0.75%。

四、汇率变动对经济的影响

在不同的汇率制度下,汇率的变动频率和幅度是不一样的,对经济的影响也就不一样。在固定汇率制度下,一国货币当局有义务保持本币汇率的稳定,因此,在固定汇率制度下,汇率的变动幅度比较小,对经济的影响也较小。但在浮动汇率制度下,汇率变动频繁而且变动的幅度较大,因此,对经济的影响就更深。了解汇率变动对经济的影响,不论对于一国货币当局制定汇率政策,还是对于一个企业进行汇率风险管理,都具有十分重要的意义。

(一)汇率变动对贸易收支的影响

在其他条件不变的前提下,一国货币贬值,对于扩大本国出口有利。这是因为本币贬值,将使以外币表示的本国出口商品在国际市场上价格就低,出口商品的国际竞争力提高,出口扩大;同时,也将使本国进口减少。这是由于本币升值,则以本币表示的进口商品价格将提高,进口商品的竞争力削弱,进口减少。

与此相反的是,一国货币升值是不利于出口,但有利于增加外国商品的进口。

世界各国常常采取本国货币大幅度贬值的办法来扩大出口,减少进口,但是,货币贬值后能否取得预期效果,出口能增加多少,对进口影响如何,还要受到其他多方面因素的影响,如国际市场状况、商品需求弹性的影响等等。有时,货币贬值的这一作用也并非绝对无条件的。在某种特定的条件下,货币贬值不但无助于改善国际收支状况,而且还有可能导致国际收支的进一步恶化。只有在满足马歇尔—勒纳条件(The Marshall - Lerner Condition)时,即只有一国进口需求的价格弹性和出口需求的价格弹性之和绝对值大于1,其货币贬值才能有效地使贸易收支状况得以改善。

值得注意的是,在出口以本币计价,进口以外币计价时,本币贬值在满足马歇尔——勒纳条件下可以改善贸易收支,但不是立竿见影的,而需要经历一个"先恶化,后改善"的过程,即存在一个"时滞",这个"时滞"呈现"J"形状的曲线,所以,称之为"J曲线效应"。由此可以看出,本币贬值在改善贸易收支之前,必有一段继续恶化的过程。这是因为本国货币贬值,进口商品的本币价格提高,但由于以前的合同规定或由于产业结构尚未及时作出调整,进口数量尚未来得及调整,使支出增加,随着时间的推移,进口数量得到调整、压缩,而出口则开始增长,最终贸易收支差额情况可以有所改善。其时滞的长短,主要取决于国内传导机制完善的程度及国内市场完善的程度。如果一国国内宏观经济严重不平衡,国内投资需求,消费需求及政府开支之和远远大于国内总供给,那么,无论在汇率上如何动作,在外贸结构上作如何调整,对改善国际收支状况的收效都将是十分有限的。

(二)汇率变动对非贸易收支的影响

如果一国货币贬值,而国内物价水平不变或上涨不多,在国外旅游者看来,他们用本国货币或其他货币可以兑换更多的该国货币,购买更多的商品和劳务,这有助于增加旅游等非贸易收入。而该国想到国外去的旅游者,兑换外币所需的本国货币就会增加,这就会减少出国旅游者的数目,减少货币外流。反之,一国货币升值,外国旅游者兑换该国货币要用较多的外币,就使得外国旅游者减少,从而减少该国旅游等非贸易收入。而该国想到国外去的旅游者兑换外币就需比较少的本币,从而会刺激该国旅游者到国外旅游的兴趣,增加该国货币外流。总之,一国货币贬值,会增加该国的非贸易收入;货币升值,则会减少非贸易收入。

(三)汇率变动对国内物价的影响

汇率变动直接影响贸易商品的价格。从进口消费品和原材料来看,一国货币贬值以后,如果进口消费品和原材料外币价格不变,以本币表示的进口消费品和原材料价格倾向于上升,至于它对物价总指数影响的程度则取决于进口商品和原材料在国民生产总值中所占的比重。反之,本币升值,其他条件不变,进口消费品和原材料价格倾向于下降,从而可以起到抑制物价总水平的作用。从出口商品看,一国货币贬值以后,如果本国出口商品的本币价格不变,以外币表示的本国出口商品价格下降,出口商品国际竞争力相对提高,有利于扩大出口。但在出口商品供给弹性小的情况下,出口扩大会引起国内市场抢购出口商品,从而抬高出口商品的国内价格,甚至有可能进而波及物价总水平。但如果本币贬值引起的国内物价上涨幅度大于本币的贬值幅度,那么,对于这些出口商品,汇率降低刺激出口增加的作用将会部分地乃至全部被抵消。相反,本币升值对国内物价具有抑制作用。

(四)汇率变动对国际资本流动的影响

汇率变动对国际资本流动的影响主要通过对长期资本流动和短期资本流动的影响来体现。以本币贬值来分析汇率变动对长期资本流动和短期资本流动的影响。就短期资本流动而言,当一国货币贬值而未贬值到位时,国内资本的持有者和外国投资者为避免货币进一步贬值而蒙受损失,会将资本调离该国,进而引起资本外逃。如该国货币已贬值到位,在具备投资环境的条件下,投资者不再担心贬值损失,外逃的资本就会回流该国。当然,如果货币贬值过头,投资者预期汇率将会反弹,就会将大量资本输入该国,以牟取汇率升值所带来的好处。就长期资本流动而言,一国货币的贬值将会吸引国外长期投资者以合资或独资形式到国内来进行实物投资。因为本币贬值可使按贬值国货币计算的投资额增加,而且同样数量的外币投资可以购得比以前更多的劳务和生产资料。投资者认为此时投资比汇率调整前更合算,从而扩大对贬值国的投资。但是,本币贬值,不利于投资者将投资所得的利润折成外币汇回,因为按照贬值后的汇率折算成外币将比原来少一些。一般来说,贬值对以直接投资为代表的长期资本的影响较小,因为长期资本的流动主要取决于投资的利润和投资的风险大小,而对短期投机性资本的流动影响较大。总体来说,贬值将产生不利影响,会引起"资本抽逃"。

(五)汇率变动对国际储备的影响

一国货币汇率的变动,会通过影响进出口贸易、非贸易资本流动,直接影响国际收支,从而影响外汇储备的增减。此外,储备货币贬值,则以该种货币持有的外汇储备价值下降,使保有该储备货币的国家遭受损失,而储备货币发行国则因此而减轻了债务负担。因此,应尽可选择持有比值稳定的储备货币并尽量使储备货币多元化,通过分散化投资来保持储备资产价值的稳定。

(六)汇率变动对国际经济关系的影响

因为某些发达国家的货币启储备和计价支付手段的作用,所以这些货币汇率的变化对世界各国,特别是发展中国家的经济影响很大。正是由于汇率变动影响了各国外汇储备、债权、债务和各国的经济利益,进而影响了各国的经济关系,甚至加剧了各国之间,特别是发达国家与发展中国家的矛盾。从世界角度来看,各国货币汇率频繁的上下波动加大了国际贸易与国际金融的风险,为外汇交易中的投机行为提供了可乘之机,这种影响是区域性货币集团得到发展的重要原因。如欧洲货币联盟,就是明显的一例。

汇率变动对各国经济的影响要受到许多因素的制约。其中较重要的因素有:

(1)该国金融市场的发育程度。金融市场发育程度越高,汇率变动对该国影响越大。

(2)该国对外开放程度。一国对外开放程度越高,汇率变动对该国经济影响越大。

(3)政府对经济运行的干预程度。政府对经济运行的干预会改变市场机制的运行过程,使汇率变动对经济运行的影响趋于复杂化。

(4)该国货币的可兑换性。若缺乏可兑换性,则汇率变动对该国经济特别是资本国际流动的影响较小。

第四节 汇率理论

汇率理论主要是研究汇率决定和汇率变动的机制。在不同的国际货币制度下,由于经济学家们所处的历史时代不同、信奉理论各异、分析方法和论证手段不同,因而形成了各种汇率理论。至今,它们仍随着经济条件和经济理论的发展变化而发展。下面简述几种重要的汇率决定理论。

一、国际借贷说

国际借贷说(Theory of International Indebtedness)出现和盛行于金币本位制时期,由英国学者葛逊(George Goschen)于 1861 年系统提出。葛逊认为,汇率决定于外汇的供给与需求,而外汇的供求又是由国际借贷所引起的。商品的进出口、债券的买卖、利润与捐赠的收付、旅游支出和资本交易等都会引起国际借贷关系。他把国际借贷分为固定借贷和流动借贷。前者指借贷关系已形成,但未进入实际支付阶段的借贷;后者则指已进入支付阶段的借贷。葛逊认为,在国际借贷关系中,只有已经进入支付阶段的借贷,即流动借贷(Floating Indebtedness),才会影响外汇供求关系,当一国的流动债权(外汇收入)多于流动债务(外汇支出)时,外汇的供给大于需求,因而汇率下降;一国的流动债务多于流动债权时,外汇的需求大于供给,因而汇率上升;一国的流动借贷平衡时,外汇收支相等,于是汇率处于均衡状态,不会发生变动。葛逊所说的流动债权与流动债务实际上就是国际收支,因此,他的学说又被称为国际收支说。

二、购买力平价说

购买力平价理论(Theory of Purchasing Power Parity,简称 PPP 理论)最早是由英国经济学家桑顿(H. Thorton)提出,后来由瑞典经济学家卡塞尔(G. Cassel)在其 1992 年出版的《1914 年以后的货币与外汇》一书中加以发展和充实。购买力平价理论的基本思想就是:人们之所以需要外国货币是因为它在该国国内具有对一般商品的购买力;同样,外国人之所以需要本国货币也是因为它在本国具有购买力,因此对本国货币和外国货币的评价主要取决于货币购买力的比较。这一理论是在不兑现的纸币制度条件下,以各国货币国内购买力的对比来说明汇率决定和变动的一种理论,也是一个在世界范围内至今在理论上和实践上都有较大影响的理论。

(一)一价定律

购买力平价理论赖以成立的基础是一价定律(Law of One Price)。一价定律认为,在假定完全竞争市场和国内商品与国外商品之间存在完全可替代的条件下,不考虑交易成本和运输成本,国际间的套利行为将使一个给定商品的价格在同一时间用同种货币来标价,在不同的地点将是相同的,即有:

$$P_{dt} = e \cdot P_{ft}$$

式中,P_{dt} 表示本国商品价格;P_{ft} 表示外国商品价格;e 为汇率(直接标价法)。

(二)购买力平价理论的基本形式

购买力平价理论的基本形式有绝对购买力平价理论和相对购买力平价理论两种。

1. 绝对购买力平价理论

绝对购买力平价是从静态的角度分析汇率的决定问题。其分析有两个基本前提：一是对于任何可贸易商品，一价定律都成立；二是在两国物价指数的编制中，各种可贸易商品所占的权重相同。在此前提之下，某一时点上两国货币间的汇率取决于在该时点上两国可贸易品的物价水平之比，因为一国物价水平的倒数就是该国单位货币的购买力。若以 P_{dt}、P_{ft} 分别代表本国及外国的可贸易品在 t 时间的物价水平，则表示公式为：

$$e = \frac{P_{dt}}{P_{ft}}$$

式中，P_{dt} 为 t 时刻国内物价指数；P_{ft} 为 t 时刻外国物价指数；e 为汇率（直接标价法）。

上式可变换为 $P_{dt} = e \cdot P_{ft}$，显然，绝对购买力平价的基础就是"一价定律"。

2. 相对购买力平价理论

绝对购买力平价理论说明的是某一时点上汇率的决定，相对购买力平价理论说明的则是在两个时点内汇率的变动。由于商品价格水平的不断变化，将汇率的升降归因于物价或货币购买力的变动的理论就是相对购买力平价理论。这就是说，在一定时期内，汇率的变动要与同一时期内两国物价水平的相对变动成比例，用公式表示为：

$$\frac{e_1}{e_0} = \frac{P_{d1}}{P_{d0}} \bigg/ \frac{P_{f1}}{P_{f0}}$$

式中，e_1 表示报告期汇率（直接标记法）；e_0 表示基期汇率（直接标记法）；P_{d1}、P_{d0} 分别表示国内报告期、基期的物价水平；P_{f1}、P_{f0} 分别表示国外报告期、基期的物价水平。

一般来说，学术界运用相对购买力平价理论来预测实际汇率。在预测期内，如果两国经济结构不变，两国货币间汇率的变化便反映着两国物价水平的变化。

（三）对购买力平价理论的评价

对于购买力平价理论，国际金融学术界对其有很大的争论，但该理论的最大合理性在于，它有助于说明通货膨胀与汇率变动之间的联系是长期内决定汇率的重要因素之一。但该理论也有许多缺陷：

（1）因果关系的本末倒置。纸币所代表的价值并不取决于纸币的购买力，相反，纸币的购买力却是取决于纸币所代表的价值。

（2）在汇率的决定上，仅仅考虑了贸易商品，而忽视了非贸易商品，也忽视了国际资本流动。在国际资本流动规模空前大和频繁的今天，国际资本流动已经成为影响汇率的重要因素之一。

（3）没有考虑物价与汇率的相互影响。

（4）实证研究表明：①以 20 世纪 70 年代以前固定汇率制为对象的检验基本上都支持购买力平价理论，比如，卡塞尔以 1919—1924 年间英镑对美元的汇率为研究对象，结论是英镑对美元的汇率与两者的购买力平价的偏差仅为 0.3%；片野将 1925—1929 年间日元对美元的汇率与购买力平价进行了验证，得到的结论是两者的相关系数高达 0.93；麦金农教授也论证到："1953 年到 1970 年间的固定汇率制时期，可以自由兑换货币的汇率大体与购买力平价相一致；1970 年，比利时、加拿大、法国、联邦德国、意大利、日本、荷兰、瑞士及英国等 9 国货币兑美元的汇率与购买力平价大致相同。"②在浮动汇率制度下无论是短期还是长期都不支持购买力平价理论。从短期看，汇率与购买力平价的偏离经常发生，而且偏离程度很大，如日本学者长谷川聪哲等人以工资为指数,对 1973 年 2 月至 1980 年 9 月期间,日元兑美元汇率与购买力平价关系的论证结果是平均偏离幅度达 43%,最高偏离达 118.3%,两者的相关系数仅为 0.26,这一结果与克拉维斯(Kravis)和利普西(Lipsey)1978 年用零售物价指数进行研究的结果基本相同。从长期看,也没有明显的迹象表明购买力平价成立,而且汇率的波动幅度远超过价格的相对变动幅度。

三、利率平价说

利率平价说(Theory of Interest Rate Parity)最早由英国经济学家凯恩斯于 1923 年在其出版的《货币改革论》中首先提出,后经英国经济学家保罗·艾因奇格(Paul Einzig)发展完善。该理论主要是通过利率与即期汇率和远期利率之间的关系来说明汇率的决定和变动的原因。

它的核心思想是:汇率的本质是两国货币的相对价格,在开放经济条件下,理性的投资者将比较本国或外国资产的投资收益率,来决定在本币资产与外币资产之间的投资选择。这种投资选择势必会引起本、外币资产之间的转换,进而带来外汇市场供求关系的变化,从而对汇率产生影响。而不同资产收益率的差异直接表现在两种货币的利率差异上。因此,汇率的预期变化与其两种货币的短期利率紧密相关。

根据资金在移动过程中对风险是否规避,利率平价可以分为抛补的利率平价和非抛补的利率平价两种情形。

(一)抛补的利率平价

在套利活动中,投资者为了防范汇率风险而通过远期外汇合约来锁定未来兑换比率,即进行抛补操作。

假定本国货币利率水平为 I_d,外国货币利率水平 I_f,e_s 为用直接标价法表示的即期汇率,e_f 为用直接标价法表示的远期汇率。

现将 1 单位本国货币投资于本国金融市场,其本利之和为:$1 + I_d$;若将其投资于外国金融市场,则首先应将其在现汇市场转换为外国货币,然后进行外币投资,其到期以外币表示的本利之和为:$(1 + I_f)/e_s$。将投资所得的外币按远期汇率兑换成本币为:$(1 + I_f) \cdot e_f/e_s$。

当 $(1 + I_f) \cdot e_f/e_s > 1 + I_d$ 时,投资于本国的本利之和小于投资于外国的本利之和,理性的投资者会将更多的资本投资于外国;相反,当 $(1 + I_f) \cdot e_f/e_s < 1 + I_d$ 时,投资于本国的本利之和大于投资于外国的本利之和,理性的投资者会将更多的资本投资于本国。只有当在两个市场上投资的本利之和相等时,资金才会停止移动,市场处于均衡状态,此时有:

$$(1 + I_f) \cdot e_f/e_s = 1 + I_d$$

经变化得:

$$\frac{e_f}{e_s} = \frac{1 + I_d}{1 + I_f}$$

当 $I_d > I_f$ 时,则 $e_f > e_s$,意味着当本国利率高于外国利率时,本币在远期外汇市场上贴水。当 $I_d < I_f$ 时,则 $e_f < e_s$,意味着当本国利率低于外国利率时,本币在远期外汇市场上升水。也就是说,高利率货币在远期外汇市场上贴水,低利率货币在远期外汇市场上升水。

以 ρ 表示升贴水率,则有 $\rho = \frac{e_f - e_s}{e_s} = \frac{I_d - I_f}{1 + I_f} \approx I_d - I_f$。此公式即为利率平价公式。其含义是:汇率的变化取决于两种货币的利差,并且升(贴)水率与两国货币利差大致相等。

(二)非抛补的利率平价

投资者根据自己对未来汇率的预期,通过承担风险而获取相应的投资收益。在非抛补的套利中,投资者认为汇率变动完全在其预期当中,因而没有通过远期外汇合约来锁定未来的兑换比率,即没有进行抛补操作。

现假定本国货币利率水平为 I_d,外国货币利率水平 I_f,e_s 为即期汇率(直接标价法),e_f^* 为投资者对一年后的预期汇率(直接标价法)。

现将 1 单位本国货币投资于本国金融市场,其本利和为:$1+I_d$;若将其投资于外国金融市场,则首先应将其在现汇市场转换为外国货币,然后进行外币投资,其到期以外币表示的本利和为:$(1+I_f)/e_s$。将投资所得的外币按预期汇率兑换成本币为:$(1+I_f) \cdot e_f^*/e_s$。

当在两国的投资本利之和相等时,有:

$$(1+I_f) \cdot e_f^*/e_s = 1 + I_d$$

这里,令预期汇率变化率 $\rho = \dfrac{e_f^* - e_s}{e_s}$,则有 $\rho = \dfrac{I_d - I_f}{1 + I_f} I_d - I_f$。也就是说,在没有抛补操作的情况下,预期汇率变化率等于两国的名义利率之差。在非抛补利率平价成立时,如果本国利率高于外国利率,则意味着市场预期本币在将来会贬值;如果本币政府提高利率水平,则当市场预期未来的即期汇率不变时,本币的即期汇率将升值。

根据"费雪效应",一国的利率最终将根据对通货膨胀率的预期调整而使实际利率相等,用 π_d、π_f 分别表示国内外通货膨胀率,I_d'、I_f' 分别表示国内外实际利率,则有:$I_d = I_d' + \pi_d$,$I_f = I_f' + \pi_f$。

由于国际资本流动使两国实际利率相等,则有:$I_d' = I_f'$。

经变换有:$\rho = \pi_d - \pi_f$。此式表明预期汇率的变化率等于两国的通货膨胀率之差。这与购买力平价理论的结论是相同的。

(三)对利率平价理论的评价

由于利率的变动是政府货币当局主要的货币政策工具之一,而利率对汇率又具有突出的影响作用,从而为中央银行对外汇市场进行灵活的调节提供了有效的途径,同时,也为外汇银行确定远期汇率的报价提供了重要的参照依据。可见,利率平价理论具有很大的实践价值。但是,该理论也存在着一定的缺陷,如:(1)没有考虑资金移动中的交易成本,而现实中交易成本如银行手续费是客观存在的,直接影响着投资收益,进而影响着国际间资金的流动。(2)假设金融市场是高效率的,不存在资金移动的障碍,但实际上,国际间的资金流动受到外汇管制和外汇市场不发达等因素的阻碍。(3)假定国际间资金流动规模是无限的,投资者可以不断地进行抛补操作,直到利率平价理论成立,但现实中抛补操作是有限的。(4)利率平价理论仅仅从利率的角度去考察了汇率的决定及其变动问题,而忽视其他经济因素的影响。

四、资产市场说

资产市场说(The Asset Market View of Exchange Rate Determination)是 20 世纪 70 年代中期以后发展起来的一种重要的汇率决定理论。最早提出并阐明资本市场学说的是美国经济学家弗兰克尔(J. A. Frenkcl)和比尔森(J. Bilson)。

该理论一问世,便迅速得到济学界、企业和政府的普遍关注,成为目前解释汇率现象、预测汇率前景和制定汇率政策的主要理论依据,同时也成为国际货币基金组织、美国联邦储备银行和一些有条件的大跨国公司和跨国银行制定汇率政策、分析和预测汇率变动趋势的主要依据之一。

在国际上,借贷资本运动主要是通过资本市场来进行的,资本市场的主要交易工具是以各种有价证券为主的金融资产;而资本市场的主体是金融资产的供需者和各类金融机构、证券交易所。汇率决定的资产市场论认为,汇率可以被看做以不同货币计值的金融资产之间的相对价格。一国货币汇率主要由以该货币计值的金融资产的供需状况来决定的。换一句话说,汇率表示的是:持有以某种货币计值的金融资产存量的需求,和这种资产可获得的供给之间的均衡。作为以各国货币计值的资产的相对价格的汇率,可以从分析这些资产价格的相互关系中得到解释。持此观点的学者认为,与购买力平价学说和货币主义的国际收支调节论强调长期汇率的决定不同,资产市场论研究的侧重点在于短期汇率的决定。从短期来看,金融资产市场和商品市场对价格的反应和调整的速度不同,汇率对金融资产价格波动的反应比对商品行情波动的反应更快些。这就是在20世纪70年代中期由美国经济学家多恩布什(R. Dornbush)提出的"射击过头"(Over shooting)理论,即汇率的超调理论。多恩布什认为,货币市场失衡后,商品市场价格具有黏性,而证券市场的反应极其灵敏,利息率将立即发生调整,使货币市场恢复均衡。

资产市场说对汇率研究的方法进行了重大革新。首先,它用一般均衡分析代替局部均衡分析,用存量分析代替流量分析,用动态分析代替比较静态分析,并将长短期分析结合起来,为今后的汇率研究创造了条件。其次,它强调了货币因素和预期因素在汇率决定中的作用,对于我们理解汇率现象有一定的现实意义。

五、资产组合说

资产组合说(Theory of Portfolio Balance)是由布朗逊·库里(P. Kouri)等人将凯恩斯学派和货币学派观点综合为一体而形成的混合汇率理论。

资产组合说是"资产组合选择理论"的应用。所谓资产选择是指投资人对货币、各种有价证券等金融资产的投资额的选择和调整,以获得一套收益和风险对比关系最佳的投资方案。20世纪70年代以后,国际金融市场发展很快,出现了证券化和证券多样化的趋势,而且各国中央银行、各大金融机构和跨国公司拥有大量外币金融资产,这在浮动汇率制度下使资产选择变得尤为重要,投资者对其资产的利率结构和风险结构不断进行调整,以求得最佳的资产组合。于是预期收益率或相对风险变动而引起的资产结构变动对汇率的影响日益明显。

货币学派认为汇率主要由资产市场决定,资产调节比商品调节会更好地影响汇率,而且预期将来汇率的变动会对现在汇率的变动起着"中心作用"。资产组合说认同这一观点。但是他们又不同意货币学派轻视经常账户对汇率作用的观点,认为影响汇率的因素主要是经常项目差额、国内外利率、一国的货币政策和财政政策等。与此相适应,他们不仅重视货币存量,而且也不忽视货币流量。他们认为各国金融资产不能像货币学派说的那样可以完全替换,只能"高度替换",因为存在着风险费用。未清偿的资产存量决定资产流量并通过相应的传递机制影响实际财富和实际汇率,使之趋于均衡。

六、流动资产选择说

流动资产选择说(Theory of Portfolio Selection)是由美国经济学家詹姆斯·托宾(James Tobin)提出的,这是浮动汇率制实行后出现的一种新理论,着重解释短期内的汇率决定。

该理论认为,各国货币汇率的变化,决定于各种外币资产的增加或减少。这种增减是由于投发者调整其外币资产的比例关系引起的,即对外币资产重新进行选择。这种调整往往引起资金在国际间的大量流动,从而对汇率产生很大的影响,表现在:资金流出国国际收支逆差扩大,汇率疲软,利率上升,反之则不然;持有大量的国际有价证券者根据自己对汇率和利率的预期,不断进行大规模的有价证券转换,必然引起外汇市场和资本市场的供需变化,从而引起汇率的波动。

流动资产选择说与国际收支的货币分析法有一定的联系,但前者更为全面,这是因为它把货币只看作人们可能选择持有的一系列资产中的一种,若只抓住该系列中的一种,就不会起作用,因为整个系列将作出反应。从实际情形看,它有一定参考价值,因为选择和持有本国和外国金融资产的数量,在任何时候都大大超过经常项目,因而在短期内,汇率要反映资产市场的均衡情形。然而,流动资产选择说的论证不够充分,它抽象了真实收入与真实财富及其相互作用,它完全不考虑商品和劳务的流动,并且它还要有一些前提条件,即国内和国际金融市场十分发达,资本管制和外汇管制比较松弛,自由浮动汇率制度普遍实行,如果这些条件不能满足,流动资产选择说也就没有什么意义了。例如,在外汇管制较严的国家,汇率当然是由供求关系与官方干预来决定的,投资者要根据心理预期因素调整其资产组合,是不可能的。

复习思考题

1. 什么是外汇?它有哪些基本类型?
2. 什么是汇率?它有哪些标价方法?
3. 影响汇率变动的因素主要有哪些?
4. 论述人民币汇率变动对我国经济的影响。
5. 什么是一价定律?它的成立条件是什么?
6. 论述绝对购买力平价和相对购买力平价的异同。

延伸阅读

人民币汇率制度改革的历史回顾

1994年至今,人民币汇率制度改革经历了"三大阶段"(表1):一是1994年至2005年上半年,汇改重点是汇率并轨;二是2005年下半年至2015年上半年,汇改围绕波幅扩大展开;三是2015年下半年至今,汇改重点是中间价改革。

表1 人民币汇率制度改革演进一览

阶段	第一阶段	第二阶段	第三阶段
汇改区间	1994年至2005年上半年	2005年下半年至2015年上半年	2015年下半年至今
汇改重点	汇率并轨	波幅扩大	中间价改革
外部压力	面临升值压力	面临升值压力	面临贬值压力
标志性汇改事件	1994年汇率并轨	2005年"721汇改"	2015年"811汇改"
汇改效果及评价	成功	阶段性成功	汇改方向是正确的,汇改时机值得商榷

一、1994年至2005年上半年:双轨制向单一汇率制转型的过渡阶段

1994年至2005年上半年,人民币汇率迎来第一个重要改革阶段。标志性汇改事件是1994年人民币汇率制度从双轨制向单一汇率制的转型。该阶段汇改的主要目标是"稳定汇率,增加储备,建立统一、规范的外汇市场"。

(一)汇改背景

中国央行实行人民币汇率并轨是为了更好地顺应国内外宏观环境及中国经济发展的需要。20世纪90年代初,东欧剧变、苏联解体,紧张的国际政治局势迫使中国重新思考改革方向。1990年,中国GDP增速仅为3.9%。在内外压力下,1992年邓小平南方谈话重申深化改革与加快发展的必要性和重要性,从而将中国的改革开放和现代化建设推向一个新阶段。

在汇改前夕,中国面临资本大规模外流、宏观经济过热的情况。一方面,1992—1996年,中国面临规模高达875.3亿美元的资本外流❶。另一方面,1993年,名义GDP增速高达13.9%,通货膨胀高达14.7%,固定资产投资增速达到61.8%。同时,经常账户逆差为119亿美元,其中货物和服务贸易逆差达到117亿美元,外汇储备仅有211亿美元。

在内外部压力下,汇率双轨制已无法适应当时经济发展的需要,人民币汇率制度改革呼之欲出。一方面,汇率双轨制滋生寻租和腐败行为。在1994年以前,中国汇率制度实行双轨制,呈现官方汇率与外汇调剂市场汇率并存的局面。1993年底,八成外汇交易采用外汇调剂市场汇率交易,仅有两成外汇交易采用官方汇率交易。外汇调剂价格持续高于官方价格,给寻租和腐败行为提供了套利空间。另一方面,汇率双轨制已无法适应当时经济发展的需要。十一届三中全会将"对外开放"作为长期基本国策。为了更好地对外开放、融入全球经济、促进对外贸易特别是出口贸易发展、积极吸引外商直接投资,经济方面的配套改革亟须推进。汇率作为影响国际贸易和国际投资的重要变量,"一市两价"的外汇市场格局已无法适应当时的经济发展需要。

在此背景下,中央明确了该阶段的汇改目标。1993年11月召开的十四届三中全会第一次提出要全面深化以市场经济为导向的社会主义市场经济体制改革,明确要求"改革外汇管理体制,建立以市场为基础的有管理的浮动汇率制度和统一规范的外汇市场"。这表明中央已下决心推动市场经济改革。

(二)汇改内容

这一阶段的主导性汇率制度改革包含三方面内容。一是实行汇率并轨。1994年初,中国央行实行以市场供求为基础的、单一的、有管理的浮动汇率制度,将官方汇率(1美元兑5.8元人民币)与外汇调剂市场汇率(1美元兑8.7元人民币)并轨,境内所有本外币转换均使用统一汇率,即1美元兑8.7元人民币。这意味着在汇改发生时,人民币兑美元汇率实现一次性的显著贬值。二是调整人民币汇率中间价。中国央行在新旧体制转换过渡期内采用一些过渡性安排,以保障汇率制度平稳运行。1994年,中国央行使用18个主要外汇调剂市场的加权平均汇率作为汇率中间价。三是亚洲金融危机期间采用让人民币汇率暂时性盯住美元的临时应对措施。1997—1998年亚洲金融危机的爆发给中国经济发展与金融稳定造成严重冲击,导致短期资本大规模流出中国,人民币汇率面临较大贬值压力。为防止危机进一步蔓延,中国做出人民币不贬值的承诺。该时期,中国央行采取让人民币汇率暂时性盯住美元的措施。

配套性汇率制度改革围绕着建立统一规范的外汇市场展开,具体包括如下四方面内容。一是建立全国统一规范的银行间外汇市场。1994年,中国政府建立中国外汇交易中心(CFETS)。二是完善配套汇率制度改革。实施取消外汇留成和上缴、取消外汇收支指令性计划等措施。三是改进外汇管理体制。1996年取消了所有经常性国际支付和转移的限制,实现人民币经常项目可兑换。四是资本账户渐进开放。2002年,建立合格境外机构投资者制度(QFII),跨境证券投资开放取得重大进展。

(三)汇改效果与评价

综合来看,这一阶段汇改是相当成功的。

第一,汇改目标基本实现。"稳定汇率,增加储备,建立统一规范的外汇市场"是1994年的汇改目标。1994年至2005年上半年汇改的主要成就是实现汇率并轨,建立全国统一规范的外汇交易市场,逐步完成配套性汇率制度改革。

第二,名义汇率调整灵活性增强,汇率形成机制透明度提高。1994年成为人民币由弱转强的分水岭。1994—2004年,人民币兑美元汇率基本稳定在8.2~8.7的区间。

---

❶ 该数据来源于李扬(1998)对1992—1996年资本外流的测算。
测算方法为:资本外流 = 国际资本往来(运用) + 错误与遗漏 + 其他 − 国际储备资产 − 库存现金。

第三,汇改有利于资源优化配置,促进经济增长。1994年汇改后,经济发展势头逐步向好,外汇储备稳步增长。1994—2004年,中国GDP年均增速高达9.5%,外汇储备从516亿美元增长至6099亿美元。此外,汇率并轨解决人民币汇率高估难题,并从制度上解决了双轨制引发的寻租与腐败行为的问题。

第四,人民币汇率一次性调整到位,没有形成进一步贬值预期。1994年的汇改让汇率贬值接近50%,不仅没有让国内通胀失控,还大大促进了出口导向型制造业的发展。从本质上来看,1994年汇率并轨是人民币兑美元汇率的一次性大幅贬值,其背景是人民币兑美元名义汇率存在严重高估,而这次贬值是对汇率高估的修正,是顺应市场供求关系而动。由于这次贬值幅度相当之大,让市场产生贬值到位的心理,因此贬值之后不仅没有形成进一步的贬值预期,反而随着中国经常账户顺差的不断扩大,人民币兑美元汇率形成持续升值预期。

总结而言,1994年汇改是相当成功的。1994年汇率并轨是中国外汇史上难得的一次性大幅贬值尝试。这次贬值尝试再加上若干重要的制度层面的配套性改革,为中国出口导向型行业的腾飞,乃至为中国2001年入世后经常账户的强劲表现,都打下了很好的基础。

二、2005年下半年至2015年上半年:实行有管理浮动汇率制度的尝试阶段

2005年下半年至2015年上半年,人民币汇率迎来第二个重要改革阶段,标志性事件是2005年"721汇改"。"721汇改"标志着中国进入有管理的浮动汇率制度的尝试阶段。"完善人民币汇率形成机制,保持人民币汇率在合理、均衡水平上的基本稳定"是该时期汇改的主要目标。

(一)汇改背景

动荡的国际环境使汇改一再被搁置。2001年中国加入WTO,开始全面融入全球贸易网络。事实上,中国央行早已着手研究下一步的汇率制度改革,完善有管理的浮动汇率制被列入2001年下半年的经济体制改革工作计划。然而,国际环境的一系列重大变化使得酝酿中的汇改一再被延后。具体而言:一是2000年美国互联网泡沫破灭导致全球股市动荡;二是2001年"9·11"恐怖袭击爆发,美联储大幅降息导致美元走势在2002年逆转;三是人民币汇率低估问题被国际化,2002年,时任日本财务省主管国际事务的副财长黑田东彦发文,声称中国通过低估人民币向全球输出通货紧缩;四是伊拉克战争在2003年爆发,加剧了全球地缘政治的紧张局势。

良好的国内经济为汇改提供了较好的外部环境。该时期内,中国经济进入高速增长阶段。2000—2004年,中国GDP增速从8.5%上升至10.1%,经常账户顺差从204亿美元增长至689亿美元,实际使用外商直接投资额从407亿美元增长至606亿美元,外汇储备从1656亿美元增长至6099亿美元。

国内经济的高速发展为汇改做好了铺垫。在此背景下,中央明确了该阶段的汇改目标。2003年召开的十六届三中全会为下一阶段的人民币汇率制度改革定下总基调,人民币汇改总体目标为"完善人民币汇率形成机制,保持人民币汇率在合理、均衡水平上的基本稳定"。同时,会议对汇改和其他金融改革的顺序形成大致共识,认为在汇改之前应该先行完成银行部门改革、放松外汇管制以及发展外汇市场等前期工作。

中国政府前期做了大量准备工作为汇改的启动做好铺垫。在2005年"721汇改"之前,中国政府做了如下准备:一是稳步扩大资本市场对外开放,取消部分对资本账户交易不必要的管制;二是完成商业银行改革重组,剥离不良资产,提高资本充足率,使商业银行进入良性发展阶段;三是放宽个人和企业经常项目下的交易限制。

2005年国内外宏观环境良好,终于迎来汇改的时间窗口。2005年上半年,世界经济运行平稳,国内经济较快增长,通货膨胀相对较低,前期准备工作取得显著进展,汇改的时间窗口开启。就政策缓冲空间而言,中国资本账户开放程度较低,外汇储备规模充足,国内货币错配程度也较低。

(二)汇改内容

该阶段,主导性汇率制度改革包含如下三方面内容。第一,2005年实施"721汇改",中国央行果断进行重大调整。汇改内容包括四个方面。一是一次性调整汇率水平。2005年7月21日,人民币兑美元一次性升值2%,从8.28上升至8.11。二是改革汇率调控方式。实行以市场供求为基础、参考一篮子货币进行调节、有管理的浮动汇率制度。三是改革中间价定价机制。人民币汇率中间价由"参考上一日银行间市场加权价确定"改为"参考上一日收盘价确定"。四是每日银行间外汇市场美元兑人民币的交易价仍在人民银行公布

的美元交易中间价上下千分之三的幅度内浮动。

第二,"721汇改"的后续改革主要围绕汇率波幅扩大展开。在"721汇改"之后的十年间,中国央行围绕着扩大人民币汇率每日波动幅度进行边际改革,2007年5月将日浮动幅度由0.3%扩大至0.5%,2012年4月扩大至1%,2014年3月进一步扩大至2%。第三,全球金融危机期间采取暂时性盯住美元的措施。2008年全球金融危机爆发后,为应对全球金融危机与世界经济衰退的冲击,人民币汇率采取暂时性重新盯住美元的措施。人民币汇率暂时性盯住美元持续了18个月这一阶段的配套性汇率制度改革包含如下两方面内容。

第一,外汇市场建设日渐完善。具体而言:一是在银行间市场丰富交易主体,增加交易品种,引入新的交易方式和制度安排,包括在即期外汇市场引入"两非机构",开办外汇远期和掉期交易,引入询价交易模式和做市商制度。二是扩大结售汇市场办理主体和业务范围,实施结售汇综合头寸管理。三是进一步放宽汇价和头寸管理,增强银行自主性。四是着手构建人民币离岸金融市场,覆盖中国香港、英国伦敦等地,其中中国香港占主要地位。截至2021年6月,中国香港人民币国际支付交易全球占比高达77%。

第二,资本账户逐步开放。在机构用汇方面,中国央行不断扩大QFII和合格境内机构投资者(QDII)的规模和投资范围。2006年,推出QDII制度。2013年至2015年上半年,中国资本账户开放进程明显加快。在个人用汇方面,为便利市场主体持有和使用外汇,中国央行陆续出台个人结售汇优惠政策。2007年,个人年度购汇总额从2万美元提高至5万美元。

(三)汇改效果与评价

综合来看,这一阶段的汇改目标基本实现,取得阶段性成功。具体而言,第一,汇改目标基本实现。该阶段"完善人民币汇率形成机制,保持人民币汇率在合理、均衡水平上的基本稳定"的汇改目标基本实现。第二,汇率形成机制透明度有所提高。这体现在两方面:一是外汇干预程度下降,人民币汇率弹性化取得显著进展,国内货币政策自主性有所增强;二是汇率形成机制透明度提高,获得国际认可。该时期,人民币汇率稳步升值为人民币国际化提供较好环境。2015年,人民币被IMF纳入特别提款权(SDR)的货币篮,这反映国际社会对人民币作为一种国际化货币的广泛认可。第三,名义汇率调整灵活性有所增强。事实上,在2005年"721汇改"后,中国实行了以"汇率篮子、波动范围和爬行速度"为核心的BBC制度。这种制度可以兼顾汇率调整的灵活性与稳定性,因此受到很多新兴市场经济体的青睐。第四,汇改有利于优化资源配置,经常账户失衡状况显著改善。2005年汇改的目标之一是通过汇率调整实现商品和服务贸易的大体平衡。2009年以来,中国经常账户顺差占GDP比重呈现下降趋势。按照美国的标准来衡量,中国经常账户失衡已不复存在。

在应对人民币升贬值预期时,中国央行没有一次性调整到位,导致人民币兑美元汇率变动不能顺应市场供求的变动进行调整。这是该阶段汇改的不足之处。一方面,中国央行在面对升值压力时,没有让人民币汇率一次升值到位。2005—2013年,人民币兑美元汇率存在持续升值压力,中国央行采用外汇市场上购买美元、通过冲销行为对冲购买美元导致的国内流动性过剩等方式来进行应对,造成持续的经常账户顺差与外汇储备飙升,进而产生一系列福利问题与潜在风险。另一方面,中国央行在面临贬值压力时,也没有让人民币汇率一次性贬值到位。在2014年至2015年"811汇改"前后,人民币兑美元汇率存在持续的贬值压力,中国央行采用在外汇市场上出售美元的方式进行应对,而非采取让人民币兑美元汇率一次性贬值到位的措施,这就造成外汇储备规模的下降以及市场贬值预期的加强。

中国央行此阶段汇改存在如下两方面问题需要解决。其一,在这10年间,中国央行主要通过外汇市场上的公开市场操作来维持汇率稳定,由此积累了大量的外汇储备。过多的外汇储备除意味着投资收益偏低与国民福利损失外,还会带来外汇占款的增加与央行冲销压力,并增加市场的扭曲。其二,在2014—2015年"811汇改"之前,市场上积累了较大的人民币兑美元汇率贬值压力,这给"811汇改"带来较大挑战。这种贬值压力的积累,本身就说明人民币汇率不能充分反映市场供求的变化,人民币汇率形成机制的市场化改革仍需要进一步推进。

总结而言,2005年"721汇改"仅仅取得了阶段性成功,表现为汇改目标基本实现,汇率形成机制透明度有所提高,名义汇率调整灵活性有所增强,经常账户失衡状况显著改善。由于中国央行没有一次性调整到位,导致人民币兑美元汇率变动不能顺应市场供求的变动进行调整。因该阶段汇改不够彻底,也增加了下一阶段汇改的难度和挑战。

三、2015年下半年至今：人民币汇率中间价改革的调整与重要尝试阶段

2015年下半年至今，人民币汇率迎来第三个重要改革阶段，标志性事件是2015年"811汇改"。此次汇改是中国央行进一步推动汇率形成机制市场化，实现汇率制度由"类爬行安排"向浮动汇率制过渡的重要尝试。"完善人民币汇率市场化形成机制，强调市场在资源配置中发挥决定性作用"是该阶段汇改的主要目标。

（一）汇改背景

国内外宏观环境出现较大变化。一方面，自2014年第二季度起，中国非储备性质金融账户开始出现持续的逆差；另一方面，2008年全球金融危机与2010—2012年欧洲主权债务危机结束后，随着美联储宣布退出量化宽松政策，美元指数从2014年9月起开始升值。当时，人民币汇率大致盯住美元，美元的走强使得人民币跟随美元兑其他货币呈现显著升值态势。从2014年第一季度起，人民币兑美元汇率由低估状态转为高估状态。

在政策方面，中国政府更加强调发挥市场在资源配置中的主导作用。2013年，党的十八届三中全会明确要求完善人民币汇率市场化形成机制，强调市场在资源配置中发挥决定性作用。为了适应新形势需要，新一轮汇率制度改革呼之欲出。一方面，为适应宏观环境变化与推动人民币国际化的需要，特别是推动人民币加入SDR货币篮的需要，中国央行需要推进新一轮汇率制度改革。另一方面，当时较强的人民币汇率贬值预期导致汇率中间价与市场汇率之间出现较大幅度的偏离，不仅影响中间价的基准地位和权威性，也使得市场汇率动辄"跌停"，制约人民币汇率弹性的改善。

在此背景下，2015年中国央行实施"811汇改"，开启以调整中间价定价机制为重点的第三阶段汇改。

（二）汇改内容

这一阶段的主导性汇率制度改革是调整人民币汇率中间价定价机制，标志性事件是2015年"811汇改"。自"811汇改"以来，人民币汇率定价机制经历了从单因子到双因子、再到三因子的发展历程。

第一，单因子定价机制。2015年8月11日，中国央行强调中间价报价要参考前一日收盘价，实施"中间价＝收盘价"的单因子定价机制，组织中间价报价行改进人民币兑美元汇率的中间价形成机制。"811汇改"后，人民币兑美元汇率的贬值预期明显增强，一度形成了人民币贬值预期与短期资本外流相互交织、相互强化的不利局面。

第二，双因子定价机制。2015年12月11日，中国外汇交易中心发布人民币对一篮子货币的汇率指数，即CFETS货币篮汇率指数。自2016年初，中国央行开始实施"中间价＝收盘价＋一篮子货币汇率变化"的双因子定价机制。双因子定价机制意味着人民币兑美元汇率的中间价制定要同时参考前一日收盘价，以及相对于一篮子货币的汇率变化。

第三，三因子定价机制。在引入双因子定价机制后，人民币汇率贬值预期有所缓解，但尚未根除。2017年5月，中国央行宣布实施"中间价＝收盘价＋一篮子货币汇率变化＋逆周期因子"的三因子定价机制，以遏制市场单边贬值预期。在逆周期因子引入之后，人民币兑美元汇率的单边贬值预期显著削弱并最终消失，人民币兑美元汇率进入双向波动时期。

这一阶段，汇改的配套性改革措施主要围绕如何遏制市场单边贬值预期而展开，具体包括如下三方面。一是中国央行通过在外汇市场上出售美元、买入人民币来稳定人民币兑美元汇率。大规模反向公开市场操作的结果是，2014年6月至2016年底，中国外汇储备规模迅速缩水。二是为缓解外汇市场上美元供不应求的压力，中国央行从2016年起开始加强对外币计价的短期资本外流的控制。从2016年下半年起，短期资本外流的管控对象从外币计价扩展至所有货币计价。在2015年"811汇改"之后，中国逐渐形成跨境资本"宽进严出"的局面，并延续至今。三是逐渐推动金融市场的双向开放。在金融市场互联互通方面，先后推出"沪港通"（2014年）、内地与香港基金互认（2015年）、"深港通"（2016年）和"债券通"（2017年）等跨境证券投资新机制。在个人投资渠道方面，2021年开始实施"跨境理财通"以扩宽居民部门的跨境投资渠道。

（三）汇改效果与评价

综合来看，该阶段的汇率制度改革方向是正确的，但汇改时机的选择值得商榷。从汇改效果来看，该阶段的汇改并不彻底，没有彻底打消人民币贬值预期。

第一,本次汇改难言获得全功。从汇改效果来看,"811汇改"后,人民币汇率的市场化程度更高,中国央行也逐渐退出常态化外汇市场干预,但本次汇改并不彻底。

第二,名义汇率调整灵活性有所增强。2015年"811汇改"是人民币汇率形成机制市场化改革的一次关键性突破,"811汇改"后,人民币汇率的弹性更强。波动性增加的汇率能够更好地发挥国际收支调节与缓冲外部负面冲击的作用,并有助于进一步增强国内货币政策的独立性。尤其是最近五年来,人民币汇率弹性显著增强,双向波动态势更加明显,这与中国央行基本上退出常态化干预密切相关。这一点毫无疑问是值得高度肯定的。

第三,改革时机的选择影响汇改在资源优化配置中作用的发挥。由于国内外经济形势均不好,2015年是历次汇改中难度最大的一年。因此,"811汇改"在时机选择上,仍是值得商榷的。一是在"811汇改"后,中国外汇储备一度缩水了1万亿美元,这意味着国民财富的重大损失。二是在"811汇改"之后,持续的人民币兑美元贬值预期使人民币国际化进程速度显著放缓,各类货币国际化指标均明显下降。三是资本账户管制尤其是对资本外流的管制在"811汇改"之后显著加强,并呈现出鲜明的"宽进严出"的不对称特点。

第四,就汇率形成机制透明度而言,不断调整的人民币汇率中间价定价机制事实上增强了汇率形成机制的不透明程度。学者们就三因子定价模型的评价不一。有学者指出,逆周期因子降低了人民币汇率的波动性。逆周期因子的引入创造性地解决了汇率制度"中间解",即有管理的浮动汇率制度带来的政策公信力问题。但另一派学者则指出,相比于人民币定价的单因子模型,更多因子的加入事实上使人民币汇率形成的透明度与可预测性显著下降,事实上也重新增强了中国央行对汇率中间价的影响力。逆周期因子作为稳定汇率波动的政策工具,在短期内适当使用较为适宜。

第五,该阶段的汇改没有彻底打消人民币贬值预期。由于汇改并不彻底,该阶段汇改给外汇市场变化带来了不利的影响。人民币贬值预期的强化迫使中国央行不得不通过动用外汇储备干预外汇市场、收紧资本外流管制、干预香港离岸市场等手段来稳定人民币汇率,造成2015年"811汇改"事实上面临"进三退二"的尴尬局面。不过,最近几年,人民币兑美元汇率的双向波动特征进一步增强,中国外汇储备存量几乎没有明显变动,说明中国央行对人民币外汇市场的干预已经显著下降,人民币兑美元汇率越来越具备自由浮动的特征。但这种自由浮动依然是中国央行严密监控条件下的自由浮动,与真正的自由浮动汇率制度依然相差甚远。

总结而言,该阶段的汇率制度改革方向是正确的,名义汇率调整灵活性有所增强,但汇改时机选择值得商榷,也没有彻底打消人民币贬值预期,影响汇改在资源优化配置中作用的发挥。

(本文原载于:张明,陈胤默.人民币汇率制度改革的结构性演进:历史回顾、经验总结与前景展望[J].财贸经济,2022,43(12):15-31,有删减)

第八章 国际收支

国际收支是与国际经济交易密切相关的一个概念,也是国际金融学科的重要基石,国际金融学科的其他许多方面,如外汇、汇率、国际货币体系、国际金融市场和国际储备等组成部分,都与国际收支有着非因即国的关系。对国际收支相关内容的理解和掌握,是学习国际金融的重要基础。

第一节 国际收支的概念与作用

一、国际收支的产生及其演变

随着人类社会生产力的发展,出现了商品生产和商品交换。当商品交换超越了国界,就形成了国际贸易。国际间的经济贸易往来,会发生诸如商品、劳务、资本等的输出与输入,这必然会产生国与国之间的债权债务关系。这种国际间债务债权关系又需在一定时期内进行结算。一个国家对其他国家的国际结算必然会引起国际间的货币收支,也即引起国际收支(balance of international payments)的产生。

从产生时间来看,国际收支的概念最早源于17世纪初期。随着国际经济交易的变化与发展,在不同的历史时期国际收支被赋予不同的内涵。在金本位制度崩溃以前,由于各国之间的国际经济交往规模不大,领域狭小,在这一段时期内,国际收支主要指因商品贸易及其附属的无形贸易如运输贸易而引起的贸易收支。这期间,一些主要国家的贸易收支始终处于顺差,因而对国际收支问题不太重视。从金本位制度崩溃至二战结束,纸币本位制度确立。由于各国货币制度不同,因国际交往而产生的国与国之间的债权债务关系的结算大都以外汇票据作为主要工具,这必然会引起国家间外汇的收入与支付。此时,国际收支的内涵就演化为一个国家在一定时期内因政治、经济、文化等各种对外交往而发生的、须立即结清的、来自他国的货币收入与货币支出的差额,即一国的外汇收支,这就是狭义的国际收支概念。这一时期许多国家国际收支相对平衡的局面被打破,各国开始重视国际收支问题。

二战结束后,国际经济交易的内容极其丰富,不仅包括对外贸易,还包括政府之间的无偿援助、赔偿、私人侨汇、资本的大规模国际流动等。另外,虽然国际收支的绝大部分通过外汇来进行,但并非所有的国际经济交易都表现为外汇的收入与支出,如易货贸易、补偿贸易、无偿援助和私人捐赠中的实物部分、清算支付协定下的记账贸易等,并且,这些国际经济交易在世界经济中的影响也愈来愈大。可见,二战后,外汇收支已不能反映一国对外往来的实际情况,此时的国际收支被赋予为一个国家在一定时期内其居民与非居民之间的全部经济交易的系统记录,即广义的国际收支概念。

二、国际收支的概念

国际收支的概念可从狭义和广义两个方面理解。

狭义的国际收支就是指一个国家在一定时期内(通常为一年)必须同其他国家立即用外汇结算的各种到期支付的差额。它包括各种收支中必须立即清算和支付的那一部分款项。对于国际贸易和国际借贷中尚不到期,并不需用外汇结算的部分,则不列入其中。

国际货币基金组织出于国际经济发展和本身运行需要,将国际收支概念定义为"国际收支就是指一定时期内一个经济体的居民与其非居民之间全部经济交易的系统的货币记录,即广义的国际收支。"从定义中可以看出,国际收支是一种一定时期的统计报告,反映的是:

(1)一个经济体与世界上其他经济体之间的商品、劳务和收益交易(这是指商品进出口、运输、保险、旅游等劳务,以及投资收益等国际经济交易)。

(2)该经济体的货币黄金、特别提款权的所有权变动与其他变动,以及这个经济体对世界上其他经济体的债权与债务(这是指国际间资本流动所产生的债权债务,以及由于各种原因而造成的官方储备资产增减)。

(3)不偿还的转移和各种对应分录。这些分录是会计上必须用来平衡上述未相互抵销的交易和变动的任何分录的(这是指侨民汇款、赠予、援助以及应收未收和应付未付,尚未结清的国际经济交易等)。

广义的国际收支概括了国际经济交易的全部内容,使各会员国报送国际收支情况时有了明确的依据。正确理解广义的国际收支概念,需要把握以下几点:

(1)国际收支强调的是经济交易,而不是支付。IMF将经济交易定义为经济价值从一个经济体向另一个经济体的转移,经济交易的形式主要有五种类型:①金融资产与商品、劳务之间的交换,如国际贸易中支付外汇获得外国商品、劳务。②商品与商品、商品与劳务之间的交换,如双边贸易中的以货易货、以商品为报酬的劳务。③金融资产之间的交换,如国际证券筹资。④无偿的商品劳务转移,如国际间实物捐赠、义务援助。⑤无偿的金融资产转移,如国际捐款、赠款、银行存款形式的遗产继承等。

(2)国际收支反映的是一个经济体的居民与其非居民之间的经济交易。这里的居民(Residents)是一个经济概念,指在经济体内连续居住期限达一年或一年以上的经济单位,否则,该经济单位被称为该国(该地区)的非居民(Non-residents)。一个经济体的居民具体包括:①居民官方,即坐落在该国领土上的各级政府机构以及该国派驻国外的政府机构,但在该国领土上的外国使领馆和国际组织机构被视为该国的非居民。②居民企业,即在该国领土上生产货物或提供服务的企业。③居民个人,即一切在该国居住期限达一年或一年以上的个人,而不论其国籍是否属于该国,但外交官、驻外军事人员除外。④非营利性团体,即一切在该国领土上从事非营利活动的民间团体。一个经济体居民与其非居民之间的经济交易被称为国际经济交易,而一个经济体内部居民之间的交易被称为国内经济交易。国际收支反映的是国际经济交易。

(3)国际收支不仅反映那些具有债权债务关系的国际经济交易,还要反映那些不具有债权债务关系的国际经济交易。国际借贷(Balance of International Indebtedness)是指某一时点上一个经济体的国际间债权债务关系的总和。国际借贷反映的是具有债权债务关系的那部分国际经济交易。相对于国际收支而言,国际借贷的范围要小。并且,只要发生了国际借贷,国际收支就有其体现。

(4)国际收支反映的是一个国家或地区一定时期(通常为一年)的交易情况,是一个流量概念。

三、国际收支的作用

一国的国际收支是一国对外经济往来的总结,也是一国国内经济状况的反映,同时也是制定本国经济政策和处理国际关系的依据。它在整个经济活动中具有重要的作用:

(一)国际收支集中反映了一国在一定时期内对外经济交易的全貌

从微观来看,国际收支不仅反映了一国货物、服务、收益及经常转移的情况,还反映了一国对外资产和负债状况。从宏观来看,它不但表明一国对外开放的程度,而且还直接影响一国国际地位的高低和货币汇率的稳定。对外开放的程度通过国际收支总额这一数量指标来体现。一般而言,一国国际收入总额和国际支出总额绝对值越大,各自占国民经济总供给和总需求的比重越高,该国对外开放程度越大。一国国际地位的高低和货币汇率的稳定通常通过国际收支差额这一数量指标来体现。收入大于支出则为顺差(或盈余),支出大于收入则为逆差(或赤字)。一般而言,顺差说明该国对外债权大于债务,是经济实力较强的表现;反之,逆差则说明该国对外债务大于债权,若不能及时扭转,则会影响该国经济状况及国际地位。此外,这种顺逆差情况也必然影响到该国货币币值的稳定。通常,顺差国家掌握的外汇较多,本币表现较为坚挺;反之,逆差国对外汇需求较多,本币表现为疲软。

(二)国际收支是一国国内经济状况的指示器

当国际收支贸易项目余额表现为逆差时,说明一国国内需求旺盛,需从国外进口商品或劳务;反之当贸易项目余额为顺差时,则说明该国商品在国际上极具竞争力,自我创汇能力较强。

(三)国际收支是一国制定经济政策,尤其是贸易政策的依据

通过对国际收支各具体项目的分析,一国可以据此制定经济政策,以实现国际收支的平衡,例如贸易项目逆差过大,则一国将会实行奖出限入等扩大出口的贸易政策;反之则会采取扩大进口的贸易政策。同时,一国在制定金融政策、财政政策时也需要考虑国际收支状况。

(四)国际收支影响着世界经济的发展

在世界经济逐步走向一体化的今天,各国经济的相互依赖程度加深,所以国际收支问题也深刻影响着世界经济的发展。例如当美国等发达国家经济发展放缓,商品进口需求下降时,与其有贸易关系的其他国家国际收支将会恶化,由此影响到整个世界经济的发展。

第二节 国际收支平衡表的结构与分析

所谓国际收支平衡表就是指一个国家(或地区),对其在一定时期内发生的全部国际经济交易,按照经济交易的特性设计账户类别并依据复式记账原则将其进行系统归纳后所形成的统计报表。

一、国际收支平衡表的编制与记录原则

国际收支平衡表是按照一定原则编制与记录而成的。

(一)复式记账原则

国际收支平衡表是按照复式记账原则编制的。一切收入项目或负债增加、资产减少的项

目都列为贷方(credit),或称正号项目(plus items)。贷方记录本国商品、劳务出口、对外资产的减少或对外负债的增加,例如商品出口、向外借款或收回贷款等。一切支出项目或资产增加、负债减少的项目都列为借方(debit),或称负号项目(minus items)。借方记录本国商品、劳务进口、对外资产的增加或对外负债的减少,例如商品进口、对外投资或偿还外债等。

从外汇增减变化的角度来看,国际收支平衡表编制主要包括两个基本法则:一是凡引起本国外汇收入的交易记入贷方,凡引起本国外汇支出的交易记入借方;二是凡形成本国外汇供给的交易记入贷方,凡形成本国外汇需求的交易记入借方。每笔经济交易有借必有贷,同时分记有关的借贷两方,金额相等。因此,原则上,国际收支平衡表全部项目的借方总额与贷方总额总是相等的,其净差额为零。

但国际收支平衡表每一具体项目的借方和贷方(即收入和支出)却是经常不平衡的,每个具体项目的收支相抵总是会出现一定的差额,如货物收支差额、服务收支差额等等。这种差额称为局部差额(partial balance)。如收入大于支出,出现盈余时,称为顺差(Surplus),在顺差前以"+"号表示(国际收支平衡表里"+"号一般省略);如支出大于收入,出现亏损时,称为逆差(Deficit),在逆差前应冠以"-"号。

(二)以所有权变更日期为准进行记录

所有权变更是指交易当事方在账目上放弃(获得)实际资产并获得(放弃)金融资产。一笔交易如在国际收支平衡表编辑时期内完全结清,就可以如实记录。但如一笔交易涉及的贸易信用,例如预付货款或延付货款时,出现付款与所有权变更相分离时仍按照"所有权变更"原则,以实际的所有权转移为准来记录。在预付货款贸易方式下,应在付款时记录。在延期付款贸易方式下,应在收到货物时记录。在编辑国际收支平衡期内有已到期应予支付的利息,实际虽未支付,也应在其到期日记录,而未付的利息作为新的负债记录。再如某种劳务已经提供,但在编制时期内尚未获得收入,则也应按劳务提供日期记录,未获得收入作债权记录。

(三)一律按离岸价记录

在统计进出口时,如果出口国按离岸价格(FOB)计算,进口国以到岸价格(CIF)计算,这种做法不利于正确统计国际收支,也使各国编制出来的国际收支平衡表缺乏可比性。故 IMF 规定进出口交易一律按离岸价格作价计入经常项目的货物科目,而运输费和保险费列入经常项目的服务科目下。

二、国际收支平衡表的结构及其内容

1980 年,IMF 恢复了我国的合法地位,作为 IMF 的成员,我国需要按其规定的格式和内容定期向它报告国际收支状况,并于当年开始试编国际收支平衡表,1982 年起正式编制国际收支平衡表,1985 年首次公布了 1982—1984 年的中国国际收支平衡表,1997 年开始按 IMF 国际收支手册第五版的原则进行编制并公布国际收支平衡表。我国国际收支平衡表主要由四部分构成,即经常账户、资本与金融账户、储备资产、净误差与遗漏,其具体结构见表 8-1。

表 8-1 2022 年中国国际收支平衡表　　　　　　　　单位:亿美元

项目	差额	贷方	借方
一、经常项目	2,971	14,846	11,874
A. 货物和服务	2,201	13,333	11,132

续表

项目	差额	贷方	借方
a.货物	2,495	12,038	9,543
b.服务	−294	1,295	1,589
1.运输	−230	236	466
2.旅游	−40	397	437
3.通信服务	0	12	12
4.建筑服务	36	95	59
5.保险服务	−97	16	113
6.金融服务	−3	4	7
7.计算机和信息服务	33	65	32
8.专有权利使用费和特许费	−106	4	111
9.咨询	52	186	134
10.广告、宣传	4	23	20
11.电影、音像	−2	1	3
12.其他商业服务	59	247	188
13.别处未提及的政府服务	1	9	8
B.收益	433	1,086	653
1.职工报酬	72	92	21
2.投资收益	361	994	632
C.经常转移	337	426	89
1.各级政府	−2	0	3
2.其他部门	340	426	86
二、资本和金融项目	1,448	7,464	6,016
A.资本项目	40	42	2
B.金融项目	1,409	7,422	6,014
1.直接投资	343	1,142	799
1.1我国在外直接投资	−439	42	481
1.2外国在华直接投资	782	1,100	318
2.证券投资	387	981	594
2.1资产	99	669	570
2.1.1股本证券	−338	122	461
2.1.2债务证券	437	547	110
2.1.2.1(中)长期债券	370	479	110
2.1.2.2货币市场工具	67	68	0
2.2负债	288	312	24
2.2.1股本证券	282	288	7
2.2.2债务证券	6	23	17
2.2.2.1(中)长期债券	6	23	17

续表

项目	差额	贷方	借方
2.2.2.2 货币市场工具	0	0	0
3. 其他投资	679	5,299	4,620
3.1 资产	94	1,174	1,080
3.1.1 贸易信贷	-544	0	544
长期	-38	0	38
短期	-506	0	506
3.1.2 贷款	130	450	320
长期	-315	0	315
短期	445	450	5
3.1.3 货币和存款	52	267	216
3.1.4 其他资产	456	457	1
长期	0	0	0
短期	456	457	1
3.2 负债	585	4,125	3,540
3.2.1 贸易信贷	321	321	0
长期	22	22	0
短期	298	298	0
3.2.2 贷款	37	3,222	3,185
长期	-97	135	232
短期	134	3,087	2,953
3.2.3 货币和存款	116	456	340
3.2.4 其他负债	111	126	15
长期	110	110	0
短期	1	16	15
三、储备资产	-3,984	0	3,984
3.1 货币黄金	-49	0	49
3.2 特别提款权	-111	0	111
3.3 在基金组织的储备头寸	-4	0	4
3.4 外汇	-3,821	0	3,821
3.5 其他债权	0	0	0
四、净误差与遗漏	-435	0	435

(一)经常账户

经常账户(current account)也被称为经常项目,反映一国与他国之间的实际资产的转移,是国际收支中最重要的账户,包括货物、服务、收入和经常转移四个科目。

1. 货物科目

货物(goods)科目是经常账户和整个国际收支平衡表中最重要的科目,记录一国的商品出口和进口,又称有形贸易。商品出口值和进口值的差额称为贸易差额或贸易收支。出口大于进口,称"出超"即贸易盈余(trade surplus);进口大于出口,称"入超"即贸易赤字(trade deficit)。由于此项目系统记录了商品进出口的状况,而商品进出口状况直接反映了该经济体工农业产品在国际上的竞争能力,在一定程度上表现了该经济体的经济实力。因此,它是经常项目中十分重要的内容。

2. 服务科目

服务(services)科目记录服务的输入和输出,又称无形贸易。这一科目包括内容比较广泛,有运输、旅行、通信服务、建筑服务、保险服务、金融服务(保险除外)、计算机和信息服务、专有权利使用费和特许费、咨询、广告、宣传、电影、音像、其他商业服务、别处未提及的政府服务细目。

3. 收益科目

收益(income)科目记录因生产要素在国际间流动而引起的要素报酬收支。它主要下设"职工报酬"和"投资收益"两个细目。这里职工报酬是指一国居民个人在另一国(或地区)工作而得到的现金或实物形式的工资、薪水和福利;投资收益是指一国资本在另一国投资而获得的利润、股息、利息等。根据需要,投资收益还可以分为直接投资收益、证券投资收益和其他投资收益等。

4. 经常转移科目

经常转移(current transfers)科目记录不发生对等偿付的单方面支付,但是这里不记录资产所有权的转移。单方转移可以分为政府和私人转移两个方面。私人转移主要有侨汇、年金(奖金、养老金等)、财产继承、个人赠予等。官方转移主要有各种无偿援助、捐赠、战争赔款或其他赠款等。一般而言,经常转移是经常发生的,规模较小,并直接影响捐助者与受援者的可支配收入和消费。

(二)资本与金融账户

资本与金融账户(capital and financial account),也称资本与金融项目(简称资本项目,capital account),它反映了金融资产在一国与他国之间的转移,即国际资本的流动。它包括资本流出和资本流入。资本流出是指本国对外资产的增加,即本国居民对非居民持有的所有权的增加,或指本国对外负债的减少,即非居民对本国居民所持有的求偿权的减少;资本流入是指本国对外资产的减少或本国对外负债的增加。

资本与金融账户的贷方记录的是资本流入,借方记录的是资本流出。然而,与经常账户不同的是,资本与金融账户的各个科目通常并不按借方发生总额和贷方发生总额来记录,而是按借方净额或贷方净额来记录的。一是因为资产交易的发生总额常常缺乏数据,而从期末报表中得出的只是净额;二是因为交易总额对国际收支分析并不很重要。

1. 资本账户

资本账户(capital account)包括资本转移和非生产、非金融资产的收买或放弃。

资本转移(capital transfers)既可以用现金形式,也可以用实物形式(如交通设备、机器和机场、码头、道路、医院等建筑物)。如果采用实物形式,资本转移包括固定资产所有权发生了变更,但没有得到任何回报,或根据债权人和债务人双方的协定全部或部分减免债务人的财务负债,但债权人不从债务减免中得到任何回报。如果采取现金形式,则大多表现为投资捐赠形式,即交易一方向非居民提供购置某项固定资产的全部或部分资金。一般而言,资本转移不经常发生,规模较大,也不直接影响双方当事人的可支配收入和消费。

非生产资产的交易是指货物和服务的生产所需要的、但不是生产创造出来的有形资产

(如土地和自然资源)的交易。非金融资产的交易是指无形资产的交易,如专利、版权、商标经销权等以及其他可转让合同。

2. 金融账户

金融账户(financial account)是指经济体对外资产和负债所有权变更的所有权交易,它主要包括直接投资、证券投资、其他投资三类。

直接投资是为了获取本国以外的企业的经营权的投资。它可以采取直接在国外投资建立企业的形式,也可以采取购买非居民企业一定比例股票的形式,或采取将投资利润进行再投资的形式。

证券投资是指购买非居民政府的长期债券、非居民公司的股票和债券等。对这一比例各国有不同规定,如 IMF 规定拥有非居民企业的股权达到 10% 时作为直接投资,我国的法规则规定,中外合资企业的外商投资额最少应占总投资额的 25% 以上,境外投资者购买一家公司的人民币特种股票(B 股)超过股本总额 25% 便从证券投资转为直接投资,该公司就成为中外合资股份有限公司)。

凡不包括在直接投资、证券投资和储备中的一切资本交易均记入其他投资项目。这些资本交易除包括政府贷款、银行贷款和贸易融资等长短期贷款外,还包括货币、存款、短期票据等等。

(三)储备资产

储备资产(reserve assets)指官方储备(或称国际储备),是一国货币当局(主要指中央银行)所拥有的,可用于满足国际收支平衡需要的对外资产,包括货币性黄金、特别提款权、在基金组织的储备头寸和外汇资产等官方对外资产。官方储备的增加额计入借方,官方储备的减少额计入贷方。

一个国家的国际收支出现顺差时,其对外收入大于支出,这部分差额就会转化为官方的储备资产;在逆差时,由于收入小于支出,政府就会动用相应数量的官方储备对外支付,导致储备资产的减少。可见,储备资产的一个重要功能就是平衡国际收支,储备资产的增减是国际收支数量变化的结果。

(四)净误差与遗漏项目

净误差与遗漏项目(errors and omissions)又称"净误差与遗漏"账户,它不是由交易产生的,而是由于会计上的需要,为了解决借贷方不平衡而人为设置的一个账户。根据复式记账原则,所有账户的借方总额和贷方总额应该是相等的。但由于各种国际经济交易的统计资料来源不一,有的数据甚至还来自估算,加上一些人为的因素(如有些数据须保密,不宜公开),国际收支平衡表实际上就几乎不可避免地会出现净的借方余额或贷方余额。基于会计上的需要,一般就人为设置一个账户以抵消统计的偏差。如果借方大于贷方总额,则"误差与遗漏"这一项放在贷方;反之,如果贷方总额大于借方总额,则将这一项放在借方。

三、国际收支平衡表分析的方法与意义

国际收支平衡表是具体反映一国一定时期国际收支状况的会计报表。关于国际收入平衡表的分析,一般可从三个方面着手:一是静态分析,即对一个时期的各个项目进行深入细致地分析;二是动态分析,从纵向上比较各个时期的国际收支状况;三是横向比较分析,从横向比较一国同其他国家的国际收支。

通过对国际收支平衡表的分析,不论对编表国家或其他国家都具有积极的作用。对编表

国家来说,可以全面了解一国的国际收支平衡状况、收支结构及储备资产的增减变动情况,为制定对外经济政策,分析影响国际收支平衡的基本经济因素,采取相应的调控措施提供依据,具体而言:(1)能及时地反映本国国际收支情况,找出造成顺差或逆差的原因以便采取正确的调节措施;(2)能使本国充分掌握外汇资金来源和运用方面以及官方储备增减情况,据以编制切实可行的外汇预算;(3)能全面了解本国的国际经济地位,从而制订出与本国国力相适应的对外经济政策,如贸易、投资、经援、借贷等方面的政策。对其他国家或国际金融组织来说,(1)能使其了解编表国家的国际收支状况,储备资产增减情况,预测该国货币汇率的动向;(2)能使其掌握编表国家的国际资本流动情况,了解该国的经济实力,并预测国际收支的大致趋势;(3)能使其了解世界各国对外贸易及国际经济情况,有助于预测世界贸易的发展趋势,掌握世界经济的发展动向。

第三节 国际收支失衡的影响与原因

一、国际收支失衡的判断

国际收支平衡表是按照复式记账法形成的会计报表。在国际收支平衡表里,国际收支最后总是平衡的,这种平衡是会计账面上的平衡。但在实际中,国际收支经常存在不平衡,即出现不同程度的顺差或逆差,即所谓的国际收支失衡(disequilibrium)。

通常所说的国际收支平衡与失衡是指自主性交易项目的平衡与失衡。一般而言,按照交易的动机或目的,国际收支平衡表中所记录的经济交易可以分为自主性交易和调节性交易两种。所谓自主性交易(autonomous transactions)是指那些基于商业动机,为追求利润或其他利益而独立发生的交易。补偿性交易(compensatory transactions)是指一国货币当局为弥补自主性交易的不平衡而采取的调节性交易,比如为弥补国际收支逆差而向外国政府或国际金融机构借款,动用官方储备等等,所以也被称为调节性交易(accommodating transactions)。这种识别国际收支不平衡的方法,从理论上看是合理的,但在统计上却很难加以区别,在概念上也很难精确区别自主性交易与补偿性交易,要对所有的交易进行性质上的认定所耗费的代价是不可承受的。按交易动机识别国际收支差额仅仅提供了一种思维方式,迄今为止,还无法将这一思想付诸实践。

按照IMF的做法和人们的习惯传统,国际收支失衡可以通过分析国际收支中的几个差额来进行观察。

(一)贸易差额

贸易收支是指包括货物与服务在内的进出口收支之间差额。贸易收支差额经常作为整个国际收支的代表,这是因为对一些国家而言,贸易收支在全部国际收支中所占的比重相当大(中国的这一比例在20世纪80年代约为70%)。贸易收支的整体状况表现了一个国家或地区自我创汇的能力,反映了一国的产业结构和产品在国际上的竞争力和在国际分工中的地位,是一国对外经济交往的基础,影响和制约着其他账户的变化。因此,为了简便起见,可以将贸易收支作为国际收支的近似代表。

(二)经常项目差额

经常项目包括贸易收支、收入收支和经常转移收支。前两项构成经常项目收支的主体。国际货币基金组织特别重视各国经常项目的收支状况。虽然经常项目的收支也不能代表全部国际收支,但它综合反映了一个国家的进出口状况(包括无形进出口,如劳务、保险、运输等),因而被各国广为使用,并被当作是制定国际收支政策和产业政策的重要依据。

(三)基本差额

基本差额(basic balance)包括经常账户和长期资本账户所形成的差额。长期资本流动相对于短期资本流动来讲是一种比较稳定的资本流动,它不是投机性的,而是以市场、利润为目的,反映了一国在国际经济往来中的地位和实力。把经常收支和长期资本收支合在一起,能反映出一国国际收支的基本状况。因此,基本项目账户便成为许多国家,尤其是那些长期资本进出规模较大的国家观察和判断其国际收支状况的重要指标。

(四)综合账户差额

综合账户差额又称总差额,是指经常账户和资本与金融账户中的资本转移、直接投资、证券投资、其他投资账户所构成的差额,也就是将国际收支账户中官方储备账户剔除后的差额。综合差额的意义在于可以衡量国际收支对一国国际储备所构成的压力,因为综合差额必然导致官方储备的相反方向的变动。综合差额的状况直接影响到该国的汇率是否稳定;而动用官方储备弥补国际收支的不平衡、维持汇率稳定的措施又会影响到一国的货币发行量。因此综合差额是非常重要的。

一般而言,人们根据所分析问题的不同需要而采用上述各层次的差额概念。比如,某个国家的基本账户长年来基本保持平衡,但贸易账户连年发生巨额赤字,而长期资本账户则连年盈余。这样的国家虽然基本账户处于平衡,但从长期看,国际收支状况不容乐观。因为长年的贸易赤字反映了该国产业的国际竞争力低下,国际收支的平衡没有坚实的基础,目前的平衡是依靠引进外资来维持的。这样的国家极可能存在严重的外汇短缺和结构性国际收支不平衡,需要采取措施来加以纠正。不过,目前运用最为广泛的国际收支差额概念是 IMF 倡导的"综合差额"。因此,国际收支平衡一般是指综合收支平衡,即综合收支差额基本为零。如果综合收支盈余,则称国际收支顺差;如果综合收支亏损,则称国际收支逆差。

二、国际收支失衡的影响

在现实经济生活中,一国的国际收支不平衡不仅是不可避免的,而且在某种意义上,一定限度内的国际收支顺差或者逆差甚至是有益无害的。但是,一国的国际收支如果出现了大量的、持续性不平衡而又得不到改善,那么,无论对顺差国还是逆差国的经济发展而言,都会产生十分不利的影响。

(一)国际收支大量的持续性逆差的不利影响

这些不利影响主要表现在以下几个方面:第一,抑制本国经济增长。由于大量的、持续性逆差存在,使该国获取外汇的能力减弱,影响该国发展生产所需的生产资料的进口,使国民经济增长受到抑制;另外,在固定汇率制度下,当出现持续性逆差时,会使本国货币汇率有下跌的压力,政府干预外汇市场而买进本币,形成国内通货紧缩,促使利率上升,抑制投资从而影响本国经济增长。第二,导致该国外汇短缺,造成外汇汇率上升,本币汇率下跌。一旦本币汇率过度下跌,会削弱本币在国际上的地位,导致该国货币信用的下降,国际资本大量外逃,引发货币危机。第三,导致外汇储备大量流失。储备的流失会也意味着该国金融实力甚至整个国力的下降,损害该国在国际上的声誉,影响一国的对外举债能力。第四,持续性逆差还可能使该国陷入债务危机。

(二)国际收支大量的持续性顺差的不利影响

在实行固定汇率制度的国家,国际收支大量的、持续性顺差的不利影响主要表现为:第一,外汇储备急剧上升导致外汇占款大幅度增加,国内货币投放量扩大,物价上涨,通货膨胀加重。此外,巨额的国际储备的囤积使得持有外汇的机会成本增加,外汇资金的使用缺乏效率;第二,影响国际经济关系的发展。大量的持续性顺差意味着该国出口持续、远远大于进口,容易导致贸易摩擦,进而影响国际经济关系的发展。如2003年以来,中国对美国大量的持续性顺差是中美贸易摩擦不断增加和升级的主要原因。此外,大量的持续性顺差会使一国货币汇率过于坚挺,引发大规模的套汇、套利和外汇投机活动,破坏国内和国际金融市场的稳定。

在浮动汇率制度下,大量的持续性顺差会使本国货币自动升值,使得以外币表示的出口产品的价格提高,使得以本币表示的进口产品的价格降低,使本国出口处于极度不利的竞争地位,影响出口贸易的发展,从而加重国内的失业问题,不利于经济发展。

三、国际收支失衡的原因

引起国际收支失衡的原因很多,不同国家或同一国家在不同时期,发生失衡的原因可能各不相同。一般而言,国际收入失衡的原因主要包括以下几个方面。

(一)周期性因素

这是由于国际间各国经济周期所处的阶段不同所造成的。本国经济处于繁荣阶段,贸易伙伴国的经济处于衰退阶段,这样本国对外国产品的需求就较外国对本国产品的需求旺盛,因此造成本国贸易收支赤字。战后西方主要国家的经济周期具有同步性,这一类型的失衡在工业国家有所减轻。工业国家的经济周期的影响主要发生在发展中国家的国际收支上。当它们处于衰退阶段,对发展中国家的出口产品的需求就会减弱,造成发展中国家出口的下降。

(二)货币性因素

货币性因素又称为物价因素。在一定的汇率水平下,由于通货膨胀或通货紧缩的原因,使得一国的货币币值和物价水平与其他国家相比发生了变化,这也会引起国际收支不平衡。比如,一国在某汇率水平下,由于通货膨胀及物价普遍上升,使其商品的物价水平相对升高,从而削弱了出口商品的国际竞争力,必然导致商品出口减少;另一方面,外国商品的价格与国内物价相比就显得较低,这又刺激了商品进口,从而造成国际收支逆差。

(三)世界经济结构性因素

由于国家间地理状况、自然资源、科技水平等经济条件的差异,会使某些国家形成具有相对优势的商品出口结构。但是,当国际市场对交易商品的需求发生了变化,而这些国家现有的产业结构不能及时调整以适应变化了的需求,贸易条件恶化时,就会使出口减少,进出口失衡,贸易收支恶化,导致国际收支逆差。这种结构性失衡多见于发展中国家。这是由发展中国家进出口结构不合理,资金缺乏,技术水平低下造成的。

(四)不稳定的投机和资本流动

这是在浮动汇率制下,资本为了规避汇率变动的风险所产生的国际收支失衡,它通常是激化已经存在了的不平衡。一般而言,由于对某种因国际收支不平衡而引起的货币币值升降的预测是不稳定的投机和资本流动的主要原因。当然,有时为了投资的安全而引起的国际资本流动,也直接地造成国际收支不平衡。

(五)偶然性因素

偶然性原因是指国际政治经济的突发事件、恶劣的气候条件等非正常因素而引起的国际收支失衡。比如,由气候骤然变化、骚乱等因素所引起的国内产量下降(如谷物欠收),会造成出口减少,进口增加,进而引起贸易收支的恶化。但由偶然性因素导致的国际收支失衡在程度上一般较轻,持续时间也不会太长,只要通过短期融资或动用外汇储备就可以加以解决。

当然,以上因素是导致国际收支不平衡的主要原因,但并不是全部原因。并且,这些因素对国际收支失衡的影响也是不同的,有的仅是短期影响,有的却是持久影响。在以上因素中,经济结构的调整需要较长的时间,因此,要消除因结构性因素导致的国际收支失衡是一个较长期的过程,因经济结构所导致的国际收支失衡也被称为持久性不平衡。而其他因素引起的国际收支不平衡仅具有短期性,故被称为暂时性不平衡。

第四节 国际收支失衡的调节

国际收支无论是持续顺差还是持续逆差都是无益的,因此进行调节是十分必要的。国际收支失衡的调节有市场调节(自动调节)和政策调节两种。

一、国际收支失衡的市场调节(自动调节)

(一)在国际金本位制度下的国际收支的市场调节机制

国际金本位制是以黄金作为国际本位货币的制度,它大约形成于1880年末,结束于第一次世界大战爆发之时,它是世界上最早出现的国际货币制度。金本位制按其与黄金的联系程度,可分为金币本位制、金块本位制和金汇兑本位制。其中金币本位制是典型的金本位制。在国际金币本位制中,由于黄金作为本位货币可以自由铸造(任何人都可以用金条、金块在国家铸币机构换取金币,也可以将金币熔化为金条或金块)、自由兑换(国内银行券可以随时向银行兑换金币)、自由输出入等,使得在金币本位制中,国际收支失衡具有自动调节的机制。大卫·休谟(David Hume,1711—1776)所建立的"价格—铸币流动机制"(Price Specie-Flow Mechanism)在理论上揭示了国际金本位制下国际收支失衡的自动调节机理,其具体的调节过程见图8-1。

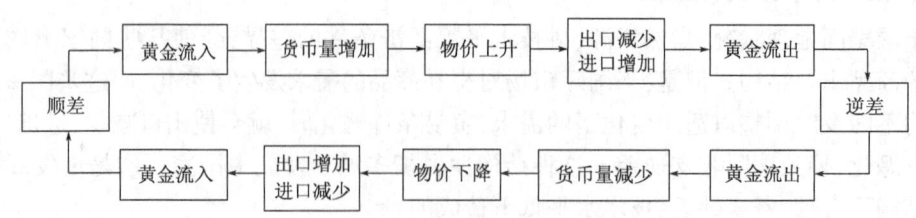

图8-1 金本位制下国际收支自动调节机制

(二)在纸币本位的固定汇率制下国际收支市场调节机制

在纸币本位的固定汇率制下,当国际收支出现不平衡时,政府为了稳定汇率就要动用外汇储备,从而引起货币供给量的变化,进一步诱发利率、国民收入及物价等宏观经济变量的变化,从而使国际收支通过利率效应、收入效应和价格效应来实现自动平衡,见图 8-2。

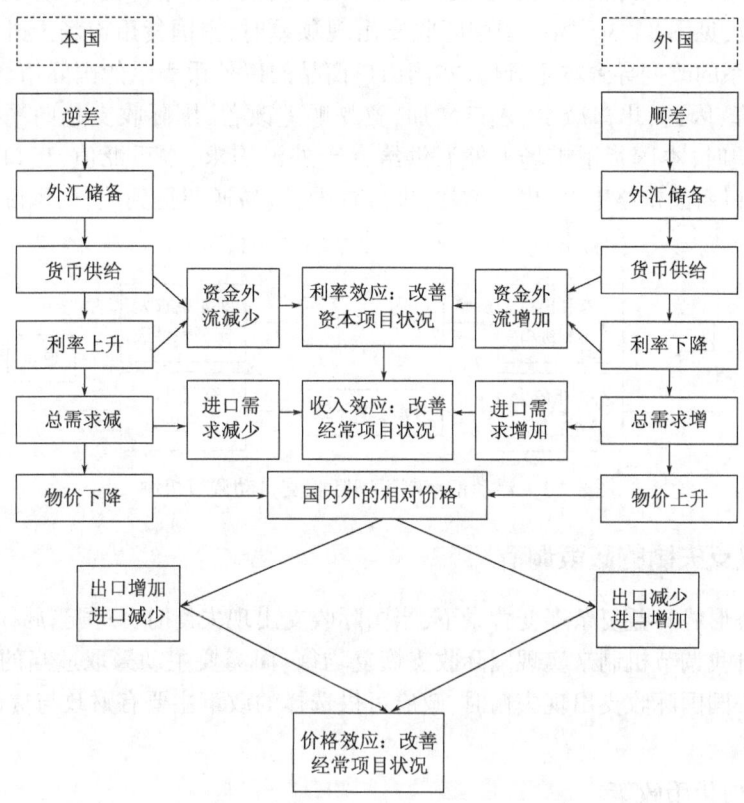

图 8-2 纸币本位的固定汇率制下国际收支自动调节机制

1. 利率效应

当一国国际收支发生逆差时,该国货币市场货币存量减少,银根趋紧,利率上升。利率的上升表明本国金融资产收益率的上升,从而对本国金融资产的需求相对上升,对外国金融资产的需求随之下降。这些均导致本国资本停止外流,同时外国资本流入本国以谋求较高利润。因此,国际收支逆差由于金融项目的日趋好转从而走向平衡,从而使国际收支逆差得以调整。当一国国际收支发生顺差时,该国货币市场货币存量增加,银根松动,利率水平逐渐下降。利率水平的下降导致资本外流增加,从而使得顺差逐渐减少,国际收支趋于平衡。

2. 收入效应

收入机制是指国际收支逆差时,货币供给减少,利率上升,国民收入水平下降。国民收入下降会引起社会总需求的下降,进口需求下降,贸易收支得到改善。另外,国民收入的下降不仅能改善贸易收支,国民收入下降也会使对外服务的需求不同程度的下降,改善经常项目中的服务收支,从而使国际收支状况得到改善。

3. 价格效应

当一国的国际收支出现逆差时,导致国内货币市场货币供给的减少,银根紧缩,利率上升,投资与消费相应下降,国内需求量减少,物价整体水平下降,使本国物价与出口商品价格随之下降,从而增强了本国出口商品的国际竞争能力,出口增加,进口减少,国际收支顺差逐步减少直至平衡。

(三)浮动汇率制下国际收支的自动调节机制

在浮动汇率制度下,外汇市场供求决定汇率,汇率的上升和下降具有自发性,其对国际收支具有调节功效,见图8-3。当一国国际收支出现顺差时,本国货币市场上外汇供给大于外汇需求,供求关系的改变导致本币升值,本国出口商品的以外币表示的国际市场价格上涨,进口商品价格下降,因此,出口减少,进口增加,贸易顺差改善,国际收支趋向平衡。当一国国际收支出现逆差时,本国货币市场上外汇供给大于外汇需求,本币贬值,出口商品的外币表示价格下降,进口商品价格上升,出口增加,进口减少,贸易逆差得到改善,国际收支状况趋向平衡。

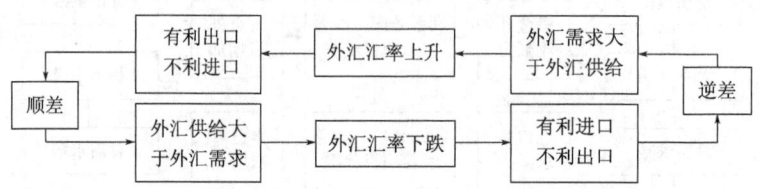

图8-3 浮动汇率制下国际收支自动调节机制

二、国际收支失衡的政策调节

在当今经济形势日益复杂多变背景下,当国际收支出现失衡时,一国当局往往不能完全依靠经济体系的自我调节机制来实现国际收支恢复均衡,而需要主动采取适当的政策措施进行政策调节。当一国国际收支出现失衡时,政府可供选择的政策主要有财政与货币政策、汇率政策和直接管制。

(一)财政与货币政策

1. 财政政策

主要是通过财政购买的增减和税率的高低来实现的。当一国因进口增加,出口减少而发生逆差时,政府可削减财政购买,或提高税率以增加税收,使社会上通货紧缩,迫使物价下降,从而刺激出口,抑制进口,逐步消灭国际收支的不平衡。如果出现顺差,则增加财政购买,或降低税率以减少税收来刺激消费与投资,因而促使物价上升,鼓励进口,抑制出口,使国际收支趋于平衡。

2. 货币政策

宏观货币政策指一国政府和金融当局通过调整货币供应量实现对国民经济需求管理的政策。在发达资本主义国家,政府一般通过改变再贴现率、法定存款准备金率和进行公开市场业务来调整货币供应量。由于货币供应量变动可以改变利率、物价和国民收入,启动国际收支的利率、价格和收入调节机制,所以货币政策成为国际收支调节的手段。

贴现率是工商企业为了取得现金,以未到期票据向银行融通资金,贴现金额为票据金额减去贴现利息;贴现利息为票据金额、贴现率与贴现日至到期日时间三者的积;再贴现率是商业银行以期票向中央银行办理贴现时由后者规定的贴现率,它决定着市场贴现率和利率。当一国出现国际收支逆差,中央银行可以通过提高再贴现率促使国际收支平衡。首先,该国利率水平上升会吸引资本流入或抑制资本流出,导致资本项目出现顺差;其次,利率水平上升会压抑投资和消费需求,限制物价上升和收入增长,从而可以促进出口和减少进口。当一国出现国际收支顺差时,中央银行可以通过调低再贴现率促使国际收支平衡。

法定存款准备金率是法律所规定的准备金与存款的比例。在一般情况下,商业银行很少持有超额准备金,所以法定存款准备金率决定着信用货币的规模。例如,如果原始存款为1亿美元,法定存款准备金率为20%,则信用货币可达到5亿美元。若法定存款准备金率降到10%且不考虑现金漏出问题,那么信用货币便达到10亿美元。如政府将法定存款准备金率提高到25%,则信用货币只有4亿美元。政府改变法定存款准备金率一般是为了调节国内经济,同时该措施可通过改变利率、收入和物价来影响国际收支。当一国出现国际收支逆差时,中央银行可以通过提高法定存款准备金率来减少货币供给量,利率提高,国际资本流入,金融项目得到改善;同时,抑制总需求,降低物价,有助于扩大出口,抑制进口,改善经常项目,最终使整个国际收支得到改善而倾向于平衡。反之,当国际收支出现顺差,可以通过降低法定存款存款准备金率来使其倾向于平衡。

公开市场业务是指中央银行在公开市场上买卖政府债券。中央银行买入政府债券,货币供应量可按存款乘数成倍增加。中央银行卖出政府债券可使货币供应量减少。政府可以通过公开市场业务改变货币供应量,并通过利率、物价和收入的变化来影响国际收支。

3. 财政政策与货币政策的配合运用

财政政策和货币政策作为国际收支调整手段具有明显的局限性。这主要表现在为解决国际收支失衡问题而采取的财政和货币政策可能同国内经济目标发生冲突,也就是内外均衡发生冲突,即"詹姆斯·米德(J. Meade)冲突"。这里的内部均衡是指经济处于无通货膨胀的充分就业状态,即当一国生产性资源被充分利用并且价格水平稳定时该国经济处于内部均衡;外部均衡是指国际收支平衡,不存在顺差也不存在逆差。因此,要避免米德冲突以实现内外均衡,必须注重财政政策与货币政策的有效搭配。根据蒙代尔的"有效市场分配原则",财政政策通常对国内经济的作用大于对国际收支的作用,故以财政政策实现内部均衡目标;货币政策对国际收支的作用较大,是因为货币政策倾向于扩大本国与他国之间的逆差,促使大量资本在国际间移动,进而影响国际收支,实现外部均衡目标。其政策搭配原理见表8-2。

表8-2 综合均衡(财政政策和货币政策的配合运用)

经济情况	财政政策	货币政策
衰退和逆差	膨胀性的	紧缩性的
衰退和顺差	膨胀性的	膨胀性的
膨胀和逆差	紧缩性的	紧缩性的
膨胀和顺差	紧缩性的	膨胀性的

(二)汇率政策

汇率政策是指一国通过调整本币汇率来调节国际收支的政策。当一国发生国际收支逆差时,政府实行货币贬值可以增强出口商品的国际竞争力并削弱进口商品的竞争能力,从而改善该国的贸易收支。当一国长期存在国际收支顺差时,政府可以用货币升值来促使国际收支平衡。但汇率变动对国际收支调节效果的大小,取决于以下几个因素:

(1)进出口商品需求弹性之和的绝对值是否大于1。

(2)本国现有生产能力是否获得充分的利用。

(3)贸易对手国家采取报复手段的可能性。

正因为如此,一国在采用汇率政策来调节国际收支时都比较慎重。为了保证国际间汇率相对稳定,国际货币基金组织曾规定各成员国只有在国际收支出现根本不平衡时才能调整汇率。

(三)直接管制政策

直接管制政策指通过政府直接干预对外经济往来实现国际收支调节的政策措施。上述国际收支调节政策都有较明显的间接性,更多地依靠市场机制来发挥调节作用。直接管制可分为外汇管制、财政管制和贸易管制。

1. 外汇管制

外汇管制是指一国政府通过有关机构对外汇买卖和国际结算进行行政手段干预。外汇管制机构通常是中央银行,有些国家是财政部和外汇管理局。

各国常用的管制手段包括:

(1)限制私人持有外汇,如规定出口商必须将全部或部分外汇收入按官方汇率出售给国家。

(2)限制私人购买外汇,如限制进口商购买外汇的数量。

(3)限制资本输入,如提高非居民存款的法定准备率,对非居民存款不付或倒收利息,限制非居民购买本国有价证券,限制企业借用外资等。

(4)限制资本输出,如限制居民账户向非居民账户转移,征收利息平衡税,限制资本账户的货币可兑换性等。

(5)实行复汇率制,即针对国际结算的不同项目和不同商品分别为本国货币规定不同的汇率。

(6)禁止黄金输出,限制个人携带本币出境的数量。

2. 财政管制

国际收支的财政管制是指政府通过有关机构管制进出口商品的价格和成本,从而调节国际收支的政策手段。财政管制机构包括财政部、海关、官方金融机构等。

各国常用的财政管制手段包括:

(1)进口关税政策,如提高关税税率来限制进口数量,或将其某些进口生产资料的关税用来扶植本国进口替代和出口替代产业的发展;

(2)出口补贴政策,如对出口产品发放价格补贴和出口退税等;

(3)出口信贷政策,如官方金融机构向本国出口商或外国进口商提供优惠等,以优惠利率贴现出口商的汇票,政府对出口商或出口方银行提供信贷担保等。

3. 贸易管制

贸易管制是指政府直接限制进出口数量的政策手段。政府可以通过加强贸易管制缓和国际收支逆差。

1)各国常用的贸易管制手段

(1)进口配额制,即政府规定一定时期某种进口商品的数量限制。

(2)进口许可证制,即政府通过发放进口许可证来限制进口商品的种类和数量。

(3)规定苛刻的进口技术标准,包括卫生检疫条件、安全性能指标、技术性能规定、包装和标签条例等。

(4)歧视性采购政策,即要求政府部门和国营企业尽量采购国产商品,限制其购买进口商品。

(5)歧视性国内税政策,即政府对进口商品征收较高的销售税、消费税和牌照税等。

(6)国家垄断外贸业务,禁止私人从事进出口贸易。

2) 贸易管制的优缺点

直接管制成为政府调节国际收支的基本手段,有其自身的优缺点。

(1) 优点。

①在调节国际收支上见效较快,较少通过市场机制的中间环节。

②由于对市场机制依赖程度较低,市场发育程度较低的发展中国家可以有效地采用这种国际收支调节手段,即具有可操作性。

③直接管制的效力容易测定,从而政府可以更好地控制国际收支调节的力度。

④直接管制对国内经济的影响面较小,政府在使用这种调节手段时具有更大的灵活性。

⑤直接管制使政府对经济的调控深入到微观领域,从而克服财政货币政策等宏观调控手段的某些局限性。

(2) 缺点。

①容易遭受对方的报复,从而可能给国际贸易和国际金融带来消极影响。

②直接管制本身要耗费一定的行政管理费用和信息成本。

③可能扭曲市场价格信号,使市场机制作用不能充分发挥,从而可能使该国资源配置不够合理,不能充分利用国际分工发挥自身的资源优势。

④在一定程度上限制了竞争,从而削弱了国内企业创新的动力。

⑤可能鼓励寻租行为,助长社会上的不正之风,如配额分配中经常出现权力与金钱的交换。

(四) 国际收支调节政策的国际协调

各国政府调节国际收支以本国利益为出发点采取的调节措施可能对别国经济产生不利影响,并导致其他国家采取相应的报复措施。为了维护世界经济的正常秩序,二战后各国政府加强了对国际收支调节政策的国际协调。

(1) 通过各种国际经济协定确定国际收支调节的一般原则。例如,世界贸易组织规定了非歧视原则、关税保护和关税减让原则、取消数量限制原则、禁止倾销和限制出口补贴原则、磋商调解原则等。国际货币基金协定规定了多边结算原则、消除外汇管制和制止竞争性贬值原则等。这些原则以贸易和金融自由化为核心,通过限制各国采用损人利己的调节政策来缓和各国之间的矛盾。

(2) 建立国际经济组织或通过国际协定向逆差国家提供资金融通,以缓解国际清偿力不足的问题。例如,国际货币基金组织向成员国发放多种贷款用于解决暂时性国际收支困难,并创设特别提款权用于补充成员国的国际储备资产。借款总安排和互换货币协定要求有关国家承诺提供一笔资金,由逆差国在一定条件下动用以缓和国际收支逆差问题和稳定汇率。

(3) 建立区域经济一体化集团以促进区域内经济一体化和国际收支调节。当前世界经济中的区域性经济一体化集团主要有优惠汇率安排、自由贸易区、关税同盟、共同市场和经济共同体等类型,其中最为成功的是欧盟。

(4) 建立原料输出国组织以改善原料输出国的国际收支状况。国际贸易中不等价交换是许多发展中国家出现长期国际收支逆差的重要原因。为了反抗原料消费国垄断集团对原料价格操纵,以发展中国家为主的原料出口国建立了许多原料输出国组织,如石油输出国组织(OPEC)、铜矿业出口政府联合委员会、可可生产者联盟等。特别是石油输出国组织通过限产提价等竞争手段,提高了石油价格,对扭转石油输出国的国际收支状况起到了极大的作用。

(5) 通过各种国际会议协调多种经济政策,提高经济政策特别是国际收支平衡政策的效力。

各国的经济政策可以相互影响,有可能使其作用相互抵消。各国领导人通过国际会议进行政策协调,可以提高政策的效力。例如,西方七国首脑定期举行最高级会议,对财政、货币、汇率等多种政策进行协调,在一定程度上缓解了他们之间的矛盾,提高了国际收支调节措施的效力。

国际收支不平衡的根本原因在于资本主义国家发展不平衡规律以及资本主义固有的各种矛盾。因此,政府调节国际收支的政策措施只能暂时缓和本国的困境,而不能从根本上解决国际收支不平衡的格局。

复习思考题

1. 阐述国际收支平衡表的基本内容及其编制原则。
2. 国际收支失衡如何判断?一般而言引起国际收支失衡的原因有哪些?
3. 何为国际收支自动调节机制?它是如何发挥作用的?
4. 一国政府如何运用财政货币政策来调节内外均衡?

延伸阅读

2022 年我国国际收支:基本盘持续稳固 抗风险能力增强

国际收支平衡表初步显示,在海外俄乌冲突风险外溢、美联储激进紧缩,以及国内新冠疫情多点散发等超预期冲击下,2022 年我国经常项目顺差扩大,基础国际收支强劲,资本流出增加但趋于收敛,外汇储备名减实增,对外经济部门经受住了资本流动冲击和汇率宽幅震荡的考验。

一、经常项目顺差为历史次高,货物贸易顺差、进出口规模创历史新高

2022 年,我国国际收支在各种不利因素影响下延续了自主平衡。其中,经常项目顺差 4175 亿美元,同比增长 32%;非储备性质的资本项目逆差(含净误差与遗漏)3176 亿美元,同比增长 1.46 倍;储备资产增加 1000 亿美元,同比下降 47%。

从总量看,2022 年我国经常项目顺差为历史次高,仅次于 2008 年的 4206 亿美元,占全年名义国内生产总值(GDP)比重为 2.3%,同比上升 0.5 个百分点,继续位于±4% 的国际标准以内。近年来,我国经常项目顺差绝对规模持续扩大,但顺差占 GDP 比重一直处于合理区间,显示我国对外经济平衡。这有助于人民币汇率保持在合理均衡水平,市场汇率有涨有跌、双向波动,而不易出现经常项目顺差占比过高、汇率明显低估时的趋势性单边行情。

分项来看,经常项目顺差扩大来自货物贸易和二次收入顺差增加、服务贸易逆差收窄,三者对经常项目顺差扩大的贡献分别是 123%、6%和 4%。此外,初次收入逆差扩大,对经常项目顺差增加为负贡献 32%。

货物贸易方面,2022 年我国国际收支口径的货物出口为 33646 亿美元,同比增长 5%;货物进口为 26790 亿美元,同比增长 1%。由于出口增速快于进口,货物贸易顺差同比扩大 22% 至 6856 亿美元,进出口规模合计 60436 亿美元,同比增长 3%,二者均创下历史新高。从全球范围看,2022 年美元指数飙升、主要非美货币兑美元贬值,叠加粮食和能源价格上涨,全球经济增长放缓,传统贸易顺差国韩国由顺差转为逆差,日本逆差激增 8.8 倍,德国顺差减少 57%,而我国货物贸易顺差再创新高,反映了我国在全球产业链供应链中的稳固地位与韧性。

服务贸易方面,2022 年我国服务贸易逆差为 943 亿美元,较上年进一步收窄 6%。其中,电信计算机信息服务、其他商业服务和知识产权使用费为主要正贡献项,前两者顺差分别为 176 亿、418 亿美元,同比增加 66%、23%,后者逆差 312 亿美元,同比减少 11%。这反映了我国新兴服务贸易领域增长较快,服务贸易的技术含量有所提升。同期,旅行逆差 1076 亿美元,同比扩大 14%。未来,随着国内优化疫情防控和出入境措施,预计跨境旅行会陆续恢复,届时旅行支出增加将带动服务贸易逆差扩大。

从对经济增长的贡献看,2022年我国货物和服务贸易顺差合计5913亿美元,同比增长28%,创下历史新高;货物和服务贸易顺差占GDP比重为3.3%,同比上升0.7个百分点。全年,货物和服务净出口拉动我国经济增长0.51个百分点,贡献率为17.1%。新冠疫情暴发以来,我国经济复苏不均衡、基础不牢固,主要表现为外需恢复快于内需。2020—2022年,外需对经济增长的贡献率连续三年为1998年以来最高,平均为21.4%,较2015—2019年均值高出20.1个百分点;投资平均贡献率为50.5%,高出12.5个百分点;消费平均贡献率为28.1%,减少34.6个百分点。

二、资本项目逆差增加但趋于收敛,基础国际收支顺差有效对冲短期资本外流

2022年,我国非储备性质的资本项目逆差(含净误差与遗漏)3176亿美元,为仅次于2015、2016年的第三高,占全年名义GDP比重为-1.8%,虽然负值同比上升1.04个百分点,但明显好于2015、2016年平均-5.7%的占比水平。与1998年我国资本项目逆差250亿美元、约占当年GDP比重-2.4%相比,2022年资本项目逆差规模占GDP比重却不足-2%,这反映了我国作为大型开放经济体的体量优势,凸显了我国具有更强的抗外部风险冲击能力,是理解我国金融开放和货币国际化政策立场的重要出发点。

分项来看,直接投资方面,全年直接投资顺差323亿美元,较2021年下降1737亿美元,其中对外直接投资流出同比增加300亿美元、来华直接投资流入同比减少1437亿美元。这主要反映了2022年二季度以来我国疫情多点散发、经济复苏进程受阻的影响。此外,受国内外疫情周期错位的影响,对外直接投资恢复整体快于来华直接投资。对此,中央经济工作会议强调要更大力度吸引和利用外资,包括要扩大市场准入,加大现代服务业领域开放力度,落实好外资企业国民待遇等。

短期资本流动方面,2022年短期资本(即证券投资、金融衍生工具、其他投资及净误差与遗漏合计)逆差3498亿美元,流出规模为2017年以来的新高。分季度来看,二季度短期资本净流出规模最高,随后连续两个季度收敛,四季度已收敛至482亿美元,同比和环比分别下降61%、41%,全年短期资本净流出同比增幅由前三季度的42%降至4%。同期,资本项目逆差645亿美元,同比、环比分别下降15%和40%,全年资本项目逆差同比增幅由前三季度的3.78倍降至1.46倍。

跨境资本流动与外资买卖境内人民币金融资产状况可以相互印证。2022年2月起,在一系列内外部因素的超预期冲击下,外资连续减持境内人民币股票和债券资产。进入2022年四季度以来,国际方面美联储紧缩预期放缓,美元指数和美债收益率下行,美股反弹,全球风险偏好提升,中美利差倒挂收敛;国内方面防疫政策优化、房地产调控政策调整,国内经济复苏前景改善。内外部因素共同推动人民币资产吸引力增强,外资重新回流,人民币汇率也企稳回升。结合具体数据来看,债券通项下,2022年一、二季度外资净减持人民币债券,随后减持规模两个季度连续收敛,并在12月转为净增持;陆股通项下,2022年一、三季度呈现净流出,四季度在国内经济重启的强预期驱动之下,11、12月连续两个月净流入,逆转了前10个月累计净卖出的势头,全年累计净买入900亿元人民币。

此外,与2015年和2016年的情形不同,此次我国并未遭遇"资本外流-储备下降-汇率贬值"的高烈度跨境资本流动冲击。2022年,人民币汇率呈现大开大合的震荡走势,3月初升至6.30比1附近后冲高回落,9月份跌破7.0,到11月初跌至7.30附近,11月初以来随着国内外市场环境改善,人民币汇率企稳反弹,全年人民币汇率中间价和收盘价分别下跌8.5%、8.3%,为1994年初汇率并轨以来最大降幅。在此背景下,外资却逐渐放慢减持人民币金融资产的步伐,并在四季度转为重新增持。其原因在于,外资担心的不是汇率的涨跌,而是汇率僵化导致的"不可交易"风险。人民币汇率弹性增加,及时释放了市场压力、避免了预期积累,成为吸收内外部冲击的"减震器"。从政策端看,汇率弹性的增加减轻了对资本管制手段的依赖,年内仅有部分宏观审慎措施被重启,境内债券市场开放持续加快,企业跨境融资便利化试点进一步扩大;与此同时,汇率灵活性的增强还增加了货币政策的自主空间,央行综合运用数量和价格、总量和结构工具,加大金融对实体经济的支持力度。这些都有助于增强境内外投资者对人民币金融资产的信心。

2022年,我国基础国际收支(即经常项目与直接投资合计)顺差4498亿美元,同比下降14%,规模为历史第四高。短期资本净流出与基础国际收支顺差之比为-78%,虽然负值同比提升了14个百分点,但仍低于100%。基础国际收支保持较大顺差展现了我国对外经济部门的韧性,有效对冲了短期资本外流,促进了国际

收支自主平衡。

三、外汇储备名减实增,估值因素对外汇储备账面价值影响较大

2022年,我国储备资产累计增加1000亿美元,其中外汇储备资产增加982亿美元。截至2022年12月末,我国外汇储备余额为31277亿美元,较上年末下降1225亿美元,降幅为3.8%。这主要反映了2022年美元升值、非美货币储备资产折美元减少,以及全球股票和债券资产价格下跌的影响,合计负估值效应2207亿美元,贡献了外储余额降幅的180%。

从全球范围看,2022年海外通胀高企、美联储超预期紧缩,多个经济体经历了罕见的股债汇"三杀",主要非美货币和资产价格普跌,日本、韩国等经济体通过消耗外汇储备的方式稳定本币汇率,同时一些主权财富机构和境外央行披露出现较大亏损。相较而言,我国外汇储备名减实增,规模稳定在3万亿美元以上,继续发挥着国家经济金融安全的"稳定器"和"压舱石"作用。

2022年四季度以来,在美国经济连续超预期回落,美联储紧缩预期放缓的背景下,美元指数下跌,股票等风险资产价格反弹,市场风险偏好回暖,我国外汇储备也实现了"四连增"。截至2023年1月末,我国外汇储备规模为3.18万亿美元,较2022年三季度末增加1555亿美元,增幅为5.5%。未来随着我国经济稳固回升,国际收支将继续保持基本平衡。与此同时,国际金融市场对中国市场预期的改善、人民币资产吸引力的增强,将有助于外汇储备规模保持基本稳定。

(本文原载于《中国外汇》2023年第4期,作者管涛,有删减)

第九章

国际储备

　　一国的国际收支出现平衡是偶然现象,而不平衡则是经常的、大量的现象。当国际收支出现顺差时,该国的黄金、外汇储备增加,当出现逆差时,就要以黄金、外汇资金来补偿。补偿的来源渠道主要有两条:其一是向国外借款;其二是动用本国的黄金、外汇储备。向国外借款的规模和条件也取决于本国的黄金和外汇储备。所以,每个国家都必须持有一定量的黄金和外汇储备。

第一节　国际储备概述

一、国际储备的概念

　　国际储备(International Reserves)是指一国货币当局持有的,用于平衡国际收支、维持本国货币汇率稳定以及应付各种紧急支付而持有的为各国普遍接受的一切资产。它包括黄金、可兑换的货币和特别提款权等。在各国的国际收支平衡表中,国际储备则通过储备资产下的各个项目来体现。为了进一步理解国际储备的概念,需要做以下三点说明:

　　第一,国际储备是指国家所拥有的储备资产,必须是集中掌握在储备国国家货币当局手中的(一般是中央银行),它不包括企业、个人和非官方金融机构所持有的黄金、外汇等资产。所以,国际储备又称为官方储备。

　　第二,国际储备资产应该是能够为世界各国所普遍接受的资产。因为国际储备要用于弥补国际收支逆差和调节汇率,所以必然要求该储备资产能够为世界各国所普遍接受。

　　第三,国际储备资产必须具有充分的流动性而且能够自由兑换,即作为一国的国际储备资产能够随时在国际间提取、调拨和兑换而不受任何限制。因此,国际储备应是国际间流动性最强的一种资产。

　　与国际储备有关的另一个概念是国际清偿能力(International Liquidity,又译为"国际流动性")。国际清偿能力是与国际储备既相互联系、又相互区别的一个概念,两者极易混淆。国际清偿能力是指在不影响本国经济正常运行的情况下,一国所拥有的、结算对外债务的金融能力,这种金融能力除了现实的对外清偿能力即该国的国际储备外,还包括可能的对外清偿能力,即该国向外国政府或中央银行、国际金融组织和商业银行等机构筹借资金的能力。这种筹集资金的途径主要有以下三种形式:(1)借款总安排。借款总安排是基金组织与十个工业发达国家设立的一笔资金,由十国管理。借款国申请贷款时要同时向基金组织和十国集团申请。经十国集团的三分之二的国家同意,由基金组织向有关国家借入,再转贷给借款国。(2)备用信贷。所谓备用信贷是指成员国在国际收支发生困难时或预计要发生困难时,同基金组织签订的一种备用借款协议。这种协议通常包括可借用款项的额度、使用期限、利率、分阶段使用的规定、币种等。协议一经签订,成员国在需要时便可按照协议规定的方法提用,无须再办理新的手续。(3)互惠信贷协议。互惠信贷协议指的是两个国家签订的使用对方货币的协议。按照该协议,当其中的一个国家发生国际收支困难时,便可按协议规定的条件自动地使用对方的货币,然后在规定期限内偿还。在一国的国际清偿能力中,国际储备是重要组成部分。国际储备的比例越高,则该国借款能力越强,有保障的支付能力也越强,即国际清偿能力越强。对发展中国家来说,国际储备是其国际清偿能力的重要组成部分。

二、国际储备的构成

国际储备资本的构成在各不同历史时期有所不同。各国实行金本位制时期,黄金具有世界货币的职能,因此各国都将黄金作为国际储备资产。金本位制崩溃以后,各国照旧把黄金作为国际储备资产。不过发达国家的货币,有的也逐步成为各国的储备对象。二战以后,建立了以美元为中心的国际货币制度,先是美元,以后是西方其他自由兑换货币相继成为各国国际储备资产的对象。到了20世纪60年代,国际储备资产逐步走向多元化。目前,按照国际货币基金组织的统计要求,国际储备的构成包括黄金储备、外汇储备、普通提款权和特别提款权。

(一)黄金储备

黄金储备(gold reserve)指一国政府持有的货币性黄金,即作为流通手段和支付手段的黄金。非货币用途的黄金不在此列。

在资本主义发展的初期,国际商品交换中的主要流通手段和支付手段是黄金,因此黄金储备是国际储备的最初形式。从19世纪到第一次世界大战爆发,资本主义各国普遍实行金本位制,黄金成为各国国际储备的主要资产。第一次世界大战以后,随着国际金本位制的变化,黄金的作用也受到削弱,但它仍然是主要的国际储备资产和国际支付与清算的最后手段。二战以后,建立了以美元为中心的布雷顿森林国际货币体系,黄金仍然在这个体系中占有一定的地位,但其在国际储备所占的比重不断下降,以美元为主的可兑换货币的比重不断上升。黄金国际储备地位的下降,主要是由于黄金产量远远不能适应黄金需求量的增长。

以黄金作为国际储备具有很多优点,比如说,黄金本身是价值实体,又具有商品的使用价值,因而是最可靠的保值手段,不会受到通货膨胀的影响;黄金储备完全属于国家主权范围,可以自由控制,不受任何超国家权力的干预;而且黄金具有价值大而体积小、易于保管等特点,最适宜储存。当然,黄金储备也有其缺点,它既不会创造价值,也不能生息获利,而且还不能直接对外支付。目前,各国动用黄金储备用于支付时,必须将黄金在外汇市场上出售换成自由外汇。所以,黄金实际上是一种不能直接使用的国际储备。尽管如此,黄金作为一种可靠、方便的保值手段,目前仍是各国所持有的主要储备资产之一。

(二)外汇储备

外汇储备(foreign exchange reserve)又称储备货币,是指为各国货币当局所持有的对外流动性资产,即可自由兑换的货币和用它们表示的支付手段,如银行存款和国库券等。

充当国际储备资产的货币必须具备:第一,储备货币必须能够发挥世界货币的作用,能够兑换成其他储备资产;第二,储备货币能够为各国提供适当的国际清偿能力,即当一国的国际清偿能力不足时,可以动用这种货币来加以弥补;第三,储备货币必须是一种能够在外汇市场上进行干预活动的手段。即当外汇市场上发生汇率波动时,可以用这种货币来进行买卖而起到稳定汇率的作用。

战后,外汇储备增长很快,在国际储备总额中所占比重日益增大。1950年仅占27.5%,1970年达48.6%,进入80年以来一直维持在80%以上,1990年达88%。

最早充当国际储备资产货币的是英镑。二战以前,英镑是最主要的国际储备货币。这主要是因为英国曾经是世界商业中心和金融中心。战后,美元取代英镑成为最主要的国际储备货币,英镑的储备货币地位不断下降。进入20世纪70年代,由于美国连年巨额贸易赤字,经济危机不断发生,美元价值极不稳定,一贬再贬,各国的国际储备货币不再只盯住美元,而是逐步走向了多元化。目前,构成国际储备的货币主要有人民币、美元、欧元、日元、英镑、瑞士法郎、澳元以及加元等。

(三)普通提款权

普通提款权(general drawing rights,GDRs)是国际货币基金组织为了弥补会员国国际清偿能力的不足,按份额比例向成员国提供的一种备用信贷。它也被称为国际货币基金组织的储备头寸(Reserve Position in IMF)。普通提款权是以国际货币基金组织(IMF)的共同基金为基础的。这个基金是在1944年布雷顿森林会议上建立的,其资金由各会员国按份额比例分摊。基金会还明文规定,各会员国上缴给基金会的资金中,25%必须是黄金(1976年后改用外汇),剩下的75%可以是外汇或本国货币。共同基金对于会员国来说,起着共有的国际储备的作用。通过向国际收支发生困难的会员国发放低息信贷形式,来弥补其国际清偿能力的不足。贷款只对成员国政府,并只限于解决国际收支经常账户临时性逆差,不能用于消费性进口或对外投资。普通提款权的最高款额不能超过受惠国缴款份额的125%,实际上通常只能达到50%~75%。由于国际货币基金组织的贷款可以用来解决会员国国际收支的困难,因此,普通提款权便构成了各会员同国际储备的组成部分。

(四)特别提款权

特别提款权(Special Drawing Right,SDR)是国际货币基金组织为弥补会员国的国际清偿能力不足,而设立的按份额比例分配给会员国的账面资产。由于它是会员国在基金组织获得普通提款权以外的一种特别使用资金的权力,所以称为特别提款权。特别提款权既不是真正的货币,也不能兑换黄金,而是作为普通提款权的补充,由基金会组织分配给会员国的一种使用资金的权利,只是会员国在基金组织里开立的"特别提款权账户"上的一种账面资产,所以又称为"纸黄金"。特别提款权在创立的初期以黄金定位,一个特别提款权的含金量为0.888671克,与贬值前的美元含金量相等。

特别提款权价值由美元、欧元、人民币、日元和英镑组成的一篮子储备货币决定,2022年5月11日,国际货币基金组织执董会完成了五年一次的特别提款权(SDR)定值审查,维持现有SDR篮子货币构成不变,对各货币的权重进行了重新确定,其中美元占比43.38%,欧元占比29.31%,人民币占比12.28%,日元占比7.59%,英镑占比7.44%,生效日期为2022年8月1日。

特别提款权主要有三种用途,第一,会员国可以用特别提款权向基金组织指定的会员国换取外汇,以偿付国际收支逆差;第二,会员国可以用特别提款权偿还国际货币基金组织的贷款和支付应付基金组织的利息费用;第三,会员国可以经过协议以特别提款权换回其他国家持有的本国货币。但是,特别提款权不能用于贸易和非贸易支付,即不能作为国际流通手段和支付手段。

三、国际储备的作用

国际储备是反映一个国家经济和金融实力强弱的重要标志之一,对一个国家经济的稳定和发展具有重要作用,具体表现如下:

(一)保证实现对外支付

这是国际储备最主要的作用。国际储备是一国国际清偿能力的储备,是可以用来弥补国际收支逆差的资产。因此,当一国发生临时性国际逆差时,可以首先动用国际储备及时地加以弥补,以便阻止国际收支的进一步恶化,避免酿成国际收支危机。当一国国际收支因经济结构不合理等原因而出现长期逆差时,动用国际储备虽然不能解决根本问题,但可以为该国进行长期的调整争取有利时机。如果一国有雄厚的国际储备,则还可以用其支持长期性的调整,从而尽可能减少对国内经济发展的不利影响,加快调整步伐。

(二)国际储备是维护一国货币信用的物质基础和外债的保障

国际储备的充裕反映一国财经状况良好、经济增长和国际收支平衡,是一国经济实力的体现,不仅是稳定货币内外价值的物质基础,而且能从客观上和心理上提高本国货币在国际间的信誉,增强国际间对本国货币的信心。在国际上一国持有的国际储备情况是国际银行贷款时评估一个国家风险的重要指标之一。事实上,当一国的国际储备充足时,对外借款就较容易。反之,较为困难。可见,国际储备可以增强一国的资信,吸引外资的流入,是向外借款的信用保证。

在商业信用中,不论是政府机构、国际金融机构或商业银行最关心的是债务国的国际清偿能力,而清偿能力的大小其物质保障就是该国的国际储备,它是该国货币信用的基础。

(三)国际储备是一国金融实力和参与国际经济活动能力的重要标志

一国国际储备的稳定及其增长的势头,反映其对外贸易发展,国际收支基本平衡并有顺差,体现其财经状况良好、物价稳定、经济增长,反映出该国的金融实力和参与国际经济活动能力及竞争能力;相反,一国国际储备波动较大或有下降势头,反映其对外经贸减弱,国际收支不平衡或出现逆差,也体现国内经济增长失衡、财政赤字较大、削弱对外竞争能力。可见,国际储备不仅是一国金融实力的体现,也是一国在国际上经济地位的反映,是参与国际经济活动和竞争能力的重要标志。

(四)国际储备调节功能的作用使之成为国际收支均衡的重要依据

当一国的国际收支发生困难时,由于动员国际储备可以使该国保持必要的国际支付能力,并且将国际收支对国内经济的影响调整到一定限度。一国的国际收支出现临时性的逆差时,有时不必采取国内紧缩进口或调整汇率以刺激国内增加出口等影响国内经济目标的措施,可以动用国际储备来弥补,即国际储备可以用来调节临时性国际收支逆差。当一国出现国际收支根本性不平衡时,动用国际储备弥补国际收支逆差可以缓和调整过程,减少因调整而付出的代价,虽不能从根本上解决国际收支失衡,但其调节功能的发挥,可以起到缓冲作用。一定时期内的缓解作用,为根本解决国际收支失衡提供了重要依据。

(五)国际储备是干预外汇市场的筹码

国际储备可用来干预外汇市场以维持本国汇率,它是稳定本国货币币值的干预资产。当一国货币汇率出现急剧上升趋势时,为了防止这一趋势的发展,该国的中央银行可动用本国国际储备在外汇市场抛售外汇收购本币,以改善市场中本币供大于求的局面,使本国货币汇率停止上升。各个国家都建立外汇平准基金作为干预外汇市场的后备资金,这部分外汇资金平时不动用,因而是国家外汇储备的组成部分。但是,国际储备发挥干预资产的职能是有条件的。干预是否能奏效还要看市场干预行动反应是否强烈以及干预资金是否雄厚。有时,想要平息外汇大风潮往往需要几个外汇储备雄厚的大国的联合行动方能奏效。80年代初,日元对美元汇率贬值幅度过大时,日本当局就是用国际储备,在外汇市场上大量抛售美元,收购日元来抑制日元汇率贬值的幅度。当1988年美元大幅度下跌时,美国、日本等几个国家联合行动干预美元汇率下跌,大量抛售日元而收购美元,使美元与日元汇率保持在1比120的水平,使国际储备在外汇市场的干预作用得以发挥。

四、国际储备的来源

国际储备的来源为多条渠道,其中最主要的来源是国际收支的差额,其次则为融资等。

(一)国际收支出现相对长期的顺差,是国际储备最重要、最主要的来源

国际收支中经常项目的顺差将增加一国自有储备,是一国自有储备的源泉。其中贸易收支盈余占主要地位,非贸易收支的顺差具有重要的补充作用。资本项目的适当顺差,反映了这个国家具有一定的国际信誉和国际融资能力。但资本项目的顺差具有不稳定性和暂时性,如长期资本顺差,没有新资本输入会因利润和红利的汇出而减少;当外资抽回时会使顺差消失。短期资本具有转移不定的特性,所以是不稳定的,尽管资本项目顺差并不是增加国际储备的长期可靠的来源,但仍是国际储备的重要来源。

(二)政府举借外债

政府或中央银行运用其自身的信誉地位,以国际借贷的方式适当举借外债或吸引外资已构成国际收支资本项目中的一项重要内容,并成为国际储备的重要来源。适度举借外债和利用外资可以看作是国际储备的一项重要融资来源。

(三)干预外汇市场

当本国货币受到升值压力的情况下,一国货币当局为了稳定汇率,遏制不断波动的汇率走势,通过干预市场等措施,抛售本国货币购进外汇,达到了稳定市场的目的,也增加了该国外汇储备的存量。在实际的交易操作过程中,一国政府用购进来的外汇用于对外贸易和非贸易和用购进来的外汇用于稳定汇率没有本质区别,两者都是加大本币的投放,而且此时该国的本币是趋硬,有上升趋势,从而起到增加国际储备,稳定汇率的作用,属于运作性的储备来源。此举有加大本国通货膨胀的压力。

(四)中央银行收购黄金

尽管1978年以来国际货币基金组织删改了协定的黄金条款,但黄金作为价值实体及补充储备的作用并未改变。当一国国际收支出现逆差时,常以出售黄金取得外汇,再以外汇平衡其国际收支逆差。因此,一些国家政府以其国家生产的黄金或向国内外市场购进黄金作为国际储备的补充来源。

(五)存放国际基金组织的储备头寸

会员国缴存国际货币基金组织的相当于所缴份额25%的储备头寸,当需要平衡国际收支逆差时,均可申请提用。这是一项补充性的储备。

(六)IMF分配的特别提款权

特别提款权是基金组织无偿分配给会员国的记账单位,作为补充会员国储备资产的一个额外资金来源。按国际货币基金组织(IMF)协定的规定,基金组织的会员国都可以自愿参加特别提款权的分配,成为特别提款账户参加国,每 5 年为一个分配特别提款权的基本期。历史上 IMF 进行了多次特别提款权分配,其中有普通分配和特殊分配,其中特殊分配是被用于解决个别成员国,因为后加入 IMF 而没有参加以前的 SDR 分配等问题。由于特别提款权流通性差、收益性和支付能力低,作为一种账面性质的资产,而不能成为国际储备的主要来源。

第二节 国际储备管理

一、国际储备管理的原则

(一)国际储备管理的概念

国际储备管理是一国政府或货币当局根据一定时期内本国的国际收支状况和经济发展的要求,对国际储备的规模、结构和储备资产的使用进行调整、控制,从而实现储备资产的规模适度化、结构最优化和使用高效化的整个过程。一个国家的国际储备管理主要包括两个方面:一是国际储备规模的管理,以求得适度的储备水平;二是国际储备结构的管理,使储备资产的结构得以优化。通过国际储备管理,一方面可以维持一国国际收支的正常进行,另一方面可以提高一国国际储备的使用效率。

(二)国际储备管理的目标与原则

在国际储备的管理上,各国的目标大体是一致的,即保持国际储备资产的实际价值不受损失,同时尽可能使其实际价值发生增值。为实现这一目标,各国通常遵循以下三项原则:

1. 安全性原则

安全性原则也就是低风险原则,它是要求储备资产本身价值的稳定和存放可靠。作为一个国家要持有何种资产,首先,必须考虑这个资产(币种或信用工具)是否安全稳妥。如果一种货币资产经常受到汇率的冲击而贬值,那么就说明该资产缺乏安全性,应当少储备。其次,一个国家在确定外汇资产存放国家和银行时,必须对存放国的经济是否发达、银行资信是否卓著、外汇管理是否宽松、信用工具是否安全可靠等情况进行考察,如果是的话,则存放可靠,该储备资产安全性就大。反之则小。

2. 流动原则

流动性指储备资产能根据需要随时提取、灵活调拨,以及时用于平衡国际收支的支付需要。一般来说,不同形态的储备资产,具有不同的流动性。通常活期存款、现钞、汇票等资产的流动性较高,可以作为第一级储备。金银、债券等资产流动性较弱,可以作为第二级储备。理论上讲,流动性与盈利性呈反比例关系,流动性高的资产,盈利性往往就低。因为,这里的流动性高低是以变现过程中的损失大小来衡量的,变现过程中资产损失小,则这种资产的流动性高;反之,则流动性低。比如把外汇储备存放于外国银行活期存款账户,能随时用于国际支付,最具流动性,但收益却很低;相反,如将外汇储备投资于外国证券,则收益较高,但流动性较低。流动性原则的基本要求是:在流动性与盈利性之间权衡得失时,应选择流动性,即保持较多的第一级储备,以有利于日常国际支付;同时,把流动性强弱不同的储备资产,按时间作不同期限的投资,如将剩余的储备资产用于中期国库券和长期公债的组合投资上,即第二级储备,以期在保证一定的流动性条件下,获取尽可能高的资产收益。

3. 盈利性原则

盈利性就是在保证安全、稳定和保值的基础上,使国际储备资产尽量获得较高的收益率。不同储备货币的资产收益率高低不同,其实际收益率即为其名义利率减去通货膨胀率再剔除汇率的变化。所以选择储备货币时,不仅要研究过去,更重要的是预测将来,预测利率、通货膨胀率及汇率的变化趋势。此外,同一币种的不同投资方式,也会导致不同的收益率。有的投资工具虽看上去收益率较高,但风险较大。有的虽看上去收益率较低,但风险较小。盈利性要求适当地搭配币种和投资方式,以求得较高的收益率或较低的风险。

二、国际储备的规模管理

国际储备资产是为平衡国际收支、维持本国货币汇率稳定和应付各种紧急支付而储备的待用资产。储备不足,不能满足其对外贸易及其他经济往来的需要,将会降低其对外开放程度和对外交往的水平,容易发生支付危机、引起经济失衡,不利于一国经济的稳定增长。储备过多,也会导致持有国际储备的机会成本增加,降低本国对国际资源的利用效率,同时还会因为本国货币投放量过多增加通货膨胀的压力。为此,对于各国的国际储备机构来说,确定一个适度的国际储备规模是十分必要的。所谓适度的国际储备规模就是指既能满足国家经济增长和对外支付的需要,又不因储备过多、形成积压浪费而持有的储备资产的数量。

(一)影响适度国际储备规模确定的因素

确定国际储备适度规模,取决于储备供给与储备需求的均衡。国际储备供给量就是国际储备的来源,前已有述。影响国际储备需求的因素主要有以下几个方面:

1. 对外贸易状况

由于国际储备最重要的作用是平衡国际收支,而贸易收支的状况往往决定国际收支的状况。一般地,经济增长较快时,由此引起的各种意外的进口支付也相应增加,贸易收支越容易恶化,为平衡国际收支而需要保持的国际储备也就较多;反之,则需保持国际储备就应较少。

2. 持有国际储备的机会成本

国际储备是一国储备的待用资产。持有外汇储备表示暂时放弃一定量实际资源的使用,也就丧失将这些资源投入所引起的国内经济增长和收入水平提高的机会。持有储备的机会成本越高,则储备的保有量就应越少;反之就多。

3. 对外资信及融资能力

一国对外资信越高,在国际金融市场上筹措资金的能力就越强,则需要保持的自由储备就可以少些,反之就多。但是,一国国际储备充分与否,又直接关系到该国在国际金融市场上的融资能力。

4. 金融市场的发育程度

发达的金融市场能够为国家、企业与部门、个人提供方便的资产包括外汇资产调整或置换的场所与时机并能对物价、利率、汇率等经济信息形成较为真实的信号,便于国家、企业或部门、个人作出正确的投资或交易决策。一般而言,发达的金融市场能提供较多的诱导性储备,并且对利率、汇率等调节政策的反应比较灵敏。因此,金融市场越发达,政府保有的国际储备便可相应越少;反之,金融市场越落后,调节国际收支对政府自有储备的依赖就越大。

5. 外汇管制程度

各国实行外汇管制的初衷是为了改善国际收支逆差,维持汇率稳定以及集中外汇资金,一国外汇管制的宽严将影响到该国直接控制其外汇收支的能力,因而对国际储备的需求就有所不同。外汇管制严,国际直接控制外汇收支的能力强,保持较少的国际储备就可满足需要,反之就应保持较多储备。

6. 汇率制度的选择

国际储备的作用之一就是干预汇率。如果一国采取的是固定汇率制,并且政府不愿意经常性地改变汇率水平,那么,相应地讲,它就需要持有较多的储备,以应付国际收支可能产生的突发性巨额逆差或外汇市场上突然的大规模投机。反之,一个实行浮动汇率制的国家,其储备的持有量就可相对较少。

7. 货币的国际地位

一国货币如果处于储备货币地位,它可以通过增加本国货币的对外负债来弥补国际收支逆差,而不需要较多的储备;相反,则需要较多的储备。这也是美国等少数发达国家国际储备水平较低的一个重要因素。

8. 外债规模及其偿还期

如果一国的外债总额较大,而且近期内面临偿债高峰,那么就应保持较多的储备,以备还本付息;反之则少。

(二)确定适度国际储备规模的方法

影响国际储备适度规模的因素很多,目前确定国际储备适度规模主要采用定量分析法。定量分析法主要包括比例分析法、成本—收益分析法。

1. 比例分析法

比例分析法。即采用国际储备量与某种经济活动变量之间的比例关系来测算储备需求的最适度水平。其中,进口比例法(R/M 比例法)是目前国际上普遍采用的一种简便易行的衡量方法。这是由美国耶鲁大学教授罗伯特·特里芬(Robert Triffin)在 1960 年出版的《黄金和美元危机》(*Gold and Dollar Crisis*)一书中提出的。在该书中,罗伯特·特里芬总结了第一次世界大战和二战之间以及二战后初期(1950—1957 年)世界上三四十个国家的储备状况,并结合考察了外汇管制情况,得出结论说:一国国际储备的合理数量,约为该国年进口总额的 20% ~ 50%。实施外汇管制的国家,因政府能较有效地控制进口,故储备可少一点,但底线在 20%;不实施外汇管制的国家,储备应多一点,但一般不超过 50%。对大多数国家来讲,保持储备占年进口总额的 25% ~ 30%,即一国的储备量应以满足约 3 ~ 4 个月的进口为宜。除此以外,比例分析法常用的比例指标还有:储备对外债总额的比例(30%)、储备对国民生产总值的比例(10%)等。这种方法因简明易行而被许多国家所采用,IMF 也是这一方法的支持者。但是比例法也有明显的缺点就是某一比例关系只能反映个别经济变量对储备需求的影响,而不能全面反映各种经济变量的影响。

2. 成本—收益分析法

成本—收益分析法,又称机会成本分析法。这是 20 世纪 60 年代以来,以海勒、阿加沃尔为首的经济学家,将微观经济学的厂商理论——边际成本等于边际收益——运用于外汇储备总量管理而得出的,即当持有储备的边际成本等于边际收益时,所持有的储备量是适度的。一般情况下,国际储备的需求量与持有储备的机会成本成反比,与持有储备的边际收益成正比。持有储备的机会成本是运用外汇进口资源要素以促进国内经济增长的边际产出(可采用国内投资收益率来计算)。持有储备的边际收益则是运用储备弥补国际收支逆差,避免或推迟采用政策性调节措施,减少和缓解对经济造成不利影响的好处,以及运用外汇购买国外有息资产的收益。只有当持有储备的边际收益等于持有储备的机会成本,从而带来社会福利最大化时,才是最适度储备规模。成本收益分析法具有测算的准确性高于比例分析法的优点,这种方法采用多元回归和相关分析的技术建立储备需求函数,克服了比例分析法采取单一变量的片面性。但宏观经济中有些变量并不像微观经济变量一样有界限分明的成本和收益,只能测算综合成本和综合收益。这使成本收益法存在着不足之处:其计算方法比较复杂,涉及的经济变量较多,有的数据难以获得,只能凭经验主观选择或采用其他近似指标替代,影响了计算结果的准确性,因而很难在实际中被采用。

三、国际储备的结构管理

国际储备结构管理是指一国如何最佳地分布国际储备资产,使黄金储备、外汇储备、在基金组织的头寸和特别提款权四种形式的国际储备资产的持有量之间保持适当的比例关系。由于一国持有的普通提款权和特别提款权的数量取决于该国向国际货币基金组织认缴的份额,由基金组织分配,不可随意变更,因此,国际储备的结构管理主要集中在黄金和外汇储备两项储备资产管理上。

(一) 黄金储备管理

黄金内在价值相对稳定且具有相对独立性,因而黄金的安全性较高,但是黄金不再能直接用于国际支付,而只能在黄金市场上将其出售,换成可兑换货币后才能使用,因而流动性较差。并且,由于黄金价格波动较大,持有黄金既不能获得利息收入,又需要支付较高的保管费,因而,目前各国货币管理当局持有黄金的比例总的来说呈下降趋势。

(二) 外汇储备管理

外汇作为交易货币,可直接用于各种国际支付、流动性较高,并且可以获得利息收入而得以保值增值,具有较高的盈利性,因而在国际储备中所占比重极高。外汇储备管理成为国际储备管理中最为重要的内容,就结构管理而言,外汇储备管理的内容包括:

1. 外汇储备的币种结构管理

对外汇储备的结构管理体现在储备货币的币种选择,即合理地确定各种储备货币在一国外汇储备中所占的比重。影响储备币种选择的因素主要有:

(1) 一国对外贸易和其他金融交易所使用的主要货币。
(2) 一国外债及偿本付息使用的主要货币。
(3) 各种主要储备货币在国际货币体系中的地位及未来发展趋势。
(4) 各种储备货币汇率的走势。
(5) 储备货币汇率与利率比较。
(6) 一国经济发展目标的要求。

综合上述各种因素,从目前储备货币的选择上看,美元依然是多数国家最主要的国际储备货币,其他的储备货币有人民币、欧元、日元、英镑等。

2. 外汇储备的资产结构管理

外汇储备的资产结构是指外币现金、外币存款、外币短期有价证券和外币长期有价证券等资产在外汇储备中的组合比例。如何安排持有方式,才能兼顾流动性、安全性和盈利性的要求。按照变现能力,储备资产分为三级:一级储备,包括现金、活期存款、短期国库券、商业票据等,其流动性与安全性最高但收益率较低,风险基本为零。它主要用于一国经常性或临时性对外支付;二级储备,主要是中期债券,其收益率较高而流动性与安全性较低。二级储备管理以盈利性为主,主要作为补充的流动性资产,以应付临时、突发性等对外支付的保证;三级储备,主要是指各种长期投资工具,其收益率最高而流动性与安全性最低。目前,大多数国家都根据资产组合原理采取储备货币多元化与资产多元化的管理策略。基于国际储备资产的特殊性,中央银行一般都是在确定了一、二级储备规模之后,才考虑将其余部分作为长期性投资,并且还注意利用储备资产的期限结构来抵补利率变化的风险,以达到降低风险、增加收益的目标。

四、国际储备管理的趋势——国际储备多元化

(一)国际储备多元化的产生背景

国际储备多元化,是指各国的外汇储备从原来单一的美元储备改变为包括多种货币构成的外汇储备结构。外汇储备多元化是在深刻的历史背景下产生的。二战后,由于美国的经济实力,布雷顿森林国际货币体系赋予美元以主要国际支付手段和储备货币的职能。但自20世纪50年代以来,美国开始出现持续的国际收支逆差,黄金储备流失,动摇了美元币值稳定的基础。而西欧各国随着经济的恢复,实力逐渐增强,放松了外汇管制,加快货币的自由兑换和国际化步伐。60年代,美元危机频繁爆发,特别是70年代,美元先后两次宣布贬值,使很多国家的美元储备蒙受相当大的损失。于是,它们纷纷抛售美元,买进升值的西德马克、日元和瑞士法郎等硬通货,或抢购黄金,使储备资产分散化。而此时又正逢浮动汇率制取代固定汇率制,国际储备多元化逐步形成。

从1973年进入80年代初,美元汇率有所回升,一度成为硬通货,但80年代中期,美元汇率又转而下跌,汇率风险大增,储备货币多元化局面已不可改变。1990—2000年10年里,世界外汇储备结构发生了明显的变化,其主要特点是,美元所占的比重大幅度上升,而日元的比重明显下降,欧元已成为第二大储备货币。据国际货币基金组织统计,1991年,在世界各国的主要储备货币中,美元占51.3%,1999年这一比例上升到68.4%,2000年仍达68.2%。这一方面是因为这期间美国经济持续繁荣,预示新经济时代的到来;另一方面由于习惯上人们长期使用美元,而且使用方便,美元仍然是最广泛使用的支付手段和计值单位。日元所占的比重从1991年的8.5%下降到2000年的5.3%,英镑的比重维持在3%~4%之间。1999年,欧元正式启动,在各国外汇储备中所占的比重即达到12.5%,2000年上升到12.7%,尽管其汇率不断下降。2000年,在发达国家的外汇储备中,美元占73.3%,欧元占10.2%,日元和英镑的比重分别为6.5%和2%;发展中国家的外汇储备中,美元占64.3%,欧元占14.6%,日元和英镑分别占4.4%和5.2%。据IMF(国际基金组织)发布的外汇储备数据来看,2022年第四季度,全球外汇储备中美元占比最高达到58.36%,欧元占比20.47%,日元占比为5.51%,英镑占比4.95%,人民币占比2.69%。无论是发达国家还是发展中国家储备资产持有的多元化和分散化特点已十分突出。

(二)国际储备多元化对经济的影响

1. 国际储备多元化对经济的有利影响

(1)多元化国际储备体系的形成,打破了美元在国际金融领域中的垄断地位,减少了国际货币体系对美元的过分依赖。布雷顿森林体系的崩溃使美元一统金融天下的局面消失了,多

元化的国际储备体系逐步形成。实行浮动汇率制以来,美元汇率的变动在国际金融活动中仍能起着举足轻重的作用,但由于各国货币可以自由浮动,而且其他货币也可以作为储备货币资产,使各国有较大的余地来调节对内对外政策,不必过多地考虑这种调整与美元的关系。

(2)国际储备资产多元化,为各国货币当局减缓其储备的外汇风险,并为获取较高收益,选择储备资产提供了条件。多元化国际储备体系在一定程度上分散了调整责任。多元化国际储备体系的逐步形成,使美国在国际经济中垄断的局面被打破了。20世纪80年代以来,世界经济进入了国际合作与协调发展的新阶段。

2. 国际储备多元化对经济发展的不利影响

(1)多元化的国际储备体系下,多种货币在国际金融市场上调换,国际货币体系的稳定性发生动摇。即不仅是美元汇率的变化影响国际货币体系的稳定,而且日元、马克等货币均可起到重要的作用,使国际货币体系的动荡性大大增加。实行浮动汇率制以来,几种主要储备货币软硬转换,在没有一个稳定的国际通货情况下,大量国家储备资金从一种货币转向另一种货币,大大加剧了外汇市场动荡。如20世纪70年代,美元是软货币,日元和西德马克是硬通货;80年代初期,美元逐渐坚挺,日元和西德马克疲软。各国外汇当局为了减少和避免外汇风险,将其外汇储备从一种货币转换成另一种货币,不仅直接影响外汇市场的供求,诱使私人银行投资者或投机者追随货币当局购买或卖出某种货币,从而加剧了汇率的波动,影响了经济生活。

(2)储备资产多元化促成大量资本在国际间流动,资本在国际间的流动对资本流入国和流出国产生膨胀性或紧缩性的影响。如某种货币坚挺,外国货币当局会将其外汇储备转换为此种货币,促使这种货币更坚挺,该国货币当局有可能卖出本国货币或买入其他种货币,使货币流通量增加,进而增加了该国的外汇储备,于是产生了膨胀性的经济影响。如某种货币疲软,国际游资从疲软国游出,由于货币资本的流出使该种货币更加疲软,为了发展经济促使该国提高利率以吸引外资,这就给该国带来紧缩性的经济影响。

(3)过多的国际储备是加剧世界性通货膨胀的重要因素之一。当然,过少的国际储备会导致世界经济的紧缩。在多元化的国际储备体系中,储备货币种类增加。由于欧洲货币市场等境外市场的扩大,国际流通手段以无计划无控制的方式不断增长。在国际储备的增长中外汇储备的增长占主导地位。国际货币基金委员会报告指出:国际储备的变化和世界价格的变化之间,存在着一种关系,国际储备的变化对世界货币的供给有着直接的和间接的影响,而世界货币供给的变化又随即影响到世界范围的通货膨胀。

第三节 我国的国际储备

一、我国国际储备的基本情况

20世纪70年代后期,我国才开始真正形成较为完善的国家国际储备体系。在这之前,由于我国对外经济关系发展比较缓慢,国家只有少量的黄金储备和外汇储备,而且很少发生需要动用国家国际储备应付各种紧急支付的情况,因此也就没有形成较为完善的国家国际储备体系的需要。1979年以后,我国实行了对外开放政策,扩大了与世界各国的经济交往与交流,由此也产生了形成完善的国家国际储备体系的要求。1980年4月17日,国际货币基金组织同世界银行恢复了我国的合法席位,更加快了我国建立国家国际储备体系的进程。

作为国际货币基金组织的成员国,我国的国际储备与世界上绝大多数国家一样,也由黄金储备、外汇储备、在 IMF 的储备头寸和特别提款权这四个部分构成。我国在 IMF 的储备头寸，随着份额的增加而增加。我国于 1980 年 5 月恢复在国际货币基金组织的席位时份额只有 8 亿美元，1985 年第 8 次增资增加到 23.9 亿特别提款权。按规定缴存储备头寸 8 亿美元，最高借款能力为 30 亿美元，20 世纪 80 年代累计先后提用大约 5 亿特别提款权。特别提款权是国际货币基金组织按份额比例分配给成员国的账面资产，用以弥补国际收支逆差，使用时需向基金组织申请批准后，由基金账户转账。到 1984 年，我国分配到的特别提款权为 5.73 亿，占已分配的特别提款权总额的 2.7%。这是必要时可以提用的最高额度，未提用部分成为我国储备资产的补充。到 2011 年 3 月 18 日中国持有 80.9 亿特别提款权，占 IMF 份额的 3.63%。截止到 2023 年 2 月，中国国际储备资产总数 33159.12 亿美元，其中外汇储备 31331.53 亿美元，黄金储备 1202.83 亿美元(6982 万盎司)，国际货币基金组织准备头寸 108.22 亿美元，国际货币基金组织特别提款权(SDR)516.22 亿美元，其他储备资产 0.32 亿美元。因此，我国的国际储备实际上主要指外汇储备和黄金储备。

(一)我国黄金储备

我国的黄金储备是建国初期通过统一财政金融、从民间大力收兑金银和扩大矿金的生产收购而逐步建立起来的。根据《新中国五十年统计资料汇编》，1952 年，我国保有的黄金储备已经达到 500 万盎司(156 吨)并一直维持到 1958 年。1959 年后，国家遭受严重的自然灾害、随后进入还债高峰和经济调整，黄金储备减到 400 万盎司(1959—1961 年)、再到 300 万盎司(1962—1964 年)。1965 年后，恢复到 500 万盎司，并在 1980 年达到了 1267 万盎司。我国的黄金储备是国家备用于紧急需要，除了随着市场黄金价格涨价而自动升值外，没有任何收益，一般不随意动用。自 20 世纪 80 年代初到 21 世纪初，我国黄金储备都基本保持在 1270 万盎司左右。但是在加入世界贸易组织后，我国黄金储备不断增加，2002 年增加到 500 吨，2003 年增加到 600 吨，并一直保持到 2007 年底，2009 年我国黄金储备已达到 1054 吨，2019 年 11 月中国黄金储备规模为 1948.3 吨，截至 2023 年 4 月，我国黄金储备达到 2076.47 吨，占中国储备资产的比重已经升至 3.9%，但仍低于多个新兴市场国家与西方国家。一直以来，美国、法国、德国等西方国家的黄金在储备资产的比重始终超过 50%，南非、阿根廷等新兴市场国家的黄金占比也达到 10% 以上。

(二)我国外汇储备

改革开放以前，我国对外经济交往很少，在外汇方面实行"量入为出，以收定支，收支平衡，略有节余"的方针，外汇收支基本保持平衡，外汇储备量很小，年平均约为 5 亿美元以下。此时的外汇储备量反映为中央银行的外汇结存账户余额，管理则是由中国人民银行实行集中管理、统一经营，通过银行结存制度将所有外汇买卖集中在国家银行办理(1979 年以后，中国银行从中国人民银行分设出来，独立行使职能，办理各项国际金融业务)。中共十一届三中全会以后，我国经济体制开始转轨，市场经济带来的是外汇收支规模的不断扩大，国家外汇储备不断增加。1981 年底外汇储备总额仅为 47.6 亿美元，1984 年底就达到了 144.2 亿美元(包括国家外汇库存和中国银行的外汇结存两部分)。这主要是因为在这一阶段国家实行了一系列经济调整政策，大量削减进口，努力增加出口，出口量的增加带来了源源不断的外汇收入。1984—1986 年我国的国际储备有所下降，原因是这一时期国家储备管理失控，外汇资金投向有偏差。但随后，国家采取了一系列措施扭转局面，自 1987 年开始外汇储备额又有所上升。

1986 年，国务院公布了《中华人民共和国银行管理暂行条例》，规定中国人民银行为国家的中央银行,主使行政职能。而将国家的外汇管理工作划归国家外汇管理局,实际上仍由中国银行代管。此时我国的外汇储备主要是由两部分组成:一是国家外汇库存;二是中国银行的外汇结存。其中的国家外汇库存,是指国家对外贸易外汇收支的历年差额总和,差额为正,说明收大于支,形成外汇储备,这一部分储备约占全部外汇储备的20%。此外,由于这部分外汇收支需用人民币办理结汇手续,因而要占用一定数量的人民币资金。中国银行的外汇结存,是中国银行的外汇自有资金,加上其在国内外吸收的外币存款减去其在国内外的外汇贷款和投资后的差额,以及国家通过各种渠道向外国政府、国际金融机构和国际资本市场筹集款项的未用余额部分,这一指标反映在中国银行的海外账户上。但是,这种统计口径并不符合国际惯例。因为国家对于中国银行的外汇结存并不能无条件加以利用。因此,1992年我国对外汇储备统计作了调整,决定从1993年起国家外汇储备总额不再包括国内金融机构的外汇结存部分,以此确立了以国际外汇结存为核心的新的储备统计口径,从而初步理顺了储备管理中的各种关系。

1994年,我国对外汇体制进行了重大改革。根据中国人民银行《关于进一步改革外汇管理体制的公告》以及《结汇、售汇及付汇管理暂行规定》,我国开始实行汇率并轨,人民币实现了经常项目下有条件的可兑换,从而极大地吸引了外资流入,促进了出口。外汇收入持续增加,外汇储备也迅速增至1994年的516.2亿美元,我国自此开始实行储备集中管理和相应的经营制度。1996年,我国在外汇管理方面实现了经常项目下的可自由兑换,同年年底,我国的外汇储备规模首次超过1000亿美元,此后,我国外汇储备规模不断增加,尤其是在2001年我国加入世界贸易组织后,随着我国对外贸易规模的扩大,我国外汇储备也迅速增加,2001年年底首次超过2000亿美元,然后不断攀升,2010年底我国外汇储备达到2.8473万亿美元,成为全球第一大外汇储备国,截至2023年4月末,我国外汇储备规模为32048亿美元,历年外汇储备见表9-1。

表9-1 中国历年外汇储备　　　　　　　　　　单位:亿美元

年份 Year	储备 Reserves	年份 Year	储备 Reserves	年份 Year	储备 Reserves	年份 Year	储备 Reserves
1950	1.57	1969	4.83	1988	33.72	2007	15282.49
1951	0.45	1970	0.88	1989	55.50	2008	19460.30
1952	1.08	1971	0.37	1990	110.93	2009	23991.52
1953	0.90	1972	2.36	1991	217.12	2010	28473.38
1954	0.88	1973	-0.81	1992	194.43	2011	31811.48
1955	1.80	1974	0	1993	211.99	2012	33116
1956	1.17	1975	1.83	1994	516.20	2013	38213
1957	1.23	1976	5.81	1995	735.97	2014	38430.18
1958	0.70	1977	9.52	1996	1050.49	2015	33304
1959	1.05	1978	1.67	1997	1398.90	2016	30105
1960	0.46	1979	8.40	1998	1449.59	2017	31399.49
1961	0.89	1980	-12.96	1999	1546.75	2018	30727
1962	0.81	1981	27.08	2000	1655.74	2019	31079
1963	1.19	1982	69.86	2001	2121.65	2020	32165
1964	1.66	1983	89.01	2002	2864.07	2021	32502
1965	1.05	1984	82.20	2003	4032.51	2022	31277
1966	2.11	1985	26.44	2004	6099.32		
1967	2.15	1986	20.72	2005	8188.72		
1968	2.46	1987	29.23	2006	10663.44		

资料来源:www.safe.gov.cn。

二、我国国际储备管理

(一)我国国际储备资产的管理体制

1977年以前,我国的外汇储备是中国人民银行实行集中管理、统一经营。中国银行作为中国人民银行的下属机构负责办理具体业务。1979年,中国银行从中国人民银行分设出来,与此同时,成立了中国人民银行的国家外汇管理局,这时的中国银行独立履行国家外汇专业银行的职能,国家的贸易和非贸易外汇收入通过中国银行结汇而集于中国银行手中,外汇储备也由该行管理。国家外汇管理局主要行使管理外汇、外债和储备的职能。目前,我国管理国际储备的机构主要有三家,即中国人民银行、国家外汇管理局和中国银行。其管理分工是:国家外汇管理局储备处掌握着国家每年出售黄金所得的款项和各专业银行移存过来的外汇;中国人民银行外事局基金组织处管理特别提款权和储备头寸;中国人民银行黄金管理司负责黄金管理;外管局与中国银行共同管理外汇储备,不过中国银行负责具体运营和管理我国主要的外汇储备。国家外汇管理局负责国家外汇储备中一部分的营运和管理。由此可知,我国目前不存在统一的国际储备资产管理机构。

(二)我国国际储备资产的结构管理

结构管理是指外汇储备的结构管理。由于构成我国外汇储备资产的性质和运动形式不同,因此在管用上也有所区别和侧重。

1. 关于国家外汇库存的结构管理

国家外汇库存是国家对外的债权,主要用于支付国家进口商品所需外汇,并要发挥它的其他各项作用,对这部分储备资产主要的是保值,而不是牟利。管理的基本原则是:

(1)储备货币多样化的原则,以分散汇率变动带来的损失。

(2)根据支付进口商品所需货币的币种和数量,确定该货币在储备中的比例。

(3)密切注视外汇市场的变化趋势,随时调整各种货币储备中的比例,选择储备货币的资产形式,要按安全性、流动性和收益性的顺序进行决策。

2. 我国银行外汇结存的结构管理

中国银行的外汇结存源于中国银行的对外负债,这一性质决定其管理原则与国家外汇库存的管理原则有所不同。具体要求是:

(1)对从国外借入的外汇资金,尽量是借、用、收、还货币一致性原则,避免汇率风险。

(2)对国内企业的外汇存款,如果存款币种与用汇币种不一致时,应尽早办理远期外汇买卖,将汇率风险转嫁到国际市场上去,对于长期稳定的沉淀资金,金融机构只要看准时机,可以通过买卖赚取利润。

复习思考题

1. 什么是国际储备?它由哪些部分构成?
2. 国际储备资产的总量控制应考虑哪些因素?
3. 多元化国际储备体系对经济有何影响?
4. 我国是如何管理国际储备资产的?
5. 当前中国的最优外汇储备数量应如何确定?

延伸阅读

人民币国际化进程中外汇储备管理的再讨论

过去一个时期以来,对中国外汇储备问题的争论发生了一些变化。2015年之前,理论界与实务界普遍认为,中国的外汇储备处于严重过剩状态,超额外汇储备俨然已经成为国家的负担,造成外储管理上的困境。过剩的外汇储备只能投资于流动性强而收益性差的资产,而与此同时我国却以高额收益与政策优惠吸引外资,损失宝贵的国民财富。然而自2015年人民币汇率制度改革,以及美国退出量化宽松政策等国际环境变化的影响,人民币汇率面对巨大的贬值压力,央行动用外汇储备,确保人民币汇率没有发生恶性贬值,为此一年多时间中损失了近万亿的外汇储备,并继而引发了保汇率或保外储的争论。为维持人民币汇率稳定而导致的外汇储备急剧下降,至少证明中国的外汇储备多寡问题的相对性。从另一个角度看,短期内损失的大量外汇储备,也换来了人民币汇率的相对稳定,避免了外部冲击造成的宏观经济系统性风险爆发,也为人民币汇率弹性拓展了更大的空间。保汇率实为一次惊险的外储规模压力测试,幸而结果差强人意,可谓惨胜。为此,重新审视中国外汇储备管理问题,折中的思维方式更为妥帖,也更符合渐进式改革的整体思路。其间,人民币国际化的背景也必然涉及不得不考虑的重要因素。

从战略的角度看,至少大规模降低外储规模的做法是不可取的,即便我们通过了2015年人民币贬值的考验,应对更大规模的外部冲击仍需要维持可观的外储规模,这在当前反全球化与极端主义抬头的国际背景下更显必要。当然,也不应因外储的快速下降而转向保守,无限夸大外储的安全性需要,而置外储管理效率于不顾,毕竟外储的积累并非易事。为此,保持外储规模的稳定,提高管理绩效应是基调。同时,在人民币日益国际化的趋势下,保持适度偏多的外储规模,以支持人民币国际化进程则应是更为长远的战略考量。只有当人民币国际化达到某一阈值之后,逐步减少外储规模才可以适时考虑。在结构管理上,充分利用货币国际化带来的安全空间,提高资产配置效率,提升收益水平仍是当前外储结构管理的根本目标。基于本文理论与实证结论,以及上述战略层面的基本判断,本文认为近期外储管理应采取下述策略:

一是根据人民币国际化进程,制定适宜的外汇储备规模管理阶段性战略。在人民币国际化的初级阶段,保持外汇储备规模的稳步小幅提升仍然重要。这一方面源于外汇储备对本币的信用支持功能。以多样化外汇储备充当人民币国际化的准备金,提高国际市场使用人民币的信心,有利于人民币国际化的推进;另一方面,充裕的外汇储备也为人民币可自由兑换提供基础保障,为人民币提供更高的流动性。当人民币国际化进入高级阶段,即人民币已经具备在国际市场中交易结算、资产计价和价值储备的大部分功能,并具有较大的流通规模时,逐步调减外储规模则势在必行。此时,过多外储的准备金功能已弱化,本币也可充分替代外储的功能,大量外汇储备的管理却仍有成本与风险,减少储备规模则更为理性。从当前情况看,人民币国际化尚属初级阶段,保有大规模外汇储备还具有合理性,不宜盲目缩减。

二是充分利用好人民币国际化带来的国际收支安全空间,提升外汇储备结构管理的效率。外储资产配置空间随本币国际化而扩大的结论表明,保持外储规模充裕的同时,积极调整资产结构应当作为今后人民币国际化进程中外储管理的重点。建立适合中国国情和改革目标的外储分类管理方式,是做好外储结构管理的前提。合理划分基础性外储与超额外储,保持基础性外储管理的安全性、流动性传统,以实现宏观经济稳定及对外收支稳健的目标。对超额外储,应以实现风险收益匹配条件下的收益最大化为原则,采用更加具有效率的、积极的资产配置策略。更加注重投资组合的多样化,以降低非系统性风险,特别是单一币种资产的国别风险。

三是稳步审慎推进货币国际化战略,为外储结构管理效率提升提供新的空间。稳步推动人民币的周边化、区域化,协调推进人民币从贸易支付到资产计价再到价值储备的国际货币功能深化。积极配合"一带一路"倡议、金砖合作框架、中非合作等多边经贸合作体系,推动人民币率先在外围体系的使用,扩大人民币在外围使用的范围。通过双边、多变货币互换合作等方式,提升人民币国际使用的同时,丰富外汇储备的结构,增强外储资产管理的能力,提升外储结构管理的绩效。

(本文原载于:祝国平,程呈.货币国际化条件下的外汇储备:规模与结构[J].东北师大学报(哲学社会科学版),2020,303(1):128-139,有删减)

第十章 国际货币体系

由于各国货币兑换、汇率制度等存在差异,导致国际债权债务清偿常面临一定的困难,因此在长期的国际经贸关系中,逐渐形成了一些国际公认的规则和惯例。随着国际经贸关系的发展,先后出现了金本位制、布雷顿森林体系。20世纪70年代后,国际货币制度进入了新一轮改革,牙买加体系建立。欧洲货币体系的改革及欧元在2002年的正式启用和新时代下储备货币多元化的发展,也是这一时期国际货币制度变革的重要内容。

第一节 国际货币体系概述

一、国际货币体系的含义

国际货币体系也称为国际货币制度,是指支配国际货币关系的规则和机构,以及各种国际交易支付所依据的制度安排和惯例。换句话说,就是影响国际收支的有关规划、习惯、工具、设施和组织。

国际货币体系一般包括以下五个方面的主要内容:

(1)各国货币比价的确定。根据国际交往与国际支付的需要,使货币在国际市场上发挥世界货币的职能,各国之间的货币一定要确定一个比价,即汇率。为此,各国政府一般还需规定:货币比价确定的依据、波动的界限、调整的幅度、维护货币比价所采取的措施、对同一货币是否采取多元化比价等。

(2)各国货币的兑换性与对国际支付所采取的措施。为进行国际支付,各国政府都要确定本国货币是否能够自由兑换成其他任何国家的货币,在对外支付方面是否加以全部或部分限制,或者完全不加限制。

(3)国际储备资产的确定。为应付国际支付的需要,一国必须要保存一定数量的,为世界各国所普遍接受的国际储备资产。二战前国际储备资产是黄金和外汇,二战后国际储备资产的结构由于国际货币基金组织的建立及其运行机制的发展,而发生了新的变化。

(4)国际结算的原则。一国对外的债权债务,或者立即进行自由的多边结算,或者定期实行有限制的双边结算。

(5)黄金外汇的流动与转移是否自由。黄金外汇的流动与转移,是否加以限制而不能自由流动,或者只能在一定地区范围内自由流动,或者完全自由流动,也须由国家明确规定。

二、国际货币体系的历史发展

国际货币体系的发展史,从最初的金本位制到以美元为中心的金汇兑本位制,直至布雷顿森林体系解体后形成的浮动汇率体系以及日益发展的区域性货币一体化趋势,是国际经济金融关系发展的直接反映。

在一战以前,西方主要国家都实行金币本位制度(Gold Standard System)。各国政府规定的自由铸造、自由兑换与黄金自由输出输入是这个货币制度的三大特点。

在各国都实行金币本位制度下,铸币平价是各国汇率确定的基础,各国汇率波动的界限受黄金输送点的限制,一般波动不大。由于输送点作用的结果,汇率受到自动调节,而无须由任何国际机构监督。当时各国的货币可以自由兑换,一国对外支付自由,没有任何限制,实行自由的多边结算制度,黄金是国际结算的最后支付手段。

在一战后,西方国家先后建立起金块本位制与金汇兑本位制的货币制度。金块本位制是一种附有限制条件的金本位制,金币虽仍作为本位货币,但在国内流通的是纸币,而由国家储存金块,作为储备;国家规定纸币的含金量,但纸币只能按规定的用途和数量向本国中央银行兑换金块。实行金汇兑本位制度的国家,在金块本位制国家或金币本位制国家保存外汇,准许本国货币无限制地兑换外汇,以保持本国货币的行市。在该国的国际储备中,除黄金外,外汇占有一定比重,黄金是最后的支付手段。这时期的国际货币制度仍然是国际金本位制度,同样具有统一性、松散性两个特点。但是,这一时期的国际金本位制度基础和金币本位制时期相比,已经严重削弱。

20世纪30年代的大危机摧毁了西方国家的金块本位制和金汇兑本位制,统一的国际金本位制度也随之瓦解。在西方各国普遍实行纸币流通制度的情况下,货币信用制度危机加深,矛盾重重,统一的国际货币制度无法建立,因此货币集团纷纷成立,如英镑集团、美元集团和法郎集团。集团内部的货币比价、货币波动界限及货币兑换与支付均有统一严密的规定,内部外汇支付与资金流动完全自由,但是对集团外的收付与结算则受到严格管制,常常要用黄金作为国际结算手段。

二战期间,世界各国政治经济形势动荡不定,斗争激烈,货币金融极端混乱。战争给美国经济带来了空前的繁荣,美国通过"租借法案"对西欧等盟国提供了巨额的武器和物资,同时也乘机取得西欧各国及其海外殖民地和附属国的广大市场,对外贸易保持巨额出超,美国工业生产、对外贸易和黄金储备出现了巨大的增长。二战结束后,美国工业生产总值占整个资本主义世界的一半,对外贸易居世界各国的首位,黄金储备占世界各国储备总额的3/4,达245.6亿美元。美国的政治、经济、军事等各方面在资本主义世界都取得了压倒优势,从而为确立以美元为中心的国际货币制度打下了坚实的基础。

第二节 布雷顿森林体系

一、布雷顿森林体系的建立

二战前和战争期间,由于国际货币制度的不统一和各国国际收支危机严重,各国的外汇汇率极端不稳定,外汇管制普遍加强。各货币集团之间的矛盾与斗争,也非常尖锐,从而严重地影响了国际贸易的发展。因此有必要进行有效的国际经济合作,重建国际货币金融体系,以改变受到战争影响的动荡不安局面。

1944年7月,在美国新罕布什尔州的布雷顿森林(Bretton Woods)召开了一次有44个国家参加的"联合国货币金融会议",简称为"布雷顿森林会议",通过了《国际货币基金组织协定》和《国际复兴开发银行协定》(统称布雷顿森林协定)。根据这两个协定,设立了《国际货币基金组织》(International Monetary Fund, IMF)和"国际复兴开发银行"(International Bank for Reconstruction and Development, IBRD),又称世界银行(World Bank)。"国际货币基金协定"关于"货币平价"和其他有关条款的规定,确立了美元与黄金直接挂钩;其他国家货币与美元挂钩,并与美元建立固定比价关系的格局。这种格局构成战后重建的国际货币制度的两大支柱。

(1)美元与黄金直接挂钩。国际货币基金组织的成员国政府必须确认美国政府规定的1盎司黄金=35美元的官价,为了稳定黄金官价,各国政府必须协助美国政府维持黄金的官价水平;美国政府则承担各国政府或中央银行按黄金官价用美元向美国兑换黄金的义务。通过这种挂钩规定,将美元与黄金等同起来。

(2)其他国家的货币与美元挂钩。其他国家的货币必须与美元建立固定比价关系,美国政府根据1盎司黄金=35美元的官价,规定了美元的黄金平价为0.888671克黄金。其他各国政府也应规定本国货币的黄金平价,通过各国货币黄金平价与美元黄金平价的对比,确定各国货币对美元的比价,这一比价不得随意变更,其波动幅度维持在货币平价±1%以内。

这种双挂钩的国际货币体系表明,各国的货币是不能兑换黄金的,但是通过能兑换黄金的美元,间接地与黄金挂钩。美元在各国货币制度中处于中心地位,起着世界货币的职能,而其他国家的货币则都依附于美元。各国政府一经确定本国货币平价,非经"国际货币基金组织"同意不得变更。同时规定各国政府对经常交易的收付,原则上不得实行外汇管制与复汇率,对外国人因经常交易而取得的本国货币应恢复自由兑换。这种国际货币体系(布雷顿森林体系)实际上是以美元为中心的金汇兑本位制。

二、美元危机与布雷顿森林体系的崩溃

(一)美元危机

布雷顿森林会议所建立的国际货币制度,实质上就是以美元为中心的国际货币体系。因此,美元在国际金融中的地位及其变动对这个体系有举足轻重的影响,国际货币基金组织的几次改革,都与美元变动有密切的联系。

1. 维护以美元为中心的国际货币制度的基础条件

(1)美国国际收支保持顺差及美元对外价值稳定。如果美国发生长期性国际收支逆差,美元对外价值长期不能稳定,作为国际货币中心的美元,就会从根本上失去其中心作用,造成国际金融市场的动荡与混乱,必然会危及国际货币制度的基础。

(2)美国黄金准备的充足。以美元为中心的国际货币制度保证外国政府或中央银行持有的美元,按35美元=1盎司黄金价格,可向美国兑换黄金。美国必须具有比较充足的黄金准备。如果美国黄金流失过多,黄金准备不足,兑换义务难以履行,则国际货币制度也难以维持。

(3)黄金价格维持在官价水平。二战后,美国黄金储备充足,一旦市场价格发生波动,美国可以通过抛售或购进黄金,平抑黄金的价格水平。如美国黄金储备短缺,无力在市场上投放,则国际货币制度的基础也就会为之动摇。

这三个基础条件是息息相关的,而美国的财政经济实力状况决定着这三个基础是否巩固。以美元为中心的国际货币制度建立不久,随着政治经济发展的不平衡,美国的财政经济状况逐渐相对衰落,国际收支发生危机,从而很快地动摇了美元的霸权地位,直接地瓦解了布雷顿森林体系运转的基础。

2. 美元危机

1960年10月,美国爆发了二战后第一次美元危机。西方主要金融市场出现了大规模抛售美元,抢购黄金的风潮。美国为挽救美元危机,采取了三项措施:

(1)为平息抢购黄金风潮,美国同意向英格兰银行提供黄金,供应市场,并于1960年12月与英、法、意、荷、比、西德和瑞士等8国建立了一个黄金总库(Gold Pool)来维持黄金官价。

(2)组成"十国集团"(美、英、加、西德、法、意、荷、比、瑞典、日本),签订了借款总安排协议,筹集60亿美元贷款,作为应付美元危机的准备,这也是依靠协作应付危机的开始。

(3)1962年3月,美国同14个西方主要工业国家的中央银行签订了《互惠借款协定》或称"互换安排"(Swap Arrangement),互惠借款额度达197.8亿美元。

以上一系列措施反映出一个问题,就是美国已经无力单独支撑这个以美元为中心的国际货币体系,而不得不求助于其他国家的支持。

1968年3月,美国爆发了二战后第二次美元危机。市场再度掀起抛售美元抢购黄金的风潮,金价一涨再涨。黄金总库为了压低金价,大量抛售黄金,从1967年10月到1968年3月共损失黄金34.6亿美元,于是各国纷纷转向美国兑换黄金以弥补损失,使美国承受了巨大的压力。美国政府被迫采取了应急措施:

(1)决定于1968年3月15日起暂停以35美元的官价供应黄金。

(2)解散黄金总库,实行黄金双价制,不再维持黄金官价,只允许外国中央银行按照官价向美国兑换黄金。市场黄金价格按供求情况自由波动,不再进行干预。

这些措施虽然防止了美国黄金流失,但美元危机并未得到缓和。

(二)布雷顿森林体系的崩溃

在美国国际收支危机不断恶化,美国资本不断外流,对外贸易突然出现逆差的情况下,1971年5月和7月至8月连续两次爆发了美元危机。美国的黄金储备减少到102亿美元,而其对外短期负债却增加到520亿美元,黄金储备仅为对外短期负债的1/5,美元的地位岌岌可危。1971年8月15日,美国宣布实行"新经济政策",对内冻结工资、物价,对外停止履行外国政府和中央银行可以用美元向美国兑换黄金的义务。新经济政策的推行,意味着美元与黄金的脱钩,支撑国际货币制度的两大支柱有一根已经倒塌。其他西方国家对此极为不满,为了避免国际游资对本国货币的冲击,许多国家的货币不再钉住美元而实行浮动汇率制度,固定汇率制的维持受到了严重的威胁,支撑国际货币制度的另一支柱正处于摇摇欲坠之中。

1971年12月,"十国集团"在美国华盛顿的《史密森学会》大厦举行财长和中央银行行长会议,达成《史密森协议》(Smithsonian Institute Agreement),正式宣布美元对黄金贬值7.8%,黄金官价从每盎司35美元提高到38美元,其他各国的货币对黄金的比价也作了相应的调整。各国货币对美元汇率的波动幅度由原来不超过平价±1%,扩大到±2.25%。美元停止兑换黄金和小幅度贬值并未能阻止美元危机与美国国际收支危机的继续发展。1973年2月,国际金融市场上又一次掀起了抛售美元、抢购西德马克和日元,并进而抢购黄金的浪潮。2月12日,美国政府不得不再一次宣布美元贬值10%,黄金官价也相应由每盎司38美元提高到42.22美元。

美元的再度贬值,并不能制止美元危机,1973年3月西欧又出现了抛售美元,抢购黄金、西德马克的金融风暴,伦敦黄金市场的黄金价格一度涨到一盎司96美元,西欧和日本的外汇市场被迫关闭达17天之久。西方国家经过磋商与斗争,最后达成协议:西方国家的货币实行浮动汇率制度。其中西德、法国等国家实行联合浮动(即内部固定汇率,对外浮动汇率),英国等实行单独浮动。此外,其他主要资本主义国家的货币也都实行了对美元的浮动汇率制。至此,战后支撑国际货币制度的另一支柱,即各国货币钉住美元,与美元建立固定比价制度也完全垮台,于是布雷顿森林体系(即以美元为中心的国际金汇兑本位制)完全崩溃,国际货币制度进入了浮动汇率制的时代。

第三节　牙买加体系

布雷顿森林体系崩溃后国际金融又出现动荡,经过一系列研究讨论之后确定了延续到今天的国际货币体系:牙买加体系。

国际货币基金组织(IMF)于1972年7月成立一个专门委员会,具体研究国际货币制度的改革问题。委员会于1974年6月提出一份"国际货币体系改革纲要",对黄金、汇率、储备资产、国际收支调节等问题提出了一些原则性的建议,为以后的货币改革奠定了基础。直至1976年1月,国际货币基金组织(IMF)理事会"国际货币制度临时委员会"在牙买加首都金斯敦举行会议,讨论国际货币基金协定的条款,经过激烈的争论,签订达成了"牙买加协议",同年4月,国际货币基金组织理事会通过了《IMF协定第二修正案》,从而形成了新的国际货币体系:牙买加体系。

一、牙买加体系的主要内容

(一)实行浮动汇率制度的改革

牙买加协议正式确认了浮动汇率制的合法化,承认固定汇率制与浮动汇率制并存的局面,成员国可自由选择汇率制度。同时IMF继续对各国货币汇率政策实行严格监督,并协调成员国的经济政策,促进金融稳定,缩小汇率波动范围。

在金本位制度、布雷顿森林体系下的世界货币结算模式,是以单一的货币进行直接挂钩黄金,再进行诸多经济体之间形成固定的汇率进行直接兑换。英镑、美元都经历这样的情景,但最终以失败告终。牙买加体系以浮动的汇率制度进行,并且执行的是以多元化的外汇储备方式。浮动的汇率也就是说经济体之间的汇率呈现不一,并不固定,因为各个经济体之间的情况并不一致,存在差异。

(二)推行黄金非货币化

协议作出了逐步使黄金退出国际货币的决定。并规定:废除黄金条款,取消黄金官价,成员国中央银行可按市价自由进行黄金交易;取消成员国相互之间以及成员国与IMF之间须用黄金清算债权债务的规定,IMF逐步处理其持有的黄金。

这一点的形成可以说"颠覆"了世界几千年的货币结算历史。自有货币以来均是以固体状态的物质进行结算,人类早期的贝壳、珍珠、甲壳之类,后来的物物交换,斧头换绵羊,再后来形成的铜、白银、黄金等物进行交换媒介进行支付结算。就算是"金本位体系""布雷顿森林体系"下以单一的货币进行结算,还是以直接挂钩,一定数量的货币计量一定重量的黄金作为基础执行,相当于货币拥有等量的黄金。牙买加体系直接推行的是"去黄金化",这在人类历史中可以说是"质"的变化,完全"颠覆"了整个货币支付、结算历史。

(三)增强特别提款权的作用

主要是提高特别提款权的国际储备地位,扩大其在 IMF 一般业务中的使用范围,并适时修订特别提款权的有关条款。规定参加特别提款权账户的国家可以来偿还国际货币基金组织的贷款,使用特别提款权作为偿还债务的担保,各参加国也可用特别提款权进行借贷。

1. 特别提款权的创设

自从 20 世纪 60 年代美元危机不断发生以后,主要资本主义国家提出一些改革国际货币制度的方案。以英美为一方,提出国际流通手段不足的理论,主张创立一种新的国际储备货币,作为美元、英镑和黄金的补充,以适应世界贸易的需要。实质上,美国企图另立一个脱离黄金,仍以美元为中心的货币体系,继续维持美元的霸权地位,并借以堵塞黄金流失,缓和美元危机。以法国为首的西欧六国为另一方,认为问题的关键不是流通手段不足,而是美元泛滥,通货过剩,强调美国应消除国际收支逆差,反对创立新货币。1967 年 4 月,比利时提出一个折中方案,主张增加各国在国际货币基金组织的自动提款权,来解决可能出现的国际流通手段不足的问题。"十国集团"采纳了比利时的方案。于 1969 年 9 月,在国际货币基金组织第 24 届年会上通过了创设特别提款权。

2. 特别提款权的特点和使用分配原则

特别提款权是以国际货币基金组织为中心,利用国际金融合作的方式,而创设的新的国际储备资产。它是一种有黄金保值的记账单位,每一单位含金量为 0.888671 克,与 1971 年 12 月美元贬值前的美元等值。它虽有黄金保值,但不能兑换成黄金,所以特别提款权被称为纸黄金。特别提款权由国际货币基金组织根据各会员国上一年底缴纳份额的比例进行分配。当会员国发生国际收支逆差时,可动用特别提款权,把它转给另一会员国,换取可兑换货币,偿付逆差。但特别提款权不能直接作为国际支付手段,即不能直接用于贸易和非贸易结算,只是会员国在基金组织特别提款权账户上的一种储备资产。

特别提款权的分配数量是按会员国缴纳份额比例计算的,因此,会员国缴纳的份额越大,所得到的分配就越多。发展中国家对此非常不满,一直要求改变这种不公正的分配方法,要求把特别提款权与援助联系起来,并要求增加它们在基金组织中的份额,以便可多分得一些特别提款权。

3. 特别提款权的演变

按照刚建立特别提款权时的规定,一个单位特别提款权的含金量为 0.888671 克黄金,即等于美元贬值前 1 美元的含金量,因此,1 特别提款权 = 1 美元。美元于 1971 年 12 月和 1973 年 2 月先后贬值 7.89% 和 10%,含量分别减少为 0.818513 克和 0.736662 克黄金,但特别提款权的含金量保持不变。因此特别提款权对美元的比价,根据美元两次贬值幅度,先后两次相加应调整为 1 特别提款权等于 1.08571 美元和 1.20635 美元。

特别提款权规定与美元挂钩,因此对其他货币的比价则按照美元对其他货币的比价相应地进行套算,这显然不符合特别提款权作为一种独立的国际储备单位的原则。因此,越来越多的国家对特别提款权钉住美元表示不满,主张与更多的国家的货币保持联系。根据国际货币基金组织 1974 年 6 月达成的协议,特别提款权的兑换率以"一篮子"16 种货币作为计算基础。选择货币"篮"中 16 种货币的标准是 1968—1974 年 5 年内,商品和劳务出口额占世界商品和劳务出口总额1%以上的国家的货币可以入选,每种货币在货币"篮"里所占比重大体上按该国出口额占世界总出口额而定,同时也对该种货币在世界经济中的地位以及在国际贸易中的使用范围作适当考虑。1978年7月1日对特别提款权的货币"篮"作了某些调整,并建立了每5年调整一次的制度。

为了发挥特别提款权的作用,1978年国际货币基金组织决定扩大特别提款权,确定特别提款权可以成为国际货币储备中的主要储备资产,并采取了一系列扩大特别提款权作用的措施,其中包括扩大会员国从事以特别提款权计值的交易和市场活动的范围。目前已有一些国家在市场上发行以特别提款权计值的国际债券和开设以特别提款权计值的定期存单。为了简化计算手续,便于管理和保持特别提款权价值相对稳定的特点,国际货币基金组织自1981年1月1日起,采取5种主要货币(美元、马克、日元、法郎、英镑)代替过去的16种货币,作为计算特别提款权价值的基础。1986年1月1日进行了一次调整,其货币的比重分别为美元42%、西德马克19%、日元15%、法国法郎12%、英镑12%。欧元在1999年出现后,代替三个欧洲大陆国家货币,与美元、英镑、日元一起组成了新千年头15年内的货币篮子。2010年11月15日,国际货币基金组织执行董事会完成了对组成特别提款权(Special Drawing Rights)的一篮子货币的例行五年期审查,并对货币篮子权重进行调整,美元和日元的权重略有下降欧元和英镑的权重略有上升,这次调整后,美元的权重将由2005年审查确定的44%下降至41.9%,欧元的权重将由34%上升至37.4%,英镑的权重将由11%上升至11.3%,日元的权重将由11%下降至9.4%。

2015年11月30日,国际货币基金组织(IMF)主席拉加德宣布将人民币纳入IMF特别提款权(SDR)货币篮子,决议将于2016年10月1日生效。2022年5月11日,国际货币基金组织执董会完成了五年一次的特别提款权(SDR)定值审查,维持现有SDR篮子货币构成不变,即仍由美元、欧元、人民币、日元和英镑构成,并将人民币权重由10.92%上调至12.28%。

4. 特别提款权的局限性

近年来,特别提款权的资产性质大有加强,但它在国际储备的持有量中所占比重较小。到1988年末,特别提款权总发行量仅为214.33亿,占市场经济国家国际储备总额不足5%(不包括黄金在内的世界储备),更不能满足特别提款权在进一步扩大其职能情况下的作用。2008年,全球金融危机爆发,美元的地位再次受到冲击和质疑。为了缓解全球金融体系的流动性紧张,同时希望通过将SDR也分配给以往不曾分得SDR的新兴市场国家来更好反映他们的经济地位,IMF在2009年创造了1826亿SDR,根据每个成员国在IMF的份额分配给各成员国。这是历史上的第三轮,也是规模最大的一轮SDR发行。全球各国持有的SDR总额借此达到2041亿。牙买加协定的签订已经有四十几年时间了,它规定的把特别提款权作为主要国际储备资产的目标远未实现。特别提款权在国际储备总额中,1971年占4.5%,1976年下降到2.8%,1982年重新增加到4.8%,几十年来基本上没有什么进展。而外汇在全部国际储备中的比重多年来都高达80%左右,因而在世界储备资产中主要的储备仍然是外汇,其中主要是美元。特别是随着世界经济多元化和区域一体化的不断深入发展,围绕国际金融领域的领导权问题的斗争依然激烈,特别提款权要成为牙买加货币体系的支柱看来不是容易实现的。

特别提款权的分配比例问题也是个争论不休的问题。由于分配比例高达75%,而90多个发展中国家只占25%,只相当于美国一个国家的分配份额,而这些发展中国家正是迫切需要资金的,显然这中间有某种不合理性,因此广大发展中国家的特别需要和储备的建立不是一回事,特别提款权的分配不可能对这两方面进行很好的兼顾。

特别提款权对国际收支的调节也只能协助暂时解决国际收支困难,而不能改变其国际收支的调节机能,因此不能有效解决国际收支的不平衡问题,而只能使问题拖延下去。

要使特别提款权的作用有所发展,必须扩大它在国际储备中的比例,增加它的分配数额,改变分配方法,扩大使用范围,使它不仅能用于官方交易,也能用于私人交易。这不仅有利于国际经济贸易的发展,而且有利于通过市场大量吸收和利用国际资金。

(四)增加成员国基金份额

成员国的基金份额从原来的292亿特别提款权增加至390亿特别提款权,增幅达33.6%。国际货币基金组织(IMF)2010年份额和治理改革方案在2015年行将结束时获得美国国会通过。根据该方案,IMF的份额将增加一倍,约6%的份额向有活力的新兴市场和代表性不足的发展中国家转移。由此,中国跻身IMF第三大成员国,而印度、俄罗斯和巴西也均进入前十位。同时,扩大信贷额度,以增加对发展中国家的投资。

二、牙买加体系的运行

(一)储备货币多元化

与布雷顿森林体系下国际储备结构单一、美元地位十分突出的情形相比,在牙买加体系下,国际储备呈现多元化局面,美元虽然仍是主导的国际货币,但美元地位明显削弱了,由美元垄断外汇储备的情形不复存在。西德马克(现欧元的一部分)、日元随两国经济的恢复发展脱颖而出,成为重要的国际储备货币。国际储备货币已日趋多元化,ECU也被欧元所取代,欧元很可能成为与美元相抗衡的新的国际储备货币。

牙买加体系前原有的固定汇率呈现的是单一的货币进行多个经济之间的直接兑换,以一种货币为中心。但是在牙买加体系下,这种方式就发生了质的变化,存在多元化的货币储备,不再以单一货币进行储备。原来美国资本主义国家市场发生经济危机严重影响世界经济的发展,多元化外汇储备更好的降低了美国对于世界货币的影响。

(二)汇率安排多样化

在牙买加体系下,浮动汇率制与固定汇率制并存。一般而言,发达工业国家多数采取单独浮动或联合浮动,但有的也采取钉住自选的货币篮子。对发展中国家而言,多数是钉住某种国际货币或货币篮子,单独浮动的很少。不同汇率制度各有优劣,浮动汇率制度可以为国内经济政策提供更大的活动空间与独立性,而固定汇率制则减少了本国企业可能面临的汇率风险,方便生产与核算。各国可根据自身的经济实力、开放程度、经济结构等一系列相关因素去权衡得失利弊。

(三)调节国际收支

1. 运用国内经济政策

国际收支作为一国宏观经济的有机组成部分,必然受到其他因素的影响。一国往往运用国内经济政策,改变国内的需求与供给,从而消除国际收支不平衡。比如在资本项目逆差的情况下,可提高利率,减少货币发行,以此吸引外资流入,弥补缺口。需要注意的是:运用财政或货币政策调节外部均衡时,往往会受到"米德冲突"的限制,在实现国际收支平衡的同时,牺牲了其他的政策目标,如经济增长、财政平衡等,因而内部政策应与汇率政策相协调,才不至于顾此失彼。

2. 运用汇率政策

在浮动汇率制或可调整的钉住汇率制下,汇率是调节国际收支的一个重要工具。其原理是:经常项目赤字本币趋于下跌本币下跌、外贸竞争力增加出口增加、进口减少经济项目赤字减少或消失。相反,在经常项目顺差时,本币币值上升会削弱进出口商品的竞争力,从而减少经常项目的顺差。实际经济运行中,汇率的调节作用受到"马歇尔—勒纳条件"以及"J曲线效应"的制约,其功能往往令人失望。

3. 国际融资

在布雷顿森林体系下,这一功能主要由IMF完成。在牙买加体系下,IMF的贷款能力有所提高,更重要的是,伴随石油危机的爆发和欧洲货币市场的迅猛发展,各国逐渐转向欧洲货币市场,利用该市场比较优惠的贷款条件融通资金,调节国际收支中的顺逆差。

4. 加强国际协调

这主要体现在:(1)以IMF为桥梁,各国政府通过磋商,就国际金融问题达成共识与谅解,共同维护国际金融形势的稳定与繁荣。(2)七国首脑会议的作用。西方七国通过多次会议,达成共识,多次合力干预国际金融市场,主观上是为了各自的利益,但客观上也促进了国际金融与经济的稳定与发展。

三、牙买加体系的主要特征

(一)黄金非货币化

黄金非货币化,即黄金与货币彻底脱钩,取消国家之间必须用黄金清偿债权债务的义务,降低黄金的货币作用,使黄金在国际储备中的地位下降,促成多元化国际储备体系的建立。

(二)多样化的汇率制度安排

国际经济合作的基本目标是维持经济稳定而不是汇率稳定。牙买加体系允许汇率制度安排多样化,并试图在世界范围内逐步用更具弹性的浮动汇率制度取代固定汇率制度。IMF把多样化的汇率制度安排分为以下三种:"硬钉住汇率(hard pegs)",如货币局制度、货币联盟制等;"软钉住汇率(soft pegs)",包括传统的固定钉住制、爬行钉住制、带内浮动制和爬行带内浮动制;"浮动汇率群(the floating group)",包括完全浮动汇率制以及各种实施不同程度管制的浮动汇率制。

(三)以美元为主导的多元化国际储备体系

牙买加体系中,可供一国选择的国际储备不单只是美元,还可以黄金储备、欧元、日元、英镑和人民币等国际性货币、国际货币基金组织(IMF)的储备头寸、特别提款权(SDR),尽管如此,美元仍是各国外汇储备的主要组成部分,由此可见,原有货币体系的根本矛盾仍然没有得到根本解决。

(四)国际收支调节机制多样化

IMF允许国际收支不平衡国家可以通过汇率机制、利率机制、资金融通机制等多种国际收支调节手段对国际收支不平衡进行相机抉择。

牙买加体系期望特别提款权在未来成为主要的国际储备资产,然而,这一期望至今也未实现。虽然,牙买加体系主要是对布雷顿森林货币体系崩溃结果的承认,不少经济学家并不认为这是一种国际货币体系,但是,事实上的国际美元本位制已经形成,美元是最主要的国际储备资产和国际清偿手段。

第四节 国际货币体系的改革

如果说在布雷顿森林体系下,国际金融危机是偶然的、局部的,那么,在牙买加体系下,国际金融危机就成为经常的、全面的和影响深远的。1973年浮动汇率普遍实行后,西方外汇市场货币汇价的波动、金价的起伏经常发生,小危机不断,大危机时有发生。1978年10月,美元对其他主要西方货币汇价跌至历史最低点,引起整个西方货币金融市场的动荡。这就是著名的1977—1978年西方货币危机。1982年6月,以墨西哥为代表的南美国家先是发生了以不能清偿国际债务为特征的债务危机。1994年12月,墨西哥、阿根廷等国又突然爆发了被称为"新兴市场时代"的第一次货币金融危机。1997年7月,泰国终于也爆发了以货币危机为先导的金融危机,在泰国金融危机的影响下,菲律宾、马来西亚、印度尼西亚、韩国、日本也相继爆发了货币金融危机。在这一区域性金融危机中,各国本币相继竞争性贬值(贬值幅度多超过30%),大量国际资本抽逃,许多银行和金融机构相继破产,经济大幅回落,有些国家甚至被迫恢复了外汇管制制度。2008年美国次贷危机爆发,资产价格暴跌,金融机构大幅受损甚至倒闭。

由于金本位与金汇兑本位制的瓦解,信用货币无论在种类上、金额上都大大增加。信用货币占西方各通货流通量的90%以上,各种形式的支票、支付凭证、信用卡等到种类繁多,现金在某些国家的通货中只占百分之几。货币供应量和存放款的增长大大高于工业生产增长速度,而且国民经济的发展对信用的依赖越来越深。总之,现有的国际货币体系被人们普遍认为是一种过渡性的不健全的体系,需要进行彻底的改革。

以美元为中心的国际货币体系瓦解的前后,世界各国对如何改革国际货币制度,曾提出过种种不同的主张。

一、恢复金本位制度的主张

早在20世纪60年代,法国经济学家吕埃夫(J·Rueff)鉴于现行国际货币体系没有自动调节机能,极力主张分步骤地恢复金本位制度,即首先提高黄金价格,各国持有的美元可向美国兑换黄金,国际间债权债务完全用黄金清算。由于黄金价格提高会刺激黄金生产增加,这就可以解决国际清偿能力问题。在70年代,美国、英国和其他一些国家普遍面对经济增长速度下降、通货膨胀上升以及汇率大幅度波动的难题,有些学者和政府官员把这归咎于浮动汇率和黄金非货币化的结果。1981年,美国哥伦比亚大学教授罗伯特·蒙代尔提出要在美国恢复黄金兑换的建议。此后,美国国会又相继收到数份要求恢复金本位制或实行某种形式的金本位制的提案。当时的美国总统里根对这些提案表示支持,并于1981年7月下令成立了一个17人组成的黄金委员会,专门研究在美国恢复金本位制的可能性。赞成实行金本位的人认为对付通货膨胀和经济不稳的唯一办法是恢复金本位制,只有恢复了纸币与黄金之间的兑换关系,才能使人们相信持有的资产的购买力在将来是有保证的,从而达到增加储蓄和投资,促进经济增长,实现充分就业的目的。2023年随着中国抛售美债,持续增加黄金储备,加速去美元化后,全球都兴起了去美元化浪潮,这令华盛顿感到担忧。就在美国面临多重威胁之际,三名美国国会议员提出了一项关键的稳固货币法案,即《金本位恢复法案》(H. R. 245, Gold Standard

Restoration Act),以促进将不稳定的美联储纸币"美元"与固定重量的金条挂钩。

反对实行金本位制的主要论点是:(1)自20世纪70年代以来,金价起伏不定,很难确定准确的金平价。金价过高会导致大量的人向政府出售黄金,从而使货币供应量增长过快。金价过低则导致人们向政府大量购买黄金,使政府黄金储备枯竭。(2)黄金生产量的不稳定使其不能成为现代国际货币制度的基础,并且世界经济的增长总是快于黄金产量的增长,有限的黄金存量将会成为制约世界经济增长的因素。如果总是随着世界经济的增长,不断地调整金价,又会使金本位制简单可靠的特点消失。

二、恢复美元本位制的主张

1973年布雷顿森林体系瓦解以后,国际间流通最大的货币仍然是美元,在客观上形成以美元为本位的体系。即使到目前美元地位已大大削弱,美元仍是国际储备中比重最大以及在国际贸易和非贸易结算中使用量最大的货币(占70%以上)。因此美国经济学家金德尔伯格(C. P. Kindleberger)、麦金农(R. Mckinnon)和德斯普雷斯(E. Despres)主张实行"世界美元本位制",即美元与黄金脱钩(美元不能兑换黄金),美国在国内推行稳定美元的财政货币政策,让市场力量来决定各国官方和私人所需美元的数量。一国要增加美元持有量,就应对美元贬值;一国要减少美元持有量,就应对美元升值。

这个理由似乎有一定道理,其实这中间存在一个悖论:如果美元恢复为唯一的储备货币,就必须随国际贸易的发展而增加美元的发行量。流通中的美元增量以及其他国家国际储备中的美元增量的来源,无非就是美国国际收支逆差。也就是说,要充分发挥美元的结算与储备功能,美国的国际收支就应大量逆差,而美国国际收支的逆差必定增加美国的短期负债,从而使美元汇价下跌,进而使美元失去作为储备货币的吸引力;如果美国经常处于顺差地位,则美元的供给就不能适应其他国家对国际清偿能力日益增长的需求,这是以美元单一货币本位的一个不可克服的矛盾。

三、实行单一货币制

哈佛大学教授理查德·库伯于1984年提出,今后国际货币制度改革方向是逐步在世界范围内建立起统一的货币体系,实行统一的货币政策,并建立一个统一的货币发行银行。具体分两步走,即第一步,先在主要工业国家实行汇率目标区。第二步,在2010年前后实行由美、日、欧三方组成的单一货币制度,最后在此基础上实现世界各国在内的单一货币制度。他们认为,不可能由任何一个国家的货币充当国际货币制度的中心货币,只能由特别提款权来担当,但要解决以下一些关键问题:

(1)必须成立一个超国家的世界性的中央银行,统一国际货币的发行,统一管理国际储备,而且能有效地直接干预和调节国际货币金融领域中各种不协调的政策和行为。

(2)要改变特别提款权不合理的分配原则,分配应与资源转移相结合,根据经济发展的需要,充分考虑如何与发展中国家的发展与援助相结合,同时扩大使用范围。

(3)对原有储备货币必须进行妥善处理。作为主权信用货币的德国马克、日元的国际化进程,引起了金融界的广泛关注。

《马斯特里赫特条约》提出建立欧洲经济与货币联盟的目标,如1999年欧元启动等,激起金融界对欧元前景的关注,欧元能否与美元并驾齐驱共同成为国际本位货币,是争论的话题。2008年美国金融危机,超主权货币、恢复金本位制等议论再度兴起。2009年人民币跨境贸易试点,以及此后人民币国际化的快速发展,引起人们对人民币未来国际地位和影响的预测分析。

四、替代账户

2009年3月份,在二十国集团(G20)伦敦金融峰会前夕,时任人民银行周小川行长关于创造一种超主权储备货币的提议引起了国际社会的广泛关注。他认为,需要创造一种新的超主权货币克服现行国际货币体系的内在缺陷和系统性风险;同时,在使用这种超主权货币之前,首先需要大大提升国际货币基金组织(IMF)的特别提款权(SDR)的使用范围及其在国际货币体系中的作用。另外,他还提议,IMF可考虑按市场化模式建立开放式基金,将成员国以现有储备货币积累的储备集中管理,设定以SDR计值的基金单位,允许各投资者使用现有储备货币自由认购,需要时再赎回所需的储备货币。建立一个基于SDR的全球性开放式基金,并由IMF来管理,这实际上就是20世纪70年代初至80年代初讨论的IMF替代账户(Substitution Account)机制。

1979年IMF临时委员会在南斯拉夫首都贝尔格莱德召开的年会上,提出了设立替代账户以吸收各国手中过度积累的美元资产,并使特别提款权成为主要国际储备资产的建议。所谓替代账户,就是在IMF设立一个专门账户,发行一种特别提款权存单,各国中央银行可将手中多余的美元储备折成特别提款权存入该账户内,再由IMF用吸收的美元投资于美国财政部发行的长期债券,所得的利息收入返还给替代账户的存款者。替代账户的作用是可以吸收过剩的美元储备供给,并且能借以提高特别提款权的国际储备货币地位。

但是实际上替代账户的作用很小,没有产生预期的效果,结果自1980年IMF汉堡会议以来,替代账户的改革建议被无限期搁置起来。替代账户之所以没能产生预期的效果,其原因之一是特别提款权本身还不具备优越于美元的特性。美元是国际经济交易中使用范围最广的储备货币,而特别提款权只是一种账面资产,储备货币的职能远不如美元。尤其是美元汇率在1980年后的一段时期坚挺异常,于是各国中央银行就乐于持有美元而不愿交换特别提款权。实际上在前面介绍的几种储备货币改革方案中,在用国际社会共同创造的储备来取代美元时,也都会遇到类似的问题。只有当特别提款权或其他储备资产发展成为功能齐全,并且优越于美元的真正国际货币时,人们才会放弃手中美元资产的积累。另外,由于美国在IMF有一票否决权,只要它不赞成,替代账户方案也很难实现。同时,该方案在技术上也存在一定的局限,主要是它的适用范围仅仅在IMF系统内,并没有商业性使用,技术上的困难使其而不能成为现实。

五、设立汇率目标区

汇率目标区方案其主要倡导者是美国国际经济研究所高级研究员约翰·威廉姆森(John Williamson)。所谓汇率目标区是指有关国家的货币当局选择一组可调整的基本参考汇率,制定出一个围绕其上下波动的幅度并加以维持。1983年,威廉森和伯格斯坦(Bergsten)共同提出了设立目标汇率区,使实际汇率对基本汇率的偏离幅度不超过10%的建议。此后威廉姆森又对设立汇率目标区的设想进行了修改和补充,并于1987年与米勒一起提出了汇率目标区的行动计划。

汇率目标区的种类很多,但主要可以分为"硬目标区"和"软目标区"。"硬目标区"的汇率变动幅度很窄,不常修订,目标区的内容也对外公开,一般是通过货币政策将汇率维持在目标区。"软目标区"的汇率变动幅度较宽,而且经常修订,目标区的内容不对外公开,不要求必须通过货币政策加以维持。汇率目标区与现行管理浮动汇率制的区别主要在于前者为一定时期内汇率波动幅度设立了一个目标范围,并且根据汇率变动的情况,调整货币政策防止汇率波动超出目标区。汇率目标区与固定汇率制的区别在于实行汇率目标区的国家当局没有干预外汇市场维持汇率稳定的义务,也不需货币当局作出任何形式的干预市场的承诺。并且目标区本身也可以随时根据经济形势变化的需要进行调整,设立汇率目标区的建议问世以来,各方面的褒贬不一。发展中国家希望通过实行汇率目标区来实现汇率的稳定,而美国等发达国家认为汇率目标区不现实。汇率目标区的特点是综合了浮动汇率制的灵活性和固定汇率制的稳定性,而且还能够促进各国宏观经济政策的协调。但实施起来也确有许多困难,如均衡参考汇率的确定,维持目标的有效方法等等。总的来说,虽然这个方案不能彻底解决汇率不稳定的问题,但是如果主要西方国家能在此基础上协调宏观政策,那么这个方案还是有助于促进汇率的稳定,并推动汇率制度的改革。

六、创立国际商品储备货币

近年来许多发展中国家因受世界经济动荡的影响,其主要出口初级产品和原材料的世界市场价格总是处于剧烈的波动之中,使这些国家的国际收支状况常常恶化,以阿尔伯特·哈特(Albert Hart)和尼方拉·卡尔多(Nchdas Kaldov)为代表的部分经济学家为此提出了创立以商品为基础的国际储备货币,以便同时解决初级产品价格波动和国际储备制度不稳定的问题。

主要内容包括:

(1)建立一个世界性的中央银行,发行新的国际货币单位,其价值由一个选定的商品篮子来决定,商品篮子由一些基本的国际贸易产品,特别是初级产品来构成。这些商品应具有同一性,并可以储藏,各种商品在篮子中的比重或权数取决于它们在国际贸易中所占的地位。

(2)现有的特别提款权将被融和到新的国际储备制度中,其价值重新由商品篮子决定。其他储备货币将完全由以商品为基础的新型国际货币所取代。

(3)世界性的中央银行将用国际货币来买卖构成商品货币篮子的初级产品,以求到稳定初级产品价格,进而稳定国际商品储备货币的目的。这种改革方案在理论上讲得通,但是很难付诸实施。实行以商品为基础的储备制度,必须储存大量的初级产品,因此要付高昂的成本,由谁来分担的问题不好解决。而且,由商品储备货币来取代美元、马克、日元等储备货币不会是一个自然发展的过程,如果强制推行,有的国家不一定接受。另外,建立世界性的中央银行是发行商品储备货币的前提条件,显然这在目前看来是无法实现的。

七、建立集中的国际信用储备制度

即建立超国家的国际信用储备制度,在此基础上创立国际储备货币。具体来说,这一方案就是将国际货币基金组织改组成世界性的中央银行,使之可以通过信贷的方式来调节国际流通手段和支付手段的余缺。

这一方案最早是由美国经济学家罗伯特·特里芬在其1960年出版的《黄金和美元危机》(*Gold and Dollar Crisis*)一书中提出来的,1982年在《2000年的国际货币制度》一文中进一步将这一设想具体化了。在分析了各国国际储备的需求趋势和布雷顿森林体系的内在缺陷后,他指出,世界黄金的产量无法满足各国储备需求的增长,而依靠美元作为中心货币或关键货币来满足世界对国际清偿力的需求又会导致美元的两难困境和货币体系的危机。摆脱这种危机的根本办法是把国际货币体系转移到一种国际性的货币上来。根据两次世界大战之间国际货币史的经验教训，特里芬提出让国际货币基金组织向世界中央银行的方向转化，由其创造并发行一种由国际管理的本位货币，以此满足世界各国对清偿力增长的需要。所以，这一建议又被称为"国际管理的通货本位制度"。特里芬的主张在诸多储备货币改革方案中影响最大。但是他的主张要求各国中央银行服从于一个超国家的国际信用储备机构，这需要很密切的国际货币合作，目前看来还不现实，并且将来用统一的世界货币来取代其他储备货币后，也会遇到相当的阻力，因为各储备货币发行国需要放弃使用本国印钞机的主权。

八、加强各国经济政策协调以稳定汇率

主要工业化国家货币之间汇率的剧烈波动对世界经济和国际金融的稳定产生了严重的影响，引起了各国的普遍关注。1985年10月，西方五个主要工业化发达国家美国、日本、西德、法国和英国财政部长和中央银行行长在美国纽约广场饭店举行的会议上提出了要协调各国经济政策，以促进汇率的稳定。1986年，在东京召开的西方七国财长会议上，与会的七国财政部部长提出了通过控制下列10项指标来实现各国政策的协调。这10项指标是：GNP增长率、通货膨胀率、利息率、失业率、财政赤字、经常账户差额、贸易差额、货币供应增长率、外汇储备和汇率。IMF同意对各国的这些经济指标进行监督，并且将这些指标又划分为绩效指标、政策指标和介于两者之间的中间变量。绩效指标有衡量经济增长速度、通货膨胀率、失业率和国际收支状况的指标。政策指标有衡量货币供应增长速度和财政赤字的指标。中间变量则是利率和汇率等指标。1987年，在威尼斯召开的西方七国首脑会议上，与会各国首脑再次强调要通过对经济指标的监控来实现各国之间的政策协调，并就此作出了具体规定，主要发达国家都应为本国经济增长设定一个中期目标或作出中期预测，在此基础上各国再共同制定出一个相互协调的经济增长目标或预测。并且，要使用绩效指标检查和评估经济发展趋势，衡量是否偏离了既定的目标，进而决定是否需要采取某种补救措施。

西方工业国协调政策的建议得到各国官方和学术界的普遍欢迎。许多人认为在现行国际货币制度下，汇率的大起大落是各国宏观政策缺乏相互协调的结果。通过协调宏观政策来实现稳定汇率的建议尽管不能根本解决当前国际货币制度内在的不稳定性，但是这个建议如果能够有效地付诸实施仍然有助于汇率和世界经济的稳定。但是要作到真正的政策协调绝非轻而易举，因为协调宏观政策会削弱各国政策的独立性，损害某些国家的利益。另外，在经济衰退时期，各国国内的严峻形势可能使政府无力顾及与其他国家的协调。

现行国际货币体系在汇率制度、国际储备货币、资本账户开放等关键问题上均面临两难甚至多难的选择，任何选择都并非完美无缺。在可预见的未来，必将是一个多种选择并存的、竞争性的国际货币体系安排。当今全球治理改革缺乏领导者，没有一个经济体或者国际组织可以单独为世界提供一个为各方接受的国际货币体系安排。可预见的前景是，在大国通常追求对内平衡优先的背景下，只有当内外平衡目标一致时，才可能有国际政策协调与合作的基础。

随着中国崛起和美国衰落，国际市场货币体系正在发生变化。中国的人民币正在逐渐崭露头角，成为国际贸易中的重要货币之一。特朗普在批评拜登时所说的"人民币可能取代美元"可能是有些夸张的说法，但是事实上人民币正逐渐在国际市场上扮演更重要的角色。从国际市场货币体系的角度来看，全球贸易结算、能源价格、资本流动和国际储备正在向多元化转变。虽然美元仍然是主导货币，但中国的人民币、欧元、日元等其他货币正在逐渐蚕食这个体系的份额。此外，一些国家也在推动建立新的国际市场货币体系，以摆脱美元霸权所带来的风险和不利影响。尽管当前的国际市场货币体系还是以美元为主导，但是随着世界格局的变

化和国际政治经济形势的发展,它也将逐渐演变成一个更加多元化和平衡的系统。这对于世界各国都是一个巨大的挑战和机遇,在未来的国际竞争中占据更加有利的位置和话语权。

第五节　区域货币一体化

　　二战后,特别是20世纪50年代后期以来,经济一体化有不断发展的趋势,经济一体化的加强必然引起货币一体化的问题。货币一体化有全球性和区域性之分。所谓区域性货币一体化,它是在战后布雷顿森林体系崩溃和世界经济区域一体化的背景下,一些特定区域的国家为建立相对稳定的货币区域而进行的货币协调与合作,最终实现一个统一的货币体系。实质上,它是一些国家或国家集团为了货币金融合作而组成的货币联盟。

　　20世纪70年代初,布雷顿森林体系崩溃以来,世界上出现了一股货币集团化的潮流,产生了不少区域性货币组织,如西非货币联盟、中非货币联盟、阿拉伯货币基金组织和安第斯储备基金组织等。由于各方面原因,这些货币集团尚处于一体化程度较低的发展阶段,对国际货币体系的影响非常有限。欧盟从1979年建立欧洲货币体系以来,一直是世界一体化程度最高的区域集团,但对国际金融市场动荡的冲击仍然缺乏抵御能力。

　　区域性货币一体化具有三个基本特征:

　　(1)汇率的统一,即成员国之间实行固定汇率制度,对外则逐步实行统一汇率。

　　(2)货币的统一,即发行单一的共同货币,它在成员国之间的使用不受限制。

　　(3)货币管理机构和货币政策的统一,即建立一个中央货币机关,由这个机关保存各成员国的国际储备,发行共同货币,以及决定货币联盟的政策等。

　　因此,它对国际收支、国际储备、汇率体系与国际货币管理等都将产生重大的影响,从而在国际货币关系中发挥重要作用。区域性货币一体化是战后国际金融领域中的新现象,它和20世纪30年代那些大国控制小国、宗主国控制殖民地、具有明显排他性的美元区、英镑区、法郎区等货币集团不同。

一、欧洲货币体系及其发展

(一)建立欧洲货币体系的原则

　　布雷顿森林体系瓦解以后,资本主义国家的货币体系发生了很大的变化,最主要的标志就是1979年建立了欧洲货币体系(European Monetary System,EMS)。经过欧洲经济共同体各成员国多年来的筹备而建立起来的欧洲货币体系,是共同体在经济一体化道路上的一项重大进展,也是国际金融领域内的一件大事。

　　欧洲货币体系建立的主要原因是:

　　(1)20世纪60年代以后西欧经济力量加强,十分需要建立一个货币集团,来加强欧洲货币与美元的抗争能力,进而摆脱美国对欧洲国家的经济控制。

　　(2)布雷顿森林体系瓦解后,全球实行浮动汇率制,尽管共同体国家的货币从1972年开始实行联合浮动,但因这个体系缺乏共同的货币基金,干预市场的机制也不够健全,因此欧洲美元泛滥,外汇投机猖獗,国际金融市场动荡不安,严重影响了西欧国家经济贸易的发展,在这种情况下,共同体国家有一种建立货币一体化的紧迫感,以抵御美元波动之影响。

　　(3)欧洲共同体国家为了在经济上与美国、日本抗衡,谋求在货币方面建立统一战线来扩大自己的实力,用集体力量保护自己和抵御外来的竞争。

(4)1968年欧洲共同体先后建立了关税同盟和实行了共同农业政策,并取得了相当进展。为巩固这两方面的成果,共同体迫切需要协调各国的经济政策,特别是货币政策,因此需要建立一体化的货币体系。

鉴于以上原因,1971年2月成立了欧洲货币联盟,后经反复磋商,于1979年3月13日正式成立欧洲货币体系。

(二)欧洲货币体系的内容

1. 欧洲货币单位

欧洲货币单位(European Currency Unit,ECU)是欧洲货币体系的核心,它不仅起到计价单位的作用,而且还在以下几个方面起作用:

(1)作为确定参加欧洲货币体系国家货币的中心汇率的标准。

(2)作为清算成员国之间业务往来的结算手段。

(3)可以成为成员国的外汇储备。

(4)作为成员国内部进行信贷业务的计算单位。此外,欧洲货币单位将来还可能成为共同体的统一货币。

欧洲货币单位是一个"货币篮子(currency basket)",由欧洲经济共同体12个成员国中的10种货币组成,每一种货币在欧洲货币单位所占的比重,是根据各国在共同体内部贸易额和国民生产总值所占份额加权计算的。"货币篮子"的权数构成,每5年调整一次,但"篮子"中任何一种货币的比重变化超过25%时,"篮子"的构成可随时调整。1984年9月15日第一次调整后,10种货币在欧洲货币单位中所占比重是:西德马克32.3%、法国法郎19.2%、英镑14.3%、意大利里拉10.2%、荷兰盾10.1%、比利时法郎8.3%、丹麦克朗2.7%、希腊德拉克马1.3%、爱尔兰镑1.2%、卢森堡法郎0.3%。欧洲货币单位的各种货币含量确定之后,就可以计算一个欧洲货币单位等于多少美元、日元或瑞士法郎了。

由于欧洲货币单位由多种货币构成,因此其币值具有相对的内在稳定性,因为各种货币间汇价的波动在"货币篮子"内有互相抵消的作用,因而具有某种自动调节的功能。以欧洲货币单位订立的金融合同,可以减少外汇风险,这在国际金融动荡不定的情况下,对银行业和产业界具有相当的吸引力。

2. 稳定汇率机制

欧洲货币体系通过平价网体系(parity grid)来稳定成员国间的货币汇价。参加国都规定本国货币同欧洲货币单位的中心汇率,并在双边的基础上确定各参加国相互间货币的中心汇率,各国货币只允许在中心汇率上下浮动各2.25%,由于当时意大利里拉较弱,波动幅度可扩大到中心汇率上下各6%,当汇率达到波动幅度规定的界限时,成员国必须进行干预,以维持汇率的稳定。干预的办法:一是通过各中央银行间接相互贷款以干预外汇市场,抛出强币以减轻强币的压力,吸收弱币以加强对弱币的支持;二是在国内实行适当的货币政策和财政政策,如弱币国家提高利率,紧缩银根,而强币国家则降低利率,放宽信贷;三是改变中心汇率作为最后的手段,即在干预难以奏效的情况下,各国就必须重新确定中心汇率,以免整个体系崩溃。

3. 建立欧洲货币基金

为加强干预外汇市场的能力,稳定成员国之间的货币汇率,为资助国际收支有困难的成员国,加强成员国之间的货币使用。1979年4月参加欧洲货币体系的各成员国将自己20%的黄金、外汇储备交给欧洲货币基金建立共同储备,这部分资金总额当时就达到540亿欧洲货币单位,对稳定欧洲货币单位的币值和欧洲货币体系起到了积极的作用。

欧洲货币体系是一个以欧洲货币单位为核心,以汇率运行机制为主体,以信贷体系(欧洲货币基金)为辅助手段的区域性可调整固定汇率制度。欧洲货币体系自1979年3月创立已经走过了20多年的历程,取得了一定的成就,为欧洲经济和货币一体化提供了宝贵经验。欧洲货币体系在1979—1989年的第一阶段取得了一定成就,这段时间欧洲货币体系经历了从动荡不定到逐步走向稳定的过程,欧共体1989年在评价欧洲货币体系时认为,该体系一定程度上实现了预定目标,总体上是成功的,其作用表现在以下方面:一是建立了一个日趋稳定的货币区,有助于成员国控制通货膨胀;二是汇率变化不确定性的降低鼓励了内部贸易的改善;三是上述两方面都最后导致了欧共体经济的改善;四是对国际金融市场起了稳定作用。

但欧洲货币体系自20世纪90年代以来遇到了严峻挑战,在90年代以来的第二阶段并不顺利。欧洲货币体系遭受了严重危机,英国、意大利一度退出汇率机制,欧盟甚至不得不把汇率机制参加国之间双边汇率波幅的限制扩大到15%,这实际上等于取消了汇率机制。

(三)欧元(Euro)的启用与发展前景

1. 建立欧元的步骤安排

由于欧洲货币体系没有完成欧洲货币联盟的主要目标,因此自80年代后期,欧洲货币联盟的巨轮被再度启动。欧共体汉诺威首脑会议决定成立由当时欧共体委员会主席雅克·德洛尔主持的"经济货币联盟委员会",1989年4月,该委员会提交的关于分三步建立经济货币联盟的《德洛尔报告》获得批准,建立欧洲货币联盟和创立单一货币的计划再次正式启动。

1992年2月7日,为了将《德洛尔报告》付诸实施,欧共体各成员国在荷兰的马斯特里赫特镇,共同签署了著名的《马斯特里赫特条约》(以下简称《马约》)。该条约由《政治联盟条约》和《经济与货币联盟条约》组成,对《德洛尔报告》中有关建立欧洲货币联盟的具体实施步骤进行了修改,并为加入欧洲货币联盟的国家制定出可操作的标准,对于欧洲货币联盟的发展是具有里程碑意义的重要步骤。从此以后,欧共体改称为欧洲联盟(简称欧盟)。

根据《马约》规定,欧洲货币联盟的建立大体要经历三个步骤:

第一步,1990年7月—1993年12月,奠定初步基础。这一时期的主要任务是,实现成员国之间资本的自由流动,并实施多边年度加盟计划,以达到低通货膨胀、低财政赤字、金融稳健、汇率稳定等《马约》规定的目标,争取使所有成员国参加欧洲汇率机制。

第二步,1994年1月—1998年12月,为欧洲货币联盟进入第三阶段做准备。欧洲货币研究院成立,为未来欧洲央行的正常运行建立必要的管理机构和逻辑框架。欧盟和欧洲货币研究院确定了达标的成员国名单并对有关事宜作出安排。欧洲央行成立后,单一货币的实施进入了紧锣密鼓的阶段。

第三步,1999年1月1日—2002年,欧元将进入过渡期。在欧元过渡期内,各国原有货币将作为欧元的辅助货币流通一段时间,2002年底各国货币将退出流通领域。

在1999年1月1日正式启动的欧洲货币一体化进程,发行统一的欧洲货币——欧元。欧元作为参加国的非现金交易的"货币",以支票、信用证、股票和债券等方式进行流通,2002年7月1日,欧元才正式进入各参加国的流通领域。

欧元正式进入各参加国的流通领域后,消除了货币兑换与管理成本,这一成本每年在131~192亿欧元之间,相当于欧盟国内生产总值的0.4%左右,消减跨国银行支付承担的费用和浪费的时间每年为13亿欧元,相当于欧盟国内生产总值的0.04%左右。

2. 欧元启动以来的运行情况

欧元自启动以来,经历短暂高企即回落并持续走低。与上市初期最高值相比,欧元兑美元曾经一度下跌幅度高达14.1%,最低达到1比0.8美元附近。导致其持续走低后又逐步盘上的原因主要包括:(1)欧盟经济增长乏力与美国经济保持强劲增长的强烈反差。(2)欧元区经济发展失衡及政策协调不力,意大利财政赤字突破成员标准、欧洲央行和成员国意见分歧均是欧元大幅回调的直接导火索。欧元走低符合当时欧盟地区经济利益,可促进出口,带动增长。此后,受欧盟经济形势好转及美国经济增长势头放缓的利好刺激,加之美国2001年的9·11事件,安然、世通丑闻、对阿富汗的战事、对伊拉克的战争准备工作等,欧元在经历了半年多的下滑后止跌回升,开始反弹,兑美元汇率最高时超过1:1.06美元的水平,比最低时回升了近7个百分点。2002年12月份,基本稳定在1:1.0355美元左右的水平上。2004年,欧元占全球外汇储备超27%,为历史峰值;2008年,该数值为26.5%。截至2021年第三季度,欧元占全球外汇储备20.48%。剔除新冠疫情期间的异常数据,欧元区过去20年间的年度通胀率平均为1.7%,合格完成了其在设计之初时被赋予的最重要的核心使命。2022年之夏,欧元再次跌破平价,主要是由于俄乌冲突引发的能源危机叠加通胀、美联储加息等因素对欧元带来较大贬值压力。其一,俄乌冲突及相关制裁、反制裁措施引发能源、粮食危机,造成了能源、粮食等大宗商品涨价,引发严重的需求拉动和成本推动混合型通胀。其二,北溪一号的年度检修引发的对俄罗斯可能切断天然气供应的担忧加剧了市场的恐慌。其三,疫情以来持续的供应链断裂严重恶化了市场对欧洲经济复苏及前景的预期。欧盟委员会在其发布的《2022年夏季经济展望报告》中指出,欧洲经济增速或显著放缓,通胀率将继续创新高。显然欧元区和欧盟经济有陷入"滞胀"的风险。其四,为遏制高通胀,近期美联储连续大幅加息,促使国际资本回流美国,美元指数居高不下,使欧元承压,也迫使欧央行被迫跟随加息。其五,市场对欧央行加息举措恐会进一步恶化希腊和意大利等重债国的债务,从而引发新一轮欧债危机的担忧日盛,终致欧元汇跌破平价。

20多年的欧元光景也不全是顺遂。2008年9月15日,雷曼兄弟申请破产,它随后引开的金融危机使得欧债危机以一种更为迫切与未曾料及的方式凸显。希腊于2009年10月首当其冲,单一货币体系的负面情绪在蔓延,2010年,葡萄牙、西班牙、爱尔兰与意大利纷纷滑陷。2012年初,标普下调法国等9国主权信用评级,法国掉下AAA级国家阵队,金融、债务、银行三重危机扩散至整个欧洲,全球市场开始讨论,欧元是否要崩溃,欧盟会否要解体。置身如此情境,2012年7月26日,时任欧洲央行行长的德拉吉(Mario Draghi)在伦敦公开言称,无论采取何种方式,定要保留欧元。这句赌注为欧洲赢得了时间,市场也买了账,对欧元的信心逐步恢复。欧元的占比在2020年突破21%,为六年来首次。反思是危机的必然产物,接踵而至的危机促使欧盟与欧洲央行锐意革新。一系列重要措施出台,其中包括建立规模为5000亿欧元的危机解决机制。欧盟同时加强了在多个领域的治理,包括完善金融法规,建立全新的金融监管架构,加强财政监督,并将监管延伸到宏观经济领域。

自初生时,欧元便被寄予厚望。2018年9月12日,时任欧盟委员会主席容克呼吁,应提升欧元的国际地位,委员会必须拿出措施,使欧洲和欧元更强大。2021年年初,欧委会再次呼吁欧元更高的国际地位,2021年年底,法国总理马克龙与德拉吉撰文呼吁,欧盟需要一个未来10年的增长战略。目前,欧元在全球外汇储备中所占份额约为20%。在能源领域,以欧元签署的天然气合同份额从2018年的38%上升到2020年的64%。2019年,全球近一半的绿色债券发行均以欧元计价,数值预计还将增长,尤其是考虑到欧盟下一代投资的30%是由绿色债券资助的目标。

3. 欧元的影响及前景

虽然欧元自诞生以来经历了较多次的冲击,2022年也面临较大的贬值压力,但总体来看欧元仍较为成功。其一,欧元是目前全球最重要的国际储备货币之一,已经成为仅次于美元的世界第二大货币。根据国际货币基金组织(IMF)发布的数据,欧元在世界储备货币份额占比最高的2009年9月达到27.98%,相比诞生之初提高9.86个百分点。尽管2022年欧元有所下跌,但仍是遥遥领先的世界第二大储备货币。截至2022年3月,欧元在全球外汇储备中占比仍超过20%。其二,在特别提款权(SDR)篮子货币中,欧元权重占比29.31%,远高于英镑、日元等国际货币。其三,2022年7月,欧盟理事会批准克罗地亚从2023年1月1日起使用欧元,克罗地亚将成为欧元区第20个成员国,说明了其吸引力不减当年。

欧元能经受住历次冲击的因素众多,但最根本的原因在于欧元区体制、机制的不断完善。特别是在冲击最大的欧债危机期间,欧盟和欧元区相关机构在应对危机期间采取的救助、巩固财政、加强金融监管的举措和改革社保和劳动力市场的政策,为走出危机、复苏经济、稳定欧元作出了重要贡献。其一,从无到有地引进和建立起了一系列包括欧洲稳定机制(ESM)在内的金融救助工具和机制。其二,欧盟、欧央行和国际货币基金组织在内的"三驾马车"前后共计投入5000多亿欧元的救助,避免了希腊等重债国的违约和退出欧元区,为市场注入信心,稳定了欧元汇率。其三,欧央行通过直接货币交易(OMT)、长期再融资(LTRO)等各种手段有力缓解了欧债危机,也使欧央行成为变相的最后贷款人,强化了其权限。其四,通过"六部立法",进一步完善与强化了《稳定与增长公约》的规定和执行,并引进"欧洲学期"等协同举措,督促成员国努力向财政契约的趋同目标靠拢。其五,建立包括系统风险管理委员会以及银监局、证监局和保监局在内的金融监管体系,尤其是通过组建银行业联盟和资本联盟,切断未来银行私债演化成主权债的路径,以及扩大直接融资规模,提升欧盟层面监管和抵御防范金融风险的能力。当前,面对高企的通胀,欧央行11年来首次加息,正式告别负利率时代,同时宣布推出新货币政策工具传导保护机制(Transmission Protection Instrument, TPI),使欧央行能在货币政策收紧过程中购买融资状况恶化地区所发行的债券(这些债券已无法以其国家的基本面为保证),避免边缘国家国债可能遭到抛售从而导致收益率飙升带来的沉重打击,其最终目的是在货币政策正常化过程中"保障其货币政策立场在整个欧元区的顺利传导",缩小各国国债收益率的差异。

但是,不容忽视的是,由于国际经济发展的不平衡特别是欧元本身的开创性而导致欧元运行隐含着较大的不确定性,加上欧元启动后欧盟区的经济政治演绎态势,对全球经济也有一定的负面影响。在美元的地位受到挑战之后,美国不再愿意处于全球大逆差国的地位,由此而实行贸易保护主义。布雷顿森林体系以来,美元在国际储备中获得了独一无二的至尊地位,美国能够创造美元资产来抵补自己的贸易逆差,此举虽然是极不公平的,但在客观上也使美国增强了对贸易逆差的承受力。欧元出台,对美元霸主地位构成挑战,美国今后再想用增加美元负债(发行美元)来抵补其贸易逆差恐怕就没有过去那样容易,美国因此就可能寻求改变自己的全球最大贸易逆差国的地位,其途径之一就是贸易保护主义,如美国在2002年初增加钢材进口关税就是一例,对世界经济是极为不利的。在奥巴马总统时期,美国通过主导TPP、TTIP等超大区域性FTA制定新的贸易规则,将环境、劳工、国有企业、市场准入等约束性条款纳入国际规则。特朗普总统则是以美国的单边主义为突出代表,以公平贸易为核心诉求,以"双反""301条款""337条款"等非关税措施为主要手段推动新一轮贸易保护主义。

欧元对国际货币体系也产生了重大影响:

（1）从欧盟（欧元区）实体经济、金融市场规模和外汇储备实力以及欧洲中央银行稳健的货币政策等方面条件与美、日对比看，随着欧元的启动，欧元区内逐步形成一个庞大的统一的金融市场，市场规模的扩大和筹资成本的降低增加欧元作为国际货币的吸引力。世界政治经济多极化的潮流已不可阻挡。世界经济区域集团化趋势逐步加强，这都将促进国际货币体系的多极化发展。另外，在浮动汇率已成为国际上主导汇率制度以后，单个国家货币主导国际货币体系的可能性极小，国际货币多元化已成为必然的趋势。

（2）进一步促进了区域货币一体化。如前所述，20世纪70年代初，布雷顿森林体系崩溃以来，世界上出现了一股货币集团化的潮流，欧盟是第一个将货币联盟和建立单一货币设想付诸实践的货币集团，不仅将区域货币一体化推向一个全新的高度，而且也使80年代中期以来的区域经济一体化迈向一个新的顶峰，影响极为深刻。亚洲金融危机以后，日本也发出了建立亚洲货币基金的倡议。随着欧元的稳定运行和影响力的扩大，可能会逐步形成一个以欧洲货币联盟为中心，包括欧盟其他成员、中东欧、法郎区、地中海以及洛美协定国家的欧元集团，会进一步加剧货币集团化倾向，未来世界很有可能出现一种以美元、欧元、日元、人民币四大货币区域为核心，以其他货币区域为补充，不同货币区域之间既有竞争又有合作的格局。

（3）促进各国在宏观经济政策和国际货币合作方面的协调，有利于汇率制度改革。目前世界上占主导的是浮动汇率制度。在没有统一的国际货币体制支撑的情况下，浮动汇率制度大体上适应了当前世界经济的要求，对世界经济发挥了一定的推动作用。但浮动汇率最大的缺陷是，汇率频繁变化增加了国际贸易和国际投资的不确定性、风险及交易成本，国际金融风险也容易通过外汇市场在各国之间传递，从而可能损害一国经济及金融的稳定与安全。欧元对国际汇率制度改革的最大启示是，可以通过成员国的经济趋同和政策协调来确保货币联盟及单一货币的运行，实现货币稳定和固定汇率。欧洲货币联盟具有布雷顿森林体系所完全没有的强有力的、超国家的宏观经济政策协调权，是以欧元为中心的统一汇率制度运行的基本保证。因此，国际汇率制度改革需要世界各国在维护国际货币体系稳定性、权威性与保持各国货币独立性两个目标之间作出适当的权衡和选择。

中长期看，欧元将继续在曲折、缓慢和痛苦的结构改革中前行。其一，欧盟不断深入一体化的政治意愿所蕴含的相互妥协能量巨大。单一货币欧元和体现"多速欧洲"的欧元区的创立，体现了欧盟国家希望通过推进一体化，解决战争与和平这一根本问题的政治意愿和为此所愿承担的主权让渡和利益牺牲。面对全球化下新兴国家迅速崛起、世界政治经济格局和治理规制重构的挑战，欧盟只有坚持深化一体化才能作为世界一极保持其在新格局中的地位和影响，其中的欧元将继续扮演重要角色。其二，不断完善的体制机制将对欧元形成有效支撑。正如原欧委会主席巴罗佐指出，欧债危机是个唤醒铃，唤醒了欧盟国家的改革意识。欧债危机期间，各成员国已达成了共识，欧债问题的真正解决还是需要各国做全面的结构性改革，以增强各成员国的竞争力，提高经济运行质量，通过内生性经济复苏增长逐步拉平国别差距。无论是强调以创新和教育、知识、数字经济为基础的增长，以环境友好绿色经济为依托的可持续增长，还是希冀加强成员国竞争能力、巩固财政和金融监管的《欧元区竞争力公约》还是最近TPI的出台都说明欧盟和欧元区在不断与时俱进，校准和修改目标和工具，重视通过改革激发欧元区发展的潜力。其三，欧盟所具有的相关比较优势将有利于其长期走出困境，包括丰富的高素质人力资源、高技术创新潜力（如环保和可再生能源技术等）、多元一体的民主、妥协合作意识、相对成熟的治理机制、逐渐开放的心态、和谐的社会氛围和良好的基础设施等。

二、其他区域性货币一体化

(一)阿拉伯货币基金组织

亚非货币一体化比较典型而且进展比较顺利的是阿拉伯国家组成的阿拉伯货币基金组织(Arab Monetary Fund,AMF)。这个组织于1975年2月正式成立,1977年4月在阿拉伯联合酋长国首都阿布扎比正式成立。成员国为阿拉伯国家联盟的22个成员国。总部原设埃及开罗,1979年4月埃及因与以色列签订和约而被冻结会员国资格后,总部迁至阿布扎比。近年来,该基金会与国际货币基金组织和世界银行保持了密切的合作,并与欧盟中央银行和美联储保持了密切的联系。

阿拉伯货币基金组织的宗旨是:(1)探讨和制定会员国之间金融合作的方针和方式。(2)促进阿拉伯经济一体化和各成员国经济发展。(3)调节会员国国际收支平衡,保持各国货币间的汇率稳定,从而加速贸易的发展。(4)扩大阿拉伯金融市场,推广作为记账单位的阿拉伯第纳尔的用途,为发行统一的阿拉伯货币创造有利条件。

基金法定资本为2.63亿阿拉伯第纳尔(Dinar),由各成员国按照经济实力确定应缴纳的份额,按照协定,这个基金组织除建立普遍储备资金外,在必要时还可设立特别储备资金。1983年4月,基金组织的核定资本增至6亿,分为5260股。资金主要用于向成员国发放中、短期贷款。成员国为平衡国际收支,有权提取数额为其实缴额75%的贷款。如出现国际收支危机,借款数额可提高到100%。任何成员国一年中获得的贷款总数为实交资本的1倍。贷款在3年内偿还,按统一的优惠利率(3%~7%)计息。2019年3月28日阿拉伯货币基金组织宣布搭建阿拉伯货币跨境支付平台,促进阿拉伯货币跨境支付和清算。该平台是阿拉伯地区支付系统的一部分,位于阿联酋,由阿拉伯货币基金组织所有,初始资本金为1亿美元。

(二)其他发展中国家的货币一体化

近30年来,国际货币关系发展中的一个新特点,就是发展中国家为摆脱大国的控制,加强南南合作,实行经济货币联合。

1. 中美洲经济一体化银行

中美洲经济一体化银行由危地马拉、萨尔瓦多、洪都拉斯、尼加拉瓜和哥斯达黎加五个中美洲国家于1960年创立,后来多米尼加、巴拿马和伯利兹加入,墨西哥、西班牙、阿根廷、哥伦比亚、古巴、韩国和中国也从地区以外加入。该银行旨在为成员国的各种发展项目以及中美洲共同市场的贸易提供资金,以促进成员国的经济一体化和各国经济的平衡发展。1981年该行建立了一个共同市场的特别基金,帮助成员国应付沉重的债务负担。

2020年9月3日,中美洲经济一体化银行(BCIE)以视频方式举行第60届年会,通过了该行2020—2024年机构战略,拟在未来5年内为成员国(地区)提供151.9亿美元融资,推动公私联合、清洁能源和包容发展。韩国于2020年1月正式加入BCIE。2021年6月,中美洲经济一体化银行韩国办事处正式落户首尔汝矣岛。韩国办事处将作为支持韩国企业进军中美洲市场的窗口,把政府部门与专业机构、地方资本市场、绿色气候基金、韩国民间机构、其他多边开发银行等连接起来,并发挥经济投资合作"催化剂"作用。

中美洲经济一体化银行(CABEI)在2023年第一季度批准了总额为15.222亿美元的贷款,用于促进人类发展和社会包容、可持续竞争力和区域一体化的举措。该计划一共资助八个项目,造福危地马拉、洪都拉斯、哥斯达黎加、多米尼加和阿根廷等国家的人民。CABEI计划在2023年批准高达33亿美元的新贷款。哥斯达黎加和多米尼加是该银行2023年批准贷款最多的国家,分别占39%和32%。这些支出将继续或完成危地马拉、萨尔瓦多、洪都拉斯、尼加拉瓜、巴拿马、多米尼加、阿根廷和哥伦比亚的计划和项目。CABEI保持"财务稳健和充足的流动性",维持"拉丁美洲最好的信用风险,获得标准普尔(AA)、穆迪(Aa3)和日本信用评级(AA)的评级"。

2. 西非货币联盟

在非洲1962年成立了西非货币联盟,当时由非洲西部的塞内加尔、尼日尔、贝宁、科特迪瓦、布基纳法索、马里、毛里塔尼亚等7个成员国组成。1963年11月,多哥加入了该联盟。西非货币联盟成员国原系法国的领地或殖民地,是法郎区的一部分,这些国家在独立前后的一段时期,使用的货币为"法属非洲法郎",1962年11月1日,西非货币联盟成立了"西非国家中央银行",作为成员国共同的中央银行,总行设在塞内加尔首都达喀尔,在各成员国设有代理机构,总行负责制定货币政策,管理外汇储备,发行共同的货币"非洲金融共同体法郎",供各成员国使用。西非货币联盟现为西非经济货币联盟(1994年1月10日成立)。截至2022年,联盟共召开了23届国家元首和政府首脑会议。

联盟下设两家银行:(1)西非国家中央银行,发行非洲金融共同体法郎(简称"非洲法郎"),总部设在塞内加尔首都达喀尔,在各成员国均设有分支机构。(2)西非开发银行(简称"西非行"),系区域性政府间开发金融机构,总部设在多哥首都洛美,旨在促进联盟成员国经济平衡发展和西非经济一体化。西非行的资本金由其股东认缴,股东分为A、B两类,A类为贝宁、布基纳法索、科特迪瓦、几内亚比绍、马里、尼日尔、塞内加尔、多哥、西非国家中央银行,B类为法国、德国投资与开发有限公司(代表德国政府)、欧洲投资银行(代表欧盟)、非洲开发银行、比利时、印度进出口银行(代表印度政府)、中国人民银行(代表中国政府)。总部设在多哥首都洛美。

3. 南美洲国家联盟

南美洲国家联盟(Union of South American Nations)是根据《库斯科宣言》于2004年12月8日成立的主权国家联盟,截至2008年共有成员国12个,观察员国2个。联盟原名为南美洲国家共同体,2007年4月16日改为南美洲国家联盟。联盟总部设于厄瓜多尔首都基多,而南美洲银行设于巴西首都巴西利亚。南美洲国家联盟由玻利维亚、哥伦比亚、秘鲁3个安第斯共同体成员国和阿根廷、巴西、乌拉圭、巴拉圭和委内瑞拉5个南方共同市场成员国,以及厄瓜多尔、智利、圭亚那和苏里南共12个南美国家组成。截至2019年,成员国仅剩苏里南、委内瑞拉、玻利维亚、乌拉圭和圭亚那五国。2023年3月,阿根廷决定重新加入南美洲国家联盟。2023年4月,巴西宣布重返南美洲国家联盟。

2023年5月,南美洲国家联盟峰会在巴西开幕。12个南美国家的领导人和高级别代表齐聚巴西利亚,就如何加强区域合作、推进南美一体化进程交换意见,并签署《巴西利亚共识》,这是2014年以来的首次。在峰会上,东道国巴西总统卢拉向南美洲国家领导人及领导人代表呼吁"去美元化",建立南美洲共同货币,寻求南美国家在经贸方面的自主权,促进金融一体化,重振南美洲经济。

可以预见,随着国际经济关系的发展,将来会形成更多的货币区,而由国际货币基金组织进行协调。随着货币一体化的演进,国际金融一体化的趋势正在不断加强。

复习思考题

1. 国际货币体系的发展经历了哪几个阶段？
2. 什么是特别提款权？它的特点和使用分配原则有哪些？
3. 关于国际货币体系改革的主张有哪些？其前景如何？
4. 什么是区域货币一体化？它是否代表国际货币体系的发展方向？

延伸阅读

美元潮汐现象、国际货币体系与世界经济金融危机的爆发

布雷顿森林体系瓦解后，美元不再承诺与黄金挂钩，黄金非货币化，美元作为主权货币首次独自成为国际货币，国际货币体系演变为美元本位制。在美元本位的国际货币体系下，世界经济金融危机频频爆发。典型的危机有20世纪90年代日本大衰退、1994年墨西哥金融危机、1997年东南亚金融危机、2008年美国次贷危机及随后的全球金融大海啸。

一、美元潮汐现象是世界经济金融危机爆发的直接原因

在当前国际货币体系下，作为国际货币的美元，其发放不再受黄金储量和开采水平的限制，而仅仅取决于美国经济发展的状况。随着美国经济的不断衰退，美国主要通过经常项目逆差输出美元，通过资本和金融账户顺差回流美元，从而在美国和世界其他国家之间形成了波澜壮阔的美元潮汐现象。而正是这种美元潮汐现象导致了世界经济金融危机频频爆发，具体如图1所示。

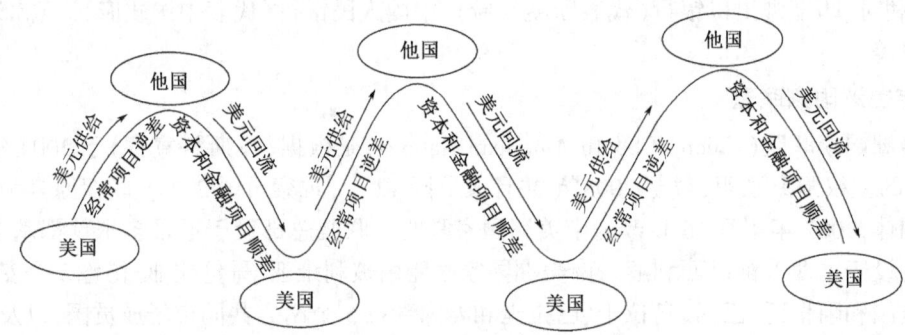

图1 美元本位的国际货币体系下的美元潮汐现象

从上图可见，在美元本位的国际货币体系下，美元潮汐现象可以分为"涨潮"和"退潮"两个阶段。美国通过经常项目账户逆差向世界各国购买商品、输出美元，这是美元"涨潮"阶段。在这一阶段，美国对外经济格局表现为商品输入，国际收支平衡表上表现为经常项目账户逆差。他国获得美元后，又把这些美元投资到美国的金融市场，这样美元就从他国回流美国，这个阶段是美元"退潮"阶段。在这一阶段，美国对外经济格局表现为资本输入，国际收支平衡表上表现为资本和金融项目顺差。

在美元潮汐现象下，美国利用美元国际货币的特殊地位，不仅在世界范围内获取资源支持美国一国经济的发展，还造成了世界范围内经济金融危机频频爆发。这其中的逻辑关系具体表现为：当美国通过经常项目逆差向世界各国投入美元流动性，就形成美元的"涨潮"现象，大量的美元流入世界其他国家，投向这些国家的房地产、股市等，造成资产泡沫严重；而随着美元的"退潮"，大量资金从其他国家流回美国，造成这些国家资产泡沫崩溃，经济金融危机爆发。

二、当前国际货币体系是世界经济金融危机爆发的共同国际因素

在表面上看,美元潮汐现象是世界经济金融危机爆发的始作俑者,但根本原因则是当前国际货币体系,当前国际货币体系是世界经济金融危机爆发的共同国际因素。在当前美元本位的国际货币体系下,美国根据本国经济发展的实际情况,通过调整货币政策,指挥美元潮汐波动,给他国经济带来冲击,造成了世界范围内经济金融危机频频爆发,且美国也没能幸免于难,具体如图2所示。

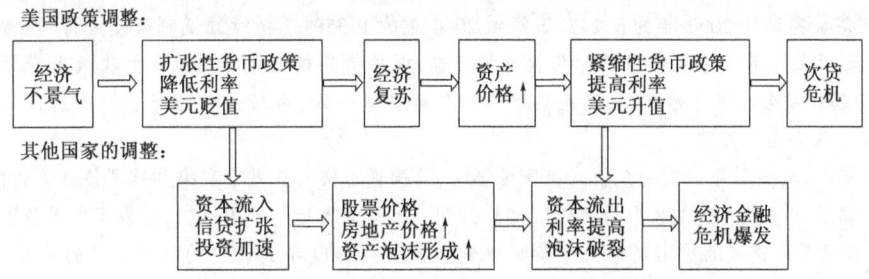

图2 当前国际货币体系下经济金融危机爆发示意图

从图2可以看到,美国完全是根据本国经济的情况制定货币政策的;美元潮汐现象也会随着联邦基金利率的变动影响世界经济。当美国经济不景气时,美联储会实行扩张性货币政策,降低联邦基金利率,美元贬值,此时美元从美国流出。对于其他国家,美元的流入造成本国信贷扩展,投资加速。这些投资主要是投到资本和房地产市场,引起股票和房地产价格上涨,资产泡沫形成。此时,对于美国,受低利率的影响,经济开始复苏,资产价格上涨,经济过热。为了抑制经济过热,美国实行紧缩性货币政策,提高利率,美元升值,资本回流。而对于其他国家,资本流出,利率提高,资产泡沫崩溃,此时,如果该国金融体系不完善、金融市场不发达、宏观经济政策不得当,就会爆发经济金融危机。

美元潮汐下,美国也不会幸免于难。在经济过热情况下,利率的提高会使得原本处于高位的资产价格大幅度下降,在国内对金融机构特别是影子银行监管不完善的情况下,大量卷入资本市场的资金最终血本无归,金融机构破产,企业倒闭,危机爆发。2008年的次贷危机就是明证。

图3显示了美国联邦基金利率调整下,美元潮汐现象与世界范围内的几次经济金融危机的联系。

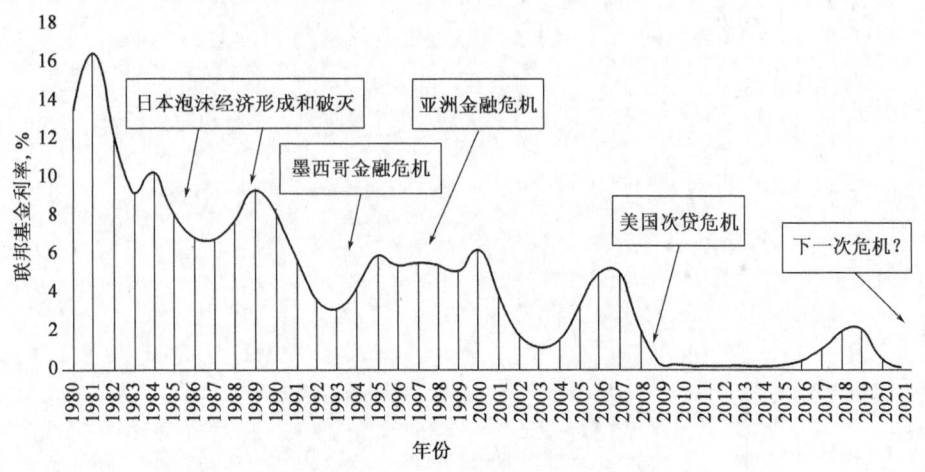

图3 美国联邦基金利率调整与经济金融危机

例如,20世纪80年代,为了应对本国经济疲软,美国从1981年开始调低联邦基金利率,加之1985年的广场协议又导致日元升值,大量的美元如潮水一样从美国流入日本,投向日本的房地产和股市,造成日本经济泡沫严重。而随着美国经济的恢复,从1988年开始,联邦基金利率开始上调,大量资本从日本回流美国,完成了美元的潮汐过程,而这一过程直接导致日本经济泡沫破灭,日本陷入了长期的经济萧条。

再如,20世纪90年代初,美国经济整体表现疲软,1991年GDP同比增幅已低至-1%,通胀率也由高位6%回落至2%。为挽救经济颓势,美联储在36个月内将联邦基金目标利率从8.25%降至3.00%,导致大量的资本从美国流出,主要流向墨西哥、俄罗斯、东南亚新兴市场等国家,造成这些国家经济繁荣,投资盛行,经济泡沫化严重。而随着美国经济的恢复,联邦基金利率从1995年开始上调,引发了大量资金流回美国,美元潮汐现象又一次重演,相继造成墨西哥经济危机、东南亚金融危机和俄罗斯金融危机。

2000年互联网泡沫崩溃,美国经济开始下滑。为了防止经济持续下滑,从2000年开始,美国下调联邦基金利率,联邦基金利率从2000年的6.24%下降到2004年的1.35%。持续的低利率使大量资金流向了美国的房地产市场,由此导致一系列住房抵押贷款抵押证券、抵押债务权证等信用低下的次级房贷衍生品出现。2005年,美国联邦基金利率开始上调,高企的房地产价格持续下跌,房贷衍生品资金链条断裂,次贷危机爆发,继而引发全球金融大海啸。

从2009年开始,为了应对次贷危机对美国的影响,美国通过实行0基准利率和购买债券方式向市场注入大量流动性,虽然实现了长达128个月的经济增长,但是,大量资本也从美国流出,造成了世界各国通胀严重;2019年新冠疫情暴发造成的美国经济大萧条则被看作2007—2009年大衰退的延续。过剩美元在世界范围内流动,随时可能在世界各地引发新一轮的经济金融危机。

(论文原标题为《国际货币体系与世界经济金融危机的爆发——兼论人民币国际化战略选择》,作者刘伟,载于《华南师范大学学报(社会科学版)》2022年第2期,有删减)

第十一章 国际金融机构

在国际经济贸易发展过程中,有许多重大经济、金融问题需要组织协商讨论,以协调各国的经济贸易关系。同时,为了促进国际经济贸易的发展,保证国际货币体系的运转和支持某些国家特别是发展中国家发展经济,客观上需要从事国际金融事务的组织机构协调和管理。

第一节 国际金融机构概述

一、国际金融机构的概念及类型

国际金融机构又称国际金融组织,是指通过从事各种国际金融业务以协调国际金融关系、加强国际合作、维护国际货币和信用体系正常运行的超国家金融机构。从广义上看,凡旨在稳定和发展世界经济、区域经济而进行国际金融事务协调和管理的超国家组织机构,都属于国际金融机构的范畴。国际金融机构的名称大多数以银行相称,有的也采用基金组织、公司、协会等名称。

国际金融机构有以下三种类型:

(1)全球性的国际金融机构,如国际货币基金组织、世界银行集团(国际复兴开发银行、国际金融公司和国际开发协会)。

(2)半区域性(有区域外国家参加)的国际金融机构,如亚洲开发银行(Asian Development Bank,ABD)、泛美开发银行(Inter-American Development Bank,IBD)、非洲开发银行(African Development Bank,AFBD)等。

(3)区域性的国际金融机构,如欧洲投资银行(European Investment Bank,EIB)、阿拉伯货币基金组织(Arab Monetary Fund,AMF)、西非发展银行(West African Development Bank,WADB)、国际经济合作银行(International Bank for Economic Co-operation,IBEC)、国际投资银行(International Investment Bank,IIB)等。

其中,全球性的国际金融机构是所有国际金融组织中成员国最多、影响最大的机构。

二、国际金融机构的产生与发展

第一次世界大战的战胜国集团为处理战后德国赔款问题,由英国、法国、意大利、德国、比利时、日本六国的中央银行和代表美国银行界的美国摩根银行,于1930年5月在瑞士巴塞尔成立了国际清算银行(Bank for International Settlements,BIS),这是设立国际金融机构的重要开端。

第二次世界大战后,建立了以美元为中心的布雷顿森林国际货币体系,相应地成立了国际货币基金组织和世界复兴开发银行等全球性国际金融机构,作为维护和保障这一国际货币体系的组织机构。20世纪50年代至70年代,欧洲、亚洲、非洲、拉丁美洲、中东等地区的国家,为抵制美国对国际金融事务的控制和操纵,通过互助合作方式,建立起一些区域性的国际金融机构(如泛美开发银行、非洲开发银行、亚洲开发银行等),以适应本地区的实际需要,谋求本地区的经济发展。

进入21世纪以来,新兴国家日益成为全球经济增长的新引擎,但不合理的国际金融机制并未改观。发展中国家对IMF和世行机制改革呼声渐涨,同时也在探索以发展中国家为主体的国际金融机构建设。发展中国家间开始加强货币合作,金融合作实体化,呈现内部联合趋势,金砖国家新开发银行、亚洲基础设施投资银行等以发展中国家为主体的多边国际金融机构开始发挥更大作用。发展中国家已成为推动国际金融体系进行更加合理公正改革的重要力量。

三、国际金融机构的作用

国际金融机构建立以来,在加强国际经济、金融合作,发展世界经济及区域经济方面起了积极的作用,具体表现在:

(1)组织商讨国际经济、金融领域中的重大事情,以协调各国间的相互关系。

(2)提供短期资金,解决有些国家国际收支逆差,这在一定程度上缓和了国际支付危机。

(3)提供长期发展资金,促进许多国家,特别是发展中国家经济发展。

(4)提供普通提款权和分配特别提款权,增强国际货币基金组织会员国的国际清偿能力,适应世界经济发展的需要。

(5)稳定汇率,保证国际货币体系的运转,促进国际贸易的增长。

但是,目前的国际金融机构也存在一定的缺陷:国际金融机构的领导权大都掌握在西方工业国家手里,发展中国家的意见和建议往往得不到充分的反映,更少付诸实施。国际金融机构对发展中国家提供贷款的条件过分苛刻,发展中国家接受它们贷款的资格,首先是要按它们的意图调整本国经济,这在一定程度上干预了发展中国家经济生活的内政。现在发展中国家正通过各种形式,与发达国家斗争,以取得在国际金融机构内的平等权利。

第二节 国际货币基金组织

一、国际货币基金组织的建立

国际货币基金组织(International Monetary Fund,IMF)是根据布雷顿森林协定而成立的全球性国际金融机构。1944年7月1日至22日,44个国家的代表在美国新罕布什尔州的布雷顿森林举办了一次"联合与联盟国家货币金融会议"(United Nation Monetary and Financial Conference),签订了"布雷顿森林协定"(Bretton Woods Agreement),决定成立国际货币基金组织与国际复兴开发银行(International Bank of Reconstruction and Development,IBRD)。1945年12月27日,29个国家(占会员国的65%)的政府批准了布雷顿森林协定,使这个协定开始生效。国际货币基金组织于1946年3月正式成立,1947年3月1日开始活动,同年11月15日成为联合国专营国际金融业务的一个专门机构,总部设在华盛顿。截至2023年6月,国际货币基金组织成员国已达190个。

国际货币基金组织的成立宗旨是:

(1)通过会员国共同研究和协商国际货币问题,促进国际货币合作。

(2)谋求国际贸易的扩大与均衡发展,以便促使会员国的就业和实际收入达到较高的水平和开发生产资源。

(3)促进汇率的稳定和有条不紊的汇率安排,借以避免竞争性的货币贬值。

(4)为会员国间的经常性交易建立一个多边支付和汇兑制度,并设法消除阻碍国际贸易发展的外汇管制。

(5)在临时性的基础上和具有还款保障的条件下为会员国融通资金,帮助纠正国际收支的不平衡,以避免采取有损于本国或国际经济繁荣的措施。

(6)争取缩短国际收支失衡的时间,并减轻其程度。

国际货币基金组织的上述宗旨大体上可以分为一般目标和直接目标两个层次。一般目标是加强各国在货币金融领域的合作,谋求国际贸易的均衡发展,促进会员国就业、收入的提高和生产资源的开发。为了实现这些一般目标,基金组织必须达到的直接目标是:维持汇率的稳定,防止各国货币竞相贬值;建立一个多边支付和汇兑制度,设法消除各种外汇管制;维持国际收支平衡,通过融通资金等方法尽力消除国际收支不平衡,等等。

二、国际货币基金组织的组织结构

IMF 的组织结构由理事会、执行董事会、总裁和常设职能部门等组成。

(一)理事会

理事会(board of governors)是 IMF 的最高决策机构,由各成员国各派一名理事、一名副理事组成,任期 5 年。理事通常由该成员国的财政部长或中央银行行长担任,有投票表决权。副理事在理事缺席时才有投票权。理事会的主要职权是:批准接纳新的成员国;批准 IMF 的份额规模与特别提款权的分配,批准成员国货币平价的普遍调查;决定成员国退出 IMF;讨论有关国际货币制度的重大问题。理事会通常每年开一次年会,一般同世界银行理事会年会联合举行。

(二)执行董事会

执行董事会(executive board)是 IMF 负责处理日常业务工作的常设机构,由 24 名执行董事组成,任期 2 年。其中 8 名由基金份额最大的 5 个国家(美、日、德、法、英)和另外 3 个国家(中、俄、沙)任命,其余 16 名执行董事由其他成员国分别组成 16 个选区选举产生;中国为单独选区,也有一席。执行董事每两年选举一次;总裁由执行董事会推选,负责基金组织的业务工作,任期 5 年,可连任。执行董事会的职权主要有:接受理事会委托定期处理各种政策和行政事务,向理事会提交年度报告,并随时对成员国经济方面的重大问题,特别是有关国际金融方面的问题进行全面研究。执行董事会每星期至少召开三次正式会议,履行基金协定指定的和理事会赋予它的职权。当董事会需要就有关问题进行投票表决时,执行董事按其所代表的国家或选区的投票权进行投票。

在执行董事会与理事会之间还有两个机构:一是国际货币基金组织理事会关于国际货币制度的临时委员会,简称"临时委员会"(interim committee);二是世界银行和国际货币基金组织理事会关于实际资源向发展中国家转移的联合部长级委员会,简称"发展委员"(development committee)。两个委员会每年开会 2~4 次,讨论国际货币体系与开发援助等重大问题,其通过的决议最后往往就是理事会的决议。

(三)总裁

总裁(managing director)是 IMF 的最高行政长官,其下设副总裁协助工作。总裁负责管理

IMF 的日常事务,由执行董事会推选,并兼任执行董事会主席,任期 5 年。总裁可以出席理事会和执行董事会,但平时没有投票权,只有在执行董事会表决双方票数相等时,才可以投决定性的一票。

虽然 IMF 和世界银行都是全球性机构,但二者仍处于西方国家的控制之下。通常,IMF 总裁由西欧人士担任,而世界银行集团总裁则由美国人担任,这是权力分配中的一种默契。自 IMF 成立至今,共有 13 位欧洲人出任 IMF 总裁,其中包括 5 位法国人。2011 年 7 月 5 日,国际货币基金组织宣布克里斯蒂娜·拉加德被选为该组织下一任总裁,拉加德成为 IMF 自 1944 年以来首位女总裁。现任总裁是克里斯塔利娜·格奥尔基耶娃(Kristalina Georgieva),保加利亚籍,1953 年出生于保加利亚索非亚,2019 年 10 月 1 日就任基金组织总裁,任期 5 年。

(四)常设职能部门

IMF 设有 16 个职能部门,负责经营业务活动。此外,IMF 还有 2 个永久性的海外业务机构,即欧洲办事处(设在巴黎)和日内瓦办事处。

三、国际货币基金组织的资金来源

国际货币基金组织主要的日常业务活动是向出现国际收支逆差的会员提供贷款,它必须有资金,其资金主要来自会员缴纳的份额、借款和信托资金三个方面。

(一)会员国向基金组织缴纳的份额

份额(quota)是基金组织的主要资金来源。每个会员国所缴纳份额的多少,是根据成员国的国民收入、黄金和外汇储备、进出口贸易额及其他经济指标来决定的,具体是按一套较为复杂的方法计算出的。IMF 对各成员国应缴纳的份额,每隔五年进行一次总检查,并对个别国家的份额进行调整。IMF 的计算单位原为美元,1969 年以后改为特别提款权。IMF 创立初期,各会员国缴纳份额总计为 76 亿美元,随着会员国的不断增加,IMF 的 SDR 份额经过多次调整,截至 2021 年 7 月,IMF 总的 SDR 份额资源为 4763 亿 SDR,当下 1SDR = 1.4182 美元,因此,IMF 总份额资源约为 6755 亿美元。

份额是决定成员国投票权、借款权的最主要因素。IMF 的一切活动都与成员国缴纳的份额相联系。IMF 规定,每一成员国有 250 票基本表决权,然后按成员国所认缴份额的量,每 10 万特别提款权折合一票表决权。一个成员国表决权等于该成员国具有的基本表决权(每个成员国是一致的)和认缴份额所代表的表决权的总和。成员国认缴的份额越多,所获票数也就越多,表决权也就越大。第 14 次份额总检查(2015 年)后新兴市场和发展中国家在 IMF 话语权提升,中国超过德国、法国和英国一跃成为第三大份额国,仅次于美国和日本。

配额公式用于帮助评估成员在世界经济中的相对地位,可以起到指导配额增长分配的作用。目前使用的公式是在 2008 年商定的,即 50% GDP + 30% × 开放性 + 15% 波动性 + 5% × 国际储备。有报道指出,GDP 是以市场汇率计算的 GDP(权重为 60%)和以购买力平价(PPP)计算的 GDP(权重为 40%)的混合变量。尽管中国的 GDP 规模已经超过日本,使中国成为仅次于美国的全球第二大经济体,由于 GDP 权重仅占份额公式的一半,中国并不能立刻成为第二大份额国。第 15 次份额总检查(2019 年)结束时,IMF 的份额和治理改革仍没有取得进展。2020 年以来新冠病毒肆虐全球,中国成为疫情以来第一个实现增长的主要经济体,可能是继 2008 年国际金融危机后的又一个新契机。2023 年,第 16 次份额总检查最终会如何,是否可以进一步提升中国在 IMF 的份额,这也许将成为新一任中国籍 IMF 副总裁继续的重要使命之一。

截至2021年,美国财政部目前是IMF最大的股东,拥有16.5%的投票权,几乎是紧随其后的日本和中国的三倍。按IMF的章程,重大事项需85%以上投票支持。这意味着美国在重大事项的决策上都具有一票否决权。

(二)借款

借款是IMF的另一个主要的资金来源。这种借款是在IMF与成员国协议前提下实现的,主要形式有:(1)借款总安排,1962年与"七国集团"签订,总额60亿美元,以应付成员国临时性困难。当时国际货币基金组织还实行固定汇率制,为了维持布雷顿森林体系的固定汇率制度,挽救美元,国际货币基金组织与10个国家签署了借款总协定。虽然最后布雷顿森林体系崩溃,但借款总协定这一安排仍延续下来,并在1983年重新签署,成为国际货币基金组织的资金来源之一。不过这个借款总协定的金额总共只有170亿的特别提款权,约合250亿美元。进入21世纪,美国再次发生严重金融危机,导致更大规模的新的借款安排。欧洲发生债务危机后,又不得不进行第三次借款安排。三次借款安排总的备用信贷资金超过1万亿美元,也超过了国际货币基金组织的基金份额。(2)补充资金贷款借款安排,1979年与13个成员国签订。(3)扩大资金贷款借款安排,1981年5月与一些官方机构签订。此外,IMF还与成员国签订双边借款协议,以扩大资金来源。

(三)信托基金

IMF信托基金设立于1976年。IMF废除黄金条款以后,国际货币基金组织决定将其所持有的黄金的1/6即2500万盎司,分4年按市价出售,用所获利润(市价超过35美元官价的部分)建立一笔信托基金,按优惠条件向低收入的发展中国家提供贷款。

2022年4月,IMF执董会批准设立韧性和可持续性信托基金(Resilience and Sustainability Trust,RST),作为IMF贷款工具箱中除普通资金账户(GRA)和减贫与增长信托(PRGT)之外的第三支柱。为符合条件的中等收入国家和低收入国家提供20年期限和10.5年宽限期的融资。2022年10月,IMF宣布其正式投入运营,中国、澳大利亚、加拿大、德国、日本和西班牙六国提供了总计153亿SDR(200亿美元)的首轮资金。

四、国际货币基金组织的活动及其作用

国际货币基金组织的活动主要表现在汇率监督、储备资产分配和对国际收支赤字国家提供短期资金融通三个方面。

(一)汇率监督

基金组织的汇率监督包括汇率政策监督和宏观经济政策监督两个方面,并以后者为基础。汇率监督的方式主要有个别监督和多边监督两种。个别监督是基金组织对个别会员国的汇率政策和有关经济政策进行的监督,其主要内容是:检查会员国的汇率政策是否与"国际货币基金协定"所规定的义务相一致,并在分析会员经济状况和宏观经济政策的基础上估价其汇率政策。多边监督主要是分析主要工业国家国际收支和汇率政策的相互作用,并估计这些政策在什么程度上能促进一个健康的世界经济环境。

(二)储备资产分配

特别提款权是由基金组织根据各会员国在基金组织的基金份额按同一百分比进行分配的。特别提款权的分配以5年为一个基本期,分期进行,但如果不到5年就把所定数额分配完毕,那么该基本期的时间就是4年或3年。并不是每一基本期都必须重新分配特别提款权,某一期是否分配要由理事会以投票方式决定。

(三)资金融通

向会员国发放贷款是国际货币基金组织最主要的业务活动。基金组织的贷款仅以会员国政府为对象,对私人企业、组织概不贷款。基金组织的贷款方式与一般金融机构的贷款不同:会员国向基金组织借款,采取用本国货币换购外汇的方式,一般称为"购买"或"提存"(drawing);还款时则以外汇购回本国货币,一般称为"购回"。IMF对贷款的目的、条件以及购回都有严格规定,具体见表11-1。

表11-1 IMF对贷款的目的、条件以及购回规定

贷款 (设立年份)	目的	条件	分阶段和监测	贷款限额	收费	还款期限	分期还款
信贷档和中期贷款							
备用贷款 (1952年)	向面临短期国际收支苦难的国家提供中期援助	成员国采取政策使人相信其国际收支难将在合理的期间内得到解决	视遵守绩效标准和其他条件的情况,每季度购买(拨款)一次	年度:份额的200%;累计:份额的600%	基本费加附加费(对超过份额300%的数额收取200个基点的附加费;对超过份额300%三年以上的数额收取300个基点的附加费)	3¼—5	每季度
灵活信贷额度 (2009年)	信贷档的灵活工具,针对所有国际收支需要,无论是现在需要还是现实需要	事先具有十分强劲的宏观经济基本面,经济政策框架和政策记录	在贷款安排的整个期间内,可以先期提用批准的限额,但需完成一年安排中的中期检查	没有预先规定的限额		3¼—5	每季度
中期贷款 (1974年)	提供较长期的援助,以支持成员国克服长期性的国际收支困难而事实的结构改革	实行为期三年、带有结构性议程的规划,并每年提交一份关于今后12个月政策详细说明	视遵守绩效标准和其他条件的情况,每季度或每半年购买一次	年度:份额的200%;累计:份额的600%		4½—10	每半年
特别贷款							
紧急援助	针对下年原因引起的国际收支提供贷款		不分阶段,但战乱后可分两次或更多次购买	一般不超过份额的25%,但在例外情况下可提供最高位份额50%的更大金额	基本费率;在有资金的情况下,费率可补贴至每年0.5%的水平	3¼—5	每季度
自然灾害 (1962年)	自然灾害	采取合理的努力克服国际收支困难					
战乱后 (1995年)	内乱、政治动乱或国际武装冲突造成的后果	侧重于机构能力和行政能力建设,以便为高信贷档安排或减贫与增长贷款铺平道路					

续表

贷款 (设立年份)	目的	条件	分阶段和监测	贷款限额	收费	还款期限	分期还款
向低收入国家提供贷款							
减贫与增长贷款 (1999年)	为解决持续的结构性国际收支而提供的较长期援助：目标是实现持久减贫的经济增长	实施为期三年的减贫与增长贷款安排。减贫与增长贷款支持的规划以受援国在参与性过程中指定的减贫战略性文件为基础，并将宏观经济政策、结构性政策和减贫政策结合起来	视遵守绩效标准的情况和审查结果。每半年（或偶尔每季度）拨款一次	份额的280%；例外情况下可达份额的370%			
外生冲击贷款 (2006年)	为适应突然冲击导致的暂时性国际收支困难而提供的短期援助				0.5%	5 1/2—10	每半年
快速贷款部分	向外生和突然冲击造成的实际国际收支需要提供迅速援助	承诺实施适当的政策；在例外情况下，事先采取行动应对冲击	通常一次性拨付	每次冲击不超过份额的50%，限制在五年内两次冲击	0.5%	5 1/2—10	每半年
高额贷款部分	通过1~2年的高信贷档规划为外生冲击提供援助	实行为期一至两年、涉及宏观经济调整的规划，使成员国能够对冲击做出调整，并采取哪些对于针对冲击进行调整或减缓未来冲击影响很重要的结构改革	视遵守绩效标准情况。多数情况下在完成审查后，每半年或每季度拨款一次	份额的150%（减去针对同一次冲击在快速贷款部分下的任何拨付余额）			

除上述活动外，基金组织还对会员国提供包括培训、咨询等在内的服务。基金组织为会员国组织人员培训，编辑、出版各种反映世界经济及国际金融专题的刊物和书籍，以提高会员国

有关专业人员的素质。同时，基金组织派往各地的人员积极收集和反馈世界各国的经济金融信息，并以派出代表团的形式，对会员国提供有关国际收支、财政、货币、银行、外汇、外贸和统计等诸方面的咨询及技术援助。

国际货币基金组织的建立，对于加强国际货币使用和维护布雷顿森林体系的正常运行起了重大的作用，从而也就直接或间接地促进了世界经济的稳定和发展，尤其是基金组织对会员国提供的各种类型贷款，在一定程度上缓和了国际支付危机和国际经济的失调。

但是布雷顿森林体系崩溃后，西方普遍认为基金组织已不再是一个有效的国际金融机构，理由是：(1)它不能保持货币体系的稳定。(2)在浮动汇率下，它虽然有监督各国国际收支和宏观经济政策的权力，但是它的监督作用对工业大国是很有限的，它只能对一些弱小的发展中国家施加影响。(3)在浮动汇率下，各国政府已没有维持平价的义务，因而会员国对基金组织借款的需求相对减少。

实际上，上述理由并不能说明基金组织已失去存在的必要性，恰好相反。在目前这种复杂的国际货币制度下，更需要一个像基金组织这样的全球性金融机构发挥作用，尤其是它在协调各国政策方面的功能应进一步加强。至于能否做到这一点，关键取决于今后它在汇率和国际清偿能力方面所作努力的成效如何。

五、中国与国际货币基金组织

中国是 IMF 的创始国之一，但在 1980 以前，中国在 IMF 的席位一直被台湾当局占据。1971 年我国恢复了在联合国的合法席位，在联合国各专门机构的合法席位也相继得到恢复。经积极交涉，1980 年 4 月 17 日，IMF 执行董事会通过决议，恢复了中国的合法席位。我国在 IMF 建立时缴纳的份额为 5.5 亿美元，恢复席位后份额增至 12 亿特别提款权；1980 年末各会员国普遍增加份额后，增至 18 亿特别提款权；1983 年增至 23.91 亿特别提款权；1992 年增至 33.852 亿特别提款权，2001 年 2 月 5 日增加至 63.692 亿特别提款权，2010 年增至 95.26 亿特别提款权，在世界各国所交份额中占第六位。2015 年 11 月 30 日，国际货币基金组织执董会批准人民币加入特别提款权(SDR)货币篮子，新的货币篮子于 2016 年 10 月 1 日正式生效。2016 年 1 月 27 日，国际货币基金组织(IMF)宣布 IMF 2010 年份额和治理改革方案已正式生效，这意味着中国正式成为 IMF 第三大股东。IMF 的《董事会改革修正案》从 1 月 26 日开始生效，该修正案是 IMF 推进份额和治理改革的一部分。根据方案，约 6% 的份额向有活力的新兴市场和发展中国家转移，中国份额占比从 3.996% 升至 6.394%，排名从第六位跃居第三，仅次于美国和日本。中国、巴西、印度和俄罗斯 4 个新兴经济体跻身 IMF 股东行列前十名。2016 年 3 月 4 日，国际货币基金组织(IMF)宣布，自 2016 年 10 月 1 日开始，IMF 将在其"官方外汇储备货币构成"(COFER)的季度调查中单独列出人民币以反映 IMF 成员人民币计价储备的持有情况。

自 1980 年以来，我国与 IMF 建立了良好的合作关系，我国与 IMF 的各种业务往来也在不断增加。双方的合作主要有以下方面：

(1) IMF 通过提供贷款支持我国国际收支的改善。如 1980 年，我国宏观经济失衡，通货膨胀加剧，国际收支逆差扩大，为此，IMF 向我国提供了 4.5 亿特别提款权的第一档信贷和 3.05 亿特别提款权的信托基金贷款(年利率 0.5%，期限 10 年)。两种贷款我国分别于 1983 年和 1990 年全部还清。又如 1986 年，我国再次向 IMF 借入 5.98 亿特别提款权的第一档信贷，促进了我国经济的稳定增长，该借款也于 1991 年还清。

(2)IMF通过提供多次技术援助与人员培训,帮助我国提高管理技术水平。在IMF的援助下,我国已在建立外债管理指标与统一监测制度,改进国际收支编制方法,加强中央银行作用,推进税制改革及完善税收管理等方面,取得了明显的进步。2018年4月,中国人民银行与IMF合作成立中国-IMF联合能力建设中心(CICDC),为中国及"一带一路"沿线国家开展能力培训。

(3)我国也定期与IMF磋商与交流。例如:向IMF提供本国国民经济统计数字,介绍我国的经济发展状况和政策意向,让世界进一步了解中国;1980年11月、1986年11月和1990年1月,我国先后与IMF举办大型学术研讨会,1997年9月还在中国香港特别行政区召开了IMF和世界银行的年会,这些会议就各国宏观经济管理和经济增长、IMF的地位、作用及其改革,以及中国银行业务、防范金融危机等重要问题进行了讨论,产生了积极影响。

近年来,我国经济高速高效高质增长,为世界各国提供了中国式现代化发展样本。IMF高度关注并重视对我国经济金融评估监督,从1981年开始定期率团来华磋商。2022年11月,IMF中国代表团与国务院有关部委、学界人士、私人部门等近20家单位,线上开展2022年度第四条款磋商,就经济前景、改革进展和挑战以及政策应对措施深入交流意见。2023年2月3日,IMF发布《2022年中国第四条款磋商工作人员报告》(以下简称《报告》,2023年2月10日,IMF发布部分问题专题报告,为磋商主报告补充内容)。整体看,相较往年,2022年度磋商突出聚焦疫情防控、财政货币政策、房地产问题、结构性改革、气候治理、国际合作等热点问题。

(4)我国按IMF要求进一步改善投资环境,并参与IMF的实际救援工作。1994年我国推出了汇制改革与货币自由兑换的措施,并于1996年实现了货币在经常项目下可兑换。1997年东南亚发生货币危机后,我国从大局出发,坚持了人民币汇率不贬值的政策,并积极参与了在IMF框架下对亚洲金融危机的资金援助计划。这些举措受到了IMF及其他成员国的普遍赞扬。

第三节 世界银行集团

世界银行集团是全球最大的多边开发机构,其宗旨是帮助发展中国家消除贫困、促进可持续发展,包括5个成员组织:国际复兴开发银行(International Bank for construction and Development,IBRD)、国际开发协会(International Development Association,IDA)、国际金融公司(International Finance Corporation,IFC)、多边投资担保机构(Multilateral Investment Guarantee Agency,MIGA)和国际投资争端解决中心(International Centre for Settlement of Investment Disputes,ICSID)。

一、世界银行(World Bank)

(一)世界银行的成立及其宗旨

世界银行是国际复兴开发银行(IBRD)的简称,它也是根据布雷顿森林协定(即国际复兴开发银行协定)建立的、与国际货币基金组织紧密联系、互相配合的全球性国际金融机构。它是根据"布雷顿森林会议"所签订的《国际复兴开发银行协定》于1945年12月与国际货币基金组织同时成立的国际金融机构,1946年6月正式开始营业,其后一年成为联合国的一个金融业务机构,也是联合国属下的一个专门机构,总部设在美国华盛顿,并在巴黎、纽约、伦敦、日内瓦、东京、联合国总部设有办事处,此外,在许多发展中国家设有代表处和常驻代表等派出机构。

根据《国际复兴开发银行协定》，世界银行的宗旨是：(1)对用于生产目的的投资提供便利，以协助会员国的复兴与开发，并鼓励不发达国家开发生产和资源。(2)以保证或参加私人贷款和投资的方法，促进私人的对外投资。(3)用鼓励国际投资以开发会员国生产资源的方法，促进国际贸易的长期平衡发展，维持国际收支的平衡。(4)在提供贷款保证时，应与其他方面的国际贷款配合。

只有国际货币基金组织的会员国才有权申请加入世界银行。到2022年底，世界银行共有会员国189个。

世界银行的会员国均须认购世界银行的股份，认购额由双方协商并经银行理事会批准。世界银行的重大事项均由会员国投票决定。世界银行的每个会员国有250个基本投票权，然后每认购10万美元的股本便增加一个投票权。第二阶段世行投票权改革完成后，IBRD前5大股东国分别为美国(15.85%)、日本(6.84%)、中国(4.42%)、德国(4.00%)、法国(3.75%)和英国(3.75%)。

(二)世界银行的组织形式

世界银行是按股份公司的原则建立起来的企业性金融机构，凡会员国均须认购该行的股份。世界银行的组织机构与国际货币基金组织相似，其最高权力机构是理事会(Board of Governors)，由会员国各指派一名理事和一名副理事组成，任期5年，可以连任。理事和副理事通常是成员国财政部长或中央银行行长等高级官员担任。理事会的主要职权是：批准接纳新会员国；增加或减少银行资本；停止会员国资格；决定银行净收入的分配以及其他重大问题。

世界银行负责处理日常业务的机构也是执行董事会(Board of Executive Directors)。执行董事会由25名执董组成，其中6名由掌握股份最多的国家美国、日本、中国、德国、法国、英国直接派任，不参加选举。其余20名执董由其他成员国的理事按地区组成20个选区，每两年选举一次，其中沙特阿拉伯、俄罗斯为单独选区。

(三)世界银行的资金来源

世界银行的资金主要来源于以下四个方面：

1. 会员国缴纳的股金

世界银行规定，每个会员国均须认购股份。每个会员国认购股份的多少以该国经济、财政力量为根据，并参照在IMF认缴的份额，同世界银行协商，并经理事会批准。按照原来的规定，会员国认购股金分两部分缴付：

(1)会员国参加世界银行时，先缴股金的20%，其中的2%以黄金或美元缴付，世界银行对这部分股金有权自由使用；其余的18%用会员国本国货币缴付，世界银行将这部分股金用于贷款时，须征得该会员国同意。

(2)会员国认购股金的80%是待缴股金，只有当世界银行因偿还债务或保证贷款债务而催缴时，会员国以黄金、美元或世界银行需用的其他货币缴付。

世界银行自建立以来，还一直未要求会员国缴付过待缴股金。尽管如此，待缴股金却为世界银行在国际金融市场借款提供了信用保证。最初，世界银行的法定资本为100亿美元，每股10万美元，1978年4月1日以后，每股按10提别提款权计算。但在1959年，会员国可以将其认缴股增加一倍，但会员国实际缴付的股金并未相应增加，因此会员国实际缴纳的股金由原来的20%将为10%，用黄金、美元缴纳的部分由2%降为1%，会员国用本国货币缴付的部分由原认缴额的18%降为9%；其余的91%是待缴股金。2018年增资协议把中国在IBRD的持股比例,从 4.68% 提高至 6.01%。美国持股比例则从 16.89% 略降至 16.77%。而在按出资情况决定的投票权份额上,完成此次增资以后,美国和日本均略有下降,分别为 15.87% 和 6.83%,但仍占据着第一和第二的位置。而中国在 IBRD 的投票权则从 4.45%,进一步提高 1.26%,份额达到 5.71%,位于美国和日本之后。

2. 通过发行债券取得借款

在实有资本极其有限而又不能吸收短期存款的情况下,世界银行主要通过在国际金融市场上发行债券来筹措资金。发行中长期债券是世界银行的主要资金来源,在世界银行的贷款总额中,约有 80% 的资金依靠发行债券而来。世界银行发行债券,主要通过投资银行、商业银行等中间包销商向私人投资者出售的方式进行,债券的偿还期从 2 年到 25 年不等,利率随行就市。但由于世界银行的信誉较高,所以利率要低于普通公司债券和某些国家的政府债券。除了在国际金融市场上发行债券以外,世界银行也直接向会员国政府、中央银行等机构发行中、短期债券来筹集资金。2021 财年,IBRD 通过发行债券筹集了 674 亿美元资金。从资本市场上筹集到的资金支持了发展贷款,增强了流动性,还被用于偿还即将到期的债务。

3. 债权转让

从 20 世纪 80 年代以来,世界银行常把一部分贷出款项的债权,有偿地转让给商业银行等私人投资者,以提前收回资金,并转为贷款的一个资金来源。

4. 业务净收益

世界银行自 1947 年开办以来,除第一年略有亏损外,历年都有来自投资和贷款(利息和承诺费)的巨额净收益,它除将一部分净收益以赠款形式拨给开发协会及撒哈拉以南非洲地区特别基金外,其余均充作本身的储备金,充当银行的自有资金,成为发放贷款的一个资金来源。

(四)世界银行的主要业务活动

世界银行最主要的业务活动是向发展中国家提供贷款,除此之外,还有技术援助等。世界银行贷款的业务领域与一般开发性银行重视基础设施、能源等领域不同。世界银行的业务领域中,公共管理、社会保护及医疗卫生位居前三,2020 年、2021 年这三者的金额和比例进一步上升。

1. 提供贷款

近些年来,世界银行的贷款已成为发展中国家发展经济的一条较为重要的资金渠道。在 2021 财年,IBRD 的净贷款承诺总额增加了 9%,达到 305 亿美元;支付总额增加了 17%,达到 237 亿美元;对中等偏下收入国家的承诺额占承诺总额 42%。从业务区域分布来看,国际复兴开发银行(IBRD)贷款中,南亚、非洲等欠发达地区贷款上升;对欧洲等发达地区贷款下降;对拉美和加勒比地区、东亚和太平洋地区等中等收入地区的贷款保持稳定。使用世界银行的贷款也决非易事,该行从贷款项目的确立一直到贷款的归还,都有一整套严格的条件和程序。

1)贷款条件

根据世界银行协定,遵循下列原则发放贷款:

(1)贷款只贷放给会员国,并主要贷放给中等收入水平的国家,接受贷款的部门只能是会员国政府,或必须经会员国政府、中央银行担保的公私机构。

(2)贷款一般须用于银行批准的特定项目,重点是交通、公用工程、农业建设和教育建设等基础设施项目,但在特殊情况下银行也发放非项目贷款;银行只提供项目建设总投资的

20%～50%,其余部分由借款国自己筹措,即我们通常所说的国内配套资金。

(3)申请贷款国确实不能以合理条件从其他来源得到资金,银行才考虑给予贷款。

(4)贷款必须专款专用,并接受世界银行的监督。世界银行的监督,不仅在使用款项方面,同时在工程的进度、物质的保管、工程管理等方面也进行监督。

(5)贷款的期限一般为20～30年左右,宽限期5～10年。贷款利率从1976年7月起实行浮动利率,随金融市场利率变化定期调整,基本按世界银行在金融市场借款的成本再加利息0.5%来计算。与一般国际贷款收取承担费相比,世界银行对已订立借款契约而未提取的部分,按年征收0.75%的手续费。

(6)贷款使用的货币。世界银行发放贷款,使用不同的货币;对承担贷款项目的承包商或物资供应商,一般用该承包商、供应商所属国的货币支付;如由借款国承办商供应本地物资,即用借款国货币支付;如本地供应商购买进口物资,即用出口国的货币进行支付。

2)贷款程序

世界银行贷款程序往往因国、因时、因地、因项目而异,但随着贷款业务的发展,已逐渐形成下述的一般程序:

(1)银行与借款国探索提供贷款的可能性,以确定拟申请贷款的项目是否适合银行资助的类型。

(2)双方选定具体贷款项目。

(3)双方对贷款项目进行审查和评估。

(4)双方就贷款项目进行谈判,报执行董事会批准。

(5)贷款项目的执行和监督。

(6)世界银行对贷款项目进行总结评价。

3)贷款特点

与一般的国际贷款相比,世界银行贷款具有以下特点:

(1)贷款期限较长。按借款国人均国民生产总值,将借款国分为4组,每组期限不一,第一组为15年,第二组为17年,第三、四组为最贫穷的成员国,期限为20年,贷款宽限期3～5年。

(2)贷款利率参照资本市场利率而定,一般低于市场利率,现采用浮动利率计息,每三个月或半年调整一次。

(3)借款国要承担汇率变动的风险。

(4)贷款必须如期归还,不得拖欠或改变还款日期。

(5)贷款手续严密,从提出项目、选定、评定,到取得贷款,一般要1年半到2年时间。

(6)贷款主要向成员国政府发放,且与特定的工程和项目相联系。

2. 技术援助

向会员国提供技术援助是世界银行业务活动的一个重要组成部分。这种技术援助往往是与贷款相结合的,帮助借款国进行项目的组织和管理,努力提高资金使用效益。同时,世界银行设立了一所经济发展学院(Economic Development Institute),主要为发展中国家培训中高级官员。另外,世界银行还经常帮助会员国制订社会经济发展计划,并为会员国在经济发展中遇到的某些特殊问题提供解决方案。

二、国际开发协会

(一)国际开发协会的成立

国际开发协会(IDA)是一个专门从事对欠发达国家提供无息长期贷款的国际性金融组织。它成立于1960年9月,同年11月开始营业,会址设在美国首都华盛顿。只有世界银行的会员国才可成为协会的成员。国际开发协会刚建立时有68个会员国,截至2022年6月已经增至173个。根据《国际开发协会协定》的规定,它的宗旨是"为了帮助世界上欠发达地区的协会会员国促进经济发展,提高生产能力,从而提高生活水平,特别是以比通常贷款更为灵活、在国际收支方面负担较轻的条件提供资金,以解决它们在重要的发展方面的需要,从而进一步发展国际复兴开发银行的开发目标并补充其活动"。IDA是世界74个最穷国的最大援助来源之一,这些穷国中有39国分布在非洲地区,东亚地区有14国,南亚地区有6国,欧洲和中亚地区有4国,拉美和加勒比地区有8国,中东和北非地区有3国。IDA提供的资源对生活在IDA成员国的13亿人产生积极作用。1960年以来,IDA累计向114国提供了4580亿美元资金援助。2019—2021财年中,年均援助承诺约为290亿美元,其中约70%流向了非洲。

(二)国际开发协会的组织形式

国际开发协会是世界银行的附属机构,它的组织机构与管理方式与世界银行相同,经营管理由世界银行的人员负责,实际上是两块牌子、一套人马。但是国际开发协会又是一个独立的实体,它有自己的股本、资产和负债业务,有自己的协定、法规和财务系统。国际开发协会不能向世界银行借款。国际开发协会在名义上也有理事会、执行董事会和经理、副经理,其最高权力机构是理事会,日常业务的组织由执行董事会负责,以经理、若干副经理和工作人员组成的办事机构负责处理日常业务工作。但国际开发协会并不是一个独立机构,它实际上是一笔由世界银行经营管理的资金。因此,世界银行的理事会、执行董事会和办事机构也就是协会的理事会、执行董事会和办事机构。经理、副经理由世界银行行长、副行长兼任,办事机构的各部门负责人也都由世界银行相应部门的负责人兼任。世界银行每年向协会收取一笔管理费,弥补因兼营协会业务而增加的开支。

(三)国际开发协会的资金来源

(1)会员国认缴的股本。国际开发协会原定股本为10亿美元,其中一类国家78670万美元,二类国家23700万美元。以后由于会员国的增加,股本额随之增大。国际开发协会的会员通过投票参与决策活动,会员国的投票权与其认缴的股本成正比。成立之初,每一会员具有500票基本票,另外每认缴5000美元股本增加一票。截至2022年5月,中国在国际开发协会的投票权为723535票表决权,占总投票权的2.42%。会员国认缴股本数量按其在世界银行认股比例确定。第一类为发达国家和高收入国家,共21个,这些国家认缴股本应以黄金和自由外汇缴付;第二类国家为发展中国家,这些国家认缴股本的10%需以黄金或自由外汇缴付,其余90%以本国货币缴付,且这些货币在未征得货币发行国认可之前,国际开发协会不得使用。

(2)"补充资金"。由于会员国缴纳的股本有限,远不能满足会员国不断增长的信贷需要,而协会章程又规定协会不得在国际金融市场上发行债券来筹集资金。因此,协会不得不要求会员国政府不时地提供补充资金,以继续进行其业务活动。提供补充资金的国家既有第一类国家,也有第二类国家。自1960年成立以来,IDA已经历了20个增资周期。当前的第20增资期(IDA20)于2021年12月完成增资。此次增资比原定时间提前一年,以满足发展中国家因新冠疫情引发的史无前例的资金需求。总额930亿美元的IDA20一揽子方案包括由52个高收入和中等收入捐助国提供的235亿美元捐赠,另外还包括从资本市场筹集的资金、借款人还款以及世界银行自己提供的资金。

(3)世界银行的赠款和协会本身的业务经营净收入。2019年12月,IDA获得了820亿美元的增资,其中235亿美元来自IDA捐助方。

(四)国际开发协会的主要业务活动

国际开发协会的主要业务活动是向较穷的发展中国家提供比世界银行贷款条件更优惠和宽松的长期贷款。贷款用途主要是电力、交通、通信、水利、港口建设之类的公共工程以及农业、文化教育等。贷款期限长达50年,头10年不必还本,第二个10年每年还本1%,其余30年每年还本3%。贷款可全部或部分用本国货币偿还。贷款免收利息,对已支付额每年仅收0.75%的手续费,对未支付的贷款额每年收取0.5%的承诺费。仅2017—2021年这5年期间,IDA全球承诺优惠贷款和赠款约1318.48亿美元,其中,2021财年IDA全球承诺优惠贷款和赠款约360.28亿美元。在诞生的62年里,IDA已为114个国家提供约4580亿美元。

三、国际金融公司(IFC)

(一)国际金融公司的成立

世界银行的贷款是以会员国政府为对象的,这在一定程度上限制了世界银行业务的发展。为了促进对私人企业的国际贷款的发展,1956年7月国际金融公司正式成立,截至2021年底,现有184个成员国。国际金融公司是专门向经济不发达国家私营企业提供无需政府担保贷款和投资的国际金融机构。根据《国际金融公司协定》,它的宗旨是"鼓励会员国,特别是不发达地区会员国的生产性私营企业的增长来促进经济发展,并以此补充国际复兴开发银行的各项活动"。1957年,公司与联合国签订协议,成为联合国的一个专门机构。

(二)国际金融公司的组织形式

国际金融公司与国际开发协会在组织机构方面不一样,它除了一些机构、人员也由世界银行相应的机构和人员兼任以外,还设有自己的办事部门和工作人员。国际金融公司的组织系统同世界银行一样,只有世界银行的会员才有资格成为公司的会员国,公司的最高权力机构是理事会,日常业务的组织机构是董事会,由总经理、若干副总经理和工作人员组成的办事机构负责处理公司的日常业务。公司的正副理事、正副董事也就是世界银行的正副理事和正副执行董事。公司的总经理由世界银行行长兼任。

(三)国际金融公司的资金来源

(1)会员国认缴的股金。根据公司协定,公司的法定资本为1亿美元,分为10万股,每股1000美元,认缴股金需以黄金或美元缴纳。每一会员国有基本投票权250票,每认一股,再增加一票。IFC2018年增资决议于2020年4月通过生效,增资完成后,中国在IFC的股权升至2.95%,投票权升至2.82%,保持第十大股东地位。

(2)从世界银行和通过发行债券从国际金融市场借入资金。2021财年,IFC通过发行中长期债券筹集到了127亿美元资金。

(3)公司历年经营业务所得利润收入。

(四)国际金融公司的主要业务活动

(1)对会员国私人企业贷款,不须政府担保。贷款期限一般为7~15年,还款时需以原借入的货币偿还。贷款利率视资金风险和预期收益等因素决定,但一般高于世界银行。在整个贷款使用期间,利率保持不变。从贷款发放日起,对未拨付部分每年收取1%的承诺费。贷款额度一般不大,通常在10万至2千万美元的范围内。

(2)对企业进行投资,直接入股。但投入股份一般不得超过总股份的25%,最低只有2%,同时不承担对企业的管理责任,一般也不行使拥有的投票权。其中,长期联合投资是国际金融公司投资活动中的一项重要形式。由于公司自有资金有限,通常是由国际金融公司组织牵头,然后吸引私人投资者、商业银行和其他金融机构参加,共同提供资金。通过这类活动,金融公司在组织工业发达国家资本输出方面起了重要作用。2017—2021年这5年中,IFC全球承诺贷款和股权投资总额约为903.29亿美元,2021财年,IFC投资贷款或投资承诺总额达315亿美元,同比增加11%;其中,37%被用于低收入国家、脆弱国家以及受冲突影响的国家;长期贷款或投资承诺额增至创纪录的233亿美元,其中125亿美元为IFC的自有资金,108亿美元为筹集到的资金。此外,IFC交付了创纪录的82亿美元短期资金,同比增加26%。

四、多边投资担保机构(MIGA)

(一)多边投资担保机构的成立

多边投资担保结构是世界银行集团最年轻的成员,创建于1988年,到2023年5月有182个成员国。多边投资担保机构的宗旨是鼓励生产性的外国直接投资向发展中国家的流动以及资本在发展中国家之间的流动,从而促进国家的经济增长,并以此补充世界银行、国际开发协会的业务活动。为实现其目标,该机构的主要任务之一是经东道国批准,对外国投资者在该国的非商业性风险提供担保以及开展合适的辅助性服务(如为设计和执行与外国投资有关的政策、规划以及程序提出建议和就投资问题在国际商业界与有关国家政府之间发起对话),以促进发达国家向发展中国家和在发展中国家之间的投资活动。

(二)多边投资担保机构的组织形式

多边投资担保机构与国际开发协会在组织机构方面完全不一样,它在财务上和法律上是一个完全独立于世界银行的实体,它有自己的业务和法律人员。多边投资担保机构设理事会、董事会、总裁。机构的一切权力归理事会,理事会由会员国按其自行确定的方式指派理事和副理事各一名组成。董事会负责机构的一般业务,董事人数可由理事会根据会员国的变动进行调整,但不应少于12人,世界银行行长兼任董事会主席,总裁在董事会的监督下处理机构的日常事务。

(三)多边投资担保机构的主要业务活动

1.担保业务

多边投资担保机构对以下四类非商业性风险提供担保:

(1)货币转移险,是指由于投资所在国对货币兑换和转移的限制而造成的风险。

(2)征用险,是指由于投资所在国的法律或行动而造成投资者丧失其投资的所有权、控制权的风险。

(3)违约险,是指在投资者无法进入主管法庭,或这类法庭不合理的拖延或无法实施这一项已作出的对他人有利的判决时,政府撤销与投资者签订的合同而造成的风险。

(4)战争和内乱险,是指武装冲突或动乱造成的风险。

另外,《多边投资担保机构公约》规定,应东道国和投资者的申请,该机构董事会经特别多数票通过,可将公约的担保范围扩大到上述四项风险以外的政治风险。多边投资担保机构提供的保险合同期限通常为15年,在特殊情况下为20年,保险费的收取依项目的类型和所需保险的类型而定,每项保险的年保险费通常在承保额的0.5%~1.25%范围内,最高保险限额为5000万美元。2009年,作为支持外国直接投资的传统产品的补充,MIGA创造了首个替代担保产品,以其他方式促进新兴市场投资。2021财年,MIGA的担保承诺总额达52亿美元,本财年承诺总额中包括该机构"新冠疫情响应快速道机制"下的35亿美元,用于支持私营部门投资者以及新兴经济体和发展中国家的贷款人应对疫情影响。截至2021年6月30日,MIGA的担保总额增加了3.64亿美元,达到230亿美元,其中52亿美元为新增担保。

2. 中介和咨询业务

多边投资担保机构除承保非商业性风险之外,还向其发展中会员国提供投资中介、对有兴趣的会员国提供有关投资的情报,使投资者及时了解发展中国家的投资机遇和商业运转情况,以便投资;提供技术援助和咨询服务,在发展中国家开展一系列培训,帮助东道国改变投资环境,加强对外来投资的吸引力,以促进向发展中会员国和在发展中会员国之间的投资流动。其主要渠道有:投资促进会议、执行发展计划、外国投资政策圆桌会议、外国直接投资法律咨询服务和外国投资咨询服务公司。

五、解决投资争端国际中心(ICSID)

解决投资纠纷国际中心是世界银行下属的非财务机构。它是根据《解决国家与其他国民之间投资争端公约》而于1966年建立的机构,到2021年底有159个成员国。我国于1990年2月在该公约上签字。解决投资纠纷国际中心的任务是调节和仲裁外国投资者和东道国之间的国际投资纠纷。截至2022年6月30日,自1972年第一起案件登记以来,ICSID共计登记案件的总数为888起。近几年来,东欧、中亚、南美、撒哈拉以南的非洲国家最常作为被申请人国家出现。2022财年大部分新案件涉及南美国家(22%),其次为东欧及中亚国家(20%)。此外,中美及加勒比、中东、北非以及撒哈拉以南非洲的国家分别占新案件的12%,东亚、南亚以及西欧国家分别占新案件的8%。北美国家占新案件的6%。其中,秘鲁是最常作为被申请人的国家,在2022财年中涉及4起案件(在2020财年和2021财年分别涉及6起案件);罗马尼亚作为被申请人国家出现在本年度的4起新案件中。对于涉及的产业领域而言,电力及其他能源(24%)、油气及矿业(22%)继续在新案件中占据重要份额。10%的新案件涉及网络技术争议,该数据与2021年度的11%相比有所下降,但较历史均值7%有所提高。其他涉及的领域包括建筑工程(12%),水能源、清洁及洪水治理(8%),金融(6%),交通运输(6%)以及旅游业(4%)。

解决投资纠纷国际中心为了推动其促进投资目标的实现,还在外国投资法领域开展一系列的研究和出版工作。解决投资纠纷国际中心的外国投资法出版物包括半年度法律刊物(解决投资纠纷国际中心评论——外国投资法刊物)以及世界投资法和投资条约多册汇编。

六、中国与世界银行集团

同国际货币基金组织一样,世界银行建立时,中国也是创始会员国之一。新中国成立后,直至1980年5月15日,世界银行执行董事会才通过了恢复我国在世界银行代表权的决定。

自此,我国一直与世界银行集团保持着良好的合作关系,在贷款合作、知识合作和国际发展合作三个方面成果显著。根据《中国周刊》的报道,截至2020年的时候,中国和世界银行一共有五百多个合作项目。

(一)贷款合作

贷款合作是我国与世界银行集团合作的重要内容之一,也是开展其他合作的基础。1978年,中国经济总量居世界第十一位,2010年已经超过日本,成为世界第二大经济体。今天的中国已是一个中等收入国家,其经济具有全球重要性。随着中国经济快速发展,世界银行对中国贷款逐年减少,世界银行与中国的合作势必越来越具有选择性(表11-2)。

表11-2 近5年世界银行对华贷款金额 单位:百万美元

年份	2018	2019	2020	2021	2022
金额	1788	1330	1200	1230	1100

数据来源:世界银行官网

1. 国际复兴开发银行贷款和国际开发协会贷款

截至2021年6月30日,世界银行集团下属的国际复兴开发银行对华贷款总额达到656亿美元,支持发展项目438个。世界银行集团下属的国际复兴开发银行在可再生能源领域已经积累了20年经验,目前正通过结果导向型贷款,帮助中国京津冀地区提高能效、发展清洁能源。基于这些经验,国际金融公司和国际复兴开发银行正在共同探索建立中国绿色投资基金。

2008年5月,中国汶川特大地震发生后,世界银行向我国提供了一系列紧急援助,包括150万美元技术援助赠款、7.1亿美元灾后恢复重建紧急贷款并及时提供了灾后恢复重建政策建议。在大多数情况下,世界银行集团对华贷款项目是世行直接与中国的地方政府合作,项目实施和贷款偿还由各省市负责,各地区根据自身情况,采取灵活贷款方案。对于中国而言,世行的贷款项目也有助于以世界银行为代表的国际金融机构了解中国国情。作为改革开放后第一家对中国进行投资的开发银行,世行集团一直充当中国联通世界的重要桥梁。三十年来,世行贷款不仅弥补了我国经济建设和社会发展所需的资金,而且在推动我国制度创新、技术创新等方面也发挥了明显作用。例如,通过世行贷款引进的竞争性招标机制、工程师监理制度、业主负责制已成为我国重大工程项目的标准作法;通过世行项目引进的供水、污水收费制度已在全国推行,为我国水资源的可持续发展提供了基础;通过世行项目率先试点的区域卫生资源规划、医疗扶贫基金等为我国卫生体制改革与发展提供了宝贵的借鉴经验。

2. 国际金融公司贷款

从1985年批准第一个项目起,截至2021年6月30日,国际金融公司在中国投资总额达到164亿美元,项目超过400个。

国际金融危机爆发后,IFC倡议建立全球贸易融资计划,以增强全球贸易往来。胡主席2008年11月在G20华盛顿峰会上宣布,中国愿积极参与世界银行国际金融公司全球贸易融资计划。2009年4月,我国购买了IFC在华发行的15亿美元私募债券,支持发展中国家的贸易融资。2022年IFC向青岛银行投放1.5亿美元蓝色银团贷款,这也是IFC在中国的首笔蓝色金融投资。蓝色贷款是一种创新融资工具,其资金专门用于服务海洋友好项目和重要的清洁水资源保护项目。

世界银行集团与中国在多个领域开展了合作,尤其是在气候变化等绿色投资领域,重点帮助中国走向可持续发展之路。世界银行集团下属的国际金融公司开展了"中国气候融资咨询项目",该项目通过合作银行提供了1000多亿美元可再生能源项目贷款。目前,国际金融公司正在推进另一项重大新举措:建设绿色商业银行框架。在马鞍山农村商业银行成功试点的基础上,国际金融公司正将该框架向中国其他银行推广。

3. 中国与多边投资担保机构(MIGA)的合作

2012年,中国企业海外投资首次获得MIGA担保,截至2021年2月底,共有9家中国企业就15个海外投资项目累计获得MIGA提供的38亿美元担保,位列全球第十位。我国企业获得MIGA担保的这些项目中不少是与英国、日本、中国香港等拥有丰富海外投资经验的国家或地区共同投资并投保的,利于借助其他国家或地区的经验与资源,学习MIGA投保的流程与要求,从而提高获批的成功率,并为后期自行投保做好准备,值得其他企业借鉴。例如,汇丰银行与日本三菱东京日联银行在孟加拉国合作投资化肥生产项目,中国四家银行与渣打银行英国分行合作投资乌兹别克斯坦电力项目并向MIGA申请担保。

(二)知识合作

在开展贷款合作的同时,我国还积极与世行开展知识合作。世行对华知识援助主要包括技术援助、经济分析、政策咨询等方式。

截至2010年6月30日,世行累计向中国提供了约5亿美元的技术援助贷款和赠款,主要涉及财税、会计、养老金、经济法、金融等领域的改革,为我国建立和完善社会主义市场经济体制做出了积极贡献。随着中国经济转型,综合实力不断增强,世行集团除了提供免息贷款外,还开始向中国提供有偿咨询服务(RAS)。中国于2018年12月批准了第一个RAS项目,世行和中国政府将继续探讨在适当的情况下开展RAS合作。

(三)国际发展合作

随着中国经济的快速发展和国际影响的扩大,国际发展合作日益成为中国与世行合作的一个重要领域。

首先,世行是我国获得先进发展理念的重要渠道。其次,通过世行宣传中国的发展成就和发展经验以及发展理念,客观上促进了国际社会对我发展的理解、同情和支持。第三,2009年以来我国在国际货币基金组织(IMF)和世界银行(WB)的份额和投票权不断提升。我国通过发挥股东国作用,不断扩大对世行重大决策的影响,引导世行的政策和业务向着更加客观公正的方向发展,营造有利于全球共同发展的外部环境。长期以来,我国一直积极支持并参与南南合作,充分利用世行这一最大多边开发机构在发展援助方面所具备的独特优势,扩大了中国在发展中国家的影响。

2004年5月,世行主办、中国协办的上海全球扶贫大会是双方开展国际发展合作的典范。大会推动了国际社会对全球扶贫理念和实践的再认识,并推动了国际社会为减贫而行动的共识。2007年12月,中国首次宣布向世行软贷款窗口国际开发协会捐款3000万美元,受到国际社会的普遍好评,标志着双方合作迈上新的里程碑。自2007年至2020年,我国向国际开发协会捐款19次,捐款总额超过12亿美金,位居世界第六位,仅次于英国、日本等国。而在捐款的这段时间里,我国帮助国际开发协会筹备了497个国际教育援助项目,帮助那些偏远国家的孩子都有学上。

2008年和2009年,中国与世行成功合作举办了两届"中非共享发展经验高级研讨会"。研讨会阐释了中国在改革与发展过程中所面临的挑战、采取的措施以及取得的成就,对比非洲国家不同的经济、历史和文化背景,促进发展经验与模式的相互借鉴,不仅受到与会非洲国家代表的高度好评,而且被世行视为南南合作的成功范例。2008年10月,中国政府以创始捐资国身份向世行南南知识合作基金捐款30万美元,再次向国际社会表明中国积极推动南南合作的态度。2015年,财政部联合世行、我国国家开发银行共同创立对非投资论坛三方合作平台,旨在推动世行框架下对非发展经验交流和投资贸易合作。论坛是中非合作论坛《约翰内斯堡行动计划》的重要内容,已成功举办5届,有力地支持了企业"走出去"、国际产能合作等对外战略。作为中非合作论坛北京峰会的配套活动,2019年9月在刚果(布)首都布拉柴维尔举办了第五届对非投资论坛。

2008年5月,林毅夫被正式任命为世行首席经济学家,这是世行自1945年成立以来第一次任命来自发展中国家的人士担任首席经济学家,也充分说明了世行对中国发展成就和经验的认可。

(四) 我国与世界银行集团合作的政策走向

2019年12月5日,世界银行执董会审议通过了2020—2025财年对华国别伙伴框架这一指导未来5年世行对华合作的战略性文件,强调世行将与中方开展强有力并具有选择性的合作。未来5年,世界银行集团国际复兴开发银行对华贷款规模将保持在每年10至15亿美元,国际金融公司对华业务规模将保持在每年8至12亿美元。世界银行对华合作将聚焦市场与财政改革、绿色增长和包容性增长3大支柱领域,并致力于推动全球知识与发展合作,促进共享中国发展经验,帮助中国提高国际发展合作的标准和质量。世界银行对华国别伙伴框架得到绝大多数执董会成员的积极支持和欢迎。

第四节　区域性国际金融机构

一、国际清算银行

国际清算银行于1930年5月根据海牙国际协定,由英国、法国、意大利、德国、比利时、日本的中央银行,以及由美国商业银行组成的银行团体共同联合组成,行址设在瑞士的巴塞尔,2019年,国际清算银行宣布分阶段在不同城市设立创新中心,首先设立的两个中心位于瑞士巴塞尔和中国香港,第三个位于新加坡。国际清算银行当初创办的目的是为了处理一战后德国赔款的支付和解决德国国际清算问题。此后,该行的宗旨改为促进各国中央银行之间的合作,为国际金融往来提供额外便利,以及接受委托或作为代理人办理国际清算业务,等等。

国际清算银行刚建立时只有7个成员国,截至2020年10月,共有63家成员中央银行或货币当局。国际清算银行是股份制的企业性质金融机构。它的最高权力机构是股东大会,由认缴该行股金的各国中央银行代表组成,每年召开一次股东大会。董事会领导该行的日常业务,由13名董事组成。该行下设四个机构,即银行部、货币经济部、秘书处和法律处。

国际清算银行的资金主要来源于以下三个方面:(1)成员国交纳的股金。国际清算银行建立时,法定资本为5亿金法郎,以后几经增资。该行资本的4/5掌握在各国中央银行手里,1/5为私股。2003年4月1日起,国际清算银行使用国际货币基金组织特别提款权(SDR)计算股本,共有面值相等的60万股(每股面值5000SDR),由成员国认缴。(2)借款。国际清算银行可向各成员国中央银行借款,以补充其自有资金的不足。(3)吸收存款。国际清算银行大量吸收客户存款,存款在该行资金来源中占很大比重。

国际清算银行的主要业务是：

(1)与各国政府或中央银行签订特别协议,代办国际结算业务。第二次世界大战以后,国际清算银行先后成为"欧洲经济合作组织""欧洲支付同盟""欧洲煤钢联营""黄金总库""欧洲货币合作基金"等国际机构的金融代理人,承担着繁重的国际结算工作。

(2)办理各种银行业务,包括存款、贷款、贴现业务;买卖黄金、外汇和债券。

(3)办理黄金存款,给予一定利息,因此有些国家的中央银行将一部分黄金储备存放在该行,赚取利息。

长期以来国际清算银行每月第一个周末在巴塞尔举行西方主要国家中央银行的行长会议,商讨有关国际货币金融方面的重要问题,对西方货币金融市场有重大影响。

中国人民银行于1996年11月正式加入国际清算银行,中国人民银行是该行亚洲顾问委员会的成员,时任央行行长周小川担任该委员会主席。中国认缴了3000股的股本,实缴金额为3879万美元。2005年6月1日,经追加购买,中国共有该行4285股的股本。2006年7月,时任中国人民银行行长周小川出任国际清算银行董事。

二、亚洲开发银行(Asian Development Bank,ADB,简称亚银、亚行、亚开行)

(一)亚行的创建过程

20世纪60年代初,一些有远见卓识的人士开始具体研究讨论建立如世界银行一样服务于亚太地区的金融开发机构。1962年锡兰(斯里兰卡)最早正式提出了建立亚洲银行的计划,同时日本大藏省的一些知名人士及银行家成立机构定期讨论建立亚行的计划。1963年8月亚洲及远东地区经济委员会召开了专家小组委员会会议,一些专家向该委员会提出建立亚行的具体建议。同年12月在马尼拉由联合国亚太经社会主持召开的第一届亚洲经济合作部长级会议上原则上接受了这项建议并开始进行筹建亚行的具体工作。1965年下半年,由亚洲一些国家的财政部和中央银行的高级官员组成了协商委员会,就亚行章程及有关具体条款进行了认真讨论和研究,与此同时,协商委员会奔走游说于世界各地去发展成员。1965年11月至12月在马尼拉召开的第二届会议通过了亚洲开发银行章程。同年12月19日正式营业,总部设在菲律宾首都马尼拉并在世界各地拥有31个办事处。截至2022年,亚行有68个成员国,其中,本地区成员国49个,其他地区成员国19个。

亚行也是股份制的企业性质金融机构,凡成员国均须认交该行的股本,一般由成员国财政部或中央银行与亚行往来。亚行的最高权力机构是理事会,由每个成员国委派理事和副理事各一名组成,主要负责接纳新成员、确定银行股金、修改银行章程、选举董事和行长等,理事会每年开一次年会。理事会的执行机构为董事会。董事会由12个董事和12个副董事组成。亚行68个成员分成12个选区,每个选区各派出1个董事和副董事。日本、美国和中国三大股东国是单独选取区,各自派出自己的董事和副董事。其他成员组成9个多国选区,董事和副董事一职由选区内不同成员根据股份大小分别派出或轮流排出。董事会主要负责亚行日常事务。董事会主席任亚行行长,是亚行的合法代表,由理事会选举产生,任期5年,可连任。亚行的主要职能部门有:农业和乡村发展部、基本建设部、工业和开发银行部、预算部等。

(二)亚行的宗旨、性质和任务

亚行的宗旨是通过发展援助帮助亚太地区发展中成员消除贫困,促进亚太地区的经济和社会发展。亚行的性质是:由所有成员共同出资合办的金融组织,不以营利为目的,而以提供援助为宗旨,既是区域性组织又有明显的国际性,非亚太地区的国家也可以参加。

亚行的具体任务主要有以下四个方面:

(1)为本地区发展中成员国筹集和提供资金,优先考虑最有利于整个地区经济协调发展的项目和规划,其中包括地区性的以及一个成员的项目和规划,还应特别考虑本地区较小或较不发达成员国的需要。

(2)根据本地区成员国的要求,帮助其进行发展政策和规划的协调工作,以便更好地利用自己的资源,更好地在经济上取长补短,并促进其对外贸易、特别是本地区贸易的发展。

(3)为拟订、筹资和执行发展项目及规划提供技术援助,包括编制具体的项目建议书。促进公、私资本对本地区的投资。

(4)在亚行章程范围内,以亚行认为适当的方式,同联合国及其附属机构和向本地区发展基金投资的国际公益组织、其他国际机构以及各国公私营实体进行合作,并向上述组织展示投资和援助的机会。

(三)亚行的资金来源

亚行的资金来源主要有普通资金、亚洲开发基金和技术援助特别基金三个方面,这三个方面的来源各有其特点。

1. 普通资金

普通资金(ordinary capital resources)是亚行开展业务的主要资金来源,它由六个部分组成。

(1)股本。这是成员必须向亚行认缴的部分,亚行初建时股本为10亿美元,经过后来多次增资,2015年,法定股本为1475.5亿美元,认缴资本(subscribed capital)为1470.5亿美元。截至2022年9月,按各国认股份额,日本和美国并列第一(15.60%)。按各国投票权,日本和美国并列第一(12.78%),在这个组织中都是第一大出资国,拥有一票否决权。

(2)借款。亚行从国际金融市场的借款也是一项重要的资金来源,多数是在国际资本市场发行长期债券筹得。

(3)普通储备金。亚行理事会根据亚行章程每年将净收益的一部分划作普通储备金。

(4)特别储备金。是亚行对1984年3月28日以前发放的未偿普通资金贷款除利息及承诺费外所收取的佣金。

(5)净收益。亚行从放款中所得的利息、承诺费和其他收入扣除亚行的利息支出、行政管理费和成员的服务费等所得的净收入部分。

(6)预交股本。亚行成员认缴的股本一般为分期交纳,在法定认缴日之前交纳的股本即为预交股本。

2. 亚洲开发基金

亚洲开发基金(Asian Development Fund)建立于1974年6月,基金主要是来自亚洲开发银行发达会员国或地区成员的捐赠,用于向亚太地区贫困国家或地发放优惠贷款。同时亚洲开发银行理事会还按有关规定从各会员国或地区成员缴纳的未核销实缴股本中拨出10%作为基金的一部分。此外,亚洲开发银行还从其他渠道取得部分赠款。2015年,专项基金达到了8.12亿美元,其中大部分来自亚洲开发基金。

中国减贫与区域合作基金是我国于2005年向亚行捐资设立的信托基金,用于支持亚太地区减贫、区域合作和知识分享,促进亚太地区经济和社会发展。2020年,中国基金出资200万美元,支持亚行向其正在实施的"应对新冠肺炎疫情和其他流行性疾病区域技援项目"追加资金,以帮助亚行发展中成员应对新冠肺炎疫情。

3. 技术援助特别基金

亚洲开发银行认为,除了向会员国或地区成员提供贷款或投资以外,还需要提高发展中国家会员或地区成员的人力资源素质和加强执行机构的建设。为此,亚洲开发银行于1967年成立了技术援助特别基金(Technical Assistance Special Fund)。该项基金的一个来源为增款;另一来源是根据亚洲开发银行理事会1986年10月1日会议决定,在为亚洲开发基金增资36亿美元时将其中的2%拨给技术援助特别基金。

除了以上资金来源外,1988年3月亚行董事会与日本政府签署成立了日本特别基金(Japan Special fund),由日本政府两次拨出款项共计45亿日元(合3580万美元),日本政府还同意今后继续向该基金拨款。为扩大合作,亚行还进行了联合融资,即一个或一个以上的外部经济体与亚行共同对某个开发项目融资。2015年,联合融资伙伴提供了107.35亿美元。

(四)亚行的贷款业务

贷款是亚行的主要业务活动,主要是对本地区成员国政府、政府所属机构、公私企业以及与开发本地区有关的国际机构提供长期贷款。亚行贷款可分两大类:一类是用普通资金发放的普通贷款(也称硬贷款);另一类是用亚洲开发基金发放的特别贷款(也称软贷款或优惠贷款)。此外还有以技术援助特别基金提供的赠款,用于对成员的技术援助,但基金额有限。

普通贷款是亚行以其普通资金对成员提供的贷款,主要贷给本地区比较富裕的发展中国家,贷款范围适用于工业、农业、电力、运输、邮电等部门的开发工程项目。贷款利率一般为浮动利率,每半年调整一次。贷款期限为10~30年,含2~7年的宽限期。贷款时严格贯彻亚行章程中有关贷款的规定,贷款项目要求:项目经济效益好;有利于贷款国经济的发展;借款成员国政府必须有较好的资信,否则就不能批准贷款。

特别贷款也称为软贷款,是以亚洲开发基金提供的贷款,主要贷给比较贫困的发展中成员,借款国人均国民收入不超过670美元(1983年价格)而且偿还能力有限。贷款条件非常优惠,具有援助性质,贷款期限为40年,宽限期为10年,不收取利息,仅收1%的手续费。

亚行贷款项目实施通常包括选项、立项、实地考察、评估、谈判、签约、生效、执行监督和后期评估等阶段。

(1)选项。选项有两个标准:一是被选项目应是申请借款成员的优先发展项目;二是被选项目应符合亚行的贷款原则。

(2)项目选定后,借款成员的有关部门应协调项目的执行机构以及合同有关方面进行可行性研究,写出可行性报告。

(3)实地考察、评估、谈判、签约。经过实地考察、评估和谈判后,批准和签署贷款。

(4)生效。贷款协定签署90天后开始生效,生效前贷款协定和项目协议书须经中央政府核准,还要外交部门、中央银行和司法部门出具法律证明书。

(5)执行与监督。项目执行机构负责项目的实施和管理,亚行负责对执行贷款进行监督。

(6)后期评估。贷款项目完工后,亚行指派有关专家协助项目的执行机构对项目进行系统调试并进行试运行,同时亚行财会部门终止拨付款项并取消该项目贷款账户。

(五)中国与亚行

1966年亚行创建时,台湾当局以中国名义参加。1971年中国在联合国的合法席位恢复后,台湾当局已不再向该行借款。1986年2月17日,亚行理事会通过了接纳中国加入该行的第176号决议,同年3月10日中国成为亚行正式成员国,台湾当局以"中国台北"名义留在该行。目前,中国认缴股本22.8万股,占该行股本总额的6.451%,持有表决票数24.1387万票,拥有5.4642%的投票权,是亚行的第三大认股国。

在1987年亚行年会上,我国当选为亚行董事国,并于同年7月正式在亚行设立执董办公室。亚行于2000年6月16日在北京设立驻中国代表处,是亚行同中国政府、私营部门以及民间组织等利益相关方之间的首要业务联络机构。亚行驻中国代表处主要负责与政府部门的协调和政策对话,是亚行在中国的信息中心。自1986年成为亚行成员以来,中国不断深化与亚行的合作,这主要表现在两个方面:一是中国加大了对亚洲开发基金的援助力度。2005年,中国向亚洲开发基金捐资3000万美元,并且在亚行设立了一项2000万美元的区域合作和扶贫基金,成为第一个在国际开发机构中设立此类基金的发展中国家。2008年,中国又向亚洲开发基金捐资3500万美元。一是亚行也加大了对中国的业务活动。截至2021年12月,中国已累计接受了413.65亿美元的贷款支持,贷款项目283个。2012—2021年,亚行为中国贷款了355笔,资金总额超过33.5亿万美元。中国是亚行世界范围内第二大借款国、技术援赠款的第一大使用国以及第三大股东,应该说得到亚行较大支持。目前,中国与亚行合作的重点主要体现在知识合作、交通、城市发展、清洁能源技术、农村发展和自然资源管理以及区域合作等方面。

1. 知识合作方面

亚行通过研讨会、学术会议和出版图书等方式推广知识和服务,加强与中国在知识领域的合作。2009年,为适应中国日益重视知识合作的要求,亚行与财政部共同成立了中国—亚行知识共享平台,并于11月在上海举办了首次活动——城市化可持续发展区域研讨会。2022年1月18日,亚洲开发银行(以下简称"亚行")—中国区域知识共享中心举办题为"从城市到山区:北京冬奥会赛区规划与场馆技术中的可持续发展目标元素"线上讲座。

2. 交通方面

亚行向交通部门提供了多样化的支持,以推广更环保、更具可持续性的出行方式。亚行支持能效高、安全、保护环境以及有利于贫困人口发展的交通模式。公路项目日益关注发展省级综合公路网络,使农村居民能够进入市场和获得社会服务,为创造就业机会和增加收入做出贡献,并使道路更加安全。铁路项目则重点关注链接中国中西部交通设施落后的欠发达地区,整合节能技术和提高安全性。交通运输行业是中国利用亚行资金规模最大的行业之一。截至2016年9月,中国共计在95个交通项目中获得亚行170亿美元贷款,超过亚行对华总投资的"半壁江山"。在亚行支持中国的交通项目投资中,55%用于高速公路和道路建设,27%用于铁路建设,其余用于城市交通、港口和水上运输等项目。

3. 城市发展方面

亚行还为城市发展提供支持,包括改善城市道路、供水、污水/固体废弃物管理、集中供暖以及有害物/生态管理等。2017年12月,亚行批准黑龙江省绿色城市和经济振兴项目,整体项目预计将于2023年完成。亚行还开展了一批技术援助项目,内容包括城市基础设施建设、以及从城市贫困视角出发,对农村移民在城市面临的就业、收入和公共服务等方面问题的研究。

4. 清洁能源技术方面

亚行正通过开发水电、生物质能、风能、太阳能、垃圾填埋场沼气、地热、IGCC和CCS等先进清洁煤技术,以及煤田气(CMM)项目,帮助中国发展清洁能源和可再生能源供应。亚行的"清洁能源融资伙伴基金"(CEFPF)和亚太碳基金(APCF),为能源效率、可再生能源和减缓气候变化的先进技术(如IGCC和CCS)等创新型贷款和非贷款项目提供支持。亚行还设立了专门的"CCS基金",为这些技术在中国的启动提供资助。在"十二五"规划期间,亚行对中国的绿色投资贷款累计达41亿美元,占亚行同期对华贷款总额75亿美元的55%。近年来,亚行对中国的气候援助资金逐步增加,2019年达到7.62亿美元,重点支持了以解决京津冀雾霾为核心的清洁能源供应和温室气体减排项目以及山东绿色发展基金项目、湘潭低碳城市建设项目等。

5. 在农村发展和自然资源管理方面

在农村发展和自然资源管理方面,亚行支持可持续土地与水资源综合管理,发展重点在帮助小型农户进入市场的可持续农业、灌溉等农业基础设施、农村可再生能源开发、保护生物多样性、生态系统管理和减缓气候变化等。亚行和中国政府在推动农业农村发展以及乡村振兴方面有着紧密合作。2022—2023年,亚行和中国财政部正式签署了黄河流域绿色农田建设和农业高质量发展项目贷款协定,以助力提高项目地区绿色农业生产体系的可持续性。

6. 区域合作方面

亚行也一直与中国密切合作,促进区域合作和一体化。中国不仅是中亚区域经济合作(CAREC)计划和大湄公河次区域(GMS)合作计划的出资方,且积极参与了这两个计划。亚行还与中国共同努力,增进与东南亚国家联盟(ASEAN,东盟)在贸易和金融一体化方面的合作。

7. 未来合作的方向

2021年3月9日,亚行执董会审议通过了指导未来5年对华合作的《中国国别伙伴战略(2021—2025)》,明确亚行将继续支持中国实现高质量绿色发展。未来5年,亚行对华主权贷款承诺总额70~75亿美元,非主权贷款承诺总额22.5亿美元左右。亚行对华贷款将聚焦环境可持续发展、适应和减缓气候变化、老龄化社会和卫生健康安全等三大合作领域,以促进中国体制机制改革、支持提供区域和全球公共产品并推动知识分享。亚行《中国国别伙伴战略》得到绝大多数执董会成员的积极支持和欢迎。

三、亚洲基础设施投资银行(Asian Infrastructure Investment Bank,AIIB,简称亚投行)

(一)亚投行的创建过程

亚投行是一个政府间性质的亚洲区域多边开发机构。2014年10月24日,包括中国、印度、新加坡等在内21个首批意向创始成员国的财长和授权代表在北京签约,共同决定成立投行。2015年12月25日,亚洲基础设施投资银行正式成立。2016年1月16日至18日,亚投行开业仪式暨理事会和董事会成立大会在北京举行。重点支持基础设施建设,成立宗旨是为了促进亚洲区域的建设互联互通化和经济一体化的进程,并且加强中国及其他亚洲国家和地区的合作,是首个由中国倡议设立的多边金融机构,总部设在北京,法定资本1000亿美元。截止到2021年10月,亚投行有106个成员国。

亚投行的治理结构分理事会、董事会、管理层三层。理事会是最高决策机构,每个成员在亚投行有正副理事各一名。除理事缺席情况外,副理事无投票权。在银行每次年会上,理事会应选举一名理事担任主席,任期至下届主席选举为止。董事会负责指导银行的总体业务,为此,除行使本协定明确赋予的权力之外,还应行使理事会授予的一切权力。董事会有12名董事,董事会成员不得兼任理事会成员,其中域内9名,域外3名。每名董事应任命一名副董事,在董事缺席时代表董事行使全部权力。董事任期两年,可以连选连任。管理层由行长和5位副行长组成。任职期间,行长不得兼任理事、董事或副理事、副董事。行长任期五年,可连选连任一次。行长担任董事会主席,无投票权,仅在正反票数相等时拥有决定票。行长可参加理事会会议,但无投票权。行长是银行的法人代表,是银行的最高管理人员,应在董事会指导下开展银行日常业务。

(二)亚投行的宗旨、性质和任务

亚投行的主要宗旨是通过在基础设施及其他生产性领域的投资,促进亚洲经济可持续发展、创造财富并改善基础设施互联互通;与其他多边和双边开发机构紧密合作,推进区域合作和伙伴关系,应对发展挑战。

亚投行的主要职能是:

(1)推动区域内发展领域的公共和私营资本投资,尤其是基础设施和其他生产性领域的发展。

(2)利用其可支配资金为本区域发展事业提供融资支持,包括能最有效支持本区域整体经济和谐发展的项目和规划,并特别关注本区域欠发达成员的需求。

(3)鼓励私营资本参与投资有利于区域经济发展,尤其是基础设施和其他生产性领域发展的项目、企业和活动,并在无法以合理条件获取私营资本融资时,对私营投资进行补充。

(4)为强化这些职能开展的其他活动和提供的其他服务

(三)亚投行的资金来源

根据《筹建亚投行备忘录》,亚投行的法定资本为1000亿美元,分为100万股,每股的票面价值为10万美元。初始法定股本分为实缴股本和待缴股本。实缴股本的票面总价值为200亿美元,待缴股本的票面总价值为800亿美元。域内外成员出资比例为75:25。经理事会超多数同意后,亚投行可增加法定股本及下调域内成员出资比例,但域内成员出资比例不得低于70%。域内外成员认缴股本在75:25范围内以GDP(按照60%市场汇率法和40%购买力平价法加权平均计算)为基本依据进行分配。初始认缴股本中实缴股本分5次缴清,每次缴纳20%。各意向创始成员同意以国内生产总值(GDP)衡量的经济权重作为各国股份分配的基础。2015年试运营的一期实缴资本金为初始认缴目标的10%,即50亿美元,其中中国出资25亿美元。

亚投行的总投票权由股份投票权、基本投票权以及创始成员享有的创始成员投票权组成。每个成员的股份投票权等于其持有的亚投行股份数,基本投票权占总投票权的12%,由全体成员(包括创始成员和今后加入的普通成员)平均分配,每个创始成员同时拥有600票创始成员投票权,基本投票权和创始成员投票权占总投票权的比重约为15%。按现有各创始成员的认缴股本计算,中国投票权占总投票权的26.06%。2015年12月,德国作为首批伙伴国家之一向中国外交部交存关于《亚洲基础设施投资银行协定》的批准书。德国向亚投行提供45亿美元资金,成为全球第四大股东,同时也是亚洲区外最大的股东。

(四)亚投行的贷款业务

自2016年1月16日启动至2022年底,亚投行共批准了218个项目,融资总额超过410亿美元,带动资本近1400亿美元,惠及34个亚洲域内与域外成员。这些项目中,既有公路、铁路、机场、港口、码头等传统基础设施,也有宽带网络等数字信息基础设施以及医疗、卫生、教育等社会基础设施。

作为由中国提出创建的区域性金融机构,亚洲基础设施投资银行主要业务是援助亚太地区国家的基础设施建设。在全面投入运营后,亚洲基础设施投资银行运用一系列支持方式为亚洲各国的基础设施项目提供融资支持——包括贷款、股权投资以及提供担保等,以振兴包括交通、能源、电信、农业和城市发展在内的各个行业。

根据协定,亚投行的业务分为普通业务和特别业务。普通业务是指由亚投行普通资本(包括法定股本、授权募集的资金、贷款或担保收回的资金等)提供融资的业务;特别业务是指为服务于自身宗旨,以亚投行所接受的特别基金开展的业务。两种业务可以同时为同一个项目或规划的不同部分提供资金支持,但在财务报表中应分别列出。

近年来,亚投行根据成员需求,先后三次扩大"新冠疫情危机恢复基金"规模,并在此基础上探讨设立"危机响应常备机制",以便更迅速、更有效地为成员提供纾困支持。此外,亚投行还新设立了"低收入国家特别基金窗口",帮助低收入成员提高项目准备和执行能力、降低融资成本。2022年,亚投行加大了对域外成员的融资支持力度,首个巴西项目与首个科特迪瓦项目先后获批。亚投行还在阿联酋首都阿布扎比开设了首个海外办事处,拓展在中东、中亚、非洲、拉美等地区的投资业务。

复习思考题

1. IMF在国际货币制度运行中的作用如何?
2. 世界银行(IBRD)、国际开发协会(IDA)和国际金融公司(IFC)有何分工?
3. 亚洲开发银行的普通贷款和特别贷款有什么特点?
4. 如何利用国际金融机构的贷款为我国经济建设服务?

延伸阅读

金砖国家新开发银行为全球经济注入新动力

自2012年金砖国家领导人讨论成立新的开发银行以来,在五国共同努力下,金砖国家新开发银行的筹建工作稳步推进,并于2015年7月在上海正式宣布开业。

一、金砖国家新开发银行的成立背景

金融危机后,世界经济遭受严重冲击,需求乏力,经济增长放缓。与此同时,新兴经济体在世界经济中的地位不断提高,在全球治理中的作用日益增强。金融危机使得全球经济进入了一个深度调整和变革时期。

首先,世界经济复苏动力不足。2008年金融危机爆发以来,世界经济表现低迷,复苏前景仍不明朗。2008—2014年,世界经济平均增长率为3.3%,低于危机前五年经济增长平均值1.8个百分点。全球贸易也进入低速增长通道,WTO《2015世界贸易报告》显示,2014年全球货物贸易量增长2.5%,这已经是全球货物贸易增长率连续第三年低于3%。这一水平相比过去20年来的全球贸易5.3%的平均增长率,特别是2008年金融危机前20年6.0%的增长率,有较大差距。

其次,全球经济实力对比发生巨大变化。经济总量上,新兴市场和发展中经济体在世界经济中的比重不断提高。根据IMF数据,2014年新兴市场和发展中经济体按购买力评价计算的GDP占全球的56.9%,并预计这一比例还将继续提高。经济增速上,在世界经济整体低迷的情况下,新兴市场和发展中经济体经济增长率始终高于世界平均水平。以金砖国家为代表的新兴经济体总体上仍保持较快增长，在拉动世界经济增长中发挥重要的作用。作为新兴经济体的代表，中国已经成为全球第二大经济体、第一大货物贸易国，为世界经济增长做出重大贡献。

最后，全球经济治理进入变革期。一方面，传统的治理机制已经启动改革。在IMF、世界银行等传统金融治理体系中，发达国家将投票权的部分份额向发展中国家转移，这将有助于改善新兴经济体治理地位与经济实力不相称的局面。另一方面，新的治理机制开始涌现。随着新兴经济体与发达国家经济实力对比的变化，其在全球治理中的地位也逐渐从边缘向中央转变。2008年金融危机以来，二十国集团逐步取代八国集团成为新的全球治理平台，反映了新兴经济体在国际事务中话语权的增强，体现出全球治理新机制的逐渐形成。总的来看，全球治理的变革在朝着有利于新兴经济体的方向发展。

二、金砖国家新开发银行的业务对象和业务领域

世界银行、亚洲开发银行等传统多边开发性金融机构，其宗旨是发展与减贫，为发展中国家的经济和社会发展提供资金支持和专业咨询。新开发银行则在业务对象和领域上更为集中，明确提出为新兴市场与发展中经济体的基础设施建设与可持续发展服务。

在业务对象上，新开发银行主要面向金砖国家以及其他新兴市场和发展中国家。新开发银行是巴西、俄罗斯、印度、中国和南非等金砖五国倡导成立的跨区域的开发性金融机构，创始成员国覆盖拉美、欧洲、亚洲和非洲等多个地区。根据《福塔莱萨宣言》，新开发银行主要服务于金砖国家以及其他新兴市场和发展中国家。在初始运营阶段，新开发银行将主要针对金砖五国发放贷款。新开发银行也是一个开放型的机构，未来其成员不仅限于现有的金砖五国，还将吸收其他发展中国家加入，贷款范围也将覆盖更多的发展中国家。

在业务领域上，新开发银行的金融支持主要集中在基础设施建设和可持续发展。当前，全球基础设施融资需求巨大，但资金投入严重不足，特别是经济持续走低，亟需新的增长动力。世界银行估计，发展中国家存在大约1万亿美元的基础设施缺口，而现有的多边开发机构远远满足不了这一需求。根据世界银行2014年度报告，2014年世界银行承诺贷款总额为408.43亿美元，用于基础设施建设贷款只占其中一部分。鉴于现有的融资缺口，新开发银行将基础设施建设和可持续发展融资作为业务重点。例如，在金砖国家中，印度、巴西、南非等国基础设施相对落后，可以通过新开发银行的融资支持，与中国进行产能合作。这种合作能够达到互利共赢，对于基础设施落后国家，产能合作帮助他们改善基础设施并带动就业，还可以从中国获得基础设施建设的经验和技术。对于中国来讲，则可以通过产能合作为基础设施制造产业提供潜力巨大的市场，从而带动经济增长。

三、金砖国家新开发银行的国际影响

现有的国际金融治理体系于二战后建立。世行、亚开行等现有的多边开发性金融机构，均在消除贫困和促进经济社会发展方面发挥了重要的作用，但它们的问题和弊端也日益显现，新开发银行的成立有助于现有多边开发金融体系的补充与完善，主要体现在以下两个方面。

第一，新开发银行使国际金融治理体系更加多元化。随着世界经济格局的变化，特别是新兴经济体集体崛起，现有的国际金融治理体系的弊端逐渐显现，而其改革又相对滞后。自成立以来，世界银行受美国主导，行长一直由美国人担任；亚开行则由日美主导，历任行长来自日本。这种国际金融治理体系已经与当今世界经济政治格局的深刻变革不相匹配，损害了发展中国家的利益。此外，世界银行等存在官僚作风、贷款效率低、贷款分配不合理等问题，并且贷款往往附带政治条件。在新开发银行中，新兴市场和发展中经济体发挥主导作用，是对现有多边开发金融体系的有益补充，有利于使现有的国际金融治理体系更加完整和多元化。

第二,新开发银行能够对现有全球金融治理体系改革起到倒逼作用。2010年,世界银行就通过了投票权改革方案,发达国家共向发展中国家转移3.13%的投票权,将发展中国家整体投票权提高到47.19%。其中,中国的投票权从2.77%提高到4.42%,成为仅次于美国和日本的第三大股东国。阿根廷、巴西、印度、印尼、韩国、墨西哥和土耳其的份额均有不同程度的提升。但是,发达国家对方案的落实没有积极性,也没有有效的监督机制,造成改革进展缓慢。从某种角度讲,鉴于现有机制不能反应以金砖国家为代表的新兴市场和发展中经济体在全球治理中的地位,创建新开发银行也是对现有机制改革进程缓慢的一种回应。尽管短期内在规模和影响力上还只能是现有机制的补充,但新开发银行通过自身的发展以及与现有机构形成竞争机制,可以迫使国际金融体系向着有利于发展中国家的方向进行改革。

(论文原标题为《金砖国家新开发银行"新"在何处》,作者耿楠,原载于《国际工程与劳务》2016年第2期,有删减)

第十二章

外汇交易业务与外汇风险管理

虽然外汇交易是伴随着国际贸易的产生而产生的,但发展到今天,外汇交易已不再仅是国际贸易的一种工具,而是一种十分重要的金融交易。国际清算银行(Bank for International Settlements,BIS)报告显示,2009年全球外汇交易创新高,平均每日达1.9兆美元,外汇交易和外汇市场的重要性可见一斑。随着外汇交易规模的不断扩大,外汇风险也显得特别突出。学习这些交易业务,管理外汇风险,无论是对于国家、企业还是个人来说,都具有十分重要的意义。

第一节 外汇市场概述

一、外汇市场的概念

外汇市场是指外汇交易双方及交易中介机构进行外汇交易的场所。任何外汇交易必须借助于外汇市场来进行。根据国际清算银行(BIS)报告,2009年全球外汇交易创新高,平均每日达1.9兆美元,可见,目前外汇市场已经成为世界上最大、资金往来最多的市场。国际市场上的所有多边资金借贷行为和融通行为,无论是国际货币市场、资本市场,还是证券市场、黄金市场,在进行国际资金的转移过程中,都要借助于外汇市场这个平台来进行外汇交易。

二、外汇市场的类型

外汇市场的类型可从不同角度来进行划分。

(一)按外汇市场的组织形态划分

按外汇市场的组织形态不同,外汇市场可分为有形外汇市场和无形外汇市场。

(1)有形外汇市场,是指有具体固定交易场所的外汇市场。

有形外汇市场的主要特点是:第一,固定场所一般指外汇交易所,通常位于世界各国金融中心。第二,从事外汇业务经营的双方都在每个交易日的规定时间内进行面对面的外汇交易。这种市场最初流行于欧洲大陆,故又称"大陆式外汇市场",较为典型的有形外汇市场主要有法国的巴黎外汇市场、德国的法兰克福外汇市场、荷兰的阿姆斯特丹外汇市场以及意大利的米兰外汇市场等。

(2)无形外汇市场是指没有固定交易场所的外汇市场。

无形外汇市场的主要特点是:第一,没有确定的开盘与收盘时间。第二,外汇买卖双方无需进行面对面的交易,而是通过电子计算机终端、电话、电传和其他通信手段与外汇机构联系进行委托交易。第三,各主体之间有较好的信任关系,否则,这种交易难以完成。这种市场最初流行于英国和美国,故其也被称为英美式外汇市场。现在,这种组织形式不仅扩展到加拿大、东京等其他地区,而且也渗入到欧洲大陆。除了个别欧洲大陆国家的一部分银行与顾客之间的外汇交易还在外汇交易所进行外,世界各国的外汇交易均通过现代通信网络进行。无形外汇市场已成为今日外汇市场的主导形式。

(二)按政府对外汇市场的干预程度划分

按政府对外汇市场的干预程度不同,外汇市场可分为自由外汇市场、官方外汇市场和外汇黑市。

(1)自由外汇市场是指不受所在国家政府控制、按照市场汇率进行交易的外汇市场。

自由外汇市场的主要特点是:第一,外汇买卖不受管制,即外汇交易数量、币种和汇率完全由外汇市场供求决定。第二,外汇资金的进出国境不受任何限制。例如:美国、英国、法国、瑞士的外汇市场皆属于自由外汇市场。目前,美国、英国、法国、瑞士的外汇市场皆属于自由外汇市场。

(2)官方外汇市场是指受所在国政府控制、按照中央银行或外汇管理机构规定的官方汇率进行外汇买卖的外汇市场。在发展中国家,官方外汇市场较为普遍。

(3)外汇黑市是指在外汇管制比较严格、不允许自由外汇市场合法存在的国家所出现的非法外汇市场。

外汇黑市的主要特点是:第一,是在政府限制或法律禁止外汇交易的条件下产生的。第二,交易过程具有非公开性。由于发展中国家大多执行外汇管制政策,不允许自由外汇市场存在,所以这些国家的外汇黑市比较普遍。

(三)按外汇交易主体划分

按外汇交易主体,外汇市场可分为银行同业外汇市场和客户外汇市场。

(1)银行同业外汇市场是指金融机构之间相互进行同业外汇买卖的市场,包括同一外汇市场和不同外汇市场上各银行之间的外汇交易、中央银行同商业银行之间的外汇交易、各国中央银行之间的外汇交易。它是现今外汇市场的主体,交易量占整个外汇市场交易量的90%以上,其特点就是交易额度大,每笔交易最低金额为100万美元,也被称为外汇批发市场。

(2)客户外汇市场是指金融机构与客户之间进行外汇交易的市场,包括银行同因商品进出口而产生的贸易外汇供求者、一般金融交易者资金跨国界的汇赠者等进行的外汇交易。相对于银行同业外汇市场而言,客户外汇市场的交易规模较小,所以也被称为零售外汇市场。外汇批发市场也被称为狭义的外汇市场。外汇批发市场同外汇零售市场一起统称为广义的外汇市场。我们通常所说的外汇市场多指狭义的外汇市场。

三、外汇市场的参与者

外汇市场的主要参与者有四类:中央银行、外汇银行、顾客和外汇经纪人。

(一)中央银行

中央银行作为一国货币政策的制定者和实施者,中央银行参与外汇市场交易的目的是储备管理或调整外汇市场资金的供求关系,使汇率维系在一定水平上或限制在一定水平上。在稳定汇率上,中央银行通常设立外汇平准基金,当市场外汇求过于供,汇率上涨时,抛售外币,收回本币;当市场上供过于求,汇率下跌,就买进外币,投放本币。因此,从某种意义上讲,中央银行不仅是外汇市场的参加者,而且是外汇市场的实际操纵者。一般情况下,中央银行在外汇市场的交易量相对而言并不很大,但它对汇率走势的影响却举足轻重。因为外汇市场上其他参与者都密切关注央行的举动,以便能及时追踪和获取政府宏观经济决策的有关信息,进而采取相应的交易策略,所以,央行的一举一动都会影响外汇市场的参与者对汇率的预期,进而对一国货币汇率产生重大影响。

(二)外汇银行

外汇银行是指由各国中央银行或货币当局指定或授权经营外汇业务的银行。外汇银行通常是商业银行,可以是专门经营外汇的本国银行,也可以是兼营外汇业务的本国银行或者是在本国的外国银行分行。外汇银行从事外汇交易,一方面是在零售外汇市场上为客户提供服务,进行外汇买卖,赚取汇率差价,并收取手续费;另一方面在批发外汇市场上直接进行自营外汇买卖,调整自身外汇头寸以盈利或规避风险。外汇银行都在国外分支行或代理行开立外汇账户。银行卖出外汇,即从该行的外汇账户支付;银行买入外汇,即存入该行的外汇账户。目前,外汇银行是外汇市场上最重要的参与者,其外汇交易构成外汇市场活动的主要部分。

(三)客户

客户是指外汇市场上外汇银行的顾客。他们是外汇市场上外汇的主要供给者和需求者,他们在外汇市场上的地位和作用仅次于外汇银行。客户参与外汇市场的目的也各不相同,有的是为了实施某项经济交易而买卖外汇,如进出口商、国际投资者、旅游者等,有的是为了保值,如套期保值者,有的是为了投机,如外汇投机商。在这些客户中,国际投资者是最重要的,这是因为国际投资者在跨国投资中涉及多种货币的巨额买入和卖出,非常频繁地进出外汇市场。

(四)外汇经纪商

外汇经纪商是指在外汇市场上为外汇买卖双方介绍交易、撮合成交并收取佣金的中介者。外汇经纪商介于外汇银行之间、外汇银行和外汇市场其他参加者之间,代洽外汇买卖业务。其本身并不买卖外汇,只是利用自己在信息获取和外汇市场行情分析上的优势,根据买卖双方的条件和意愿,使买卖双方在适当的交易价位上找到合适的交易对象,从而提高了外汇交易的效率。外汇经纪商必须经过所在国的中央银行批准才能营业。

当前,外汇经纪商面临同业间的激烈竞争,并且一些大的商业银行,为了节省手续费,越来越倾向于供需双方直接洽谈成交,如外汇银行同国外的金融机构进行外汇交易,一般不通过经纪商作为中介,而是直接成交。

四、外汇市场的作用

(1)国际清算。因为外汇就是作为国际间经济往来的支付手段和清算手段的,所以清算是外汇市场的最基本作用。

(2)兑换功能。在外汇市场买卖货币,把一种货币兑换成另一种货币作为支付手段,实现了不同货币在购买力方面的有效转换。国际外汇市场的主要功能就是通过完备的通信设备、先进的经营手段提供货币转换机制,将一国的购买力转移到另一国交付给特定的交易对象,实现国与国之间货币购买力或资金的转移。

(3)授信。由于银行经营外汇业务,它就有可能利用外汇收支的时间差为进出口商提供贷款。

(4)套期保值,即保值性的期货买卖。这与投机性期货买卖的目的不同,它不是为了从价格变动中牟利,而是为了使外汇收入不会因日后汇率的变动而遭受损失,这对进出口商来说非常重要。如果当出口商有一笔远期外汇收入,为了避开因汇率变化而可能导致的风险,可以将此笔外汇当作期货卖出;反之,进口商也可以在外汇市场上购入外汇期货,以应付将来支付的需要。

(5)投机,即预期价格变动而买卖外汇。在外汇期货市场上,投机者可以利用汇价的变动牟利,产生"多头"和"空头",对未来市场行情下赌注。"多头"是预计某种外汇的汇价将上涨,即按当时价格买进,而待远期交割时,该种外币汇价上涨。按"即期"价格立即出售。就可牟取汇价变动的差额。相反,"空头"是预计某种外币汇价将下跌,即按当时价格售出远期交割的外币,到期后,价格下降,按"即期"价买进补上。这种投机活动,是利用不同时间外汇行市的波动进行的。在同一市场上,也可以在同一时间内利用不同市场上汇价的差别进行套汇活动。

五、主要的国际外汇市场

世界外汇市场是由各国际金融中心的外汇市场构成的,这是一个庞大的体系。目前世界上约有外汇市场30多个,其中最重要的有伦敦、纽约、东京等,它们各具特色并分别位于不同的国家和地区,并相互联系,形成了全球的统一外汇市场。

(一)伦敦外汇市场

伦敦外汇市场是建立最早的世界性外汇市场。早在第一次世界大战之前,伦敦外汇市场就已初具规模。尽管二战后,英镑作为国际储备与国际贸易支付手段的地位被美元所代替,而且从20世纪40年代英国就开始实行了严格的外汇管制,但由于伦敦银行界在外汇交易中的丰富经验和完备的机构,它仍保持着世界性外汇市场的中心地位。尤其是1979年10月24日,英国政府宣布自即日起完全解除外汇管制,伦敦外汇市场成为基本上完全自由的市场而得以迅速发展,并以交易效率高、货币种类多(最多达80多种)、交易设施先进和拥有一批训练有素的专门人才而享誉全球,并成为全球第一大外汇市场。目前,伦敦外汇市场年交易量约占世界外汇市场总交易额的30%左右。由于伦敦独特的地理位置,地处两大时区交汇处,连接着亚洲和北美市场,亚洲接近收市时伦敦正好开市,而其收市时,纽约正是一个工作日的开市,所以这段时间交易异常活跃,伦敦成为世界上最大的外汇交易中心,对整个外汇市场走势有着重要的影响。伦敦外汇市场是一个典型的无形市场,没有固定的交易场所,只是通过电话、电传、电报完成外汇交易。伦敦外汇市场上,参与外汇交易的外汇银行机构约有600家,几乎所有的国际性大银行都在伦敦金融城设有分支机构。伦敦外汇市场的参与者是经营外汇业务的外汇银行、外国银行的分行、外汇经纪商、其他的金融机构和英国中央银行——英格兰银行。在这个外汇市场上,最大的交易是英镑/美元的交易,伦敦外汇市场的交易时间是北京时间16:30—23:30(夏时制)、17:30—次日00:30(冬令时)。

(二)纽约外汇市场

两次世界大战使美国的政治、经济、军事力量急剧增长,美国金融业也迅速发展。二战结束后,美国成为国际金融业的霸主,美元取代英镑成为世界上最主要的国际货币,外汇市场在许多城市也迅速崛起,其中尤以纽约外汇市场的发展最为引人注目,它已成为国际性外汇市场,目前年交易量仅次于伦敦市场,居世界第二位,约占世界外汇市场总交易额的16%左右。

纽约外汇市场是完全自由的外汇市场,其汇率波动的激烈程度比伦敦外汇市场有过之而无不及,其原因主要有三个方面:第一,美国作为全球第一大经济体,其经济形势对全世界有着举足轻重的影响;第二,美国各类金融市场高度发达,其股市、债市、汇市相互作用、相互联系。第三,以美国投资基金为主的投机力量非常活跃,对汇率波动推波助澜。因此,纽约外汇市场的汇率变化受到全球外汇交易者的格外关注。纽约外汇市场也是一个无形市场。外汇交易通过现代化通信网络与电子计算机进行,其货币结算都可通过纽约地区银行同业清算系统和联邦储备银行支付系统进行。目前,纽约外汇市场的参加者主要包括:联邦储备银行、美国各大商业银行的外汇部门、外汇银行在美国的分支与代理机构、外汇经纪商、公司财团、个人等。著名的中资机构有中国银行纽约分行。纽约外汇市场的交易时间是北京时间 20:00—次日 03:00(夏时制)、21:00—次日 04:00(冬令时)。由于纽约外汇市场和伦敦外汇市场的交易时间有一段重合,所以在这段时间里,市场的交易最为活跃,交易量最大,行情波动也最大。

(三)东京外汇市场

日本是亚洲地区最大的外汇交易中心。从 20 世纪 50 年代,日本逐渐放松外汇管制,1964 年日宣布接受国际货币基金组织第八条款,原则上取消外汇管制,日元可自由兑换,东京外汇市场开始逐渐形成。到 20 世纪 70 年代,东京外汇市场已有了很大发展,但交易依然不够活跃,不能像伦敦和纽约外汇市场那样,成为一个真正的国际性的金融市场,只是一个地区性的外汇市场。这是由于日本是个出口贸易占国民经济比重较大的国家,汇率波动较为剧烈,为防止外汇波动对其整个国民经济的巨大影响,日本政府采取平衡管理的办法,对外汇市场进行一定程度的干预。20 世纪 80 年代以来,随着日本经济的迅猛发展和在国际贸易中地位的逐步上升,日本政府力图使日元走向国际化,摆脱东京外汇市场地区性限制的羁绊,使之与日本在世界经济中的实力地位相适应,在 1980 年日本修改了战后初期制定的《外贸和外汇管理法》,改变过去只有经过政府批准的外汇银行和经纪商才能经营外汇业务的规定,使所有银行都可在国内经营外汇业务。伴随外汇管理体制的转变,东京外汇市场得到较快发展,从一个区域性外汇交易中心发展为当今世界第三大外汇市场,年交易量居世界第三位,约占世界外汇市场总交易额的10% 左右。东京外汇市场的交易者是外汇银行、外汇经济商、非银行客户和日本银行。交易时间是北京时间 8:00—14:30(冬令时)、8:00—14:30(夏时制)。东京外汇市场的交易品种比较单一,主要是美元/日元、欧元/日元。在交易中,一般行情比较平淡,但是在交易中,一定要注意日本出口商的投机作用,有时由于日本出口商的投机,使日元在汇市上出现大幅的波动。

第二节　外汇交易的概念与业务

一、外汇交易的概念

外汇交易就是指外汇市场上交易双方依据一定的汇率买卖外汇的行为。外汇交易主要是由于对外贸易和投资需要用不同的货币实行结算和支付而产生的。外汇交易所体现的外币运动,实质上反映了国际间有形贸易、无形贸易和资本投资中的商品运动和资本运动。在各国实行浮动汇率时期,外汇交易还具有满足贸易者和投资者避免汇率波动风险的作用,同时由于对未来的某一时期汇率变动趋势及幅度的预测不同,许多外汇交易又具有投机的性质。目前,为了保值、投资和投机而引起的外汇交易,大约占每日交易周转的95%。

二、外汇交易业务

外汇交易业务既包括传统的外汇交易业务,如即期外汇交易、远期外汇交易、择期外汇交易、掉期外汇交易,也包括创新的外汇交易业务,如外汇期货交易、外汇期权交易等。

(一)即期外汇交易

1. 即期外汇交易的概念

即期外汇交易(spot transaction)也称现汇交易,是买卖双方约定于成交后的两个营业日内办理交割的外汇交易方式。在国际外汇市场上,即期外汇交易的交割日定于成交后的两个营业日内,是因为全球外汇市场需要24小时才能运行一周,这样,各市场因时差问题给交割带来的障碍就可得以消除。目前全球两大电子即时汇率报价系统(路透社、美联社)所报出的汇率都是即期汇率。

2. 即期外汇交易的交割日

交割是指买卖成交后"钱货两清"的行为。交割日(spot date)也称起息日,是指买卖双方将货币交付给对方的日期。即期交割日的规则如下:

(1)即期外汇交易的标准交割日为成交后的第二个营业日(加拿大规定为成交后的第一个营业日)。根据需要,交易双方也可将交割日约定为成交当日(cash)或成交次日(tom),二者均为超短期的即期交易。这里成交是指交易双方达成外汇买卖协议的行为。

(2)交割日必须是收款地和付款地共同的营业日,因为只有这样才可以将货币交付给对方。营业日是指两个清算国银行都开门营业的日期。

(3)若第一、二日不是营业日,则即期交割日必须顺延。

3. 即期外汇交易的报价

(1)采用双向报价,即同时报出买入价和卖出价。

报价顺序是"前小后大"(在直接标价法下为:买入价/卖出价;间接标价法下:卖出价/买入价)。不论直接标价法还是间接标价法,斜线上面为买入标准货币价格,斜线下面为卖出标准货币价格。

(2)通过电话、电传等报价时,报价银行只报汇率的最后两位数字。

在报价时,一般报点数,并且只报最后两位数字。这里点是指表示汇率的基本单位。一般情况下,一个基本点为万分之一货币单位,相当于小数点后的第四个单位数,即0.0001。极少数货币会因为面额较大,其基本点有些不同。如日元,日元的价格变动主要在小数点后的两位数上,因此,它的基本点为0.01单位。汇率的标价通常为5位有效数字,由于银行的外汇交易员对各种货币对美元的汇率很清楚,银行间报价时,只报最后两位数字。如德国某银行打电话向日本某银行询价时,日本银行的即期汇率为1美元=118.30/118.60日元,该行回答询价时只报30/60。如果英镑兑美元的汇率为1英镑=1.5510/1.5520美元,报价行交易员只报10/20。

4. 即期汇率的套算

由于国际外汇市场的报价大都采用美元标价法,因此就产生了其他国家货币之间的汇率需要通过美元进行套算的问题。

(1)当两个货币同为直接标价法的货币时,两个汇率交叉相除。

如:美元/人民币元=8.3500/15,美元/港币=7.9000/15,则

港币/人民币元 = (8.3500÷7.9015)/(8.3515÷7.9000) = 1.0568/72

(2) 当两个货币同为间接标价法的货币时,两个汇率交叉相除。

如:欧元/美元 = 1.1010/20,澳大利亚元/美元 = 0.6873/83,则

欧元/澳大利亚元 = (1.1010÷0.6883)/(1.1020÷0.6873) = 1.5996/6034

(3) 当一个为直接标价法的货币,另一个为间接标价法的货币时,两种汇率垂直相乘。

如:欧元/美元 = 1.1035/45,美元/人民币元 = 8.2775/95,则

欧元/人民币元 = (1.1035×8.2775)/(1.1045×8.2795) = 9.1342/447

以上只是交叉货币汇率的计算方式,事实上,在进行外汇买卖时各种交叉汇率都已经被交易系统计算好了,只需交易者点击买卖指令。

5. 即期外汇交易的应用——地点套汇

地点套汇是指套汇者利用不同地点的外汇市场之间的汇率差异,同时在不同地点进行外汇买卖,以贱买贵卖的原则来赚取汇率差额的外汇交易业务。地点套汇又可分为直接套汇和间接套汇两种。

1) 直接套汇

直接套汇(direct arbitrage)是指利用两个外汇市场之间的汇率差异,在某一外汇市场低价买进某种货币,而在另一外汇市场以高价出售的外汇交易活动。

例如,纽约市场和欧洲市场在某一时间内的汇率分别为:

纽约汇市:1 美元 = 1.1010/25 欧元

欧洲汇市:1 美元 = 1.1030/45 欧元

从上述汇率可以看出,纽约的美元比欧元便宜,套汇者选择在纽约买入美元,同时在欧洲市场卖出美元。具体操作如下:在纽约市场套汇者买进 1 美元,支付 1.1025 欧元;同时在欧洲市场卖出 1 美元,收进 1.1030 欧元。做 1 美元的套汇业务可以赚取 0.0005 欧元。

套汇可促使不同市场汇率差异缩小。在上例中,套汇过程一方面会扩大纽约市场美元(汇率较低)的需求,使其汇率上涨;另一方面会增加法兰克福市场美元(汇率较高)的供应,使其汇率下跌。加上先进的通信与支付系统,各市场存在的价格偏差很快会被纠正,这说明当今国际外汇市场上地点套汇的机会很小。尽管如此,由于不同市场的汇率调整存在时滞,精明的套汇者仍可抓住短暂的机会获利。

2) 间接套汇

间接套汇(indirect arbitrage)是指利用三个或三个以上外汇市场之间出现的汇率差异,同时在这些市场贱买贵卖有关货币,从中赚取汇差的一种外汇交易业务。由于外汇市场瞬息万变,情况复杂,套汇机会的比较和把握是十分复杂和困难的,所以间接套汇主要指三个外汇市场之间的套汇交易业务(即三角套汇)。

例如:在某日的同一时间,巴黎、伦敦、纽约三地外汇市场的现汇行情如下:

巴黎:1 英镑 = 1.7100/1.7150 欧元

伦敦:1 英镑 = 1.4300/1.4350 美元

纽约:1 美元 = 1.1100/1.1150 欧元

套汇步骤为:

第一步,判断三个市场是否存在套汇的机会。其原理是:将各个外汇市场的汇率首尾相连后连乘。如甲地 A、B 两种货币汇率为:$1A = xB$;乙地 B、C 货币的汇率为:$1B = yC$;丙地 A、C

货币汇率为1C=zA。如果$xyz \neq 1$,则存在套汇机会。为了方便起见,通常使用中间汇率来计算是否存在套汇机会。先求出三个汇市汇率的中间价格,并按上述原则表示三地汇率为:伦敦:1英镑=1.4325美元;纽约:1美元=1.1125欧元;巴黎:1欧元=0.5840英镑。将上述三个中间汇率连乘:$1.4325 \times 1.1125 \times 0.5840 = 0.9307 < 1$,说明存在套汇机会。

第二步,确定套汇路线。如果$xyz > 1$,则套汇路线为:甲→乙→丙;如果$xyz < 1$,则套汇路线为:丙→乙→甲。在本例中套汇路线为:巴黎汇市→纽约汇市→伦敦汇市。

第三,套汇收益计算。假设套汇者动用100万英镑套汇。在巴黎汇市用100万英镑买入欧元可得171万欧元;再在纽约汇市用171万欧元买入美元可得153.3632万美元;最后在伦敦汇市用153.3632美元买入英镑可得106.8733万英镑。可见,经过一系列套汇交易后,将100万英镑变成了106.8733万英镑,获利6.8733万英镑。

(二)远期外汇交易

1. 远期外汇交易的概念

远期外汇交易(forward transaction)又称期汇交易,是指外汇买卖成交后,当时(第二个营业日内)不交割,而是根据合同的规定,在约定的日期按约定的汇率办理交割的外汇交易。最常见的远期交易交割期限一般有1个月、2个月、3个月、6个月,长的可达12个月,如果期限再长,则称为超远期交易。

2. 远期外汇交易的交割日

(1)任何外汇交易都以即期外汇交易为基础,所以远期交割日是即期交割日加上月数或星期数,若远期合约是以天数计算的,其天数以即期交割日后的日历日的天数为基准,而非营业日。例如星期三做的远期合约,合约天数为3天,则即期交割日为星期五,远期交割日是星期一(即从星期五算起,到星期一正好3天)。

(2)远期交割日若不是营业日,则顺延至下个营业日。

(3)若顺延之后,跨月到了下个月份,则必须提前至当月的最后一个营业日为交割日。

3. 远期外汇交易的报价

(1)直接报价法,也称"全额报价",是指直接报出各种不同交割期限的远期买入价、卖出价,此种报价方法与即期汇率报价方法相同。这时报出的汇率称直接远期汇率或完全远期汇率。日本等少数国家采用这种方法。

例如:某日伦敦外汇市场英镑兑美元的汇率为:

即期汇率	一个月远期汇率	三个月远期汇率	六个月远期汇率
1.6205/15	1.6235/50	1.6265/95	1.6345/90

(2)间接报价法,也称"远期差价报价方法",指不直接公布远期汇率,而只报出即期汇率和各期的远期差价,然后再根据即期汇率和远期差价来计算远期汇率。在外汇市场上远期差价用"升水"(forward premium)、"贴水"(forward discount)、"平价"(par)来表示。升水与贴水是相对概念。在同一个标价中,如果标准货币升水,标价货币就是贴水。升水、贴水合称远期汇水。在不同标价法下,远期汇率与即期汇率之间的关系不同。

在直接标价法下,远期汇率=即期汇率+升水,远期汇率=即期汇率-贴水。如在苏黎世外汇市场,即期汇率为1美元=1.2680瑞士法郎,3个月美元远期外汇升水0.25生丁[①],则3

[①] 1瑞士法郎=100生丁。

个月美元远期汇率为 1 美元 = 1.2680 + 0.0025 = 1.2705 瑞士法郎;如 3 个月美元远期外汇贴水 0.25 生丁,则 3 个月美元远期汇率为 1 美元 = 1.2680 - 0.0025 = 1.2655 瑞士法郎。

在间接标价法下,远期汇率 = 即期汇率 - 升水,远期汇率 = 即期汇率 + 贴水。在间接标价法下,远期外汇汇率等于即期汇率减去升水数字或即期汇率加上贴水数字。如在伦敦外汇市场,即期汇率为 1 英镑 = 1.5080 美元,3 个月美元远期外汇升水 0.46 美分,则 3 个月美元远期汇率为 1 英镑 = 1.5080 - 0.0046 = 1.5034 美元;如 3 个月美元远期外汇贴水 0.46 美分,则 3 个月美元远期汇率为 1 英镑 = 1.5080 + 0.0046 = 1.5126 美元。

此外,在银行间远期汇率报价时这种差额一般通过点数来表示。无论何种标价法,凡是点数前高后低,即远期汇率等于即期汇率减去点数;凡是点数前低后高,即远期汇率等于即期汇率加上点数。如在伦敦外汇市场,即期汇率为 1 英镑 = 1.5080/1.5090 美元,3 个月远期汇水 20/40,则 3 个月远期汇率为 1 英镑 = 1.5080 + 0.0020/1.5090 + 0.0040 = 1.5100/1.5130 美元;若 3 个月远期汇水 40/20,则 3 个月远期汇率为:1 英镑 = 1.5080 - 0.0040/1.5090 - 0.0020 = 1.5040/1.5070 美元。

4. 远期外汇交易的应用

人们从事远期外汇交易的目的是多种多样的,但其主要动机归纳起来无非是套期保值和外汇投机。

1) 套期保值

套期保值(hedging)是指预计将来某一时间要支付或收入一笔外汇时,买入或卖出同等金额的远期外汇,以避免因汇率波动而造成经济损失的交易行为。套期保值可分为买入套期保值和卖出套期保值。

(1) 买入套期保值,是指将来有一定债务者,先于外汇市场买入与该负债金额相等、期限相同的远期外汇,以避免因计价货币汇率上升,负债成本增加而造成实际损失的外汇交易活动。在国际贸易中,进口商自国外进口商品,根据彼此签订的贸易合约,进口商品以外币计价和结算。由于自贸易合约签订到实际贷款支付,存在一段时间间隔,为避免在这段时间内因汇率的波动造成进口成本增加,进口商应依据对未来汇率的预测而决定是否作远期外汇交易。进口商预期在未来付款时,若本币升值,进口商当然没有必要作买入套期保值的交易;当进口商预期在未来付款时,若本币贬值,进口商最好作买入套期保值交易以规避外汇风险。

例如:英国某进口商与美国某出口商于 9 月 12 日签订贸易合同,价值 100 万美元,合同约定双方于 10 月 12 日用美元进行结算。9 月 12 日即期汇率为:1 英镑 = 1.5880/1.5890 美元,30 天的远期汇率为:1 英镑 = 1.5820/1.5840 美元。如果预期美元将贬值,进口商无需做套期保值交易,但如果预期美元将升值,而且升值的幅度较大,为了锁定风险,进口商可做买期保值。假设 10 月 12 日即期汇率为:1 英镑 = 1.5800/1.5810 美元。此时,如果英国进口商就做买期保值交易,支付的货款为 = 63.21 万英镑,如果不作买期保值支付的货款为 = 63.29 万英镑。可见,套期保值交易使进口商少支付了 800 英镑。

(2) 卖出套期保值,是指将来有一定债权者,先于外汇市场卖出与该应收外汇资产金额相等、期限相同的远期外汇,以防止因计价货币贬值而蒙受损失的交易行为。在国际贸易中,出口商向国外进口商报价并接受订单后,便会安排生产,而后出口商品至国外。通常,出口商从发出商品到收到货款存在一段时间间隔。出口商为规避这段时间内因汇率波动而可能造成的非营业性损失,可依据对未来汇率的预测而决定是否作远期外汇交易。出口商预期在未来收款时,若计价货币贬值,出口商最好作卖出套期保值交易,以免因计价货币贬值使一定数量的外币(计价货币)兑换成本币的金额减少,否则可能使所收货款不足以支付其生产成本或减少贸易利润。出口商预期在未来收获时,若计价货币升值,出口商可以不作远期交易。因为计价货币升值,一定数量的外币兑换成本币的金额会增加,出口商将获得汇兑上的利益。

某日本出口商向美国进口商出口价值10万美元的商品,所费商品成本为1200万日元,约定3个月货到付款。双方签订买卖合同时美元兑日元汇率为1美元=130日元。如按此汇率,出口该批商品出口商可换得1300万日元,抵扣成本后出口商可获利100万日元。若3个月后美元兑日元的汇价跌至1美元=128日元,则出口商仅可换取1280万日元,比原汇率少赚20万日元;若美元汇价跌至1美元=120日元以下,则出口商出现亏损。可见,美元汇率下跌或日元升值将对日本出口商造成压力。对此,日本出口商如在订立买卖合同的同时,按当时美元兑日元1美元=130日元的汇率,再与日本银行签订卖出10万美元的3个月期远期合约,到期时将美国进口商支付的10万美元货款交割给日本外汇银行,按远期合约汇率收取1300万日元的货款,就避免了汇率风险损失。

2) 投机交易

投机交易(exchange speculation)是指外汇市场参与者根据对汇率变动的预测,有意保留(或持有)外汇的空头或多头,希望利用汇率变动牟取利润的行为。外汇市场的投机绝不是完全意义上的贬义词,现代外汇投机是外汇交易的重要组成部分,没有适度的投机也不能使外汇市场日交易量达到1万亿美元以上。从某种意义上来说,投机活动在引起国际汇率不稳定的同时,也迫使一些国家健全金融市场机制。

当预测某种货币的汇率将上涨时,即在远期市场买进该种货币,等到合约期满再在即期市场卖出该种货币,这种交易行为称之为"买空"。相反,当预测某种货币的汇率将下跌时,即在远期市场卖出该种货币,等到合约期满,再在即期市场买进该种货币,这种交易行为称之为"卖空"。"买空"和"卖空"交易是利用贱买贵卖的原理牟取远期市场与即期市场的汇差。当然,如果预测失误,会给交易者带来损失。

例如:东京外汇市场6个月的美元期汇汇价为:1美元=132日元,某交易者预测6个月后美元汇率会上涨,于是按此汇率买进500万美元,到交割日,即期市场美元汇率果真上涨到1美元=142日元,则此客户支付66000万日元,收进500万美元,按现汇价卖出500万美元,收进71000万日元,赚取利润5000万日元。如果到交割日,美元不仅没有上涨,反而下跌至1美元=122日元,则投机者损失5000万日元。

(三)择期外汇交易

1. 概念

择期外汇交易(optional forward exchange)是远期外汇的购买者(或出卖者)在合约的有效期内任何一天,有权要求银行实行交割的一种外汇交易。与远期外汇交易相比,择期外汇交易在合约的有效期内的任何一天均可以要求交割,更具灵活性,而远期外汇交易只有在合约到期时才能交割,既不能提前,也不能退后。

在对外贸易中,如果进出口商不能确定收付外汇货款的具体日期,而只能估计在某一特定日期的前后,进出口商为防范汇率风险,就不能与银行签订买卖某种外汇的远期外汇合约,因为远期合约确定的交割日既不能提前也不能退后,签订择期合约就可绕过远期外汇合约交割期固定的约束。

2. 择期外汇交易的报价原则

在择期交易中,询价方有权选择交割日,由于报价银行必须承担汇率波动风险及资金调度的成本,故报价银行必须报出对自己有利的价格,即报价银行在买入基准货币时,报出较低的汇率;在卖出基准货币时,报出较高的汇率。报价银行对于择期交易的远期汇率报价遵循以下原则:

(1)报价银行买入基准货币,若基准货币升水,按选择期内第一天的汇率报价;若基准货币贴水,则按选择期内最后一天的汇率报价。

(2)报价银行卖出基准货币,若基准货币升水,按选择期内最后一天的汇率报价;若基准货币贴水,则按选择期内第一天的汇率报价。

例如:欧洲外汇市场某日美元/欧元的牌价如下:

即期汇率	1.1010/20
2个月	52/56
3个月	120/126

客户根据业务需要:

①买入美元,择期从即期到2个月。

②卖出美元,择期从2个月到3个月。

根据报价银行定价原则,汇率确定如下:

①择期从即期到2个月,客户买入美元,即报价银行卖出美元,汇率为1美元 = (1.1020 + 0.0056)欧元 = 1.1076欧元。

②择期从2个月到3个月,客户卖出美元,即报价银行买入美元,汇率为1美元 = (1.1010 + 0.0052)欧元 = 1.1062欧元。

从上例可以看出,择期交割的选择权在询价方,报价方为了补偿资金调度和价格变动风险,要报出对自己有利的汇率;询价方得到选择交割日的权利是以放弃价格上的好处为代价的,所以询价方应根据业务需要确定合理的选择交割日期,应尽可能地缩短择期的天数,以减少择期成本。

(四)掉期交易

掉期交易(swap transaction)是指将币种相同,但交易方向相反、交割日不同的两笔或两笔以上的外汇交易结合起来进行的交易。简言之,就是以A货币兑换成B货币,于未来某一特定时间,再以B货币换回A货币的交易。掉期交易的主要目的是轧平各货币因到期日不同所造成的资金缺口,对于某一货币而言,买入与卖出的金额是相同的,并不改变外汇的净头寸,但可规避汇率风险。例如,抵补套利时,套利者按即期汇率将英镑换成美元,同时按远期汇率将美元换回英镑,使两种货币的净头寸等于零,达到避免汇率风险的目的。因此,掉期交易的主要功能是保值,适应于有返回性的外汇交易。例如,在国际金融市场借款或投资时,都属于有返回性的外汇交易,通过掉期交易可避免因汇率变动导致借款成本增加或投资收益减少。

1. 掉期交易的基本形式

掉期交易按交割日期的不同,可划分为三种类型。

1) 即期对远期的掉期交易

这种掉期交易是最常见的形态,即指买进(或卖出)一种货币现汇时,卖出(或买进)该种货币的期汇,这是作抵补套利时使用的类型。这种形态可分为:买入即期外汇/卖出远期外汇,卖出即期外汇/买入远期外汇。

在国际外汇市场,常见的即期对远期的掉期交易有:

(1) Spot—Next,即在即期交割日买进(或卖出),至下一个营业日做相反交易,简记为S/N。例如在星期三同时做两个合约:一个是即期合约,买入100万美元(星期五交割);另一个是远期合约,卖出100万美元(下星期一交割)。这种掉期一般用于外汇银行间的资金调度。

(2) Spot—Week,即在即期交割日买进(或卖出),过一星期后做相反交易,简记为S/W。例如星期三做两个合约:一个是星期五交割的即期买入美元合约,另一是下星期五交割的卖出美元合约。

(3) Spot—n month ($n=1,2,3,\cdots,12$),即在即期交割日买进(或卖出),过几个月后做相反交割。

2) 即期对即期的掉期交易

即期交易的标准交割日之前有交易日和第一营业日,在外汇交割中,有的交易者要求将交割日提前,例如,客户要求在交易日的当日交割或次日交割。此类型的掉期交易常见的有:

(1) Over—Night(O/N),即在交易日做一笔当日交割的买入(或卖出)交易,同时做一笔第一个营业日交割的卖出(或买入)的交易。

(2) Tom—Next(T/N),在交易日后的第一个营业日做买入(或卖出)交割,第二个营业日作相反的交割。

3) 远期对远期的掉期交易

所谓远期对远期的掉期交易,是指在即期交割日后某一较近日期作买入(或卖出)交割,在另一较远的日期作相反交割的外汇交易。这类交易可以理解为两笔即期对远期的掉期交易。

2. 掉期成本

掉期交易作为资金调度的工具,或作为套期保值的手段,交易者在交易过程中将承受损益,即掉期成本。在抵补套利的实例中,当远期英镑升水时,套利者买入远期英镑(或卖出远期美元)所支出的美元增加(或所收进的英镑减少)。美元支出额的增加(或英镑收进额的减少)就是套利者保值的成本,也就是掉期成本,站在银行的角度,则是利率差的收益。

为了同利率比较,需要计算掉期成本年率:

$$掉期成本年率 = (升贴水数/即期汇率) \times (12/远期月数) \times 100\%$$

在套利日,如果掉期成本年率大于或等于两货币市场的利率差,说明抵补套利者的保值成本太高,无利可图;如果掉期成本小于两货币市场之利率差,说明利差没有完全被掉期成本抵消,尚有套利利润。

在国际金融市场融资时,常用以上公式判断筹资方式的成本高低。

(五) 外汇期货交易

1. 外汇期货交易的概念

期货交易最早源于农产品买卖。约700年前的欧洲和17世纪的日本就出现了期货市场。100多年前,美国芝加哥开办了谷物的期货交易,并迅速成为世界领先的期货市场。具体地讲,期货交易是指买卖双方签订一份购销契约,约定在未来的时间内按照事先确定的价格支付货款,交割货物。经过演变,期货交易只能在交易所进行,合约也有了统一的标准格式。于是,期货交易不再意味着交易物品的真是转让,而是交易双方根据契约承担买入或卖出该物品的义务和责任。

当期货交易的对象变为金融商品时,就形成了金融期货。20世纪70年代初期,随着布雷顿森林体系的崩溃,固定汇率制度转变为浮动汇率制度,汇率变动不断给企业和个人在国际贸易和国际结算中带来风险,回避和转嫁这种风险的愿望推动了金融创新,期货交易被引入金融领域。1972年芝加哥商品交易所(CME)专设了一个部分——国际货币市场(International Monetary Market,IMM),推出了外汇期货,以后,又先后推出了黄金期货、利率期货和股票指数期货等金融期货。可见,外汇期货实际上是最早的金融期货。所谓外汇期货交易就是指在期货交易所,买卖一定数量、交割时间标准化的外汇期货合约的一种业务,也称"货币期货交易"或"外币期货交易"。外汇期货合约到期时,外汇购买者(或出售者)可以根据合约要求进行外汇的实际交割,也可以作出一个与合约方向相反的合约来对冲原合约的权利义务。

2. 外汇期货市场及交易操作

1)外汇期货市场的结构

(1)外汇期货交易所。

外汇期货市场是一个有形的市场,所有的外汇期货交易都必须在规定的交易场所内进行。外汇期货交易所实行会员制。会员资格的取得,是通过向有关部门申请,并经其批准,会员每年必须交纳会费。在交易所内会员可以进行两类交易:一是代客户买卖,充当经纪人,收取佣金;二是作为交易商,进行自营,获取利润。

外汇期货交易所的中心是交易厅。交易厅周围一圈设有众多的交易亭。会员代表在这里通过电话、电传等先进通信工具时刻与总部或客户保持联系:传递信息、接受指令或报告执行情况。交易所的经纪人和场内交易员在交易场内通过喊价和固定的手势进行交易。

外汇期货交易所的主要功能是为交易提供场所和各种交易设施;收集和传播最新的市场行情和影响市场行情的重要信息;制定并监督执行有关的交易规则;仲裁交易活动中发生的争执和纠纷。

(2)清算机构。

交易所下设清算机构,又称清算所、清算公司、结算公司等,是负责期货合约清算的营利性机构,拥有法人地位。清算所可以是一个独立的组织,也可以是交易所的附属公司。清算所充当交易双方的最后结算者。交易所会员要想成为结算会员必须单独申请,非结算会员的交易所会员通过结算会员结算,并交纳佣金。

(3)经纪公司。

经纪公司也称期货佣金商,是期货交易所中起中介作用的法人实体,是代表金融商业机构或一般公众进行期货和期权交易的公司或商行。其基本职能是代表不具有会员资格的客户的利益,代表客户下达交易指令,征收客户履约的保证金,处理账户,管理资金,为客户传递市场信息和市场研究报告,充当交易顾问,为客户提供设施和人员。

外汇经纪人应有较高智商、较丰富的业务知识及其他相关知识。客户盈利与否与经纪人有很大关系。经纪公司收取客户一定比例的佣金作为其基本收入。经纪公司要经过指定部门审核批准。

(4)市场参与者。

参与外汇期货的交易者主要包括企业、银行和个人。任何单位和个人只要交纳保证金,都可以参与外汇期货交易。

2)外汇期货交易的基本规则

(1)公开叫价制度。

外汇期货市场交易是通过公开叫价(open outcry)来表示客户买进或卖出某种外汇期货合约的要求。在激烈竞争的外汇期货市场上,通过公开叫价竞争达成的买卖外汇期货合约,有利于维持外汇期货市场的公平、公开与公正的竞争原则,保护参与者利益。

(2)保证金制度。

正式从事交易之前,交易者必须在经纪商账户中存入一笔资金,这笔资金相当于履约的担保存款,通常称为保证金(margin)。保证金用来确保客户会履行合约义务。保证金又可分为初始保证金和维持保证金。初始保证金是指外汇期货合约成交时,买卖双方均须依照有关规定,交纳一定金额的保证金。初始保证金大约等于相关合约的每天最大价格跳动,一般而言,大部分期货合约的初始保证金都不会超过基础资产价值的5%。例如IMM规定英镑期货合约的初始保证金每张2800美元(4%),日元期货合约的初始保证金每张约2700美元。任何人只要在外汇期货市场开户并按照规定交纳初始保证金就可以进行交易。维持保证金是指经逐日清算后,保证金所必须维持的最低水平,一般为初始保证金的2/3或3/4。在交纳初始保证金后,交易所的清算所根据外汇期货价格的变动,逐日清算未交割合约的盈亏,并通知客户补缴或撤回部分保证金。当客户的保证金余额经清算后低于维持保证金时,客户必须补足差额以恢复到原始保证金的水平,否则交易所便公开拍卖其外汇期货合约。当市场汇价有利于客户时,交易所会自动将盈余加到客户的保证金账户上,客户便可提领超过原始保证金部分的金额。如某客户某日在IMM上按1英镑=1.5600美元买入2张英镑期货合约,维持保证金为4200美元。如果某一天市场英镑汇率为英镑/美元=1.5400,则该客户就损失2500(=2×62500×0.02)美元。客户的保证金就变为3100美元并低于维持保证金4200美元,这样客户必须交纳2500美元,使保证金达到原始保证金的水平,否则交易所便会采取强制性平仓。

(3)"逐日盯市"制度。

进行外汇期货交易的买方和卖方不直接进行交易,而是通过会员经纪商间接地进行,并且分别与清算机构进行结算。清算机构根据每日的结算价格计算盈亏,进行划账,具体反映在保证金的增减上。盈余时,保证金增加,客户可把超过初始保证金的部分提走;亏损时,保证金减少,若保证金低于维持水平,经纪商则通知客户补足,使之回升到初始水平。外汇期货交易的这种结算制度称为"逐日盯市"制度或"逐日盯市"结算原则。

(4)限价交易制度。

限价交易制度是指每份期货合约都规定了最小价格和波动和最高限价,"最小价格波动"是指在买卖货币期货合约时,由于供求关系使合约的货币价格产生波动的最小幅度。在交易场内,出价和叫价只能是最小变动的倍数。如瑞士法郎期货合约的最小价格波动为0.0001(一般称为1个点或者说0.01%),如果瑞士法郎当前的交易价格为0.6756美元,则上涨和下跌的下一个最小报价是0.6757和0.6755。每个点代表一定的美元价值。因为瑞士法郎的期货合约金额是125000,则每"点"最小波动价值应为125000×0.0001=12.5美元。"最高限价"是指每日交易的最高限制,超过此限制,该种货币的期货交易就停止。如瑞士法郎最高限价为150个点(0.0150),以美元换算,则最高限价为:125000×0.0150=1875美元。最高限价是一种保护措施,交易者不至于因价格的暴涨暴跌而蒙受巨大损失。

3)外汇期货交易的流程

从发出指令到清算公司记录完毕一般为30秒到10分钟。任何企业和个人都可以通过外汇期货经纪人或交易商买卖外汇期货。具体而言,客户欲进行外汇期货交易,首先,必须选择代理自己交易的经纪公司,开设账户存入保证金。然后,客户即可委托经纪公司替他办理外汇期货合约的买卖。在每一笔交易之前客户要向经纪公司发出委托指令(下单),说明他愿意买入或卖出的外汇期货、成交的价格、合约的种类和数量等。经纪人在接到客户的指令后,立即将此指令用电话或其他通信工具通知场内交易厅经纪人,由他执行。成交后,交易厅经纪人一方面将交易结果通知经纪公司和客户,另一方面将成交的订单交给清算所,进行记录并结算。每个交易日末,清算公司计算每个清算会员的外汇头寸,并根据未平仓的合约,按每日收盘价结算盈亏。若期货价格发生不利变动,要通知客户追加保证金。指导进行了一笔反向交易,将合约对冲后,客户对这笔期货交易的每日结算才结束。

4) 外汇期货交易与远期外汇交易的异同

外汇期货交易与远期外汇交易有许多相似之处,如都是一定时期以后交割,而不是即期交割;它们的主要目的都是为了保值或投机。但是,这两种交易方式也有很大的差异:

(1) 交割地点与时间不同。外汇期货交易是在固定的交易场所——期货交易所内,在规定的交易时间内,公开竞价的竞争性很强的交易活动;而远期外汇交易是一种柜台交易,没有固定的交易场所和交易时间,只需在银行同业之间、银行与经纪商之间以及银行与客户之间通过电话与电传等通信工具直接进行的交易。

(2) 履约方式不一样。外汇期货交易的对象是标准化的外汇期货合约,这种标准化的合约对交易币种、合约金额、最小价格变动和最高限价、交割月份和日期、交割方式等内容均作了统一的规定,见表12-1。在外汇期货合约到期前可以通过一笔反向交易进行对冲履约,很少进行外汇的实际交割,而在远期外汇交易业务中,履约方式是到期日进行外汇的实际交割。

(3) 保证金要求不同。外汇期货交易的买方和卖方在交易时需要支付一定比例的保证金,但不必按合约规定金额全部付清,所以外汇期货交易实际上是一种买卖保证金的交易行为;而远期外汇交易不需要支付保证金,只要在规定的时间内按约定的金额一次性交割即可,但对交易者的信誉需要评估,并控制其交易总量。

(4) 结算制度和保证措施不同。外汇期货交易双方是通过经纪商间接进行交易,并采用"逐日盯市"结算原则。清算机构是交易双方共同的第三方,对买方和卖方的履约进行担保。远期外汇交易的交易双方则直接进行交易,没有清算机构,交易双方的履约没有保障,全凭信誉,所以,每笔交易都需要考虑对方的信用情况。

表12-1 IMM外汇期货合约一览表

期货合约类型	澳元	英镑	加元	德国马克	法国法郎	瑞士法郎	日元
交易单位	10万澳元	6.25万英镑	10万加元	12.5万德国马克	25万法国法郎	12.5万瑞士法郎	1250万日元
报价	澳元/美元	美元/英镑	美元/加元	德国马克/美元	法国法郎/美元	瑞士法郎/美元	日元/美元
最小变动价位	0.0001	0.0002	0.0001	0.0001	0.00005	0.0001	0.000001
最小变动值	10.0美元	12.5美元	10.0美元	12.5美元	12.5美元	12.5美元	12.5美元
涨跌限制	150点	400点	100点	150点	500点	500点	150点
交割月份	3、6、9、12月						
价格时间	上午7:20—下午2:00(芝加哥时间)						
初始保证金	1200	2800	900	2100	1200	2100	2100
维持保证金	900	2000	700	1700	900	1700	1700
最后交易日	交割日前的第二个营业日						
交割日	交割月份的第三各星期三						
交割地	清算所指定的货币发行国银行						

3. 外汇期货交易的应用

根据参与者参与外汇期货交易的动机不同,外汇期货交易在应用上主要有套期保值和投机两种。

1) 套期保值

套期保值的客观基础是:期货市场价格与现货市场价格存在平行变动性和价格趋同性。前者指期货价格与现货价格的变动方向相同、幅度接近;后者是指到期日的临近,两者的价格差额越来越小,在到期日两者相等。正是由于期货价格与现货价格存在上述关系,期货交易能够适应人们套期保值的需要,这也是它得以产生的基本原因。套期保值可分为多头套期保值和空头套期保值两大类。

(1) 多头套期保值。

多头套期保值就是当投资者看好某种外汇,预计外汇价格将上涨,这有可能导致以该种币种为合同货币的进口商的损失,于是,他就会在外汇期货市场上买入该币种的期货合约进行保值,其具体做法见表12-2。

表12-2 多头套期保值交易过程

日期	现货市场	期货市场
\[7月1日,美国进口商签订合同以英镑计价买入20辆英国汽车,11月1日付款,价格为35000英镑/辆,进口商担心英镑汇率上涨,需要付出更多美元\]		
7月1日	即期汇率为1.3190美元/英镑 远期汇率为1.3060美元/英镑 理论上,20辆车远期成本为:20×35000×(1.3060美元)=914200美元	12月到期的英镑期货合约报价美元1.278,则一张合约的价格为:62500×(1.278美元)=79875美元,应买入合约数:20×35000/62500=11.2,买入11张合约
11月1日	即期汇率为1.4420美元/英镑,买入700000英镑购买20辆车,以美元计价的成本为:700000×(1.4420美元)=1009400美元	12月英镑合约报价为美元1.4375,每一张合约价格为:62500×(1.4375美元)=89843.75美元,卖出11张合约
分析	汽车最终成本增加:1009400美元-914200美元=95200美元 期货合约交易获利为: 11×(89843.75美元) 期货合约卖出价 　　　　　　　　　　　-11×(79875美元) 期货合约买入价 　　　　　　　　　　　109656.25美元 期货合约获利 上两项相抵消则净损益为: 　　　　　　　　109656.25美元-95200美元=14456.25美元 进口商实际支付:1009400美元-109656.25美元=899743.75美元	

(2) 空头套期保值。

空头套期保值就是指当投资者预期在将来一定时点收回一笔现金流,而又担心该现金的标价货币会贬值,于是,他就会在期货市场上卖出相应币种的期货合约进行保值,其具体做法见表12-3。

表 12-3　空头套期保值交易过程

6月29日,英国出口商签订合同以英镑计价卖出20辆英国汽车,9月28日付款,价格为50000英镑/辆,英国出口商担心英镑汇率下跌,收入货款价值减少

日期	现货市场	期货市场
6月29日	即期汇率为1.3620美元/英镑 远期汇率为1.3571美元/英镑 理论上,资金的远期价值为:1000000×(1.3571美元)=1357100美元	12月到期的英镑期货合约报价美元1.3750,则一张合约的价格为:62500×(1.3750美元)=85937.50美元,应买入合约数:1000000/62500=16,卖出16张合约
9月28日	即期汇率为1.2375美元/英镑,1000000英镑可兑换美元为:1000000×(1.2375美元)=1237500美元	12月交割的英镑合约报价为美元1.2380,每一张合约价格为:62500×(1.2380美元)=77375美元,买入16张合约进行对冲
分析	英镑标价的这笔资金到期价值减少:1357100美元-1237500美元=119500美元 期货合约交易获利为:　　16×(85937.50美元)　　期货合约卖出价 　　　　　　　　　　　－16×(77375美元)　　期货合约买入价 　　　　　　　　　　　　137000美元　　　　　期货合约获利 上两项相抵消则净损益为:137000美元-119500美元=17500美元 公司实际兑得美元为:1237500美元+137000美元=1374500美元	

2) 投机

由于外汇期货交易实质上是一种保证金交易,只要投小额的保证金就可以买卖大额的外汇期货合约,因此利用外汇期货投机具有"四两拨千斤"的特性,既可获得高收益,也必须承担高风险。套期保值者是尽量规避风险,而投机者则愿意承担风险。正是由于大量投机者的介入,才使期货市场更加活跃,使套期保值者不会因找不到交易对手而难以对冲手中的合约,因此投机者不仅促进了市场的流动性,提供交易资金,而且有助于确保市场的稳定性,有利于缓和价格的波动幅度。但是,当投机者数量过多时,特别是大投机者介入期货市场时,期货价格可能被扭曲,使正常的市场经济秩序受到破坏。

例如:某投机者2001年6月预计半年后日元将贬值,就利用IMM卖出10份日元期货合约。第一步,存入保证金22000美元(每份2200美元),卖出10份日元期货合约,每份12500000日元,合约价值125000000日元,价格月份为12月份,成交价1日元=0.009615美元。第二步,若预计正确,每日的结算中已获利。于12月份第三个星期三之前对冲日元期货合约,即买进10份日元合约,当天即期汇率为1日元=0.008065美元。投机所获利润为:(0.009615-0.008065)×125000000=193750美元。保证金宣告解除(退还投资者)。可见,在预测准确的前提下,投机者交纳22000美元的保证金,就获利193750美元,这就是外汇期货投机交易的巨大魅力。

(六)外汇期权交易

1. 外汇期权的产生

期权(option)也称选择权,是一种衍生性契权,它最早是从商品期权交易开始的,然后逐渐发展成金融期权交易,而金融期权交易最早于股票期权,然后再是外汇期权等其他金融期权。根据亚里士多德的《政治学》记载,古希腊人已开始使用期权交易为农作物买卖进行保险。17世纪初在荷兰,18世纪后期在美国,都先后出现了商品期权交易。19世纪中后期芝加

哥期货交易所的成员曾偶然使用过期权交易方式来保护谷物交易中的期货头寸。但是,由于没有一个适当的交易制度,在许多市场出现了独家或合伙操纵以及欺诈等过度投机现象,再加上政治经济危机等外部环境的影响,无论在荷兰、英国,还是美国,期权交易都曾被指责为加剧现货市场和期货市场价格波动的罪魁祸首,被先后宣布为非法而一度明令禁止或取消。英国于1931年禁止期权交易,美国于1936年也禁止期权交易。英国于1958年,而美国于20世纪70年代初期才得以恢复并合法化。1973年4月26日美国芝加哥期权交易所(CBOE)推出了股票期权交易。1982年12月,美国费城证券交易所(PHLX)率先推出外汇期权交易业务,其后芝加哥期权交易所、阿姆斯特丹的欧洲期权交易所、加拿大的蒙特利尔交易所、伦敦国际金融期货交易所等都先后开办了外汇期权交易。

外汇期权的产生归因于两个重要因素:国际金融市场日益剧烈的汇率波动和国际贸易的发展。随着20世纪70年代初期布雷顿森林货币体系危机的出现到最终崩溃,汇率波动越来越剧烈。例如,1959—1971年联邦德国马克对美元的日均波动幅度1马克为0.44美分,而1971—1980年增长了近13倍,1马克达5.66美分。同时,国际间的商品与劳务贸易也迅速增长,越来越多的交易商面对汇率变动甚巨的市场,寻求避免外汇风险更为有效的途径。

无论是远期外汇交易还是外汇期货交易,在汇率变动方向与预测相反时,都无法预知汇率的风险损失到底有多大,也无法以确定的风险成本获取较大收益。而外汇期权的产生就克服了远期与期货交易的局限,具有能避免汇率风险和固定成本的作用,因而颇得国际金融市场的青睐。对于那些应急交易(continent transaction),诸如竞标国外工程或海外公司分红等不确定收入或投资保值来说,期权交易尤其具有优越性。

2. 外汇期权的概念和特点

外汇期权(foreign exchange option)又称外币期权(foreign currency option),它是一种选择权契约,其持有人享有在契约期满日或期满日之前以合同约定的价格买进或卖出一定数额某种外汇资产的权利,以及也可以不履行这个合同的权利。在期权交易业务中,立权人(又称期权的卖方)授予期权的买方(也称期权的持有者)这项权利,期权的买方为取得这种权利,必须向期权的卖方支付一定的费用,所支付的费用称为期权费(option premium),又称期权的权利金。期权费是期权的价格(option price)。在期权合约中,约定的外汇买卖价格称为"敲定价格"(strike price),也称为"履约价格"或"执行价格"(exercise price),它是与当时市场的现行价格相对应的。期权交易中的权利是在规定的时期内(或规定的日期)有效,其中期权到期的日子称为到期日或期满日(expiration date)。

从上述外汇期权的概念中可以看出,外汇期权具有以下显著特点:

(1)外汇期权交易的对象是一种买进或卖出特定外汇资产或期权合约的权利,期权交易实质上是这种权利的交易,这种权利交易具有很强的时间限制,它只能在合约规定的有效期内或合约规定的某一特定的履约日行使,一旦超过合约规定的期限,就会自动失去这种权利。

(2)期权买卖双方在享有权利或承担的义务上存在明显的不对称性。期权的买方享有选择权,他有权在规定的时期内(或规定的日期),根据市场行情的变化,选择是否行使这种权利,或者转让其权利;而期权的卖方则必须根据买方的决定履行相应的义务。一旦期权的买方要求行使其权利,则期权的卖方就必须无条件地履行合约所规定的义务,不得以任何理由拒绝。这种不对称还表现在风险与收益的不对称性上。买方所承担的最大风险是为购买期权所支付的期权费,当其在有利情况下行使期权,则可能取得无限的收益;

反过来,卖方可能获得的最大利润就是权利金,而当买方行使期权时,从原则上他可能遭受无限的风险损失。

(3)由于期权交易双方在享有的权利和承担的义务方面的不同,导致了期权交易在履约保证方面的独特之处。期权合约赋予买方的是选择权,他必须事先支付一笔期权费作为拥有这种选择权的代价;而合约赋予卖方的是履约的义务,因此他必须交纳保证金。

(4)期权交易的实质是一种选择权交易,因此期权的价格是为拥有这种权利而必须支付的费用,即期权费。这和期权合约中约定的外汇资产买卖的价格(称为敲定价格)有着本质的不同。期权价格是一个变量,它随着离到期日时间的变化而变化,而期权合约中的敲定价格是事先确定的,并记载于合约中,在合约的有效期内是不会发生改变的。

3. 外汇期权的分类

外汇期权可以根据不同的标准进行分类。

(1)根据期权交易买进和卖出的性质,可分为买入外汇期权、卖出外汇期权和双向外汇期权。买入外汇期权也称看涨外汇期权(call option),是指外汇期权的买方在预期某种外汇资产的市场价格将会上涨时,购买可在规定的时期内(或规定的日期)以约定的价格从期权的卖方买进一定数量外汇资产的权利。卖出外汇期权也称看跌外汇期权(put option),是指外汇期权的买方预期某种外汇资产的市场价格将会下跌时,购买可在规定的时期内(或规定的日期)以约定的价格从期权的卖方卖出一定数量外汇资产的权利。双向外汇期权(double option)是指外汇期权的买方预期某种外汇资产的市场价格将会大幅度波动但又无法准确判断该种外汇资产的市场价格是大幅上涨还是大幅下跌时,购买可在规定的时期内(或规定的日期)以约定的价格从外汇期权的卖方买入或卖出一定数量外汇资产的权利。由于外汇期权的买方可在两头获利,所以双向外汇期权的权利金要略高于前两种外汇期权的权利金。

(2)根据期权的履约时间不同,可分为欧式期权和美式期权。欧式期权(European option)是指外汇期权持有人在期权到期日才有权行使其交易权利;美式期权(American option)是指在期权交易期限内任何一个时点上外汇期权持有者都有权行使其交易权利。对期权的买方来说,美式期权比欧式期权具有更大的灵活性,而对期权的卖方来说,美式期权让其承担的风险要比欧式期权让其承担的风险更大,而且必须随时做好履约准备。因此,在其他情况一定时,美式期权的权利金要比欧式期权的权利金高一些。目前,世界各主要的期权市场上,美式期权的交易量远大于欧式期权的交易量。

(3)根据交易场所是否集中以及期权合约是否标准化,可分为场内外汇期权和场外外汇期权。场内外汇期权又称为"交易所交易期权"或"交易所上市期权",是指在集中性的期权市场进行交易的期权合约,它是一种标准化的期权合约,其交易数量、敲定价格、到期日以及履约时间等均由交易所统一规定。场外外汇期权又称为"店头市场期权"或"柜台式期权",是指在非集中性的交易所进行交易的期权合约,它是一种非标准化的期权合约,其交易数量、敲定价格、到期日以及履约时间等均可由交易双方自由议定。一般来说,场外期权交易是在交易所以外的众多金融机构、中间商和客户之间,通过买卖双方磋商来进行的交易,这种交易是在一种无形的、松散的市场中通过电话、电传等现代通信设备的联系来完成。

4. 外汇期权的价格决定

外汇期权价格,即外汇期权的市价,表现形式是期权费,也称权利金和保证金,是外汇期权买方为买入一份期权所支付的、外汇期权卖方以卖出一份期权而收入的货币数量。它是期权合约中唯一要由市场决定的变量。大凡在外汇期权交易中,期权费即为期权卖方的最大收益和期权买方的最大亏损,反映了外汇期权买方保值获利的成本和期权卖方面临风险的补偿,所以期权费的多少在期权买卖中的决策过程举足轻重。

一般的,外汇期权的价格主要由内在价值和时间价值两部分构成。所谓内在价值(intrinsic value)也称履约价值(exercise value)是指外汇期权持有者立即行使该外汇期权合约所赋予的权利时所获得的收益。外汇期权的内在价值主要取决于外汇期权合约的敲定价格和该种外汇资产的市场价格。例如买进美元看涨期权,敲定价格为1美元兑换150日元,而外汇市场上美元的价格为1美元兑换180日元,那么这一美元看涨期权的内在价值等于30日元。所谓时间价值(time value)是指外汇期权购买者为购买外汇期权而实际付出的期权费超过该期权内在价值的那部分价值,其实际是在外汇期权合约的有效期内,期权的内在价值的波动给予其持有者带来收益的预期价值。例如买进美元看涨期权在4个月后到期,敲定价格为1美元兑换150日元,而外汇市场上美元的价格为1美元兑换130日元,那么这一美元看涨期权的内在价值归零,但是,在未来的4个月时间内,任何人无法排除美元的现汇市场价格超过150日元的可能性,假设上涨到200日元,那么该期权持有者可以赚取50日元。影响时间价值的因素主要有:敲定价格、该种外汇资产的市场价格、该种外汇资产市场价格的波动性以及期权合约的有效期限长短。此外,从影响外汇资产市场价格的预期来看,利率以及远期汇率也是影响外汇期权合约价格的重要因素。下面,重点分析一下这些因素对外汇期权价格的具体影响。

1)外汇期权的敲定价格和该种外汇资产的市场价格

买进看涨外汇期权的期权价格随敲定价格的提高而减少;买进看跌外汇期权的期权价格随着敲定价格的降低而增加。同时,当外汇市场行情看涨时,看涨外汇期权的价格上升;当外汇市场行情看跌时,看跌外汇期权的价格上升。

2)汇价的波动性

汇价的波动性对期权价格具有重大的影响。在外汇期权定价时,汇价在外汇期权合约有效期间的波动性还是一个未知数,人们一般通过"历史经验法"和"模型推算法"来估计汇价的波动性。汇价的波动性越大,对外汇期权的卖方来说,其面临的风险就越大,相应地,其价格也应越高;反之,波动性越小,外汇期权的价格越低。

3)外汇期权合约的有效期限

外汇期权合约的有效期限是指外汇期权交易中期权买卖日到期权到期日的时间。一般而言,外汇期权合约的有效期限越长,外汇期权的价格越高,这是因为外汇期权期限越长,外汇期权的买方就越有机会获得时间价值,反过来,外汇期权的卖方面临的风险就越大,所以,其价格就应越高。反之,外汇期权的有效期限越短,外汇期权的价格越低。

4)利率

货币利率是影响外汇期权价格的重要因素之一。当A国货币利率上升或B国货币利率下降时,A国货币汇率有上涨趋势,B国货币汇率有下跌趋势,这时A国货币的看涨期权价格上升,A国货币的看跌期权价格下降。反之,当A国货币利率下降或B国货币利率上升时,A国货币汇率有下降趋势,B国货币汇率有上升趋势,这时A国货币的看涨期权价格下降,A国货币的看跌期权价格上升。

5)远期汇率

对于现汇期权而言,远期汇率也是左右期权价格的重要因素。通常,远期汇率越高,投资者对未来汇价行情随之看好,因此对于看涨期权的买方来说获得时间价值就可能越高,而对于看涨期权的卖方而言其面临的风险也就越大,相应地,外汇期权的价格也就越高。

5. 外汇期权行权的损益分析

外汇期权有两种基本合同,即看涨期权和看跌期权。在外汇期权行权时,在忽略交易成本的情况下,外汇期权买方所产生的损益正好等于外汇期权卖方所所产生的益损,期权交易是一种"零和游戏"(Zero – Sum Game)。又因为期权的行权权利在于多头的决策,所以我们仅从多头(买方)的角度去分析外汇期权行权的损益情况。

1) 多头看涨期权

假定 K 为敲定价格,P 为外汇期权价格,S 为外汇的即期汇率。从图 12 – 1 可以看出:

(1) 当即期汇价 $S > K + P$ 时,期权买方行权,盈利为 $S - (K + P)$。
(2) 当即期汇价 $S = K + P$ 时,期权买方行权,盈亏平衡,利润为零。
(3) 当即期汇价 $K < S < K + P$ 时,期权买方行权,亏损为 $S - (K + P)$,不行权亏损为 P,因为此时 $[S - (K + P)] < P$,所以期权持有者行权。
(4) 当即期汇价 $S = K$ 时,可行权也可不行权,因为期权买方亏损都为 P。
(5) 当即期汇价 $S < K$ 时,期权买方亏损为 $P + (K - S)$,且不行权。

2) 多头看跌期权

假定 K 为敲定价格,P 为外汇期权价格,S 为外汇的即期汇率。从图 12 – 2 可以看出:

(1) 当即期汇价 $S < K$ 时,期权买方行权,盈利为 $(K - S) - P$。
(2) 当即期汇价 $S = K - P$ 时,期权买方行权,盈亏平衡,利润为零。
(3) 当即期汇价 $K - P < S < K$ 时,期权买方行权,亏损为 $K - S - P$,不行权亏损为 P,因为此时 $(K - S - P) < P$,所以期权持有者行权。
(4) 当即期汇价 $S = K$ 时,可行权也可不行权,因为期权买方亏损都为 P。
(5) 当即期汇价 $S > K$ 时,期权买方亏损为 $S - K + P$,且不行权。

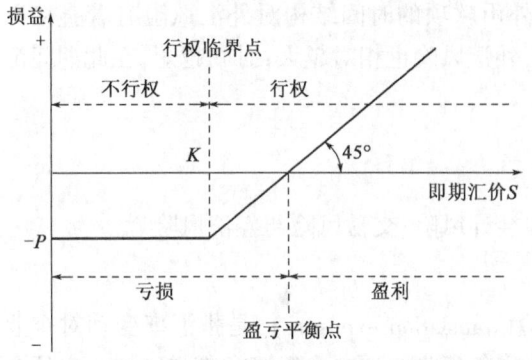

图 12 – 1 多头看涨期权行权临界与盈亏平衡图

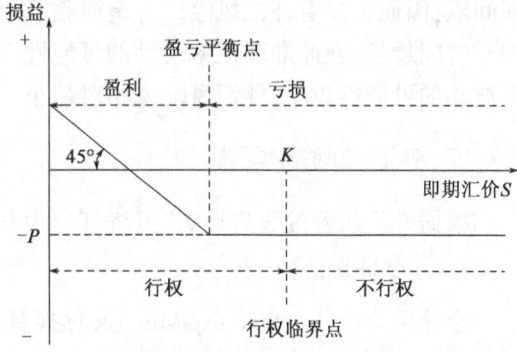

图 12 – 2 多头看跌期权行权临界与盈亏平衡图

6. 外汇期权交易的应用

A 公司拟进口一批货物,该公司将在 3 个月后向国外出口商支付货款,货款总价为 500 万美元,而 A 公司手中持有的是日元。

假定国际外汇市场上外汇行情日元坚挺,美元走软。该公司财务人员对今后几个月汇市行情进行充分研究后,作出预测:一个月以后,由于美国将采取一系列措施改善贸易收支状况,因而美元可能升值，该公司应尽快在现货市场上购进美元，以免将来美元升值时带来汇率损失，增加进口成本。但是经财务人员进一步分析，发现影响汇市行情变化的因素很多，外汇投机等因素也会对汇市产生巨大影响，很难准确预测一个月后某一时点上的汇率水平，因此，财务人员最终决定以货币期权方式购买美元。

交易内容：买入美元看涨期权 500 万美元；敲定价格：1 美元兑换 100 日元；期权价格：1.0 日元/美元；期权期限为 3 个月。

该公司签订美元看涨期权协议后，美国贸易收支状况果然进一步改善，美元开始升值，一个月后，汇率由 1 美元兑换 100 日元升至 1 美元兑换 105 日元。因为 $S=105>K+P=100+1$，该公司行使买权，在 1：105 的时价行情下，以 1：100 的汇价买入所需的美元资金，其损益状况为：

实际筹资成本为：$500\times(100+1)=5.05$ 亿日元

比时价节省成本：$500\times(105-101)=2000$ 万日元

第三节　外汇风险管理

一、外汇风险的概念

外汇风险（foreign exchange risk）是指汇率变动对外汇持有者或外汇经营者的外汇资产、负债和经营活动的影响。这种影响存在两种可能性，它可能给持有者或经营者造成损失，也可能给他们带来收益。在实际情况中，处在开放的宏观经济体系下的企业，不管其是否直接从事对外贸易、国际借贷、直接投资等对外活动，汇率变动都会给企业的生产经营活动产生直接或间接的影响。

外汇风险一般包括三个要素：本币、外币和时间，三者缺一不可。例如，我国企业和外国企业开展进出口业务，如果只用人民币结算，由于不涉及货币兑换问题，也就不可能出现外汇风险。又如，某企业在同一天收入一笔外汇，并支出币种相同、金额相等的另一笔外汇，不存在时间间隔，因而也没有外汇风险。一笔应收或应付外币款项的时间结构对外汇风险有着直接影响。时间越长，在此期间汇率波动的可能性越大，外汇风险也相对越大；时间越短，在此期间汇率波动的可能性越小，外汇风险也相对越小

二、外汇风险的类别

根据外汇风险的表现形式，可将其分为三类：会计风险、交易风险与经济风险。

（一）会计风险

会计风险（accounting exposure）又称换算风险（translation exposure），是指汇率变动对企业财务报表上项目价值变动的影响。企业的外币资产负债收益和支出等通常都需要按一定的会计准则，将其转换为本币表示。显然，当汇率变动时，即使企业的外币资产或负债数额没有发生变化，但在其会计账目中，本币数目却发生相应的变动。

（二）交易风险

交易风险（transaction exposure）是指汇率变动对企业交易过程中所发生的资金流量的影响。交易风险主要涉及以下范围：

（1）进出口过程中的外币收付。对进口者来说，他需要将本币或某种外币换成另一种外

币。对出口者来说,他需要将外币换成本币或将一种外币换成另一种外币。在这些兑换的过程中,如果汇价发生变化,势必对经营者造成影响。

(2)外币存款、借款和贷款过程中涉及的货币兑换。对存款来说,如果存外币,一般需要将本币兑换称外币,到期取款时,往往要将外币兑换称本币或其他外币。对借款来说,如果借外币,在用款时的汇率一般不同于还款时的汇率。对贷款来说,如果发生放外币贷款,发放贷款时的汇率一般不同于收款时的汇率。

(3)投资者中涉及的货币兑换。对投资者而言,在境外投资时,往往将本币换成外币,而待到汇回利润或收回投资时,需要将外币换成本币或其他外币。

(三)经济风险

经济风险(economic exposure)又称经营风险(operating exposure),是指意料之外的汇率变动通过影响企业的生产销售数量、价格、成本而对企业未来一定期间的收益或现金流量所产生的影响。需要说明两点:第一,经济风险只影响企业未来的经营业绩;第二,经济风险所定义的汇率变动仅指意料之外的汇率变动,而不包括意料之中的汇率变动,这是因为企业在预测其未来获利状况时,已经将预料到的汇率变动对未来获利状况的影响考虑进去了。

三、外汇风险管理的概念与主要方法

(一)外汇风险管理的概念

外汇风险管理是指外汇资产持有者通过风险识别、风险衡量、风险控制等方法,预防、规避、转移或消除外汇业务经营中的风险,从而减少或避免可能的经济损失,实现在风险一定条件下的收益最大化或收益一定条件下的风险最小化。

(二)外汇风险管理的主要方法

根据国内外实践经验,规避外汇风险主要采用以下方法。

1. 币种选择法

(1)尽量选用本国货币。如果在对外交易中能采用本币计价结算,那么无论本国企业是进口方还是出口方,也无论汇率如何波动,该国企业都不承担风险。不过,运用这一方法往往会给交易谈判带来一定困难,因为它会将风险转嫁给对方。因此,利用本币计价的一方只有在价格等方面作协让步,以此作为给对方的风险补偿,才有可能达成协议。

(2)尽量选择可自由兑换的货币。在国际金融市场上,可自由兑换货币可以无限制地兑换称其他种类的货币。选用这种货币计价结算,对于交易双方来说都是有力的,即便于资金的调拨和运用,也便于转嫁外汇风险。

(3)出口应力争硬货币计价,进口应力争软货币计价。所谓硬货币是指汇率稳定且有上升趋势的货币,软货币是指汇率不稳定且有下跌趋势的货币。不过,在结算时,债权方应选择硬货币,由于所收货币汇价趋于上升,就会形成自然增值,相当于增加用本币计算得到的收入;债务方应选择软货币,由于这类货币日益疲软,无形中就会使实际支出价值相对减少。

2. 货币保值法

货币保值法是指在国际经济合同中,经过双方协商订立适当的保值条款,以防止汇率多变风险。可以选用的保值条款主要有:

(1)用硬货币保值,即在合同中明确以硬货币计价,用软货币支付,并标明两种货币的商定汇率。如果支付时软币于硬币的比价超过商定汇率一定幅度,就对原货价进行调整。这样做,实收的计价货币金额与签订合同时相同,可以弥补支付货币汇率下跌的损失。例如,某进口商签订贸易合同时,货款1000万日元,以日元支付,美元保值,并规定当日元和美元的汇率上下波动5%时,应调整货款。合同订立时,1美元=100日元,货款为10万美元;货款结算时,1美元=110日元,因美元升值10%,故应调整货款进口商应支付1100万日元。

(2)用"一篮子货币"保值,即在合同中规定采用多种货币来保值。其做法、原理与硬币保值相同,但不是以某一种硬币来保值,而是采用多种货币组成"货币篮子",各种货币软硬搭配,汇率变化有升有降,升降可以相互抵消,因此能够分散外汇风险或把外汇风险限制在一定幅度内。运用"一篮子货币"来保值,首先要确定"一篮子货币"由哪几种货币构成,然后确定每一种货币所占比例,在合同种订好支付货币与每种保值货币的汇率,到支付时再按市场汇率折算成支付货币。例如,某笔货款500万美元,签订合同时,规定用美元、日元、英镑、德国马克组成的"一篮子货币"来保值,其中美元(占30%)、日元(占30%)、英镑(占20%)和德国马克(占20%)。签订合同时的汇率情况为:1美元=120日元,1美元=0.6667英镑,1美元=1.6485德国马克,则500万美元折成保值货币分别为:美元150万(500万×30%)、日元1800万(500万×30%×120)、英镑66.67万(500万×20%×0.6667)和德国马克164.85万(500万×20%×1.6485)。货款支付日汇率为:1美元=130日元,1美元=0.7英镑,1美元=1.5德国马克。各保值货币折算的美元分别为:日元138.46万美元(1800万/130)、英镑95.24万美元(66.67万/0.7)、马克109.9万美元(164.85万/1.5)。合计美元:150万美元+138.46万美元+95.24万美元+109.9万美元=493.6万美元。特别说明的是:在实际操作中,通常选用"特别提款权"、欧洲货币单位等"一篮子货币"作为保值货币;在期限长,金额大的进出口贸易中,以"一篮子货币"保值的方法对规避汇率波动的风险很有效。

(3)黄金保值条款。在签订合同时,确定合同计价货币或支付货币的含金量,到实际支付时,如果合同货币的含金量发生变动,则对合同款项做出相应调整。例如,某出口商签订出口合同,货款100万美元,假设此时,1美元的含金量为1克纯金,100万美元折成黄金100万克;货款结算时,1美元的含金量降为0.95克,100万克黄金折成美元为105.26万美元,故进口商应支付105.26万美元。黄金保值条款只通行于固定汇率时期,现在由于黄金非货币化,黄金价格不稳定,此方法不再采用。

3. 价格调整法

在实际进出口贸易中,不一定能实现出口用硬币结算、进口用软币结算,这是因为结算货币选择要受交易意图、市场需求、商品质量、价格条件等因素影响。当出口商不得不以软货币收汇、进口商不得不以硬货币付汇时,在双方允许范围内,往往通过调整进出口商品的价格,从而将外汇风险分摊到价格中去,这就是价格调整法。价格调整法包括加价保值法和压价保值法两种。

(1)加价保值法,是指出口商接受软币支付时,将汇率损失摊入到出口商品的价格中,以转嫁外汇风险。加价保值法的计算公式一般为:

出口商品新价=出口商品原价/(1-计价货币预期贬值率)

例如,某出口商订出口合同,货款10万英镑,订立合同时1英镑=1.5美元,货款折合美元为15万。预计出口收汇时英镑对美元的汇率将下跌20%,即出口收汇时英镑对美元的汇率将变为:1.5美元/英镑×(1-20%)=1.2美元/英镑,即1英镑兑换1.2美元。原来的10万英镑只值12万美元,即出口商少收入3万美元。若采用加价保值措施,新的出口价应为:10

万英镑/(1-20%)=12.5万英镑。按此新价和预期汇率折算,收汇仍为12.5万英镑×1.2美元/英镑=15万美元。

(2)压价保值法,是指进口商接受以硬币付汇时,将汇率损失从进口商品价格中予以剔除,以转嫁外汇风险。压价保值法的计算公式为:

$$进口商品新价 = 进口商品原价/(1+计价货币预期升值率)$$

例如,某进口商签订进口合同,货款15万英镑,订立合同时1英镑=1.2美元,货款折合美元为18万。预计进口付汇时英镑对美元的汇率将上升25%,即进口付汇时美元对英镑的汇率将变为:1.2美元/英镑×(1+25%)=1.5美元/英镑,即1英镑兑换1.5美元。原来的15万英镑却值22.5万美元,即进口商多支付4.5万美元。若采用压价保值措施,新的出口价应为:15万英镑/(1+25%)=12万英镑。按此新价和预期汇率折算,付汇仍为12万英镑×1.5美元/英镑=18万美元。

4. 期限调整法

期限调整是指进出口商根据对计价货币汇率走势的预期,将货款收付日提前或延后,其具体运用策略见表12-4。

表12-4 提前、延后策略表

保值手段\币种\类型	硬货币	软货币
出口商	延后	提前
进口商	提前	延后

5. 外汇交易法

外汇交易法是指企业通过外汇交易减少或消除外汇风险的风险管理方法,其主要包括即期外汇交易法、远期交易法、择期交易法、掉期交易法、外汇期货交易法、期权交易法等。其规避风险的方法见外汇期货交易业务。

除了上述管理外汇风险的方法外,还可以利用出口押汇、打包放款、出口信贷、福费廷等贸易融资方法以及其他综合方法如"借款—即期合同—投资法"(Borrowing-Spot-Investing,BSI)和"提早收付—即期合同—投资法"(Lead-Spot-Investing,TST)。

复习思考题

1. 外汇期货交易与远期外汇交易有何区别?
2. 外汇期权交易有什么特点?影响外汇期权价格的因素有哪些?
3. 什么是外汇风险?它有哪些类型?
4. 货币保值条款有哪些类型?
5. 为规避外汇风险,进出口商应如何选择计价货币与结算货币?
6. 某日纽约、伦敦、香港外汇市场上的即期汇率为:

纽约外汇市场:1英镑=1.4205/15美元

伦敦外汇市场:1英镑=11.723/33香港元

香港外汇市场:1美元=7.7804/14香港元

请计算用100万美元套汇的毛利。

> 延伸阅读

爱德华·爱德华兹公司外汇风险规避案例

爱德华·爱德华兹公司是爱德华先生于1976年创立的,最初该公司只是代理销售国内厨房设备和其他家用物品。近年来,该公司进口业务大幅度增长,在增加其销售的家庭装饰系列产品的品种时,董事长爱德华兹先生意识到日本一些中等规模生产商的产品具有很大的市场潜力,因而他向这些公司购买产品的次数和数量也在增多。

一、交易的结算货币

和许多日本出口商一样,爱德华·爱德华兹公司的供应商也要求以日本来支付货物价款。贸易条件比较宽松,爱德华兹公司使用远期汇票信用证来进行结算,即见票后120天支付结算金额,出口商报价单上的汇率以爱德华兹公司订购货物那一个月最后一天的即期汇率为准。尽管爱德华兹公司可以充分利用宽松的贸易条件,但爱德华兹先生还是对汇票所允许的120天付款宽限期内的日元汇率风险感到担心。爱德华兹先生知道,如果日元在公司持有大量应付头寸的期间内大幅度走强,到期时为了支付固定金额的日元,公司将花费更多的美元。

一直以来,爱德华·爱德华兹公司都是比较幸运的,因为从1995年到1998年他从日本购买货物的金额是大量增加的,然而这段时间内日元汇率一直走弱。在这段时间内,美国和日本的领袖们一致认为日元贬值能减轻金融危机对日本银行业的影响和有助于日本经济的回复。另外,自1997年7月以来,外界普遍认为东南亚金融危机给日本带来极大的风险。从1995年春开始,日元汇率创了历史性新高1美元=81日元,其后,日元汇率就开始平缓下跌,跌至1998年初的1美元=134日元的汇率水平。在这段时间内,爱德华兹总能以比订货时日元汇率更有利的价格来购买日元,以便支付货款。但是现在(1998年3月),爱德华兹先生知道日元汇率可能发生逆转,这样就会给公司的未来支付带来较大的额外成本,而且由于日本国内经济问题正逐渐明朗化,日元看起来可能会走强。

二、可供运用的汇率风险规避方案

于是,爱德华兹先生于达拉斯第三银行的国际业务专家诺斯·克拉斯先生进行一次会面,商讨他所担心的问题。他告诉克拉斯,一旦他的公司与美国的一些全国性的零售商订立协议,爱德华兹公司的进口规模将急剧扩大。他指出,根据近来的业务经验,这些交易只能赚取少许的差价,因而在日元头寸上的损失很有可能使该项业务的利润荡然无存。

克拉斯向爱德华兹先生介绍了防范这种风险的几种方式。假定爱德华兹公司继续在支付日以即期汇率(当前汇率为1美元=127.43日元)来购买日元,以支付货款。假设爱德华兹公司今天做成了一笔120天后支付1250万日元的交易,在将来的支付日即期汇率为1美元=123.00日元,由于日元在支付期升值,爱德华兹公司将不得不支付101626美元,而不是98093美元,也就是说他得多付出3533美元。

在此种情况下,爱德华兹公司有几种规避日元汇率风险的方案可供选择:

第一个方案是在外汇市场进行套期保值,它可以有效地将汇率锁定在当前的日元汇率上,爱德华兹公司只需在订货日以即期汇率向银行购买日元,并将其存入欧洲日元账户,持有到支付日为止,存款利率为1.75%。银行可以借给爱德华兹公司所需的金额以便为其购买日元进行融资,利率约为8.5%,略高于基准利率。

第二个方案为购买远期合约,它可以在现在将未来交易时的汇率锁定,在当前的远期外汇市场上,银行愿意提供的120天的远期汇率为1美元=125.27日元。

第三个方案是购买日元期货合约,例如芝加哥国际货币市场(IMM)的期货合约,其避险机制与由银行所提供的远期合约的避险方式极为相似。在理想状态下,爱德华兹公司现在可以购买合适数量的期货合约以规避既定交易的风险,每张合约可使参与者以今天的期货交易价格在合约的到期日交割1250万日元。但是实际的操作面临一些复杂的问题,期货合约的交割日不可能与爱德华兹公司的支付日绝对一致。按惯例避险者只好购买到期日在所需避险的期限之外期货合约,期货合约在合约金额和到期日方面都高度标准化:IMM 的期货合约每年的到期日只有四个,分别在 3 月、6 月、9 月和 12 月,因而经常它们的到期日不会与使用者避险期限的最后一天相匹配。避险者仍面临避险期的最后一天的即期汇率与到期日期货合约的价格之间存在差异的风险。在爱德华兹公司的这个例子中,如果货物是在 3 月 10 日订购的,支付日就是 7 月 8 日,一个期货合约的避险方案可能需要持有 9 月份日元期货的多头,期货将在 7 月 8 日售出平仓,同时,爱德华兹公司进入外汇市场购买即期日元,期货交易上的所得或损失将抵消在那一天日元较订货日升值或贬值所带来的影响。

第四个方案是外汇期权合约避险方案,爱德华兹公司可以从银行或交易所购买日元期权合约来规避汇率风险。期权给买方提供了购买和出售的权利,而非一种义务,即在既定的到期日以预定价格购买或出售某种货币的权利。通过银行购买的期权合约一般是欧式期权。在交易所(例如芝加哥的 IMM)内交易的期权一般是美式期权。大多数外汇期权,就像 IMM 和伦敦国际金融期货交易所(LIFFE)内交易的货币期权一样,实际上是外汇期权,例如 1998 年 3 月,编号为 7800 的、金额为 1250 万日元的 7 月份日元看涨期权的价格为 2.78。该期权的价格表示单位为 100 日元/美分,因而汇率为 1 日元 = 0.00790 美元的 7 月份日元期货看涨期权可以以 3485 美元购买到 0.0278/100 日元 × 12500000。

三、规避的效果评估

克拉斯解释任何规避风险的方案的效果只有在事后才知道,即当避险期限终止和日元债务已被支付时。各种方案各有自身的利弊。在避险头寸建立后,避险的效果将由汇率的波动方向来决定。当然如果日元汇率在将来继续走弱,一个完全未避险的头寸的收益是最大的。如果日元在这段时间内走强,未避险的头寸的代价是最高的。就避险方案的特殊性来说,每种避险方案都缩小了与未避险头寸相关的潜在收益或损失的波动范围。

爱德华兹先生一下子被克拉斯所提供的这些信息搞糊涂了。他决定模拟一系列假定交易的数量结果。他假定在 1998 年 3 月 10 日向一家日本出口商订立价值 1250 万日元的货物,并且在 7 月 8 日支付这笔货款,接着再假定日元兑美元汇率某种可能的运动方向下,计算和比较各种避险方案的效果,在计算中他忽略了衍生工具合约销售佣金的因素,各种方案分别如下:

(1) 不避险。
(2) 和第三家银行进行一个外汇市场套期保值交易。
(3) 从第三家银行购买 120 天的远期合约。
(4) 购买 1998 年 9 月份的期货合约,合约金额为 1250 万日元,合约价格为每日元 0.8055 美分。
(5) 购买 7900 号 9 月份日元期货看涨期权,合约金额为 1250 万日元,期权价格为每 100 日元 2.78 美分。

爱德华兹先生假定 7 月 8 日的日元即期汇率和 9 月份的日元期货在 7 月 9 日的价格的两种情况:

第一种情况,7 月 8 日的即期汇率 1 美元 = 139.00 日元,9 月份期货合约的汇率为 1 美元 = 137.00 日元。

第二种情况,7 月 8 日的即期汇率为 1 美元 = 115.00 日元,9 月份期货合约的汇率为 1 美元 = 113.00 日元。

爱德华兹先生通过模拟计算发现:在第一种情况下,不避险对爱德华兹公司最有利,外汇市场套期保值交易对公司最不利;在第二种情况下,购买 120 天的远期合约对公司最有利,不避险对公司最不利。这就为爱德华兹先生在将来向日本出口商进口商品怎么处理大量交易提供了指导。

(本文原载于:胡日东,赵林海.新编国际金融理论与实务.北京:清华大学出版社,2006.有删减)

巴林银行倒闭事件

一、情况介绍

巴林银行创建于 1763 年,创始人是弗朗西斯·巴林爵士,由于经营灵活变通、富于创新,巴林银行很快就在国际金融领域获得了巨大的成功。其业务范围也相当广泛,无论是到刚果提炼铜矿,从澳大利亚贩运羊毛,还是开掘巴拿马运河,巴林银行都可以为之提供贷款。但巴林银行有别于普通的商业银行,它不开发普通客户存款业务,故其资金来源比较有限,只能靠自身的力量来谋求生存和发展。在1803年,刚刚诞生的美国从法国手中购买南部的路易斯安那州时,所用资金就出自巴林银行。1886年,巴林银行发行"吉尼士"证券,购买者手持申请表如潮水一样涌进银行,后来不得不动用警力来维持,很多人排上几个小时后,买下少量股票,然后伺机抛出。等到第二天抛出时,股票价格已涨了一倍。20世纪初,巴林银行荣幸地获得了一个特殊客户:英国王室。由于巴林银行的卓越贡献,巴林家族先后获得了五个世袭的爵位。这可算得上一个世界纪录,从而奠定了巴林银行显赫地位的基础。

巴林集团主要包括四个部分:(1)巴林兄弟公司,主要从事企业融资、银行业务及资本市场活动。(2)巴林证券公司,以从事证券经纪为经营目标。(3)巴林资产管理有限公司,主要以资产管理及代管个人资产为目标。(4)该集团在美国一家投资银行拥有40%的股份。

巴林银行集团的业务专长是企业融资和投资管理。尽管是一家老牌银行,但巴林一直积极进取,在20世纪初进一步拓展公司财务业务,获利甚丰。90年代开始向海外发展,在新兴市场开展广泛的投资活动,仅1994年就先后在中国、印度、巴基斯坦、南非等地开设办事处,业务网络点主要在亚洲及拉美新兴国家和地区。截止到1993年底,巴林银行的全部资产总额为59亿英镑,1994年税前利润高达1.5亿美元。其核心资本在全球1000家大银行中排名第489位。

然而,这一具有233年历史、在全球范围内掌控270多亿英镑资产的巴林银行,竟毁于一个年龄只有28岁的毛头小子尼克·里森(Nick Leeson)之手。里森未经授权在新加坡国际货币交易所(SIMEX)从事东京证券交易所日经225股票指数期货合约交易失败,致使巴林银行亏损6亿英镑,这远远超出了该行的资本总额(3.5亿英镑)。

1995年2月26日,英国中央银行英格兰银行宣布:巴林银行不得继续从事交易活动并将申请资产清理。10天后,这家拥有233年历史的银行被荷兰国际集团收购。这意味着巴林银行的彻底倒闭,但荷兰国际集团继续以"巴林银行"的名字继续经营。

里森于1989年7月10日正式到巴林银行工作。这之前,他是摩根·斯坦利银行清算部的一名职员。进入巴林银行后,他很快争取到了到印度尼西亚分部工作的机会。由于他富有耐心和毅力,善于逻辑推理,能很快地解决以前未能解决的许多问题,使工作有了起色,因此,他被视为期货与期权结算方面的专家,伦敦总部对里森在印度尼西亚的工作相当满意,并允诺可以在海外给他安排一个合适的职务。

1992年,巴林总部决定派他到新加坡分行成立期货与期权交易部门,并出任总经理。无论做什么交易,错误都在所难免,但关键是看你怎样处理这些错误,在期货交易中更是如此。有人会将"买进"手势误为"卖出"手势;有人会在错误的价位购进合同;有人可能不够谨慎;有人可能本该购买6月份期货却买进了3月份的期货,等等。一旦失误,就会给银行造成损失,在出现这些错误之后,银行必须迅速妥善处理。如果错误无法挽回,唯一可行的办法,就是将该错误转入电脑中一个被称为"错误账户"的账户中,然后向银行总部报告。里森于1992年在新加坡任期货交易员时,巴林银行原来有一个账号这"99905"的"错误账号",专门处理交易过程中因疏忽所造成的错误。这原是一个金融体系运作过程中正常的错误账户。1992年夏天,伦敦总部全面负责清算工作的哥顿·鲍塞给里森打了一下电话,要求里森另外设立一个"错误账户",记录较小的错误,并自行在新加坡处理,以免麻烦伦敦的工作。于是里森马上找来了负责办公室清算的利塞尔,向她咨询是否可以另立一个档案。很快,利塞尔就在电脑里键入了一些命令,问他需要什么账户。在中国文化里,"8"是一个非常吉利的数字,因此里森以此作为他的吉祥数字,由于必须是五位数,这样账号为"88888"的"错误账户"便诞生了。几周之后,伦敦总部又打来了电话,总部配置了新的电脑,要求新加坡分行还是按规矩行事,所有的错误记录仍由"99905"账户直接向伦敦报告。"88888"错误账户刚刚建立就被搁置不用了,但它却成为一个真正的"错误账户"存于电脑之中,而总部这时已经注意到了新加坡分行出现的错误很多,但里森都巧妙地搪塞而过。

"88888"这个被人忽略的账户,提供了里森日后制造假账的机会,如果当时取消这一账户,则巴林的历史可能会重写了。1992年7月17日,里森手下一名加入巴林仅一个星期的交易员金·王犯一个错误:客户(富士银行)要求买进20口日经指数期货合约时,此交易员误为卖出20口,这个错误在里森当天晚上进行清算工作时被发现。欲纠正此项错误,须买回40口合约,表示至当日的收盘价计算,其损失为2万英镑,并应报告伦敦总公司。但在种种考虑下,里森决定利用错误账户"88888",承接了40口日经指数期货空头合约,以掩盖这个失误。另一个与此同出一辙的错误是里森的好友及委托执行人乔治犯的。因为乔治是他最好的朋友,所以里森示意他卖出的100份9月的期货全被他买进,价值高达8000万英镑,而且好几份交易的凭证根本没填写。如果乔治的错误泄露出去,里森不得不告别他已很如意的生活。将乔治出现的几次错误记入"88888账号"对里森来说是举手之劳。但至少有三个问题困扰着他:一是如何弥补这些错误;二是将错误记入"88888"账号后如何躲过伦敦总部月底的内部审计;三是SIMEX每天都要他们追加保证金,他们会计算出新加坡分行每天赔进多少。

"88888"账户也可以被显示在SIMEX大屏幕上。为了弥补手下员工的失误,里森将自己赚的佣金转入账户,但其前提当然是这些失误不能太大,所引起的损失金额也不是太大,但乔治造成的错误确实太大了。为了赚回足够的钱来补偿所有损失,里森承担越来越大的风险,他当时从事大量跨式部位交易,因为当时日经指数稳定,里森从此将多交易中赚取期权权利金。若运气不好,日经指数变动剧烈,此交易将使巴林承受极大损失。里森在一段时日内做得还极顺手。到1993年7月,他已将"88888"号账户亏扣的600万英镑转为略有盈余,当时他的年薪为5万英镑,年终奖金则将近10万英镑。如果里森就此打住,那么,巴林的历史也会改变。除了为交易遮掩错误,另一个严重的失误是为了争取日经市场上最大的客户波尼弗伊。在1993年下旬,接连几天,每天市场价格破纪录地飞涨1000多点,用于清算记录的电脑屏幕故障频繁,无数笔交易入账工作都积压起来。因为系统无法正常工作,交易记录都靠人力。等到发现各种错误时,里森在一天之内的损失便已高达将近170万美元。在无路可走的情况下,里森决定继续隐藏这些失误。1994年,里森对损失的金额已经麻木了,"88888"号账户的损失,由2000万英镑、3000万英镑,到7月时已达5000万英镑。事实上,里森当时所做的许多交易,是在被市场走势牵着鼻子走,并非出于他对市场的预期如何。他已成为被其风险部位操纵的傀儡。他当时能想,是哪一种方向的市场变动会使他反败为胜,能补足"88888"号账户中的亏损,便试着影响市场往那个方向变动。

从制度上看,巴林最根本的问题在于交易与清算角色的混淆。里森在1992年去新加坡后,任职巴林新加坡期货交易部兼清处部经理。作为一名交易员,里森本来应有的工作是代巴林客户买卖衍生性商品,并代替巴林从事套利这两种工作,基本上是没有太大的风险。因为代客操作,风险由客户自己承担,交易员只是赚取佣金,而套利行为也只赚取市场间的差价。例如里森利用新加坡及大阪市场极短时间内的不同价格,替巴林赚取利润。一般银行给予其交易员持有一定额度的风险部位的许可。但为防止交易员在其所属银行暴露在过多的风险中,这种许可额度通常定得相当有限。而通过清算部门每天的结算工作,银行对其交易员和风险部位的情况也可以有效地了解并掌握。但不幸的是,里森却一人身兼交易与清算二职。如果里森只负责清算部门,如同他本来被赋予的职责一样,那么他便没有必要、也没有机会为其他交易员的失误行为瞒天过海,也就不会造成最后不可收拾的局面。在损失达到5000万英镑时,巴林银行总部派人调查里森的账目。

事实上,每天都有一张资产负债表,每天都有明显的记录,可看出里森的问题。即使是月底,里森为掩盖问题所制造的假账,也极易被发现——如果巴林真有严格的审查制度。里森假造花旗银行有5000万英镑存款,但这5000万已被挪用来补偿"88888"号账户中的损失了。查了一个月账,却没有人去查花旗银行的账目,以致没有人发现花旗银行账户中并没有5000万英镑的存款。关于资产负债表,巴林银行董事长彼得·巴林还曾经在1994年3月有过一段评语,认为资产债表没有什么用,因为它的组成,在短期间内就可能发生重大的变化,因此,彼得·巴林说:"若以为揭露更多资产负债表的数据,就能增加对一个集团的了解,那真是幼稚无知。"对资产负债表不重视的巴林董事长付出的代价之高,也实在没有人想象得到吧!另外,在1995年1月11日,新加坡期货交易所的审计与税务部发函巴林,提出他们对维持的"88888"号账户所需资金的一些疑虑,而且此时里森已需每天要求伦敦汇入1000多万英镑,以支付其追加保证金。事实上,从1993年到1994年,巴林银行在SIMEX及日本市场投入的资金已超过11000万英镑,超出了英格兰银行规定英国银行的海外总资金不应超过25%的限制。为此,巴林银行曾与英格兰银行进行多次会谈。

在1994年5月,得到英格兰银行主管商业银行监察的高级官员之"默许",但此默许并未留下任何证明文件,因为没有请示英格兰银行有关部门的最高负责人,违反了英格兰银行的内部规定。在发现问题至其后巴林倒闭的两个月时间里,有很多巴林的高级及资深人员曾对此问题加以关切,更有巴林总部的审计部门正式加以调查。但是这些调查,都被里森以轻易的方式蒙骗过去。里森对这段时间的描述为:"对于没有人来制止我的这件事,我觉得不可思议。伦敦的人应该知道我的数字都是假的,这些人都应该知道我每天向伦敦总部要求的现金是不对的,但他们仍旧支付这些钱。"从金融伦理角度而言,如果对以上所有参与"巴林事件"的金融从业人员评分,都应给不及格的分数。尤其是巴林的许多高层管理者,完全不去深究可能的问题,而一味相信里森,并期待他为巴林套利赚钱。尤其具有讽刺意味的是,在巴林破产的两个月前,即1994年12月,于纽约举行的一个巴林金融成果会议上,250名在世界各地的巴林银行工作者,还将里森当成巴林的英雄,对其报以长时间热烈的掌声。

1995年1月18日,日本神户大地震,其后数日东京日经指数大幅度下跌,里森一方面遭受更大的损失,另一方面购买更庞大数量的日经指数期货合约,于1月26日竟用了270亿美元进行日经指数期货投机,希望日经指数会上涨到理想的价格范围。不料,日经指数从1月初起一路下滑,里森所持的多头头寸遭受重创。为了反败为胜,他继续从伦敦调入巨资,增加持仓,即大量买进日经股价指数期货,沽空日本政府债券。2月10日,里森已在新加坡国际金融交易所持有55000口日经股指期货合约及2万口日本政府债券合约,创出该所的历史记录。交易数量越大,损失越大。所有这些交易,均进入"88888"号账户。账户上的交易,以其兼任清查之职权予以隐瞒,但追加保证金所需的资金却是无法隐藏的。为维持数额如此巨大的交易,每天需要3000万~4000万英镑,里森以各种理由继续转账,巴林总部竟然接受里森的各种理由,照付不误。2月中旬,巴林总部转至新加坡5亿多英镑,已超过了其4.17亿英镑的股本金。1995年2月23日,日经股价指数急剧下挫276.6点,收报17885点,里森持有的多头合约已达60000余口,面对日本政府债券的一路上扬,持有的空头合约也多达26000口。由此造成的损失则激增至令人咋舌的8.6亿英镑,并决定了巴林银行的最终垮台。当天,里森已意识到无法弥补亏损,于是被迫仓皇出逃。

26日晚9时30分,英国中央银行根据有关法律赋予的权力,将巴林自营未平仓合约平仓,将其代理客户的未平仓合约转移至其他会员处理。

27日(周一),东京股市日经平均指数再急挫664点,又令巴林银行损失增加了2.8亿美元。

在英国中央银行及有关方面的协助下,3月2日(周四)在日经指数期货反弹300多点情况下,巴林银行所有(不只新加坡的)未平仓期货合约(包括日经指数及日本国债期货)分别在新加坡国际金融交易所、东京及大阪交易所几近全部平掉。至此,巴林银行由于金融衍生工具投资失败引致的亏损高达9.16亿英镑,约合14亿多美元。

3月6日,荷兰国际集团出资7.65亿英镑(约合12.6亿美元)现金,接管其全部资产与负债,至此,巴林倒闭风波暂时告一段落,令英国人骄傲两个世纪的银行已易新主,可谓百年基业毁于一旦。

二、巴林银行倒闭的原因及启示

(一)原因

(1)交易员的错误研判。巴林银行破产的直接原因是新加坡巴林公司期货经理尼克·里森错误地判断了日本股市的走向。1995年1月份,里森看好日本股市,分别在东京和大阪等地买了大量期货合同,指望在日经指数上升时赚取大额利润。谁知天有不测风云,日本阪神地震打击了日本股市的回升势头,股价持续下跌。巴林银行最后损失金额高达14亿美元之巨,而其自有资产只有几亿美元,亏损巨额难以抵补,这座曾经辉煌的金融大厦就这样倒塌了。

(2)巴林银行的内部管理制度和体系问题。大多数银行,交易与清算业务是分立的,但巴林银行允许里森既作为首席交易员,又负责其交易的清算工作,这是一种制度上的缺陷,这种缺陷对交易员缺少监控,因为让一个交易员清算自己的交易会使其很容易隐瞒其交易风险或亏掉的金钱。事实上,在新加坡,里森既是期货交易部经理又是清算部经理,自己监督自己,自然给了里森瞒天过海的机会。所以,尽管里森缺乏约束的行为给巴林银行带来了巨额损失,但由于缺乏严格的内部管理制度和体系,这些损失没有及时暴露,结果在巴林银行内部,里森仍竟被看成是一个经营明星。在1994年12月,即巴林破产的两个月前,于纽约举行的一个巴林金融成果会议上,250名巴林银行在世界各地的工作者,还将里森当成巴林的英雄,对其报以长时间热烈的掌声。巴林伦敦总部的一位高级职员于1995年2月8日飞往新加坡,找里森及其班子核查情况。2月20日,东京地区总部的领导要求里森减少银行持有的日经指数期货,但谁也没有想到一个私设的账户"88888"正在给公司造成巨大的危害,到公司的内部设计有所觉察时,它的透支金额已经超出公司的资本。

（3）与对金融衍生产品的滥用有关。金融衍生产品包括一系列的金融工具和手段,买卖期权、期货交易等都可以归为此类。具体操作起来,又可分为远期合约、远期固定合约、远期合约选择权等。这类衍生产品可对有形产品进行交易,如石油、金属、原料等,也可对金融产品进行交易,如货币、利率以及股票指数等。从理论上讲,金融衍生产品并不会增加市场风险,若能恰当地运用,比如利用它套期保值,可为投资者提供一个有效的降低风险的对冲方法。但在其具有积极作用的同时,也具有致命的危险,即在特定的交易过程中,投资者纯粹以买卖图利为目的,垫付少量的保证金炒买炒卖大额合约来获得丰厚的利润,而往往无视交易潜在的风险,如果控制不当,那么这种投机行为就会招致不可估量的损失。新加坡巴林公司的里森,正是对衍生产品操作无度才毁灭了巴林集团。里森在整个交易过程中一味期盼赚钱,在已遭受重大亏损时仍孤注一掷,增加购买量,对于交易中潜在的风险熟视无睹,结果使巴林银行成为衍生金融产品的牺牲品。

（二）启示

巴林银行倒闭事件给银行业很大的震惊和启示,银行业必须重新思考加强金融机构内部监管和恰当使用金融衍生品问题。

（1）健全机制,加强内部管理。在金融发展史上,银行倒闭屡见不鲜。一般来说,一家银行的倒闭是长期以来内部制度不健全,从经营到管理诸方面弊病积累的结果。作为一个历史悠久并在英国金融史上曾经发挥重要作用的巴林银行集团,照理说应有一套完善的内部管理制度和有序的监管措施,但事实上它的内部管理存在严重的弊端。巴林银行容许里森身兼双职,既担任前台首席交易员职务,又负责管理后线清算,说明了该行的管理制度极不健全。巴林银行倒闭事件提醒人们加强内部管理的重要性和必要性。

（2）合理利用衍生工具,建立风险防范措施。随着国际金融业的迅速发展,金融衍生产品日益成为银行、金融机构及证券公司投资组合中的重要组成部分。因此,凡从事金融衍生品业务的银行应对其交易活动制定一套完善的内部管理措施,包括交易头寸(指银行和金融机构可动用的款项)的限额、止损的限制、内部监督与稽查。扩大银行资本,进行多方位经营。随着国际金融市场规模的日益扩大和复杂化,资本活动的不确定性也越发突出。作为一个现代化的银行集团,应努力扩大自己的资本基础,进行多方位经营,做出合理的投资组合,不断拓展自己的业务领域,这样才能加大银行自身的安全系数并不断盈利。

巴林银行倒闭事件也给世人极大的启示,警诫人们必须注意金融业风险及其可能造成的后果,警诫国家相关部门必须重视金融风险的管理。所谓金融风险的管理,是指通过强化金融机构内部控制制度,改善经营,并由金融管理当局从外部加以监控,从而控制金融风险的管理行为。金融领域的监管包括两个方面:一是对金融业,主要是银行机构的监管。增强金融体系的稳定性是金融业监管的核心问题。二是资本市场的监管。保证市场运行的公开、公平和公正是资本市场监管的关键。

20世纪90年代以来,中国资本市场发展迅速,然而,在资本市场快速发展的同时,也面临着信用体系建设滞后等困扰资本市场健康发展的问题。中国资本市场还处于初步发展阶段,但实现21世纪头20年国民经济翻两番,全面建设小康社会的战略目标离不开一个快速健康发展的资本市场;与此同时,已经加入世界贸易组织的中国,资本市场的发展必将更加开放。在这样的形势下,加快中国资本市场信用体系建设更是一项紧迫的任务。

(本文原载于:巴林银行事件百度百科,整理而成)

参 考 文 献

[1] 陈岩.国际贸易理论与实务[M].北京:清华大学出版社,2001.
[2] 卜伟,叶蜀君,杜佳,等.国际贸易与国际金融[M].北京:清华大学出版社,2020.
[3] 付洪良,李志刚,于敏捷,等.国际贸易理论与政策[M].北京:清华大学出版社,2019.
[4] 刘立平.国际贸易理论与政策[M].合肥:中国科学技术大学出版社,2007.
[5] 李长林.新编国际贸易教程[M].哈尔滨:黑龙江科学技术出版社,2001.
[6] 张海荣.国际贸易[M].杭州:浙江大学出版社,2007.
[7] 张建平,师求恩.中国对外贸易概念[M].北京:机械工业出版社,2008.
[8] 乔尔·莫克尔.启蒙经济:英国经济史新论[M].曾鑫,熊跃根,译.北京:中信出版社,2020.
[9] 伊藤隆敏,星岳雄.繁荣与停滞:日本经济发展和转型[M].郭金兴,译.北京:中信出版社,2022.
[10] 闫国庆.国际贸易理论与政策[M].北京:高等教育出版社,2021.
[11] 梁坚.国际贸易理论与政策[M].北京:中国人民大学出版社,2023.
[12] 张海波,李汉君,等.国际贸易理论与政策[M].北京:清华大学出版社,2023.
[13] 赵忠秀.国际贸易理论与政策[M].北京:北京大学出版社,2023.
[14] 李宏.国际贸易理论与实务[M].北京:电子工业出版社,2023.
[15] 贺平.全球贸易摩擦:贸易政治学的新挑战[M].上海:上海人民出版社,2019.
[16] 闫克远.中国对外贸易摩擦结构研究[M].北京:经济科学出版社,2019.
[17] 刘琳.GATT/WTO体制下补贴界定问题研究[M].北京:中国政法大学出版社,2018.
[18] 余庆瑜.国际贸易实务:原理与案例[M].北京:中国人民大学出版社,2021.
[19] 李红梅.国际经济组织[M].北京:机械工业出版社,2007.
[20] 世界贸易组织秘书处.贸易走向未来:世界贸易组织概要[M].张江波,索必成,等译.北京:法律出版社,2001.
[21] 王莉.中小企业外贸一本通[M].广州:广东经济出版社,2006.
[22] 李左东.国际贸易理论、政策与实务[M].北京:高等教育出版社,2008.
[23] 田运银.国际贸易单证精讲[M].北京:中国海关出版社,2008.
[24] 李贺,等.国际贸易理论与实务[M].上海:上海财经大学出版社,2016.
[25] 陈汇才,等.国际贸易实务[M].湖南:湖南大学出版社,2022.
[26] 侯高岚.国际金融教程[M].北京:机械工业出版社,2007.
[27] 胡国松.新编国际贸易与国际金融[M].成都:四川人民出版社,2003.
[28] 托马斯·A·普格尔.国际金融[M].15版.沈艳枝,译.北京:中国人民大学出版社,2015.
[29] 奚君羊.国际金融学[M].上海:上海财经大学出版社,2021.
[30] 姜波克.国际金融新编[M].上海:复旦大学出版社,2018.
[31] 姜波克,刘沁清.国际金融新编[M].6版.上海:复旦大学出版社,2021.

[32] 陈雨露.国际金融[M].6版.北京:中国人民大学出版社,2019.

[33] 侯高岚.国际金融[M].4版.北京:清华大学出版社,2017.

[34] 胡国松.国际贸易与国际金融[M].北京:石油工业出版社,2011.

[35] 石建勋,李海英.国际经济关系与经济组织[M].北京:清华大学出版社,2023.

[36] 方兴.金融工程学[M].北京:首都经济贸易大学出版社,2004.

[37] 胡日东,赵林海.新编国际金融理论与实务[M].北京:清华大学出版社,2006.

[38] 管涛.2022年我国国际收支:基本盘持续稳固 抗风险能力增强[J].中国外汇,2023(4).

[39] 陈传兴.对外贸易与经济增长理论的若干思考[J].福建论坛(人文社会科学版),2005(12).

[40] 王文倩.关于金融发展理论的研究综述[J].现代管理科学,2018(8).

[41] 方莉.建立长效的国际收支平衡机制[J].武汉金融,2021(3).

[42] 余淼杰,田巍,郑纯如.中美贸易摩擦的中方反制关税作用研究[J].经济学(季刊),2022(6).

[43] 史丹,白旻.美欧"双反"情形下中国光伏产业的危机与出路[J].国际贸易,2012(12).

[44] 任强,贾兰霞.制裁是否违反WTO规则?:简评中国光伏产业的"双反"危机[J].国际税收,2013(2).

[45] 王婉如,樊勇.入世后我国关税运用的调整与定位转变[J].北京社会科学,2023(2).

[46] 潘昌蔚,景国文.中国对美关税制裁与进口贸易边际[J].价格月刊,2022(12).

[47] 魏浩,张文倩.进口关税调整、传递效应与中国企业进口价格[J].经济学(季刊),2022(3).

[48] 许明.RCEP生效的出口贸易红利及美欧征收碳关税的应对[J].亚太经济,2022(4).

[49] 朱洪达,安芝,宋良荣.数字经济的关税税源风险及其识别模型研究:基于中美贸易摩擦背景[J].河北经贸大学学报,2022(2).

[50] 马弘,秦若冰.贸易平衡与关税对等:中美经贸之辩[J].国际商务研究,2021(4).

[51] 鞠建东,王晓燕,李昕,等.关税争端对中美贸易差额、贸易条件与贸易结构的影响[J].国际经济评论,2021(2).

[52] 谭莹,李昕,杨紫,等.加征关税如何影响中国劳动力市场[J].世界经济,2022(9).

[53] 李春顶,何传添,林创伟.中美贸易摩擦应对政策的效果评估[J].中国工业经济,2018(10).

[54] 耿楠.金砖国家新开发银行"新"在何处[J].国际工程与劳务,2016(2):33-35.

[55] Amiti M,Kong S H,Weinstein D. The effect of the U.S.–China trade War on U.S. Investment[J]. NBER Working paper,2020.

[56] Blanchard E J,Bown C P,Chor D. Did Trump's Trade War impact the 2018 Election? [J] NBER Working paper,2019.

[57] 陶雨轩.中美贸易战对中国贸易伙伴数量的影响研究[D].大连:东北财经大学硕士毕业论文,2022.